PASSE na OAB com SIMULADOS

Questões Inéditas & Comentadas

Marcelo Hugo da Rocha
Coordenação

Alessandro Sanchez • Ana Carolina Sampaio Pascolati • Daniel Sena
Douglas Caetano • Fagner Sandes • Frederico Afonso • Gabriel Quintanilha
Hebert Vieira Durães • Ivan Luís Marques • Kisley Domingos • Leonardo Castro
• Marcelo Hugo da Rocha • Odair José Torres de Araújo
Rafael Novais • Raquel Lucas Bueno • Renato Borelli • Rodrigo Mesquita
Vanderlei Garcia Jr. • Vanessa de Mello Brito Arns

4ª edição
2025

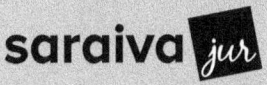

- O coordenador deste livro e a editora empenharam seus melhores esforços para assegurar que as informações e os procedimentos apresentados no texto estejam em acordo com os padrões aceitos à época da publicação, *e todos os dados foram atualizados pelo coordenador até a data da entrega dos originais à editora.* Entretanto, tendo em conta a evolução das ciências, as atualizações legislativas, as mudanças regulamentares governamentais e o constante fluxo de novas informações sobre os temas que constam do livro, recomendamos enfaticamente que os leitores consultem sempre outras fontes fidedignas, de modo a se certificarem de que as informações contidas no texto estão corretas e de que não houve alterações nas recomendações ou na legislação regulamentadora.

- Data do fechamento do livro: 11/11/2024

- O coordenador e a editora se empenharam para citar adequadamente e dar o devido crédito a todos os detentores de direitos autorais de qualquer material utilizado neste livro, dispondo-se a possíveis acertos posteriores caso, inadvertida e involuntariamente, a identificação de algum deles tenha sido omitida.

- Direitos exclusivos para a língua portuguesa
  Copyright ©2025 by
  Saraiva Jur, um selo da SRV Editora Ltda.
  Uma editora integrante do GEN | Grupo Editorial Nacional
  Travessa do Ouvidor, 11
  Rio de Janeiro – RJ – 20040-040

- **Atendimento ao cliente: https://www.editoradodireito.com.br/contato**

- Reservados todos os direitos. É proibida a duplicação ou reprodução deste volume, no todo ou em parte, em quaisquer formas ou por quaisquer meios (eletrônico, mecânico, gravação, fotocópia, distribuição pela Internet ou outros), sem permissão, por escrito, da **SRV Editora Ltda.**

- Capa: Lais Soriano
  Diagramação: Fernanda Matajs

- **DADOS INTERNACIONAIS DE CATALOGAÇÃO NA PUBLICAÇÃO (CIP)**
  VAGNER RODOLFO DA SILVA – CRB-8/9410

  P287
  Passe na OAB com simulados – questões inéditas e comentadas / coordenado por
     Marcelo Hugo da Rocha. – 4. ed. – São Paulo: Saraiva Jur, 2025.

  264 p.
  ISBN 978-85-5362-725-7 (Impresso)

  1. Direito. 2. OAB. I. Título.

	CDD 340
2024-3718	CDU 34

  Índices para catálogo sistemático:
  1. Direito   340
  2. Direito   34

Respeite o direito autoral

AUTORES

Alessandro Sanchez — Filosofia do Direito

Mestre em Direito. Professor de Direito Empresarial e Prática Empresarial em grandes cursos preparatórios de todo o país, principalmente no Estratégia Concursos e OAB e programas de Pós-Graduação em Direito e Advocacia Empresarial. Escritor de obras jurídicas, tendo escrito a primeira obra do país no tema Prática Jurídica Empresarial. Autor da obra *Direito Empresarial Sistematizado*, que explica o direito com ênfase em concursos por meio de sistematização e infográficos. Professor de Oratória e Argumentação Jurídica para Advogados em todo o país. Conferencista e Palestrante em Universidades de todo o país.

Ana Carolina Sampaio Pascolati — Direito Internacional

Advogada. Professora de Direito Internacional e Direitos Humanos do Damásio Educacional. Doutoranda e Mestre pela Pontifícia Universidade Católica de São Paulo (PUC-SP). Especialista em Direito Constitucional Internacional pela Universidad de Salamanca – Espanha. Especialista em Direito Público pela Uniderp. Autora de diversos artigos jurídicos publicados em revistas jurídicas e *sites* especializados, bem como experiência na coordenação de cursos preparatórios para a OAB, Carreiras Jurídicas e Públicas do Damásio Educacional/IBMEC – Polo Santo Amaro. Atualmente é sócia-advogada do escritório Pascolati Advocacia e Coordenadora da Comissão de Direito Internacional da subseção de Santo Amaro/SP. Foi professora na Faculdade Damásio de Jesus e na Universidade Anhanguera.

Daniel Sena — Direito Constitucional

Mestrando em Direito Constitucional pela Universidade de Lisboa. Especialista em Direito Público. Autor de Obras Jurídicas. Professor de Direito Constitucional para Concursos Públicos e Exames de Ordem e Palestrante.

Douglas Caetano — Direito do Trabalho

Advogado. Pós-Graduado em Direito e Processo do Trabalho. Professor de Direito e Processo do Trabalho para OAB e Concursos Públicos. Professor do Curso de Pós-Graduação em Direito e Processo do Trabalho da Escola do Legislativo Prof. Wilson Brandão (Teresina). Professor do Curso de Pós-Graduação em Direito e Processo do Trabalho da Faculdade Evolutivo (Fortaleza). Autor de livros jurídicos e para concursos.

Fagner Sandes — Direito Processual do Trabalho

Advogado. Mestre em Direito (Estado, Constituição e Cidadania) pela Universidade Gama Filho. Pós-Graduado em Direito e Processo do Trabalho. Professor Universitário e de pós-graduação da Escola de Direito Hélio Alonso (FACHA/RJ). Professor do Centro de Estudos Jurídicos da Faculdade UnyLeya. Professor de Cursos de Pós-Graduação da Universidade Santa Úrsula, da Universidade Candido Mendes, da Faculdade UnyLeya, do Instituto Nêmesis, do Curso Tríade, dentre outras instituições. Professor da Escola Superior de Advocacia da OAB Rio de Janeiro. Vice-Presidente e Membro de Comissões da OAB na Seccional Rio de Janeiro. Professor de Cursos Preparatórios para Concursos e OAB. Autor de livros jurídicos e para concursos. Consultor. Palestrante. Parecerista. Diretor do Centro de Capacitação Sandes.

| Frederico Afonso | Direitos Humanos |

Professor. Escritor jurídico. Advogado (membro permanente da Comissão de Direitos Humanos da OAB/SP). Mestrando em Ciências em Estudos Jurídicos, Ênfase em Direito Internacional pela MUST University (Flórida/EUA). Mestre em Ciências Policiais de Segurança e Ordem Pública pelo Centro de Altos Estudos de Segurança da Polícia Militar do Estado de São Paulo. Mestre em Direitos Difusos pela Universidade Metropolitana de Santos. Pós-Graduado em Direito Constitucional pela Faculdade Legale. Pós-Graduado em Direito Constitucional com ênfase em Direitos Fundamentais pela Faculdade CERS. Pós-Graduado em Direitos Humanos pela Faculdade CERS. Pós-Graduado em Direitos Humanos pela Escola Superior da Procuradoria-Geral do Estado de São Paulo. Pós-Graduado em Gestão de Políticas Preventivas da Violência, Direitos Humanos e Segurança Pública pela Fundação Escola de Sociologia e Política de São Paulo. Bacharel em Ciências Policiais de Segurança e Ordem Pública pela Academia de Polícia Militar do Barro Branco. Bacharel em Direito pela Universidade São Francisco. Coordenador de pós-graduação e professor da Faculdade Legale. Professor na pós-graduação da Escola Paulista de Direito. Professor do Centro de Altos Estudos de Segurança da Polícia Militar do Estado de São Paulo. Professor na Academia de Polícia Militar do Barro Branco. Professor da pós-graduação do Damásio Educacional. Professor do curso CERS.

| Gabriel Quintanilha | Direito Tributário |

Pós-Doutorando em Direito pela UERJ. Doutor em Direito pela Universidade Veiga de Almeida. Mestre em Economia e Gestão Empresarial pela Universidade Candido Mendes. Pós-graduado em Direito Público e Tributário. Advogado. Coordenador de tributação de renda do LLM da FGV. Professor do IBMEC, UERJ, UNIFOR, ESMAL. Membro do IBDT e da IFA. Autor de livros e artigos.

| Hebert Vieira Durães | Direito do Consumidor |

Mestre em Direito Econômico. MBA em Direito e Agronegócio. Especialista em Ensino Remoto, Ensino a Distância e Metodologias Ativas. Graduando em História (licenciatura) e pós-graduando em Gestão do Ensino Superior Público e Privado. Coordenador e Professor do Curso de Direito da Faculdade Irecê – FAI. Consultor jurídico, autor de obras jurídicas. Advogado, palestrante. Instagram: @hebertvduraes.

| Ivan Luís Marques | Direito Processual Penal |

Mestre em Direito Penal pela Faculdade de Direito da Universidade de São Paulo (USP). Especialista em Direito Penal Econômico pela Faculdade de Direito da Universidade de Coimbra (FDUC). Professor de Direito Penal e Prática Penal nos cursos de Graduação e Pós-graduação da Faculdade de Direito da Universidade Presbiteriana Mackenzie. Professor de Direito Penal, Direito Processual Penal e Legislação Penal Especial no Estratégia Concursos. Autor de diversos livros jurídicos. Advogado criminalista. Instagram: @prof.ivanmarques; YouTube: Ivan Luís Marques.

| Kisley Domingos | Direito Previdenciário |

Advogado, Especialista em Direito Previdenciário pela Escola Paulista de Direito – EPD/SP. Professor em cursos de Pós-graduação e Extensão em Direito Previdenciário. Vice-Presidente da Comissão de Direito Previdenciário RGPS OAB/SC. Conselheiro Fiscal OABPrev - Previdência Complementar dos Advogados e Familiares da OAB/SC, Assessor Jurídico COBAP – Confederação Nacional de Aposentados e Pensionistas e Autor de livros jurídicos.

| Leonardo Castro | Direito Penal |

Professor do Gran Cursos Online e do Prova da Ordem. Escritor com mais de uma dezena de livros publicados. Bacharel em Direito. Servidor público concursado. Instagram: @leonardocastroprofessor; *site*: www.praticapenal.com.br.

| Marcelo Hugo da Rocha | Estatuto da Criança e do Adolescente |

Graduado em Psicologia (Atitus Educação). Graduado em Direito (PUCRS). Especialista em Direito Empresarial (PUCRS). Mestre em Direito (PUCRS). Especialista em Psicologia Positiva e *Coaching* (Faculdade UNYLEYA). Psicólogo. Professor. Advogado. Coordenador, autor e coautor de mais de cem obras. Destaque para as coleções: Completaço® Passe na OAB e Completaço® Passe em Concursos Públicos, ambas publicadas pelo selo Saraiva Jur. Rede social: Instagram: @profmarcelohugo; *site*: www.marcelohugo.com.br

| Odair José Torres de Araújo | Direito Eleitoral |

Mestre em Sociologia pela Universidade de Brasília (UnB). Bacharel em Direito pelo Centro Universitário de Brasília (UniCEUB) e em Ciências Sociais pela Universidade Federal de Goiás (UFG). Advogado do escritório França & Penha Advogadas e Associados. Professor da Faculdade Processus-DF e do Gran Cursos Online. Tem experiência nas áreas de Direito Eleitoral, sociologia, filosofia do direito, história do direito e em ciência política com ênfase em sociologia jurídica e teoria do estado, atuando principalmente nos seguintes temas: estado, direito e democracia.

AUTORES

Rafael Novais — Ética

Mestre em Direito pela Universidade Católica de Pernambuco (UNICAP). Especialista em Direito Público e Tributário. Especialista em Giustizia Constituzionale e Tutela Giurisdizionale dei Diritti pela Universidade de Pisa/Itália. Palestrante, consultor e doutrinador. Instrutor e assessor jurídico no Tribunal de Justiça do Estado de Pernambuco (TJPE). Instrutor especial na Escola Fazendária da Secretaria da Fazenda Pública de Pernambuco (ESAFAZ). Professor de Ética, Direito e Processo Tributário em diversos cursos preparatórios para concursos públicos e exames da OAB em todo o Brasil. Autor de obras jurídicas.

Raquel Lucas Bueno — Direito Processual Civil

Mestre em Direito pela Universidade Católica de Brasília (UCB). Atualmente, é advogada no escritório Souza & Bueno Queiroz. Professora de Processo Civil e Direito Civil do Gran Cursos Online (preparatório para concursos públicos e exame de ordem). Professora de Direito Civil do curso telepresencial para concursos e OAB CP-IURIS/CP-OAB. Professora de cursos de aperfeiçoamento em Direito Civil e Processo Civil na Escola Superior da Advocacia de Brasília (ESA/DF). Professora de Direito Civil e Processual Civil do IMP Concursos. Professora de Direito Civil e Processo Civil da Pós-Graduação ATAME, IGD e INFOC. Professora de Processo Civil do Damásio Concursos. Vice-Presidente da Comissão de Direito Notarial e Registral da OAB/DF.

Renato Borelli — Direito Administrativo e Direito Empresarial

Juiz Federal do TRF 1. Foi Juiz Federal do TRF 5. Exerceu a advocacia privada e pública. Foi servidor público e assessorou Desembargador Federal (TRF1) e Ministro (STJ). Atuou no CARF/Ministério da Fazenda como Conselheiro (antigo Conselho de Contribuintes). Professor de cursos preparatórios para OAB e concursos.

Rodrigo Mesquita — Direito Ambiental

Engenheiro Agrônomo. Advogado. Servidor Público Federal. Professor de Direito Constitucional, Direitos Humanos, Direito Ambiental e Direitos das Pessoas com Deficiência. Pós-graduado em Direito Processual & Gestão Jurídica pela IBMEC. Instagram: @profrodrigomesquita.

Vanderlei Garcia Jr. — Direito Civil

Advogado e consultor jurídico. Doutorando em Direito Civil pela Faculdade de Direito da Universidade de São Paulo (USP). Doutorando em Filosofia do Direito pela Pontifícia Universidade Católica (PUCSP). Mestre em Direito pela Faculdade Autônoma de Direito de São Paulo (FADISP), com período de pesquisa pela Università degli Studi di Roma II – Tor Vergata. Especialista em Direito Processual Civil pela Escola Paulista da Magistratura (EPM/SP), com capacitação para o ensino no magistério superior. Pós-graduado em Direito Privado pela Faculdade de Direito Damásio de Jesus (FDDJ/SP). Bacharel em Direito pela Faculdade de Direito da Universidade de Ribeirão Preto (UNAERP/SP). Professor da pós-graduação em Direito da Universidade Presbiteriana Mackenzie. Foi professor da graduação em Direito da Universidade Nove de Julho (UNINOVE) e da Faculdade Autônoma de Direito de São Paulo (FADISP). Professor convidado do programa de pós-graduação da Escola Paulista de Direito (EPD). Professor convidado da Escola Judicial dos Servidores do Tribunal de Justiça de São Paulo (EJUS/EPM). Professor de cursos preparatórios para concursos públicos e Exame de Ordem. Foi assessor jurídico do Tribunal de Justiça do Estado de São Paulo. Palestrante, autor de livros e artigos jurídicos.

Vanessa de Mello Brito Arns — Direito Financeiro

Mestre em Direito (JSM) pela Stanford Law School. Master of Laws (LLM) pela University of California, Los Angeles. Pós-graduada em Relações Internacionais pela Universidade de Brasília. Graduada em Direito pela Universidade Federal do Paraná. Professora de Direito Internacional, Financeiro e Econômico.

APRESENTAÇÃO

Todo livro nasce de alguma ideia ou tem uma história por trás dele. Esse não seria diferente. Já publicamos ou participamos de todo o tipo de abordagem para a preparação para o exame da OAB: questões de provas anteriores comentadas, teoria unificada com questões comentadas, só com teoria unificada, por disciplina, cronograma de estudos, com dicas pontuais para revisão, esquematizado, sistematizado, modelos de peças, preparação emocional e legislação temática. Em títulos únicos para o exame da OAB, entre 1ª e 2ª fase, já são quase 40 livros com este novo projeto editorial.

Mas um livro de simulados? Sim! Era o que faltava. Questões de provas anteriores da OAB estão em toda e qualquer parte. E se a preparação passasse por um estímulo ou endereçamento dos estudos, contando com a experiência de seus autores, todos professores de grandes cursos preparatórios, ao formular as questões para serem resolvidas? Essa ideia era ótima demais para que fosse ainda inédita no mercado de livros para o exame da OAB. Então, você tem um livro pioneiro em mãos!

Mais uma vez, convocou-se uma seleção de professores para este desafio. Inspirados nos temas mais cobrados em exames da OAB, formularam questões que direcionarão a sua atenção rumo à aprovação. Há questões interpretativas, outras mais diretas, mas todas trazem o estímulo necessário para transformar esta jornada vitoriosa. Nesta edição, são mais de 1.000 questões para treinar antes da prova, distribuídas em 14 simulados, 10 nas próximas páginas e outros 4 disponíveis para o leitor pelo acesso ao QR Code que se encontra no sumário da obra. Esta edição contempla a nova divisão de disciplinas, inclusive na ordem exigida na prova da OAB.

Você ainda encontrará planilhas para serem preenchidas para acompanhar a sua evolução durante os estudos, tanto de forma disciplinar como global. Lembrando que o ideal é acertar, no mínimo, 50% das questões em cada simulado. O tempo oficial máximo para resolver é de cinco horas, portanto, respeite esta condição, bem como não resolva com apoio de livros ou de qualquer outro artifício. Todas as questões foram comentadas e as respostas estão no final de cada simulado. Caso você queira "recorrer" de alguma questão, encaminhe para mhdarocha@gmail.com sua argumentação, e ela será compartilhada com o professor responsável pela matéria.

Afinal, quem passa na OAB? Quem tem maior média de horas estudadas? Quem é mais inteligente? Quem leu mais páginas? Quem decorou mais leis? Quem estudou nas melhores faculdades? Quem assistiu mais aulas? Particularmente, acredito em quem despertou para o **poder da aprovação**: estudando de forma estratégica para a prova da OAB e em equilíbrio com o lado emocional. Nem mais, nem menos. Este livro de simulados faz parte deste conceito.

Marcelo Hugo da Rocha
Coordenador da Coleção Passe na OAB Completaço®
e professor para o Exame da OAB desde 2006

SUMÁRIO

Autores	V
Apresentação	IX
Folha de Análise Geral	XIII

EXAMES DE ORDEM

SIMULADO I	1
SIMULADO II	27
SIMULADO III	53
SIMULADO IV	79
SIMULADO V	105
SIMULADO VI	131
SIMULADO VII	155
SIMULADO VIII	179
SIMULADO IX	203
SIMULADO X	227

FOLHA DE ANÁLISE GERAL

Simulado	Total	Número de Acertos	Número de Erros
Simulado I	80		
Simulado II	80		
Simulado III	80		
Simulado IV	80		
Simulado V	80		
Simulado VI	80		
Simulado VII	80		
Simulado VIII	80		
Simulado IX	80		
Simulado X	80		
Simulado XI	80		
Simulado XII	80		
Simulado XIII	80		
Simulado XIV	80		

	Alcançou igual ou mais de 50% de acertos?	
Simulado	SIM	NÃO
Simulado I		
Simulado II		
Simulado III		
Simulado IV		
Simulado V		
Simulado VI		

Simulado VII		
Simulado VIII		
Simulado IX		
Simulado X		
Simulado XI		
Simulado XII		
Simulado XIII		
Simulado XIV		

Anotar o número de acertos em cada disciplina por simulado (e observar a evolução)														
Disciplinas	SIMULADOS													
	I	II	III	IV	V	VI	VII	VIII	IX	X	XI	XII	XIII	XIV
Direito Ambiental														
Direito Administrativo														
Direito Civil														
Direito do Consumidor														
Direito Constitucional														
Estatuto da Criança e do Adolescente														
Direitos Humanos														
Direito Eleitoral														
Direito Empresarial														
Ética														
Filosofia do Direito														
Direito Financeiro														
Direito Internacional														
Direito Penal														
Direito Previdenciário														
Direito Processual Civil														
Direito Processual Penal														
Direito Processual do Trabalho														
Direito do Trabalho														
Direito Tributário														
TOTAL DE ACERTOS														

EXAME DE ORDEM
SIMULADO I

1. Na criação de pessoas jurídicas, segundo o Estatuto da Advocacia e não se tratando de microempresas ou empresas de pequeno porte, faz-se necessário que sua admissão em registro detenha:

(A) o visto do contador responsável.
(B) o visto do contador e advogado, conjuntamente.
(C) o visto do advogado responsável pelo setor de registros públicos, vinculado ao respectivo ente registrador.
(D) o visto do advogado.

2. Mônica, Marina e Milena são advogadas. Mônica adotou uma criança. Milena está em período de amamentação. Marina está no quinto mês de gestação. Diante da situação narrada, de acordo com o Estatuto da OAB, assinale a afirmativa correta.

(A) Mônica e Milena têm direito a reserva de vaga nas garagens dos fóruns dos tribunais.
(B) Marina tem direito a entrar nos tribunais sem ser submetida a detectores de metais e aparelhos de raio-X.
(C) Mônica, Marina e Milena não têm direito de preferência na ordem das audiências a serem realizadas a cada dia, mediante comprovação de sua condição.
(D) Marina e Mônica têm direito à suspensão de prazos processuais, em qualquer hipótese, desde que haja autorização por escrito ao cliente.

3. Fabiana é transexual, reside no Estado XYZ e se formou em Direito em universidade situada no Estado Alfa. Prestou seu exame de ordem no Estado XYZ, sendo aprovada. Considerando que Fabiana pretende exercer sua profissão no Estado Alfa, assinale a alternativa correta:

(A) Fabiana obrigatoriamente deverá realizar sua inscrição no conselho seccional do Estado XYZ, local da sua residência. Poderá colocar seu nome social, independentemente do nome registral.
(B) Fabiana deverá realizar duas inscrições, uma em cada Estado, pois reside em um conselho seccional e pretende atuar em outra. Fabiana não poderá atribuir seu nome social, salvo se realizar cirurgia de redesignação sexual.
(C) Fabiana realizará sua inscrição no conselho seccional do Estado Alfa, local em que pretende estabelecer seu domicílio profissional. É admitida a inclusão do seu nome social, em seguida ao nome registral, mediante mero requerimento formulado pela advogada.
(D) Fabiana realizará sua inscrição no conselho seccional do Estado Alfa, local em que pretende estabelecer seu domicílio profissional. É admitida a inclusão do seu nome social, em seguida ao nome registral, desde que realizada cirurgia de redesignação sexual.

4. O advogado Rafael recebeu, em seu escritório, cliente de grande potencial para realização de demandas na área tributária. Objetivando celebrar contrato de prestação de serviços de advocacia, propôs que, em caso de êxito, receberia honorários contratuais no valor de 51% do que fosse recebido pelo cliente. Fundamentou o percentual na complexidade das causas enfrentadas. A respeito do caso apresentado, assinale a afirmativa correta.

(A) Rafael violou dispositivo do Código de Ética e Disciplina da OAB, segundo o qual os honorários profissionais devem ser fixados com moderação.
(B) Rafael não cometeu infração disciplinar, uma vez que, tendo celebrado contrato de honorários, ele pode cobrar de seu cliente o valor que entender compatível com a complexidade da ação.
(C) Rafael não cometeu infração, desde que o cliente aceite efetuar o pagamento mesmo sem entender a proibição legal.
(D) Rafael violou dispositivo do Código de Ética e Disciplina da OAB, que veda a cobrança de honorários profissionais com base em percentual do valor a ser recebido pela parte.

5. Em audiência de conciliação designada na ação proposta por Luiz em face de João, ambas as advogadas que representam cada um dos clientes, Larissa e Bianca, foram amigas da época de faculdade. Frustrada a tentativa de conciliação e objetivando solucionar rapidamente a demanda, as patronas resolvem celebrar acordo extrajudicial sem autorização de seus clientes. Na situação narrada,

(A) apenas a advogada do autor cometeu infração ética, pois a conciliação somente poderia ocorrer com sua anuência.

(B) apenas a advogada do réu cometeu infração ética, pois não é possível criar encargos ou obrigações sem a sua expressa anuência.

(C) inexistem infrações éticas praticadas por ambas as patronas, pois sempre deve prevalecer o posicionamento dos advogados sobre a demanda, mesmo nos casos de celebração de acordos extrajudiciais.

(D) Ambas as advogadas cometeram infrações éticas, pois constitui infração disciplinar estabelecer entendimento com a parte adversa sem autorização do cliente.

6. Em sessão designada no Conselho Seccional da OAB do Estado de São Paulo, compareceram: Maria, Presidente do Conselho Federal da OAB; João, Conselheiro Federal da OAB, integrante da delegação de São Paulo, e José, ex-Presidente do Conselho Seccional da OAB do Estado de São Paulo. De acordo com o Estatuto da OAB, para as deliberações nessa sessão,

(A) Maria tem direito a voz e voto. João e José têm direito somente a voz.

(B) José tem direito a voz e voto. Maria e João têm direito somente a voz.

(C) João e José têm direito a voz e voto. Maria tem direito somente a voz.

(D) Maria, João e José têm direito somente a voz.

7. Respondendo a um processo criminal, Joyce contratou o advogado Renato para realizar sua defesa técnica. Após diversos encontros destinados a identificação da melhor tese de defesa, o advogado percebe que a cliente não lhe revela fatos determinantes para melhor atuação em juízo. Nesse cenário, conforme o código de ética e disciplina:

(A) deve continuar no patrocínio da demanda, mesmo sem saber a verdade real dos fatos, evitando deixar a cliente sem proteção jurídica.

(B) recomenda-se que externe à cliente sua impressão, requerendo que lhe fale a verdade real sobre os fatos necessários para sua defesa. Caso não se recupere a confiança, poderá renunciar ou substabelecer para outro patrono.

(C) deve renunciar imediatamente ao mandato, em virtude da ausência de confiança e independentemente de tentar previamente retomá-la.

(D) é recomendado que externe à cliente sua impressão. Se não for recuperada a confiança, deverá substabelecer, apenas.

8. O Advogado Mário envolveu-se em leve acidente de trânsito que ocasionou pequenos danos em seu veículo. Irritado com o rapaz envolvido no acidente, proferiu um soco no rosto do terceiro. Neste momento, policial militar que passava no local deu-lhe voz de prisão e encaminhou os envolvidos para a Delegacia de Polícia mais próxima. Ao chegar no estabelecimento, Mário se apresentou como Advogado perante o Delegado de Polícia e requereu a notificação do respectivo Conselho Seccional da OAB. A autoridade, por outro lado, entendeu desnecessária tal notificação e procedeu com a lavratura do auto de prisão. Diante desse cenário, assinale a afirmativa correta:

(A) O Delegado atuou de maneira correta, pois no caso concreto não houve desrespeito pessoal a figura do Advogado.

(B) A atitude do Delegado não pode ser corrigida mediante reclamação em corregedoria ou impetração de Mandado de Segurança;

(C) Apenas seria necessária intimação do Conselho Seccional se a infração tivesse ocorrido no exercício da profissão.

(D) O Delegado praticou crime de abuso de autoridade, previsto no estatuto como sujeito a detenção.

9. Acerca da interpretação das normas jurídicas, analise as assertivas abaixo e assinale a alternativa correta:

(A) Os métodos de interpretação são classificados em autêntico, judicial e doutrinário.

(B) A interpretação autêntica é aquela realizada por um doutrinador renomado do país correspondente ao texto da lei interpretado.

(C) A interpretação corresponde a primeira fase do processo interpretativo.

(D) O método de interpretação teleológico é o que atende aos fins a que a lei se dirige.

10. O texto a seguir é tratativa da ética: "os que fazem o bem não vivem bem, e os que são injustos vivem bem, mas nem por isso alguém deve fazer algo só porque e enquanto me trouxer resultados bons". A passagem acima indica a:

(A) Ética da responsabilidade em Platão.
(B) Ética da Convicção em Kant.
(C) Ética da Convicção em Maquiavel.
(D) Ética da evidência em Sócrates.

11. Durante uma aula de Direito Constitucional, o professor abordou a natureza da Constituição de 1988, explicando sua classificação em diferentes aspectos. Um dos alunos, ao estudar para o exame, questionou a natureza de certas características da Constituição, especialmente no que se refere à sua estabilidade e ao processo de alteração de seus dispositivos. Com base no caso apresentado e nos conceitos doutrinários, assinale a alternativa correta sobre a classificação da Constituição Federal de 1988:

(A) A Constituição Federal de 1988 é considerada flexível, pois admite a alteração de seus dispositivos por meio de procedimento legislativo ordinário, desde que respeitados os princípios fundamentais.
(B) A Constituição Federal de 1988 é considerada rígida, uma vez que exige um processo legislativo especial e qualificado para a modificação de suas normas, não podendo ser alterada por lei ordinária.
(C) A Constituição Federal de 1988 é considerada semirrígida, porque algumas de suas normas podem ser alteradas por lei ordinária, enquanto outras exigem um procedimento legislativo especial.
(D) A Constituição Federal de 1988 é classificada como super-rígida, pois nenhuma de suas normas pode ser alterada, sendo necessárias convenções constitucionais para qualquer modificação.

12. Roberto, um empresário, é proprietário de uma pequena indústria localizada em uma área urbana. Em 2023, o município onde sua indústria está localizada aprovou uma lei que estabelece novas normas ambientais, exigindo que todas as indústrias adotassem tecnologias específicas para o controle de poluentes. Roberto argumentou que a nova lei impunha um ônus financeiro desproporcional, afetando o funcionamento de sua empresa e violando seu direito à livre iniciativa. Roberto decidiu questionar a constitucionalidade da lei municipal. Com base na teoria geral dos direitos fundamentais e na jurisprudência do Supremo Tribunal Federal (STF), a argumentação de Roberto pode ser analisada à luz de qual princípio constitucional fundamental?

(A) Princípio da Proporcionalidade, que determina que as medidas restritivas de direitos devem ser adequadas, necessárias e proporcionais em sentido estrito.
(B) Princípio da Igualdade, que assegura que todos são iguais perante a lei, sem distinção de qualquer natureza.
(C) Princípio da Dignidade da Pessoa Humana, que é o fundamento central do ordenamento jurídico brasileiro.
(D) Princípio da Supremacia do Interesse Público, que determina que o interesse coletivo prevalece sobre os interesses individuais.

13. O Estado de Santa Catarina aprovou uma lei criando um novo município, após realização de um plebiscito que contou com a aprovação da maioria da população envolvida. Entretanto, o Ministério Público Estadual ajuizou uma ação direta de inconstitucionalidade, alegando que a criação do município não cumpriu integralmente os requisitos constitucionais. Diante da organização político-administrativa do Estado, a criação de um novo município depende de quais requisitos constitucionais?

(A) Lei estadual, aprovação em plebiscito, e aprovação da Assembleia Legislativa do Estado.
(B) Lei estadual, estudo de viabilidade municipal, consulta prévia às populações envolvidas, e edição de lei complementar federal autorizativa.
(C) Lei estadual, precedida de estudo de viabilidade municipal e consulta prévia às populações diretamente interessadas, mediante plebiscito.
(D) Lei estadual, aprovação em referendo, e homologação pelo Tribunal de Contas do Estado.

14. O Congresso Nacional, no exercício de sua função fiscalizadora, decide instaurar uma Comissão Parlamentar de Inquérito (CPI) para investigar denúncias de corrupção em uma autarquia federal. Após a coleta de provas, um grupo de parlamentares da CPI pretende solicitar a quebra de sigilo bancário de um dos investigados. Considerando a jurisprudência do STF sobre o tema, é correto afirmar que:

(A) A CPI não tem poderes para determinar a quebra de sigilo bancário, devendo recorrer ao Judiciário para essa medida.
(B) A quebra de sigilo bancário pode ser determinada pela CPI, desde que haja indícios suficientes de prática criminosa.
(C) A CPI pode determinar a quebra de sigilo bancário, mas o investigado tem direito de recorrer diretamente ao STF para suspender a medida.
(D) A quebra de sigilo bancário pela CPI é permitida apenas com a anuência do investigado.

15. Em meio a uma crise financeira, o Governo Federal decide intervir em uma empresa privada de grande porte para garantir a estabilidade econômica e evitar o desemprego em massa. O governo emite uma medida provisória para controlar a gestão da empresa por tempo indeterminado. A empresa, por sua vez, entra com uma ação judicial questionando a constitucionalidade dessa intervenção. Com base nesse cenário, assinale a alternativa correta:

(A) A intervenção estatal é legítima, uma vez que o Governo Federal pode tomar todas as medidas necessárias para assegurar a ordem econômica, incluindo a intervenção em empresas privadas.
(B) A intervenção estatal é inconstitucional, pois a Constituição Federal veda qualquer forma de intervenção direta em empresas privadas.
(C) A intervenção estatal é inconstitucional, pois, embora a Constituição permita a intervenção, ela deve ser temporária e justificada por motivos relevantes.
(D) A intervenção estatal é legítima, desde que aprovada pelo Congresso Nacional em até 60 dias após a edição da medida provisória.

16. Em 2023, uma lei complementar estadual foi promulgada estabelecendo novas regras para a cobrança de impostos sobre serviços de comunicação. Uma associação de empresas de telecomunicações ingressou com uma Ação Direta de Inconstitucionalidade (ADI) no STF, alegando que a lei estadual violava a competência privativa da União para legislar sobre telecomunicações. Sobre a competência para legislar sobre telecomunicações e o controle de constitucionalidade, assinale a alternativa correta:

(A) A ADI não é cabível contra leis estaduais que tratem de telecomunicações, pois a matéria é de competência exclusiva do Congresso Nacional.
(B) Os Estados têm competência concorrente para legislar sobre telecomunicações, podendo editar normas suplementares.
(C) A legislação sobre telecomunicações é de competência exclusiva dos municípios, não cabendo à União interferir.
(D) A União tem competência privativa para legislar sobre telecomunicações, podendo o STF declarar a inconstitucionalidade de leis estaduais que interfiram nessa competência.

17. A Convenção Americana sobre Direitos Humanos também possui (assim como o Pacto Internacional dos Direitos Civis e Políticos) um núcleo inderrogável (também chamado de "núcleo duro interamericano") de direitos, ou seja, um rol de direitos que não podem ser suspensos, nem em caso de guerra, de perigo público, ou de outra emergência que ameace a independência ou segurança do Estado-Parte. Dos direitos abaixo, qual não pode ser suspenso?

(A) Direito à propriedade privada.
(B) Direito de circulação e de residência.
(C) Direito ao reconhecimento da personalidade jurídica.
(D) Liberdade de associação.

18. A Comissão Interamericana de Direitos Humanos (CIDH) e a Corte Interamericana de Direitos Humanos (Corte IDH) são os órgãos competentes para os meios de proteção da própria Convenção Americana sobre Direitos Humanos.

Sobre o papel da Corte Interamericana de Direitos Humanos no sistema da Convenção, podemos afirmar que cabe a ela:

(A) Estimular a consciência dos direitos humanos nos povos da América.
(B) Formular recomendações aos governos dos Estados-Membros, quando o considerar conveniente, no sentido de que adotem medidas progressivas em prol dos direitos humanos no âmbito de suas leis internas e seus preceitos constitucionais, bem como disposições apropriadas para promover o devido respeito a esses direitos.
(C) Tomar as medidas provisórias em casos de extrema gravidade e urgência que considerar pertinentes.
(D) Solicitar aos governos dos Estados-Membros que lhe proporcionem informações sobre as medidas que adotarem em matéria de direitos humanos.

19. Nas eleições municipais da Cidade Delta, os partidos Alfa e Beta celebraram coligação para disputa do Executivo local. A chapa foi encabeçada por João, candidato a Prefeito e filiado ao partido Alfa, e por Maria, candidata a vice-prefeita e filiada ao partido Beta. Durante a realização da campanha eleitoral, restou comprovado que Maria realizou propaganda eleitoral irregular, o que implicou na sua condenação ao pagamento de multa. Contudo, ao tomar conhecimento da condenação contra a sua colega, João ficou preocupado quanto a sua responsabilização, uma vez que os dois faziam parte da mesma coligação.

Conforme a legislação eleitoral em vigor, a responsabilidade pelo pagamento da multa é

(A) de João e Maria, uma vez que pertencem a mesma coligação partidária e, por esse motivo, respondem solidariamente pelo pagamento da multa.
(B) dos partidos coligados que respondem solidariamente pelas irregularidades praticadas por qualquer dos candidatos pertencentes à coligação.
(C) apenas de Maria e do seu partido, que respondem solidariamente.
(D) de João, Maria e dos seus respectivos partidos, que respondem solidariamente pela prática de propaganda eleitoral irregular e consequente pagamento da multa.

20. Caio está no último ano do seu segundo mandato de prefeito da Cidade Ômega. Como goza de grande popularidade, pretende lançar a professora Helena à sua sucessão. Contudo, desde o início do seu primeiro mandato, os dois mantém união estável, por esse motivo não sabe se essa relação é impeditiva para que Helena possa se candidatar.

A fim de sanar as suas dúvidas, Caio procura um advogado, que deverá responder corretamente que

(A) Em caso de dissolução da união estável com antecedência mínima de seis meses da eleição, a inelegibilidade reflexa sobre Helena será sanada.
(B) Ainda que ocorra a dissolução da união estável, Helena estará impedida de se candidatar.
(C) União estável não gera inelegibilidade reflexa, por esse motivo Helena poderá se candidatar, independentemente da dissolução da união estável.
(D) Helena está impedida de se candidatar à prefeita, mas poderá se lançar à vereadora, porque a inelegibilidade reflexa se restringe aos cargos eletivos do Executivo.

21. Bilbao é investigado pelo Governo da Argentina e, após abandonar seu cargo importante naquele País, opta por fixar residência no Brasil, pelo fato de ser estrangeiro casado com Lia, brasileira, com a qual tem um filho menor chamado Martín. Morando há anos no Brasil e já tendo se naturalizado brasileiro, descobre que existe contra ele pedido de extradição em razão de sentença que o condenou por crime praticado na Argentina, na época em que lá residia. Sobre o mecanismo da extradição, assinale a opção correta:

(A) Não poderá ser concedida, porque a Constituição Federal proíbe a extradição de seu nacional brasileiro.
(B) Não poderá ser concedida, porque o Bilbao tem filho menor, sob seu sustento.
(C) Poderá ser concedida, porque Bilbao não é brasileiro nato e o crime praticado foi à época que ainda era estrangeiro.
(D) Poderá ser concedida mediante tratado de extradição.

22. Eric, suíço radicado no Brasil há muitos anos, faleceu em sua casa no Rio Grande do Sul Bahia, deixando seus três filhos, todos maiores de idade. Suas filhas residem no Brasil, mas o filho se mudara para a Suíça antes mesmo do falecimento de Eric, lá residindo. Eric possuía diversos bens espalhados pelo sul nordeste do Brasil e uma propriedade no norte da Suíça. Com referência à sucessão de Eric, assinale a afirmativa correta.

(A) Para o processamento do inventário de Eric, sua sucessão seguirá a lei suíça de sua nacionalidade.
(B) A capacidade do filho de Eric para sucedê-lo será regulada pela lei suíça.
(C) Em caso de testamento, não importe o local de sua assinatura e elaboração.
(D) O inventário de Eric não poderá ser processado no Brasil, em razão de existirem bens no estrangeiro a partilhar.

23. Em uma reunião com a equipe econômica do município de Flor de Liz, o prefeito Pedro foi informado de que havia uma receita proveniente de uma operação de crédito que ainda não estava contemplada no projeto de lei orçamentária que seria enviado à Câmara Municipal. Seu secretário de finanças sugeriu que, por ser uma operação específica e temporária, essa receita poderia ser tratada fora do orçamento. Preocupado, Pedro decidiu consultar sua assessoria jurídica sobre a legalidade da sugestão. Considerando o disposto na Lei n. 4.320/64, especificamente seu art. 3º, e o princípio da universalidade, qual a alternativa correta?

(A) Pedro pode decidir se inclui ou não a receita da operação de crédito no orçamento, visto que a Lei de Orçamentos não é rígida quanto a operações de crédito.
(B) A sugestão do secretário de finanças está correta, pois receitas de operações de crédito podem ser tratadas fora do orçamento devido ao seu caráter temporário.
(C) O prefeito Pedro deve incluir no projeto de lei orçamentária todas as receitas, inclusive as de operações de crédito, em conformidade com o princípio da universalidade.
(D) A Lei n. 4.320/64 permite exceções ao princípio da universalidade, sendo assim, o prefeito Pedro tem discricionariedade para decidir sobre a inclusão da receita no orçamento.

24. O estado de Capivara tem enfrentado desafios econômicos nos últimos anos. A fim de equilibrar as contas públicas e cumprir a Lei de Responsabilidade Fiscal (LRF), a governadora Helena propôs uma série de medidas para melhorar a gestão fiscal do estado. Entre essas medidas estava a realização de um grande empréstimo para cobrir um déficit orçamentário temporário, sem previsão de receitas futuras para sua quitação. O Tribunal de Contas do Estado, ao analisar a proposta, identificou possíveis inconsistências em relação à LRF, em seu artigo referente à responsabilidade na gestão fiscal. Com base na LRF e no conceito de responsabilidade na gestão fiscal, assinale a alternativa correta.

(A) A proposta da governadora Helena está em conformidade com a LRF, pois a realização de empréstimos é uma ação planejada e transparente para correção de desvios.
(B) A responsabilidade na gestão fiscal é caracterizada apenas pelo cumprimento de metas de resultados entre receitas e despesas, sendo a decisão de Helena adequada.
(C) A LRF permite a realização de operações de crédito por antecipação de receita, desde que haja clareza na destinação dos recursos, validando a decisão de Helena.
(D) A responsabilidade na gestão fiscal pressupõe ação planejada e transparente que previne riscos e corrige desvios capazes de afetar o equilíbrio das contas públicas, considerando também limites em operações de crédito. A proposta de Helena pode ser inconsistente com esses princípios.

25. GQ Ltda., pessoa jurídica atuante no seguimento de bares e restaurantes, efetuou a compra do estabelecimento empresarial de Coma Bem Ltda., dando prosseguimento com a atividade anterior do estabelecimento; no entanto, passou a utilizar a denominação da adquirente – GQ Ltda. Neste caso, é correto afirmar que:

(A) A GQ Ltda. responde solidariamente pelos tributos devidos pela Coma Bem Ltda., até a data do ato de aquisição do estabelecimento empresarial, se a Coma Bem Ltda. cessar a exploração da atividade.
(B) Caso a Coma Bem prossiga na exploração da mesma atividade dentro de 6 (seis) meses contados da data de alienação, a GQ responde subsidiariamente pelos tributos devidos pela Coma Bem Ltda. até a data do ato de aquisição do estabelecimento.
(C) Caso a Coma Bem mude de ramo de comércio dentro de 6 (seis) meses contados da data de alienação, então a GQ será integralmente responsável pelos tributos devidos pela Coma bem até a data do ato de aquisição desta.

(D) Caso o negócio jurídico não fosse a aquisição, mas a incorporação da Coma Bem pela GQ, esta última estaria isenta de qualquer responsabilidade referente aos tributos devidos pela Coma bem até a data da incorporação.

26. À lei ordinária, no ramo do Direito Tributário, cabe:

(A) Reger as normas gerais da disciplina tributária, em especial sobre tratamento diferenciado as microempresas e empresas de pequeno porte.
(B) Regular imunidades, isenções e hipóteses de não incidência.
(C) Instituir IGF e empréstimo compulsório.
(D) Estabelecer a cominação ou dispensa de penalidades para as ações ou omissões contrárias a seus dispositivos.

27. Gabriel não efetuou o recolhimento do imposto de renda referente ao último exercício, em razão de problemas familiares que envolvia a saúde de seu filho. A Receita Federal realizou lançamento, bem como efetuou a notificação de Gabriel, de acordo com a lei, acerca do crédito tributário devido.

Recebendo a notificação, Gabriel foi até a Receita, confessou a prática da infração, e se colocou à disposição para realizar o pagamento imediatamente do tributo devido, sem multa ou juros de mora.

A partir do exposto acima, assinale a afirmativa correta.

(A) Diante da confissão, será excluída a sua responsabilidade, sem que ocorra a cominação de qualquer penalidade. No entanto, deverá efetuar o pagamento do tributo devido acrescido dos juros de mora.
(B) Gabriel somente compareceu à Receita após a notificação, fato este que impossibilita o gozo de qualquer benefício oriundo da denúncia espontânea, desta forma, deve recolher o tributo devido, a penalidade imposta e os juros de mora.
(C) O comparecimento espontâneo, em qualquer fase do procedimento, instaurado ou não, caracteriza a denúncia espontânea, prestigiando a boa-fé na relação entre o contribuinte e o fisco
(D) Caso Gabriel tivesse procedido com mera culpa, ou seja, se a sonegação tivesse ocorrido por mero esquecimento, ele poderia pagar somente o tributo e os juros de mora, excluindo o pagamento de multa.

28. Giga Ltda. sociedade empresária teve decretada sua falência. Giga havia dado como garantia hipotecária um imóvel ao Banco Fácil S/A, para assegurar uma dívida no montante de R$ 1.000.000,00. O bem dado em garantia fora avaliado em R$ 1.200.000,00. A Fazenda Pública Estadual possui créditos tributários a receber de Giga Ltda. decorrentes de ICMS não recolhidos anteriormente a decretação da falência.

Com base no exposto acima, assinale a afirmativa correta.
(A) O privilégio da Fazenda lhe dá preferência em face do credor com garantia real.
(B) A Fazenda não pode executar o bem, em função de ter havido a quebra da empresa, prevalecendo o crédito com garantia real.
(C) A Fazenda tem direito de preferência visto que o crédito tributário precede à hipoteca.
(D) A Fazenda respeitará a preferência do credor hipotecário, nos limites do valor do crédito garantido pela hipoteca.

29. A Empresa Pública Municipal Clean Ltda., do Município Edgard da Paz, efetuou a alienação de bem imóvel de sua propriedade situado à Av. Primeiro de Março. Neste caso, o novo proprietário:

(A) não possui o dever de efetuar o pagamento do imposto de transmissão de bens imóveis, por se tratar de bem público.
(B) terá isenção total do IPTU, por adquirir a imunidade destinada a bens públicos.
(C) deverá suportar o Imposto Predial Territorial Urbano, todavia, não haverá de arcar com o ITBI, visto que quem realiza a transmissão da propriedade do bem é uma empresa pública.
(D) fica obrigado a pagar todos os tributos que recaiam sobre o bem.

30. Com a iminência das eleições municipais e visando unicamente sua promoção pessoal, Dolores, Prefeita do Município Delta, propagou pela cidade centenas de panfletos, *banners* e *outdoors* contendo seu nome e rosto, atribuindo a si diversas obras públicas realizadas no curso do seu mandato.

Na situação narrada, Dolores violou, precipuamente, o princípio administrativo da:
(A) impessoalidade.
(B) legalidade.
(C) eficiência.
(D) publicidade.

31. Autarquia "X", responsável pela fiscalização de estabelecimentos especializados no comércio de gêneros alimentícios, constatou, em fiscalização de rotina, que um grande supermercado localizado no Município Beta estava operando de forma irregular e comercializando produtos com validade expirada. Aplicadas as sanções cabíveis, inclusive a penalidade de multa, a autarquia, a fim de garantir o pagamento da sanção pecuniária, apreendeu produtos dentro do prazo de validade, cujo valor total correspondesse exatamente ao valor da multa e que pudessem ser aproveitados pela própria autarquia, como pães, sucos e café.

Considerando o cenário narrado, indique a alternativa correta.

(A) A apreensão de bens foi adequada e decorre do atributo da autoexecutoriedade, inerente aos atos de polícia.
(B) A apreensão de bens não foi adequada, somente sendo viável se precedida de pesquisa de mercado que corroborasse a compatibilidade dos preços com a média de mercado.
(C) A apreensão de bens não foi adequada, visto que a cobrança de multas não pode ser realizada de forma coercitiva no exercício da autoexecutoriedade.
(D) A apreensão de bens não foi adequada, somente sendo viável se precedida de licitação na modalidade leilão.

32. O restaurante Tempero de Vó requereu junto ao Município Beta autorização para estruturar mesas e cadeiras em parte da calçada. Ocorre que sete meses após o deferimento do pedido, a Câmara Municipal de Beta editou lei proibindo o uso privativo de calçadas por estabelecimentos comerciais, ocasionando a extinção do ato administrativo de autorização de uso inicialmente concedida.

Considerando a situação narrada, a modalidade de extinção do ato administrativo é:

(A) anulação, pois a nova legislação tornou ilegal a autorização de uso concedida.
(B) revogação, diante da inconveniência da autorização para o interesse público.
(C) caducidade, em virtude de ilegalidade superveniente.
(D) cassação, em virtude de ilegalidade superveniente.

33. A nomeação de Ministros do STF, em procedimento no qual a decisão final da Administração Pública requer a participação de diferentes agentes ou órgãos, sendo cada uma das manifestações autônomas, pode ser caracterizada como um ato administrativo:

(A) composto.
(B) complexo.
(C) vinculado.
(D) coletivo.

34. Artur, servidor público estadual que ocupava exclusivamente cargo em comissão, foi exonerado *ad nutum* por supostamente ter praticado crime de peculato. Alguns meses após a exoneração, todavia, a própria administração constatou não ter havido o cometimento de qualquer infração penal pelo servidor, mas manteve sua exoneração, alegando tratar-se de ato administrativo discricionário.

Inconformado com a manutenção da exoneração, Artur consulta advogado(a), sendo correto afirmar que:

(A) a propositura de uma ação judicial com o objetivo de invalidar o ato de exoneração é viável, pois, mesmo que a motivação seja dispensável para os atos administrativos discricionários de exoneração, uma vez que os motivos que levaram à prática do ato sejam explicitados, eles passam a vincular a Administração Pública de acordo com a teoria dos motivos determinantes.
(B) a propositura de uma ação judicial com o objetivo de invalidar o ato de exoneração é viável, pois, tratando-se ato administrativo vinculado, o Poder Judiciário pode analisar o mérito administrativo para verificar a conveniência e oportunidade da manutenção do ato, com base no princípio da inafastabilidade da jurisdição.
(C) a propositura de uma ação judicial com o objetivo de invalidar o ato de exoneração não é viável, pois trata-se de ato vinculado no que se refere à liberdade de ação do administrador público. Nesse sentido, o Poder Judiciário não pode interferir no controle do mérito administrativo, sob o risco de violar a separação dos Poderes.
(D) a propositura de uma ação judicial com o objetivo de invalidar o ato de exoneração não é viável, pois o texto constitucional estabelece claramente que os cargos em comissão são de livre nomeação e exoneração pela autoridade competente, a qual não se encontra vinculada ou limitada aos motivos expostos para a prática do ato administrativo.

35. Calçados Ltda., sociedade empresária que atua na fabricação de calçados e componentes para calçados, pretende instalar uma nova unidade produtiva em área localizada em dois Estados (Alfa e Gama). Dessa forma, o ente competente para realização da ação administrativa de licenciamento ambiental da nova unidade produtiva será:

(A) a União.
(B) os 2 (dois) Estados.
(C) os Municípios dos 2 (dois) Estados.
(D) a União, os 2 (dois) Estados e os Municípios dos 2 (dois) Estados.

36. Isabella, proprietária de imóvel rural localizado no Município X, em área de abrangência do Bioma Mata Atlântica, é avisada por Emanuel, seu vizinho, que o trecho de seu imóvel com vegetação secundária em estágio avançado de regeneração está sendo desmatado e incendiado por Cláudio, produtor rural, vizinho de Isabella e Emanuel. Sobre a hipótese, assinale a afirmativa correta.

(A) Apenas a vegetação primária perderá esta classificação nos casos de incêndio, desmatamento ou qualquer outro tipo de intervenção não autorizada ou não licenciada.
(B) Apenas a vegetação secundária em estágio avançado de regeneração perderá esta classificação nos casos de incêndio, desmatamento ou qualquer outro tipo de intervenção não autorizada ou não licenciada.
(C) Apenas a vegetação secundária em estágio inicial de regeneração perderá esta classificação nos casos de in-

cêndio, desmatamento ou qualquer outro tipo de intervenção não autorizada ou não licenciada.

(D) A vegetação primária ou a vegetação secundária em qualquer estágio de regeneração do Bioma Mata Atlântica não perderão esta classificação nos casos de incêndio, desmatamento ou qualquer outro tipo de intervenção não autorizada ou não licenciada.

37. Fernando, amigo de Adalberto de longa data, notando que seu amigo precisava arrumar o telhado da sua casa, empresta R$ 10.000,00 (dez mil reais) para o seu amigo com a condição de ser paga em três meses. Na data do pagamento, Adalberto, percebendo não ter o dinheiro, sugere realizar o pagamento com o seu carro, e Fernando por consideração e amizade aceita oferta. Todavia, passados 60 dias da transferência do veículo pelo órgão de trânsito responsável, o carro foi apreendido pela autoridade policial. Na ordem de busca e apreensão consta que, após o registro da transferência pelo órgão de trânsito, as autoridades receberam ordem judicial da apreensão do veículo, pois o automóvel era de propriedade de Márcia.

Diante do fato narrado, Fernando terá direito:

(A) à indenização a ser paga por Márcia, que será calculado pelo valor do veículo nas tabelas oficiais de precificação de automóveis.
(B) ao pagamento do valor do empréstimo por Adalberto, acrescido dos encargos moratórios a partir do vencimento.
(C) à reter o veículo, até o recebimento do valor do empréstimo, podendo ser pago por Márcia ou Adalberto.
(D) ao pagamento do valor do veículo por Adalberto, acrescido dos juros legais a partir da data de perdimento do bem.

38. Kátia, aposentada, possui grande amor por seu sobrinho, Alfredo. Na virada do ano, os seus vizinhos soltaram fogos para comemorar o evento, acabando por um desses fogos de artifício acertarem seu sobrinho.

Desesperada com a gravidade do fato, promete recompensa de R$ 500.000,00 (quinhentos mil reais) ao bombeiro que levar seu sobrinho para ser socorrido ao hospital e assim, evitar seu óbito. Julia, bombeira, socorre Alfredo ao pronto-socorro e, após saber que não mais possuía risco de vida, reivindica o pagamento da recompensa prometida, o que foi negado por Kátia.

Assim, assinale o vício de consentimento que contaminou a manifestação de vontade de Kátia:

(A) Lesão.
(B) Fraude contra credores.
(C) Erro.
(D) Estado de perigo.

39. Thiago, grande empresário, colecionador de carros antigos, teve um dos seus veículos danificado por Caio, quando este manobrava o carro para estacionar em sua casa. Após dez meses do ocorrido, Thiago, que não havia procurado o judiciário para tratar da ação de indenização pelo dano sofrido, veio a óbito, deixando como herdeira sua filha Patrícia.

Diante das regras de prescrição apresentadas pelo Código Civil e o caso concreto, assinale alternativa correta:

(A) O prazo prescricional iniciado contra Thiago continua contra sua herdeira, Patrícia.
(B) O prazo de prescrição é interrompido com a morte de Thiago.
(C) Por se tratar de um direito personalíssimo, a pretensão de Thiago é encerrada com a constatação do seu óbito.
(D) O prazo de prescrição é suspenso com a morte de Thiago.

40. Roberto, professor mundialmente reconhecido, por meio de testamento, dispõe do próprio corpo em rol da Universidade Federal Fluminense, para estudos em curso médico, para depois da morte. Excepciona, porém, o cérebro, em relação ao qual pleiteia seja enterrado no túmulo de sua família. Esse ato:

(A) não é válido, porque a disposição gratuita do próprio corpo só pode ter objetivo altruístico e não científico.
(B) não é válido, porque a disposição do próprio corpo após a morte não se encontra na discricionariedade do indivíduo, tratando-se de direito indisponível.
(C) é válido, por ter objetivo científico, ser gratuito e por não ser defesa a disposição parcial do corpo após a morte.
(D) não é válido, pois a disposição gratuita do próprio corpo, embora seja possível para fins científicos, não pode ocorrer de forma parcial, mas apenas no todo.

41. Felipe foi passar o final de semana em sua casa de praia em Salvador/BA. Ao abrir o portão eletrônico da sua casa, seus dois cães de guarda fugiram e atacaram Ana Paula, que estava passando pela rua. Diante dessa situação hipotética, assinale a alternativa correta.

(A) Ana Paula não deve ser indenizada, pois o fato decorreu de omissão de Felipe, sendo necessária a ação para configurar sua responsabilidade.
(B) Ana Paula deverá ser indenizada desde que demonstre a culpa de Felipe.
(C) Ana Paula deverá ser indenizada desde que demonstre o dano e o nexo de causalidade entre a ação ou omissão de Felipe e o dano sofrido.
(D) Ana Paula não deverá ser indenizada, pois tal situação configura culpa exclusiva da vítima.

42. Tatiana, empresária, vai até a loja de móveis de luxo XPTO Móveis Personalizados, onde é atendida pela vendedora Fernanda. Encantada com duas estátuas gregas exclusivas, denominadas de Poseidon e Athena, Tatiana efetiva a reserva, obrigando-se a retornar no dia seguinte para escolher uma delas e realizar o pagamento da eleita. Na data marada, Tatiana informa que gostaria de adquirir Athena. Contudo, Fernanda responde que apenas restou Poseidon, visto que Athena foi por ela vendida na noite anterior. Diante dessa situação, Tatiana:

(A) deverá adquirir Poseidon, visto que já havia reservado.
(B) poderá exigir perdas e danos em relação a Athena.
(C) deverá pagar por Poseidon, pois Athena se perdeu sem culpa da loja de móveis.
(D) resolverá o pacto estabelecido com a loja de móveis, sem perdas e danos.

43. Após a retomada das aulas, exclusivamente, presenciais na rede de educação pública, já com o controle da pandemia, constatou-se em determinada escola de ensino fundamental um índice acima de 50% de ausências injustificadas. O dirigente desse estabelecimento procurou um advogado para encontrar uma solução para o caso. De acordo com o Estatuto da Criança e do Adolescente, assinale a opção que apresenta a orientação jurídica correta.

(A) Propor ação contra os pais ou responsáveis para que seja imposta uma multa e medida coercitiva para que seus filhos retomem às aulas presenciais.
(B) Abrir procedimento para imposição de penalidade administrativa por infração às normas de proteção à criança e ao adolescente.
(C) Notificar os pais ou responsáveis para que no prazo de 30 dias os filhos retornem às aulas sob pena de perder a vaga na escola.
(D) Comunicar o Conselho Tutelar após esgotados os recursos escolares em razão da reiteração de faltas injustificadas e de evasão escolar.

44. Eduardo e Mônica, brasileiros e casados, vivem na Austrália, mas passam as férias anuais no Brasil para visitar os parentes. O casal acabou visitando uma entidade de acolhimento institucional na cidade de Porto Alegre e conheceram a pequena Clarissa, uma criança de seis anos de idade. Ela estava disponível nos cadastros de habilitação tanto para adoção nacional como internacional. Com o desejo de adotá-la, procuram um advogado para uma orientação jurídica. Porém, há outro casal de estrangeiros que também deseja adotar Clarissa. Assinale a opção correta pertinente ao caso.

(A) Por serem brasileiros, não é caso de observar os trâmites de adoção internacional.
(B) O casal de estrangeiros tem preferência na adoção internacional.
(C) A adoção internacional não pressupõe a intervenção das Autoridades Centrais Estaduais, somente, a Federal.
(D) O casal de brasileiros deverá formular pedido de habilitação à adoção perante a Autoridade Central em matéria de adoção internacional e enviará o relatório à Autoridade Central Estadual, com cópia para a Autoridade Central Federal Brasileira.

45. No dia do seu aniversário, Marcelo se dirigiu com sua família ao restaurante Durães Beer Ltda. e pediu um rodízio de carnes e algumas bebidas. No momento de brindar pelo seu natalício, Marcelo notou que dentro da garrafa de cerveja havia um corpo estranho, semelhante a um inseto em decomposição, o que provocou ojeriza em quem estava na mesa. Nesse caso, de acordo com os direitos básicos do consumidor, assinale a alternativa correta:

(A) Marcelo não tem direito a qualquer reparação, pois não ingeriu a bebida.
(B) Marcelo tem direito a reparação por danos morais, mas os seus familiares não.
(C) Marcelo e seus familiares têm direito a reparação por danos morais, mesmo não havendo a ingestão da bebida.
(D) Marcelo e seus familiares teriam direito a reparação por danos morais, se houvesse ocorrido ingestão da bebida.

46. Buscando ampliar sua fonte de renda, Alessandro passou a comprar produtos eletrônicos em um país vizinho ao Brasil e a vender pela internet. Alessandro faz suas vendas através das redes sociais e entrega para todo o país, mas não formalizou seu negócio e toda transação é feita como pessoa física, em seu CPF. Tomando conhecimento dos seus produtos eletrônicos pelas redes sociais, Leonardo adquiriu um HD externo que apresentou vício no dia seguinte. Nesse caso, é correto afirmar que:

(A) Não sendo o vício sanado no prazo máximo de 30 dias, Leonardo pode exigir, alternativamente, e à sua escolha a substituição do produto por outro da mesma espécie, em perfeitas condições de uso ou a restituição imediata da quantia paga, monetariamente atualizada, sem prejuízo de eventuais perdas e danos ou o abatimento proporcional do preço.
(B) Leonardo não pode exigir qualquer direito previsto no Código de Defesa do Consumidor, pois Alessandro não é considerado fornecedor, tendo em vista a sua situação de informalidade.
(C) Em qualquer caso, Leonardo pode exigir, alternativamente, e à sua escolha a substituição do produto por outro da mesma espécie, em perfeitas condições de uso ou a restituição imediata da quantia paga, monetariamente atualizada, sem prejuízo de eventuais perdas e danos ou o abatimento proporcional do preço.
(D) Não sendo o vício sanado no prazo máximo de 90 dias, Leonardo pode exigir, alternativamente, e à sua escolha a substituição do produto por outro da mesma espécie, em perfeitas condições de uso, ou a restituição imediata da quantia paga, monetariamente atualizada, sem

prejuízo de eventuais perdas e danos ou o abatimento proporcional do preço.

47. João da Silva, conhecido em sua cidade pelos dotes culinários, dirigiu-se à administração municipal com o intuito de obter orientação para iniciar sua atividade empresarial no ramo alimentício. Chegando no local, foi orientado pelo fiscal da prefeitura de que bastava entrar em funcionamento que a prefeitura concedia a permissão. Nos termos do Código Civil, assinale a alternativa correta:

(A) O fiscal orientou corretamente pois, Joao da Silva, no momento da informação, avisou seu intuito empresarial.
(B) O fiscal orientou incorretamente, pois, segundo o Código Civil não é obrigatória a inscrição do empresário no Registro Público de Empresas Mercantis da respectiva sede, depois do início de sua atividade.
(C) O fiscal orientou corretamente, pois, segundo o Código Civil, é obrigatória a inscrição do empresário no Registro Público de Empresas Mercantis da respectiva sede, depois do início de sua atividade.
(D) O fiscal orientou incorretamente, pois, segundo o Código Civil, é obrigatória a inscrição do empresário no Registro Público de Empresas Mercantis da respectiva sede, antes do início de sua atividade.

48. Carlos Alberto fundou no município de São Paulo, em 1987, a empresa Nossa Praça S/A, pioneira no ramo de veículos automotores movidos a energia elétrica. Dentre os desafios do mercado, conseguiu manter a empresa até os dias atuais e, de 2015 em diante, presenciou um crescimento astronômico no valor de sua empresa, o que motivou a construção de nova filial no município de Santo André, lugar sujeito à jurisdição de outro Registro Público de Empresas Mercantis, no estado de São Paulo. Diante da situação narrada, assinale a alternativa correta nos termos do Código Civil:

(A) Como a empresa não mudará de estado, basta Carlos Alberto se dirigir ao Cartório de Registro de Empresas da capital de São Paulo e comunicar a construção de nova filial.
(B) É facultado a Carlos Alberto inscrever a filial no Registro Público de Empresas Mercantis da cidade de Santo André, com a prova da inscrição originária.
(C) O empresário que instituir filial em lugar sujeito à jurisdição de outro Registro Público de Empresas Mercantis, neste deverá também inscrevê-la, com a prova da inscrição originária.
(D) O empresário que instituir filial em lugar sujeito à jurisdição de outro Registro Público de Empresas Mercantis, neste deverá também inscrevê-la, não necessitando da prova da inscrição originária.

49. Leonardo deseja ser empresário e procura um advogado para orientá-lo melhor. Caso você fosse o advogado ou a advogada, quais dos requisitos da inscrição do empresário a seguir não está previsto em lei. Assinale tal alternativa.

(A) O capital.
(B) A Certidão Negativa de Antecedentes Criminais.
(C) O nome, a nacionalidade e o domicílio.
(D) O regime de bens, se casado.

50. No que tange o Empresário Rural e o Pequeno Empresário, assinale a alternativa correta nos termos do Código Civil:

(A) A lei assegurará tratamento favorecido, diferenciado e simplificado ao empresário rural e ao pequeno empresário, quanto à inscrição e aos efeitos daí decorrentes.
(B) A lei não assegurará tratamento favorecido, diferenciado e simplificado ao empresário rural ou pequeno empresário, quanto à inscrição e aos efeitos daí decorrentes.
(C) A lei assegurará tratamento igualitário a todos os empresários.
(D) A lei assegurará tratamento favorecido, diferenciado e simplificado ao empresário rural e ao pequeno empresário, somente quanto à inscrição.

51. Amália assumiu a posição de fiadora da sobrinha Helena, em contrato de locação residencial por esta firmado. Ressalte-se que o contrato previa a cláusula de benefício de ordem. Todavia, após oito meses da celebração do contrato, Helena deixou de pagar o aluguel e o locador Rogério promoveu ação de cobrança em face da inquilina. Após a tramitação processual, Helena foi condenada ao pagamento de 20 mil reais. Com o trânsito em julgado, foi promovido o cumprimento de sentença em face de Helena e Amália, indicando o locador à penhora o único imóvel de Amália, onde ela reside com seus cachorros Bob e Téo. Neste contexto, assinale a alternativa correta:

(A) Como o contrato de fiança possui cláusula de benefício de ordem, Amália não poderia ser inserida na fase de cumprimento de sentença.
(B) Amália pode ter seu imóvel atingido porque a proteção da impenhorabilidade do bem de família legal não abrange pessoas solteiras.
(C) Amália não pode ser inserida no cumprimento de sentença, uma vez que não participou da formação do título executivo judicial.
(D) Neste caso Amália pode ser acionada na fase de cumprimento de sentença e não tem a proteção da impenhorabilidade do bem de família legal, por disposição expressa de lei.

52. Suzana descobre que Keila foi demandada em ação de cobrança cumulada com despejo, em relação ao imóvel atualmente ocupado por Suzana. Por mera liberalidade, Keila se comprometeu a pagar 24 meses de aluguel para a amiga Suzana, que ficou desempregada em virtude da crise gerada pela pandemia. Ocorre que Keila não paga o aluguel há três meses, o que gerou a propositura de demanda por parte do locador Adão. Nesse contexto, Suzana deseja intervir neste processo para impedir a sucumbência de Keila, uma vez que os prejuízos da desocupação serão suportados por Suzana. Você, na condição de advogado(A) de Suzana, promoveria:

(A) pedido de denunciação da lide.
(B) pedido de chamamento ao processo.
(C) pedido de assistência simples.
(D) pedido de assistência litisconsorcial.

53. Lucrécia promove demanda em face de Eugênio, com pedido de tutela provisória, apresentando farta prova documental e apontando que sua pretensão se encontra consolidada em tese jurídica firmada em sede de recurso especial repetitivo. Neste contexto, assinale a alternativa correta:

(A) O caso é de tutela provisória de evidência antecedente.
(B) O caso é de tutela provisória de evidência punitiva.
(C) O caso é de tutela de evidência incidental, com a possibilidade de concessão de liminar *inaudita altera pars*.
(D) O caso é de tutela de evidência incidental, sem a possibilidade de concessão de liminar *inaudita altera pars*.

54. Roberta e Ana promoveram demanda indenizatória em face de Alice, organizadora de uma festa local famosa, chamada FESTA DA BAGACEIRA. Durante o evento, após consumirem os *drinks* do camarote, Roberta e Ana apresentaram mal súbito, perdendo a consciência. No dia seguinte, na rede social de Alice, apareceram fotos de Roberta sem parte de suas vestimentas, dançando no balcão de bebidas, e Ana abraçando uma metralhadora ao som de Marília Mendonça. Em virtude das imagens, Roberta perdeu seu recente emprego de secretária de uma clínica, e Ana teve o casamento desfeito. A partir desta turbulenta narrativa fática, assinale a opção correta:

(A) O caso retrata uma hipótese de litisconsórcio facultativo multitudinário.
(B) O caso retrata uma hipótese de litisconsórcio facultativo simples.
(C) O caso retrata uma hipótese de litisconsórcio facultativo unitário.
(D) O caso retrata uma hipótese de litisconsórcio necessário.

55. Patrícia promove ação de divórcio em face de Nilton, após descobrir traição do marido com uma colega de serviço. Com a referida descoberta, Patrícia deixa o lar conjugal em Barreiras/BA, e vai para a casa de sua mãe em Salvador/BA, levando o filho do casal, Pedro, de dez anos. A partir desses fatos, à luz das ações de família, assinale a alternativa correta:

(A) O foro competente para a referida ação é o último domicílio conjugal.
(B) Caso Nilton concorde com o divórcio, este poderá ser extrajudicial.
(C) O foro competente para a referida ação é Salvador.
(D) Por ocasião de sua citação, Nilton não receberá a contrafé da petição inicial, razão pela qual só poderá ter acesso a tal documento após a audiência de mediação.

56. Maria Cristina promove ação rescisória em face de uma sentença de mérito, que transitou em julgado há um ano, por entender que a decisão violava manifestamente uma norma jurídica. Por ocasião do julgamento da ação rescisória, os pedidos de Maria Cristina são julgados procedentes, mas por maioria. Todavia, na oportunidade, não houve a aplicação da ampliação do colegiado, conforme determinação legal. Nesse caso, o advogado da parte sucumbente poderá:

(A) opor embargos infringentes.
(B) interpor recurso especial.
(C) interpor recurso extraordinário.
(D) opor embargos de divergência.

57. Arthur foi preso em flagrante por estar portando 4 g (quatro gramas) de maconha. Em razão disso, o Ministério Público o denunciou por tráfico de drogas. Ao ser interrogado em juízo, na audiência de instrução e julgamento, Arthur confessou ser o dono da droga, mas afirmou que a possuía para consumo pessoal, e não para o tráfico de drogas. O juiz o condenou, no entanto, nos termos da denúncia.

Diante do caso narrado, assinale a alternativa correta.

(A) Embora o juiz não tenha acreditado na versão de Arthur, deve ser reconhecida a atenuante da confissão espontânea.
(B) De acordo com a Lei n. 11.343/2006, a droga apreendida com Arthur deveria ser destruída no prazo de 45 (quarenta e cinco) dias.
(C) Arthur afirmou ter praticado o crime de porte/posse de droga para consumo pessoal (Lei n. 11.343/2006, art. 28), delito cuja prescrição se dá em 2 (dois) anos.
(D) Poderia ser reconhecido o denominado *tráfico privilegiado*, hipótese em que o delito permaneceria equiparado a hediondo.

58. A juíza da Vara de Proteção à mulher da comarca de Boa Vista (RR) aplicou a Marcos, suspeito da prática de crime de lesão corporal contra sua ex-esposa, Vanessa, as medidas protetivas de urgência de afastamento do domicílio de convivência com a ofendida e de aproximação da ofendida, de seus familiares e das testemunhas. Dias após ter sido intimado da decisão, Marcos voltou ao imóvel onde vivia com a ex-esposa e disse a ela que, "se quisesse, poderia ir embora de casa, porque ele não iria a lugar algum".

Diante do caso narrado, assinale a alternativa correta.

(A) Os crimes de lesão corporal leve e de ameaça, quando praticados contra mulher, no âmbito doméstico e familiar, nos termos da Lei Maria da Penha, são de ação penal pública incondicionada.
(B) Se Marcos for preso em flagrante por descumprir decisão judicial que defere medidas protetivas de urgência, o delegado de polícia não poderá conceder fiança.
(C) A Lei Maria da Penha impede a transação penal, mas não veda a suspensão condicional do processo.
(D) Para a configuração da violência doméstica e familiar contra a mulher, na forma da Lei Maria da Penha, é imprescindível a coabitação entre autor e vítima.

59. Após consulta de rotina com seu oftalmologista, Roberto recebeu um diagnóstico de glaucoma, doença ocular. Seu amigo, Mário, o aconselhou a fazer uso de *cannabis sativa* para reduzir os eventos de dor de cabeça decorrentes do problema de saúde. Roberto sabe que não é possível, em nosso país, a aquisição da substância de forma legal. Por essa razão, não aguentando mais sentir dor, ele foi aos Estados Unidos e adquiriu a droga, receitada por um médico norte-americano. De volta ao Brasil, no aeroporto de Guarulhos (SP), Roberto foi surpreendido por policiais federais, que o prenderam em flagrante por ter trazido *cannabis sativa* em sua bagagem. Em sua defesa, no momento da lavratura do auto de prisão em flagrante, ele mostrou a receita médica ao delegado plantonista, onde constava a informação de que a droga havia sido recomendada por médico.

Diante do caso narrado, assinale a alternativa correta.

(A) Roberto agiu em erro de tipo essencial escusável.
(B) Roberto agiu em erro de tipo essencial inescusável.
(C) Roberto agiu em erro de proibição direto.
(D) Roberto agiu em erro de proibição indireto.

60. Agindo, inicialmente, com vontade de matar, Julius desferiu dois golpes de faca contra Alfredo. A vítima foi atingida em região não letal. Quando estava prestes a desferir outras facadas, Julius percebeu que Alfredo estava chorando, fato este que fez com que se arrependesse do seu desejo de matá-lo. Julius, então, pediu desculpa a Alfredo e disse que não mais o mataria.

Considerando apenas as informações narradas, assinale a alternativa correta.

(A) O enunciado descreve hipótese de arrependimento eficaz.
(B) O enunciado descreve hipótese de arrependimento posterior.
(C) O enunciado descreve hipótese de tentativa.
(D) O enunciado descreve hipótese de desistência voluntária.

61. No dia 10 de dezembro de 2018, Lázaro Pareja ocultou duas armas de fogo de uso proibido. Posteriormente, no dia 4-2-2020, após a entrada em vigor da Lei n. 13.964/2019 (*Pacote Anticrime*), que elevou a pena do crime de posse e porte ilegal de arma de fogo de uso proibido, Lázaro se desfez das armas, dando fim à prática delituosa. No dia 19-4-2021, Lázaro foi condenado nos termos da nova lei, mais gravosa do que aquela que estava em vigor quando teve início a prática do delito.

Com base no exemplo trazido, assinale a alternativa correta.

(A) Agiu corretamente o juiz ao aplicar o *Pacote Anticrime*, com penas mais altas do que aquelas da lei vigente em dezembro de 2018.
(B) Errou o juiz, pois a lei penal mais gravosa não pode retroagir.
(C) Ao analisar o caso concreto, o juiz poderia aproveitar o que há de mais benéfico ao réu em cada uma das leis, antiga e atual, hipótese denominada *lex tertia*.
(D) Lázaro praticou dois crimes de posse ou porte ilegal de arma de fogo de uso proibido, em concurso formal.

62. No dia 11-2-2018, mediante grave ameaça, por meio do emprego de uma faca, Carlos e Rafael subtraíram a carteira de Joaquim. No dia 12-2-2021, ambos foram condenados pela prática de roubo circunstanciado pelo concurso de pessoas e por emprego de arma branca. O juiz fixou o *quantum* de aumento em metade, com base, exclusivamente, na pluralidade de majorantes.

Com base nessas informações, assinale a alternativa correta.

(A) A fundamentação adotada pelo juiz não é válida para que a pena seja aumentada de metade. Além disso, a majorante do emprego de arma branca não deveria ser aplicada.
(B) Com a entrada em vigor do *Pacote Anticrime*, a conduta praticada por Carlos e Rafael passou a ser considerada hedionda.
(C) O juiz poderia ter aumentado a pena dos acusados em até dois terços.
(D) A majorante do emprego de arma branca também deveria ser aplicada se, no lugar de faca, os criminosos tivessem utilizado simulacro de arma de fogo.

63. O acordo de não persecução penal foi apresentado pela Lei n. 13.964/2019 com a promessa de reduzir os problemas envolvendo as ciências criminais. Diante de seu conteúdo normativo, em qual dos delitos abaixo o Ministério Público poderia, em tese, propor acordo de não persecução penal?

(A) Lesão corporal dolosa de natureza gravíssima praticada contra policial civil.
(B) Roubo qualificado pelo resultado lesão corporal.
(C) Extorsão qualificada pela ocorrência de lesão corporal.
(D) Furto qualificado com emprego de chave falsa.

64. Tendo como base as disposições específicas a respeito da prisão temporária, assinale a afirmativa correta:

(A) A prisão temporária é uma modalidade de prisão cautelar, regulamentada pela Lei n. 7.960/89. Pode ser decretada tanto na fase investigativa bem como durante o processo criminal, quando se deseja evitar a destruição de provas.
(B) A autoridade policial pode decretar a prisão temporária desde que seja imprescindível ao inquérito policial, conforme disposto no art. 1º da Lei n. 7.960/89.
(C) A prisão temporária tem um prazo máximo de duração de cinco dias, prorrogáveis por mais cinco dias, desde que se comprove sua necessidade.
(D) A prisão temporária pode ser decretada de ofício pelo juiz em se tratando de crimes hediondos ou equiparados, conforme disposto no art. 2º da Lei n. 7.960/89.

65. Após receber o auto de prisão em flagrante, no prazo máximo de até 24 horas após a realização da prisão, o juiz deverá promover audiência de custódia com a presença do acusado, seu advogado constituído ou membro da Defensoria Pública e o membro do Ministério Público. Em relação à audiência de custódia com as alterações do Pacote Anticrime, assinale a alternativa correta:

(A) O juiz não poderá relaxar o flagrante se não houver requerimento nesse sentido.
(B) O juiz não poderá conceder ao preso a liberdade provisória se não houver requerimento nesse sentido.
(C) O juiz não poderá converter o flagrante em preventiva se não houver requerimento nesse sentido.
(D) O juiz não poderá arbitrar fiança para delitos com pena máxima até quatro anos, pois essa atribuição pertence ao delegado de polícia.

66. Pedro Alcântara atua como magistrado na Comarca de Cotia (SP). Por ser uma cidade com poucos habitantes, todos se conhecem e se encontram regularmente. Justamente por essa razão, Pedro decidiu ganhar tempo com as suas sentenças e passou a não fundamentá-las corretamente por escrito, porém, ao encontrar os réus dos processos pela cidade, explica verbalmente com detalhes os motivos de sua decisão. Diante dessa situação, assinale a alternativa correta:

(A) Sentenças carentes de fundamentação são nulas de pleno direito.
(B) Sentenças carentes de fundamentação escrita podem receber explicações complementares em encontros fortuitos com os jurisdicionados.
(C) Sentenças carentes de fundamentação são anuláveis, porém, sem a manifestação da parte na primeira oportunidade, o vício se convalida.
(D) Sentenças carentes de fundamentação representam mera irregularidade se a decisão for justa em relação aos fatos.

67. Leonardo está sendo processado criminalmente por ter praticado aborto em Rita sem o consentimento da gestante. Após a audiência de instrução e julgamento e a apresentação dos memoriais escritos pelas partes, o processo foi à conclusão do magistrado. Qual das decisões abaixo o juiz de direito poderá proferir:

(A) Absolvição própria por falta de provas.
(B) Sentença com base no veredicto dos jurados.
(C) Condenar o réu às penas da lei.
(D) Absolvição imprópria, se for a única tese defensiva.

68. Marly, oficial de justiça da 1ª Vara Criminal da Comarca do Rio de Janeiro, com o mandado de citação de Shirley em mãos, dirige-se até o endereço indicado no mandado para citar pessoalmente a ré. Ao bater palmas no portão, vê uma mulher correndo para se esconder atrás da cortina e pedindo para a sua mãe dizer que ela não está. Diante do comportamento observado *in loco*, a oficial de justiça:

(A) deverá retornar ao local tantas vezes quantas forem necessárias até o réu se dignar a atender.
(B) deverá informar ao magistrado que o réu se oculta para não ser citado, o que fará o juiz providenciar a citação por hora certa.
(C) deverá certificar que o réu está em local incerto e não sabido, o que fará o juiz citar o réu por edital.
(D) deverá dar o réu por citado, nomear um defensor e seguir o trâmite processual.

69. Alberto, servidor público federal vinculado a regime próprio de previdência social e também estudante de Direito em uma universidade, preocupado com seu futuro, pretende se inscrever junto ao INSS como segurado facultativo para ter acesso a duas aposentadorias, uma pelo regime próprio e uma pelo regime geral, nesse caso:

(A) por ser estudante, Alberto poderá ser segurado facultativo do regime geral.
(B) se Alberto for estudante bolsista, não poderá ser segurado facultativo do regime geral.
(C) por ser servidor público vinculado a regime próprio de previdência, Alberto não poderá se vincular ao regime geral como segurado facultativo.
(D) se Alberto for estudante bolsista, poderá ser segurado facultativo.

70. Bárbara, médica recém-formada, foi contratada de acordo com a legislação vigente por um hospital privado para iniciar sua residência médica, nesse sentido, para a previdência social, Bárbara é:

(A) segurada facultativa, por a residência médica ser uma continuidade do curso de medicina.
(B) segurada obrigatória na modalidade empregada.
(C) segurada avulsa.
(D) segurada obrigatória na modalidade contribuinte individual.

71. José Caetano foi contratado no dia 13-10-2021 como operador de caixa em um supermercado. Quando da admissão, o empregado recebeu o uniforme da sociedade empresária, sendo que, na camisa, havia a logomarca de dois parceiros comerciais do supermercado: a de uma fabricante de pizzas e a de uma produtora de doces. José Caetano foi cientificado de que deveria manter, por sua conta, o uniforme limpo e asseado, para se adequar ao padrão esperado pela sociedade empresária. Diante da situação apresentada e dos termos da CLT, marque a alternativa correta.

(A) O empregador agiu corretamente ao inserir no uniforme do empregado logomarcas de empresas parceiras, pois cabe ao empregador definir o padrão de vestimenta no ambiente laboral.
(B) O empregador, para inserir logomarcas de empresas parceiras no uniforme do empregado, deve colher sua autorização por expresso.
(C) O empregado pode se recusar a utilizar o uniforma na forma que lhe foi fornecido, uma vez que não autorizou a inclusão de marcas de empresas com quem não possui vínculo empregatício.
(D) Em razão do uso indevido da imagem do empregado, o mesmo tem direito a indenização por dano extrapatrimonial.

72. Giovana, auxiliar de serviços gerais, trabalhou para a empresa Vila Camaleão Ltda. de 17-12-2017 a 25-2-2021. Cumpria jornada das 8h00 às 17h00, de segunda a sexta-feira, e aos sábados, de 8h00 às 12h00. De segunda a sexta-feira, deveria ter intervalo de uma hora, mas, em razão do volume de trabalho, só conseguia desfrutar de 40 minutos. Tendo Giovana procurado você como advogado(a), considerando os exatos termos da legislação trabalhista em vigor, assinale a alternativa correta.

(A) Giovana não faz jus a nenhum direito trabalhista, uma vez que o grande volume de trabalho é motivo justo para o empregador reduzir o intervalo intrajornada do empregado.
(B) Giovana faz jus ao recebimento de 01h00 de intervalo intrajornada com adicional de 50%, pela supressão de parte do intervalo.
(C) Giovana faz jus apenas ao tempo de intervalo intrajornada suprimido, com adicional de 50%, de forma indenizatória.
(D) Giovana faz jus apenas ao tempo de intervalo intrajornada suprimido, com adicional de 50%, com reflexos nas demais verbas trabalhistas.

73. Na CIPA existente em uma empresa, o empregado João Pedro foi indicado pelo empregador, e a empregada Lara Teles, eleita pelos empregados da empresa. Ambos tomaram posse e logo em seguida foram dispensados pelo empregador. Em razão disso, ajuizaram reclamação trabalhista plúrima com pedido comum de reintegração. Diante do caso apresentado, de acordo com a Lei, marque a alternativa correta.

(A) Ambos deverão ser reintegrados no emprego, uma vez que detentores de estabilidade provisória.
(B) Apenas Lara Teles deverá ser reintegrada no emprego, haja vista que, por ter sido eleita membro da CIPA pelos demais empregados, possui estabilidade provisória no emprego.
(C) Apenas João Pedro deverá ser reintegrado no emprego, pois foi indicado pelo empregador como membro da CIPA.
(D) Ambos deverão ter o pedido de reintegração julgado improcedente, haja vista que o período de estabilidade provisória no empregado do empregado membro da CIPA só tem validade após o término do mandato.

74. Cleide, funcionária da empresa Telefone Barato Ltda., pediu demissão do emprego, informando que cumpriria o aviso prévio de forma trabalhada, o que de fato ocorreu. Findo o contrato, Cleide ajuizou reclamação trabalhista alegando que durante o aviso prévio não teve a redução da sua jornada em duas horas diárias nem faltou a sete dias corridos, razão pela qual requereu o pagamento de novo aviso prévio e sua integração para todos os fins. Considerando essa situação e os preceitos legais, marque a alternativa correta.

(A) O pedido deverá ser julgado improcedente, uma vez que a redução da jornada somente é obrigatória quando a rescisão do contrato tiver sido promovida pelo empregador.
(B) o pedido de Cleide deverá ser julgado procedente, haja vista que no aviso prévio trabalhado, independentemente de quem tiver dado causa a rescisão, a jornada de trabalho deverá ser reduzida.
(C) Cleide teria direito apenas reduzir sua jornada em duas horas, mas não a faltar sete dias consecutivos.
(D) No caso da situação em comento, Cleide era obrigada a notificar o empregador sobre a opção de reduzir a jornada ou faltar ao trabalho, o que não fez, e acabou perdendo seu direito.

75. Ronald trabalhou em uma rede de farmácias localizada em determinado Estado da Federação. A empresa possui 60 empregados, divididos em dez lojas localizadas em municípios diferentes, sendo que cada unidade possui seis empregados. Após ser dispensado sem justa causa, Ronald ajuizou reclamação trabalhista postulando o pagamento de horas extras, afirmando que cumpria extensa jornada de segunda-feira a sábado, das 7h às 21h, com intervalo de 20 minutos para refeição. Em contestação, a ex-empregadora negou a jornada dita na petição inicial, afirmando que a labuta respeitava o módulo constitucional. Diante da situação retratada, da Lei e do entendimento consolidado pelo TST, marque a alternativa correta.

(A) A ex-empregadora era obrigada a controlar a jornada de Ronald, uma vez que possuía 60 empregados no total.
(B) O controle de jornada na legislação trabalhista somente é obrigatório para empresas que possuam mais de 10 empregados por estabelecimento.
(C) Em razão de ter 60 empregados no total, a ex-empregadora poderia realizar o controle de jornada por exceção.
(D) A ex-empregadora não estava obrigada a controlar a jornada de trabalho de Ronald, uma vez que possuía menos de 20 empregados por estabelecimento.

76. Numa audiência inaugural, em processo trabalhista sob o rito ordinário, Fernanda (reclamada empregadora doméstica) propôs um acordo de 15 mil reais a Jairo (reclamante), o qual aceitou sem hesitação, visto que se encontrava em condições de quase miserabilidade. Contudo, o magistrado recusou-se a homologar o acordo naqueles termos, entendendo que a proposta era muito prejudicial ao reclamante. Na hipótese, você como advogado(a) do reclamante, indique a alternativa que condiz com a solução para o caso processual, diante da decisão do magistrado:

(A) Agravo de Instrumento.
(B) Recurso Ordinário.
(C) É incabível qualquer medida judicial.
(D) Mandado de Segurança.

77. Em determinado processo trabalhista, uma entidade filantrópica foi condenada subsidiariamente a pagar algumas verbas trabalhistas. Entretanto, já no cumprimento de sentença, a execução foi direcionada contra a entidade, que agora pretende discutir o valor devido a título de liquidação. Diante do exposto, aponte a alternativa correta.

(A) Por se tratar de entidade filantrópica, terá o prazo em dobro para propor embargos à execução.
(B) Somente depois de garantir o juízo a entidade filantrópica poderá se valer de embargos a execução.
(C) A CLT não permite que a entidade filantrópica oponha embargos à execução.
(D) Por se tratar de entidade filantrópica, a exigência de garantir o juízo é desnecessária.

78. Cristiane trabalhou na casa de Bruno como cuidadora de sua avó Tânia. Depois do falecimento de Tânia, não sendo mais necessários os serviços da Cristiane, seu contrato de trabalho foi rescindido por Bruno, sendo pagas todas as verbas devidas. Cristiane inconformada com a dispensa, ingressou uma reclamação trabalhista, a qual foi julgada totalmente procedente. Inconformado, o advogado de Bruno interpôs Recurso Ordinário, sendo recolhido 50% do valor do depósito recursal, de maneira que o magistrado denegou seguimento, por entendê-lo deserto, sem a concessão de prazo para complementação.

Diante do exposto, a decisão do magistrado:

(A) está incorreta, pois o depósito recursal para empregador doméstico é dispensado.
(B) está correta, pois o depósito recursal é pressuposto de admissibilidade recursal pelo empregador.
(C) está incorreta, pois a norma vigente determina que será reduzido pela metade o valor do depósito recursal para entidades sem fins lucrativos, microempresas, empresas de pequeno porte, microempreendedores individuais e empregadores domésticos.
(D) está correta, devendo ser aplicada a deserção mesmo que a diferença entre o valor depositado e o valor devido fosse insignificante.

79. João, gerente em uma grande empresa local, recebia uma remuneração no valor de R$ 25.000,00 ao mês. Depois de ter tido seu contrato de trabalho rescindido, João ajuizou uma reclamação trabalhista requerendo diversas verbas trabalhistas. No entanto, João não compareceu à audiência inicial, dando ensejo ao arquivamento da reclamação e a sua condenação ao pagamento das custas processuais no valor de R$ 500,00, mesmo com a gratuidade de justiça sendo deferida pelo juiz, em razão da declaração de hipossuficiência afirmada por João.

Diante do caso narrado, considerando o que reza a CLT, aponte a alternativa correta.

(A) João deverá efetuar o recolhimento das custas processuais, como condição para a propositura de uma nova demanda.
(B) João não deverá efetuar o pagamento das custas, ficando a cargo da empresa reclamada.
(C) João deverá recorrer do valor aplicado, uma vez que foi superior à previsão legal de fixação de custas na fase de conhecimento.
(D) João deverá efetuar o pagamento das custas processuais, porém não poderá propor uma nova demanda.

80. De acordo com as previsões contidas na CLT, apresentada exceção de incompetência territorial no prazo de cinco dias a contar da notificação, antes da audiência e em peça que sinalize a existência desta exceção:

(A) não será suspenso o processo, porém não se realizará a audiência inicial ou una até que se decida a exceção.
(B) Os autos serão imediatamente conclusos ao juiz, que intimará o reclamante e, se existentes, os litisconsortes, para manifestação no prazo comum de dez dias.
(C) Se entender necessária a produção de prova oral, o juízo designará audiência, garantindo o direito de o excipiente e de suas testemunhas serem ouvidos, por carta rogatória, no juízo que este houver indicado como competente.
(D) Decidida a exceção de incompetência territorial, o processo retomará seu curso, com a designação de audiência, a apresentação de defesa e a instrução processual perante o juízo competente.

Folha de Respostas

01	A	B	C	D	41	A	B	C	D
02	A	B	C	D	42	A	B	C	D
03	A	B	C	D	43	A	B	C	D
04	A	B	C	D	44	A	B	C	D
05	A	B	C	D	45	A	B	C	D
06	A	B	C	D	46	A	B	C	D
07	A	B	C	D	47	A	B	C	D
08	A	B	C	D	48	A	B	C	D
09	A	B	C	D	49	A	B	C	D
10	A	B	C	D	50	A	B	C	D
11	A	B	C	D	51	A	B	C	D
12	A	B	C	D	52	A	B	C	D
13	A	B	C	D	53	A	B	C	D
14	A	B	C	D	54	A	B	C	D
15	A	B	C	D	55	A	B	C	D
16	A	B	C	D	56	A	B	C	D
17	A	B	C	D	57	A	B	C	D
18	A	B	C	D	58	A	B	C	D
19	A	B	C	D	59	A	B	C	D
20	A	B	C	D	60	A	B	C	D
21	A	B	C	D	61	A	B	C	D
22	A	B	C	D	62	A	B	C	D
23	A	B	C	D	63	A	B	C	D
24	A	B	C	D	64	A	B	C	D
25	A	B	C	D	65	A	B	C	D
26	A	B	C	D	66	A	B	C	D
27	A	B	C	D	67	A	B	C	D
28	A	B	C	D	68	A	B	C	D
29	A	B	C	D	69	A	B	C	D
30	A	B	C	D	70	A	B	C	D
31	A	B	C	D	71	A	B	C	D
32	A	B	C	D	72	A	B	C	D
33	A	B	C	D	73	A	B	C	D
34	A	B	C	D	74	A	B	C	D
35	A	B	C	D	75	A	B	C	D
36	A	B	C	D	76	A	B	C	D
37	A	B	C	D	77	A	B	C	D
38	A	B	C	D	78	A	B	C	D
39	A	B	C	D	79	A	B	C	D
40	A	B	C	D	80	A	B	C	D

Comentários das questões

Ética [01-08]

Nº	Gabarito	Comentários
01	D	Segundo consta no art. 1º, § 2º, do Estatuto da Advocacia – EAOAB (Lei n. 8.906/94): "Os atos e contratos constitutivos de pessoas jurídicas, sob pena de nulidade, só podem ser admitidos a registro, nos órgãos competentes, quando visados por advogados".
02	B	(A) Errada, vide art. 7º-A, I, EAOAB. (B) Certa, por ser gestante, Marina terá direito de entrada em tribunais sem ser submetida a detectores de metais e aparelhos de raios X, bem como reserva de vaga em garagens dos fóruns dos tribunais, conforme art. 7º-A, I, EAOAB. (C) Errada, vide art. 7º-A, III, EAOAB. (D) Errada, vide art. 7º-A, IV, EAOAB.
03	C	(A) Errada, vide art. 10, EAOAB. (B) Errada, vide art. 33, parágrafo único, Regulamento Geral da OAB – RG. (C) Certa, a inscrição principal do advogado deve ser feita no Conselho Seccional em cujo território pretende estabelecer o seu domicílio profissional, bem como é admitida a inclusão do nome social, assim entendido como a designação pela qual a pessoa travesti ou transexual se identifica e é socialmente reconhecida e será inserida na identificação do advogado mediante requerimento (art. 10, EAOAB c/c art. 33, parágrafo único, RG). (D) Errada, não é necessária a redesignação sexual, vide art. 33, parágrafo único, RG.
04	A	(A) Certa, os honorários advocatícios devem ser fixados com moderação e não podem ser superiores às vantagens advindas em favor do cliente, conforme arts. 49 e 50 do Código de Ética e Disciplina da OAB – CED (Resolução n. 02/2015). (B) Errada, vide art. 49, CED. (C) Errada, art. 49, CED. (D) Errada, vide art. 50, CED.
05	D	Segundo o art. 34, VIII, do EAOAB, constitui infração disciplinar estabelecer entendimento com a parte adversa sem autorização do cliente ou ciência do advogado contrário.
06	D	(A) Errada, vide art. 56, §3º, EAOAB. (B) Errada, vide art. 81, EAOAB. (C) Errada, vide art. 81, EAOAB. (D) Certa, pois nas deliberações todos eles terão direito somente a voz, conforme art. 53, §3º, EAOAB.
07	B	(A) Errada, vide art. 10, CED. (B) Certa, conforme determina o Código de Ética: "As relações entre advogado e cliente baseiam-se na confiança recíproca. Sentindo o advogado que essa confiança lhe falta, é recomendável que externe ao cliente sua impressão e, não se dissipando as dúvidas existentes, promova, em seguida, o substabelecimento do mandato ou a ele renuncie" (art. 10, CED). (C) Errada, vide art. 10, CED. (D) Errada, vide art. 10, CED.
08	D	Segundo consta no art. 7º B do EAOAB, constitui crime de abuso de autoridade o desrespeito de alguns direitos dos advogados, dentre eles a comunicação da OAB quando o advogado for preso em flagrante por crime não relacionado com o exercício da profissão (art. 7º, IV, EAOAB).

Filosofia do Direito [09-10]

Nº	Gabarito	Comentários
09	D	A hipótese visa compreender o conhecimento do candidato acerca dos métodos de interpretação que são classificados em lógico, sociológico, gramatical, sistemático, histórico e teleológico. A alternativa adequada leva em conta o método teleológico, correspondente aos fins exarados na própria legislação.
10	A	Para Platão, o correto agir deveria ser guiado pela vontade subordinada à razão, e Aristóteles fez a distinção da ética como um tipo de saber prático, e não contemplativo. O sujeito ético moral surge quando há a consciência, por parte do agente, das causas e feitos de sua ação virtuosa.

Direito Constitucional [11-16]

Nº	Gabarito	Comentários
11	B	A Constituição Federal de 1988 é classificada como *rígida*, porque estabelece um processo legislativo especial e qualificado para a modificação de suas normas, exigindo, por exemplo, a aprovação de propostas de emenda constitucional (PEC) em dois turnos em cada Casa do Congresso Nacional, com um quórum de três quintos dos votos dos respectivos membros. A rigidez constitucional visa garantir a estabilidade da Carta Magna e a proteção dos direitos fundamentais, evitando alterações casuísticas e momentâneas. A doutrina e a jurisprudência do STF corroboram essa classificação.

12	A	O princípio da proporcionalidade é aplicado na análise de medidas restritivas de direitos, especialmente quando se trata de conciliar a proteção de direitos fundamentais como a livre iniciativa com a proteção do meio ambiente. Na jurisprudência do STF, esse princípio é utilizado para avaliar se uma restrição imposta por lei é adequada, necessária e proporcional em sentido estrito, ou seja, se não impõe um ônus excessivo ao direito fundamental em questão (ADI 173).
13	C	Conforme o art. 18, § 4º, da Constituição Federal, para a criação, fusão, incorporação ou desmembramento de municípios, é necessária a edição de lei estadual, precedida de estudo de viabilidade municipal e consulta prévia às populações diretamente interessadas, mediante plebiscito, dentro de um período determinado por uma lei complementar federal autorizativa.
14	B	O STF tem jurisprudência consolidada no sentido de que as CPIs possuem poderes investigatórios próprios das autoridades judiciais, inclusive para determinar a quebra de sigilo bancário, desde que a medida seja justificada pela presença de indícios razoáveis da prática de ato ilícito e a decisão seja devidamente fundamentada (MS 23868).
15	C	A Constituição Federal, em seu art. 170, garante a livre iniciativa e a propriedade privada como fundamentos da ordem econômica. A intervenção estatal na economia é permitida em situações excepcionais, mas deve ser temporária e devidamente justificada para evitar abusos. A intervenção direta e por tempo indeterminado sem justificativa adequada configura uma violação aos princípios constitucionais, tornando a medida inconstitucional.
16	D	A Constituição Federal estabelece no art. 22, IV, a competência privativa da União para legislar sobre telecomunicações, portanto, cabe ADI para questionar a constitucionalidade da norma e o STF pode declarar inconstitucional leis estaduais que violem essa competência nos termos do art. 102, I, *a*, da CF.

Direitos Humanos [17-18]

Nº	Gabarito	Comentários
17	C	Nos termos do art. 27 da Convenção Americana sobre Direitos Humanos, o qual trata da chamada "Suspensão de Garantias", elenca quais direitos não podem ser suspensos: direito ao reconhecimento da personalidade jurídica, direito à vida, direito à integridade pessoal, proibição da escravidão e servidão, princípio da legalidade e da retroatividade, liberdade de consciência e de religião, proteção da família, direito ao nome, direitos da criança, direito à nacionalidade, direitos políticos e as garantias indispensáveis para a proteção de tais direitos.
18	C	Nos termos do art. 63 da Convenção, "Em casos de extrema gravidade e urgência, e quando se fizer necessário evitar danos irreparáveis às pessoas, a Corte, nos assuntos de que estiver conhecendo, poderá tomar as medidas provisórias que considerar pertinentes. Se se tratar de assuntos que ainda não estiverem submetidos ao seu conhecimento, poderá atuar a pedido da Comissão". As alternativas erradas tratam de uma função da Comissão e não da Corte.

Direito Eleitoral [19-20]

Nº	Gabarito	Comentários
19	C	Conforme disposição expressa no § 5º do art. 6º da Lei n. 9.504/97, "A responsabilidade pelo pagamento de multas decorrentes de propaganda eleitoral é solidária entre os candidatos e os respectivos partidos, não alcançando outros partidos mesmo quando integrantes de uma mesma coligação".
20	B	Conforme previsto no art. 14, § 7º, da Constituição Federal, a inelegibilidade reflexa se estende sobre a jurisdição (circunscrição) do titular de mandato de prefeito, de governador e do presidente da República. Ainda, conforme entendimento sumulado pelo STF, Súmula Vinculante 18, "A dissolução da sociedade ou do vínculo conjugal, no curso do mandato, não afasta a inelegibilidade prevista no § 7º do art. 14 da Constituição Federal".

Direito Internacional [21-22]

Nº	Gabarito	Comentários
21	C	Há possibilidade de extradição de brasileiro naturalizado em dois casos, conforme determina a Constituição Federal, senão vejamos: art. 5º, LI: "nenhum brasileiro será extraditado, salvo o naturalizado, em caso de crime comum, praticado antes da naturalização, ou de comprovado envolvimento em tráfico ilícito de entorpecentes e drogas afins, na forma da lei". Na situação apresentada, houve a prática de crime comum antes de se naturalizar. A Constituição Federal apenas proíbe a extração de brasileiros natos.
22	B	Tratando-se de elemento de conexão "capacidade", deverá reger a lei de domicílio, como determina o art. 7º da Lei de Introdução das Normas do Direito Brasileiro: "A lei do país em que domiciliada a pessoa determina as regras sobre o começo e o fim da personalidade, o nome, a capacidade e os direitos de família".

Direito Financeiro [23-24]		
Nº	Gabarito	Comentários
23	C	De acordo com o art. 3º da Lei n. 4.320/64, a Lei de Orçamentos deve compreender todas as receitas, incluindo as provenientes de operações de crédito autorizadas em lei. Esse dispositivo reflete o princípio da universalidade, que determina que todos os ingressos e dispêndios públicos, sem exceção, devem passar pelo orçamento. Assim, o prefeito Pedro deve, de fato, incluir no projeto de lei orçamentária todas as receitas, inclusive as de operações de crédito, em conformidade com esse princípio.
24	D	O art. 1º a LRF, que trata da responsabilidade na gestão fiscal, destaca a necessidade de ações planejadas e transparentes para prevenir riscos e corrigir desvios que afetem o equilíbrio das contas públicas. Isso envolve cumprimento de metas de resultados e obediência a diversos limites, incluindo operações de crédito. A proposta de Helena de realizar um empréstimo, sem previsão de receitas futuras para sua quitação, pode ser vista como uma medida que não previne riscos e pode desequilibrar as contas no futuro, estando, portanto, em desacordo com os princípios estabelecidos pela LRF.

Direito Tributário [25-29]		
Nº	Gabarito	Comentários
25	B	O adquirente assume a responsabilidade, de forma subsidiária, pelos tributos devidos até a data de aquisição do estabelecimento comercial, caso o alienante permaneça explorando nova atividade no mesmo ramo, dentro do prazo de 6 (seis) meses, contados da data da alienação (art. 133, II, CTN).
26	D	Somente a lei pode estabelecer cominação ou dispensa de penalidades para as condutas contrárias a seus dispositivos (art. 150, I, CRFB/88 c/c art. 97, V e VI, CTN). As demais opções estão reservadas à lei complementar.
27	B	Em que pese a confissão e o desejo de realizar o pagamento de forma imediata, tal não poderá ser considerada como denúncia espontânea, pois realizada após a instauração do procedimento administrativo (art. 138, parágrafo único, do CTN).
28	D	No concurso de credores na falência, o crédito tributário não goza de preferência sobre o crédito com garantia real, no limite do valor do bem gravado, cabendo ao credor hipotecário o recebimento de seu crédito antecipadamente ao recebimento do crédito da Fazenda Pública Estadual, referente ao ICMS (art. 186 do CTN c/c art. 83, II e III, da Lei n. 11.101/2005).
29	D	A empresa pública não goza qualquer privilégio dispensado à Fazenda Pública, ressalvada a hipótese em que exerça atividade essencial por meio de monopólio (art. 150, §§ 2º e 3º, da CRFB).

Direito Administrativo [30-34]		
Nº	Gabarito	Comentários
30	A	Na situação narrada, Dolores violou, precipuamente, o princípio administrativo da *impessoalidade*. Um dos aspectos do princípio da impessoalidade é a *proibição de promoção pessoal*, de modo que "as realizações públicas não são feitos pessoais dos seus respectivos agentes, mas, sim, da respectiva entidade administrativa, razão pela qual a publicidade dos atos do Poder Público deve ter caráter educativo, informativo ou de orientação social, 'dela não podendo constar nomes, símbolos ou imagens que caracterizem promoção pessoal de autoridades ou servidores públicos' (art. 37, § 1º, da CRFB)" (OLIVEIRA, Rafael Carvalho Rezende. *Curso de direito*. 6. ed. rev., atual. e ampl. Rio de Janeiro: Forense; São Paulo: Método, 2018).
31	C	Um dos atributos (ou características) dos atos de polícia é a *autoexecutoriedade*, que significa a possibilidade de a Administração Pública implementar os seus atos sem a necessidade de manifestação prévia do Poder Judiciário. A autoexecutoriedade, porém, não está presente em todos os atos de polícia, a exemplo da multa, que não pode ser satisfeita (adimplida) pela vontade unilateral da Administração, de modo que a respectiva cobrança será realizada, via de regra, por meio da propositura da execução fiscal.
32	C	A situação em tela narrou hipótese de *caducidade*. A caducidade é a extinção do ato administrativo quando a situação nele contemplada não é mais tolerada pela nova legislação. Nesses casos, o administrativo é editado regularmente, mas torna-se ilegal em virtude de alteração legislativa. Vale dizer: a caducidade justifica-se pela ilegalidade superveniente que não é imputada à atuação do administrado (OLIVEIRA, Rafael Carvalho Rezende. *Curso de direito*. 9. ed. rev., atual. e ampl. Rio de Janeiro: Forense; São Paulo: Método, 2021, p. 550-551).

33	B	O enunciado retratou exemplo de *ato complexo*, aquele que necessita da conjugação de vontade de dois ou mais diferentes órgãos ou autoridades para a sua perfeita formação. Apesar da conjugação de vontades, trata-se de ato único. Dessa forma, o ato não será considerado perfeito com a manifestação da vontade de um único órgão ou agente. São exemplos a nomeação de Ministros do STF, que depende da indicação do chefe do Executivo e da aprovação do Senado, na forma do art. 101, parágrafo único, da CF/88, e a aposentadoria do servidor público, que depende da manifestação da entidade administrativa e do respectivo Tribunal de Contas. A saber, no que tange à classificação dos atos administrativos, temos que, em relação ao processo de formação da vontade administrativa, eles podem ser elencados como simples, complexos e compostos, assim definidos pela professora DI PIETRO: "*Atos simples* são os que decorrem da declaração de vontade de um *único órgão*, seja ele singular ou colegiado. Exemplo: a nomeação pelo Presidente. *Atos complexos* são os que resultam da manifestação de *dois ou mais órgãos*, sejam eles singulares ou colegiados, cuja vontade se funde para formar um *ato único*. As vontades são homogêneas; resultam de vários órgãos de uma mesma entidade ou de entidades públicas distintas, que se unem em uma só vontade para formar o ato; há identidade de conteúdo e de fins. Exemplo: o decreto que é assinado pelo Chefe do Executivo e referendado pelo Ministro de Estado; o importante é que há duas ou mais vontades para a formação de um ato único. *Ato composto* é o que resulta da manifestação de *dois ou mais órgãos*, em que *a vontade de um é instrumental em relação a de outro*, que edita o ato principal. Enquanto no ato complexo fundem-se vontades para praticar um ato só, no ato composto *praticam-se dois atos, um principal e outro acessório*; este último pode ser pressuposto ou complementar daquele. Exemplo: a nomeação do Procurador-Geral da República depende da prévia aprovação pelo Senado (art. 128, § 1º, da Constituição); a nomeação é o ato principal, sendo a aprovação prévia o ato acessório, pressuposto do principal. A dispensa de licitação, em determinadas hipóteses, depende de homologação pela autoridade superior para produzir efeitos; a homologação é ato acessório, complementar do principal. Os atos, em geral, que dependem de autorização, aprovação, proposta, parecer, laudo técnico, homologação, visto etc. são atos composto" (DI PIETRO, Maria Sylvia Zanella. *Direito administrativo*. 32. ed. Rio de Janeiro: Forense, 2019). (grifos nossos).
34	A	Os cargos em comissão são aqueles de livre nomeação e livre exoneração. Isto é, são cargos cuja ocupação se dá em razão da existência de uma relação de confiança entre o nomeante e o nomeado, de modo que o seu provimento dispensa prévia aprovação em concurso público, estando a exoneração do titular destituída de qualquer formalidade especial. Ocorre, porém, que apesar da liberdade para nomear e exonerar, deve-se observar os limites traçados pela *teoria dos motivos determinantes*, pela qual, de acordo com a professora Di Pietro: "(..). *a validade do ato se vincula aos motivos indicados como seu fundamento, de tal modo que, se inexistentes ou falsos, implicam a sua nulidade.* Por outras palavras, quando a Administração motiva o ato, mesmo que a lei não exija a motivação, ele só será válido se os motivos forem verdadeiros. Tomando-se como exemplo a exoneração *ad nutum*, para a qual a lei não define o motivo, se a Administração praticar esse ato alegando que o fez por falta de verba e depois nomear outro funcionário para a mesma vaga, o ato será nulo por vício quanto ao motivo." (DI PIETRO, Maria Sylvia Zanella. *Direito administrativo*. 32. ed. Rio de Janeiro: Forense, 2019). (grifos nossos). Logo, a propositura de uma ação judicial com o objetivo de invalidar o ato de exoneração é viável, pois mesmo que a motivação seja dispensável para os atos administrativos discricionários de exoneração, uma vez que os motivos que levaram à prática do ato sejam explicitados, eles passam a vincular a Administração Pública de acordo com a teoria dos motivos determinantes.

Direito Ambiental [35-36]

Nº	Gabarito	Comentários
35	A	Conforme o previsto no art. 7º, XIV, alínea *e*, da Lei Complementar n. 140/2011, é ação administrativa da União promover o licenciamento ambiental de empreendimentos e atividades localizados ou desenvolvidos em 2 (dois) ou mais Estados.
36	D	De acordo com o previsto no art. 5º da Lei n. 11.428/2006, "a vegetação primária ou a vegetação secundária em qualquer estágio de regeneração do Bioma Mata Atlântica não perderão esta classificação nos casos de incêndio, desmatamento ou qualquer outro tipo de intervenção não autorizada ou não licenciada".

Direito Civil [37-42]

Nº	Gabarito	Comentários
37	B	Conforme dispõe o art. 359 do CC, "Se o credor for evicto da coisa recebida em pagamento, restabelecer-se-á a obrigação primitiva, ficando sem efeito a quitação dada, ressalvados os direitos de terceiros".

Nº	Gabarito	Comentários
38	D	De acordo com o art. 156 do CC, "Configura-se o estado de perigo quando alguém, premido da necessidade de salvar-se, ou a pessoa de sua família, de grave dano conhecido pela outra parte, assume obrigação excessivamente onerosa".
39	A	De acordo com o art. 196 do CC, "A prescrição iniciada contra uma pessoa continua a correr contra o seu sucessor".
40	C	Conforme art. 14 do CC, "É válida, com objetivo científico, ou altruístico, a disposição gratuita do próprio corpo, no todo ou em parte, para depois da morte".
41	C	De acordo com o art. 936 do CC, "O dono, ou detentor, do animal ressarcirá o dano por este causado, se não provar culpa da vítima ou força maior".
42	B	Conforme dispõe o art. 255 do CC, "Quando a escolha couber ao credor e uma das prestações tornar-se impossível por culpa do devedor, o credor terá direito de exigir a prestação subsistente ou o valor da outra, com perdas e danos; se, por culpa do devedor, ambas as prestações se tornarem inexequíveis, poderá o credor reclamar o valor de qualquer das duas, além da indenização por perdas e danos".

Estatuto da Criança e do Adolescente [43-44]

Nº	Gabarito	Comentários
43	D	Diante da situação hipotética, e por não possuir embasamento legal nas outras soluções, somente está correta a alternativa D, conforme o inciso II do art. 56 do ECA. Ademais, o procedimento para imposição de penalidade administrativa somente pode ser aberto pelo Ministério Público ou Conselho Tutelar, ou ainda por auto de infração elaborado por servidor efetivo ou voluntário credenciado, e assinado por duas testemunhas, se possível (vide art. 194, ECA).
44	D	De acordo com o ECA, mesmo que a situação seja de casal de brasileiros, mas que tem residência no exterior, é considerada como adoção internacional (art. 51). De acordo com o art. 52, o casal deve ingressar com o pedido de habilitação junto à Autoridade Central (inciso I) e depois seguirá os trâmites dos incisos seguintes. Os brasileiros residentes no exterior têm preferência aos estrangeiros (art. 51, § 2º).

Direito do Consumidor [45-46]

Nº	Gabarito	Comentários
45	C	A 3ª Turma do STJ firmou o entendimento de que "a compra de produto alimentício que contenha corpo estranho no interior na embalagem, ainda que não ocorra a ingestão de seu conteúdo, expõe a saúde do consumidor a risco e, como consequência, dá direito à compensação por dano moral, em virtude da ofensa ao direito fundamental à alimentação adequada, resultante do princípio da dignidade da pessoa humana" (REsp 1.768.009 - MG). O evento fere, por tanto, o art. 6º, I, do CDC. Vale destacar que o art. 17 do CDC disciplina que "equiparam-se aos consumidores todas as vítimas do evento" e estende o direito à reparação aos familiares do Marcelo.
46	A	Inicialmente, é importante destacar que Alessandro é fornecedor, nos termos do art. 3º do CDC, o qual disciplina que "fornecedor é toda pessoa física ou jurídica, pública ou privada, nacional ou estrangeira, bem como os entes despersonalizados, que desenvolvem atividade de produção, montagem, criação, construção, transformação, importação, exportação, distribuição ou comercialização de produtos ou prestação de serviços". Tendo em vista que o vício surgiu antes de 90 dias (art. 26, II do CDC), Leonardo tem direito às alternativas previstas no § 1º do art. 18 do CDC.

Direito Empresarial [47-50]

Nº	Gabarito	Comentários
47	D	A questão aborda o tempo de inscrição da empresa, neste sentido, o registro de uma empresa é requisito necessário para o regular funcionamento, assim como o registro de uma pessoa natural é fundamental para sua vida, e, de acordo, com o art. 967 do Código Civil, a orientação do fiscal foi incorreta. "Art. 967. É obrigatória a inscrição do empresário no Registro Público de Empresas Mercantis da respectiva sede, antes do início de sua atividade".
48	C	Para que funcione regularmente a atividade empresarial, o ato de constituição da filial deve ser registrado na Junta Comercial de sua sede. A questão trata dos requisitos da criação de filial em local com órgão de Registro de Empresa diverso da sede. "Art. 969. O empresário que instituir sucursal, filial ou agência, em lugar sujeito à jurisdição de outro Registro Público de Empresas Mercantis, neste deverá também inscrevê-la, com a prova da inscrição originária".

49	B	O exercício de empresário pode ser efetuado pelas pessoas que estiverem em pleno gozo da capacidade civil e não forem legalmente impedidas. "Art. 968. A inscrição do empresário far-se-á mediante requerimento que contenha: I – o seu nome, nacionalidade, domicílio, estado civil e, se casado, o regime de bens; II – a firma, com a respectiva assinatura autógrafa que poderá ser substituída pela assinatura autenticada com certificação digital ou meio equivalente que comprove a sua autenticidade, ressalvado o disposto no inciso I do §1º do art. 4º da LC n. 123/2006; III – o capital; IV – o objeto e a sede da empresa."
50	A	A facilidade se justifica com a finalidade de estímulo econômico e de organização da atividade. Nos termos do art. 970 do Código Civil. "Art. 970. A lei assegurará tratamento favorecido, diferenciado e simplificado ao empresário rural e ao pequeno empresário, quanto à inscrição e aos efeitos daí decorrentes."

Direito Processual Civil [51-56]		
Nº	Gabarito	Comentários
51	C	Conforme determinação expressa do art. 513, §5º, do CPC. *Vide* também as Súmulas 364 e 549 do STJ, e art. 3º, inciso VII, da Lei n. 8.009/90, que trata da impenhorabilidade do bem de família legal, proteção que não beneficia o fiador do contrato de locação. *Vide* ainda o art. 794 e parágrafos do CPC. *Observação:* A existência da cláusula de benefício de ordem no contrato de locação não impede que fiador e afiançado sejam demandados conjuntamente na fase de conhecimento. Todavia, na fase de execução, serão expropriados os bens do afiançado primeiro, e só depois os bens do fiador.
52	C	Uma vez que o caso contempla a modalidade de intervenção de terceiros denominada assistência simples, que é voluntária e exige por parte do terceiro a demonstração de interesse jurídico, conforme arts. 119 e 121-123 do CPC. CPC art. 119: "Pendendo causa entre 2 (duas) ou mais pessoas, o terceiro juridicamente interessado em que a sentença seja favorável a uma delas poderá intervir no processo para assisti-la. Parágrafo único. A assistência será admitida em qualquer procedimento e em todos os graus de jurisdição, recebendo o assistente o processo no estado em que se encontre". Art. 121: "O assistente simples atuará como auxiliar da parte principal, exercerá os mesmos poderes e sujeitar-se-á aos mesmos ônus processuais que o assistido. Parágrafo único. Sendo revel ou, de qualquer outro modo, omisso o assistido, o assistente será considerado seu substituto processual".
53	C	Com base no art. 311, inciso II, do CPC, e parágrafo único. Além disso, a tutela provisória de evidência é sempre satisfativa e incidental, e não se esgota nas hipóteses do art. 311 do CPC, que é meramente exemplificativo. "Art. 311. A tutela da evidência será concedida, independentemente da demonstração de perigo de dano ou de risco ao resultado útil do processo, quando: (...) II – as alegações de fato puderem ser comprovadas apenas documentalmente e houver tese firmada em julgamento de casos repetitivos ou em súmula vinculante; Parágrafo único. Nas hipóteses dos incisos II e III, o juiz poderá decidir liminarmente".
54	B	O caso é de litisconsórcio facultativo e cuja decisão pode ser diferente para os litisconsortes envolvidos (simples). Não há que se falar em litisconsórcio facultativo multitudinário, porque este se configura diante de uma considerável quantidade de litisconsortes, e neste caso só há duas autoras. De acordo com o art.113 do CPC, "Duas ou mais pessoas podem litigar, no mesmo processo, em conjunto, ativa ou passivamente, quando: I – entre elas houver comunhão de direitos ou de obrigações relativamente à lide; II – entre as causas houver conexão pelo pedido ou pela causa de pedir; III – ocorrer afinidade de questões por ponto comum de fato ou de direito". *Observação:* O litisconsórcio será necessário quando a lei assim determinar, ou quando a relação jurídica deduzida em juízo for indivisível. Será unitário quando a decisão necessariamente for igual para todos os litisconsortes envolvidos.
55	C	O art. 53, I, do CPC estabelece o foro competente para a referida ação. Além disso, neste caso, regra geral, não é possível o divórcio extrajudicial, porque há filhos menores de idade (art. 733 do CPC: "O divórcio consensual, a separação consensual e a extinção consensual de união estável, não havendo nascituro ou filhos incapazes e observados os requisitos legais, poderão ser realizados por escritura pública, da qual constarão as disposições de que trata o art. 731"). *Vide* ainda o Enunciado 571 da VI Jornada de Direito Civil.
56	B	O caso retrata típica hipótese de violação de norma infraconstitucional (violação do art. 942, § 3º, I, do CPC, e art. 105, III, *a*, da Constituição Federal, sendo este último a base do recurso especial).

Direito Penal [57-62]		
Nº	Gabarito	Comentários
57	C	(A) Errada. Súmula 630 do STJ: "A incidência da atenuante da confissão espontânea no crime de tráfico ilícito de entorpecentes exige o reconhecimento da traficância pelo acusado, não bastando a mera admissão da posse ou propriedade para uso próprio"; (B) Errada. Art. 50, § 4º, da Lei n. 11.343/2006: "A destruição das drogas será executada pelo delegado de polícia competente no prazo de 15 (quinze) dias na presença do Ministério Público e da autoridade sanitária"; (D) Errada. Art. 112, § 5º, do CPP: "Não se considera hediondo ou equiparado, para os fins deste artigo, o crime de tráfico de drogas previsto no § 4º do art. 33 da Lei n. 11.343, de 23 de agosto de 2006"; (C) Certa. Art. 30 da Lei n. 11.343/2006: "Prescrevem em 2 (dois) anos a imposição e a execução das penas, observado, no tocante à interrupção do prazo, o disposto nos arts. 107 e seguintes do Código Penal".
58	B	(A) Errada. Na hipótese de violência doméstica e familiar contra a mulher, na forma da Lei n. 11.340/2006, o crime de lesão corporal leve é de ação penal pública incondicionada em virtude do disposto do art. 41 da Lei Maria da Penha. Não existe essa mesma regra em relação ao crime de ameaça (CP, art. 147); (C) Errada. A Lei n. 11.340/2006 impede a incidência de toda a Lei n. 9.099/95, incluídos os arts. 76 e 89, que tratam, respectivamente, da transação penal e da suspensão condicional do processo; (D) Errada. Veja a Súmula 600 do STJ: "Para a configuração da violência doméstica e familiar prevista no art. 5º da Lei n. 11.340/2006 (Lei Maria da Penha) não se exige a coabitação entre autor e vítima"; (B) Certa. Nesse sentido, art. 24-A, § 2º, da Lei n. 11.340/2006: "Na hipótese de prisão em flagrante, apenas a autoridade judicial poderá conceder fiança".
59	D	(A)(B) Erradas. Não houve erro quanto à percepção dos fatos, principal característica do erro de tipo essencial (CP, art. 20, *caput*). Roberto sabia que estava importando maconha, mas errou em relação à ilicitude dos fatos, hipótese de erro de proibição (CP, art. 21): "O desconhecimento da lei é inescusável. O erro sobre a ilicitude do fato, se inevitável, isenta de pena; se evitável, poderá diminuí-la de um sexto a um terço"; (C) Errada. No erro de proibição direto, o sujeito se engana quanto à ilicitude da conduta. Exemplo: o holandês que traz maconha para o Brasil por imaginar que, em todo o mundo, a droga é permitida, como ocorre em seu país. No erro de proibição indireto, por outro lado, ele sabe da ilicitude da conduta, mas se imagina amparado por norma permissiva. Foi o caso de Roberto, que acreditou que, por ter receita médica, poderia ter importado a droga. (D) Certa.
60	D	(A) Errada. Para que ficasse caracterizado o arrependimento eficaz, Julius teria de concluir a execução e, em seguida, agir para evitar a consumação do delito (ex.: levar Alfredo as hospital); (B) Errada. O crime de homicídio não é compatível com o arrependimento posterior (CP, art. 16): "Nos crimes cometidos sem violência ou grave ameaça à pessoa, reparado o dano ou restituída a coisa, até o recebimento da denúncia ou da queixa, por ato voluntário do agente, a pena será reduzida de um a dois terços"; (C) Errada. Não houve tentativa (CP, art. 14, II), pois o crime não se consumou porque Julius não quis; (D) Correta. Iniciada a execução, mas antes de concluí-la, Julius desistiu da consumação do crime de homicídio (CP, art. 15).
61	A	(B) Errada. O exemplo descreve crime permanente, devendo ser aplicada a lei vigente quando cessada a permanência, e não aquela vigente quando iniciada a execução do delito, pouco importando se mais benéfica ou não. O fundamento é a Súmula 711 do STF: "A lei penal mais grave aplica-se ao crime continuado ou ao crime permanente, se a sua vigência é anterior à cessação da continuidade ou da permanência"; (C) Errada. O STJ veda a combinação de leis. O posicionamento foi objeto de edição da Súmula 501, que fala sobre o crime de tráfico de drogas, mas o raciocínio é válido para situações análogas. A redação: "É cabível a aplicação retroativa da Lei n. 11.343/2006, desde que o resultado da incidência das suas disposições, na íntegra, seja mais favorável ao réu do que o advindo da aplicação da Lei n. 6.368/1976, sendo vedada a combinação de leis"; (D) O fato de haver duas armas não faz com que o sujeito seja responsabilizado por dois delitos de posse ou porte ilegal de arma de fogo de uso proibido. Houve crime único; (A) Certa. Novamente, o fundamento é a Súmula 711 do STF.
62	A	(B) Errada. As hipóteses em que o roubo é hediondo estão no art. 1º, II, da Lei n. 8.072/90; (C) Errada. O aumento máximo previsto no art. 157, § 2º, do CP é de metade; (D) Errada. A Súmula 174 do STJ foi cancelada; (A) Certa. A primeira parte tem por fundamento a Súmula 443 do STJ: "O aumento na terceira fase de aplicação da pena no crime de roubo circunstanciado exige fundamentação concreta, não sendo suficiente para a sua exasperação a mera indicação do número de majorantes". A segunda parte encontra amparo na Lei n. 13.654/2018, que havia dado fim à majorante do emprego de arma branca no roubo. A partir da Lei n. 13.964/2019, a majorante foi reincluída ao art. 157 do CP, mas, por se tratar de lei mais gravosa, não pode retroagir.

Direito Processual Penal [63-68]

Nº	Gabarito	Comentários
63	D	(A), (B) e (C) Erradas, pois lesão, roubo e extorsão possuem como elementares típicas a violência ou a grave ameaça, incompatíveis com o acordo de não persecução penal (ANPP), *vide* art. 28-A do CPP; (D) Certa, pois o furto qualificado tem pena mínima de 2 anos e não é infração penal praticada com violência ou grave ameaça, *vide* o art. 28-A do CPP.
64	C	(A) Errada, pois evitar a destruição de provas não corresponde a um dos fundamentos que autorizam a prisão temporária, na forma do art. 1º, I, da Lei n. 7.960/89. (B) Errada, uma vez que a prisão temporária não pode ser decretada pela autoridade policial, mas apenas pelo juiz (art. 2º da Lei n. 7.960/89); (C) Certa, *vide* o art. 2º da Lei n. 7.960/89; (D) Errada, pois nunca poderá ser decretada de ofício, *vide* o art. 2º da Lei n. 7.960/89.
65	C	(A) Errada, pois o juiz deve relaxar a prisão ilegal independentemente de requerimento, *vide* art. 310, I, do CPP; (B) Errada, pois ausentes os requisitos da preventiva e não sendo caso de relaxamento do flagrante, o juiz deve conceder a liberdade provisória, *vide* art. 310, III, do CPP; (C) Certa, *vide* o art. 310 do CPP c/c art. 311, § 2º, do CPP. O juiz não pode converter a prisão em flagrante em prisão preventiva de ofício, ou seja, sem que haja requerimento do Ministério Público, do querelante, do assistente ou mediante representação da autoridade policial; (D) Errada, pois tratando-se de crime afiançável, o juiz terá competência para arbitrar fiança, independentemente do *quantum* da pena máxima (art. 310, III, do CPP). A autoridade policial (delegado de polícia) também terá tal competência, mas apenas nos crimes cuja pena máxima não seja superior a quatro anos (art. 322 do CPP).
66	A	(A) Certa. De acordo com o art. 93, IX, da CF/1988, todos os julgamentos dos órgãos do Poder Judiciário serão públicos, e fundamentadas todas as decisões, sob pena de nulidade. Isso significa que uma sentença judicial deve ser sempre fundamentada por escrito, explicando os motivos que levaram à decisão. A falta de fundamentação escrita torna a sentença nula, não podendo ser convalidada por explicações verbais ou informais. Com efeito, no art. 315, § 2º, do CPP, foram indicadas situações em que a decisão judicial, seja ela interlocutória, sentença ou acórdão, será considerada como não fundamentada. (B), (C) e (D) Erradas, pois contrariam o art. 93, IX, da CF/1988 e o art. 322, § 2º, do CPP.
67	D	(A), (B) e (C) Erradas, pois tais decisões não podem ser proferidas na primeira fase do rito especial do Júri, *vide* arts. 413, 414, 415 e 419 do CPP; (D) Certa, *vide* o art. 415, parágrafo único, do CPP.
68	B	(A), (C) e (D) Erradas, pois contrariam a consequência processual para a ocultação dolosa do réu para não ser citado, *vide* art. 362 do CPP; (B) Certa, *vide* art. 362 do CPP, segundo o qual: "Verificando que o réu se oculta para não ser citado, o oficial de justiça certificará a ocorrência e procederá à citação com hora certa, na forma estabelecida nos arts. 227 a 229 da Lei n. 5.869, de 11 de janeiro de 1973 – Código de Processo Civil".

Direito Previdenciário [69-70]

Nº	Gabarito	Comentários
69	C	De acordo com o § 5º do art. 201 da Constituição Federal, é vedada a filiação ao regime geral de previdência social, na qualidade de segurado facultativo, pessoa participante de regime próprio de previdência social.
70	D	De acordo com a Lei n. 6.932/81, o médico residente é considerado segurado obrigatório do regime geral de previdência social na modalidade de contribuinte individual (RPS, art 9º, § 15, X). ATENÇÃO: se o médico residente prestar seus serviços em desacordo com a Lei n. 6.932/81, será considerado segurado obrigatório na modalidade empregado.

Direito do Trabalho [71-75]

Nº	Gabarito	Comentários
71	A	(A) Certa, o art. 456-A, *caput*, da CLT, inserido em nosso ordenamento jurídico pela Reforma Trabalhista, autoriza o empregador a inserir logomarcas de empresas parceiras no uniforme do empregado, sem que para tanto seja necessário qualquer tipo de autorização deste, bem como sem ferir seu direito de uso da imagem. (B) Errada, *vide* art. 456-A da CLT. (C) Errada, *vide* art. 456-A da CLT. (D) Errada, *vide* art. 456-A da CLT.

SIMULADO I

72	C	(A) Errada, vide art. 71 da CLT. (B) Errada, vide art. 71, § 4º, da CLT. (C) Certa, o empregado que tem jornada de trabalho superior a seis horas tem direito de usufruir de, no mínimo uma e no máximo duas horas de intervalo intrajornada, sendo que a concessão parcial do intervalo gera o direito ao recebimento do tempo suprimido com adicional de 50% de forma indenizatória, nos termos do art. 71, § 4º, da CLT. (D) Errada, vide art. 71, § 4º, da CLT.
73	B	(A) Errada, vide art. 165 da CLT e art. 10, II, *a*, do ADCT. (B) Certa, a CIPA é constituída de empregados eleitos pelos outros empregados da empresa e indicados pelo empregador, sendo que apenas os eleitos possuem estabilidade provisória no emprego, do registro da candidatura até um ano após o término do mandato, art. 165 da CLT c.c. art. 10, II, *a*, do ADCT. (C) Errada, vide art. 165 da CLT e art. 10, II, *a*, do ADCT. (D) Errada, vide art. 165 da CLT e art. 10, II, *a*, do ADCT.
74	A	(A) Certa, conforme inteligência do art. 488 da CLT, a redução da jornada ou sete dias consecutivos de falta ao trabalho, somente devem ser observados se a rescisão tiver sido promovida pelo empregador, o que não é o caso, haja vista que Cleide pediu demissão. (B) Errada, vide art. 488 da CLT. (C) Errada, vide art. 488, parágrafo único, da CLT. (D) Errada, vide art. 488 da CLT.
75	D	(A) Errada, vide art. 74, § 2º, da CLT. (B) Errada, vide art. 74, § 2º, da CLT. (C) Errada, vide art. 74, § 2º, da CLT. (D) Certa, a jornada de trabalho deverá ser controlada, de forma obrigatória, somente pelas empresas com mais de 20 trabalhadores por estabelecimentos, conforme consta no art. 74, § 2º, da CLT.

Direito Processual do Trabalho [76-80]

Nº	Gabarito	Comentários
76	C	Embora a Justiça do Trabalho seja uma justiça que prima pela conciliação, como se extrai, por exemplo, dos arts. 764, 846, 850 e 852-E, todos da CLT, é certo que o TST tem jurisprudência uniformizada no sentido de que o juiz não é obrigado a homologar acordo, conforme Súmula 418, de modo que a resposta correta é a letra C, ou seja, não cabe qualquer medida, já que estamos diante de uma decisão interlocutória que não desafia recurso e menos ainda mandado de segurança, já que não há direito líquido e certo à homologação de acordo, segundo a súmula citada.
77	D	As entidades filantrópicas podem opor embargos à execução e não gozam de prazo diferenciado para tanto, de modo que também devem observar o prazo de cinco dias previsto no *caput* do art. 884 da CLT. Porém, é fato que não precisam garantir o juízo para embargar, o mesmo se aplicando àqueles que compõem ou compuseram a diretoria dessas instituições, conforme prevê o § 6º do art. 884 acima citado.
78	C	A sistemática do depósito recursal é regulada, basicamente, pelos parágrafos do art. 899 da CLT, além de súmulas e orientações jurisprudenciais do TST. No caso em tela, a decisão do juiz está incorreta, haja vista que o § 9º do art. 899 estabelece, com a redação dada pela Lei n. 13.467/2017, que valor do depósito recursal será reduzido pela metade para entidades sem fins lucrativos, empregadores domésticos, microempreendedores individuais, microempresas e empresas de pequeno porte. Outrossim, ainda que o depósito seja feito a menor, deve ser concedido prazo de 5 (cinco) dias para complementação, na forma da OJ 140 da SDI-1 do TST.
79	A	De acordo com o art. 844 da CLT, em seu *caput* e §§ 2º e 3º, o não comparecimento do reclamante à audiência importa arquivamento. Ademais, na hipótese de ausência do reclamante, como é o caso, ele será condenado ao pagamento das custas de 2% sobre o valor da causa (art. 789, CLT), ainda que beneficiário da justiça gratuita, salvo se comprovar, no prazo de 15 dias, que a ausência ocorreu por motivo legalmente justificável. Ademais, o pagamento das custas é condição para a propositura de nova demanda.
80	D	O art. 800 da CLT e seus parágrafos, com a redação dada pela Lei n. 13.467/2017, preveem que, apresentada exceção de incompetência territorial no prazo de cinco dias a contar da notificação, antes da audiência e em peça que sinalize a existência da exceção, seguir-se-á o procedimento por ele consignado e, uma vez protocolada a petição, será suspenso o processo e não se realizará a audiência citada no art. 843 da CLT até que se decida a exceção. Outrossim, os autos serão imediatamente conclusos ao juiz, que intimará o reclamante e, se existentes, os litisconsortes, para manifestação no prazo comum de cinco dias. Note que, se entender necessária a produção de prova oral, o juízo designará audiência, garantindo o direito de o excipiente e de suas testemunhas serem ouvidos, por carta precatória, no juízo que este houver indicado como competente. Por fim, decidida a exceção de incompetência territorial, o processo retomará seu curso, com a designação de audiência, a apresentação de defesa e a instrução processual perante o juízo competente.

Folha de Análise do Simulado

Disciplina	Nº de Questões	Nº de Acertos	Nº de Erros
Direito Administrativo	05		
Direito Ambiental	02		
Direito Civil	06		
Direito Constitucional	06		
Direito do Consumidor	02		
Estatuto da Criança e do Adolescente	02		
Direitos Humanos	02		
Direito Eleitoral	02		
Direito Empresarial	04		
Ética	08		
Filosofia do Direito	02		
Direito Financeiro	02		
Direito Internacional	02		
Direito Penal	06		
Direito Previdenciário	02		
Direito Processual Civil	06		
Direito Processual Penal	06		
Direito Processual do Trabalho	05		
Direito do Trabalho	05		
Direito Tributário	05		
TOTAL	80		

EXAME DE ORDEM
SIMULADO II

1. Marina, advogada, acabou de dar à luz ao recém-nascido Kauê. Organizando sua agenda semestral, Marina verifica que tem réplica a apresentar em dez dias e audiência de instrução agendada em 45 dias, em processos diferentes, nos quais figura como única advogada das partes que representa. Sobre a situação apresentada, assinale a afirmativa correta.

(A) Marina terá preferência de ordem para a realização da audiência de instrução, mediante comprovação de sua condição.
(B) Marina terá o prazo para apresentar a réplica interrompido, desde que notificado e autorizado pelo cliente por escrito.
(C) Marina, ao comparecer ao fórum para a realização da audiência, não deverá ser submetida a detectores de metais e aparelhos de raio X.
(D) Marina, ao comparecer ao fórum para a realização da audiência, terá direito a reserva de vaga na garagem.

2. Guilherme, pernambucano, formou-se em Direito no Estado de Alagoas. Posteriormente, passou a residir, e pretende atuar profissionalmente como advogado, em Aracaju, Sergipe. Em razão de seus contatos no Estado da Bahia, foi convidado a advogar em feitos judiciais em favor de clientes nesse Estado, cabendo-lhe patrocinar seis causas no ano de 2022. Diante do exposto, assinale a opção correta.

(A) Sua inscrição principal deverá ser realizada no Conselho Seccional de Pernambuco, Estado em que nasceu. Porém, deverá manter inscrição suplementar no Conselho Seccional de Sergipe, pois pretende lá atuar profissionalmente.
(B) Sua inscrição principal deverá ser realizada no Conselho Seccional de Sergipe, Estado em que pretende atuar profissionalmente. Porém, não será necessário realizar qualquer outra inscrição suplementar para atuar em outros estados, independentemente da quantidade de causas judiciais.
(C) Sua inscrição principal deverá ser realizada no Conselho Seccional de Sergipe, Estado em que pretende atuar profissionalmente. Porém, deverá manter inscrição suplementar no Conselho Seccional do Estado da Bahia, em face da intervenção judicial que excede cinco causas por ano.
(D) Sua inscrição principal deverá ser requerida ao Conselho Federal da OAB, em face da necessidade de atuação do profissional em mais de um Conselho Seccional.

3. A advogada Júlia, iniciando na atividade da advocacia, pretende apresentar seus serviços profissionais. Para tanto, usa mecanismos de propaganda que adotava quando atuava na área comercial de uma empresa de produtos de limpeza. Conforme disposições do Código de Ética e Disciplina da OAB, Júlia não poderá:

(A) Realizar qualquer propaganda, mesmo com discrição e sobriedade.
(B) Ofertar serviços profissionais por meio de rádio, cinema ou televisão.
(C) Patrocinar eventos ou publicações de caráter científico ou cultural.
(D) Distribuir cartões de visita com fotografia do seu escritório.

4. Otávio buscou o advogado Sérgio para ajuizamento de determinada demanda judicial. Sérgio, interessado no patrocínio da causa, celebrou com Otávio contrato de prestação de serviços advocatícios com adoção de cláusula *quota litis*. Considerando o contrato celebrado, assinale a afirmativa correta.

(A) O Código de Ética e Disciplina da OAB proíbe a celebração de contrato com a adoção da cláusula *quota litis*. Sérgio cometeu infração disciplinar.
(B) O Código de Ética e Disciplina da OAB autoriza a celebração de contrato com a adoção da cláusula *quota litis*. Sérgio poderá, inclusive, estabelecer ganhos maiores que o do cliente.

(C) O Código de Ética e Disciplina da OAB autoriza a celebração de contrato com a adoção da cláusula *quota litis*. Contudo, Sérgio não poderá receber mais que Otávio no total das vantagens, incluindo-se os honorários sucumbenciais.

(D) O Código de Ética e Disciplina da OAB autoriza a celebração de contrato com a adoção da cláusula *quota litis*. Contudo, Sérgio não poderá receber mais que Otávio no total das vantagens, excluindo-se os honorários sucumbenciais.

5. Renato, Emanuel e Luiz são advogados. Renato é servidor do Estado de São Paulo, não enquadrado em hipótese de incompatibilidade; Emanuel está cumprindo suspensão por infração disciplinar; e Luiz é servidor federal, não enquadrado em hipótese de incompatibilidade. Os três peticionam, como advogados, isoladamente e em atos distintos, em ação judicial proposta em face do Estado de São Paulo. Diante da situação narrada, de acordo com o Estatuto da OAB, são válidos os atos praticados:

(A) por Luiz, apenas.
(B) por Renato, apenas.
(C) por Emanuel e Renato, apenas.
(D) por Renato, Emanuel e Luiz.

6. Ao realizar sua inscrição nos quadros da OAB, Camila assinou e apresentou declaração em que afirmava não exercer cargo incompatível com a advocacia. No entanto, exercia ela ainda o cargo de Analista Judicial no Tribunal de Justiça do Estado de Pernambuco. Pouco tempo depois, já estabilizada como advogada, pediu exoneração do referido cargo. No entanto, em certa demanda, a parte adversa tomou conhecimento de que Camila, ao ingressar nos quadros da OAB, ainda exercia o cargo mencionado. De forma anônima, comunicou o caso ao respectivo Conselho Seccional da OAB, onde ela detém sua inscrição, tendo ela sido punida por ter feito falsa prova de um dos requisitos para a inscrição na OAB. De acordo com o Estatuto da OAB:

(A) no caso proposto, o respectivo Conselho Seccional deverá iniciar o processo disciplinar, mesmo que apresentada comunicação anônima. A OAB de Camila ficará suspensa até realização de novas provas de habilitação.
(B) no caso proposto, o respectivo Conselho Seccional deverá arquivar a denúncia, pois não é admitido o anonimato. Porém, a OAB de Camila ficará suspensa até realização de novas provas de habilitação.
(C) no caso proposto, o respectivo Conselho Seccional deverá arquivar a denúncia, pois não é admitido o anonimato. Porém, se não tivesse sido anônima, a punição aplicada para Camila seria o cancelamento de sua inscrição.
(D) no caso proposto, o respectivo Conselho Seccional deverá iniciar o processo disciplinar, mesmo que apresentada comunicação anônima. A OAB de Camila deverá ser cancelada.

7. Alexandre praticou infração disciplinar constatada oficialmente em 10-3-2011. Em 12-5-2015, foi instaurado processo disciplinar para apuração da infração. Em 17-3-2017, o processo ficou pendente de julgamento, que só veio a ocorrer em 3-11-2020. De acordo com o Estatuto da OAB, a pretensão à punibilidade da infração disciplinar praticada por Alexandre:

(A) está prescrita, tendo em vista o decurso de mais de três anos entre o fato e a instauração do processo disciplinar.
(B) não está prescrita, tendo em vista o caráter imprescritível das infrações disciplinares perante a Ordem dos Advogados do Brasil.
(C) está prescrita, tendo em vista o decurso de mais de três anos de paralisação para aguardar julgamento.
(D) não está prescrita, tendo em vista que não decorreram cinco anos entre cada uma das etapas de constatação, instauração, notificação e julgamento.

8. A respeito da competência do Conselho Seccional da OAB, assinale a opção incorreta.

(A) criar as Subseções e a Caixa de Assistência dos Advogados.
(B) intervir nas Subseções e na Caixa de Assistência dos Advogados.
(C) decidir os pedidos de inscrição nos quadros de advogados e estagiários.
(D) fixar a tabela de honorários, válida para todo o território nacional.

9. A hermenêutica estabelece princípios para se interpretar as regras constitucionais. Assinale a alternativa que apresenta o princípio que consagra a relação das normas do ordenamento jurídico com as normas constitucionais.

(A) Princípio da simetria das normas constitucionais.
(B) Princípio da unidade da constituição.
(C) Princípio da imperatividade da norma constitucional.
(D) Princípio da disposição constitucional.

10. A obra de Aristóteles cita a necessidade de um julgador fazer determinados ajustes aritméticos em vista de perdas e ganhos, corrigindo disparidades. A hipótese acima se apresenta como

(A) Justiça Natural.
(B) Justiça Comutativa.
(C) Justiça Corretiva.
(D) Justiça Distributiva.

11. João foi preso em flagrante e, durante o processo, seus advogados argumentaram que a prisão preventiva deveria ser revogada, alegando que violava direitos e garantias fundamentais previstos na Constituição.

Com relação aos direitos e deveres individuais e coletivos previstos na Constituição Federal de 1988, assinale a alternativa correta:

(A) A prisão de qualquer pessoa e a decretação de perda dos seus bens podem ser decretadas por autoridade policial, em qualquer hipótese, sem a necessidade de ordem judicial.
(B) O *habeas corpus* pode ser impetrado por qualquer pessoa em favor de outrem, independentemente de procuração, quando alguém sofrer ou se achar ameaçado de sofrer violência ou coação em sua liberdade de locomoção.
(C) A casa é asilo inviolável do indivíduo, podendo nela ingressar qualquer pessoa, em qualquer situação, sem a necessidade de consentimento do morador.
(D) O sigilo da correspondência e das comunicações telegráficas pode ser violado por determinação de autoridade administrativa, independentemente de autorização judicial.

12. Pedro, filho de pais brasileiros, nasceu na França enquanto seus pais viajavam para acompanhar os jogos das Olimpíadas sendo, logo após o seu nascimento, registrado em embaixada brasileira na França. Ele quer saber sobre sua condição de nacionalidade. Com base na Constituição Federal de 1988, assinale a alternativa correta sobre a nacionalidade de Pedro:
(A) Pedro não é brasileiro nato, pois nasceu fora do território nacional.
(B) Pedro é brasileiro naturalizado, pois sua condição de nacionalidade depende de registro em embaixada.
(C) Pedro é brasileiro nato, pois é filho de pais brasileiros e foi registrado em embaixada brasileira.
(D) Pedro é brasileiro nato apenas se optar pela nacionalidade brasileira ao atingir a maioridade.

13. A Assembleia Legislativa do Estado de Minas Gerais aprovou uma lei estadual que regulamenta a exploração de recursos hídricos em território mineiro, sem consulta ao Governo Federal. Um grupo de ambientalistas ingressou com ação alegando que a matéria deveria ser regulamentada exclusivamente pela União. Com base na organização político-administrativa do Estado, quem tem competência para legislar sobre a exploração de recursos hídricos?
(A) A competência é privativa da União não podendo nenhum outro ente federativo legislar sobre a matéria.
(B) A competência é comum entre União, Estados e Municípios, cabendo à União definir normas gerais.
(C) A competência é privativa dos Estados, com possibilidade de delegação aos Municípios.
(D) A competência é concorrente entre União e Estados.

14. O Presidente da República, em meio a uma crise política, decide demitir o Ministro das Relações Exteriores sem apresentar justificativa ao público. A imprensa e diversos setores da sociedade questionam se essa demissão é legítima e se o Presidente precisa de autorização do Congresso Nacional para tomar tal decisão. Com base na Constituição Federal de 1988, é correto afirmar que:
(A) O Presidente da República precisa de autorização do Congresso Nacional para demitir Ministros de Estado.
(B) A demissão de Ministros de Estado é uma prerrogativa exclusiva do Presidente da República, que não necessita de autorização do Congresso Nacional.
(C) O Presidente pode demitir Ministros, mas a decisão deve ser ratificada pelo Senado Federal.
(D) A demissão de Ministros de Estado deve ser justificada ao Congresso Nacional em até 30 dias.

15. Carlos, um estudante de uma universidade pública, questiona a gratuidade do ensino público em estabelecimentos oficiais, conforme previsto na Constituição. Ele argumenta que, ao se formar, deverá contribuir para a sociedade, mas gostaria de entender se há alguma exceção à gratuidade garantida pela Constituição. Qual das afirmações abaixo está correta?
(A) O ensino fundamental e médio em escolas públicas é gratuito, mas o ensino superior pode cobrar mensalidades, conforme a capacidade financeira do aluno.
(B) A Constituição permite que universidades públicas cobrem taxas de matrícula, mas não mensalidades, para custear despesas administrativas.
(C) A Constituição Federal garante a gratuidade do ensino público em estabelecimentos oficiais em todos os níveis, não permitindo qualquer forma de cobrança, seja de matrícula ou mensalidade.
(D) A gratuidade do ensino público é garantida pela Constituição apenas até o ensino médio; o ensino superior pode ser cobrado.

16. O Congresso Nacional aprovou uma lei que alterava as regras de distribuição dos *royalties* do petróleo entre estados e municípios. O governador de um estado prejudicado pela nova distribuição entrou com uma Ação Direta de Inconstitucionalidade (ADI) no STF, alegando violação ao pacto federativo. Considerando as normas constitucionais e a jurisprudência do STF, é correto afirmar que:
(A) O governador do estado pode alegar ofensa ao pacto federativo como fundamento para a inconstitucionalidade da lei, e a decisão do STF poderá ter efeito vinculante sobre os demais estados.
(B) A alegação de violação ao pacto federativo só pode ser feita em Ação de Descumprimento de Preceito Fundamental (ADPF).
(C) A ADI não é o meio processual adequado para discutir questões relacionadas ao pacto federativo.
(D) A decisão do STF em ADI não poderá ter efeito *erga omnes*, limitando-se ao estado que ajuizou a ação.

17. Muitos apontam a proibição da pena de morte dentro de um sistema de direitos humanos, aliás, há o Segundo Protocolo Facultativo ao Pacto Internacional sobre Direitos Civis e Políticos com vistas à Abolição da Pena de Morte, de 15 de dezembro de 1989 com relação ao tema. Mas, o que a Convenção Americana sobre Direitos Humanos prevê em relação à pena de morte?

(A) A abolição total da pena de morte.
(B) A limitação da pena de morte para crimes mais graves.
(C) A aplicação da pena de morte para crimes políticos.
(D) A pena de morte é permitida sem restrições.

18. É sabido que muitas vezes um texto oriundo de um tratado internacional gera dúvidas. Nem sempre possuirá uma interpretação harmônica. Para evitar interpretações dúbias ou até mesmo equivocadas acerca do texto da Convenção Americana sobre Direitos Humanos, permitiu-se uma consulta sobre a interpretação da Convenção ou de outros tratados concernentes à proteção dos direitos humanos nos Estados americanos. Qual órgão será consultado?

(A) Assembleia Geral da ONU.
(B) Assembleia Geral da OEA.
(C) Comissão Interamericana de Direitos Humanos.
(D) Corte Interamericana de Direitos Humanos.

19. Maria foi eleita Senadora pelo partido Beta, mas depois de dois anos de mandato, está descontente com a direção do partido, por esse motivo pretende ingressar em nova agremiação partidária. Contudo, está receosa quanto a possibilidade de perda de mandato por infidelidade partidária.

Assim, Maria consultou um advogado a fim de saber quanto a possibilidade de perda do seu mandato caso mude de partido.

O advogado respondeu corretamente que
(A) Senadores não estão sujeitos à fidelidade partidária.
(B) Todos os detentores de mandato eletivo estão sujeitos à fidelidade partidária.
(C) Apenas os eleitos para os cargos do Legislativo estão sujeitos à fidelidade partidária.
(D) Senadores se sujeitam à fidelidade partidária apenas durante o exercício da primeira legislatura.

20. Rogerinho é professor da rede municipal da Cidade Alfa, mas tem domicílio civil na Cidade Delta. Nos últimos anos tem se destacado por suas atividades docentes naquele município onde atua profissionalmente, e como tem pretensões de se candidatar a um cargo eletivo, transferiu seu domicílio eleitoral para a Cidade Alfa a pouco mais de seis meses das próximas eleições.

Diante da situação narrada e considerando a jurisprudência e a legislação eleitoral em vigor, é correto afirmar que Rogerinho

(A) Não poderá se candidatar a um cargo eletivo pelo município Alfa, porque o seu domicílio civil deve coincidir com o domicílio eleitoral.
(B) Não poderá se candidatar pelo município Alfa porque realizou a transferência de domicílio eleitoral há menos de um ano das eleições.
(C) Poderá se candidatar a qualquer cargo eletivo pelo município Alfa, desde que comprove a fixação de residência na cidade pelo prazo mínimo de três meses da data das eleições.
(D) Poderá se candidatar pelo município Alfa, porque não há obrigatoriedade de coincidência entre domicílio civil e eleitoral.

21. A Convenção de Viena sobre Direito dos Tratados traz o chamado *jus cogens*, conhecido como norma cogente ou norma imperativa do Direito Internacional Público. É correto afirmar que é a norma:

(A) prevista no texto do acordo, desde que as partes a tenha ratificado.
(B) reconhecida pela sociedade internacional, devendo ser aplicada a todos os Estados e que não se permite nenhuma derrogação.
(C) aprovada pela Conselho de Segurança da ONU e podendo os Estados apresentarem reserva.
(D) de direito humanitário, expressamente reconhecida pela comunidade internacional, podendo qualquer Estado apresentar, unilateralmente, exclusão de responsabilidade.

22. O consulado americano, localizado no Brasil, contratou um empregado brasileiro para os serviços gerais. No final do ano, demitiu o funcionário, não pagando as verbas rescisórias, 13º salário etc., por entender que, nos Estados Unidos, este pagamento não era devido. O funcionário, chateado, procura você, como advogado, e pede para propor ação trabalhista com o objetivo de reclamar todos esses valores. Proposta a ação, a mesma foi julgada procedente, mas o empregado não recebeu os valores de indenização, porque o consulado não cumpriu a sentença. Por isso, o reclamante solicitou a penhora de um carro do consulado. Com base no relatado acima, o Juiz trabalhista decidiu:

(A) deferir a penhora, pois a Constituição atribui competência à justiça do Brasil executar bens estrangeiros.
(B) indeferir a penhora, pois o Estado estrangeiro, no que diz respeito à execução, possui imunidade, e seus bens são invioláveis.
(C) extinguir o feito sem julgamento do mérito, por entender que os Estados Unidos possuem imunidade de jurisdição, não podendo figurar no polo passivo de Ação no Brasil.

(D) deferir a penhora, pois o Estado estrangeiro não goza de nenhuma imunidade.

23. O município de Esperança está no processo de elaboração da sua Lei Orçamentária Anual (LOA). Durante uma reunião do conselho municipal de finanças, o vereador Lucas propõe incluir na LOA um dispositivo que estabelece novas competências para o departamento municipal de esportes. A prefeita Isabela, ciente das determinações constitucionais, busca orientação junto à sua equipe jurídica sobre a viabilidade da proposta de Lucas. Com base no art. 165, § 8º da Constituição Federal, assinale a alternativa correta.

(A) A proposta de Lucas é válida, pois a LOA pode conter dispositivos que definem novas competências para órgãos municipais.
(B) A LOA não pode conter dispositivo estranho à previsão da receita e à fixação da despesa, tornando a proposta de Lucas inadequada.
(C) A LOA pode incluir qualquer tipo de dispositivo desde que seja aprovada por dois terços dos vereadores do município.
(D) A proposta de Lucas é aceitável, contanto que se justifique como uma medida que trará retorno financeiro para o município através da promoção de esportes.

24. A prefeita do município de Vale Verde, Dra. Paula, inicia seu mandato com o compromisso de melhorar a gestão orçamentária. No entanto, em uma das reuniões, seu secretário de finanças, Dr. Ricardo, faz algumas afirmações sobre os instrumentos orçamentários que causam dúvida entre os presentes. Analise as assertivas abaixo e indique qual delas está incorreta.

(A) O Plano Plurianual (PPA) tem como principal objetivo estabelecer as metas e prioridades para o exercício financeiro seguinte, orientando a elaboração do Orçamento Anual.
(B) A Lei de Diretrizes Orçamentárias (LDO) define as metas e prioridades da administração pública, estabelecendo as diretrizes para a elaboração e execução dos orçamentos da União, Estados e Municípios.
(C) A Lei Orçamentária Anual (LOA) é o instrumento pelo qual são previstas as receitas e autorizadas as despesas públicas conforme os planos e programas estabelecidos no PPA.
(D) O PPA tem uma vigência de quatro anos, estabelecendo de forma regionalizada as diretrizes, objetivos e metas da administração pública federal para as despesas de capital e outras delas decorrentes.

25. A analogia é admitida em matéria tributária, a sua utilização resultará em:

(A) majoração tributária.
(B) criação de um novo tributo.
(C) hipótese de exclusão do crédito tributário.
(D) impossibilidade de exigência de tributo não previsto em lei.

26. Em uma situação hipotética, uma lei federal, ao versar sobre ITR (imposto territorial rural), fixa alíquota de 6% para os imóveis rurais de São Paulo e 8% para os demais Estados da região sudeste. A disposição da lei viola o princípio constitucional:

(A) do não confisco.
(B) da legalidade tributária.
(C) da uniformidade geográfica da tributação.
(D) princípio da vedação da isenção heterônoma.

27. Conforme dispõe o CTN (Código Tributário Nacional), será possível a aplicação retroativa da lei tributário no caso de:

(A) analogia, quando desde que favorável ao contribuinte.
(B) extinção do tributo, quando não definitivamente constituído.
(C) graduação quanto à natureza de tributo aplicável, desde que não seja hipótese de crime.
(D) ato não definitivamente julgado, quando a lei nova lhe comine penalidade menos severa que a prevista na lei vigente ao tempo de sua prática.

28. O município de Jorge Perez decidiu realizar a atualização monetária da base de cálculo do Imposto Predial Territorial Urbano. Diante desse cenário, a matéria:

(A) deverá sempre ser regulada por lei em sentido estrito.
(B) deverá obedecer a reserva de lei complementar.
(C) equipara-se a majoração real de tributo, devendo ser tratada por lei.
(D) poderá ser disciplinada mediante decreto.

29. Gabriel é proprietário de fazenda utilizada para veraneio e férias, localizada em zona de expansão urbana, na região de Areal/RJ. A área é atendida pelo abastecimento e distribuição de água, sendo alcançada por iluminação pública, além de esgotamento; todavia, não há escolas e hospitais públicos nas proximidades.

Neste caso, Gabriel deve pagar o seguinte imposto:

(A) Gabriel será contribuinte do IPTU, por se tratar de área de expansão urbana, dotada de melhoramentos.
(B) Gabriel deve recolher o ITR, em razão da propriedade sobre fazenda, não situada em área urbana.
(C) Gabriel deve contribuir com IPTU, por ser fazenda, explorada para fins empresariais.
(D) Gabriel deve contribuir com ITR, diante da inexistência de escola ou hospital próximos a menos de 3 km do imóvel.

30. A Administração Pública do Estado Delta, após conceder licença em favor de Cláudia, percebeu que a requerente não havia atendido completamente todos os critérios legais exigidos para a obtenção da licença.

Avaliando o tipo de erro detectado e considerando a doutrina do Direito Administrativo, a situação descrita sugere caso de:

(A) revogação do ato administrativo, pois detectada sua inconveniência para o interesse público.
(B) anulação do ato administrativo, visto tratar-se de vício de legalidade presente desde a origem da licença concedida.
(C) cassação do ato administrativo, pelo descumprimento das condições fixadas pela Administração Pública do Estado Delta.
(D) revogação do ato administrativo, visto tratar-se de vício de legalidade presente desde a origem da licença concedida.

31. Jonas, servidor público vinculado à Administração Pública Direta do Município XYZ, é o responsável por conceder licenças e autorizações para uso privativo de determinados bens públicos municipais. Recentemente, emitiu autorização em favor de Maria para que utilizasse logradouro público para a realização de evento cultural por ela promovido.

Posteriormente, contudo, notou que a autoridade competente para essa ação era seu superior hierárquico.

Diante desse cenário, e considerando a doutrina e a jurisprudência dominantes, é correto afirmar que, em regra:

(A) o ato praticado por Jonas é anulável e passível de convalidação, possibilitando que os efeitos já produzidos sejam considerados válidos e legítimos para a produção de efeitos regulares.
(B) o ato praticado por Jonas é nulo e não passível de convalidação, pois o vício de competência é insanável.
(C) o ato praticado por Jonas é anulável e passível de convalidação, independentemente de prejuízo a terceiros.
(D) o ato praticado por Jonas é nulo de pleno direito, devendo ser imediatamente retirado por flagrante ofensa ao princípio da legalidade.

32. Pedro é ocupante de cargo público efetivo no Tribunal de Justiça do Estado Beta, na posição de analista judiciário. Por ser uma pessoa dedicada, com grande conhecimento do ordenamento jurídico, Pedro encontra-se em posição de destaque em seu ofício, gozando de grande prestígio entre seus colegas, que sempre o procuram para sanar dúvidas relacionadas ao trabalho. Em razão de sua inteligência e perspicácia, Pedro notou que as estratégias dadas por seus superiores hierárquicos, em que pese legais, vão de encontro à noção de eficiência que pauta a Administração Pública, razão pela qual decidiu não acatar qualquer delas, orientando seus colegas a fazerem o mesmo.

Considerando a situação narrada, é correto afirmar que:

(A) o princípio da supremacia do interesse público legitima a conduta de Pedro, que, enquanto servidor público, tem plena liberdade de atuação, não precisando submeter-se às ordens emanadas de seus superiores hierárquicos.
(B) inexistindo escalonamento de competências no âmbito da Administração Pública, Pedro tem o poder-dever de atuar da forma que julgue mais apropriada para o interesse público.
(C) à medida que o princípio da eficiência prepondera sobre os demais princípios regentes da atividade administrativa, a conduta de Pedro é constitucionalmente adequada.
(D) Pedro e seus colegas possuem o dever de obediência às ordens legais emanadas de seus superiores, em virtude da relação de subordinação estabelecida pelo poder hierárquico.

33. O Município Ômega, por meio de lei, tem a intenção de delegar à sociedade de economia mista Azul S.A, empresa estatal de capital social majoritariamente público que presta exclusivamente serviço público de atuação própria do Estado e em regime não concorrencial, a atribuição do poder de polícia de trânsito, incluindo a aplicação de multas.

Levando em consideração a atual jurisprudência do Supremo Tribunal Federal, a delegação pretendida é:

(A) constitucionalmente inviável, pois não é passível de delegação à pessoa jurídica de direito privado qualquer fase do ciclo de polícia.
(B) constitucionalmente inviável, pois a delegação dos atos de consentimento, fiscalização e aplicação de sanções de polícia dependeriam de emenda à Lei Orgânica do Município Ômega.
(C) constitucionalmente viável, pois é possível delegar, por meio de lei, os atos de consentimento, fiscalização e aplicação de sanções de polícia à empresa estatal Azul S.A.
(D) constitucionalmente viável, visto que a supremacia do interesse público permite a delegação de todas as fases do ciclo de polícia, incluindo a fase da ordem de polícia, a quaisquer entidades da administração indireta.

34. Bruna, governadora do Estado Alfa, notou a necessidade da existência de entidade da Administração Pública Indireta para fornecimento de determinados serviços de extrema importância para a população.

Após reunião com os secretários de Estado, optaram pela instituição de uma empresa pública.

Sobre as empresas públicas e o seu processo de criação, correto afirmar que são criadas:

(A) diretamente por lei específica.
(B) após autorização por lei específica, cabendo à lei complementar definir as áreas de sua atuação.

(C) mediante decreto específico do Poder Executivo.
(D) após autorização por lei específica.

35. O Estado X, que instituiu microrregiões, consoante o § 3º do art. 25 da Constituição Federal, para integrar a organização, o planejamento e a execução das ações a cargo de Municípios limítrofes na gestão dos resíduos sólidos, está passando por uma grave crise social e econômica devido aos efeitos da pandemia de COVID-19. Diante disso, o governador solicita auxílio financeiro do Governo Federal para utilização em empreendimentos e serviços relacionados à gestão de resíduos sólidos. Sobre o caso, e pautando-se na Lei n. 12.305/2010, assinale a afirmativa correta.

(A) A Lei n. 12.305/2010 não possui previsão para os Estados terem acesso a recursos da União destinados a empreendimentos e serviços relacionados à gestão de resíduos sólidos
(B) A elaboração de plano estadual de resíduos sólidos, nos termos da Lei n. 12.305/2010, não é condição para os Estados terem acesso a recursos da União, destinados a empreendimentos e serviços relacionados à gestão de resíduos sólidos.
(C) A elaboração de plano estadual de resíduos sólidos, nos termos da Lei n. 12.305/2010, é condição para os Estados terem acesso a recursos da União, destinados a empreendimentos e serviços relacionados à gestão de resíduos sólidos, sendo o Estado X priorizado no acesso aos recursos da União destinados a empreendimentos e serviços relacionados à gestão de resíduos sólidos.
(D) A elaboração de plano estadual de resíduos sólidos, nos termos da Lei n. 12.305/2010, é condição para os Estados terem acesso a recursos da União, destinados a empreendimentos e serviços relacionados à gestão de resíduos sólidos, não sendo o Estado X priorizado no acesso aos recursos da União destinados a empreendimentos e serviços relacionados à gestão de resíduos sólidos.

36. De acordo com a Lei n. 9.985/2000, que institui o Sistema Nacional de Unidades de Conservação da Natureza (SNUC), entende-se por unidade de conservação, o espaço territorial e seus recursos ambientais, incluindo as águas jurisdicionais, com características naturais relevantes, legalmente instituído pelo Poder Público, com objetivos de conservação e limites definidos, sob regime especial de administração, ao qual se aplicam garantias adequadas de proteção.

Sobre as unidades de conservação, assinale a afirmativa correta.
(A) As unidades de conservação são criadas necessariamente por Lei.
(B) Na criação de uma reserva biológica é obrigatória a realização de consulta pública.
(C) As unidades de conservação de proteção integral devem possuir uma zona de amortecimento.
(D) O plano de manejo de uma unidade de conservação deve ser elaborado no prazo de dez anos a partir da data de sua criação.

37. Pedro é uma criança com trissomia do cromossomo 21, anomalia genética também conhecida como síndrome de Down. Em razão de sua condição, Pedro apresenta atraso em seu desenvolvimento mental e intelectual. Ao completar 18 de idade e atingir a maioridade civil, é correto afirmar que Valter será considerado:
(A) plenamente capaz e poderá agir por si só nos atos da vida civil.
(B) absolutamente incapaz, devendo ser representado em todos os atos da vida civil.
(C) relativamente incapaz, tendo em vista possuir discernimento reduzido ocasionado por deficiência mental.
(D) relativamente incapaz, por possuir discernimento, mas por vedação legal não poderá fazer todos os atos da vida civil.

38. Após se conheceram e se apaixonarem, Ana casou-se no dia 1º-10-2007 com Sebastião, contando que os cônjuges na data do casório tinham 71 anos e 30 anos, respectivamente. Ana possuía grande quantidade de cabeças de gado distribuídas por suas fazendas localizadas pelo Brasil, e diante te tal fato, celebrou testamento deixando uma das propriedades rurais valiosas que possuía para Sebastião, além do usufruto de um imóvel rural.

Os patrimônios firmados no testamento para Sebastião não representavam mais do que 25% (vinte e cinco por cento) do montante total da herança de Ana. Os bens restantes foram destinados para os seus filhos. Ana falece no dia 15-7-2012 em um acidente de carro.

Assinale a alternativa correta.
(A) O casamento obrigatoriamente deve de ser realizado em regime de separação de bens, e diante de tal fato, Sebastião não terá direito aos bens deixados em herança por Ana, ainda que haja concordância dos filhos, tampouco aquele deixado por testamento.
(B) Diante da partilha realizada em testamento, Sebastião concorrerá com os filhos de Ana nos bens adquiridos depois do casamento, entretanto, não poderá receber os bens que lhe foram deixados por testamento.
(C) Sebastião concorrerá com os filhos de Ana na sucessão legítima se o casamento não tiver sido regido pelo regime de comunhão universal de bens, devendo receber inclusive os bens deixados por testamento.
(D) O casamento ocorreu pelo regime de separação obrigatória de bens, não concorrendo Sebastião com os filhos de Ana na sucessão legítima, todavia, poderá receber o bem deixado em testamento.

39. Juvenal, famoso consultor de investimentos, contratou Caio para representá-lo na realização de atos jurídicos que gerariam ganhos financeiros. Durante uma grande negociação realizada entre o mandatário e uma imobiliária, foi comunicado para Caio que Juvenal havia falecido em um acidente ciclístico.

Diante da situação apresentada, levando em conta que o recebimento da notícia ocorreu no curso da realização do negócio, assinale a alternativa correta.

(A) Embora ciente da morte, deverá Caio concluir o negócio já começado, se houver perigo da demora.
(B) O mandato de Caio será cessado imediatamente, logo após o acontecimento da morte de Juvenal.
(C) Caio poderá seguir com os atos jurídicos, todavia, todos eles deverão ser ratificados pelo inventariante.
(D) O espólio não poderá revogar os poderes de Caio até que todos os negócios atuais ou futuros sejam encerrados.

40. Albertina, com 74 anos de idade, solteira e sem herdeiros necessários, em maio de 2015 procurou o tabelionado de notas da cidade de Curitiba/PR e realizou um testamento público, estabelecendo que todos os seus bens deveriam ser transmitidos após sua morte ao Fundo Penitenciário Nacional.

Em junho de 2016, Albertina, que possuía apenas uma parente viva, sua tia Rosalina, adotou Marina, de 9 anos de idade. Todavia, Albertina veio a falecer por causa natural dois anos após a adoção.

A respeito da sucessão de Albertina, assinale a alternativa correta:

(A) A herança integral de Albertina caberá a Marina.
(B) Diante do testamento constituído, a herança será repartida em partes iguais entre a herdeira Marina e o Fundo Penitenciário Nacional.
(C) Por força do testamento público, todo o patrimônio será devido ao Fundo Penitenciário Nacional.
(D) A herança será repartida igualmente entre Marina, Rosalina e o Fundo Penitenciário Nacional.

41. Priscila, aposentada e divorciada, dona de alguns automóveis devidamente registrados no DETRAN, decidiu vender um deles para a sua filha mais velha, Cíntia, que não possuía veículo para locomoção entre o trabalho e a faculdade.

Desejando evitar briga familiar, consultou sua filha mais nova sobre a transferência onerosa, todavia, para sua surpresa, está se opôs à venda. A aposentada se sentiu ofendida com a oposição de uma das suas herdeiras e realizou ainda assim o contrato de compra e venda.

Assinale a alternativa correta.

(A) Priscila deveria ter realizado doação do automóvel, o que não caracterizaria adiantamento de herança diante da sua capacidade para transações gratuitas.
(B) A venda é anulável, já que para ocorrer de ascendente a descendente seria necessário expresso consentimento da outra descendente.
(C) É ilegítima a oposição da filha mais nova, já que a transferência do automóvel realizada é válida.
(D) Na hipótese de Priscila ainda ser casada, seria dispensável o consentimento do cônjuge se o regime de bens fosse o de participação final nos aquestos.

42. Carlos adquiriu de Cássia no ano de 2005, em área urbana, um terreno de 230 m² através de um contrato de compra e venda que não foi levado a registro e também não foi assinado pela vendedora. Ficou acertado entre os contratantes que o pagamento ocorreria em 20 parcelas de R$ 1.000,00. Em maio de 2019, após já ter terminado de realizar os pagamentos, desejando regularizar o imóvel, o comprador procura seu advogado para questionar o procedimento que deverá ser adotado.

De acordo com os termos do Código Civil, assinale a alternativa correta.

(A) Carlos deverá desocupar o terreno diante da sua posse clandestina.
(B) Cássia poderá reenvidar o local ocupado, além de requerer arbitramento de aluguel pelo tempo utilizado.
(C) Carlos poderá promover ação de usucapião ordinária.
(D) Cássia e Carlos serão instituídos coproprietários do terreno em litígio, não podendo se falar em aquisição da propriedade.

43. Marcelo e Mariana pretendem adotar uma criança já com dois anos e que está sob guarda de fato com eles desde quando ela tinha um ano de idade. A partir dos requisitos do ECA para que a adoção tenha êxito, assinale a afirmativa correta.

(A) A simples guarda de fato autoriza, por si só, a dispensa da realização do estágio de convivência.
(B) A adoção depende do consentimento dos pais ou do representante legal do adotando, mas a oitiva deles no curso do processo é mera faculdade e pode ser dispensada.
(C) Caso ocorra o evento da morte dos pais adotantes antes da filha adotada atingir a maioridade civil, ainda assim não se restabelecerá o poder familiar dos pais biológicos.
(D) Como Mariana está no exterior, constituiu através de procuração sua prima para fazer a adoção.

44. Hebert e Cristina são pais de Cleber, 16 anos, Ana, 15 anos, e de João, 14 anos. Porém, eles se separaram, o Hebert mudou-se para Camaquã depois do divórcio. Enquanto os dois filhos mais velhos ficaram com a mãe, o mais novo foi para morar com o pai. Avalie as situações apresentadas a seguir e, de acordo com o Estatuto da Criança e do Adolescente, assinale a afirmativa correta quanto à autorização para viajar.

(A) Todos os três filhos podem viajar para fora da comarca onde residem desacompanhado dos pais ou dos responsáveis sem expressa autorização judicial, pois maiores de 12 anos.
(B) A autorização não será exigida quando se tratar de comarca contígua à da residência da criança ou do adolescente menor de 16 anos, se na mesma unidade da Federação, ou incluída na mesma região metropolitana.
(C) A autoridade judiciária poderá, a pedido dos pais ou responsável, conceder autorização válida por quatro anos.
(D) Caso Cristina queira viajar para o exterior com Ana e João, a autorização judicial é dispensável como a simples autorização implícita de Hebert.

45. Gabriel se dirigiu até uma loja de móveis e eletrodomésticos no interior da Bahia com o intuito de celebrar um contrato de abertura de crédito. Na oportunidade, o gerente consultou a sua situação cadastral e notou que Gabriel possuía muitas dívidas vencidas em diversos segmentos. Orientando-o quanto às diversas inadimplências, o gerente recomendou a buscar a renegociação das referidas dívidas e negou a abertura do novo crédito solicitado. Nesse caso, é correto afirmar que:

(A) O gerente agiu errado, pois o estabelecimento comercial não pode negar abertura de crédito ao consumidor.
(B) O gerente agiu corretamente, pois a prevenção e tratamento do superendividamento como forma de evitar a exclusão social do consumidor é princípio da Política Nacional de Relações de Consumo.
(C) O gerente agiu equivocadamente ao realizar a consulta cadastral de Gabriel.
(D) O gerente agiu corretamente ao realizar a consulta cadastral e orientar o consumidor, mas agiu errado ao negar o crédito.

46. No feriado do dia 12 de outubro, a rede de supermercados Quintanilha's S/A realizou uma grande campanha publicitária ofertando uma "caixa de carne pela metade do preço". Marcelo, que costuma fazer churrasco e convidar os amigos para apreciarem suas habilidades gastronômicas, se dirigiu a uma filial da referida empresa e notou que a embalagem não especificava o peso do produto e nem o valor por quilo. Nesse caso, é correto afirmar que:

(A) Marcelo tem direito de saber acerca dos preços dos produtos por unidade de medida, tal como por quilo, por litro, por metro ou por outra unidade.
(B) Havendo ostensivamente o preço do produto e em idioma nacional já é suficiente para garantir informação ao consumidor.
(C) Marcelo não pode ser considerado consumidor se não adquiriu efetivamente o produto.
(D) Marcelo tem direito de saber acerca dos preços dos produtos por unidade de medida, mas a sua especificação é presumida.

47. Jorge e Mateus, amigos de infância, são sócios há mais de 10 anos da empresa "Duas Metades", empresa esta pioneira do ramo de distribuição e vendas de bebidas alcoólicas e líder de vendas em todo o país. Ocorre que, por infelicidade, Jorge faleceu enquanto tocava seu violão. No que tange as disposições previstas no Código Civil sobre a morte de um dos sócios, é correto o que se afirma em:

(A) No caso de morte de sócio, liquidar-se-á sua quota, salvo se, por acordo com os herdeiros, regular-se a substituição do sócio falecido.
(B) No caso de morte de sócio, não liquidar-se-á sua quota, por acordo com os herdeiros, e sim, regular-se a substituição do sócio falecido.
(C) No caso de morte de sócio, a sua quota somente será preservada se, por acordo com os herdeiros, houver a substituição do sócio falecido.
(D) Havendo morte de sócio, liquidar-se-á sua quota, independente de acordo com herdeiros.

48. Leonardo, Hebert, Cristiano, Marcelo e Renato, depois de muitos anos de atividade como sócios e amigos, desejam dissolver a Amigos Para Sempre Ltda., sociedade empresária. Diante este tema, é correto afirmar que:

(A) Dissolve-se a sociedade quando ocorrera deliberação dos sócios, por minoria simples, na sociedade de prazo indeterminado.
(B) Dissolve-se a sociedade quando ocorrera deliberação dos sócios, por maioria absoluta, na sociedade de prazo indeterminado.
(C) Dissolve-se a sociedade quando ocorrera deliberação dos sócios, por minoria simples, quando houver mais de 5 (cinco) sócios, na sociedade de prazo indeterminado.
(D) Dissolve-se a sociedade quando ocorrera deliberação dos sócios, por maioria absoluta, em qualquer modalidade de sociedade.

49. Ivan e Alessandro pretendem abrir uma Sociedade por Ações, porém, eles têm muitas dúvidas sobre os requisitos mínimos, principalmente, sobre quanto de dinheiro precisarão bem como quantos outros precisarão compor a S/A para iniciar. Sobre este tema e de acordo com a Lei n. 6.404/76, que dispõe sobre as Sociedades por Ações, é um dos requisitos preliminares para a sua constituição:

(A) subscrição, pelo menos por 4 (quatro) pessoas, de todas as ações em que se divide o capital social fixado no estatuto.
(B) subscrição, pelo menos por 2 (duas) pessoas, de metade das ações em que se divide o capital social fixado no estatuto.
(C) subscrição, pelo menos por 2 (duas) pessoas, de todas as ações em que se divide o capital social fixado no estatuto.
(D) subscrição, pelo menos por 2 (duas) pessoas, de 80% (oitenta por cento) das ações em que se divide o capital social fixado no estatuto.

50. Carlos tem um cheque em mãos, cujo emitente, Mário, já disse que não irá pagar por não concordar com a qualidade dos serviços que serviram de pagamento por este título de crédito. O cheque teve como avalista Alice. Assim, nos termos da Lei n. 7. 357/85, poderá Carlos, o portador promover a execução do cheque contra:

(A) contra o emitente e seu avalista.
(B) contra o emitente e seu avalista, desde que, para o segundo, tenha previsão expressa de execução no título.
(C) contra o emitente ou seu avalista, desde que a execução seja, obrigatoriamente, infrutífera contra o emitente.
(D) contra quem o portador entender por direito.

51. Madalena promove demanda indenizatória em face de Pedro, em virtude de agressão sofrida em um bar, próximo da residência da autora. Considerando que a audiência de conciliação foi suprimida, Pedro foi citado para oferecer resposta, e ato contínuo procura um advogado e explica que a agressão foi promovida por seu irmão gêmeo Paulo, sendo possível comprovar tal afirmação mediante as filmagens do local, uma vez que Paulo possui uma tatuagem em todo braço direito, diferente de Pedro, que não possui nenhuma tatuagem. Neste contexto, assinale a alternativa correta:

(A) O advogado deve arguir a preliminar de ilegitimidade passiva do cliente, sem necessidade de indicar o real autor dos atos danosos que lesaram a autora.
(B) O advogado deve arguir a preliminar de ilegitimidade passiva do cliente, com a indicação do real autor dos atos danosos que lesaram a autora, sob pena de responsabilização subjetiva.
(C) O advogado deve arguir a preliminar de ilegitimidade passiva do cliente, com a consequente e automática extinção do processo, sem resolução de mérito.
(D) O advogado deve arguir a preliminar de ilegitimidade passiva do cliente, com a indicação do real autor dos atos danosos que lesaram a autora. Caso haja a substituição de Pedro por Paulo, Madalena deverá pagar honorários advocatícios de sucumbência de 10 a 20% ao advogado do réu excluído do processo.

52. Patrícia estava atrasada para o trabalho, razão pela qual dirigia seu veículo em alta velocidade. Durante o percurso, se distraiu ouvindo um sucesso dos "Barões da Pisadinha", e acabou colidindo na traseira do veículo de Odair, que freou devidamente na faixa de pedestres. Após conversa amigável, Patrícia assumiu a responsabilidade e se comprometeu a acionar seu seguro para o conserto do carro de Odair. Na semana seguinte, ao ser procurada por Odair, Patrícia apresentou outra versão e disse que não era responsável pelo ocorrido, o que levou Odair a procurar um advogado para tomar as providências judiciais cabíveis. Nesse contexto, assinale a alternativa correta:

(A) Odair pode promover ação indenizatória de maneira direta e exclusiva contra a seguradora.
(B) Uma vez demandada Patrícia, ela deverá, obrigatoriamente, denunciar à lide sua seguradora.
(C) Odair poderá promover a demanda indenizatória em face de Patrícia e sua seguradora, em litisconsórcio.
(D) Uma vez demandada Patrícia, ela poderá promover o chamamento ao processo da seguradora.

53. Roberta interpõe recurso extraordinário perante o Presidente do TJDFT. Após juízo de admissibilidade promovido pelo juízo *a quo*, foi negado seguimento ao recurso extraordinário, com fundamento em tese jurídica firmada em sede de repercussão geral. Neste caso, o advogado de Roberta poderá:

(A) interpor agravo interno para o próprio tribunal recorrido.
(B) interpor agravo em recurso extraordinário do art. 1.042 do CPC.
(C) apresentar reclamação, uma vez que o juízo *a quo* não pode fazer juízo de admissibilidade.
(D) opor embargos de divergência.

54. Ana Cláudia promove ação reipersecutória em face de Maurício, requerendo liminar *inaudita altera pars* para a imediata devolução de bens que foram confiados ao réu, por meio de contrato de depósito, devidamente adimplido pela autora. A partir dos fatos narrados, assinale o tipo de tutela jurisdicional que deve ser requerida pelo causídico da autora:

(A) Tutela provisória de urgência antecipada antecedente.
(B) Tutela provisória de urgência antecipada incidental.
(C) Tutela provisória de evidência antecedente.
(D) Tutela provisória de evidência incidental.

55. Dagmar, residente e domiciliada no interior de Cabrobó/PE, em viagem à Maceió/AL, sofre um mal súbito, e ao ser atendida em um hospital público, sofre um erro médico, que lhe retira o movimento dos membros inferiores, em caráter definitivo. Ao retornar para sua casa, procura um Núcleo de Prática Jurídica de uma Faculdade privada local, para promover ação indenizatória em face do Estado, e pensionamento, em virtude de sua incapacidade laboral permanente. A partir destes fatos, assinale a alternativa correta, de acordo com o CPC vigente:

(A) A ação deve ser ajuizada necessariamente em Maceió/AL, uma vez que lá é que ocorreram os fatos danosos à autora.
(B) A ação pode ser ajuizada em Cabrobó/PE.
(C) Em caso de condenação contra o Estado, acima de mil salários mínimos, haverá necessidade de remessa necessária.
(D) O causídico de Dagmar terá direito a prazo em dobro para todas as suas manifestações e intimação pessoal.

56. Rogério propõe ação de cobrança em face de Nelson. Após o devido processo legal, foi proferida sentença condenatória de obrigação pecuniária em face do réu, tendo o juiz baseado sua sentença na norma y. Após o trânsito em julgado, Rogério iniciou a fase de cumprimento de sentença, tendo escoado o prazo legal para pagamento voluntário da obrigação, por parte do executado. Neste momento, Nelson descobriu que, antes do trânsito em julgado da decisão condenatória, a norma y que fundamentou a formação do título executivo judicial ora em execução, foi declarada inconstitucional pelo STF, em controle difuso de constitucionalidade e sem modulação de efeitos. Assim, Nelson, ainda estudante de Direito, procura seu primo advogado (Gustavo), que deverá lhe aconselhar a:

(A) opor embargos de terceiro para invocar a inexequibilidade do título.
(B) apresentar impugnação ao cumprimento de sentença, cujo efeito suspensivo *ope legis* paralisa a execução até seu julgamento.
(C) ajuizar ação rescisória.
(D) apresentar impugnação ao cumprimento de sentença, mediante petição simples dentro do processo sincrético, alegando ser o título inexequível em face da inconstitucionalidade superveniente, com a possibilidade de concessão de efeito suspensivo *ope judicis*, desde que preenchidos os requisitos legais.

57. João, imputável, primário, ofereceu a Ana, adolescente, de 15 anos de idade, a quantia de R$ 100, para com ela manter relações sexuais. Ana aceitou a proposta e ambos foram ao motel. Nos meses seguintes, João repetiu o convite em outras sete oportunidades, e Ana as aceitou.

Com base no exemplo trazido, assinale a alternativa correta.

(A) A conduta de João é atípica, pois o crime de favorecimento da prostituição de vulnerável depende da existência de um rufião.
(B) Reconhecida a continuidade delitiva, o juiz poderá aplicar a fração máxima de aumento de pena, de dois terços.
(C) João praticou o crime de estupro de vulnerável.
(D) João praticou a forma privilegiada do crime de favorecimento da prostituição de vulnerável.

58. Enquanto faziam patrulha, dois policiais militares avistaram um indivíduo encostado no portão de uma casa. Ao perceber a presença dos policiais, o sujeito saiu em disparada, mas os policiais conseguiram capturá-lo. Em seu poder, foi encontrado um revólver. Ao retornar ao imóvel, os policiais descobriram que o suspeito, agora preso, em flagrante, havia rompido o cadeado do portão que dá acesso à garagem. Na delegacia, ele confessou e disse que tinha por objetivo render os moradores do imóvel, mas que não teve êxito, afinal, os policiais o surpreenderam no instante em que havia violado o cadeado. As vítimas descobriram a ação do criminoso posteriormente, quando os dois policiais as chamaram para relatar o ocorrido.

Com base no exemplo narrado, assinale a alternativa correta.

(A) O agente praticou o crime de roubo, na forma tentada.
(B) O agente deve ser punido apenas pelo crime de dano (CP, art. 163), pois se trata de hipótese de arrependimento eficaz.
(C) O agente deve ser punido apenas pelo crime de dano (CP, art. 163), pois se trata de hipótese de desistência voluntária.
(D) O agente não deve responder por crime de roubo.

59. Em uma rede social, em publicação aberta a todos, Mário afirmou que Joaquim, funcionário público, manteve relações sexuais com outros homens. No entanto, Mário é casado com Vanessa, também funcionária pública.

Com base no exemplo trazido, assinale a alternativa correta.

(A) Em sua defesa, Mário pode opor exceção da verdade.
(B) Mário praticou o crime de injúria.
(C) Vanessa é parte legítima para o oferecimento de queixa-crime contra Mário.
(D) Mário praticou o crime de denunciação caluniosa, que, atualmente, também engloba a falsa acusação por atos ímprobos.

60. Analise as seguintes condutas: (1ª) A pretexto de influir em ato praticado por funcionário público no exercício da função, Michael solicita determinada quantia em dinheiro de Dwight; (2ª) Dwight aceita e paga a quantia a Michael, mas não obtém o resultado por este prometido.

Com base nas informações trazidas, assinale a alternativa correta.

(A) Michael e Dwight devem ser punidos por tráfico de influência.
(B) Michael e Dwight devem ser punidos por exploração de prestígio.
(C) A conduta de Dwight é atípica. Michael praticou o crime de tráfico de influência.
(D) Michael praticou o crime de corrupção passiva.

61. No dia 10 de dezembro de 2019, Fábio ocultou uma arma de fogo de uso proibido. No dia 23-1-2020, entrou em vigor a Lei n. 13.964/2019, o *Pacote Anticrime*, que elevou a pena máxima da conduta praticada de Fábio, que passou a ser de 12 anos. No dia 4-2-2020, Fábio se livrou da arma, não mais ocultando-a.

Com base nas informações trazidas, assinale a alternativa correta.

(A) Por se tratar de lei mais gravosa, o *Pacote Anticrime* não poderá retroagir para alcançar a conduta praticada por Fábio.

(B) O *Pacote Anticrime* deve ser aplicado por ser a lei vigente na época em que Fábio deixou de ocultar a arma de fogo de uso proibido.
(C) Se Fábio tivesse ocultado, em um mesmo contexto fático, duas armas de fogo de uso proibido, responderia em concurso formal de crimes pelas duas condutas.
(C) Se Fábio tivesse ocultado, em um mesmo contexto fático, duas armas de fogo de uso proibido, responderia em concurso material de crimes pelas duas condutas.

62. Suzete foi condenada à pena de 10 anos de reclusão, a ser cumprida, inicialmente, em regime fechado. Passado algum tempo, ao alcançar os requisitos para a progressão de regime, ela descobriu estar acometida de doença grave.

Nesse caso, com base nas informações trazidas, assinale a alternativa correta.

(A) Ainda que acometida de doença grave, não é admitida a progressão *per saltum*.
(B) Por estar acometida de doença grave, Suzete tem direito à saída temporária.
(C) É possível, desde que judicialmente autorizada, a permissão de saída para o tratamento médico de Suzete.
(D) Em razão da doença grave, Suzete tem direito subjetivo à prisão domiciliar.

63. Marcelo, agindo dolosamente, aplica um golpe na praça de R$ 18.000,00. Ele emitiu cheques sem provisão de fundos com o intuito de obtenção de vantagem patrimonial ilícita, fazendo várias vítimas. Ao ser processado criminalmente, ele procura seu escritório de advocacia em busca de orientação jurídica. Qual das teses abaixo deverá ser utilizada na defesa dele:

(A) Legítima defesa patrimonial, excluindo a ilicitude de sua conduta, absolvendo propriamente o acusado.
(B) No caso da emissão de cheque sem suficiente provisão de fundos, a reparação do dano até o recebimento da denúncia extingue a punibilidade do agente.
(C) No caso da emissão de cheque sem suficiente provisão de fundos, a reparação do dano até o recebimento da denúncia reduzirá a pena em 1/6.
(D) Estado de necessidade patrimonial, excluindo a culpabilidade de sua conduta e absolvendo sumariamente o agente.

64. Adriana foi presa em flagrante ao subtrair 7 reais de uma lanchonete. Ela aproveitou a distração do rapaz do caixa para subtrair as moedas doadas para institutos de caridade. As imagens do circuito interno de segurança captaram toda a ação. Por força da questão patrimonial, o primeiro juiz a tomar ciência do fato foi o magistrado da 1ª Vara Cível. Por força da prevenção, passou a tomar decisões na área penal. Sobre o tema competência, assinale a alternativa correta:

(A) As decisões do Juiz da Vara Cível a respeito do processo criminal de furto serão anuláveis se alegadas na primeira oportunidade.
(B) As decisões do Juiz da Vara Cível a respeito do processo criminal de furto serão nulas de pleno direito e não se convalidam com o passar do tempo.
(C) As decisões do Juiz da Vara Cível a respeito do processo criminal de furto serão válidas pois o juiz pode deter a dupla competência no caso concreto.
(D) Por força da insignificância da subtração, nenhum juízo poderá proferir nenhuma decisão.

65. Leonarda, no ano de 2008, foi presa em flagrante, processada e condenada pelo crime de adultério, que até então estava em vigor. No momento em que já estava cumprindo a pena em regime fechado, foi surpreendida com a *abolitio criminis* do crime de adultério. Valendo-se dos critérios de competência e do cabimento dos recursos em espécie, responda a alternativa correta:

(A) Leonarda deverá elaborar simples petição para o juiz que a condenou pedindo a extinção da punibilidade.
(B) Leonarda deverá elaborar revisão criminal para o Tribunal, já que a decisão condenatória transitou em julgado.
(C) Leonarda deverá elaborar simples petição para o juiz da Vara das Execuções Criminais, responsável por seu processo de execução.
(D) Leonarda deverá elaborar agravo em execução para o Tribunal, buscando a extinção da punibilidade pela *abolitio criminis*.

66. Alessandro estava conduzindo sua motocicleta todo feliz, pois acabara de ser tio. Ficou tão feliz que começou a olhar e admirar a beleza do poente, distraindo-se na condução de seu veiculo automotor. Infelizmente, por conta de sua distração, o veículo atinge 150 quilômetros por hora, sobe na calçada da Rua 25 de Março e mata 12 pessoas. Diante desse quadro, indique a alternativa correta:

(A) O juízo competente será o da Vara Criminal comum.
(B) O juízo competente será o do Juizado Especial Criminal.
(C) O juízo competente será o da Vara dos crimes do trânsito.
(D) O juízo competente será o da Vara do Júri.

67. Rebeca, diante de uma agressão injustificada contra a sua pessoa por parte de Agripino, para proteger sua integridade física, pega um pé de cabra que está ao seu lado e arrebenta a cara de seu agressor. Após estar caído, Rebeca troca o pé de cabra por um machado e, antes de matar o agressor caído, este acorda e dispara contra Rebeca, que vem a falecer. Em relação ao pedido que deva ser feito em resposta à acusação de Agripino, aponte a alternativa correta:

(A) Absolvição sumária por excludente de tipicidade.
(B) Absolvição sumária por excludente de ilicitude.
(C) Absolvição sumária por excludente de culpabilidade.
(D) Absolvição sumária por excludente de punibilidade.

68. Pedrinho, sentindo muita fome, quase a ponto de morrer, aproveita a situação e escolhe o melhor restaurante da cidade para entrar e subtrair 30 quilos de carne de javali para fazer um churrasco. Ao ser preso em flagrante, começa a gritar: "FURTO FAMÉLICO – FURTO FAMÉLICO". Ciente de que a pena em abstrato do furto é de reclusão de 1 a 4 anos, responda:

(A) O rito a ser seguido para apurar o delito é o comum ordinário.
(B) O rito a ser seguido para apurar o delito é o especial sumaríssimo.
(C) O rito a ser seguido para apurar o delito é o comum sumário.
(D) O delito não será apurado pela excludente de ilicitude.

69. Luiz trabalha em uma empresa muito conceituada no ramo de tecnologia da informação. A empresa lhe oferece, entre outras vantagens, o programa de previdência complementar aberta, disponível a seus empregados e dirigentes. Luiz, sabendo que esses valores podem ser deduzidos do imposto de renda, procura um(a) advogado(a) para saber se esses valores são também considerados como salário de contribuição. Diante da situação apresentada, marque a alternativa correta.

(A) Não integram o salário de contribuição, desde que o programa esteja disponível à totalidade de seus empregados e dirigentes.
(B) Integram em sua totalidade o salário de contribuição de empregados e dirigentes.
(C) Apenas 50% dos valores integram o salário de contribuição.
(D) Apenas 70% dos valores integram o salário de contribuição.

70. André, de 16 anos, é filho de segurado falecido. Desde muito jovem, André fora diagnosticado com esquizofrenia. Preocupado com sua pensão, André e sua mãe lhe procuram como advogado(a) para saber a respeito do benefício. Marque a alternativa correta.

(A) A pensão por morte a André será paga até seus 18 anos de idade.
(B) A pensão por morte a André será paga até seus 21 anos de idade, salvo se for inválido ou tiver deficiência intelectual ou mental ou deficiência grave.
(C) A pensão por morte a André será paga até seus 21 anos de idade, independentemente de qualquer condição.
(D) A pensão por morte a André será paga até seus 20 anos de idade.

71. A empresa Véu de Noiva Ltda., do ramo de confecções, publicou um anúncio em jornal de grande circulação informando que admitiria vários profissionais para o seu quadro de funcionários, a título de contrato de experiência, desde que comprovada a seguinte exigência profissional: para costureiras, experiência comprovada de cinco meses na função; para estoquistas, experiência comprovada de um ano na função; para auxiliar de serviços gerais, experiência comprovada de dois meses na função; e, para administradores, experiência mínima de dois anos na função. Diante da situação apresentada e dos termos da CLT, marque a alternativa correta.

(A) O contrato de experiência poderá ser celebrado por prazo de até 120 dias, contados da anotação da CTPS.
(B) O contrato de experiência, por ser com prazo determinado, jamais poderá ser rompido antecipadamente.
(C) O prazo máximo de experiência na função que poderá ser exigido pelo empregador na contratação é de seis meses.
(D) O prazo máximo de experiência na função que poderá ser exigido pelo empregador na contratação é de dois anos.

72. Marcio e Magnólia trabalham como vigilantes na mesma agência do Banco Dolare S.A. Ele é vigilante terceirizado e ela é vigilante contratada diretamente pelo banco. Ambos trabalham em escala de 12 x 36 horas, conforme acertado na convenção coletiva da categoria. De acordo com a situação apresentada, nos termos da CLT e do entendimento do TST, marque a alternativa correta.

(A) Marcio é considerado bancário e Magnólia vigilante.
(B) A jornada especial de trabalho de 12x36 não aplica ao vigilante.
(C) Ambos são considerados da categoria dos vigilantes, por se tratar de categoria diferenciada.
(D) Marcio é vigilante e Magnólia bancária.

73. Yélena foi empregada da empresa Alpha Investimentos S/A, e atuou no gerenciamento de franquias por oito anos. Inicialmente trabalhou em Fortaleza/CE e, pelo bom trabalho realizado ao longo do tempo, foi promovida a um cargo de confiança e transferida para São Paulo/SP, com todas as despesas custeadas pela empresa. Yélena mudou-se com a família, comprou um imóvel, matriculou seus filhos numa boa escola paulista e permaneceu em São Paulo por cinco anos. Yélena nunca recebeu adicional de transferência. Após o término do contrato, Yélena ingressou com ação trabalhista requerendo o pagamento do adicional de transferência pelo período em que trabalhou em São Paulo. Considerando o caso narrado, a legislação trabalhista e o entendimento do TST, assinale a alternativa correta.

(A) A empregada não faz jus ao recebimento do adicional de transferência, uma vez que a mesma ocorreu de forma definitiva.

(B) Por ter exercido cargo de confiança, a empregada não faz jus ao adicional de transferência.
(C) Yélena faz jus ao adicional de transferência no percentual de 50% do seu antigo salário.
(D) Por ter custeado as despesas com a transferência, a empresa fica isenta do pagamento do adicional de transferência.

74. Vitor foi acusado de ato de improbidade contra empresa que trabalha. Em razão dessa acusação, o empregador o suspendeu por 90 dias. Vitor procurou você como advogado(a) para uma consulta, enquanto ainda estava suspenso, aduzindo que não pretendia continuar trabalhando na empresa. Diante da situação em tela, com base na lei, marque a alternativa correta.

(A) Vitor terá o contrato extinto por justa causa se permanecer suspenso por mais de 90 dias.
(B) Vitor poderá ficar com o contrato suspenso por prazo indefinido, uma vez que existe uma lacuna na lei trabalhista sobre o tema.
(C) Em razão da suspensão, Vitor terá que pedir demissão para colocar fim ao contrato.
(D) Vitor terá seu contrato extinto de forma imotivada, haja vista que a suspensão foi superior a 30 dias.

75. Em determinada reclamação trabalhista, o ex-empregado, questionou o desconto anual, a título de contribuição sindical, previsto na convenção coletiva de sua categoria, que vigorou no ano de 2018 e que foi juntada com a petição inicial. O reclamante, ainda informou na referida ação que não autorizou qualquer desconto de seu salário. Diante da situação retratada e dos ditames da CLT, marque a alternativa correta.

(A) Em razão da previsão na Convenção Coletiva, o desconto é lícito.
(B) A contribuição sindical, desde que prevista em norma coletiva poderá ser descontada do empregado a qualquer tempo durante o ano.
(C) A contribuição sindical somente poderá ser descontada do salário do empregado mediante sua autorização expressa.
(D) A obrigação pela autorização do desconto da contribuição sindical do salário do empregador é do empregador, que tem 24 horas após o desconto para informar o sindicato do empregado.

76. Num determinado processo trabalhista, foi proferida sentença de procedência total para pagamento de verbas em uma ação movida por Felipe contra o ex-empregador Mercado Vende Tudo S/A, sendo ainda condenado de forma solidária o litisconsorte Mercado Linha Verde S/A, empresa pertencente ao mesmo grupo econômico. Ambas as empresas, sendo representadas por advogados diferentes, interpuseram cada qual um recurso ordinário, sendo que o Mercado Vende Tudo S/A questionou somente o valor da condenação dos honorários advocatícios, pagando as custas e efetuando o depósito recursal.

Com base no caso apresentado e do entendimento do TST, com relação ao preparo, é certo afirmar que:

(A) O Mercado Vende Tudo S/A não precisará fazer o recolhimento do depósito recursal em razão da matéria objeto do recurso.
(B) Cada parte deverá recolher na totalidade as custas e o depósito recursal, ainda que a condenação seja solidária.
(C) O Mercado Linha Verde S/A não precisará fazer o recolhimento do depósito recursal.
(D) Ambas as empresas deverão recolher 50% das custas e do depósito recursal.

77. Jaqueline ajuizou uma ação trabalhista, por ter sido dispensada grávida, contra a empresa "Computer S/A", com pedido de tutela provisória, requerendo sua imediata reintegração no emprego. A tutela provisória de urgência, de natureza antecipada, foi indeferida pelo magistrado e não foi impugnada. Porém, deferiu a tutela provisória de urgência, determinando sua imediata reintegração no emprego, quando da prolação da sentença.

É correto afirmar, à luz da jurisprudência do TST, que a tutela provisória concedida na sentença:

(A) Não poderá ser impugnada porque havia sido indeferida originalmente.
(B) Poderá ser impugnada por recurso ordinário, sem possibilidade de obtenção de efeito suspensivo.
(C) Poderá ser impugnada por mandado de injunção.
(D) Poderá ser impugnada por recurso ordinário, tendo a possibilidade de efeito suspensivo por meio de requerimento.

78. De acordo com a CLT, poderão reclamar pessoalmente na Justiça do Trabalho, os empregados ou empregadores, os quais poderão acompanhar até o final as suas reclamações. Diante dessa possibilidade, a ação ou o recurso em que se admite o *jus postulandi* das partes na Justiça do Trabalho é:

(A) Recurso Ordinário para o TRT.
(B) Recurso de Revista para o TST.
(C) Mandado de Segurança em qualquer instância.
(D) Ação Rescisória no TRT.

79. Bianca ajuizou reclamação trabalhista em face da empresa BRM S/A. A reclamação foi julgada procedente em parte e a empresa foi condenada ao pagamento de R$ 50.000,00. A reclamada interpôs recurso ordinário, porém deixou de recolher integralmente as custas processuais. O magistrado, em seu juízo de admissibilidade, negou seguimento ao referido recurso.

Neste caso:

(A) A empresa deverá interpor Embargos que será julgado pelo TRT.
(B) A empresa deverá interpor Recurso de Revista, no qual será julgado pelo TST.
(C) A empresa deverá interpor Agravo de Petição, no qual será julgado pelo TRT.
(D) A empresa deverá interpor Agravo de Instrumento que será julgado pelo TRT.

80. Jonas, a fim de conseguir suas horas extras trabalhadas e não pagas, ingressou com uma reclamação trabalhista que foi distribuída para a 1ª Vara do Trabalho de Blumenau. Em seguida, o magistrado determinou a remessa dos autos processuais a uma das Varas do Trabalho da Capital de Santa Catarina, Florianópolis, por ter acolhido exceção de incompetência territorial oposta pela empresa em observância do art. 800 da CLT.

Desta decisão:

(A) caberá Agravo de Instrumento.
(B) caberá Recurso Ordinário.
(C) caberá Mandado de Segurança.
(D) não caberá nenhum recurso.

Folha de Respostas

#					#				
01	A	B	C	D	41	A	B	C	D
02	A	B	C	D	42	A	B	C	D
03	A	B	C	D	43	A	B	C	D
04	A	B	C	D	44	A	B	C	D
05	A	B	C	D	45	A	B	C	D
06	A	B	C	D	46	A	B	C	D
07	A	B	C	D	47	A	B	C	D
08	A	B	C	D	48	A	B	C	D
09	A	B	C	D	49	A	B	C	D
10	A	B	C	D	50	A	B	C	D
11	A	B	C	D	51	A	B	C	D
12	A	B	C	D	52	A	B	C	D
13	A	B	C	D	53	A	B	C	D
14	A	B	C	D	54	A	B	C	D
15	A	B	C	D	55	A	B	C	D
16	A	B	C	D	56	A	B	C	D
17	A	B	C	D	57	A	B	C	D
18	A	B	C	D	58	A	B	C	D
19	A	B	C	D	59	A	B	C	D
20	A	B	C	D	60	A	B	C	D
21	A	B	C	D	61	A	B	C	D
22	A	B	C	D	62	A	B	C	D
23	A	B	C	D	63	A	B	C	D
24	A	B	C	D	64	A	B	C	D
25	A	B	C	D	65	A	B	C	D
26	A	B	C	D	66	A	B	C	D
27	A	B	C	D	67	A	B	C	D
28	A	B	C	D	68	A	B	C	D
29	A	B	C	D	69	A	B	C	D
30	A	B	C	D	70	A	B	C	D
31	A	B	C	D	71	A	B	C	D
32	A	B	C	D	72	A	B	C	D
33	A	B	C	D	73	A	B	C	D
34	A	B	C	D	74	A	B	C	D
35	A	B	C	D	75	A	B	C	D
36	A	B	C	D	76	A	B	C	D
37	A	B	C	D	77	A	B	C	D
38	A	B	C	D	78	A	B	C	D
39	A	B	C	D	79	A	B	C	D
40	A	B	C	D	80	A	B	C	D

Comentários das questões

Ética [01-08]

Nº	Gabarito	Comentários
01	A	(A) Certa, conforme determina o art. 7º-A, III, EAOAB ao estabelecer como direito da advogada gestante, lactante, adotante ou que der à luz, preferência na ordem das sustentações orais e das audiências a serem realizadas a cada dia, mediante comprovação de sua condição. (B) Errada, vide art. 7º-A, IV, EAOAB. (C) Errada, vide art. 7ª-A, I, a, EAOAB. (D) Errada, vide art. 7º-A, I, b, EAOAB.
02	C	(A) Errada, vide art. 10, § 1º, EAOAB. (B) Errada, vide art. 10, § 1º, EAOAB. (C) Certa, a inscrição principal do advogado deve ser feita no Conselho Seccional em cujo território pretende estabelecer o seu domicílio profissional, bem como será necessária a realização de inscrição suplementar nos Conselhos Seccionais em cujos territórios passar a exercer habitualmente a profissão considerando-se habitualidade a intervenção judicial que exceder de cinco causas por ano (art. 10, §§ 1º e 2º, EAOAB). (D) Errado, inexiste previsão de inscrição no Conselho Federal, vide art. 10, EAOAB.
03	B	(A) Errada, vide art. 39, CED. (B) Certa, é vedada a divulgação dos serviços por meio de rádio, cinema ou televisão (art. 40, I, CED). (C) Errada, vide art. 45, CED. (D) Errada, vide art. 44, § 1º, CED.
04	C	(A) Errada, vide art. 50, CED. (B) Errada, vide art. 50, CED. (C) Certa, é possível a adoção da cláusula quota litis, que significa participação nos ganhos do cliente. Porém, o total recebido não poderá ser superior às vantagens advindas a favor do cliente, incluindo-se os honorários sucumbenciais (art. 50, CED). (D) Errada, vide art. 50, CED.
05	A	(A) Certa, por ser servidor público federal, apenas Luiz poderá advogar contra a fazenda que não lhe remunera (art. 30, I, EAOAB). (B) Errada, vide art. 30, I, EAOAB. (C) Errada, art. 42, EAOAB. (D) Errada, vide arts. 30, I, e 42 do EAOAB.
06	C	(A) Errada, vide art. 55, § 2º, CED. (B) Errada, vide arts. 34, XXVI, e 38, II, EAOAB. (C) Certa, não se considera fonte idônea o anonimato (art. 55, § 2º, CED) e a punição a ela aplicada seria o cancelamento da inscrição (arts. 34, XXVI, e 38, II, EAOAB). (D) Errada, vide art. 55, § 2º, CED.
07	C	(A) Errada, vide art. 43, EAOAB. (B) Errada, vide art. 43, EAOAB. (C) Certa, aplica-se a prescrição a todo processo disciplinar paralisado por mais de três anos, pendente de despacho ou julgamento, devendo ser arquivado de ofício, ou a requerimento da parte interessada, sem prejuízo de serem apuradas as responsabilidades pela paralisação (art. 43, § 1º, EAOAB). (D) Errada, vide art. 43, EAOAB.
08	D	(A) Errada, vide art. 58, II, EAOAB. (B) Errada, vide art. 58, XV, EAOAB. (C) Errada, vide art. 58, VII, EAOAB. (D) Certa, compete ao Conselho Seccional fixar a tabela de honorários, válida para todo o território estadual (art. 58, V, EAOAB).

Filosofia do Direito [09-10]

Nº	Gabarito	Comentários
09	C	A norma constitucional é imperativa, de ordem pública e emana da vontade popular. Os dispositivos constitucionais devem ser interpretados com a mais ampla extensão possível.
10	C	A Justiça Corretiva é uma espécie da Justiça Legal que possui igualdade mediante proporção aritmética entre uma perda e um ganho, sendo o juiz o responsável por julgar e corrigir esta disparidade causada tanto em transações voluntárias como involuntárias.

Direito Constitucional [11-16]

Nº	Gabarito	Comentários
11	B	O *habeas corpus* é um remédio constitucional que pode ser impetrado por qualquer pessoa, em favor de si ou de outrem, independentemente de procuração, quando alguém sofrer ou se achar ameaçado de sofrer violência ou coação em sua liberdade de locomoção conforme o art. 5º, LXVIII, da CF. As demais alternativas estão incorretas, pois a prisão e a decretação da perda de bens dependem de ordem judicial (salvo em casos de flagrante delito), nos termos do art. 5º, LXI, da CF. A casa é asilo inviolável (exceto em caso de flagrante delito, desastre, ou para prestar socorro, ou durante o dia, por determinação judicial), conforme o art. 5º, XI, da CF. E, por fim, o sigilo da correspondência e das comunicações telegráficas só pode ser violado por determinação judicial, conforme o art. 5º, XII, da CF.

12	C	Conforme a Constituição Federal de 1988, são considerados brasileiros natos os nascidos no estrangeiro de pai brasileiro ou mãe brasileira, desde que sejam registrados em repartição brasileira competente ou venham a residir na República Federativa do Brasil e optem, em qualquer tempo, depois de atingida a maioridade, pela nacionalidade brasileira (art. 12, I, c, da CF). No caso em questão, uma vez efetuado o registro na repartição brasileira competente, a nacionalidade originária estará garantida para Pedro que não precisará cumprir outro requisito. Logo, Pedro será considerado brasileiro nato.
13	D	Conforme o art. 21, XIX, da CF, compete à União de forma exclusiva instituir sistema nacional de gerenciamento de recursos hídricos e definir critérios de outorga de direitos de seu uso. Esta competência alia-se à competência do art. 22, IV, da CF, competência privativa da União, para legislar sobre água. Contudo, não se pode ignorar que os Estados poderão legislar concorrentemente sobre meio ambiente (art. 24, VI), o que inclui os recursos hídricos. Diante destes institutos, o STF entendeu que se trata de competência concorrente da União e dos Estados legislar sobre recursos hídricos, ficando a União com a competência para legislar sobre normas gerais e os Estados legislarem de forma suplementar (ADI 3.336).
14	B	Conforme o art. 84, I, da Constituição Federal, o Presidente da República possui a competência exclusiva para nomear e demitir Ministros de Estado, sem necessidade de autorização ou ratificação por parte do Congresso Nacional.
15	C	A Constituição Federal garante no art. 206, IV, a gratuidade do ensino público em estabelecimentos oficiais em todos os níveis, vedando a cobrança de mensalidades ou taxas, exceto nos casos de cursos de especialização (RE 597.854). Inclusive o Supremo Tribunal Federal editou a Súmula Vinculante 12 reafirmando que a cobrança da taxa de matrícula nas universidades públicas é inconstitucional.
16	A	O STF pode reconhecer a inconstitucionalidade de uma lei que viole o pacto federativo, sendo a ADI o meio adequado para tal discussão, com efeitos vinculantes e *erga omnes* (art. 102, § 2º, da CF), o que torna a alternativa A correta. A alternativa B está incorreta, pois a ADI pode tratar da violação ao pacto federativo. A alternativa C é incorreta, pois a ADI é adequada. A alternativa D está incorreta, pois a decisão em ADI tem efeito *erga omnes*.

Direitos Humanos [17-18]

Nº	Gabarito	Comentários
17	B	A letra "A" está errada, pois a Convenção não fala em abolição, aliás, traz regras específicas e absolutas em relação ao devido processo legal da pena de morte. A letra "B" está correta nos termos do art. 4º que trata do direito à vida, quando na verdade, mais disciplina sobre a pena de morte. Vejamos: "Toda pessoa tem o direito de que se respeite sua vida. Esse direito deve ser protegido pela lei e, em geral, desde o momento da concepção. Ninguém pode ser privado da vida arbitrariamente. Nos países que não houverem abolido a pena de morte, esta só poderá ser imposta pelos delitos mais graves, em cumprimento de sentença final de tribunal competente e em conformidade com lei que estabeleça tal pena, promulgada antes de haver o delito sido cometido. Tampouco se estenderá sua aplicação a delitos aos quais não se aplique atualmente". A letra "C" está errada, pois veda-se a aplicação da pena de morte a delitos políticos, nos termos do art. 4º, nº 4 – "Em nenhum caso pode a pena de morte ser aplicada por delitos políticos, nem por delitos comuns conexos com delitos políticos". A letra "D" está errada, pois há uma série de restrições, como vimos acima (apenas para delitos graves, proibição de execução no caso de delitos políticos, não se deve impor a pena de morte a pessoa que, no momento da perpetração do delito, for menor de dezoito anos, ou maior de setenta, nem aplicá-la a mulher em estado de gravidez).
18	D	A letra "A" está errada, pois não há relação da ONU com a OEA nesse caso. A letra "B" está errada, pois não cabe à Assembleia Geral (da ONU ou da OEA) tal deliberação. A letra "C" está errada, pois não cabe à Comissão tal função. A letra "D" está correta nos termos do art. 64 da Convenção Americana sobre Direitos Humanos, o qual atribui à Corte tal competência.

Direito Eleitoral [19-20]

Nº	Gabarito	Comentários
19	A	Conforme entendimento do TSE, firmado na Súmula 67, "A perda do mandato em razão da desfiliação partidária não se aplica aos candidatos eleitos pelo sistema majoritário". Uma vez que Maria é senadora, eleita pelo sistema majoritário, não está sujeita à perda de mandato em razão de desfiliação da legenda pela qual conquistou o seu cargo.
20	D	O prazo de transferência de domicílio eleitoral para concorrer a um cargo eletivo é de até seis meses da eleição (Lei n. 9.504/97). Além disso, não há obrigatoriedade de que o domicílio civil coincida com o domicílio eleitoral; ademais "o conceito de domicílio eleitoral pode ser demonstrado não só pela residência no local com ânimo definitivo, mas também pela constituição de vínculos políticos, econômicos, sociais ou familiares" (art. 9º; Acórdão-TSE, de 4-10-2018, no RO n. 060238825).

Direito Internacional [21-22]

Nº	Gabarito	Comentários
21	B	É expressamente o que está disposto no art. 53 da Convenção de Viena sobre direto dos tratados, vejamos: "É nulo um tratado que, no momento de sua conclusão, conflite com uma norma imperativa de Direito Internacional geral. Para os fins da presente Convenção, uma norma imperativa de Direito Internacional geral é uma norma aceita e reconhecida pela comunidade internacional dos Estados como um todo, como norma da qual nenhuma derrogação é permitida e que só pode ser modificada por norma ulterior de Direito Internacional geral da mesma natureza".
22	B	Em se tratando de imunidade de jurisdição soberana, temos que: é relativa. Isto é, existem hipóteses em que o Estado estrangeiro poderá ser julgado perante um juiz brasileiro. O caráter relativo da imunidade de jurisdição estatal é baseado na teoria dos atos de gestão e atos de império. I. Atos de império: são os atos praticados pelo Estado estrangeiro no exercício de suas prerrogativas soberanas (ex.: negativa de visto). II. Atos de gestão: são os atos que o Estado estrangeiro pratica na condição de particular. Ou seja, sem exercitar sua soberania. A imunidade de execução de Estado estrangeiro no Brasil é absoluta, pois, em relação à execução de Estado estrangeiro, não se aplica a teoria dos atos de gestão e dos atos de império, responsável por relativizar a imunidade de jurisdição. Portanto, resposta correta é indeferir a penhora por existir a imunidade de execução.

Direito Financeiro [23-24]

Nº	Gabarito	Comentários
23	B	O art. 165, § 8º, da Constituição Federal determina que a Lei Orçamentária Anual (LOA) não pode conter dispositivos estranhos à previsão da receita e à fixação da despesa. Portanto, incluir na LOA um dispositivo que estabelece novas competências para um departamento municipal é inconstitucional, pois é estranho à natureza da LOA.
24	A	A alternativa A está incorreta, pois atribui ao PPA uma característica da LDO. O Plano Plurianual (PPA) estabelece as diretrizes, objetivos e metas para os próximos quatro anos, não apenas para o exercício financeiro seguinte. Por outro lado, é a LDO que estabelece as metas e prioridades da administração pública para o exercício financeiro seguinte, orientando a elaboração do Orçamento Anual (LOA). As alternativas B, C e D estão corretas em relação às definições e propósitos dos respectivos instrumentos orçamentários.

Direito Tributário [25-29]

Nº	Gabarito	Comentários
25	D	A aplicação da analogia não poderá resultar na exigência de tributo não previsto em lei (art. 108, I e § 1º, do CTN)..
26	C	É vedada à União a instituição de tributo que não seja uniforme em todo território nacional ou que implique distinção ou preferência em relação à região em detrimento de outra, admitindo-se apenas incentivos fiscais destinados à promoção do equilíbrio do desenvolvimento socioeconômico entre as diferentes regiões do País (art. 151, I, da CRFB).
27	D	A lei se aplica a ato não definitivamente julgado, quando a lei nova lhe comine penalidade menos severa que a prevista na lei vigente ao tempo de sua prática (art. 106, II, c, do CTN).
28	D	A atualização do valor monetário da base de cálculo do IPTU é permitida por decreto, desde que não seja em percentual superior ao índice oficial de correção monetária (art. 97, § 2º, do CTN e Súmula 160 do STJ).
29	A	Por se tratar de área de expansão urbana, independente dos melhoramentos (rede de abastecimento de água, sistema de esgotos sanitários e rede de iluminação pública), Gabriel deve recolher o IPTU (art. 32, § 2º, do CTN).

Direito Administrativo [30-34]

Nº	Gabarito	Comentários
30	B	A situação descrita sugere caso de anulação do ato administrativo, visto tratar-se de vício de legalidade presente desde a origem da licença concedida. A anulação incide sobre os atos eivados de ilegalidade originária, produzindo efeitos *ex tunc* (retroativos) com o objetivo de evitar a perpetuação da ilegalidade e não se confunde com a revogação, que é a retirada de um ato administrativo válido e discricionário por motivo de interesse público superveniente, que o tornou inconveniente ou inoportuno. Trata-se, portanto, da extinção de um ato administrativo válido por conveniência e oportunidade da Administração. Por sua vez, a cassação é a retirada do ato porque o destinatário descumpriu condições que deveriam permanecer atendidas a fim de dar continuidade à situação jurídica, a exemplo da cassação de uma licença para funcionamento de hotel que passou a funcionar como casa de prostituição.

31	A	O ato praticado por Jonas é anulável e passível de convalidação, possibilitando que os efeitos já produzidos sejam considerados válidos e legítimos para a produção de efeitos regulares. Convalidação ou saneamento é o ato administrativo pelo qual é corrigido vício sanável presente em um ato ilegal, desde que não ocasione prejuízos ao erário ou a particulares e desde que atenda ao interesse público. Nesse sentido, art. 55 da Lei n. 9.784/99: "Art. 55. Em decisão na qual se evidencie não acarretarem lesão ao interesse público nem prejuízo a terceiros, os atos que apresentarem defeitos sanáveis poderão ser convalidados pela própria Administração". A convalidação, portanto, é o ato novo destinado à correção de outro ato ilegal e que produzirá efeitos retroativos desde a data em que este (o ato viciado) foi editado, salvo disposição expressa em sentido contrário. Somente os atos ilegais que apresentem vícios sanáveis poderão ser convalidados. Por seu turno, consideram-se sanáveis os vícios concernentes à competência, à forma e ao objeto, quando este último for plúrimo (possuir mais de um objeto) e insanáveis os relacionados ao motivo, ao objeto (quando único) e à finalidade. Portanto, três elementos dos atos administrativos, quando viciados, admitem a convalidação: a competência, a forma e o objeto (plural). Ao revés, os outros dois elementos (finalidade e motivo) não admitem convalidação.
32	D	Por meio do poder hierárquico haverá o escalonamento vertical de competências no interior da Administração Pública, com o objetivo de viabilizar uma atuação mais coordenada e organizada. Através desse poder-dever é conferida uma série de prerrogativas aos agentes públicos hierarquicamente superiores em relação aos agentes a eles subordinados, dentre as quais a de dar ordens, desde que compatíveis com o Direito, e fiscalizar a conduta dos servidores abaixo hierarquicamente. Com efeito, Pedro e seus colegas possuem o dever de obediência às ordens legais emanadas de seus superiores, em virtude da relação de subordinação estabelecida pelo poder hierárquico.
33	C	Conforme recente entendimento do STF, com exceção da ordem de polícia, todas as demais etapas (atos de consentimento, de fiscalização e de aplicação de sanções), desde que cumpridas alguns requisitos, são passíveis de delegação a pessoa jurídica de direito privado integrante da Administração Pública indireta, como é o caso da sociedade de economia mista municipal Beta. Vejamos a tese com repercussão geral reconhecida (tema 532) firmada pelo Pretório Excelso: "É constitucional a delegação do poder de polícia, por meio de lei, a pessoas jurídicas de direito privado integrantes da Administração Pública indireta de capital social majoritariamente público que prestem exclusivamente serviço público de atuação própria do Estado e em regime não concorrencial". O STF, portanto, admite a delegação, desde que envolva: pessoa jurídica de direito privado integrante da Administração Pública indireta; tenha capital social majoritariamente público; e preste exclusivamente serviço público de atuação própria do Estado e em regime não concorrencial. Logo, levando em consideração a atual jurisprudência do Supremo Tribunal Federal, a delegação pretendida pelo Município Ômega é constitucionalmente viável, pois é possível delegar, por meio de lei, os atos de consentimento, fiscalização e aplicação de sanções de polícia à empresa estatal Azul S.A.
34	D	Conforme o art. 37, XIX, da CF/88: As empresas públicas, as sociedades de economia mista e as fundações públicas de direito privado serão criadas após autorização firmada em lei; e as autarquias e as fundações públicas de direito público serão criadas diretamente por lei. Vejam: "XIX - somente por lei específica poderá ser criada autarquia e autorizada a instituição de empresa pública, de sociedade de economia mista e de fundação, cabendo à lei complementar, neste último caso, definir as áreas de sua atuação". Observem também que apenas no caso das fundações públicas caberá à lei complementar, posteriormente, definir as áreas de sua atuação. Com efeito, as empresas públicas são sempre pessoas jurídicas de direito privado, que podem assumir qualquer forma admitida em direito, integrantes da administração indireta, com capital exclusivamente público, que têm sua criação autorizada por lei específica, para prestar serviços públicos ou explorar atividade econômica de relevante interesse público (PAULO, Vicente; ALEXANDRINO, Marcelo. *Direito administrativo descomplicado*. 23. ed. São Paulo: Método, 2015, p. 72-73).

Direito Ambiental [35-36]		
Nº	Gabarito	Comentários
35	C	De acordo com o previsto no *caput* do art. 16 da Lei n. 12.305/2010, "a elaboração de plano estadual de resíduos sólidos, nos termos previstos por esta Lei, é condição para os Estados terem acesso a recursos da União, ou por ela controlados, destinados a empreendimentos e serviços relacionados à gestão de resíduos sólidos, ou para serem beneficiados por incentivos ou financiamentos de entidades federais de crédito ou fomento para tal finalidade". O § 1º do mencionado artigo estabelece que "serão priorizados no acesso aos recursos da União referidos no caput os Estados que instituírem microrregiões, consoante o § 3º do art. 25 da Constituição Federal, para integrar a organização, o planejamento e a execução das ações a cargo de Municípios limítrofes na gestão dos resíduos sólidos".

| 36 | C | Os artigos citados nos comentários são da Lei n. 9.985/2000. (A) De acordo com o previsto no *caput* do art. 22, "as unidades de conservação são criadas por ato do Poder Público". Desta forma, uma Unidade de Conservação pode ser criada por Lei, mas não será necessariamente criada por Lei. (B) De acordo com o previsto no *caput* do art. 22, § 4º, "na criação de Estação Ecológica ou Reserva Biológica não é obrigatória a consulta de que trata o § 2º deste artigo". Desta forma, na criação de uma Reserva Biológica não é obrigatória a realização de consulta pública. (C) O art. 25 da Lei n. 9.985/2000 estabelece que "as unidades de conservação, exceto Área de Proteção Ambiental e Reserva Particular do Patrimônio Natural, devem possuir uma zona de amortecimento e, quando conveniente, corredores ecológicos". A Área de Proteção Ambiental e a Reserva Particular do Patrimônio Natural são Unidades de Conservação de uso sustentável, não fazendo parte do grupo de Unidades de Conservação de Proteção Integral. Dessa forma, as unidades de conservação de proteção integral devem possuir uma zona de amortecimento, sendo, portanto, a alternativa correta. (D) De acordo com art. 27, § 3º, "o Plano de Manejo de uma unidade de conservação deve ser elaborado no prazo de cinco anos a partir da data de sua criação". |

Direito Civil [37-42]

Nº	Gabarito	Comentários
37	A	*Vide* art. 3º do CC, e art. 6º ("A deficiência não afeta a plena capacidade civil da pessoa, inclusive para: [...]") e 84 da Lei n. 13.146/2015 – Estatuto da Pessoa Com Deficiência ("A pessoa com deficiência tem assegurado o direito ao exercício de sua capacidade legal em igualdade de condições com as demais pessoas").
38	D	*Vide* arts. 1.641, II (art. 1.641: "É obrigatório o regime da separação de bens no casamento: [...] II – da pessoa maior de 70 (setenta) anos)"; e 1.829, I, do CC (Art. 1.829: "A sucessão legítima defere-se na ordem seguinte: I – aos descendentes, em concorrência com o cônjuge sobrevivente, salvo se casado este com o falecido no regime da comunhão universal, ou no da separação obrigatória de bens (art. 1.640, parágrafo único); ou se, no regime da comunhão parcial, o autor da herança não houver deixado bens particulares").
39	A	*Vide* art. 674 do CC: "Embora ciente da morte, interdição ou mudança de estado do mandante, deve o mandatário concluir o negócio já começado, se houver perigo na demora".
40	A	*Vide* art. 1.973 do CC: "Sobrevindo descendente sucessível ao testador, que não o tinha ou não o conhecia quando testou, rompe-se o testamento em todas as suas disposições, se esse descendente sobreviver ao testador".
41	B	*Vide* art. 496 do CC: "É anulável a venda de ascendente a descendente, salvo se os outros descendentes e o cônjuge do alienante expressamente houverem consentido".
42	C	*Vide* art. 1242 do CC: "Adquire também a propriedade do imóvel aquele que, contínua e incontestadamente, com justo título e boa-fé, o possuir por dez anos".

Estatuto da Criança e do Adolescente [43-44]

Nº	Gabarito	Comentários
43	C	(A) A simples guarda de fato não autoriza, por si só, a dispensa da realização do estágio de convivência (art. 46, § 2º, ECA). (B) A adoção depende do consentimento dos pais ou do representante legal do adotando (art. 45, ECA), porém, de acordo com § 4º do art. 161 do ECA, é obrigatória a oitiva dos pais sempre que eles forem identificados e estiverem em local conhecido, ressalvados os casos de não comparecimento perante a Justiça quando devidamente citados. (C) Correta, de acordo com § 1º do art. 39 do ECA, visto que a adoção é medida irrevogável. (D) Incorreta, visto que é vedada a adoção por procuração (art. 39, § 2º).
44	B	De acordo com a situação hipotética da questão e diante da regra geral do art. 83 do ECA, correta está a alternativa B, de acordo com a alínea *a* do § 1º. As demais estão incorretas. A autorização pode ser válida até dois anos (art. 83, § 2º). Quanto à viagem ao exterior, errada a alternativa D, pois a autorização deve ser expressa e com firma reconhecida (art. 84, II).

Direito do Consumidor [45-46]

Nº	Gabarito	Comentários
45	B	A Lei n. 14.181/2021, incluiu o inciso X ao art. 4º do CDC dispondo como princípio da Política Nacional de Relações de Consumo a "prevenção e tratamento do superendividamento como forma de evitar a exclusão social do consumidor". A mesma lei também incluiu o art. 54-C, o qual veda "expressa ou implicitamente, na oferta de crédito ao consumidor, publicitária ou não indicar que a operação de crédito poderá ser concluída sem consulta a serviços de proteção ao crédito ou sem avaliação da situação financeira do consumidor" (inciso II) e o art. 54-D que dispõe que "na oferta de crédito, previamente à contratação, o fornecedor ou o intermediário deverá, entre outras condutas avaliar, de forma responsável, as condições de crédito do consumidor, mediante análise das informações disponíveis em bancos de dados de proteção ao crédito, observado o disposto neste Código e na legislação sobre proteção de dados" (inciso II).
46	A	A Lei n. 14.181/2021, que incluiu o inciso XIII ao art. 6º do CDC, disciplina que "a informação acerca dos preços dos produtos por unidade de medida, tal como por quilo, por litro, por metro ou por outra unidade, conforme o caso".

Direito Empresarial [47-50]

Nº	Gabarito	Comentários
47	A	A questão aborda a liquidação de quota societária em caso de morte de um dos sócios. Importante demonstrar que o herdeiro ou sucessor não é sócio, apesar de que seja titular dos direitos patrimoniais oriundos das quotas pertencentes ao sócio falecido. O art. 1.028 do Código Civil preceitua que: "No caso de morte de sócio, liquidar-se-á sua quota, salvo: I – se o contrato dispuser diferentemente; II – se os sócios remanescentes optarem pela dissolução da sociedade; III – se, por acordo com os herdeiros, regular-se a substituição do sócio falecido".
48	B	A dissolução poderá ser de pleno direito, podendo ser de forma judicial ou amigável. De acordo com o art. 1.033 do Código Civil: "Dissolve-se a sociedade quando ocorrer: I – o vencimento do prazo de duração, salvo se, vencido este e sem oposição de sócio, não entrar a sociedade em liquidação, caso em que se prorrogará por tempo indeterminado; II – o consenso unânime dos sócios; III – a deliberação dos sócios, por maioria absoluta, na sociedade de prazo indeterminado; V – (Revogado pela Lei n. 14.195, de 2021); V – a extinção, na forma da lei, de autorização para funcionar".
49	C	O capital social poderá ser constituído em dinheiro, ou qualquer outro bem, passível de avaliação econômica. Neste último caso, deverá ser feita a avaliação do bem. Os requisitos preliminares para a constituição de S/A estão previstos na Lei n. 6.404/76 e, dentre eles, a previsão do inciso I do art. 80.
50	A	Por vezes, as ações cambiais são propostas por meio de Ação de Execução. Contudo, no caso do cheque, são previstos meios de cobrança específicos, as quais devem ser ajuizadas em momentos e pessoas específicas. De acordo com o art. 47 da Lei n. 7. 357/85, o portador poderá promover a execução do cheque contra: I – contra o emitente e seu avalista; II – contra os endossantes e seus avalistas, se o cheque apresentado em tempo hábil e a recusa de pagamento é comprovada pelo protesto ou por declaração do sacado, escrita e datada sobre o cheque, com indicação do dia de apresentação, ou, ainda, por declaração escrita e datada por câmara de compensação.

Direito Processual Civil [51-56]

Nº	Gabarito	Comentários
51	B	Trata-se do incidente de retificação do polo passivo, conforme arts. 338 e 339 do CPC, além do Enunciado 44 do Fórum Permanente de Processualistas Civis: "(art. 339) A responsabilidade a que se refere o art. 339 é subjetiva".
52	C	Lembre-se de que nenhuma modalidade de intervenção de terceiros é obrigatória. Neste caso, Patrícia poderá promover a denunciação da lide de sua seguradora, assim como Odair pode demandar Patrícia e sua seguradora em litisconsórcio. Vide art. 125, II e § 1º, do CPC, bem como Súmula 529 do STJ ("No seguro de responsabilidade civil facultativo, não cabe o ajuizamento de ação pelo terceiro prejudicado direta e exclusivamente em face da seguradora do apontado causador do dano") e Súmula 537 do STJ ("Em ação de reparação de danos, a seguradora denunciada, se aceitar a denunciação ou contestar o pedido do autor, pode ser condenada, direta e solidariamente junto com o segurado, ao pagamento da indenização devida à vítima, nos limites contratados na apólice").
53	A	Conforme art. 1042 do CPC, segundo o qual: "Cabe agravo contra decisão do presidente ou do vice-presidente do tribunal recorrido que inadmitir recurso extraordinário ou recurso especial, salvo quando fundada na aplicação de entendimento firmado em regime de repercussão geral ou em julgamento de recursos repetitivos", quando será cabível o agravo interno do art. 1.021 do CPC. Lembre-se de que os únicos recursos que passam por um duplo juízo de admissibilidade são o recurso especial e extraordinário. Um é feito pelo juízo a quo (provisório), e outro feito pelo juízo ad quem (definitivo).

54	D	O caso é de tutela provisória de evidência, que sempre será incidental e sempre será satisfativa, cabendo neste caso medida liminar *inaudita altera pars*, conforme art. 311, III, e parágrafo único, do CPC.
55	B	Conforme o art. 52, parágrafo único, segundo o qual: "CPC - art. 52. É competente o foro de domicílio do réu para as causas em que seja autor Estado ou o Distrito Federal. Parágrafo único. Se Estado ou o Distrito Federal for o demandado, a ação poderá ser proposta no foro de domicílio do autor, no de ocorrência do ato ou fato que originou a demanda, no de situação da coisa ou na capital do respectivo ente federado". Ver também art. 186, § 3º, do CPC (o Núcleo de Prática jurídica da faculdade privada terá direito a prazo em dobro, mas não intimação pessoal).
56	D	Conforme CPC, arts. 525, § 1º, III, e § 6º, § 12, § 14 e § 15. Trata-se de um típico caso de inconstitucionalidade superveniente, consagrando antigo entendimento do STF, que opta pela força normativa da Constituição e sua incolumidade, em detrimento da segurança jurídica. Outro detalhe, é que na impugnação o efeito suspensivo não é automático (*ope legis*), mas poderá ser concedido judicialmente, mediante requerimento, fundamentação e garantia do juízo.

Direito Penal [57-62]		
Nº	Gabarito	Comentários
57	B	(A), (C) e (D) Erradas. João praticou o crime do art. 218, § 2º, I, do CP, que independe da presença de um intermediário; (C) Certa. Para o STJ, o critério para se determinar o *quantum* da majoração (entre 1/6 a 2/3) é apenas a quantidade de delitos cometidos. Assim, quanto mais infrações, maior deve ser o aumento.
58	D	(A) Errada. O indivíduo não deu início à execução do roubo (CP, art. 157); (B) e (C) Erradas. Não houve desistência voluntária ou arrependimento eficaz. O sujeito não abandonou a execução ou agiu para evitar sua consumação. Os institutos são tratados no art. 15 do CP: "O agente que, voluntariamente, desiste de prosseguir na execução ou impede que o resultado se produza, só responde pelos atos já praticados"; (D) Certa. Para o STJ, adotando-se a teoria objetivo-formal, o rompimento de cadeado e destruição de fechadura da porta da casa da vítima, com o intuito de, mediante uso de arma de fogo, efetuar subtração patrimonial da residência, configuram meros atos preparatórios que impedem a condenação por tentativa de roubo circunstanciado. A decisão se deu no AREsp 974.254/TO, publicado no Informativo 711 do STJ.
59	C	(A) Errada. A hipótese não encontra amparo no art. 139, parágrafo único, do CP: "A exceção da verdade somente se admite se o ofendido é funcionário público e a ofensa é relativa ao exercício de suas funções"; (B) Errado. Mário praticou o crime de difamação (CP, art. 139); (D) Errada. A conduta praticada por Mário não se amolda às hipóteses previstas do art. 339 do CP: "Dar causa à instauração de inquérito policial, de procedimento investigatório criminal, de processo judicial, de processo administrativo disciplinar, de inquérito civil ou de ação de improbidade administrativa contra alguém, imputando-lhe crime, infração ético-disciplinar ou ato ímprobo de que o sabe inocente"; (C) Certa. A afirmação tem por fundamento jurisprudência do STF (Pet 7.417 AgR/DF).
60	C	(A), (B) e (D) Errada. A conduta é atípica. Para a doutrina e a jurisprudência, Dwight é o denominado "comprador de fumaça", vítima do crime praticado por Michael (tráfico de influência, do art. 332 do CP); (C) Certa, pelas razões anteriormente expostas.
61	B	(A) Errada. Por ser crime permanente, deverá ser aplicada a lei vigente na época em que cessou a permanência (4 de fevereiro). O fundamento é extraído da Súmula 711 do STF: "A lei penal mais grave aplica-se ao crime continuado ou ao crime permanente, se a sua vigência é anterior à cessação da continuidade ou da permanência"; (C)(D) Erradas. Se o agente ocultar, em um mesmo contexto fático, duas armas de fogo de uso proibido, não haverá concurso de crimes, mas crime único. (B) Certa, nos termos da Súmula 711 do STF.
62	A	(B) Errada. A hipótese descrita não encontra amparo no art. 122 da Lei n. 7.210/84 (LEP); (C) Errada. A permissão de saída independe de autorização judicial. Veja a redação do art. 120, parágrafo único, da LEP: "A permissão de saída será concedida pelo diretor do estabelecimento onde se encontra o preso"; (D) Errada. De acordo com o art. 117 da LEP, não é possível a colocação de preso em regime fechado em prisão domiciliar: "Art. 117. Somente se admitirá o recolhimento do beneficiário de regime aberto em residência particular quando se tratar de: I - condenado maior de 70 (setenta) anos; II - condenado acometido de doença grave; III - condenada com filho menor ou deficiente físico ou mental; IV - condenada gestante"; (A) Certa, nos termos da Súmula 491 do STJ: "É inadmissível a chamada progressão *per saltum* de regime prisional".

Direito Processual Penal [63-68]		
Nº	Gabarito	Comentários
63	B	(A) e (D) Erradas, pois não há como alegar excludentes de ilicitude no caso do enunciado. (B) Certa, *vide* Súmula 554 do STF: "O pagamento de cheque emitido sem provisão de fundos, após o recebimento da denúncia, não obsta ao prosseguimento da ação penal". Fazendo uma interpretação *a contrario sensu* da súmula, compreende-se que, se o agente que emitiu o cheque sem fundos pagá-lo antes de a denúncia ser recebida, isso impedirá que a ação penal seja iniciada. (C) Errada, pois contraria o teor da Súmula 554 do STF.

64	B	(B) Certa, *vide* art. 564, I, do CPP. A incompetência absoluta em razão da matéria verificada na situação narrada constitui nulidade de ordem pública que pode ser reconhecida a qualquer tempo. Declarada a incompetência absoluta do juízo cível para atuar em processo criminal, conforme a intelecção do art. 567 do CPP e da jurisprudência dos tribunais superiores, os atos decisórios deverão ser declarados nulos, inexistindo a possibilidade de aproveitamento. (A), (C) e (D) Erradas, *vide* os arts. 564, I, e 567 do CPP.
65	C	(A), (B) e (D) Erradas, *vide* art. 66 da Lei de Execução Penal. (C) Certa, *vide* art. 66 da Lei n. 7.210/84: "Art. 66. Compete ao Juiz da execução: (...) II – declarar extinta a punibilidade;". No mesmo sentido, a Súmula 611 do STF: "transitada em julgado a sentença condenatória, compete ao juízo das execuções a aplicação da lei mais benigna".
66	A	(A) Certa, *vide* art. 302 do Código de Trânsito Brasileiro (CTB): "Art. 302. Praticar homicídio culposo na direção de veículo automotor. Penas – detenção, de dois a quatro anos, e suspensão ou proibição de se obter a permissão ou a habilitação para dirigir veículo automotor." A culpa reside no fato de dirigir sem prestar atenção. No caso em tela, as mortes ocorreram em um mesmo contexto fático e, por essa razão, deve incidir a regra do concurso formal do art. 70 do Código Penal. (B) Errada, *vide* art. 61 da Lei n. 9.099/95 – a pena MÁXIMA do crime é superior a dois anos. De acordo com o art. 61: "Consideram-se infrações penais de menor potencial ofensivo, para os efeitos desta Lei, as contravenções penais e os crimes a que a lei comine pena máxima não superior a 2 (dois) anos, cumulada ou não com multa". (C) Errada, pois não há na lei Vara de Crimes de Trânsito. (D) Errada, pois ao Tribunal do Júri compete tão somente o julgamento dos crimes DOLOSOS contra a vida, *vide* o art. 74, § 1º, do CPP. A questão narrou hipótese de homicídio CULPOSO.
67	B	(B) Certa, *vide* art. 25 do CP. Agripino agiu em legítima defesa contra o excesso de legítima defesa promovido por Rebeca. Ocorreu, portanto, o que a doutrina denomina legítima defesa sucessiva, que ocorre quando o agente, inicialmente acobertado excludente da legítima defesa, ao repelir injusta agressão, se excede na utilização dos meios disponíveis, tornando possível que o outro, antes agressor, passe a figurar como vítima e possa atuar para repelir o excesso, agora caracterizado como injusta agressão visto que a agressão inicial já havia cessado. (A), (C) e (D) Erradas, pois a legítima defesa sucessiva exclui a ilicitude, *vide* art. 25 do CP.
68	A	(A) Certa, *vide* art. 394, § 1º, I, do CPP: "§ 1º O procedimento comum será ordinário, sumário ou sumaríssimo: I – ordinário, quando tiver por objeto crime cuja sanção máxima cominada for igual ou superior a 4 (quatro) anos de pena privativa de liberdade". (B) Errada, *vide* art. 394, § 1º, III, do CPP: "III – sumaríssimo, para as infrações penais de menor potencial ofensivo, na forma da lei". (C) Errada, *vide* art. 394, § 1º, II, do CPP: "[...] II – sumário, quando tiver por objeto crime cuja sanção máxima cominada seja inferior a 4 (quatro) anos de pena privativa de liberdade". (D) Errada. O furto de alimentos nobres impede, no caso concreto, a configuração de furto famélico (STJ, HC n. 747.651/SP, rel. Min. Laurita Vaz, 6ª T., j. 2-8-2022, *DJe* de 12-8-2022). "Para que haja o reconhecimento do estado de necessidade pelo furto famélico deve haver a comprovação de condição extrema do agente, em que não há outra forma de agir para satisfazer a necessidade, não sendo suficiente a mera alegação de dificuldades financeiras" (TJDFT, Acórdão 1233690, 00002447220198070007, Rel. Sebastião Coelho, 3ª T. Criminal, j. 27-2-2020, *PJe* 17-3-2020).

Direito Previdenciário [69-70]

Nº	Gabarito	Comentários
69	A	O valor das contribuições pagos por pessoa jurídica referente a programa de previdência complementar aberta ou fechada não integra o salário de contribuição desde que disponível à totalidade de seus empregados e dirigentes, conforme art. 28, § 9º, *p*, da Lei n. 8.212/91.
70	B	O pagamento da pensão por morte para o filho cessa aos 21 anos de idade, salvo se for inválido ou tiver deficiência intelectual ou mental ou deficiência grave, de acordo com o art. 77, § 2º, II, da Lei n. 8.213/91.

Direito do Trabalho [71-75]

Nº	Gabarito	Comentários
71	C	(A) Errada, *vide* art. 445, parágrafo único da CLT. (B) Errada, *vide* arts. 479 e 480 da CLT. (C) Certa, o empregador, ao contratar, não poderá exigir do candidato ao emprego comprovação de experiência prévia por tempo superior a seis meses no mesmo tipo de atividade, art. 442-A da CLT. (D) Errada, *vide* art. 442-A da CLT.
72	C	(A) Errada, *vide* Súmula 257 do TST. (B) Errada, *vide* art. 59-A da CLT. (C) Certa, o TST já pacificou o entendimento de que tanto o vigilante contratado diretamente pelo banco quanto aquele contratado por intermédio de empresas especializadas não são bancários, mas sim vigilantes, por se tratar de categoria diferenciada, conforme Súmula 257 do TST c.c. art. 511, § 3º, da CLT. (D) Errada, *vide* Súmula 257 do TST.

73	A	(A) Certa, nos termos do art. 469, § 3º, da CLT ou OJ 113 da SDI-1 do TST, o adicional de transferência somente é devido na transferência provisória, e não é o caso da questão, uma vez que a empregada se mudou de forma definitiva para São Paulo, já que comprou imóvel e matriculou os filhos na escola. (B) Errada, vide art. 469, § 3º, da CLT. (C) Errada, vide art. 469, § 3º, da CLT. (D) Errada, vide art. 470 da CLT.
74	D	(A) Errada, vide art. 474 da CLT. (B) Errada, vide art. 474 da CLT. (C) Errada, vide art. 474 da CLT. (D) Certa, a suspensão do contrato de trabalho, como penalidade, não poderá ultrapassar a 30 dias, sob pena de se considerar o contrato extinto de forma injusta após referido prazo, conforme art. 474 da CLT.
75	C	(A) Errada, vide art. 578 da CLT. (B) Errada, art. 579 da CLT. (C) Certa, a contribuição sindical está condicionada à autorização prévia e expressa dos que participarem de uma determinada categoria profissional, conforme art. 579 da CLT. (D) Errada, vide art. 578 da CLT.

Direito Processual do Trabalho [76-80]

Nº	Gabarito	Comentários
76	C	Preparo significa o pagamento das despesas impostas por lei para que o recurso seja admitido. No caso de condenação solidária, a Súmula 128, III, do TST aduz que, havendo condenação solidária de duas ou mais empresas, o depósito recursal efetuado por uma delas aproveita as demais, quando a empresa que efetuou o depósito não pleiteia sua exclusão da lide. Assim, como não há pleito de exclusão da lide e houve condenação em pecúnia (Súmula 161, TST), devido ao depósito recursal, do qual está dispensado o Mercado Linha Azul S/A.
77	D	De acordo com a Súmula 414, a tutela provisória concedida na sentença não comporta impugnação pela via do mandado de segurança, por ser impugnável mediante recurso ordinário. É admissível a obtenção de efeito suspensivo ao recurso ordinário mediante requerimento dirigido ao tribunal, ao relator ou ao presidente ou ao vice-presidente do tribunal recorrido, por aplicação subsidiária ao processo do trabalho do art. 1.029, § 5º, do CPC de 2015. Porém, no caso de a tutela provisória haver sido concedida ou indeferida antes da sentença, cabe mandado de segurança, em face da inexistência de recurso próprio. Por fim, a superveniência da sentença, nos autos originários, faz perder o objeto do mandado de segurança que impugnava a concessão ou o indeferimento da tutela provisória.
78	A	Prevê o art. 791 da CLT que os empregados e os empregadores poderão reclamar pessoalmente perante a Justiça do Trabalho e acompanhar as suas reclamações até o final. Porém, esse princípio não é ilimitado, vez que a Súmula 425 do TST averba que o *jus postulandi* das partes, estabelecido no art. 791 da CLT, limita-se às Varas do Trabalho e aos Tribunais Regionais do Trabalho, não alcançando a ação rescisória, a ação cautelar, o mandado de segurança e os recursos de competência do Tribunal Superior do Trabalho.
79	D	No processo do trabalho o recurso cabível para destrancar o seguimento de recursos, em razão de não admissibilidade, é o agravo de instrumento, conforme preceitua o art. 897, *b*, da CLT, ou seja, cabe agravo de instrumento, no prazo de 8 (oito) dias, dos despachos que denegarem a interposição de recursos. No caso, o juiz deveria, antes de negar seguimento ao recurso, conceder prazo de cinco dias para complementação das custas, na forma da OJ 140 da SDI-1 do TST, que diz: "Em caso de recolhimento insuficiente das custas processuais ou do depósito recursal, somente haverá deserção do recurso se, concedido o prazo de 5 (cinco) dias previsto no § 2º do art. 1.007 do CPC de 2015, o recorrente não complementar e comprovar o valor devido". Logo, cabível agravo de instrumento de competência do TRT.
80	D	As decisões que acolhem exceção de incompetência territorial são, em regra, irrecorríveis, como prevê o art. 799, § 2º, da CLT, ou seja, das decisões sobre exceções de incompetência, salvo quando terminativas do feito, não caberá recurso, podendo, no entanto, as partes alegá-las novamente no recurso que couber da decisão final. Nesse sentido, a Súmula 214, item *c* do TST aduz que na Justiça do Trabalho, nos termos do art. 893, § 1º, da CLT, as decisões interlocutórias não ensejam recurso imediato, salvo nas hipóteses de algumas decisões, como a que acolhe exceção de incompetência territorial, com a remessa dos autos para Tribunal Regional distinto daquele a que se vincula o juízo excepcionado, consoante o disposto no art. 799, § 2º, da CLT. Como no caso versado o feito ficará no TRT da 12ª Região, não caberá nenhum recurso.

Folha de Análise do Simulado

Disciplina	Nº de Questões	Nº de Acertos	Nº de Erros
Direito Administrativo	05		
Direito Ambiental	02		
Direito Civil	06		
Direito Constitucional	06		
Direito do Consumidor	02		
Estatuto da Criança e do Adolescente	02		
Direitos Humanos	02		
Direito Eleitoral	02		
Direito Empresarial	04		
Ética	08		
Filosofia do Direito	02		
Direito Financeiro	02		
Direito Internacional	02		
Direito Penal	06		
Direito Previdenciário	02		
Direito Processual Civil	06		
Direito Processual Penal	06		
Direito Processual do Trabalho	05		
Direito do Trabalho	05		
Direito Tributário	05		
TOTAL	80		

EXAME DE ORDEM
SIMULADO III

1. A advogada Cecília está no segundo mês de gestação e exerce sozinha sua atividade profissional. Diante de problemas médicos previamente identificados, ela receia encontrar dificuldades durante a gravidez e após o parto. Considerando o caso narrado, assinale a afirmativa correta.

(A) Cecília tem o direito de entrar nos tribunais sem submissão aos detectores de metais, vagas reservadas nas garagens dos fóruns onde atuar e preferência na ordem das audiências a serem realizadas a cada dia, mas não terá suspensão dos prazos processuais quando der à luz.

(B) Cecília não terá direito a preferências especiais, uma vez que o Estatuto da OAB não estabelece expressamente direitos reservados para advogadas gestantes, lactantes, adotantes ou que deu à luz. Porém, aplicando-se previsão constitucional, ela poderá pleitear proteção quanto aos problemas médicos relatados.

(C) Cecília terá o direito de entrar nos tribunais sem submissão aos detectores de metais e preferência na ordem das audiências a serem realizadas a cada dia, mas não disporá de vagas reservadas nas garagens dos fóruns.

(D) Cecília terá direito de entrar nos tribunais sem submissão aos detectores de metais, preferência na ordem das audiências a serem realizadas a cada dia, vagas reservadas nas garagens dos fóruns e suspensão dos prazos processuais quando der à luz.

2. O advogado Fabrício, após longos cinco anos de trabalhos árduos na advocacia, passou a obter certo sucesso em nova tese desenvolvida na área tributária. Expandindo sua atividade e estrutura física, sentiu necessidade de mudar o prédio em que tinha seu escritório. Realizada tal mudança, teve receio de perder comunicação com seus clientes e colegas advogados. Assim, enviou correspondência para o mencionado público, apenas informando a mudança do seu endereço. Respeitando as regras do Estatuto da OAB e do Código de Ética e Disciplina da OAB, Fabrício realizou publicidade irregular?

(A) Sim. O advogado não pode enviar diretamente correspondência para ninguém.

(B) Não. Fabrício poderia ter enviado a correspondência já que estava apenas comunicando a alteração de seu endereço.

(C) Sim. Fabrício somente poderia enviar se antes realizasse ligação perguntando ao cliente ou advogado se aceitaria a correspondência.

(D) Não. O advogado poderá enviar diretamente correspondência para qualquer pessoa e informando qualquer situação, inclusive propagandas.

3. O advogado Afonso é empregado da empresa de laticínios "Leite Bom S/A", competindo-lhe atuar nos processos judiciais em que a pessoa jurídica é parte. Em determinada ação, Gabriel litigou contra a empresa e perdeu a demanda, tendo o Magistrado fixado honorários de sucumbência em favor de Afonso. Considerando o caso narrado e o disposto no Regulamento Geral do Estatuto da Advocacia e da OAB, assinale a afirmativa correta.

(A) Os referidos honorários fazem parte da remuneração de Afonso e serão considerados para efeitos trabalhistas, embora não sejam considerados para efeitos previdenciários.

(B) Os referidos honorários fazem parte da remuneração de Afonso e serão considerados para efeitos trabalhistas e para efeitos previdenciários.

(C) Os referidos honorários não fazem parte da remuneração de Afonso e não serão considerados para efeitos trabalhistas, embora sejam considerados para efeitos previdenciários.

(D) Os referidos honorários não fazem parte da remuneração de Afonso e não serão considerados para efeitos trabalhistas, nem para efeitos previdenciários.

4. A sociedade de advogados "Tavares e Tadeu Advogados" tem sede em Alagoas. Expandindo suas atividades, resolve, para ter maior contato com grandes clientes que conquistou, constituir filial no Mato Grosso do Sul. No tocante à filial pretendida e atuação dos seus sócios, conforme o Estatuto da Advocacia, assinale a opção correta:

(A) A constituição da filial deve ser averbada no registro da sociedade e arquivado no Conselho Seccional de Mato Grosso do Sul. Os sócios serão, em decorrência das suas condições, obrigados à inscrição suplementar junto ao Conselho Seccional de Mato Grosso do Sul.

(B) A constituição da filial deve ser averbada no registro da sociedade e arquivado no Conselho Seccional de Mato Grosso do Sul. Aos sócios será facultada a inscrição suplementar junto ao Conselho Seccional de Mato Grosso do Sul.

(C) A constituição da filial deve ser averbada no registro da sociedade e arquivado no Conselho Seccional de Alagoas. Os sócios serão, em decorrência das suas condições, obrigados à inscrição suplementar junto ao Conselho Seccional de Mato Grosso do Sul.

(D) A constituição da filial deve ser averbada no registro da sociedade e arquivado no Conselho Seccional de Mato Grosso do Sul. Apenas os sócios que pretendem atuar com habitualidade no Conselho Seccional de Mato Grosso do Sul serão obrigados a inscrição suplementar.

5. A advogada Marisa representou Monique em determinada ação que litigou contra seu ex-cônjuge Pedro. Antes mesmo de ingressar com a ação, a advogada celebrou contrato de prestação de serviços com sua cliente, estabelecendo valores a título de honorários convencionados, dentro dos limites estabelecidos no Código de Ética. Julgado procedente o pedido da autora, a advogada pretende exigir seus honorários contratuais nos mesmos autos da ação. Considerando a situação narrada, é correto afirmar que:

(A) por questões éticas, a advogada não poderá exigir honorários contratuais nos mesmos autos da ação em que tiver atuado em favor de sua cliente.

(B) a advogada não poderá conciliar os honorários contratuais com honorários sucumbenciais, devendo, a seu critério, optar por um ou outro.

(C) a advogada poderá apresentar seu contrato de honorários nos mesmos autos da ação em que litigou e requerer ao juízo a dedução dos valores daqueles que serão recebidos por sua cliente, desde que antes de expedido o mandado de levantamento de valores e independentemente da concordância da cliente.

(D) a advogada poderá apresentar seu contrato de honorários nos mesmos autos da ação em que litigou e requerer ao juízo a dedução dos valores daqueles que serão recebidos por sua cliente, desde que antes de expedido o mandado de levantamento de valores e com a concordância da cliente.

6. Alberto é Magistrado no Tribunal de Justiça do Estado de Pernambuco, licenciado sem vencimentos pelo prazo de cinco anos. Pretendendo litigar contra determinada empresa pelo desrespeito das normas de proteção ao consumo, procura o respectivo Conselho Seccional da OAB para resgatar sua antiga habilitação como advogado para propor ação em causa própria. Considerando a descrita, de acordo com o Estatuto da Advocacia:

(A) Diante da licença concedida, o Magistrado poderá atuar como advogado em causa própria.

(B) Mesmo diante da licença concedida, o Magistrado não poderá atuar como advogado em qualquer circunstância, inclusive em causa própria.

(C) Diante da licença concedida, o Magistrado poderá atuar como advogado em qualquer circunstância.

(D) Mesmo diante da licença concedida, o Magistrado não poderá atuar como advogado em causa própria, mas poderá advogar para terceiros.

7. Danielly é formada em direito, mas não exerce a advocacia em decorrência de ser servidora pública de tribunal de justiça estadual. Diante de sua incompatibilidade, contratou o advogado Thiago para lhe defender em determinada demanda. Passados alguns meses, ela percebe que o advogado anda praticando atos que reputa indevidos, praticando infrações disciplinares. Desse modo, ela busca saber como poderá realizar representação administrativa contra o patrono. Conforme estabelece o Estatuto da Advocacia:

(A) por ser servidora pública estadual, Danielly não precisaria contratar o advogado Thiago para propor ação na justiça federal.

(B) Danielly poderá formular representação, por escrito ou verbal, ao presidente do Conselho Seccional ou ao presidente da Subseção, sendo obrigada a se identificar, uma vez que não se considera fonte idônea o anonimato.

(C) Danielly poderá formular representação, somente por escrito, ao presidente do Conselho Seccional ou ao presidente da Subseção, não sendo obrigada a se identificar.

(D) Danielly poderá formular representação, apenas verbal, ao presidente do Conselho Seccional ou ao presidente da Subseção, sendo facultativa sua identificação por ser seu patrono.

8. Na Caixa de Assistência de Advogados do Conselho Seccional da OAB do Estado do Rio Grande do Norte, verificou-se descumprimento de suas finalidades. Nesse sentido, conforme o Estatuto da OAB, caberá:

(A) ao Conselho Seccional da OAB do Rio Grande do Sul intervir na mencionada Caixa de Assistência dos Advogados, mediante voto de dois terços dos seus membros.

(B) ao Conselho Federal da OAB intervir na mencionada Caixa de Assistência dos Advogados, mediante voto de dois terços dos seus membros.

(C) ao Conselho Seccional da OAB do Rio Grande do Norte intervir na mencionada Caixa de Assistência dos Advogados, mediante voto da maioria absoluta de seus conselheiros.

(D) ao Conselho Seccional da OAB do Rio Grande do Norte intervir na mencionada Caixa de Assistência dos Advogados, mediante voto de dois terços dos seus membros.

9. Assinale a alternativa que indica corretamente o conceito correlacionado ao chamado método sistemático.

(A) A legislação infraconstitucional deve ser interpretada levando em consideração o sistema em que está inserida, e não somente a norma constitucional.

(B) A legislação deve ser interpretada de acordo com o comparativo histórico vinculando as normas já revogadas acerca do mesmo assunto.

(C) A legislação deve ser interpretada de acordo com os fins sociais a que a lei se dirige.

(D) A legislação deve ser interpretada de acordo com a cisão de horizontes.

10. Das afirmações abaixo, assinale aquela que NÃO é uma tese do positivismo jurídico:

(A) O direito perfaz a vontade de quem está no poder.
(B) O Direito positivo é um sistema hierárquico de leis.
(C) A interpretação deve seguir a vontade do legislador.
(D) A justiça, fatos sociais e o Direito possuem um enlace inafastável.

11. João foi preso em flagrante por tráfico de drogas. Durante a audiência de custódia, seu advogado solicitou a liberdade provisória, mas o juiz manteve a prisão preventiva com base na gravidade abstrata do crime. O advogado de João decide impetrar um *habeas corpus* argumentando que a prisão foi ilegal.

Considerando o art. 5º, inciso LXVIII, da Constituição Federal e a jurisprudência do Supremo Tribunal Federal, é correto afirmar que:

(A) O *habeas corpus* não é cabível, pois a decisão do juiz é soberana e baseada na gravidade do crime.

(B) O *habeas corpus* é cabível, pois a prisão preventiva não pode ser fundamentada apenas na gravidade abstrata do crime.

(C) O *habeas corpus* só seria cabível se houvesse violação explícita do direito de liberdade de locomoção.

(D) O *habeas corpus* não é cabível em casos de prisão preventiva, apenas em prisões definitivas.

12. Lucas, filho de pais estrangeiros, nasceu em uma embaixada estrangeira situada no território brasileiro. Seus pais estavam temporariamente no Brasil a serviço do governo estrangeiro. Ao retornar ao seu país de origem, Lucas começa a questionar sua condição de nacionalidade e procura orientação jurídica. Com base na Constituição Federal de 1988, é correto afirmar que Lucas:

(A) Não é considerado brasileiro nato, pois seus pais eram estrangeiros a serviço de seu país no Brasil.

(B) É considerado brasileiro nato, pois nasceu em território brasileiro, independentemente da condição de seus pais.

(C) Poderá ser considerado brasileiro nato se optar pela nacionalidade brasileira ao atingir a maioridade.

(D) Não é considerado brasileiro nato, mas poderá naturalizar-se brasileiro após residir por cinco anos no Brasil.

13. O Município de Salvador, com o objetivo de proteger seu patrimônio histórico, aprovou uma lei que estabelece a proibição de construções de novos edifícios em áreas de preservação do centro histórico. A medida foi contestada por construtoras que alegam que tal regulação é competência exclusiva da União. Considerando a organização político-administrativa do Estado, a competência para legislar sobre patrimônio histórico é de quem?

(A) Exclusivamente da União, por se tratar de interesse nacional.

(B) Concorrente entre União, Estados e Distrito Federal, permitindo aos Municípios suplementar a legislação federal e estadual.

(C) Exclusiva dos Estados, com possibilidade de delegação aos Municípios.

(D) Comum entre União, Estados, Distrito Federal e Municípios, sem necessidade de suplementação.

14. O Presidente da República, durante seu mandato, foi acusado de cometer um ato que poderia ser enquadrado como crime de responsabilidade. A denúncia foi aceita pela Câmara dos Deputados, e o processo foi enviado ao Senado Federal para julgamento. Durante o processo, o Presidente alega que sua conduta foi praticada em defesa dos interesses do país e que, portanto, não poderia ser considerada crime. Considerando a Constituição Federal de 1988 e as disposições legais sobre crimes de responsabilidade, é correto afirmar que:

(A) O Senado Federal deve julgar o Presidente da República, podendo condená-lo apenas se houver unanimidade entre os senadores.

(B) O Presidente só pode ser condenado por crime de responsabilidade se o Supremo Tribunal Federal confirmar a decisão do Senado Federal.

(C) A Câmara dos Deputados pode condenar o Presidente da República diretamente, sem necessidade de envio do processo ao Senado Federal.

(D) O Senado Federal pode julgar o Presidente da República, e a condenação exige o voto de dois terços dos membros, implicando a perda do cargo e a inabilitação para o exercício de qualquer função pública por oito anos.

15. Ana, uma líder comunitária, está preocupada com a questão da moradia na sua região. Ela deseja saber quais são as obrigações do Estado em relação à política de habitação e desenvolvimento urbano. De acordo com a Constituição Federal, qual é o papel do Estado na promoção da habitação?

(A) A política de desenvolvimento urbano é de responsabilidade exclusiva dos municípios, sem interferência ou apoio dos estados e da União.
(B) A Constituição Federal não prevê a obrigação do Estado em relação à política de habitação, sendo essa uma responsabilidade dos indivíduos, que devem buscar sua própria moradia.
(C) O Estado deve garantir o pleno desenvolvimento das funções sociais da cidade e o bem-estar de seus habitantes, promovendo a política de habitação que atenda às necessidades da população, inclusive por meio de programas de moradia popular.
(D) A política de habitação do Estado deve focar exclusivamente na construção de moradias para famílias de baixa renda, sem considerar outros aspectos do desenvolvimento urbano.

16. Um partido político com representação no Congresso Nacional propôs uma Ação Direta de Inconstitucionalidade (ADI) contra uma medida provisória que, segundo o partido, afetava direitos fundamentais sem a devida urgência que justificasse o uso de tal instrumento. Diante do caso concreto, assinale a alternativa correta:

(A) A medida provisória pode ser questionada por ADI apenas após sua conversão em lei.
(B) O partido político possui legitimidade para propor ADI contra a medida provisória, independentemente de sua conversão em lei.
(C) A urgência da medida provisória não pode ser questionada em sede de ADI.
(D) O STF não pode julgar a constitucionalidade de uma medida provisória enquanto ela estiver em vigor.

17. A Organização dos Estados Americanos (OEA) é um órgão de vocação regional, enquanto que as Nações Unidas (ONU) é um órgão de vocação universal. Ambas possuem uma estrutura organizacional. Escuta-se mais sobre a ONU do que a OEA no dia a dia, principalmente por causa dos eventos bélicos (Rússia/Ucrânia, Hamas/Israel e secundariamente a questão da Venezuela/Guiana). Pouco se escuta sobre o papel da Assembleia Geral da Organização dos Estados Americanos (OEA) em relação à Convenção Americana sobre Direitos Humanos. Desta relação podemos afirmar que tem como competência:

(A) Eleger os membros da Comissão Interamericana de Direitos Humanos e da Corte Interamericana de Direitos Humanos.
(B) Revisar e aprovar todas as decisões da Corte Interamericana.
(C) Fiscalizar o cumprimento das sentenças dos Estados Partes.
(D) Elaborar emendas ao Estatuto de Roma.

18. Uma das competências da Comissão Interamericana de Direitos Humanos (CIDH) é receber as petições que contenham denúncias ou queixas de violação da Convenção Americana sobre Direitos Humanos por um Estado-Parte. Qual é o procedimento inicial para um indivíduo ou grupo apresentar uma queixa à Comissão (CIDH)?

(A) Submeter uma petição escrita que alegue uma violação de direitos humanos por um Estado-Parte.
(B) Fazer uma denúncia pública em um tribunal nacional.
(C) Apresentar uma queixa ao Alto Comissariado das Nações Unidas para os Direitos Humanos.
(D) Solicitar uma revisão ao Conselho de Segurança da ONU.

19. Mévio é Deputado Federal pelo partido Gama e pretende se candidatar novamente para o mesmo cargo, acontece que somente após a realização da convenção do seu partido, ele manifestou interesse em se candidatar. A convenção do partido, que deliberou sobre as escolhas dos seus candidatos, ocorreu no prazo legal, conforme dispõe o *caput* do art. 8º da Lei 9.504/97.

Diante do ocorrido, Mévio consultou um advogado para saber como proceder diante da situação. O advogado consultado respondeu corretamente que

(A) Por ser detentor de mandato de deputado federal, Mévio tem assegurado o registro de candidatura para o mesmo cargo, independentemente de ter ou não participado da convenção partidária.
(B) Por não ter participado da convenção do seu partido, é impossível à candidatura de Mévio, exceto se ele preencher o requisito para o partido cumprir a cota de gênero.
(C) Aos que tenham exercido mandato de deputado federal em qualquer período da legislatura, é assegurada a candidatura nata a qualquer cargo eletivo.
(D) Se a convenção do partido Gama não tiver indicado o número máximo de candidatos permitidos em lei, o órgão de direção do partido poderá preencher as vagas remanescentes até trinta dias antes do pleito, respeitada a cota de gênero.

20. Os partidos Beta e Delta constituíram Federação há seis meses da eleição, atendendo ao requisito disposto em entendimento jurisprudencial do Supremo Tribunal Federal e do art. 11-A da Lei 9.096/95. Passados mais de dois anos, os partidos acordaram entre si a desconstituição da Federação.

Considerando a jurisprudência e a legislação partidária em vigor, a desconstituição da federação partidária

(A) Poderá ocorrer somente após completado o tempo mínimo de dois anos da sua constituição, caso contrário os partidos federalizados que deram causa ao fim da federação antes do prazo serão punidos na forma da lei.
(B) Poderá ocorrer somente após dois anos da sua constituição.
(C) Poderá ocorrer a qualquer tempo, desde que em comum acordo entre os partidos federados, não gerando qualquer punição aos partidos federalizados.
(D) Não poderá ocorrer antes da realização da eleição imediatamente após a sua constituição.

21. Sobre os Tratados Internacionais e sua incorporação ao ordenamento jurídico brasileiro, assinale a opção correta:
(A) os tratados são ratificados por decreto legislativo.
(B) os tratados são promulgados pelo Congresso Nacional.
(C) a promulgação interna dos tratados ocorre com a ratificação.
(D) a competência para celebrar tratados é privativa do Presidente da República.

22. Quanto à expulsão, marque a opção correta. Mário é brasileiro naturalizado e está com medo de ser expulso do Brasil depois de ter cometido um furto numa loja.
(A) O expulsando que tiver cônjuge ou companheiro residente no Brasil pode ser expulso.
(B) O estrangeiro que tiver filho brasileiro sob sua guarda ou dependência econômica ou socioafetiva pode ser expulso.
(C) Brasileiro naturalizado não pode ser expulso do território nacional.
(D) Estrangeiro, 70 (setenta) anos, que resida no País há mais de 10 (dez), pode ser expulso.

23. O prefeito do município de Monte Alegre, em uma reunião com seus secretários, comentou sobre a necessidade de classificar corretamente as receitas do município para a elaboração do próximo orçamento. Em meio à discussão, o Secretário de Fazenda afirmou que os recursos financeiros recebidos de um convênio com uma empresa privada, destinados à construção de uma nova escola, deveriam ser classificados como Receitas Correntes. Baseando-se no art. 11, § 1º, da Lei n. 4.320/64, assinale a alternativa correta.
(A) O Secretário de Fazenda está correto, pois todo recurso financeiro recebido de pessoa de direito privado é classificado como Receita Corrente.
(B) O Secretário de Fazenda está equivocado, pois somente são classificadas como Receitas Correntes aquelas provenientes de recursos financeiros destinados a atender despesas classificáveis em Despesas Correntes.
(C) Todas as receitas, independentemente de sua origem, são classificadas como Receitas Correntes, conforme estipulado na Lei n. 4.320/64.
(D) Recursos financeiros advindos de convênios com empresas privadas sempre se classificam como Receitas de Capital e não como Receitas Correntes.

24. O Estado de Rio Claro, diante de um cenário de recessão econômica, decidiu não instituir um tributo que estava dentro de sua competência constitucional, com o intuito de não sobrecarregar ainda mais seus cidadãos. O Tribunal de Contas do Estado, no entanto, emitiu um parecer técnico questionando tal decisão sob o prisma da Lei de Responsabilidade Fiscal (LRF). Com base no art. 11 da LRF, assinale a alternativa correta.
(A) O Estado de Rio Claro agiu corretamente ao optar por não instituir o tributo, pois a LRF privilegia o bem-estar da população em detrimento da arrecadação.
(B) A LRF não exige a instituição de todos os tributos, apenas sua previsão e efetiva arrecadação, tornando a decisão do Estado de Rio Claro admissível.
(C) O Estado de Rio Claro descumpriu um requisito essencial da responsabilidade na gestão fiscal, pois a LRF estabelece a obrigatoriedade de instituição, previsão e efetiva arrecadação de todos os tributos da competência constitucional do ente da Federação.
(D) A decisão do Estado de Rio Claro é independente e não pode ser questionada pelo Tribunal de Contas, pois a LRF dá autonomia aos entes federativos quanto à decisão de instituir ou não seus tributos.

25. Dispõe o Código Tributário Nacional que remissão é:
(A) forma de exclusão dos créditos tributários, bem como das penalidades aplicadas ao sujeito passivo, autorizada por lei.
(B) a perda do direito de constituir o crédito tributário pelo decurso do prazo.
(C) uma modalidade de extinção dos créditos tributários e consiste na liberação da dívida por parte do credor, respaldada em lei autorizativa.
(D) hipótese de extinção dos créditos tributários por compensação de créditos entre o sujeito ativo e o sujeito passivo, quando regulada em lei.

26. Rafael, contribuinte, ouviu falar que poderia se utilizar de denúncia espontânea para ser beneficiado junto ao Fisco. Sobre esse assunto, o contribuinte, ao utilizar-se do instituto da denúncia espontânea, tem direito à exclusão:
(A) da multa e dos juros.

(B) apenas da multa.
(C) apenas dos juros.
(D) da multa e da correção monetária.

27. O instrumento legislativo constitucionalmente previsto adequado para solução de conflitos relacionados a competência tributária entre entes públicos é:

(A) medida provisória.
(B) lei complementar.
(C) emenda constitucional.
(D) lei ordinária.

28. Para intervenção econômica e fomento da indústria nacional, nova lei foi publicada em 18-11-2021, constando do diploma legislativo a majoração da alíquota do Imposto sobre Importação (II) e ainda efetuou a majoração da alíquota do Imposto sobre Produtos Industrializados (IPI). Considerando tal cenário, a partir de qual momento são exigíveis os referidos impostos?

(A) Ambos são exigíveis imediatamente dado o caráter extrafiscal.
(B) Deverá seguir a regra da anterioridade de exercício, assim somente serão exigíveis no exercício financeiro seguinte para ambos os impostos.
(C) Seguindo a Noventena, 90 dias após a publicação da lei para o IPI e imediatamente para o II dado o caráter extrafiscal.
(D) Seguindo a Noventena, 90 dias após o exercício financeiro seguinte para o IPI e no exercício financeiro seguinte para o II.

29. Gabriel arrematou um imóvel em hasta pública decorrente de processo de execução fiscal do município para satisfação de dívida de IPTU. Ocorre que Gabriel passou a receber cobrança do saldo devedor remanescente da execução não coberto pelo preço da arrematação. A cobrança é:

(A) legalmente admitida, dada a condição de sucessor atribuída ao arrematante do imóvel, que suportará a obrigação *propter rem*.
(B) ilegal, pois o crédito do exequente se sub-roga sobre o preço da arrematação, exonerando o arrematante quanto ao saldo devedor.
(C) legalmente admitida, visto que o valor pago pelo arrematante não foi suficiente para satisfação do crédito exequendo.
(D) legalmente admitida, sendo a alienação medida para satisfação do crédito tributário, o Fisco não pode ser prejudicado.

30. Pode-se definir o ato administrativo como a declaração do Estado ou de quem o represente, que produz efeitos jurídicos imediatos, com observância da lei, sob regime jurídico de direito público e sujeita a controle pelo Poder Judiciário.

(DI PIETRO, Maria Sylvia Zanella. *Direito administrativo*. 32. ed. Rio de Janeiro: Forense, 2019).

Nesse cenário, é correto afirmar que:

(A) a autorização classifica-se como ato discricionário e gratuito.
(B) os atos administrativos, por serem individuais, distinguem-se dos atos legislativos, dotados de caráter geral.
(C) são formas de extinção do ato administrativo: revogação, convalidação, cassação e anulação.
(D) tanto os atos administrativos vinculados quanto os discricionários são passíveis de convalidação.

31. Considere que Delta é uma entidade pertencente à administração indireta estadual, com personalidade jurídica de direito privado, criada por meio de uma lei específica de autorização. Delta é, obrigatoriamente, uma sociedade anônima (S/A) e possui capital misto, sendo que a maioria das ações com direito a voto pertence ao setor público. Com base nas informações apresentadas, a entidade Delta pode ser classificada como:

(A) empresa pública, cujo regime de pessoal será o celetista.
(B) sociedade de economia mista e, se exploradora de atividade econômica, estará dispensada da regra do concurso público para a contratação de pessoal.
(C) sociedade de economia mista, sendo a Justiça Comum Estadual a competente para julgar as causas em que for parte.
(D) empresa pública, cuja criação dispensa o registro dos atos constitutivos.

32. Depois de se envolver em um acidente de trânsito no Município Delta, Jonas foi levado para um hospital municipal onde recebeu atendimento imediato e passou por uma cirurgia de emergência em um dos ombros. No entanto, após receber alta, começou a experimentar dores constantes no local, o que acabou limitando a movimentação de seu braço. Inconformado com o que aconteceu, Jonas tem a intenção de entrar com uma ação de responsabilidade civil contra o Município Delta, uma vez que o hospital é uma entidade da administração pública municipal direta. Determinado e com os documentos que comprovam a imperícia dos profissionais responsáveis pelo procedimento cirúrgico, Jonas procurou você, como advogado(a), que corretamente lhe explicou que:

(A) a responsabilidade civil do Município Delta é de natureza mista, com base na culpa do serviço.
(B) a responsabilidade civil do Município Delta está condicionada à identificação dos profissionais envolvidos no caso e à comprovação de que eles agiram com dolo ou culpa durante o atendimento médico prestado a Jonas.
(C) a responsabilidade civil do Município Delta é de natureza objetiva, cabendo a Jonas demonstrar o nexo causal e o dano, dispensada a comprovação de dolo ou culpa.

(D) a responsabilidade civil do Município Delta está fundamentada na teoria do risco administrativo, só excluída na hipótese de fortuito externo.

33. Joana, servidora pública estadual, atua na área de licitações de um órgão da administração direta. Ela é instruída por seu superior hierárquico a beneficiar determinada empresa em um processo licitatório, em troca de vantagens pessoais. Joana decide reportar o caso às autoridades competentes, afirmando que tal conduta fere os princípios que regem a Administração Pública.

Com base na Constituição Federal de 1988, quais princípios da Administração Pública foram violados pela ordem do superior de Joana?

(A) Os princípios da legalidade, impessoalidade e moralidade.
(B) Os princípios da eficiência e da continuidade do serviço público.
(C) Apenas o princípio da eficiência, pois o superior hierárquico buscava agilizar o processo.
(D) Os princípios da eficiência e da moralidade, sem impacto no princípio da legalidade.

34. Carlos, servidor público federal, faltou ao trabalho por 35 dias consecutivos sem apresentar justificativa e sem autorização de seu superior. Ao retornar, foi instaurado um processo administrativo disciplinar para apurar sua conduta. O servidor foi informado que, de acordo com a Lei 8.112/1990, sua ausência sem justificativa pode levar a uma sanção.

Com base no Estatuto dos Servidores Públicos (Lei 8.112/1990), qual a sanção aplicável a Carlos?

(A) Advertência, por descumprimento de dever funcional.
(B) Suspensão, pelo período correspondente ao número de faltas.
(C) Demissão, por abandono de cargo.
(D) Afastamento temporário, até que a situação seja regularizada.

35. Isabella adquiriu um imóvel rural em área alçada ao *status* de patrimônio nacional pelo Poder Constituinte Originário (PCO). Dessa forma, levando em conta a sistemática constitucional, assinale a afirmativa correta.

(A) O imóvel adquirido por Isabella pode ter sua localização na área de abrangência da Mata Atlântica ou da Caatinga.
(B) O imóvel adquirido por Isabella pode ter sua localização na área de abrangência da Zona Costeira ou dos Pampas.
(C) O imóvel adquirido por Isabella pode ter sua localização na área de abrangência da Serra do Mar ou dos Pampas.
(D) O imóvel adquirido por Isabella pode ter sua localização na área de abrangência da Mata Atlântica ou da Serra do Mar.

36. O Presidente da República apresentou a Proposta de Emenda à Constituição XX/2021, com o objetivo de submeter a apreciação de todo Estudo Prévio de Impacto Ambiental (EPIA) à análise do Congresso Nacional. Com relação à situação proposta, é correto afirmar que a Proposta de Emenda à Constituição XX/2021 é:

(A) constitucional, pois é competência comum da União, dos Estados, do Distrito Federal e dos Municípios proteger o meio ambiente e combater a poluição em qualquer de suas formas, não afrontando, desta forma, o princípio da separação dos Poderes.
(B) inconstitucional, pois o Presidente da República não possui competência para apresentar proposta de Emenda à Constituição de temas relacionados à proteção do meio ambiente.
(C) inconstitucional, por evidente afronta ao princípio da separação dos Poderes, uma vez que atribui ao Poder Legislativo parte do poder de polícia, de competência do Poder Executivo.
(D) constitucional, pois a Constituição Federal de 1988 prevê, em seu Capítulo VI (Do meio ambiente), do Título VIII (Da Ordem Social), que cabe, também, ao Poder Legislativo, apreciar estudos ambientais, dentre os quais, o Estudo Prévio de Impacto Ambiental.

37. Alberto e Jéssica, ambos dentistas, são pais de Paulo e Marcelo, decidem presentear o filho primogênito, Marcelo, com um dos seus apartamentos de luxo localizado em São Paulo. Realizam a transferência por escritura pública de doação, sem participação de Paulo.

Neste caso, o contrato será:

(A) válido, desde que consiga ratificação de Paulo em 30 dias.
(B) não gera nenhum efeito em relação a Paulo, pois seus pais optaram por não o presentear.
(C) nulo, pois Paulo deveria ter usufruto obrigatório no apartamento.
(D) válido, ainda que não tenha contado com a anuência de Paulo.

38. Santiago, menor com 13 anos de idade, sem o conhecimento de sua mãe, Adalgiza, dirigiu-se até garagem do condomínio do prédio em que mora, com o intuito de imitar um dos jogos do seu computador, e ateia fogo no carro de sua genitora. Com a explosão do veículo, o fogo alastrou e danificou o carro novo de sua vizinha.

Adalgiza é dona de casa e a subsistência da família decorre do aluguel da casa deixada pelo pai de seu filho, após o seu falecimento. Diante do caso, assinale a afirmativa correta.

(A) Adalgiza é objetivamente responsável pelos atos praticados por seu filho. No caso de sua insuficiência patrimonial, a indenização deverá ser equitativa e a obrigação incidirá sobre os bens de Santiago.

(B) Não haverá indenização pelo dano causado, uma vez que Santiago é menor de idade, não podendo ser responsabilizado por atos indenizatórios.
(C) Adalgiza é considerada única responsável pelos atos praticados pelo filho, pois o patrimônio de Santiago não poderá ser utilizado para o pagamento da indenização, visto ser ele inimputável.
(D) Haverá responsabilidade solidária entre Adalgiza e Santiago pelos atos praticados pelo menor, podendo a vizinha que teve o carro danificado acionar qualquer das partes para receber indenização devida.

39. Patrícia, então com 16 anos de idade, engravidou e teve sua filha Ana. Passados alguns anos, conheceu Nelson e com ele manteve relação de união estável durante 20 anos. Dessa união nasceu Bruno.

Entretanto, diante das brigas do casal, optaram pela separação. Nelson iniciou um novo relacionamento com Ana, o qual já dura alguns meses. Nesse cenário, é correto afirmar que:

(A) Nelson somente poderá contrair matrimonio com Ana após 15 anos de separação de Patrícia.
(B) Não há qualquer impedimento no matrimônio de Nelson com Ana, já que o vínculo familiar que havia entre eles terminou com separação dele e de Patrícia.
(C) Por haver uma relação de parentesco em linha reta, Nelson e Ana não podem contrair matrimônio.
(D) Não existe impedimento no matrimonio de Nelson e Ana, já que nunca houve qualquer vínculo familiar entre eles.

40. Ricardo e Pedro, ambos com 14 anos de idade, recebem mensalmente mesada dos seus pais para compra de lanches e doces na cantina da escola. Todavia, determinado dia, os irmãos se interessaram na compra de computador de *games* e decidiram guardar dinheiro. Assim que obtiveram o valor necessário, contataram Paulo, que tem 25 anos, e firmaram um contrato de compra e venda.

É correto afirmar que:

(A) Os irmãos não podem celebrar tal contrato, por serem incapazes absolutamente.
(B) A venda do computador é permitida, em razão da plana capacidade de Paulo para realizar negócios.
(C) Apenas seria possível a celebração do contrato se Ricardo e Pedro estivessem assistido por seus pais.
(D) Após completarem 16 anos, eles poderão celebrar livremente os negócios jurídicos, independentemente da intervenção dos pais.

41. Cristina reside com seus filhos, desde dezembro de 1999, ininterruptamente e sem nenhuma oposição em um imóvel público de 280 m², localizado em área urbana de Fortaleza/CE. Desejando realizar o registro do imóvel em seu nome, no ano de 2010 procura o escritório de advocacia.

O advogado, em relação ao citado imóvel, orienta Cristina que:

(A) poderá solicitar ao juiz aquisição do imóvel por usucapião especial urbano, desde que o imóvel não esteja destinado para programas sociais.
(B) apenas poderia pleitear o direito à usucapião de tal imóvel caso estivesse no limite de até 250 m², conforme as diretrizes da legislação civil vigente.
(C) o prazo para prescrição aquisitiva do imóvel prescreveu, podendo ser solicitado a usucapião do bem comum.
(D) não terá direito à aquisição compulsória do imóvel por se tratar de um bem público, insuscetível de usucapião.

42. Giovane e Nilce, casados, em regime de comunhão universal de bens, sofreram um acidente de carro retornando de uma viagem. Após serem socorridos, Giovane não aguentou os ferimentos e faleceu, deixando dois filhos, Eduardo e Mariana. Eduardo é fruto do matrimônio de Giovane e Nilce, já Mariana é filha do primeiro casamento de Giovane, com Edineuza. Deixou, ainda, seus pais Neia e Rubens, e uma irmã, Sandra.

Diante do caso narrado, a sucessão legítima é de:

(A) Eduardo, em concorrência com Mariana, Neia e Rubens.
(B) Eduardo e Mariana.
(C) Neia e Rubens, apenas.
(D) Eduardo e Mariana, em concorrência com Lucia, Neia e Rubens.

43. Rafael, 15 anos, foi apreendido em flagrante quando subtraía uma bicicleta numa loja ao sair com ela no descuido dos vendedores. Em relação às medidas socioeducativas previstas no Estatuto da Criança e do Adolescente, assinale a afirmativa correta:

(A) A medida aplicada ao adolescente levará em conta a sua capacidade de cumpri-la, as circunstâncias e a gravidade da infração, sendo admitida a prestação de trabalho forçado se as autoridades o considerarem apto a fazê-lo.
(B) Rafael poderá ser condenado à internação devido o valor do bem envolvido.
(C) Em se tratando de ato infracional com reflexos patrimoniais, a autoridade poderá determinar, se for o caso, que o adolescente restitua a coisa, promova o ressarcimento do dano, ou, por outra forma, compense o prejuízo da vítima.
(D) Rafael poderia ser condenado à prestação de serviços comunitários, que consiste na realização de tarefas gratuitas de interesse geral, por período entre seis meses a um ano.

44. Leonardo foi condenado à pena de reclusão de 15 anos por homicídio num assalto a banco, a ser cumprido em regime fechado. Ele é pai de Guilherme, de cinco anos. Segundo o que dispõe Estatuto da Criança e do

Adolescente, assinale a afirmativa correta sobre a convivência do pai e o filho.

(A) Será garantida a convivência da criança e do adolescente com a mãe ou o pai privado de liberdade, por meio de visitas periódicas promovidas pelo responsável ou, nas hipóteses de acolhimento institucional, pela entidade responsável, independentemente de autorização judicial.
(B) Será garantida a convivência da criança e do adolescente com a mãe ou o pai privado de liberdade, por meio de visitas periódicas promovidas pelo responsável ou, nas hipóteses de acolhimento institucional, pela entidade responsável, desde que haja autorização judicial.
(C) Não será garantida a convivência com a criança, em virtude da condenação criminal.
(D) Não será garantida a convivência com a criança, em virtude da condenação criminal, além da perda do poder familiar, como motivo suficiente para tanto.

45. Tatiana celebrou contrato de serviços de internet com a WW Tecnologia S/A para fornecimento de pacote de dados móveis. O contrato de adesão estabelecia que a consumidora teria direito a "internet ilimitada". Porém, com 15 dias de uso, Tatiana notou que a velocidade da internet foi bruscamente reduzida. Após buscar explicações com o fornecedor, foi informada que a internet era ilimitada quanto ao conteúdo, mas, quanto ao pacote de dados, o contrato só lhe garantia 20Mb por mês. Considerando que o contrato não fez distinção entre as limitações a que a consumidora estaria submetida, assinale a alternativa correta:

(A) Tatiana deveria tirar todas as dúvidas antes de assinar o contrato.
(B) Não há qualquer equívoco no contrato, já que todas as informações foram suficientemente claras.
(C) Contratos de tecnologia não são regidos pelo Código de Defesa do Consumidor e, por isso, Tatiana não está amparada pelos princípios protetivos do CDC.
(D) Havendo dúvida quanto à limitação do pacote de dados, as cláusulas contratuais devem ser interpretadas em favor de Tatiana.

46. Leonardo, que mora em São Paulo, adquiriu um HD externo na loja virtual de eletrônicos do Alessandro, que mora na mesma cidade. O produto foi entregue no endereço do comprador através de um *motoboy*. Porém, um dia após o recebimento do produto, Leonardo notou que o HD externo não atendia às suas necessidades como ele imaginava. Considerando as informações do caso narrado, é correto afirmar que:

(A) Leonardo ainda tem sete dias para desistir do contrato.
(B) Leonardo não tem direito ao arrependimento, tendo em vista que reside no mesmo domicílio do fornecedor Alessandro.
(C) Leonardo ainda pode desistir do contrato dentro de seis dias.
(D) É de 90 dias o prazo para reclamar o arrependimento da compra.

47. Um cliente apresenta a você um cheque para pagar seus serviços advocatícios. De acordo com a Lei n. 7.357/85, o cheque precisará conter:

(A) o local de pagamento escrito de forma explícita.
(B) o nome completo do emitente, não admitindo abreviações.
(C) a indicação de data e hora da emissão.
(D) o nome do banco ou da instituição financeira que deve pagar (sacado).

48. No que tange à verificação e habilitação de créditos previsto na Lei n. 11.101/2005, assinale a alternativa correta:

(A) A verificação dos créditos será realizada pelo administrador judicial, com base nos livros contábeis e documentos comerciais e fiscais do devedor e nos documentos que lhe forem apresentados pelos credores, podendo contar com o auxílio de profissionais ou empresas especializadas.
(B) A verificação dos créditos será realizada pelo acionista controlador, com base nos livros contábeis e documentos comerciais e fiscais do devedor e nos documentos que lhe forem apresentados pelos credores, podendo contar com o auxílio de profissionais ou empresas especializadas.
(C) A verificação dos créditos será realizada pelo administrador judicial, mediante execução fiscal.
(D) A verificação dos créditos será realizada pelo administrador da pessoa jurídica devedora, com base apenas nos livros contábeis e documentos comerciais.

49. No que se refere as sociedades em comandita simples, assinale a alternativa correta:

(A) Na sociedade em comandita simples, tomam parte sócios de duas categorias: os comanditados, pessoas físicas, responsáveis solidária e ilimitadamente pelas obrigações sociais; e os comanditários, obrigados independente do valor de sua quota.
(B) Na sociedade em comandita simples tomam parte sócios de duas categorias: os comanditados, pessoas físicas, responsáveis solidária e ilimitadamente pelas obrigações sociais; e os comanditários, obrigados somente pelo valor de sua quota.
(C) Aplicam-se à sociedade em comandita simples as normas da sociedade anônima, no que forem compatíveis.
(D) Aos comanditados cabem os mesmos direitos e obrigações dos sócios da sociedade anônima.

50. O Superior Tribunal de Justiça, vem, nos últimos anos, proferindo importantes entendimentos sobre Direito Empresarial. Acerca do entendimento do STJ, assinale a alternativa correta:

(A) Em ação monitória fundada em cheque prescrito, ajuizada contra o emitente, é dispensável a menção ao negócio jurídico subjacente à emissão da cártula.
(B) Em ação monitória fundada em cheque prescrito, ajuizada contra o sacado, é dispensável a menção ao negócio jurídico subjacente à emissão da cártula.
(C) Em ação monitória fundada em cheque prescrito, ajuizada contra o tomador, é dispensável a menção ao negócio jurídico subjacente à emissão da cártula.
(D) Em ação monitória fundada em cheque prescrito, ajuizada antes do protesto, é dispensável a menção ao negócio jurídico subjacente à emissão da cártula.

51. Patrícia, estudante de direito, descobriu que seu processo, que tramita na primeira Vara Cível de São Gonçalo do Abaeté – MG, foi suspenso, por determinação de um relator do STJ, em virtude de matéria afetada, para julgamento de recursos repetitivos, e consequente formação de precedente obrigatório. Todavia, telefonou para seu advogado Péricles e disse que o conteúdo de sua pretensão é diferente da matéria afetada, razão pela qual seu processo foi indevidamente suspenso. Neste caso, Péricles deverá:

(A) fazer um requerimento de prosseguimento do feito, apresentando o *distinguishing*, para o relator, perante o STJ.
(B) fazer um requerimento de prosseguimento do feito, apresentando o *distinguishing*, perante o juiz que conduz seu processo, na primeira Vara Cível de São Gonçalo do Abaeté – MG.
(C) interpor agravo interno no STJ, contra a decisão do relator.
(D) interpor agravo de instrumento em face da decisão interlocutória do juiz da primeira Vara Cível de São Gonçalo do Abaeté – MG, que suspendeu o seu processo.

52. Carminha resolve apelar de uma sentença que foi desfavorável para sua cliente Michele, mas, ao elaborar o recurso, se surpreende ao verificar várias decisões divergentes das turmas do tribunal local, envolvendo sujeitos na mesma situação fática de sua cliente, e com a mesma questão de direito material, com flagrante violação da isonomia processual e da segurança jurídica. Certificou-se ainda que a matéria em questão não estava afetada em nenhum tribunal superior para julgamento repetitivo. Nesse caso, a advogada de Michele, com o intuito de obter uma uniformização de entendimento perante aquele corte local, deve:

(A) suscitar conflito de competência.
(B) suscitar incidente de assunção de competência, mediante requerimento endereçado ao relator.
(C) suscitar incidente de resolução de demandas repetitivas, mediante petição, ao presidente do tribunal.
(D) opor embargos de divergência.

53. Eva descobriu que Mirela, com quem trabalhava no mesmo estúdio fotográfico, apropriou-se de algumas de suas melhores fotos e montou uma exposição, cujo lançamento aconteceria em cinco dias. Seu objetivo final era reaver suas fotos e pleitear indenização contra Mirela, mas antes queria impedir a exposição. Assim, seu advogado requereu uma tutela provisória de urgência cautelar antecedente, tendo o juiz concedido a liminar, que foi prontamente efetivada, suspendendo-se a exposição. A partir desta realidade, assinale a alternativa correta:

(A) Mirela terá 15 dias para contestar o pedido.
(B) Eva terá 30 dias da concessão da liminar para a apresentação do pedido principal, nos mesmos autos.
(C) Eva terá 30 dias da efetivação da liminar para a apresentação do pedido principal, nos mesmos autos.
(D) Caso Mirela não interponha agravo de instrumento contra a decisão interlocutória do juiz, que deu a tutela provisória, haverá o fenômeno da estabilização.

54. Mirtes promove ação monitória em face de Mendonça, com base em documento particular "supostamente" assinado pelo devedor, no qual o mesmo reconhecia o débito de R$ 50.000,00 (cinquenta mil reais). Ocorre que o documento não conta com a assinatura de qualquer testemunha, bem como não possui reconhecimento de firma. Após juízo de admissibilidade positivo, o juiz determinou a expedição de mandado monitório, concedendo prazo de 15 dias para o devedor pagar ou oferecer embargos à ação monitória. Considerando que Mendonça não reconhece a assinatura do documento como sua, desejando, além de sua defesa, que seja declarada por sentença a falsidade documental, bem como seja condenada Mirtes por litigância de má-fé, assinale a opção mais adequada:

(A) O advogado de Mendonça deve apresentar embargos à monitória e posteriormente ação declaratória de falsidade documental.
(B) O advogado de Mendonça deve apresentar embargos à monitória conjuntamente com a reconvenção, que é compatível com este procedimento especial.
(C) O advogado de Mendonça deve apresentar embargos à monitória, após garantia do juízo, conjuntamente com a reconvenção, que é compatível com este procedimento especial.
(D) O advogado de Mendonça deve apresentar embargos à monitória conjuntamente com pedido contraposto.

55. Dioclécia foi atropelada pelo caminhão da empresa de festas Mundo Encantado Ltda. Sofreu sérios danos físicos, o que a deixou sem trabalhar durante longos oito meses. Inconformada com a atitude do motorista, que não lhe prestou socorro e foi o responsável pelo acidente, ela procurou o Núcleo de Prática Jurídica de uma Faculdade local e ajuizou ação indenizatória em face da pessoa jurídica. Após tramitação regular do processo, a ré foi condenada ao pagamento de indenização de R$ 100.000,00, mais pensionamento de um salário mínimo, enquanto a autora estivesse inabilitada para retornar ao trabalho. A decisão transitou em julgado e foi iniciado o cumprimento de sentença. Durante essa etapa, não foram encontrados bens passíveis de penhora em nome da empresa, mas restou evidenciada uma situação de confusão patrimonial, o que levou os advogados de Dioclécia a pleitearem o incidente de desconsideração da personalidade jurídica, o que foi acolhido pelo juiz. Todavia, após o julgamento do incidente foi penhorado o veículo de Fábio, sócio que não foi citado e que, portanto, não participou daquele. Você, na condição de advogado(a) de Fábio, deve:

(A) apresentar impugnação ao cumprimento de sentença.
(B) apresentar oposição.
(C) opor embargos de terceiro.
(D) opor embargos à execução.

56. Rosa, residente e domiciliada em Campinas – SP, promoveu ação indenizatória contra o estado estrangeiro Canadá, perante a Justiça Brasileira. Entre os vários pedidos constantes da petição inicial distribuída, havia um pedido de tutela provisória de evidência liminar, que foi indeferido. Contra esta decisão, você, na condição de advogado de Rosa:

(A) aguardaria para discutir na preliminar da apelação.
(B) iria interpor recurso ordinário constitucional para o STJ.
(C) iria interpor agravo de instrumento para o STJ.
(D) iria interpor agravo de instrumento para o TRF competente.

57. Júlio e Vinícius foram denunciados pela prática de roubo circunstanciado em razão do concurso de pessoas e do emprego de arma de fogo de uso proibido, fato ocorrido no dia 30 de março de 2020, em período de repouso noturno.

Com base nas informações trazidas, assinale a alternativa correta.

(A) Se condenados, o juiz poderá exasperar as penas com fundamento no número de majorantes.
(B) Se condenados, por se tratar de crime hediondo, Júlio e Vinícius deverão iniciar o cumprimento da pena em regime, obrigatoriamente, fechado.
(C) O fato de o delito ter sido praticado em repouso noturno faz com que a pena seja aumentada em até um terço.
(D) Se a conduta ocorresse no ano de 2019, o crime não seria considerado hediondo.

58. Ao acordar, Joaquim percebeu estar febril e com muitas dores pelo corpo. Sem condições de ir ao trabalho, mandou mensagem ao seu chefe, Theodoro, que consentiu com a falta, desde que, posteriormente, apresentasse atestado médico. Joaquim, no entanto, estava muito mal, e, para não ter de ir ao posto de saúde, adquiriu um atestado médico com informações falsas, fornecido por seu amigo, Samuel, falsário condenado, em mais de uma oportunidade, pelo crime de estelionato. Dois dias após o contato com seu chefe, Joaquim voltou ao trabalho, oportunidade em que apresentou o documento falso.

Com base nas informações trazidas, assinale a alternativa correta.

(A) Joaquim e Theodoro devem ser responsabilizados pelo crime de falsidade de atestado médico (CP, art. 302).
(B) Joaquim cometeu o crime de uso de documento falso (CP, art. 304).
(C) Samuel praticou o crime de estelionato (CP, art. 171) e Joaquim o de uso de documento falso (CP, art. 304).
(D) Joaquim praticou o crime de falsidade ideológica (CP, art. 299).

59. Na noite do dia 9 de março de 2021, Rafael, de 17 anos de idade, agindo com vontade de matar, desferiu vários golpes de faca contra sua namorada. Imediatamente socorrida, a vítima morreu no dia seguinte, 10 de março, dia do aniversário de Rafael.

Com base nas informações trazidas, assinale a alternativa correta.

(A) Em relação ao fato narrado, Rafael deve ser considerado imputável.
(B) Embora tenha completado 18 anos na data em que o crime se consumou, Rafael deve ser considerado inimputável em relação ao fato descrito.
(C) Se considerado imputável, Rafael será punido por feminicídio, qualificadora de natureza subjetiva.
(D) A depender do contexto fático, Rafael poderia sustentar a tese de legítima defesa da honra.

60. Após ter ingerido o conteúdo de uma lata de cerveja – aproximadamente, 350 ml –, Paulo decidiu dirigir até a casa de Jéssica, sua namorada, residente em uma cidade vizinha. No caminho, enquanto conduzia por uma rodovia, Paulo perdeu o controle do automóvel e atingiu uma motocicleta que vinha em mão oposta à dele. Em consequência da colisão, um passageiro da motocicleta morreu e o outro sofreu lesões corporais de natureza grave.

Com base nas informações trazidas, assinale a alternativa correta.

(A) De acordo com posicionamento da jurisprudência dos Tribunais Superiores, Paulo deve responder por homicí-

dio doloso, pois assumiu o risco de provocar o acidente ao dirigir embriagado.
(B) Paulo deve ser responsabilizado pelos crimes de homicídio e de lesão corporal grave, em concurso material.
(C) Paulo deve ser responsabilizado pelos crimes de homicídio e de lesão corporal grave, em continuidade delitiva.
(D) Para o STJ, o excesso de velocidade e a embriaguez não são suficientes para, por si sós, fazer com que seja reconhecido o dolo eventual.

61. A caminho do trabalho, no interior de um ônibus coletivo, Tício foi surpreendido pela conduta de outro passageiro, Mévio, que, sorrateiramente, ejaculou em seu ombro após masturbar-se. Em seguida ao ocorrido, os demais passageiros imobilizaram Mévio até a chegada da polícia.

Com base nas informações trazidas, assinale a alternativa correta.

(A) Mévio praticou o delito de estupro, na modalidade simples (CP, art. 213, *caput*), crime de ação penal pública incondicionada.
(B) Mévio praticou o delito de assédio sexual (CP, art. 216-A), crime de ação penal pública condicionada à representação.
(C) Mévio praticou o delito de importunação sexual (CP, art. 215-A), crime de ação penal pública incondicionada.
(D) Mévio praticou o delito de violação sexual mediante fraude (CP, art. 215), crime de ação penal pública incondicionada.

62. No dia 15 de abril de 2017, Pedro consumou o crime de furto simples (CP, art. 155, *caput*), delito cuja pena máxima é de quatro anos. Na época da conduta, ele tinha 19 anos de idade. Após longa investigação, o Ministério Público o denunciou pela prática do furto. O juiz competente recebeu a denúncia no dia 17 de julho de 2021. A citação ocorreu no dia 28 de julho do mesmo ano.

Com base nas informações trazidas, na condição de advogado de Pedro, assinale a alternativa que descreve a tese de defesa a ser sustentada.

(A) Pedro deve ser absolvido sumariamente por estar extinta a punibilidade.
(B) Pedro deve ser absolvido sumariamente por estar presente causa de exclusão da ilicitude.
(C) Pedro deve ser absolvido em consequência da menoridade relativa.
(D) Pedro tem direito à transação penal.

63. No tocante ao inquérito policial, é CORRETO afirmar que:

(A) Por ser um procedimento investigatório que visa reunir provas da existência (materialidade) e autoria de uma infração penal, sua instauração é indispensável, quando a ação penal for pública.
(B) Pode ser arquivado por determinação da Autoridade Policial se, depois de instaurado, inexistirem provas suficientes da autoria e materialidade do crime em apuração.
(C) O IP é sempre sigiloso em relação às pessoas do povo em geral, por se tratar de mero procedimento investigatório, sendo somente liberado o acesso para advogados munidos de procuração com poderes especiais.
(D) Dado seu caráter informativo (busca reunir informações), caso o titular da ação penal já possua todos os elementos necessários ao oferecimento da ação penal, o Inquérito será dispensável.

64. Acerca da prisão temporária, assinale a afirmativa correta:

(A) A prisão temporária é uma modalidade de prisão penal. Pode ser decretada tanto na fase investigativa, bem como durante o processo criminal.
(B) A autoridade policial pode decretar a prisão temporária sempre que imprescindível às investigações.
(C) A prisão temporária tem um prazo máximo de duração de 30 dias, prorrogáveis por mais 30 dias, no caso de furto praticado com uso de explosivo.
(D) A prisão temporária pode ser decretada de ofício pelo juiz em se tratando de tráfico de drogas.

65. O Ministro Marcus Aurélius, do Supremo Tribunal Federal, tenta matar dolosamente, por motivo fútil, o ministro Cassio Nunes Cabral, do Superior Tribunal de Justiça. O Ministro Marcus tenta matar o Ministro Cassio, mas, por circunstâncias alheias à sua vontade, não consegue seu intento. Em relação à competência, responda:

(A) A autoridade competente para julgar o caso será o Ministério da Justiça, para garantir a imparcialidade da decisão.
(B) O Superior Tribunal de Justiça será competente, em razão da vítima ser Ministro deste tribunal.
(C) O Superior Tribunal Federal será competente, em razão da prerrogativa de função do Ministro Marcus.
(D) O Tribunal do Júri será o competente, pois o crime praticado foi tentativa de homicídio, crime doloso contra a vida, de competência do Tribunal Popular.

66. Sobre conexão e continência, assinale a alternativa incorreta:

(A) No caso de militar que comete crime doloso contra a vida de civil, fora das hipóteses de Missões de GLO (Garantia da Lei e da Ordem), responde perante o Tribunal do Júri, e não perante a Justiça Militar.
(B) Quando há concurso de pessoas envolvendo adolescente, a reunião de processos ocorrerá e o julgamento será

realizado pela Vara da Infância e Juventude, resguardando os direitos do infante.
(C) Crime de desacato praticado contra funcionário público federal será da competência do Juizado Especial Federal Criminal, já que se trata de crime federal ao qual a lei comina pena máxima não superior a dois anos.
(D) Quem executa uma carta rogatória no Brasil serão os juízes federais, a execução da carta compete aos Juízes Federais de primeira instância, nos termos do art. 109, X, da Constituição Federal.

67. Alessandro, vulgo "Sanchez", sem ter feito nada, é levado à força para prestar esclarecimentos em sede de autoridade policial, em 24 de agosto de 2019, em razão de uma investigação. A autoridade policial o mantém por cerca de 48 horas na delegacia até que conseguem extrair a sua confissão na participação em uma organização criminosa como motorista, que era alvo de investigações. Após sua confissão, foi mantido preso na carceragem daquela delegacia. Você, como advogado de Alessandro, indique a medida a ser tomada diante dos fatos narrados.

(A) Relaxamento da prisão em flagrante.
(B) Liberdade provisória.
(C) *Habeas corpus*.
(D) Revogação da preventiva.

68. Fred chuta a canela de Pedrita, causando-lhe lesões corporais de natureza leve (art. 129 – pena de detenção de 3 meses a 1 ano) após uma discussão no trânsito. A denúncia do Ministério Público foi rejeitada pelo magistrado competente. A respeito dos recursos cabíveis contra essa decisão de rejeição de denúncia ou queixa-crime, indique a alternativa correta:

(A) Recurso em sentido estrito, no prazo de cinco dias.
(B) Apelação, no prazo de cinco dias.
(C) Apelação, no prazo de dez dias.
(D) Recurso em sentido estrito, no prazo de dois dias.

69. João é morador e síndico de um condomínio residencial em Florianópolis. João ajustou com o condomínio que, em vez de ser remunerado, ficaria isento da taxa de condomínio para desempenhar tal atividade. Nesse caso, se João não recebe remuneração, em qual categoria de segurado do regime geral de previdência social João se enquadra?

(A) Por João não receber remuneração, João se enquadra na modalidade de segurado facultativo.
(B) João será enquadrado na modalidade de segurado empregado.
(C) João será enquadrado na modalidade de segurado especial.
(D) João será enquadrado na modalidade de segurado contribuinte individual.

70. Helena é estudante universitária e já pensando no seu futuro se inscreveu junto a previdência social como segurada facultativa, acontece que, por motivos financeiros e outros gastos extras, Helena não conseguiu mais arcar com as contribuições previdenciárias mensais, nesse caso, se Helena precisar de alguma prestação previdenciária, mesmo não recolhendo as contribuições, qual é o período em que Helena ainda mantém a qualidade de segurada?

(A) 12 meses.
(B) 3 meses.
(C) 10 meses.
(D) 6 meses.

71. Rafael, como dirigente sindical, vinha representando ativamente os empregados de sua empregadora situada em Fortaleza/CE. No entanto, para sua surpresa, recebeu um comunicado da empresa determinando sua transferência para a unidade de São Paulo/SP. No comunicado constava que a empresa pagaria apenas o transporte de ida e volta, bem como a moradia em hotel local. O trabalho em São Paulo duraria cerca de 12 meses e seriam mantidos o mesmo salário e a mesma composição remuneratória que ele recebia em Fortaleza. O sindicato informou a Rafael que a distância entre as cidades torna impossível o desenvolvimento de suas atribuições sindicais. Diante do caso retratado e da legislação trabalhista, marque a resposta correta.

(A) Rafael não poderá ser transferido, uma vez que ficará impedido de exercer sua função como dirigente sindical em Fortaleza/CE.
(B) A transferência é lícita, uma vez que não há impedimento legal relacionado à questão do empregado transferido ser dirigente sindical.
(C) A transferência provisória é aquela tem duração máxima de até seis meses.
(D) Rafael poderá ser transferido apenas com a anuência expressa do seu sindicato de classe.

72. Marcio Alex era empregado de uma empresa, quando adoeceu gravemente. Afastado e em gozo de benefício previdenciário, o INSS o aposentou por invalidez. Contudo, dois anos após sua aposentadoria por invalidez, foi constatado, em perícia do respectivo órgão, que Marcio Alex havia recuperado sua capacidade de trabalho, estando curado, razão pela qual houve o retorno à função que ocupava antes do afastamento. Ocorre que, nesse ínterim, com cláusula expressa em contrato de trabalho dispondo que a contratação se dava em função da aposentadoria por invalidez de Marcio Alex, a qual poderia ser temporária, a empresa contratou Roger para as funções exercidas por Marcio Alex, tendo esclarecido acerca da interinidade do contrato. Com o retorno de Marcio Alex, Roger foi dispensado sem que lhe fosse paga qualquer indenização. Em razão disso, Roger lhe procura como advogado(a).

Diante do fato retratado e com base na CLT, assinale a alternativa correta.

(A) Roger terá direito ao recebimento de uma indenização, no valor da metade do que ainda lhe resta para cumprir de contrato.
(B) Roger somente poderá ter o contrato rompido após o término do prazo do contrato de trabalho.
(C) Roger faz jus a uma indenização no valor de uma remuneração.
(D) Roger não terá direito ao recebimento de qualquer indenização pelo término do contrato de trabalho.

73. Douglas Junior, gerente de uma rede de restaurantes, ajuizou reclamação trabalhista postulando o pagamento de horas extras pelo excesso de jornada e por não ter pausa alimentar regular. Disse o ex-empregado na petição inicial que se ativava na extensa jornada de segunda-feira a sábado, das 8h às 22h, com intervalo de apenas 30 minutos para refeição; que ganhava salário mensal de R$ 8.000,00 (oito mil reais) e comandava a loja, tendo por atribuições fiscalizar o funcionamento da empresa e os funcionários, fazer a escala de férias dos empregados e negociar com fornecedores, além de abrir e fechar a loja (pois tinha a chave da porta e a senha do alarme). O maior salário entre os seus subordinados era de R$ 3.200,00 (três mil e duzentos reais). Com base nos fatos narrados pelo reclamante, assinale a resposta correta.

(A) O empregado terá direito ao recebimento das horas extras.
(B) O empregado terá direito às horas extras, mas não ao tempo suprimido de intervalor intrajornada.
(C) O empregado não terá direito às horas extras nem ao tempo suprimido de intervalo intrajornada.
(D) O empregado terá direito ao tempo suprimido do intervalor intrajornada, mas não terá direito às horas extras.

74. Ana Paula ajuizou reclamação trabalhista alegando que, nos últimos dois anos, a empresa fornecia, a todos os empregados, uma cesta básica mensal, prevista em seu regulamento, suprimida a partir de 1º de agosto de 2018, violando direito adquirido, pelo que requer o seu pagamento nos meses de agosto e setembro de 2018. Diante do caso em questão, assinale a alternativa correta.

(A) A empregada não faz jus ao recebimento da cesta básica dos meses de agosto e setembro de 2018.
(B) A empregada tem direito ao recebimento das cestas básicas dos meses de agosto e setembro de 2018.
(C) Como a cesta básica era fornecida por mera liberalidade, a empregada não faz jus ao seu recebimento.
(D) Em razão de que a cesta básica está prevista apenas no regulamento da empresa, a empregada não faz jus ao recebimento referente aos meses de agosto e setembro de 2018.

75. Camila comparece a seu escritório e relata que, no ano de 2020, permanecia, duas vezes na semana, por mais uma hora na sede da ex-empregadora para participar de um culto ecumênico. Informa, ainda, que o comparecimento era facultativo, e participava para aliviar as preocupações do dia a dia. No final da explicação, Camila lhe questiona sobre eventual direito trabalhista que teria em relação ao fato informado. Com fulcro na CLT, assinale a alternativa correta.

(A) Camila faz jus ao recebimento das horas extras pelo tempo de comparecimento ao culto ecumênico.
(B) Camila não faz jus as horas extras, uma vez que o comparecimento era facultativo.
(C) Camila faz jus apenas ao adicional de horas extras pelo tempo de comparecimento, uma vez que a presença era facultativa.
(D) Camila faz jus às horas extras referentes à metade do tempo de comparecimento ao culto ecumênico, uma vez que a presença era facultativa.

76. Em uma ação trabalhista, ajuizada por Gabriel Quintanilha em face da empresa "Consultoria Tributária Ltda"., a testemunha da reclamada alterou a verdade dos fatos com a finalidade de beneficiar a empresa. Em relação às regras de Responsabilidade por Dano Processual, marque a alternativa correta.

(A) Aplica-se multa, somente por meio de requerimento, à testemunha que propositadamente modificar a verdade dos fatos ou omitir fatos ao julgamento da causa.
(B) O magistrado poderá condenar a reclamante ou a reclamada por litigância de má-fé e impor a multa, não se aplicando às testemunhas, salvo requerimento da parte contrária.
(C) O magistrado não poderá condenar a reclamante ou reclamada por litigância de má-fé, porém, poderá aplicar multa superior a 1% e inferior a 10% do valor corrigido da causa.
(D) O juízo condenará a testemunha a pagar multa, que deverá ser superior a 1% (um por cento) e inferior a 10% (dez por cento) do valor corrigido da causa.

77. A empresa Ordem e Progresso Brasil Ltda. foi notificada de uma Reclamação Trabalhista ajuizada por Douglas Caetano, para comparecer em Juízo e apresentar a sua defesa. No dia da audiência, Leonardo Castro, Vanderlei Garcia e Vandre Amorim, os três sócios da empresa, estavam impossibilitados de comparecer, todos por motivo de doença. Com isso, indicaram preposto para comparecer em audiência. Conforme a legislação em vigor, o preposto:

(A) não precisa ser empregado da empresa reclamada, nem ter conhecimento dos fatos.

(B) não precisa ser empregado, porém precisa conhecer os fatos, cujas declarações obrigarão o proponente.
(C) precisa ser empregado da reclamada, não sendo necessário conhecer os fatos.
(D) não basta ser somente empregado da reclamada, também precisa ter conhecimento dos fatos, nos quais as declarações obrigarão o proponente.

78. Cristiano propôs Reclamação Trabalhista em face da empresa Céu Azul Ltda., sobre a alegação de ter exercido por três anos a função de auxiliar de administração. No dia da audiência, o reclamante indica a oitiva do único empregado que com ele trabalhou e que é seu melhor amigo. Diante das regras processuais previstas na CLT, indique a alternativa correta.

(A) A testemunha que for amigo íntimo de qualquer das partes não poderá ser ouvida na condição de testemunha e sequer como informante pelo juiz.
(B) A testemunha que for amigo íntimo de qualquer das partes, prestará compromisso, e deverá ser ouvida pelo magistrado.
(C) A testemunha que for amigo íntimo de qualquer das partes, prestará compromisso, sendo seu depoimento aceito como uma simples informação.
(D) A testemunha que for amigo íntimo de qualquer das partes, não prestará compromisso, sendo seu depoimento aceito como uma simples informação.

79. O Município do Rio de Janeiro foi demandado na Justiça do Trabalho, em uma Reclamação Trabalhista ajuizada por Carlos, empregado de uma empresa interposta, na qual cita o inadimplemento de verbas trabalhistas pelo empregador principal, a empresa Faz Tudo Ltda., e a responsabilidade subsidiária do Município. Devidamente notificados para a audiência UNA, compareceu a empresa Faz Tudo Ltda., porém o Município não compareceu.

Diante do caso exposto, considerando a CLT e o entendimento do TST, é correto afirmar que:

(A) Em razão da ausência do Município, deverá ser aplicada à revelia.
(B) Deverá ser aplicada à revelia, desde que o autor requeira expressamente na petição inicial.
(C) Não ocorrerá revelia, pois há matéria de fato e de direito.
(D) Não será aplicada à revelia, por se tratar de ente da Administração Pública.

80. Cléber ajuizou ação trabalhista em face da empresa ABC Cosméticos e teve seus pedidos acolhidos. Após o trânsito em julgado, houve início da execução, a qual não foi exitosa em face da empresa. Logo, Cléber requereu a instauração do incidente de desconsideração da personalidade jurídica, para atingir o patrimônio dos sócios. Da decisão interlocutória que acolher ou rejeitar o incidente de desconsideração da personalidade jurídica manejado por Cléber caberá, de acordo com a CLT:

(A) na fase de cognição, cabe recurso ordinário de imediato.
(B) na fase de execução, cabe agravo de petição, independentemente de garantia do juízo.
(C) cabe agravo de instrumento se proferida pelo relator em incidente instaurado originariamente no tribunal.
(D) na fase de execução, cabe agravo de petição, garantido o juízo.

Folha de Respostas

#					#				
01	A	B	C	D	41	A	B	C	D
02	A	B	C	D	42	A	B	C	D
03	A	B	C	D	43	A	B	C	D
04	A	B	C	D	44	A	B	C	D
05	A	B	C	D	45	A	B	C	D
06	A	B	C	D	46	A	B	C	D
07	A	B	C	D	47	A	B	C	D
08	A	B	C	D	48	A	B	C	D
09	A	B	C	D	49	A	B	C	D
10	A	B	C	D	50	A	B	C	D
11	A	B	C	D	51	A	B	C	D
12	A	B	C	D	52	A	B	C	D
13	A	B	C	D	53	A	B	C	D
14	A	B	C	D	54	A	B	C	D
15	A	B	C	D	55	A	B	C	D
16	A	B	C	D	56	A	B	C	D
17	A	B	C	D	57	A	B	C	D
18	A	B	C	D	58	A	B	C	D
19	A	B	C	D	59	A	B	C	D
20	A	B	C	D	60	A	B	C	D
21	A	B	C	D	61	A	B	C	D
22	A	B	C	D	62	A	B	C	D
23	A	B	C	D	63	A	B	C	D
24	A	B	C	D	64	A	B	C	D
25	A	B	C	D	65	A	B	C	D
26	A	B	C	D	66	A	B	C	D
27	A	B	C	D	67	A	B	C	D
28	A	B	C	D	68	A	B	C	D
29	A	B	C	D	69	A	B	C	D
30	A	B	C	D	70	A	B	C	D
31	A	B	C	D	71	A	B	C	D
32	A	B	C	D	72	A	B	C	D
33	A	B	C	D	73	A	B	C	D
34	A	B	C	D	74	A	B	C	D
35	A	B	C	D	75	A	B	C	D
36	A	B	C	D	76	A	B	C	D
37	A	B	C	D	77	A	B	C	D
38	A	B	C	D	78	A	B	C	D
39	A	B	C	D	79	A	B	C	D
40	A	B	C	D	80	A	B	C	D

SIMULADO III

Comentários das questões

Ética [01-08]

Nº	Gabarito	Comentários
01	D	(A) Errada, vide art. 7º-A, IV, EAOAB. (B) Errada, vide art. 7º-A, EAOAB. (C) Errada, vide art. 7º-A, I, b, EAOAB. (D) Certa, conforme determina o art. 7º-A, EAOAB, são direitos das advogadas o acesso nos tribunais sem submissão aos detectores de metais, preferência na ordem das audiências a serem realizadas a cada dia, vagas reservadas nas garagens dos fóruns e, caso seja a única patrona, suspensão dos prazos processuais quando der à luz.
02	B	(A) Errada, vide art. 39, CED. (B) Certa, respeitando diretrizes de discrição e sobriedade, poderá o advogado enviar a correspondência para apenas informar a modificação do endereço aos interessados (arts. 39 e 45, CED). (C) Errada, vide art. 39, CED. (D) Errada, vide art. 45, CED.
03	D	Conforme estabelece o art. 14 do Regulamento Geral da OAB – RG ao determinar que "os honorários de sucumbência, por decorrerem precipuamente do exercício da advocacia e só acidentalmente da relação de emprego, não integram o salário ou a remuneração, não podendo, assim, ser considerados para efeitos trabalhistas ou previdenciários".
04	A	O ato de constituição de filial deve ser averbado no registro da sociedade e arquivado no Conselho Seccional onde se instalar, ficando os sócios, inclusive o titular da sociedade unipessoal de advocacia, obrigados à inscrição suplementar (art. 15, § 5º, EAOAB).
05	C	(A) Errada, vide art. 24, § 1º, EAOAB. (B) Errada, vide art. 22, EAOAB. (C) Certa, "se o advogado fizer juntar aos autos o seu contrato de honorários antes de expedir-se o mandado de levantamento ou precatório, o juiz deve determinar que lhe sejam pagos diretamente, por dedução da quantia a ser recebida pelo constituinte, salvo se este provar que já os pagou" (art. 22, § 4º, EAOAB). (D) Errada, vide art. art. 22, § 4º, EAOAB.
06	B	(A) Errada, vide art. 28, II, EAOAB. (B) Certa, ainda que licenciado, o Magistrado permanecerá incompatível em face da natureza temporária (art. 28, § 1º, EAOAB). (C) Errada, vide art. 28, § 1º, EAOAB. (D) Errada, vide art. 28, II, EAOAB.
07	B	(A) Errada, vide art. 28, IV, EAOAB. (B) Certa, a representação poderá ser realizada por escrito ou verbal ao presidente do Conselho Seccional ou ao presidente da Subseção, sendo obrigada a se identificar (arts. 55 e 56, CED). (C) Errada, vide art. 55, § 2º, CED. (D) Errada, vide arts. 55 e 56, CED.
08	D	(A) Errada, vide art. 62, § 7º, EAOAB. (B) Errada, vide art. 58, XV, EAOAB. (C) Errada, vide art. 62, § 7º, EAOAB. (D) Certa, o Conselho Seccional, mediante voto de dois terços de seus membros, pode intervir na Caixa de Assistência dos Advogados, no caso de descumprimento de suas finalidades, designando diretoria provisória, enquanto durar a intervenção (art. 62, § 7º, EAOAB).

Filosofia do Direito [09-10]

Nº	Gabarito	Comentários
09	A	A interpretação sistemática considera que a norma não pode ser vista de forma isolada, pois o direito existe como sistema, de forma ordenada e com certa sincronia.
10	D	A teoria tridimensional do direito elaborada por Miguel Reale trata da relação dialética entre fato, valor e norma e constitui em uma grande contribuição do jurista brasileiro à academia jurídica mundial, afastando-se do pensamento positivista Kelseniano indicado nas demais alternativas.

Direito Constitucional [11-16]

Nº	Gabarito	Comentários
11	B	O Supremo Tribunal Federal tem jurisprudência consolidada de que a prisão preventiva não pode ser fundamentada exclusivamente na gravidade abstrata do crime (HC 221.477). A prisão preventiva exige a presença de fundamentos concretos que justifiquem a necessidade da medida. Assim, o habeas corpus é cabível nesse caso, conforme o art. 5º, LXVIII, da Constituição.
12	A	A Constituição Federal de 1988 estabelece que são considerados brasileiros natos aqueles nascidos no Brasil, mesmo que de pais estrangeiros, exceto se os pais estiverem a serviço de seu país. No caso de Lucas, por ter nascido em território brasileiro enquanto seus pais estavam a serviço de governo estrangeiro, ele não é considerado brasileiro nato. Assim, a alternativa correta é a letra A nos termos do art. 12, I, a, da CF.

13	B	A proteção ao patrimônio histórico é matéria de competência concorrente previsto no art. 24, VII, da CF. Conforme o art. 30, I, da Constituição Federal, os Municípios têm competência para legislar sobre assuntos de interesse local e suplementar a legislação federal e estadual no que couber, logo, seria permitida a atuação do Município para suplementar a legislação existente.
14	D	De acordo com o art. 86, §§ 1º e 2º, da Constituição Federal, após a aceitação da denúncia pela Câmara dos Deputados por dois terços de seus membros, o Presidente da República é julgado pelo Senado Federal. A condenação por crime de responsabilidade exige o voto de dois terços dos membros do Senado, resultando na perda do cargo e na inabilitação para o exercício de função pública por oito anos nos termos do art. 52, parágrafo único, da CF.
15	C	A Constituição Federal estabelece que o Estado deve garantir o pleno desenvolvimento das funções sociais da cidade e o bem-estar de seus habitantes, promovendo políticas de habitação que atendam às necessidades da população, em conformidade com o princípio da dignidade da pessoa humana. De fato, o art. 182 da CF estabelece que a política de desenvolvimento urbano deverá ser executada pelo poder público municipal observadas as diretrizes estabelecidas pela União conforme prevê o art. 21, XX, da CF. Outro ponto relevante é que a competência para legislar sobre direito urbanístico é concorrente da União, dos Estados e do Distrito Federal nos termos do art. 24, I, da CF. Portanto, a competência municipal do art. 182 não se contrapõe a regra do art. 24 à medida que o art. 30, VIII, prevê que compete aos municípios promover, no que couber, adequado ordenamento territorial, mediante planejamento e controle do uso, do parcelamento e da ocupação do solo urbano. O que temos aqui é uma divisão de competência com complementação recíproca. Isso torna-se mais claro quando encontramos o Estatuto da Cidade (Lei n. 10.257/2001), lei federal que regulamenta os arts. 182 e 183 e estabelece diretrizes acerca da política urbana.
16	B	O partido político com representação no Congresso Nacional possui legitimidade para propor ADI contra medidas provisórias (art. 103, VIII, da CF), mesmo que ainda não tenham sido convertidas em lei (ADI 5717). A alternativa A está incorreta, pois a ADI pode ser proposta contra a medida provisória enquanto ela ainda está em vigor. A alternativa C está incorreta, pois a urgência pode ser questionada (ADI 7232). A alternativa D está incorreta, pois o STF pode julgar a constitucionalidade de medidas provisórias.

Direitos Humanos [17-18]

Nº	Gabarito	Comentários
17	A	A letra "A" está correta na forma do art. 36, n. 1 da própria Convenção: "Os membros da Comissão serão eleitos a título pessoal, pela Assembleia Geral da Organização, de uma lista de candidatos propostos pelos governos dos Estados-Membros". A letra "B" está errada, pois a Assembleia Geral não possui tal competência. A letra "C" igualmente errada pela ausência de tal competência. Nesse caso cabe ressaltar que na forma do art. 65 da Convenção Americana sobre Direitos Humanos, "A Corte submeterá à consideração da Assembleia Geral da Organização, em cada período ordinário de sessões, um relatório sobre suas atividades no ano anterior. De maneira especial, e com as recomendações pertinentes, indicará os casos em que um Estado não tenha dado cumprimento a suas sentenças". A letra "D" está errada, o Estatuto de Roma, tecnicamente o Estatuto de Roma do Tribunal Penal Internacional em 1998, não tem relação funcional com a OEA ou com sua Assembleia Geral.
18	A	A letra "A" está correta nos termos dos arts. 44 a 47 da Convenção Americana sobre Direitos Humanos. Destaco que o art. 46, n. 1, alínea d, lembra da obrigatoriedade de conter na petição o nome, a nacionalidade, a profissão, o domicílio e a assinatura da pessoa ou pessoas ou do representante legal da entidade que submeter a petição e o art. 47 lembra da obrigatoriedade de apontar a "violação dos direitos garantidos por esta Convenção". A letra "B" está errada, mas merece o destaque que para a Comissão receber uma queixa, na forma do art. 46, n. 1, alínea a, é necessário "que haja sido interpostos e esgotados os recursos da jurisdição interna, de acordo com os princípios de direito internacional geralmente reconhecidos". A letra "C" também errada ao querer misturar o sistema universal (ou global ou onusiano) com o sistema interamericano. A letra "D" igualmente errada ao subordinar o sistema interamericano (SIDH) ao sistema da ONU.

Direito Eleitoral [19-20]

Nº	Gabarito	Comentários
19	D	No Brasil não há candidatura nata, o que torna as alternativas A e C erradas (inconstitucionalidade do § 1º do art. 8º da Lei n. 9.504/97 – ADI n. 2530). Não há previsão da exceção da alternativa B, por isso está errada. Finalmente o gabarito, a alternativa D, fundamenta-se no § 5º do art. 10, combinado com o § 3º do mesmo artigo, da Lei n. 9.504/97.

SIMULADO III

20	A	Conforme disposto no art. 11-A, § 3º, II, da Lei n. 9.096/95, "os partidos reunidos em federação deverão permanecer a ela filiados por, no mínimo, 4 (quatro) anos".

Direito Internacional [21-22]

Nº	Gabarito	Comentários
21	D	No Brasil as quatros fases ou etapas para a incorporação do tratado internacional são: primeira fase (negociação e assinatura); segunda fase (referendo congressual); terceira fase (ratificação pelo Presidente da República) e a quarta fase (promulgação do tratado e publicação no *Diário Oficial da União*). O art. 84, VIII, da Constituição Federal, determina que: "Compete privativamente ao Presidente da República: celebrar tratados, convenções e atos internacionais, sujeitos a referendo do Congresso Nacional".
22	C	A Lei de Migração, Lei n. 13.445/2017, prevê expressamente em seu art. 55 as causas impeditivas da expulsão, vejamos: Não se procederá à expulsão quando: I – a medida configurar extradição inadmitida pela legislação brasileira; II – o expulsando: a) tiver filho brasileiro que esteja sob sua guarda ou dependência econômica ou socioafetiva ou tiver pessoa brasileira sob sua tutela; b) tiver cônjuge ou companheiro residente no Brasil, sem discriminação alguma, reconhecido judicial ou legalmente; c) tiver ingressado no Brasil até os 12 (doze) anos de idade, residindo desde então no País; d) for pessoa com mais de 70 (setenta) anos que resida no País há mais de 10 (dez) anos, considerados a gravidade e o fundamento da expulsão.

Direito Financeiro [23-24]

Nº	Gabarito	Comentários
23	B	O art. 11, § 1º, da Lei n. 4.320/64 é claro ao estipular que são consideradas Receitas Correntes aquelas provenientes de recursos financeiros recebidos de outras pessoas de direito público ou privado quando destinadas a atender despesas classificáveis em Despesas Correntes. Assim, a destinação do recurso é determinante para sua classificação. No caso apresentado, a construção de uma nova escola é uma despesa de capital, e não corrente, tornando a afirmação do Secretário de Fazenda incorreta.
24	C	O art. 11 da LRF é claro ao determinar que são requisitos essenciais da responsabilidade na gestão fiscal a "instituição, previsão e efetiva arrecadação de todos os tributos da competência constitucional do ente da Federação". Portanto, o Estado de Rio Claro, ao optar por não instituir um tributo que estava dentro de sua competência constitucional, deixou de cumprir um requisito essencial da LRF, fazendo com que a análise do Tribunal de Contas esteja correta.

Direito Tributário [25-29]

Nº	Gabarito	Comentários
25	C	A remissão é causa de extinção do crédito tributário prevista no art. 156, IV, do CTN e consiste no perdão do tributo inadimplido. A remissão deve estar prevista em lei e pode ser concedida em caráter geral ou individual (art. 156, IV, do CTN).
26	B	A denúncia espontânea consiste no benefício criado pelo código tributário que permite que o contribuinte inadimplente efetue o pagamento do tributo integralmente, com juros e correção monetária, sendo afastada a multa. Para que se caracterize a denúncia espontânea, a confissão deve ocorrer antes de qualquer procedimento de fiscalização (art. 138 do CTN)..
27	B	Os conflitos de competência em matéria tributária são tratados por lei complementar. Não podemos olvidar que que o CTN, embora originalmente tenha sido concebido como lei ordinária, foi recepcionado pela CRFB/88 como lei complementar (art. 146, I, da CRFB).
28	C	A todos os tributos devem sem aplicados os princípios da anterioridade e noventena, com o objetivo de garantir que o contribuinte tenha o prazo mínimo para se programar e planejar para o recolhimento do tributo. No entanto, no tocante aos tributos extrafiscais (interventivos), esses princípios são mitigados (art. 150, § 1º, da CRFB).
29	B	Os tributos incidentes sobre o bem imóvel o seguem, como é o caso o IPTU, taxa de coleta de lixo, taxa de incêndio, dentre outros. No entanto, caso o imóvel seja arrematado em hasta pública, o arrematante fica exonerado do pagamento de eventual diferença (art. 130, parágrafo único, do CTN).

Direito Administrativo [30-34]		
Nº	Gabarito	Comentários
30	D	Alternativa A: errada! A gratuidade não é um dos aspectos que caracterizam a autorização, sendo a *discricionariedade*, a *precariedade* e a *unilateralidade* os seus elementos configuradores. Alternativa B: errada! A generalidade não é fator suficiente para diferenciar os atos administrativos dos atos legislativos, uma vez que vários são os exemplos de atos administrativos dotados de generalidade e de abstração, como é o caso das resoluções, portarias, ordens de serviço etc. Noutra via, os atos legislativos nem sempre serão dotados de generalidade. Para ilustrar, podemos citar as leis de efeitos concretos, que não ostentam o atributo. Alternativa C: errada! A convalidação não é forma de extinção do ato administrativo. Ao contrário, é o meio pelo qual procura-se preservar o ato ilegal dotado de vício sanável, na forma do art. 55 da Lei n. 9.784/99; *in verbis*: "Art. 55. Em decisão na qual se evidencie não acarretarem lesão ao interesse público nem prejuízo a terceiros, os atos que apresentarem defeitos sanáveis poderão ser convalidados pela própria Administração". Alternativa D: certa! Convalidação ou saneamento é o ato administrativo pelo qual é corrigido vício sanável presente em um ato ilegal, desde que não ocasione prejuízos ao erário ou a particulares e desde que atenda ao interesse público. *A convalidação poderá incidir tanto sobre atos vinculados quanto sobre atos discricionários*, na medida em que ambos podem conter vícios passíveis de retificação.
31	C	A questão narrou as características próprias das *sociedades de economia mista*, pessoas jurídicas de direito privado constituídas, obrigatoriamente, sob a forma de *sociedade anônima* para a prestação de serviços públicos ou a exploração de atividade econômica. Nesse sentido, o art. 4º, *caput*, da Lei n. 13.303/2006: "Art. 4º Sociedade de economia mista é a entidade dotada de personalidade jurídica de direito privado, com criação autorizada por lei, sob a forma de sociedade anônima, *cujas ações com direito a voto pertençam em sua maioria à União, aos Estados, ao Distrito Federal, aos Municípios ou a entidade da administração indireta*". O regime de pessoal adotado pelas sociedades de economia mista será o do emprego público, isto é, o regime celetista, de modo que a investidura em cargo ou emprego *público depende de aprovação prévia em concurso público de provas ou de provas e títulos*, de acordo com a natureza e a complexidade do cargo ou emprego, na forma prevista em lei, ressalvadas as nomeações para cargo em comissão declarado em lei de livre nomeação e exoneração, conforme o art. 37, II, da Constituição Federal: "Art. 37. [...] II – a investidura em cargo ou emprego público depende de aprovação prévia em concurso público de provas ou de provas e títulos, de acordo com a natureza e a complexidade do cargo ou emprego, na forma prevista em lei, ressalvadas as nomeações para cargo em comissão declarado em lei de livre nomeação e exoneração". No mais, *é da Justiça Estadual* a competência para processar e julgar as sociedades de economia mista, ainda sejam sociedades de economia mista federal, pois essas entidades não foram mencionadas expressamente no art. 109, I, da CF/88, que define a competência da Justiça Federal. Esse é o entendimento do *STF*, consagrado na *Súmula 556*, que dispõe: "É competente a justiça comum para julgar as causas em que é parte sociedade de economia mista".
32	C	A responsabilidade do Município Delta, pessoa jurídica de direito público, *é de natureza objetiva*, por expressa previsão no art. 37, § 6º, da Constituição Federal, que assim dispõe: "§ 6º As *pessoas jurídicas de direito público* e as de direito privado prestadoras de serviços públicos *responderão pelos danos que seus agentes, nessa qualidade, causarem a terceiros*, assegurado o direito de regresso contra o responsável nos casos de dolo ou culpa". Pela sistemática adotada no dispositivo constitucional, temos que causado o dano a terceiro por conduta de agente público, o Estado tem o dever de reparar os prejuízos sofridos, *pouco importando saber se foi provocado a título de dolo ou culpa*, haja vista a responsabilidade estatal ser de natureza objetiva. Feito isto, o Estado poderá *regressivamente* postular contra o responsável pelo dano exigindo o ressarcimento da indenização efetuada, de modo que o *agente*, por estar submetido a um *regime jurídico de responsabilidade subjetiva*, somente será obrigado a reintegrar o erário na hipótese de ter agido com dolo ou culpa. Com efeito, prevista no art. 37, § 6º, da CF/88, a *teoria do risco administrativo* poderá ser afastada se demonstrado no caso concreto o *rompimento do nexo causal* entre a conduta e o dano sofrido pelo particular. Assim, quanto às excludentes, a teoria do risco administrativo admite as seguintes: força maior; caso fortuito; ato de terceiros; culpa exclusiva da vítima (Obs.: culpa concorrente é causa atenuante).
33	A	A conduta do superior hierárquico de Joana viola os princípios da *legalidade*, *impessoalidade* e *moralidade*, previstos no art. 37, *caput*, da Constituição Federal.
34	C	Segundo o art. 138 da Lei n. 8.112/1990, caracteriza-se abandono de cargo a ausência intencional por mais de 30 dias consecutivos, ensejando *demissão*.

Direito Ambiental [35-36]		
Nº	Gabarito	Comentários
35	D	De acordo com o previsto no *caput* do art. 225, § 4º, da Constituição Federal de 1988, "a Floresta Amazônica brasileira, a Mata Atlântica, a Serra do Mar, o Pantanal Mato-Grossense e a Zona Costeira são patrimônio nacional, e sua utilização far-se-á, na forma da lei, dentro de condições que assegurem a preservação do meio ambiente, inclusive quanto ao uso dos recursos naturais". Dessa forma, o gabarito da questão é a *Letra D*, pois a Caatinga (mencionada na letra A) e os Pampas (mencionado nas letras B e C) não foram alçados ao *status* de patrimônio nacional pelo Poder Constituinte Originário.

SIMULADO III

36	C	A Proposta de Emenda à Constituição XX/2021, com o objetivo de submeter a apreciação de todo Estudo Prévio de Impacto Ambiental (EPIA) à análise do Congresso Nacional, é inconstitucional, por evidente afronta ao princípio da separação dos Poderes, uma vez que atribui ao Poder Legislativo parte do poder de polícia, de competência do Poder Executivo.

Direito Civil [37-42]

Nº	Gabarito	Comentários
37	D	*Vide* art. 544 do CC: "A doação de ascendentes a descendentes, ou de um cônjuge a outro, importa adiantamento do que lhes cabe por herança".
38	A	*Vide* arts. 928 do CC ("O incapaz responde pelos prejuízos que causar, se as pessoas por ele responsáveis não tiverem obrigação de fazê-lo ou não dispuserem de meios suficientes") e 932, I, do CC ("São também responsáveis pela reparação civil: I – os pais, pelos filhos menores que estiverem sob sua autoridade e em sua companhia").
39	C	*Vide* arts. 1.521, II, do CC ("Art. 1.521. Não podem casar: II – os afins em linha reta"); e 1.595, § 2º, do CC ("Art. 1.595. Cada cônjuge ou companheiro é aliado aos parentes do outro pelo vínculo da afinidade. § 2º Na linha reta, a afinidade não se extingue com a dissolução do casamento ou da união estável").
40	A	*Vide* arts. 3º ("São absolutamente incapazes de exercer pessoalmente os atos da vida civil os menores de 16 (dezesseis) anos") e 166, I, do CC ("Art. 166. É nulo o negócio jurídico quando: I – celebrado por pessoa absolutamente incapaz").
41	D	*Vide* arts. 102 do CC ("Os bens públicos não estão sujeitos a usucapião") e art. 183, § 3º, da CF ("Aquele que possuir como sua área urbana de até duzentos e cinquenta metros quadrados, por cinco anos, ininterruptamente e sem oposição, utilizando-a para sua moradia ou de sua família, adquirir-lhe-á o domínio, desde que não seja proprietário de outro imóvel urbano ou rural. § 3º. Os imóveis públicos não serão adquiridos por usucapião").
42	B	*Vide* art. 1.829, I, do CC: "Art. 1.829. A sucessão legítima defere-se na ordem seguinte: I – aos descendentes, em concorrência com o cônjuge sobrevivente, salvo se casado este com o falecido no regime da comunhão universal, ou no da separação obrigatória de bens (art. 1.640, parágrafo único); ou se, no regime da comunhão parcial, o autor da herança não houver deixado bens particulares".

Estatuto da Criança e do Adolescente [43-44]

Nº	Gabarito	Comentários
43	C	(A) Errada, pois em hipótese alguma é admitida a prestação de trabalho forçado (art. 112, § 2º). (B) Errada, visto que a internação só cabe nas situações do art. 122 do ECA e não é a hipótese do caso. (C) De acordo com o art. 116 do ECA, portanto, correta. (D) Errada, o prazo é até seis meses, *vide* art. 117.
44	A	Correta a alternativa A, de acordo com o § 4º do art. 19 do ECA. As demais estão erradas em virtude deste dispositivo, e a condenação criminal, considerando a situação hipotética, não é motivo suficiente para perda do poder familiar. Perderá por ato judicial o poder familiar o pai ou a mãe nas situações do art. 1.638 do Código Civil.

Direito do Consumidor [45-46]

Nº	Gabarito	Comentários
45	D	Não há dúvida de que o contrato em questão é amparado pelo CDC, na forma do seu art. 3º. Já no art. 47, o Código de Defesa do Consumidor determina que "as cláusulas contratuais serão interpretadas de maneira mais favorável ao consumidor".
46	C	O art. 49 do CDC dispõe que "o consumidor pode desistir do contrato, no prazo de 7 dias a contar de sua assinatura ou do ato de recebimento do produto ou serviço, sempre que a contratação de fornecimento de produtos e serviços ocorrer fora do estabelecimento comercial, especialmente por telefone ou a domicílio". Porém, já se passou um dia do prazo. Por isso, "Leonardo ainda pode desistir do contrato dentro de 6 dias", que é o prazo remanescente.

Direito Empresarial [47-50]

Nº	Gabarito	Comentários
47	D	A questão solicita a exatidão do texto da lei e, de acordo com o art. 1º da lei referida, o cheque precisa conter: I – a denominação "cheque" inscrita no contexto do título e expressa na língua em que este é redigido; II – a ordem incondicional de pagar quantia determinada; III – o nome do banco ou da instituição financeira que deve pagar (sacado); IV – a indicação do lugar de pagamento; V – a indicação da data e do lugar de emissão; VI – a assinatura do emitente (sacador), ou de seu mandatário com poderes especiais.

48	A	A questão exige conhecimento de uma das atribuições do administrador judicial previsto no art. 7º da Lei n. 11.101/2005: "Art. 7º A verificação dos créditos será realizada pelo administrador judicial, com base nos livros contábeis e documentos comerciais e fiscais do devedor e nos documentos que lhe forem apresentados pelos credores, podendo contar com o auxílio de profissionais ou empresas especializadas".
49	B	Importante demonstrar a distinção entre os tipos de sócios da sociedade em comandita simples. A distinção entre esses dois tipos está na responsabilidade que cada um possui. Os comanditários são sócios que a obrigação é limitada e os comanditados possuem responsabilidade ilimitada. Veja o art. 1.045 do CC: "Na sociedade em comandita simples tomam parte sócios de duas categorias: os comanditados, pessoas físicas, responsáveis solidária e ilimitadamente pelas obrigações sociais; e os comanditários, obrigados somente pelo valor de sua quota. Parágrafo único. O contrato deve discriminar os comanditados e os comanditários".
50	A	Ação monitória é um tipo de ação de cobrança em que o credor precisa apresentar a prova escrita (cheque, duplicata, nota promissória..). contra o devedor. A questão exige conhecimento da Súmula 531 do STJ que versa sobre a ação monitória de cheque prescrito: "em ação monitória fundada em cheque prescrito, ajuizada contra o emitente, é dispensável a menção ao negócio jurídico subjacente à emissão da cártula" (REsp 1.094.571 e REsp 1.101.412).

Direito Processual Civil [51-56]

Nº	Gabarito	Comentários
51	B	Consoante os dispositivos legais ora selecionados: CPC – "Art. 1.037. Selecionados os recursos, o relator, no tribunal superior, constatando a presença do pressuposto do *caput* do art. 1.036, proferirá decisão de afetação, na qual: II – determinará a suspensão do processamento de todos os processos pendentes, individuais ou coletivos, que versem sobre a questão e tramitem no território nacional". Observação: (*distinguishing* = distinção entre o caso particular do indivíduo, que está sendo julgado, e o caso afetado no tribunal superior).
52	C	Trata-se de um típico caso de IRDR – Incidente de Resolução de Demandas Repetitivas: CPC – "Art. 976. É cabível a instauração do incidente de resolução de demandas repetitivas quando houver, simultaneamente: I – efetiva repetição de processos que contenham controvérsia sobre a mesma questão unicamente de direito; II – risco de ofensa à isonomia e à segurança jurídica. (..). § 4º É incabível o incidente de resolução de demandas repetitivas quando um dos tribunais superiores, no âmbito de sua respectiva competência, já tiver afetado recurso para definição de tese sobre questão de direito material ou processual repetitiva. (..). Art. 977. O pedido de instauração do incidente será dirigido ao presidente de tribunal: (..). II – pelas partes, por petição; (..). Art. 985. Julgado o incidente, a tese jurídica será aplicada: I – a todos os processos individuais ou coletivos que versem sobre idêntica questão de direito e que tramitem na área de jurisdição do respectivo tribunal, inclusive àqueles que tramitem nos juizados especiais do respectivo Estado ou região; II – aos casos futuros que versem idêntica questão de direito e que venham a tramitar no território de competência do tribunal, salvo revisão na forma do art. 986".
53	C	Conforme CPC, "Art. 308. Efetivada a tutela cautelar, o pedido principal terá de ser formulado pelo autor no prazo de 30 (trinta) dias, caso em que será apresentado nos mesmos autos em que deduzido o pedido de tutela cautelar, não dependendo do adiantamento de novas custas processuais". CPC, "Art. 306. O réu será citado para, no prazo de 5 (cinco) dias, contestar o pedido e indicar as provas que pretende produzir. Observação: A tutela provisória de urgência antecipada antecedente -TPU-AA- é a única que pode estabilizar se o réu não agravar" (arts. 303 e 304 do CPC).
54	B	Segundo os artigos do CPC ora reproduzidos: "Art. 701. Sendo evidente o direito do autor, o juiz deferirá a expedição de mandado de pagamento, de entrega de coisa ou para execução de obrigação de fazer ou de não fazer, concedendo ao réu prazo de 15 (quinze) dias para o cumprimento e o pagamento de honorários advocatícios de cinco por cento do valor atribuído à causa. Art. 702. Independentemente de prévia segurança do juízo, o réu poderá opor, nos próprios autos, no prazo previsto no art. 701, embargos à ação monitória. § 6º Na ação monitória admite-se a reconvenção, sendo vedado o oferecimento de reconvenção à reconvenção".
55	C	Conforme os dispositivos legais ora mencionados: CPC, "Art. 674. Quem, não sendo parte no processo, sofrer constrição ou ameaça de constrição sobre bens que possua ou sobre os quais tenha direito incompatível com o ato constritivo, poderá requerer seu desfazimento ou sua inibição por meio de embargos de terceiro. § 2º Considera-se terceiro, para ajuizamento dos embargos: III – quem sofre constrição judicial de seus bens por força de desconsideração da personalidade jurídica, de cujo incidente não fez parte".
56	C	Trata-se de uma causa internacional, da competência originária da Justiça Federal de 1ª Instância, conforme art. 109, II, da CF/88, e art. 1.027 do CPC. "Art. 1.027. Serão julgados em recurso ordinário: II – pelo Superior Tribunal de Justiça: b) os processos em que forem partes, de um lado, Estado estrangeiro ou organismo internacional e, de outro, Município ou pessoa residente ou domiciliada no País. § 1º Nos processos referidos no inciso II, alínea *b*, contra as decisões interlocutórias caberá agravo de instrumento dirigido ao Superior Tribunal de Justiça, nas hipóteses do art. 1.015".

SIMULADO III

Direito Penal [57-62]

Nº	Gabarito	Comentários
57	D	(A) Errada. Veja o que diz a Súmula 443 do STJ: "O aumento na terceira fase de aplicação da pena no crime de roubo circunstanciado exige fundamentação concreta, não sendo suficiente para a sua exasperação a mera indicação do número de majorantes"; (B) Errada. O art. 2º, § 1º, da Lei n. 8.072/90 foi considerado inconstitucional pelo STF. Sobre o tema, atenção à Súmula Vinculante n. 26: "Para efeito de progressão de regime no cumprimento de pena por crime hediondo, ou equiparado, o juízo da execução observará a inconstitucionalidade do art. 2º da Lei n. 8.072, de 25 de julho de 1990, sem prejuízo de avaliar se o condenado preenche, ou não, os requisitos objetivos e subjetivos do benefício, podendo determinar, para tal fim, de modo fundamentado, a realização de exame criminológico"; (C) Errada. Não existe majorante para o crime praticado durante repouso noturno crime de roubo; (D) Certa. Somente a partir da entrada em vigor do *Pacote Anticrime* (Lei n. 13.964/2019), no dia 23 de janeiro de 2020, o roubo com emprego de arma de uso proibido passou a ser hediondo (Lei n. 8.072/90, art. 1º, II, *b*).
58	B	(A) Errada. O crime do art. 302 do CP somente pode ser praticado por médico: "Dar o médico, no exercício da sua profissão, atestado falso"; (C) Errada. Não há elementos suficientes no enunciado que apontem para a prática do crime do art. 171 do CP: "Obter, para si ou para outrem, vantagem ilícita, em prejuízo alheio, induzindo ou mantendo alguém em erro, mediante artifício, ardil, ou qualquer outro meio fraudulento"; (D) Errada. Não há informação de que Joaquim praticou uma das condutas previstas no art. 299 do CP: "Omitir, em documento público ou particular, declaração que dele devia constar, ou nele inserir ou fazer inserir declaração falsa ou diversa da que devia ser escrita, com o fim de prejudicar direito, criar obrigação ou alterar a verdade sobre fato juridicamente relevante"; (B) Certa. Joaquim não falsificou o documento, mas o utilizou, conduta punida no art. 304 do CP: "Fazer uso de qualquer dos papéis falsificados ou alterados, a que se referem os arts. 297 a 302".
59	B	(A) Errada. O tempo do crime é aferido no momento da conduta (ação ou omissão), e não do resultado. O art. 4º do CP adota a teoria da atividade; (B) Certa. A fundamentação é o art. 4º do CP. No momento da conduta, Rafael era inimputável (CP, art. 27); (C) Errada. Para o STJ, o feminicídio é qualificadora de natureza objetiva: "temos a possibilidade de coexistência entre as qualificadoras do motivo torpe e do feminicídio. Isso porque a natureza do motivo torpe é subjetiva, porquanto de caráter pessoal, enquanto o feminicídio possui natureza objetiva, pois incide nos crimes praticados contra a mulher por razão do seu gênero feminino e/ou sempre que o crime estiver atrelado à violência doméstica e familiar propriamente dita, assim o animus do agente não é objeto de análise" (REsp 1.707.113/MG); (D) Errada. Ao julgar a ADPF 779, o STF rechaçou a possibilidade de reconhecimento da tese de legítima defesa da honra.
60	D	(A) Errada. A embriaguez e o excesso de velocidade não são suficientes para, por si só, fazer com que seja reconhecido o dolo eventual. A título de exemplo, veja o que foi dito no seguinte julgado do STJ: "A embriaguez do agente condutor do automóvel, por si só, não pode servir de premissa bastante para a afirmação do dolo eventual em acidente de trânsito com resultado morte" (REsp 1.689.173/SC); (B)(C) Erradas. Na hipótese, houve concurso formal de crimes (CP, art. 71), podendo ser próprio ou impróprio, a depender da conclusão acerca do dolo ou culpa; (D) Certa, como já explicado anteriormente.
61	C	(A) Errada. Por não ter havido violência ou grave ameaça, não ficou caracterizado o crime de estupro. Todos os crimes trazidos na questão são de ação penal pública incondicionada (CP, art. 225); (B) Errada. Mévio não agiu prevalecendo-se da condição de superior hierárquico ou ascendência inerentes ao exercício de emprego, cargo ou função; (D) Errada. Não houve emprego de fraude ou outro meio que impeça ou dificulte a livre manifestação de vontade da vítima; (C) Certa. A conduta corresponde ao disposto no art. 215-A do CP: "Praticar contra alguém e sem a sua anuência ato libidinoso com o objetivo de satisfazer a própria lascívia ou a de terceiro".
62	A	(B) Errada. O enunciado não descreve causa de exclusão da ilicitude (ex.: legítima defesa do art. 25 do CP); (C) Errada. A menoridade relativa pode fazer com que seja atenuada a pena (CP, art. 65, I), mas não influencia na culpabilidade; (D) Errada. A transação penal é admitida quando o crime é punido com pena máxima de dois anos (Lei n. 9.099/95, arts. 61 e 76); (A) Certa. Pedro deve ser absolvido sumariamente por estar extinta a punibilidade (CPP, art. 397, IV). Passados mais de quatro anos entre a consumação do delito e o recebimento da denúncia, ocorreu a prescrição, que teve o prazo reduzido de metade em consequência da idade de Pedro na época dos fatos (CP, art. 109, IV, e 115).

Direito Processual Penal [63-68]

Nº	Gabarito	Comentários
63	D	(A) Errada, pois o inquérito não é indispensável, *vide* o art. 39, § 5º, do CPP, que autoriza o Ministério Público a dispensar o inquérito, "se com a representação forem oferecidos elementos que o habilitem a promover a ação penal, e, neste caso, oferecerá a denúncia no prazo de quinze dias". (B) Errada, *vide* art. 17 do CPP: "A autoridade policial não poderá mandar arquivar autos de inquérito". (C) Errada, *vide* art. 7º, XIII, da Lei n. 8.906/94: "Art. 7º São direitos do advogado: [...] XIII – examinar, em qualquer órgão dos Poderes Judiciário e Legislativo, ou da Administração Pública em geral, autos de processos findos ou em andamento, mesmo sem procuração, quando não estiverem sujeitos a sigilo ou segredo de justiça, assegurada a obtenção de cópias, com possibilidade de tomar apontamentos". (D) Certa, *vide* o art. 39, § 5º, do CPP.

64	C	(A) Errada, pois a prisão temporária só pode ser decretada na fase do inquérito policial, *vide* art. 2º da Lei n. 7.960/89. (B) Errada, pois o delegado não pode decretar prisão, somente o juiz. (C) Certa, pois o crime de furto com uso de explosivo é hediondo, havendo na Lei n. 8.072/90, art. 2º, § 4º, a previsão de que nos crimes dessa natureza a prisão temporária terá o prazo de 30 (trinta) dias, prorrogável por igual período em caso de extrema e comprovada necessidade. (D) Errada, pois o Juiz só poderá decretar a prisão temporária se houver requerimento do Ministério Público ou representação da autoridade policial. Nunca de ofício (ex officio ou sem requerimento), *vide* art. 2º da Lei n. 7.960/89.
65	C	(A), (B) e (D) Erradas, pois descrevem respostas equivocadas em relação à competência para processar e julgar o caso apresentado no enunciado. (C) Certa, *vide* o art. 102, I, *b*, CFB/88: "Art. 102. Compete ao Supremo Tribunal Federal, precipuamente, a guarda da Constituição, cabendo-lhe: I – processar e julgar, originariamente: [...] b) nas infrações penais comuns, o Presidente da República, o Vice-Presidente, os membros do Congresso Nacional, seus próprios Ministros e o Procurador-Geral da República".
66	B	(A), (C) e (D) Erradas, pois estão de acordo com a lei e a questão pede a incorreta. (B) Certa, pois em concurso entre crime e ato infracional, de competência do Juizado da Infância e da Juventude, não pode haver reunião de processos, pela diferença de natureza jurídica entre as infrações e a competência absoluta para julgá-las. (A) Errada. De acordo com o art. 125, § 4º, da Constituição Federal: "Compete à Justiça Militar estadual processar e julgar os militares dos Estados, nos crimes militares definidos em lei e as ações judiciais contra atos disciplinares militares, ressalvada a competência do júri quando a vítima for civil, cabendo ao tribunal competente decidir sobre a perda do posto e da patente dos oficiais e da graduação das praça". Portanto, a alternativa é correta. (C) Errada. De acordo com a Lei n. 10.259/2001, art. 2º: "Compete ao Juizado Especial Federal Criminal processar e julgar os feitos de competência da Justiça Federal relativos às infrações de menor potencial ofensivo, respeitadas as regras de conexão e continência". (D) Errada. O art. 109, X, da Constituição Federal dispõe: "Aos juízes federais compete processar e julgar: (...) X – os pedidos de homologação de sentenças estrangeiras e a concessão de *exequatur* às cartas rogatórias, que serão apreciados pelo Superior Tribunal de Justiça;" Portanto, a execução de cartas rogatórias não compete aos juízes federais de primeira instância, mas sim ao STJ.
67	C	(A), (B) e (D) Erradas, pois não apresentam a medida correta para sanar esse ato de abuso de autoridade. (C) Certa, pois não cabe relaxamento, revogação ou liberdade provisória, uma vez que não houve uma prisão formalizada com base na lei. Sequer foi dada voz de prisão em flagrante ao preso. Trata-se, apenas, de uma ilegalidade gerada pela privação de liberdade do paciente, sanável via *habeas corpus* (art. 5º, LXVIII – conceder-se-á *habeas corpus* sempre que alguém sofrer ou se achar ameaçado de sofrer violência ou coação em sua liberdade de locomoção, por ilegalidade ou abuso de poder). Importante destacar que os agentes que privaram Alessandro de sua liberdade praticaram crime de abuso de autoridade, nos termos do art. 12 da Lei n. 13.869/2019.
68	C	(A), (B) e (D) Erradas, pois apresentam a medida incorreta. (C) Certa, *vide* o art. 82, § 1º, da Lei n. 9.099/95: "Art. 82. Da decisão de rejeição da denúncia ou queixa e da sentença caberá apelação, que poderá ser julgada por turma composta de três Juízes em exercício no primeiro grau de jurisdição, reunidos na sede do Juizado. § 1º A apelação será interposta no prazo de dez dias, contados da ciência da sentença pelo Ministério Público, pelo réu e seu defensor, por petição escrita, da qual constarão as razões e o pedido do recorrente". Importante destacar que não se aplica a Lei n. 11.340/2006 no caso por ser uma discussão no trânsito sem relação doméstica, familiar ou de afeto.

Direito Previdenciário [69-70]

Nº	Gabarito	Comentários
69	D	O síndico ou administrador eleito, que recebe remuneração ou que esteja isento da taxa de condomínio, é segurado obrigatório do regime geral de previdência social na modalidade contribuinte individual (art. 11, V, *f*, da Lei n. 8.213/91).
70	D	O segurado facultativo mantém a qualidade de segurado, independentemente de contribuições até 6 (seis) meses após a cessação das contribuições (art. 15, VI, da Lei n. 8.213/91).

Direito do Trabalho [71-75]

Nº	Gabarito	Comentários
71	A	(A) Certa, é vedada a transferência do empregado dirigente sindical para local que torne impossível ou que dificulte o desempenho de suas atribuições sindicais, art. 543 da CLT. (B) Errada, *vide* art. 543 da CLT. (C) Errada, *vide* art. 543 da CLT. (D) Errada, *vide* art. 543 da CLT.
72	D	(A) Errada, *vide* art. 475, § 3º, da CLT. (B) Errada, *vide* art. 475, § 3º, da CLT. (C) Errada, *vide* art. 475, § 3º, da CLT. (D) Certa, o empregado que for contratado como substituído de outro afastado pelo INSS, que tiver ciência inequívoca sobre a interinidade do seu contrato, poderá ter seu contrato rompido, sem direito a indenização, em razão do retorno do empregado substituído, nos termos do art. 475, § 3º, da CLT.

73	C	(A) Errada, *vide* art. 62, II, da CLT. (B) Errada, *vide* art. 62, II, da CLT. (C) Certa, o empregado que exerce cargo de confiança e recebe gratificação de função de 40% sobre o valor do salário efetivo está excluído do controle de jornada, conforme art. 62, II, da CLT, que por consequência não faz jus às horas extras e tempo suprimido do intervalor intrajornada. (D) Errada, *vide* art. 62, II, da CLT.
74	B	(A) Errada, *vide* Súmula 51, I, do TST. (B) Certa, o princípio da condição mais benéfica estampado na Súmula 51, I, do TST, prevê que a alteração do regulamento da empresa, quando maléfica ao empregado, somente alcançará os empregados contratados após a alteração. (C) Errada, *vide* Súmula 51, I, do TST. (D) Errada, *vide* Súmula 51, I, do TST.
75	B	(A) Errada, *vide* art. 4º, § 2º, da CLT. (B) Certa, não será considerado tempo a disposição do empregador, e por consequência não será remunerado como jornada extraordinária, o tempo que o empregado permanece na empresa para participar, facultativamente, de práticas religiosas, conforme art. 4º, § 2º, I, da CLT. (C) Errada, *vide* art. 4º, § 2º, da CLT. (D) Errada, *vide* art. 4º, § 2º, da CLT.

Direito Processual do Trabalho [76-80]

Nº	Gabarito	Comentários
76	D	O art. 793-A da CLT estabelece que responde por perdas e danos aquele que litigar de má-fé como reclamante, reclamado ou interveniente. Já o art. 793-B do mesmo diploma legal prevê que considera-se litigante de má-fé aquele que I – deduzir pretensão ou defesa contra texto expresso de lei ou fato incontroverso, alterar a verdade dos fatos; usar do processo para conseguir objetivo ilegal; opuser resistência injustificada ao andamento do processo; proceder de modo temerário em qualquer incidente ou ato do processo; provocar incidente manifestamente infundado, bem como aquele que interpuser recurso com intuito manifestamente protelatório. Não obstante, de ofício ou a requerimento, o juízo condenará o litigante de má-fé a pagar multa, que deverá ser superior a 1% (um por cento) e inferior a 10% (dez por cento) do valor corrigido da causa, a indenizar a parte contrária pelos prejuízos que esta sofreu e a arcar com os honorários advocatícios e com todas as despesas que efetuou. Por fim, o art. 793-D da CLT determina que a multa será aplicada à testemunha que intencionalmente alterar a verdade dos fatos ou omitir fatos essenciais ao julgamento da causa, sendo a multa executada nos próprios autos.
77	B	De acordo com o art. 843, *caput*, e §§ 1º e 3º, da CLT, e facultado ao empregador fazer-se substituir pelo gerente, ou qualquer outro preposto que tenha conhecimento do fato, e cujas declarações obrigarão o proponente, o qual não precisa ser empregado da reclamada.
78	D	De acordo com o art. 829 da CLT, a testemunha que for parente até o terceiro grau civil, amigo íntimo ou inimigo de qualquer das partes, não prestará compromisso, e seu depoimento valerá como simples informação.
79	A	No processo do trabalho, a revelia decorre da ausência da parte na audiência onde deveria apresentar defesa, como se extrai do art. 844 da CLT, o qual preceitua que o não comparecimento do reclamante à audiência importa o arquivamento da reclamação, e o não comparecimento do reclamado importa revelia, além de confissão quanto à matéria de fato. Vale destacar que a revelia não produz o efeito material (presunção de fatos) se, havendo pluralidade de reclamados, algum deles contestar a ação; o litígio versar sobre direitos indisponíveis; a petição inicial não estiver acompanhada de instrumento que a lei considere indispensável à prova do ato ou quando as alegações de fato formuladas pelo reclamante forem inverossímeis ou estiverem em contradição com prova constante dos autos. Por outro lado, ainda que ausente o reclamado, presente o advogado na audiência, serão aceitos a contestação e os documentos eventualmente apresentados. Sobre a revelia do ente público citado no enunciado, a jurisprudência do TST é no sentido de que pessoa jurídica de direito público sujeita-se à revelia prevista no art. 844 da CLT, nos termos da OJ 152 da SDI-1 do TST.
80	B	O art. 855-A da CLT determina que se aplica ao processo do trabalho o incidente de desconsideração da personalidade jurídica previsto nos arts. 133 a 137 da Lei n. 13.105, de 16 de março de 2015 – Código de Processo Civil, sendo certo que da decisão interlocutória que acolher ou rejeitar o incidente: I – na fase de cognição, não cabe recurso de imediato, na forma do § 1º do art. 893 da CLT; II – na fase de execução, cabe agravo de petição, independentemente de garantia do juízo; e III – cabe agravo interno se proferida pelo relator em incidente instaurado originariamente no tribunal. Outrossim, a instauração do incidente suspenderá o processo, sem prejuízo de concessão da tutela de urgência de natureza cautelar de que trata o art. 301 do Código de Processo Civil.

Folha de Análise do Simulado

Disciplina	Nº de Questões	Nº de Acertos	Nº de Erros
Direito Administrativo	05		
Direito Ambiental	02		
Direito Civil	06		
Direito Constitucional	06		
Direito Consumidor	02		
Estatuto da Criança e do Adolescente	02		
Direitos Humanos	02		
Direito Eleitoral	02		
Direito Empresarial	04		
Ética	08		
Filosofia do Direito	02		
Direito Financeiro	02		
Direito Internacional	02		
Direito Penal	06		
Direito Previdenciário	02		
Direito Processual Civil	06		
Direito Processual Penal	06		
Direito Processual do Trabalho	05		
Direito do Trabalho	05		
Direito Tributário	05		
TOTAL	80		

EXAME DE ORDEM
SIMULADO IV

1. O advogado Raimundo foi constituído por certo cliente para defendê-lo em um processo judicial no qual esse cliente pretende compelir empresa de alimentos em indenização por defeito de produto. Apresentadas inicial, contestação e réplica, o advogado Raimundo descobriu que foi aprovado no concurso público para Delegado de Polícia, no qual ainda não foi nomeado, e resolve renunciar ao mandado que lhe fora outorgado. No dia seguinte à comunicação da renúncia, o cliente constituiu novo advogado e informou nos autos da ação proposta. Nesse sentido, conforme o Estatuto da Advocacia e da OAB, assinale a afirmativa correta.

(A) Diante da apresentação de novo patrono, cessa a responsabilidade de Raimundo independentemente do decurso de prazo.
(B) Raimundo poderia atuar, em favor do cliente, dez dias após sua nomeação no concurso público descrito.
(C) Diante da apresentação de novo patrono, Raimundo responderá pelo processo apenas pelos próximos dez dias.
(D) Tratando-se de ação em defesa do consumidor, Raimundo poderá continuar representando o cliente mesmo após sua nomeação como delegado de polícia, pois a vedação seria apenas na esfera penal.

2. O advogado Kelvin é inscrito no Conselho Seccional do Estado de São Paulo e foi surpreendido enquanto surrupiava pequenas joias em renomada joalheria situada em Itapipoca, no Ceará. Preso em flagrante, foi conduzido até a delegacia de polícia e lavrado auto de prisão sem a presença de representante da OAB. Com base no disposto no Estatuto da Advocacia e da OAB, assinale a afirmativa correta.

(A) A competência para eventual instauração de processo disciplinar administrativo contra o advogado deve ser realizada no Conselho Seccional do Estado do São Paulo, local em que detém inscrição como advogado.
(B) O auto de prisão em flagrante foi eivado de nulidade, em razão da ausência presencial de representante da OAB na delegacia de polícia.
(C) O auto de prisão em flagrante não é viciado se existir expressa comunicação à seccional da OAB respectiva, sendo desnecessária a presença de representante da OAB na delegacia de polícia.
(D) A competência para eventual instauração de processo disciplinar administrativo contra o advogado deve ser realizada no Conselho Federal da OAB, uma vez que praticou infração em unidade diversa daquela que detém inscrição.

3. Lara é militar, sendo a primeira General feminina do 2º Comando Norte e Nordeste em Tecnologia Militar. Na ânsia de aprimorar seus conhecimentos, ingressou na faculdade de Direito para entender melhor os limites jurídicos de sua atuação. Objetivando ganhar experiência nessa nova área, e conciliando com sua atividade militar, pretende realizar estágio profissional. Nos termos do Estatuto da OAB, Lara poderá:

(A) realizar sua inscrição como estagiária junto ao respectivo Conselho Seccional onde pretende atuar profissionalmente.
(B) poderá frequentar o estágio ministrado pela respectiva instituição de ensino superior, para fins de aprendizagem, vedada a inscrição na OAB.
(C) poderá realizar sua inscrição como estagiária em qualquer Conselho Seccional.
(D) não poderá realizar a inscrição ou mesmo frequentar o estágio ministrado pela respectiva instituição de ensino superior.

4. Convidados para participarem da edição de certo jornal, os advogados George e Lucas foram instados para apresentarem manifestações escritas. George, especialista em Direto de Família, escreveu coluna intitulada "caminhos necessários para prender o safado do ex-marido por pensão alimentícia". Lucas, por sua vez, apresentou coluna com discrição e sobriedade, dando dicas sobre como iniciar seu escritório de advocacia. Considerando o caso narrado e o disposto no Código de Ética e Disciplina da OAB, assinale a afirmativa correta.

(A) George e Lucas cometeram infrações éticas.
(B) Apenas Lucas cometeu infração ética.
(C) Apenas George cometeu infração ética.
(D) Nenhum dos advogados cometeu infração ética.

5. Amigas na mesma faculdade de direito, Priscila, Bárbara e Marina se formaram com louvor. Atualmente, Priscila é Prefeita da Cidade do Recife e Bárbara sua vice. Marina, por sua vez, é gerente de um banco privado. Diante das incompatibilidades e impedimentos ao exercício da advocacia, assinale a opção correta.

(A) Considerando a natureza privada, não existe incompatibilidade ou impedimento para Marina, podendo exercer livremente a advocacia.
(B) Considerando que Bárbara é apenas vice, não existe óbice ao exercício pleno da advocacia.
(C) Priscila apenas deterá impedimento ao exercício da advocacia, podendo atuar desde que não seja contra a Fazenda Pública que lhe remunera.
(D) Priscila, Bárbara e Marina exercem atividades incompatíveis, determinando a proibição total ao exercício da advocacia.

6. Rafael é bacharel em direito e constitui Lauro como seu advogado e preposto em mandado de segurança com pedido liminar. Indeferido o pedido liminar, Rafael impõe que Lauro apresente pedido de reconsideração. Porém, o Advogado entende ser necessário apresentar recurso de Agravo de Instrumento. Diante desse cenário:

(A) O Advogado deverá apresentar pedido de reconsideração, conforme requerido pelo cliente, uma vez que constitui patrono da parte e deve acatar pedidos do seu cliente.
(B) O Advogado poderá atuar como advogado e preposto da parte, em face da natureza representativa do patrono.
(C) O Advogado deverá postular recomendação para a OAB, diante da divergência com seu cliente.
(D) O Advogado não poderá atuar como advogado e preposto da parte ao mesmo tempo.

7. José, advogado inscrito na Seccional da OAB do Estado da Paraíba, praticou infração disciplinar em território abrangido pela Seccional da OAB do Estado do Mato Grosso. Realizada representação pelo interessado, o Conselho Seccional do Estado da Paraíba:

(A) não tem competência para punir disciplinarmente José, pois a competência é exclusiva do Conselho Seccional em cuja base territorial tenha ocorrido a infração.
(B) tem competência para punir disciplinarmente José, pois a competência é exclusiva do Conselho Seccional em que o advogado se encontra inscrito.
(C) tem competência para punir disciplinarmente José, pois a competência é concorrente entre o Conselho Seccional em que o advogado se encontra inscrito e o Conselho Seccional em cuja base territorial tenha ocorrido a infração.
(D) não tem competência para punir disciplinarmente José, pois a competência é exclusiva do Conselho Federal em casos que ultrapassem seu Conselho Seccional.

8. Os advogados Gabriel, Rafael e Guilherme, todos em situação regular perante a OAB, querem ser candidatos a cargos de Conselheiros. Gabriel pretende ser candidato ao cargo de Conselheiro Federal da OAB e exerce a Advocacia há mais de quatro anos. Rafael é advogado e também exerce a profissão há mais de quatro anos, sendo candidato ao cargo de Presidente de Conselho Seccional. Guilherme exerce a profissão como advogado a exatos três anos e um mês, sendo candidato ao cargo de Conselheiro de certa Subseção. Todos estão em situação regular na OAB, não respondem por infrações disciplinares e não exercem cargos exoneráveis *ad nutum*. Considerando as informações acima e o disposto na Lei n. 8.906/94, assinale a afirmativa correta.

(A) Apenas Guilherme cumpre os requisitos para ser eleito para o cargo pretendido.
(B) Todos cumprem requisitos para os cargos pretendidos.
(C) Apenas Gabriel e Rafael cumprem os requisitos para serem eleitos para os cargos pretendidos.
(D) Nenhum deles cumprem os requisitos para serem eleitos para os cargos pretendidos.

9. "Ora, cada ciclo ou conjuntura histórico-cultural tem sua experiência da justiça, a sua maneira própria de realizá-la in concreto, o que leva à conclusão de que, em vez de indagar acerca de uma ideia universal de justiça, melhor será tentar configurar, no plano concreto da ação, o que sejam atos justos". A passagem sobre Justiça indica passagem relacionada a obra de:

(A) Hans Kelsen em *Teoria Pura do Direito*.
(B) Miguel Reale em *Teoria Tridimensional do Direito*.
(C) Norberto Bobbio em *Teoria do Ordenamento Jurídico*.
(D) Aristóteles em *Teoria da Lógica Jurídica*.

10. A interpretação que leva em consideração principalmente os fins sociais aos quais a lei se dirige, em consonância com a legislação pátria:

(A) Interpretação sociológica, por levar em conta apenas os fins sociais a que a lei se dirige, e não somente os objetivos da lei.
(B) Interpretação principiológica, pois apenas os princípios gerais de direito podem legitimar a interpretação.
(C) Interpretação autêntica, pois apenas as finalidades da lei podem dar autenticidade à interpretação.
(D) Interpretação teleológica, pois o sentido da lei deve ser considerado à luz de seus objetivos.

11. Maria é investigada por suspeita de envolvimento em um esquema de corrupção. A autoridade policial, sem autorização judicial, intercepta suas comunicações telefônicas e utiliza essas provas para embasar a denúncia. Com base no art. 5º, inciso XII, da Constituição Federal e na jurisprudência do STF, é correto afirmar que:

(A) A interceptação telefônica sem autorização judicial é válida, pois se trata de crime grave.
(B) A interceptação telefônica sem autorização judicial viola o direito ao sigilo das comunicações e as provas obtidas são inadmissíveis.
(C) A interceptação telefônica pode ser validada pelo juiz após a coleta das provas, caso considere-as relevantes.
(D) A interceptação telefônica é válida, desde que realizada por uma autoridade policial competente.

12. Ana, trabalhadora em uma fábrica têxtil, foi demitida sem justa causa após cinco anos de serviço contínuo. A empresa, contudo, se recusou a pagar o aviso prévio e a indenização correspondente. Ana procura um advogado para saber sobre seus direitos garantidos pela Constituição Federal. Com base nos direitos sociais previstos na Constituição Federal de 1988, é correto afirmar que Ana:

(A) Tem direito ao seguro-desemprego por período mínimo de seis meses, mas não ao aviso prévio, por se tratar de demissão sem justa causa.
(B) Tem direito ao aviso prévio, mas somente se estiver expressamente previsto em convenção coletiva de trabalho.
(C) Não tem direito ao aviso prévio, mas pode buscar a indenização diretamente na Justiça do Trabalho.
(D) Tem direito ao aviso prévio proporcional ao tempo de serviço, no mínimo de 30 dias, além da indenização, conforme previsto na Constituição.

13. João, servidor público federal, após 20 anos de serviço, foi acusado de cometer ato de improbidade administrativa. Durante o processo administrativo disciplinar, ele alega que seu cargo está protegido por estabilidade e que não pode ser demitido. Com base na Constituição Federal de 1988, é correto afirmar que João:

(A) Não pode ser demitido, pois a estabilidade impede a perda do cargo, independentemente do resultado do processo administrativo.
(B) Pode ser demitido, mas apenas por decisão judicial transitada em julgado.
(C) Pode ser demitido em decorrência de sentença judicial ou após processo administrativo em que lhe seja assegurada ampla defesa, se comprovada a prática de ato de improbidade.
(D) Não pode ser demitido, mas poderá ser removido para outro cargo, em decorrência do processo administrativo.

14. João, um renomado jurista, foi indicado pelo Presidente da República para ocupar uma vaga de ministro no Supremo Tribunal Federal (STF). Entretanto, após a sabatina no Senado, surgiram dúvidas sobre o processo de nomeação. Diante desse cenário, aponte a alternativa correta com base na Constituição Federal e na jurisprudência do STF.

(A) A nomeação de ministros do STF é ato discricionário do Presidente da República, sem necessidade de aprovação pelo Senado Federal.
(B) O STF pode declarar a inconstitucionalidade de uma nomeação se verificar que o indicado não possui requisitos objetivos como a nacionalidade originária brasileira, mesmo que tenha sido aprovado pelo Senado Federal.
(C) O indicado ao STF pode tomar posse imediatamente após sua nomeação pelo Presidente da República, independentemente de aprovação pelo Senado Federal.
(D) A Constituição Federal exige que os ministros do STF sejam escolhidos entre cidadãos com mais de 45 anos de idade, com notável saber jurídico e reputação ilibada.

15. Em 2022, o Congresso Nacional aprovou uma lei que determinava a extinção de determinados benefícios fiscais anteriormente concedidos a uma categoria específica de empresas. Uma entidade de classe de âmbito nacional representante dessas empresas, alegando que a nova lei violava o princípio da segurança jurídica, ajuizou uma ação direta de inconstitucionalidade (ADI) no Supremo Tribunal Federal (STF), argumentando que a extinção abrupta dos benefícios fiscais sem a previsão de um período de transição seria inconstitucional. Diante desse cenário, analise as seguintes afirmativas e escolha a alternativa correta:

(A) O STF poderá conceder medida cautelar para suspender a eficácia da lei impugnada até o julgamento final da ADI, caso entenda haver *fumus boni iuris* e *periculum in mora*.
(B) O princípio da segurança jurídica não pode ser invocado para questionar a extinção de benefícios fiscais, pois se trata de matéria de discricionariedade legislativa.
(C) Em caso de procedência do pedido, a decisão do STF terá efeitos *ex tunc*, o que implica a nulidade da lei desde a sua edição.
(D) A ação direta de inconstitucionalidade deve ser julgada procedente mesmo que a norma questionada já tenha sido revogada pelo próprio legislador.

16. O Supremo Tribunal Federal foi provocado a julgar a constitucionalidade de uma lei que previa a criação de novos impostos por meio de decreto do Executivo. A ação foi proposta por uma confederação sindical, sob o argumento de violação ao princípio da legalidade tributária. Diante deste caso, é correto afirmar que:

(A) A criação de impostos por decreto do Executivo é constitucional, desde que prevista em lei complementar.

(B) A confederação sindical não tem legitimidade para propor ADI, pois não representa diretamente o interesse dos contribuintes.
(C) A criação de impostos por decreto é inconstitucional, violando o princípio da legalidade tributária.
(D) O STF não pode se manifestar sobre a inconstitucionalidade de normas que envolvam matéria tributária, pois isso compete exclusivamente ao Poder Legislativo.

17. O Protocolo Adicional à Convenção Americana sobre Direitos Humanos em matéria de Direitos Econômicos, Sociais e Culturais, conhecido como "Protocolo de San Salvador" foi concluído em 17 de novembro de 1988, em São Salvador, El Salvador, tendo o nosso Congresso Nacional aprovado o ato multilateral por meio do Decreto Legislativo n. 56, de 19 de abril de 1995. O Protocolo entrou em vigor internacional em 16 de novembro de 1999. Por fim, o Governo brasileiro depositou o Instrumento de Adesão do referido ato em 21 de agosto de 1996, passando o mesmo a vigorar, para o Brasil, no âmbito internacional, em 16 de novembro de 1999 e no âmbito nacional com a publicação do Decreto n. 3.321, de 30 de dezembro de 1999. Qual a importância deste Protocolo?

(A) Ampliar a proteção dos direitos econômicos, sociais e culturais.
(B) Estabelecer a Corte Interamericana de Direitos Humanos.
(C) Definir sanções para Estados que violam direitos civis e políticos.
(D) Criar um fundo para apoio a vítimas de violações de direitos humanos.

18. Qual é um dos critérios utilizados pela CIDH para declarar a admissibilidade de uma petição?

(A) A petição deve ser assinada por um advogado.
(B) Deve ser demonstrado que todos os recursos internos disponíveis foram esgotados.
(C) A petição deve ser apresentada por uma organização internacional.
(D) A petição deve ter apoio de pelo menos dois Estados-membros.

19. Miguelzinho foi eleito vereador pelo partido Alfa, mas após dois anos do seu mandato, em razão de divergências com a direção do seu partido, resolveu trocar de legenda. Mateus, presidente do diretório municipal do partido Alfa, ficou indignado com a desfiliação de Miguelzinho, porque o seu partido acabou perdendo uma cadeira na Câmara Municipal.

Diante da situação exposta, Mateus consultou um advogado para saber se é possível o seu partido reaver o mandato. O advogado consultado corretamente respondeu

(A) Se Miguelzinho tiver obtido votação nominal igual ou superior ao quociente eleitoral, ele poderá mudar de partido sem que se configure infidelidade partidária.

(B) A competência para processar e julgar ação por perda de mandato de vereador, em razão da infidelidade partidária, é do Tribunal Regional Eleitoral.
(C) Divergência entre detentor de mandato eletivo e a direção do partido é justa causa para desfiliação partidária.
(D) É competência do Juiz Eleitoral processar e julgar ação por perda de mandato eletivo de vereador.

20. Diante da proximidade das eleições, Caio está empolgado com a possibilidade de novamente se lançar candidato, mas está preocupado com o fato de suas contas de campanha da última eleição terem sido rejeitadas pela Justiça Eleitoral.

No caso descrito, é correto afirmar que Caio

(A) não terá o seu registro de candidatura deferido por ausência de quitação eleitoral em razão da rejeição das contas de campanha.
(B) ainda que a rejeição das contas de campanha de Caio não tenha sido processada em definitivo, a mera rejeição pela Justiça Eleitoral é suficiente para não expedição da quitação eleitoral.
(C) Caio poderá obter o registro de candidatura, porque a apresentação das contas de campanha é suficiente para a obtenção de quitação eleitoral, sendo desnecessária sua aprovação.
(D) Caio terá a quitação eleitoral somente após pagar a totalidade da multa em razão da desaprovação das contas de campanha.

21. Com relação à extradição de indivíduos sujeitos a investigação ou processo criminal perante autoridades estrangeiras, a Constituição da República prevê que o estrangeiro que se encontrar em território nacional:

(A) não será extraditado na hipótese de cometimento de crime político ou de opinião.
(B) será extraditado apenas na hipótese de comprovado envolvimento em tráfico ilícito de entorpecentes.
(C) poderá ser extraditado, no caso de prática de crime comum, desde que sua condenação transite em julgado.
(D) não poderá ser extraditado, exceto nas hipóteses de cometimento dos crimes hediondos.

22. Silva, brasileiro, celebra contrato de prestação de serviços de consultoria com uma empresa pertencente a Luiz, espanhol, residente em Barcelona. O contrato foi celebrado no Brasil para a realização de investimentos no mercado imobiliário brasileiro. Há cláusula indicando a aplicação da lei espanhola. Para dirimir controvérsias, existe ação proposta no Brasil, por Silva. Durante o processo, surge questão envolvendo a capacidade de Luiz para assumir e cumprir as obrigações previstas no contrato. Neste caso:

(A) será aplicada a lei brasileira, porque o contrato foi celebrado no Brasil.

(B) será aplicada a lei espanhola, porque Luiz é residente em Barcelona.
(C) será aplicada a lei brasileira, país onde os serviços serão prestados.
(D) será aplicada a lei espanhola eleita pelas partes.

23. Em um debate sobre as finanças públicas na cidade de Nova Esperança, o vereador João argumenta que a Lei Orçamentária Anual (LOA) do município deveria incluir, além do orçamento fiscal, o orçamento das empresas municipais em que a prefeitura detém a maioria do capital social e o orçamento da seguridade social. Sua colega, a vereadora Maria, contesta algumas das afirmações de João, baseando-se no art. 165, § 5º, da Constituição Federal.

De acordo com a Constituição Federal, assinale a alternativa correta.

(A) João está correto em todas as suas afirmações, pois a LOA deve compreender tanto o orçamento fiscal, quanto o orçamento de investimento das empresas e o orçamento da seguridade social.
(B) João está equivocado, uma vez que a LOA deve abranger apenas o orçamento fiscal e o orçamento da seguridade social, excluindo-se o orçamento de investimento das empresas.
(C) Maria está correta ao contestar João, pois a LOA apenas compreende o orçamento fiscal e não inclui o orçamento de investimento das empresas nem o orçamento da seguridade social.
(D) Ambos estão parcialmente corretos. A LOA compreende o orçamento fiscal e o orçamento de investimento das empresas, mas não inclui o orçamento da seguridade social.

24. O Ministro da Economia, Dr. Lucas, durante uma coletiva de imprensa, afirma que o projeto de lei relativo ao plano plurianual da União será apreciado apenas pela Câmara dos Deputados. Ao assistir a coletiva, a Dra. Juliana, renomada jurista em Direito Financeiro, questiona a declaração do Ministro, baseando-se no art. 166 da Constituição Federal.

Com base no art. 166 da Constituição Federal, assinale a alternativa correta.

(A) O Ministro Dr. Lucas está correto, pois o projeto de lei relativo ao plano plurianual da União deve ser apreciado somente pela Câmara dos Deputados.
(B) A Dra. Juliana está correta ao questionar o Ministro, visto que todos os projetos de lei orçamentários, inclusive o plano plurianual, devem ser apreciados por ambas as Casas do Congresso Nacional.
(C) Ambos estão equivocados, pois o plano plurianual, ao contrário dos outros projetos orçamentários, não é submetido à apreciação de qualquer Casa legislativa.
(D) O Ministro Dr. Lucas e a Dra. Juliana estão debatendo sobre entendimentos diferentes, mas ambos estão corretos em suas respectivas interpretações.

25. João e Maria decidem efetivar a partilha de bens em razão de um doloroso divórcio causado por uma traição. O regime de bens do ex-casal era da comunhão total de bens, e eles repartiram a totalidade do seu patrimônio na seguinte forma: o bem imóvel localizado em Petrópolis, no valor de R$ 500.000,00, ficará para o ex-marido, ao passo que o bem imóvel localizado em Teresópolis, no valor de R$ 300.000,00, será destinado à ex-esposa. Assinale a alternativa correta quanto à tributação incidente nessa partilha.

(A) Na hipótese o tributo incidente será o ITCMD, de competência do Estado, e observará a base de cálculo no valor de R$ 100.000,00.
(B) Na hipótese o tributo incidente será o ITBI, que recairá sobre ambos os imóveis, recolhidos cada qual para o município de localização de cada imóvel.
(C) Na hipótese o tributo incidente será o ITBI, de competência do Município, que observará a base de cálculo no valor de R$ 100.000,00.
(D) Na hipótese, não incidirá tributo algum, visto que, diante do regime da comunhão total de bens, não ocorrerá transferência de bens, mas tão somente distribuição patrimonial comum de cada ex-cônjuge.

26. GSQ Construções, sociedade empresária cuja atividade empresarial é a construção de imóveis, sediada no Município de Itaguaí/RJ, efetua a construção de edição através de empreitada no Município de Itaboraí/RJ, local onde não possui filial ou estabelecimento. A competência para exigir o Imposto sobre serviços de qualquer natureza (ISS) caberá à municipalidade:

(A) de Itaguaí, porque é o município onde a construtora tem a sua sede social.
(B) de Itaboraí, porque é o local onde foi construído o edifício.
(C) do Itaguaí, porque construção civil não é prestação de serviços.
(D) do Itaguaí, porque a construtora não tem estabelecimento em Itaboraí e, em razão do princípio da territorialidade, não pode ser exigido o tributo sobre contribuintes estabelecidos fora do território de cada Ente Federado.

27. O objetivo da imunidade recíproca é efetivamente impedir que:

(A) a União passe a efetuar cobrança de impostos sobre os rendimentos de investimentos financeiros, como aplicações e consequente juros dos Estados e dos Municípios.
(B) o Município efetue cobrança de taxas de licenciamento de coleta domiciliar de imóveis da União.

(C) o Estado efetive cobrança de contribuições de melhoria sobre bem imóvel pertencente a Município, que recebe valorização em razão de obra pública.
(D) o Estado efetive cobrança de tarifa de consumo de água e esgoto em imóvel da União.

28. Sociedade Empresária Gabi Ltda. foi incorporada pela Sociedade Gol Ltda., tendo a referida incorporação ocorrido efetivamente em 15-6-2021. Passados sete dias da realização da incorporação, os sócios se aposentaram. Em 30-10-2021, a receita federal imputou crédito tributário, anterior a incorporação, em razão do não recolhimento de CSLL, IRPJ e outros tributos devidos pela Gabi Ltda. Dado o cenário apresentado, o crédito deve ser cobrado de:

(A) da Gol Ltda.
(B) da Gabi Ltda.
(C) dos sócios da Gabi Ltda.
(D) solidariamente da Gabi Ltda. e da Gol Ltda.

29. O ICMS, imposto que incide sobre à circulação de mercadorias e sobre a prestação de serviços de transporte interestadual e intermunicipal e de Comunicação, extrai seus princípios da Constituição Federal, que são complementados pela LC n. 87/96. A respeito desse imposto é correto afirmar que:

(A) é cobrado sobre bens provenientes do exterior, nacionalizados por pessoa física que objetiva realizar a comercialização, no entanto, é defeso a sua incidência quando esses bens foram importados para fins de consumo próprio da pessoa natural.
(B) possui função precipuamente fiscal, sendo a ele aplicável a seletividade em função da essencialidade, atuando valor agregado para atendimento ao princípio da não cumulatividade, porém não possui incidência sobre o ouro, quando definido em lei como ativo financeiro.
(C) incidirá nas operações de transporte que destina petróleo aos Estados, inclusive lubrificantes, combustíveis líquidos e gasosos dele derivados, e energia elétrica, assim como nas prestações de serviço de radiodifusão sonora e de sons e imagens de recepção livre e gratuita.
(D) possui alíquotas aplicáveis às operações e prestações interestaduais e de exportação estabelecidas por meio de resolução do Senado Federal, por iniciativa do seu Presidente ou de um terço dos Senadores da casa, com aprovação dada pela maioria absoluta de seus membros.

30. De acordo com as características, princípios e elementos do Direito Administrativo, quando a norma legal estabelece um ato administrativo com todos os seus elementos de forma objetiva, sem deixar qualquer margem para que a autoridade pública possa exercer juízo de valor sobre a conduta exigida, uma vez que a norma já definiu a única possível, caracteriza-se o poder:

(A) hierárquico.
(B) discricionário.
(C) vinculado.
(D) de polícia

31. Após seguir todos os procedimentos legais exigidos, o Município Alfa estabeleceu a Fundação Municipal Indígena, constituindo-a como uma fundação pública com personalidade jurídica de direito público. Essa fundação tem como finalidade tutelar as comunidades indígenas locais.

Conforme previsto na legislação vigente e na doutrina de Direito Administrativo, a mencionada fundação pública é considerada uma entidade da administração indireta, vinculada ao Município Alfa, cujo objetivo é promover e coordenar as ações relacionadas às questões indígenas dentro da região, sendo correto afirmar que:

(A) em todas as suas manifestações processuais gozará de prazo quádruplo.
(B) devido à sua natureza fundacional, não está sujeita às disposições da lei geral de licitações e contratos administrativos. No entanto, é importante ressaltar que suas contratações devem seguir o princípio da eficiência.
(C) o regime de pessoal adotado é o celetista.
(D) os seus bens têm natureza pública, caracterizados pela impenhorabilidade, imprescritibilidade e não onerabilidade.

32. A Lei n. 13.303/2016, em seu art. 4º, traz o seguinte conceito: "é a entidade dotada de personalidade jurídica de direito privado, com criação autorizada por lei, sob a forma de sociedade anônima, cujas ações com direito a voto pertençam em sua maioria à União, aos Estados, ao Distrito Federal, aos Municípios ou a entidade da administração indireta". A entidade da administração indireta conceituada é uma:

(A) fundação pública de direito público.
(B) autarquia.
(C) empresa pública.
(D) sociedade de economia mista.

33. Em uma viagem intermunicipal, o ônibus utilizado para o transporte de passageiros, operado por uma empresa concessionária de serviço público, colidiu com um ônibus de natureza privada, ferindo alguns passageiros nele presentes.

Com base no texto constitucional, a responsabilidade da concessionária de serviço público pelos danos sofridos pelos passageiros é:

(A) subjetiva, dependente da demonstração de dolo ou culpa.
(B) objetiva, com fundamento na teoria do risco integral.

(C) objetiva, com fundamento na teoria do risco administrativo e passível de exclusão na hipótese de culpa exclusiva da vítima.
(D) objetiva, desde que os passageiros feridos sejam usuários do serviço público prestado.

34. Após análises estratégicas conduzidas pela Secretaria Estadual de Educação, o Estado Alfa optou por dar início às obras de construção de duas novas escolas de ensino fundamental no bairro Delta, seguindo critérios de oportunidade e conveniência. No entanto, a associação de moradores do bairro Ômega expressou descontentamento e apresentou uma ação civil pública, com o objetivo de requerer que escolas sejam fixadas no bairro Ômega, que alega um maior número de jovens carentes e sem o devido ensino formal.

Considerando os limites de controle jurisdicional sobre os atos administrativos, a reivindicação da associação de moradores do bairro Ômega deverá ser declarada:

(A) procedente, pois sendo de natureza vinculada o ato que define o local onde serão construídas as escolas, compete ao Poder Judiciário examinar tanto o mérito, como a legalidade do ato administrativo, revogando os inoportunos e inconvenientes ao interesse público.
(B) improcedente, pois sendo de natureza discricionária o ato que define o local onde serão construídas as escolas, compete ao Poder Judiciário examinar tanto o mérito, como a legalidade do ato administrativo, revogando os inoportunos e inconvenientes ao interesse público.
(C) improcedente, pois sendo de natureza discricionária o ato que define o local onde serão construídas as escolas, não compete ao Poder Judiciário examinar o mérito administrativo, limitando-se a um controle de legalidade do ato administrativo.
(D) procedente, pois compete ao Poder Judiciário, enquanto guardião dos direitos fundamentais, examinar o mérito administrativo e definir o local mais apropriado para a construção das escolas.

35. Baterias Ltda. é um fabricante de baterias. Nesse sentido, Baterias Ltda., consulta um advogado a respeito de sua responsabilidade no sistema de logística reversa. De acordo com a Lei n. 12.305/2010, o advogado deverá informar que:

(A) Baterias Ltda. dará destinação ambientalmente adequada às baterias reunidas ou devolvidas, sendo o rejeito encaminhado para a disposição final ambientalmente adequada.
(B) Baterias Ltda. deverá efetuar a devolução das baterias reunidas ou devolvidas aos comerciantes e distribuidores.
(C) Os comerciantes e distribuidores darão destinação ambientalmente adequada às baterias reunidas ou devolvidas pelos consumidores.
(D) Os consumidores deverão efetuar a devolução das baterias à Baterias Ltda.

36. O Poder Legislativo do Município ABC, por meio da Lei municipal específica n. XX/2021, reduziu os limites do Parque Natural Municipal ABC.

Com relação à situação proposta, assinale a opção que se harmoniza com a legislação ambiental.

(A) A Lei municipal específica n. XX/2021 cumpre com o previsto na legislação ambiental, pois a redução dos limites do Parque Natural Municipal ABC pode ser feita até mesmo por Decreto.
(B) A redução de limites do Parque Natural Municipal ABC não precisa de lei específica, sendo exigido apenas estudos ambientais.
(C) A Lei municipal específica n. XX/2021 cumpre com o previsto na legislação ambiental, pois a redução dos limites do Parque Natural Municipal ABC só pode ser feita mediante lei específica.
(D) A redução de limites do Parque Natural Municipal ABC não precisa de lei específica, sendo necessário apenas um ajuste no plano de manejo.

37. Samantha, surfista profissional, viajou para o Rio de Janeiro para disputar um famoso campeonato de *surf*. Dias antes do evento, ao fazer um passeio pela praia que seria sede do evento, foi atingida por uma grande tempestade, que atingiu os banhistas presentes no local, incluindo Samantha.

O Corpo de Bombeiros realizou grande busca pela região, encontrando apenas os corpos dos turistas que ali estavam, não encontrando o da surfista, que permaneceu desaparecida mesmo após o encerramento das buscas.

Neste cenário, assinale alternativa correta.

(A) Poderá ser declarado morte presumida de Samantha, após o esgotamento das buscas, ante a alta probabilidade do falecimento.
(B) Diante dos fatos narrados, é possível reconhecer a morte natural de Samantha.
(C) A declaração da morte da Samantha somente poderá ser realizada mediante decretação de ausência.
(D) Por não ter sido localizado o corpo da surfista, não poderá ter o fim da sua personalidade, que apenas termina com prova da morte natural.

38. Leonardo, dono do mercado Preço Baixo Ltda., firmou contrato com Luiz, grande fazendeiro da região, para compra de insumos naturais para revenda. Luiz se comprometeu em entregar duas toneladas e meia de frutas frescas, disponíveis em três variedades distintas, com níveis diferentes de qualidade. Entretanto, nada se estipulou sobre quem seria o responsável pela escolha das frutas que devem ser entregues.

Diante dos fatos narrados, assinale alternativa correta.

(A) Caberá a Luiz, obrigatoriamente, fornecer as frutas de melhor qualidade, salvo se Leonardo concordar com frutas de qualidade inferior.
(B) Caberá a Leonardo realizar a escolha da variedade das frutas, não podendo exigir as de melhor qualidade, nem será obrigado a aceitar as de pior qualidade.
(C) Caberá a Luiz a escolha da variedade das frutas, que não poderá ser de pior qualidade, nem será obrigado a prestar a de melhor qualidade.
(D) Caberá a Leonardo realizar a escolha da variedade das frutas, podendo exigir as de melhor qualidade, apenas.

39. Juventino, turista, ao chega à cidade do Rio de Janeiro com desejo de conhecer um famoso monumento histórico localizado no Centro da Cidade, na Avenida Rio Branco, que fica posicionado ao lado de um terreno desocupado pela Prefeitura. No caminho, passou pela famosa Praça Tiradentes e pelo Tribunal de Justiça do Rio de Janeiro, que fica próximo à Escola Municipal Santos Dumont, até chegar em seu destino.

Conforme o Código Civil, a avenida, o terreno, a praça, o prédio do Tribunal de Justiça e a escola são bens públicos, respectivamente, classificados como:

(A) dominical, especial, de uso comum do povo, de uso comum do povo e especial.
(B) de uso comum do povo, dominical, de uso comum do povo, especial e especial.
(C) especial, de uso comum do povo, especial, de uso comum do povo, dominical.
(D) de uso comum do povo, especial, dominical, de uso comum do povo, dominical.

40. Cristina, proprietária de uma mercearia, contratou duas funcionárias, Camila e Elisa, para ajudarem nas vendas dos produtos e na organização do estoque. Certo dia, Leandro, cliente do estabelecimento comercial, ao fazer suas compras, foi gravemente insultado por Elisa e sentiu-se injuriado após algumas falas ofensivas realizadas pela vendedora.

Desejando ser indenizado, Leandro ingressou com uma ação judicial por danos morais em face de Cristina. De acordo com situação descrita, assinale alternativa correta.

(A) Caso seja verificado culpa concorrente do fato, Cristina poderá ser obrigada indenizar apenas metade do valor da causa.
(B) Cristina não responderá pela indenização, apenas podendo ser proposta ação contra Elisa.
(C) A responsabilidade pela indenização por parte da empreendedora é subsidiária em face de Leandro.
(D) Cristina, ainda que não tenha culpa, responderá pelos atos praticados por Elisa.

41. Jonathan, médico famoso, solteiro, sem filhos e com os pais já falecidos, sofreu um acidente aéreo e não resistiu aos ferimentos. A mãe de Jonathan tinha uma irmã, esta que tinha quatro filhas, sendo assim, primas dele. Sua tia, com câncer avançado, falecera antes de Jonathan. O médico deixou apenas dois sobrinhos gêmeos, filhos da sua irmã que falecera no parto dos filhos quando Jonathan ainda era criança.

A respeito da sucessão de Jonathan, assinale alternativa correta.

(A) Os sobrinhos gêmeos são os únicos herdeiros da herança de Jonathan.
(B) Apenas as primas de Jonathan são chamadas à sucessão, cada qual recebendo um quarto da cota hereditária.
(C) A herança será dividida entre as primas e os sobrinhos em partes igualitárias.
(D) Na falta da irmã, herdarão os pais de Jonathan, e não os havendo, as primas.

42. Mariana, menor de idade, representada por sua mãe, ajuizou ação de fixação de alimentos contra o seu genitor, Pablo. O pleito foi deferido, e o juiz arbitrou um salário mínimo a título de alimentos. Após Mariana atingir a maioridade, Pablo manifestou interesse em cessar o pagamento da obrigação de alimentos; todavia, em manifestação ao pedido, foi exposto que a alimentada ainda não possui renda própria para subsistência e está matriculada no curso de ensino superior de pedagogia.

Com base nas informações apresentadas, assinale a alternativa correta.

(A) Pablo deverá manter a obrigação de pagar alimentos até que seja decidido sobre a exoneração da pensão alimentícia, uma vez que a maioridade não faz cessar automaticamente o dever de prestar alimentos.
(B) Pablo sempre deverá manter a obrigação de pagar alimentos durante todo o estudo da sua filha, ainda que esta, no decorrer do tempo, venha a possuir condições econômicas de arcar com os gastos necessários.
(C) Pablo não deverá seguir com a obrigação de pagar alimentos, uma vez que, ao atingir a maioridade, o alimentante fica automaticamente desobrigado do dever de prestar alimentos.
(D) Pablo deverá manter prestação de alimentos enquanto não for julgado o pedido; todavia, eventual inadimplemento, diante da maioridade, não poderá gerar a prisão civil do alimentante.

43. Cristiano tem 15 anos e está internado em razão de ato infracional equiparado a crime de roubo, mediante grave ameaça à pessoa. O Estatuto da Criança e do Adolescente regula situações sobre a medida de internação. Diante das disposições aplicáveis ao caso, é correto afirmar que:

(A) a internação não permite a realização de atividades externas.
(B) a medida comporta prazo determinado de até um ano.
(C) são direitos do adolescente privado de liberdade, entre outros, receber visitas, ao menos, semanalmente.
(D) a liberação será compulsória aos 18 anos de idade.

44. Ricardo, de nove anos de idade, com os pais destituídos do poder familiar, cresce em entidade de acolhimento institucional sem interessados em sua adoção há alguns anos. Um casal que já tem outros filhos, sensibilizado pela situação, interessam-se a colaborar com o seu desenvolvimento nos aspectos social, moral, físico, cognitivo, educacional e financeiro. Para o obter a convivência temporária externa com Ricardo, qual o instituto se encaixa na descrição a ser solicitado?

(A) apadrinhamento.
(B) acolhimento familiar.
(C) guarda estatutária.
(D) tutela.

45. Brincando com seu filho em um parque de diversões instalado especialmente para o dia das crianças, no "Shopping Yes, Baby Ltda"., Marcos foi atingido na cabeça por um cabo de aço que se soltou de um brinquedo. O impacto resultou em um corte que exigiu sutura e medicação para evitar infecção e dores. Comovido com a sua situação, a gerência do *shopping* ofertou a Marcos todo o tratamento e uma indenização em dinheiro para compensar os dias que ficou afastado do trabalho, com a condição de não propor qualquer medida judicial contra o *shopping*. Nesse caso, é correto afirmar que:

(A) A proposta elaborada pela gerência do *shopping* é nula de pleno direito.
(B) Se Marcos aceitar a proposta, não poderá entrar com pedido de indenização por danos morais ou materiais.
(C) A proposta elaborada pela gerência do *shopping* é plenamente válida e surtirá os efeitos desejados desde que aceita por Marcos.
(D) Se Marcos aceitar a proposta, não poderá entrar com pedido de indenização por danos materiais.

46. Renato adquiriu de Alessandro, que tem uma loja virtual de produtos eletrônicos, um carregador portátil de bateria de telefone celular. Cinco dias após a compra, o produto explodiu conectado à tomada causando ferimentos graves em Renato. Considerando que Alessandro é um empreendedor sem registro empresarial e que desenvolve seu comércio eletrônico informalmente, responda à alternativa correta:

(A) Alessandro poderá responder pelos danos causados a Renato se o fabricante do produto não puder ser identificado.
(B) Alessandro só poderá responder por danos nos termos do Código Civil, tendo em vista não se tratar de fornecedor na forma do Código de Defesa do Consumidor.
(C) É de 90 dias o prazo para Renato reclamar o defeito do produto.
(D) Por se tratar de vício do produto, Alessandro responderá solidariamente com o fabricante.

47. Vanderlei, empresário individual, casado sob o regime jurídico da comunhão parcial de bens com Priscila, pretende hipotecar bem imóvel constante do patrimônio da empresa, a fim de obter empréstimo bancário para a aquisição de maquinário, com o objetivo de expandir a prestação dos seus serviços empresariais. Nesse caso hipotético, assinale a alternativa correta.

(A) O Código Civil não delibera sobre o assunto, o que permite qualquer tipo de arranjo entre o casal para resolver a questão.
(B) O empresário casado pode, a contar o tipo de regime de bens, alienar os imóveis que integrem o patrimônio da empresa ou gravá-los de ônus real, sem necessidade de outorga conjugal.
(C) O empresário casado pode, sem necessidade de outorga conjugal, qualquer que seja o regime de bens, alienar os imóveis que integrem o patrimônio da empresa ou gravá-los de ônus real.
(D) A prévia averbação de autorização conjugal no cartório de imóveis não suprirá específica outorga conjugal para a prestação da garantia.

48. Felisberto e Humberto são credores da XYZ Participações Ltda. que está em fase de recuperação judicial. Foram consultar um escritório de advocacia, a qual você trabalha, com o intuito de impugnar os créditos. É certo afirmar:

(A) Os credores cujos créditos forem impugnados serão intimados para contestar a impugnação, no prazo de 10 (dias) dias, devendo juntar todas as provas necessárias.
(B) A impugnação será dirigida ao juiz por meio de petição, instruída com os documentos que tiver o impugnante, o qual indicará as provas consideradas necessárias.
(C) Da decisão judicial sobre a impugnação caberá apelação.
(D) A impugnação será dirigida ao juiz por meio de petição, sendo que cada uma será autuada em separado, com os documentos a ela relativos, mesmo que versando sobre o mesmo crédito.

49. Ana Maria, Roberta e Raquel são sócias de uma sociedade empresária no ramo de vestuário. Elas têm uma loja bem consolidada na região comercial da cidade de Camaquã. Porém, com a pandemia, elas tiveram que fechar a loja. Os negócios pioraram e decidiram vender o estabelecimento comercial e procuraram você, como advogado(a), para tirar dúvidas sobre o trespasse do mesmo. Um dos credores chegou a penhorar o estabelecimento. Assinale a alternativa correta.

(A) Não é legítima a penhora da sede do estabelecimento comercial.
(B) Se a elas não restarem bens suficientes para solver o seu passivo, a eficácia da alienação do estabelecimento dependerá do pagamento de todos os credores, ou do consentimento destes, de modo expresso.
(C) O contrato que tenha por objeto a alienação, o usufruto ou arrendamento do estabelecimento só produzirá efeitos quanto a terceiros depois de averbados à margem da inscrição do empresário, ou da sociedade empresária, no Registro Público de Empresas Mercantis, e de publicado na imprensa oficial.
(D) Caso façam a venda do estabelecimento, não poderão fazer concorrência ao adquirente, nos dez anos subsequentes à transferência.

50. A Batatinha Ltda., sociedade empresária, por seus representantes, assinou um contrato com a Crédito Certo, instituição financeira, cujo objetivo era a aquisição de um equipamento especial para cortar batatas. A empresa locará pelo prazo de cinco anos, ao fim do qual poderá a parte optar por devolver o equipamento, renovar a locação ou adquiri-lo pelo preço residual fixado no momento inicial do contrato. Nessa situação, estaria configurado qual contrato?

(A) franquia.
(B) *factoring*.
(C) alienação fiduciária em garantia.
(D) *leasing*.

51. Elvira comprou um lote em área irregular para construir sua casa dos sonhos, mediante cessão de direitos, de Odair. Como não tinha dinheiro suficiente, apenas cercou o lote com arame farpado, e o visitava com frequência, oportunidade na qual arrancava todo mato alto, deixando o terreno sempre limpo. Todavia, após ter contraído covid-19 e passar 90 dias hospitalizada, quando Elvira retornou ao lote, percebeu que o mesmo foi invadido por Murilo, que já havia construído um barraco no lote. Uma semana após descobrir a invasão, Elvira procurou a Defensoria Pública e propôs Ação de Manutenção de Posse, cumulada com obrigação de fazer (desfazimento da construção) contra Murilo, que foi citado e intimado para uma audiência de justificação. Este, por sua vez, também procurou a Defensoria Pública, desejando a proteção possessória e, subsidiariamente, indenização pelas construções realizadas, estando na posse de uma cessão de direitos da área, passada por Odair, antigo possuidor, de quem Murilo adquiriu os eventuais direitos possessórios sobre o terreno, a título oneroso. A partir dessa situação, assinale a alternativa correta.

(A) O juiz deverá extinguir o processo sem julgamento de mérito, uma vez que Elvira formulou a pretensão possessória equivocada, tendo escolhido a ação possessória inadequada.
(B) Murilo terá 15 dias para apresentar sua defesa com o respectivo pedido contraposto.
(C) A ação de Elvira é uma ação possessória de força nova, que admite liminar *inaudita altera pars*.
(D) Elvira deveria ter ajuizado ação de reintegração de posse, mas sem possibilidade de cumulação de pedidos, uma vez que esta é inadmitida neste tipo de procedimento especial.

52. Aninha, casada com Dayane, resolveram ter um filho, por meio da utilização das técnicas de reprodução assistida. Ana estava com nove meses de gestação e, após sentir as primeiras dores do parto, dirigiu-se ao hospital particular para a realização da cesariana com a sua médica Alice. Após o nascimento de Patrícia, a pequena teve uma complicação, e precisava de uma cirurgia de emergência. Todavia, houve uma recusa por parte do plano de saúde. Desesperada, Dayane, que era advogada, promoveu ação de obrigação de fazer em face do plano de saúde, por meio de petição simplificada, restringindo o pedido à tutela provisória necessária ao caso, perante o plantão judiciário, tendo a liminar sido deferida e efetivada, tendo a pequena Patrícia sido operada naquela madrugada. Nesse contexto, assinale a alternativa correta:

(A) A advogada requereu uma tutela provisória de urgência antecipada incidental.
(B) A advogada requereu uma tutela provisória de urgência cautelar antecedente.
(C) Caso o plano de saúde não apresente recurso de agravo de instrumento contra a decisão que concedeu a tutela provisória, haverá o fenômeno da estabilização.
(D) Caso não seja interposto recurso de agravo de instrumento pelo réu e não haja aditamento da petição inicial pela autora, o processo será extinto com resolução de mérito.

53. Helena formulou três pedidos em sua petição inicial, em sede de cumulação de pedidos própria simples, contra Michele. Após audiência de conciliação infrutífera e contestação apresentada pela ré, um dos pedidos se tornou incontroverso, tendo o juiz dado decisão definitiva a seu respeito, prosseguindo o processo em relação aos demais pedidos, que ainda exigiam instrução probatória. A partir dessa situação, assinale a opção correta:

(A) A advogada de Michele pode interpor recurso de apelação em face da sentença parcial.
(B) Caso não haja recurso de Michele, a decisão parcial fará coisa julgada apenas formal.

(C) Caso não haja recurso de Michele, a decisão parcial pode ser objeto de cumprimento ou execução provisória.

(D) Caso a advogada de Michele recorra, regra geral, o recurso não será dotado de efeito suspensivo, admitindo execução provisória, sem necessidade de caução.

54. Gustavo e Rogério celebraram um negócio jurídico de compra e venda de um veículo. Gustavo buscou o carro em Brasília/DF, domicílio de Rogério, e foi para sua cidade (Fortaleza/CE). Com menos de três dias, o motor do carro fundiu. Gustavo tentou solucionar o problema amigavelmente com Rogério, o vendedor, mas este afirmou que a responsabilidade não era dele e que o problema era oriundo de mau uso de Gustavo durante o percurso Brasília-Fortaleza. Assim, Gustavo promoveu ação edilícia contra Rogério, que foi distribuída perante a primeira Vara Cível de Fortaleza/CE. A partir desses fatos, assinale a alternativa correta, na condição de advogado(a) de Rogério, que foi citado por meio de carta precatória:

(A) Só será possível alegar a incompetência relativa após a audiência de conciliação/mediação.

(B) Neste caso, há uma hipótese de incompetência absoluta, que poderá ser alegada na preliminar da contestação ou a qualquer tempo, enquanto pendente o processo.

(C) O réu deverá comparecer pessoalmente à audiência de conciliação/mediação, em Fortaleza /CE, e alegar a incompetência relativa, sob pena de prorrogação da competência.

(D) O réu pode alegar a preliminar de incompetência relativa na contestação, a ser entregue na Vara de Precatórias, a fim de chegar à primeira Vara Cível de Fortaleza/CE, junto com a devolução da carta precatória, caso esta ainda não tenha sido devolvida.

55. Rafael e Maria Cristina são partes adversas em uma ação que tramita na terceira Vara Cível de Luís Eduardo Magalhães/BA. Após o término da fase postulatória, com apresentação de contestação e reconvenção pela ré, foram tomadas as providências preliminares e, como o processo não estava apto para imediato julgamento, o juiz, percebendo a existência de vários pontos ainda controvertidos, designou uma audiência de saneamento, a fim de que se promovesse o saneamento compartilhado. Acerca desse tema, assinale a opção correta.

(A) O saneamento é ato processual privativo do juiz, não sendo admitida a modalidade compartilhada.

(B) O saneamento compartilhado é exemplo de negócio jurídico processual típico, e depois dessa audiência as partes terão prazo para apresentação do rol de testemunhas.

(C) O saneamento compartilhado é exemplo de negócio jurídico processual típico, devendo as partes levar o rol de testemunhas já na audiência de saneamento.

(D) Além do saneamento individual feito pelo magistrado, o CPC só admite o saneamento consensual das partes, homologado pelo juiz.

56. Durante uma audiência de instrução e julgamento, em uma ação indenizatória, com pedido de depoimento pessoal de ambas as partes, além de três testemunhas arroladas pelo autor e duas arroladas pelo réu, após tentativa de conciliação infrutífera, o juiz deu início à instrução. O juiz percebeu que a testemunha Helena, arrolada pelo autor, não fora intimada pelo respectivo advogado, bem como não havia pedido de intimação judicial da testemunha, razão pela qual a audiência prosseguiu sem ela. Durante a audiência, as informações prestadas pelo réu foram diametralmente opostas ao testemunho de Carlos, primeira testemunha arrolada pelo réu. Além disso, a segunda testemunha do réu era sua esposa. Nesse contexto, assinale a alternativa correta:

(A) Durante o depoimento pessoal do autor, o réu não pode estar na sala de audiência e vice- versa.

(B) A segunda testemunha do réu pode ser contraditada pelo advogado do autor.

(C) A testemunha Helena deverá ser conduzida coercitivamente.

(D) Poderá o advogado do autor exigir uma contradita entre o réu e sua testemunha Carlos, em face da contradição das declarações dos dois.

57. Enquanto caminhava pela rua, Marcelo foi surpreendido por um cão de grande porte, que o atacou ferozmente. Por ser o único meio de defesa disponível, ele sacou uma arma de fogo que trazia consigo e disparou contra o animal, matando-o instantaneamente. A arma de fogo utilizada estava com o sinal de identificação raspado.

Com base nas informações trazidas, assinale a alternativa correta.

(A) Marcelo agiu em legítima defesa, causa de exclusão da ilicitude.

(B) Marcelo agiu em legítima defesa, causa de exclusão da tipicidade.

(C) Marcelo agiu em estado de necessidade, causa de exclusão da ilicitude.

(D) Por se tratar de porte ilegal de arma de fogo, não é possível o reconhecimento de causa excludente da ilicitude.

58. João, Guilherme e Henrique combinaram o furto do automóvel de Francisco. Para obter êxito na empreitada criminosa, eles assim se dividiram: João ficou responsável por distrair Francisco; Guilherme subtraiu o veículo; Henrique o ocultou, posteriormente, em sua casa. O furto foi consumado, como planejado.

Com base no caso narrado, assinale a alternativa correta.

(A) Henrique deve ser punido pelo crime de favorecimento real.
(B) Henrique deve ser punido pelo crime de furto qualificado.
(C) Henrique deve ser punido pelo crime de receptação.
(D) Em razão da conduta fraudulenta de João, os criminosos devem responder por estelionato.

59. Ao cair em uma *blitz*, Tício foi surpreendido portando, ilegalmente, arma de fogo de uso proibido. Para não o prender em flagrante, policiais solicitaram determinada quantia em dinheiro. Tício disse não possuir o montante, mas afirmou que o teria no dia seguinte. Os policiais, então, o liberaram.

Com base nas informações trazidas, assinale a alternativa correta.

(A) Tício praticou o crime de corrupção ativa na forma tentada.
(B) Tício praticou o crime de corrupção passiva na forma consumada.
(C) Os policiais praticaram o crime de corrupção passiva na forma tentada.
(D) Os policiais praticaram o crime de corrupção passiva na forma consumada.

60. Carla agrediu sua irmã, Marcela, causando-lhe lesões corporais leves. Registrada a ocorrência, o delegado de polícia indiciou Carla pelo crime de lesão corporal em hipótese de violência doméstica e familiar contra a mulher, devendo incidir a Lei Maria da Penha (Lei n. 11.340/2006). Alguns dias após o ocorrido, Carla e Marcela foram à delegacia para informar que fizeram as pazes, e que não desejavam dar continuidade à investigação.

Com base nos dados trazidos, assinale a alternativa correta.

(A) A Lei Maria da Penha não é aplicável quando o agressor for mulher.
(B) O fato de Marcela ter ido à delegacia e pedido o fim da investigação impede o oferecimento de denúncia.
(C) Excepcionalmente, a Lei Maria da Penha permite que o agressor seja afastado do lar por determinação do delegado de polícia.
(D) Carla faz jus à transação penal.

61. Em profunda depressão, Caio confessou ao amigo, Mévio, que pretendia tirar a própria vida. Mévio tentou dissuadi-lo, mas sem sucesso. Mévio disse, então, que ajudaria o amigo, fornecendo-lhe a arma de fogo para a prática do suicídio. Dias depois, fazendo uso da arma de fogo emprestada por Mévio, Caio disparou um tiro contra a própria cabeça, mas sobreviveu aos ferimentos provocados pelo projétil.

Nesse caso, com base nas informações narradas, assinale a alternativa correta.

(A) Ainda que Caio sofra lesões corporais de natureza gravíssima, Mévio terá direito à suspensão condicional do processo.
(B) Se Caio sofresse apenas lesões corporais leves, o crime de Mévio seria de médio potencial ofensivo.
(C) Se Mévio praticasse a conduta por motivo egoístico, sua pena seria triplicada.
(D) A pena de Mévio seria triplicada se a conduta fosse realizada por meio da rede de computadores, de rede social ou transmitida em tempo real.

62. Augusto foi condenado pela prática do crime de lesão corporal grave praticado contra Pedro, policial federal. O crime foi praticado enquanto Pedro estava no exercício da função. Na sentença, o juiz fixou o regime inicial fechado, com fundamento na gravidade em abstrato da conduta praticada por Augusto.

Com base no exemplo trazido, assinale a alternativa correta.

(A) O crime praticado por Augusto não é hediondo.
(B) A fundamentação adotada pelo juiz para fixar o regime inicial fechado está de acordo com a jurisprudência dos Tribunais Superiores.
(C) O crime praticado por Augusto é inafiançável e insuscetível de graça ou anistia.
(D) Por se tratar de crime hediondo, Augusto não terá direito à saída temporária.

63. Em relação à peça inicial acusatória, indique a alternativa correta:

(A) A denúncia deve ser oferecida pelo representante do Ministério Público, estadual ou federal, em 10 dias estando o denunciado preso, ou 30 dias estando o denunciado solto.
(B) A denúncia pode ser oferecida pelo querelante em caso de inércia do representante do Ministério Público, logo após a perda do prazo para o oferecimento da inicial acusatória.
(C) No caso de morte do ofendido ou quando declarado ausente por decisão judicial, o direito de oferecer a queixa-crime passará ao cônjuge, ascendente, descendente ou irmão, exceto na ação penal privada personalíssima.
(D) O prazo para oferecimento de queixa-crime será de seis meses contados da data do fato e não terá prazo se o delito for imprescritível.

64. Sobre a prova técnica, marque a alternativa errada:

(A) Em comarcas maiores, mesmo havendo excesso de profissionais concursados, os exames de corpo de delito serão realizados por apenas um perito oficial.
(B) Quando a infração penal deixar vestígios, será dispensável o exame de corpo de delito diante da obviedade da causa e do motivo do fato típico praticado.
(C) Em casos de violência doméstica e familiar contra a mulher, dar-se-á prioridade à realização do exame de corpo de delito.

(D) Não sendo possível o exame de corpo de delito, por haverem desaparecido os vestígios, a prova testemunhal poderá suprir-lhe a falta.

65. A respeito das modalidades de prisão em flagrante, marque a alternativa que melhor se aproxima da aplicação prática dessa medida:

(A) A prisão em flagrante será válida se decorrer de denúncia anônima e, por força dessa informação privilegiada, os policiais se deslocarem até o local e aguardarem o início dos atos de execução para prender.
(B) O flagrante ficto pode ser lavrado quando o agente delitivo é perseguido ininterruptamente, logo após o crime, até o momento de sua custódia.
(C) É possível, desde que previamente autorizado pelo juiz, o flagrante retardado (diferido, postergado, prorrogado ou ação controlada) para qualquer espécie de infração penal.
(D) Quando os agentes de segurança induzem alguém a praticar um delito e, por força dessa situação, a consumação do crime se torna impossível, essa prisão deverá ser revogada.

66. Hugo foi denunciado por tentativa de homicídio qualificado por asfixia contra Rocha, seu desafeto. Após a audiência de instrução e julgamento, o magistrado competente, Dr. Marcelo, continua em dúvida a respeito da existência da infração e da autoria. Sobre a decisão final da primeira fase do rito especial do júri, aponte a alternativa correta:

(A) Deverá o magistrado pronunciar Hugo para que essa dúvida seja sanada diante dos jurados, únicos competentes para julgar os delitos contra a vida, tentados ou consumados, de competência do júri, pois nessa fase vigora o princípio do *in dubio pro societate*.
(B) Deverá o magistrado absolver sumariamente Hugo, pois deve prevalecer a máxima do in dubio pro reo.
(C) Deverá desclassificar o crime para tentativa de homicídio culposo, pela não comprovação do dolo, remetendo os autos para a Vara Criminal comum.
(D) Deverá o magistrado impronunciar o réu, pela ausência de certeza da materialidade e da autoria, ficando o réu aguardando até o final do prazo prescricional o Estado localizar as provas que faltaram.

67. Sobre o sistema de nulidades processuais penais, marque a alternativa incorreta.

(A) A nulidade poderá ser arguida por suspeição do juiz, mas não por incompetência.
(B) Nenhuma das partes poderá arguir nulidade a que haja dado causa ou para que tenha concorrido.
(C) Nenhum ato será declarado nulo, se da nulidade não resultar prejuízo para a acusação ou para a defesa.
(D) Não será declarada a nulidade de ato processual que não houver influído na apuração da verdade ou na decisão da causa.

68. Após instaurar um inquérito policial por Portaria, a autoridade policial determina uma série de diligências em busca da materialidade e da autoria delitiva do fato criminoso que lhe for a noticiado. Após três meses de trâmite, respeitadas todas as formalidades, o delegado conclui que o seu principal suspeito é totalmente inocente. Sobre tal situação, aponte a solução adequada para o caso concreto:

(A) Iniciará outras diligências em busca do verdadeiro autor do crime, afastando formalmente o antigo suspeito do polo passivo da investigação criminal.
(B) Fará uma representação para o juiz competente, com oitiva obrigatória do Ministério Público, comunicando a respeito do arquivamento do inquérito por ele determinado.
(C) Por força da proibição legal de o delegado mandar arquivar os autos do inquérito policial, deverá relatar o inquérito e encaminhar ao fórum, informando a respeito de suas conclusões.
(D) Determinará o trancamento da investigação policial, diante da falta de justa causa para a sua continuidade.

69. Valdomiro é construtor, trabalhou desde muito jovem no Brasil, tendo mais de 20 anos de contribuição para o regime geral de previdência social, porém, descontente com a situação financeira, resolveu ir morar nos Estados Unidos e por lá ficou até completar 70 anos de idade, quando então resolveu voltar para o Brasil e para perto de seus familiares, aqui, resolveu pleitear por sua aposentadoria. Nesse sentido, está correto afirmar que:

(A) Valdomiro não poderá se aposentar, pois perdeu a qualidade de segurado.
(B) Valdomiro até poderia se aposentar, se estivesse vertendo contribuições para previdência social no momento do seu pedido de aposentadoria.
(C) Valdomiro poderá se aposentar, haja vista que já conta com a idade e com a carência necessária, sendo dispensada, nesse caso, a qualidade de segurado.
(D) Valdomiro somente se aposentaria se estivesse no período de graça.

70. Marcelo é delegado de polícia pertencente a regime próprio de previdência. Por gostar muito de política, resolveu se candidatar e foi eleito como deputado em seu Estado. Nesse caso, optando pelo mandato eletivo, Marcelo ficará vinculado a qual regime?

(A) Marcelo ficará vinculado ao regime próprio de previdência a qual pertence.
(B) Marcelo será considerado segurado do regime geral de previdência social na modalidade segurado contribuinte individual.
(C) Marcelo será considerado segurado do regime geral de previdência social na modalidade segurado facultativo.
(D) Marcelo será considerado segurado do regime geral de previdência social na modalidade segurado empregado.

71. Cardoso é motorista de ônibus da Viação Expresso Prata Ltda. desde 20-3-2018. Nos últimos três meses, Cardoso, descumprindo deliberadamente cláusula específica do seu contrato de trabalho, passou a dirigir em alta velocidade, bem como a não respeitar sinais vermelhos, o que acarretou numerosas multas por infrações de trânsito. Cardoso foi notificado pela autoridade competente de que perdera a habilitação para dirigir veículos. A empresa consultou você, como advogado(a), sobre a medida mais econômica que deveria adotar em relação ao contrato de Cardoso. Diante da situação retratada, com base na lei, marque a alternativa correta.

(A) A empresa deverá suspender o contrato pelo prazo não superior a 60 dias.
(B) A empresa deverá rescindir o contrato de trabalho por justa causa.
(C) A empresa deverá interromper o contrato de trabalho até o pagamento das multas de trânsito.
(D) A empresa deverá rescindir o contrato de trabalho sem justa causa, uma vez que Cardoso não cometeu falta grave.

72. A massa falida de Chama Que Vem Ltda. teve de romper os contratos de trabalho de todos os seus empregados quando da quebra judicial, porque o juízo estadual determinou o fechamento e lacre do estabelecimento principal e das filiais. Logo após, um dos empregados ajuizou reclamação trabalhista postulando as verbas da extinção contratual, e, na sentença, o juiz condenou a massa falida ao pagamento de aviso prévio, do 13º salário proporcional, das férias proporcionais acrescidas de 1/3, da entrega das guias para saque do FGTS, dos formulários do seguro-desemprego e das multas do art. 467 e do art. 477, ambos da CLT. Diante da situação de fato retratada, com base na CLT e na jurisprudência do TST, assinale a resposta correta.

(A) A sentença deverá ser reformada, uma vez que as multas dos arts. 467 e 477 não são devidas.
(B) A massa falida paga apenas a multa do art. 467 da CLT.
(C) A massa falida paga apenas a multa do art. 477 da CLT.
(D) A sentença não merece reparo, uma vez que as multas dos arts. 467 e 477 da CLT são devidas.

73. Em sentença prolatada por uma Vara do Trabalho, o juiz condenou a empresa ao pagamento dos adicionais de insalubridade e periculosidade ao reclamante, já que a perícia realizada nos autos comprovou que havia agente agressor à saúde do trabalhador e que as condições de trabalho geravam acentuado risco de morte. Com base na legislação, assinale a alternativa correta.

(A) A CLT permite a cumulação dos adicionais de insalubridade e periculosidade.
(B) A CLT não permite a cumulação dos adicionais de insalubridade e periculosidade.
(C) É possível a cumulação dos adicionais, desde que o percentual do adicional de insalubridade seja no grau médio (20%) e do adicional de periculosidade seja de 30% sobre o salário base.
(D) A CLT permite a cumulação dos adicionais, desde que a requerido pelo empregado na contratação.

74. Larissa trabalhava como operadora de empilhadeira e ganhava R$ 1.500,00 (um mil e quinhentos reais) mensais, valor previsto na convenção coletiva de sua categoria. Ocorre que na unidade da Federação na qual Larissa trabalhava foi fixado piso regional estadual de R$ 1.700,00 (um mil e setecentos reais) para a função de operador de empilhadeira. Em razão disso, após ter trabalhado o ano de 2018 e ser dispensada sem justa causa, Larissa procura você como advogado(a) questionando sobre a diferença entre o piso da categoria e salário regional. Com base na situação retratada, marque a alternativa correta.

(A) É possível o piso da norma coletiva prevalecer sobre o piso regional.
(B) O piso regional sempre irá prevalecer sobre o piso estipulado em norma coletiva.
(C) Por ser mais benéfico a empregada, o piso regional deverá prevalecer sobre o piso previsto em norma coletiva.
(D) Não é possível a flexibilização do valor do piso da categoria profissional através da norma coletiva.

75. Matheus é dirigente sindical e, durante o seu mandato, a empresa Sonho Feliz Ltda. alegou que ele praticou falta grave e, em razão disso, suspendeu-o e, 60 dias após, instaurou inquérito judicial contra ele. Na petição inicial, a sociedade empresária alegou que Matheus participou de uma greve nas instalações da empresa e, em que pese não ter havido qualquer excesso ou anormalidade, a paralisação em si trouxe prejuízos financeiros para o empregador. Matheus lhe procura como advogado (a) questionando sobre a possibilidade da reversão da justa causa. Diante dos fatos informados, com base na lei trabalhista, assinale a alternativa correta.

(A) A participação em greve, por trazer prejuízos financeiros ao empregador, sempre autorizará a rescisão do contrato por justa causa.
(B) Se o empregado participar da greve, seu contrato somente não será rescindido por justa causa se o mesmo se retratar no prazo máximo de 30 dias após o fim do movimento paredista.
(C) Somente a greve que não foi notificada ao empregador com antecedência de 48 horas gera a rescisão do contrato por justa causa.
(D) A adesão simples e pacífica a greve não configura falta grave.

76. Considerando as regras previstas na Consolidação das Leis do Trabalho, sobre o processo judiciário do trabalho, particularmente acerca do procedimento sumaríssimo, assinale a alternativa correta.

(A) O limite máximo de testemunhas, no procedimento sumaríssimo, são de 6 (seis) para cada parte. E, somente comparecerão para audiência de instrução e julgamento, depois de terem sido intimadas.
(B) Todas as provas serão produzidas na audiência de instrução e julgamento, desde requeridas previamente.
(C) A prova técnica será deferida em qualquer situação, incumbindo ao juiz, desde logo, fixar o prazo, o objeto da perícia e nomear perito.
(D) Sobre os documentos apresentados por uma das partes manifestar-se-á imediatamente a parte contrária, sem interrupção da audiência, salvo absoluta impossibilidade, a critério do juiz.

77. De acordo com a Consolidação das Leis do Trabalho, das decisões em dissídio individual, quando proferidas em grau de recurso ordinário, pelos TRTs, que derem interpretação diversa ao mesmo dispositivo de lei federal da que lhe houver dado outro TRT, no seu pleno ou turma, ou a SDI do TST, caberá:

(A) Recurso de Revista para o TST.
(B) Mandado de Segurança ao TRT.
(C) Agravo de Instrumento para o TST.
(D) Embargos de Declaração para o TRT.

78. Marcelo Hugo, residente em Campinas/SP, local onde foi contratado, empregado da Faculdade Unidos pela Educação, com sede em São Paulo capital, decide ajuizar Reclamação Trabalhista exigindo indenização por danos morais em razão de assédio sofrido, dentre outros pedidos. O local de trabalho da reclamante foi sempre na capital de São Paulo. Assim, a reclamação trabalhista deverá ser ajuizada, de acordo com a CLT:

(A) perante Vara Comum da Comarca de São Paulo.
(B) Tribunal Regional do Trabalho de São Paulo.
(C) perante Vara do Trabalho de São Paulo.
(D) Tribunal Regional Federal de São Paulo.

79. Em sede de reclamação trabalhista ajuizada por Hebert Vieira, em desfavor de seu ex-empregador pleiteando adicional de insalubridade, afirmando que o ambiente de trabalho apresentava nível de ruído acima dos limites previsto por lei, foi realizada perícia, onde se constatou que o ruído ambiental estava dentro do limite previsto em norma regulamentadora, porém havia frio excessivo no ambiente. De acordo com esse parecer, o juiz deferiu adicional de insalubridade.

Diante dos fatos narrados e do entendimento consolidado pelo TST, é correto afirmar que:

(A) A decisão foi errada, pois somente seria possível atender, se o grau da insalubridade detectado fosse o mesmo do erradamente requerido.
(B) A decisão foi *extra petita*, com isso, deve ser anulada.
(C) A decisão está correta, pois o agente agressor apontado pela parte não é vinculante para o juiz.
(D) A decisão foi *ultra petita*, então deverá ser anulada.

80. Ana Carolina, nos autos de uma ação trabalhista movida por Rafael Novaes em face da empresa Alfa e Ômega Educação S.A., teve sua casa de praia penhorada, após ser deferido um incidente de desconsideração da personalidade jurídica, vez que o processo estava na fase de execução. Irresignada com o que aconteceu, Ana Carolina decide procurar Fagner Sandes, o advogado de sua família, com o objetivo de conseguir uma solução para o ocorrido e também com a pretensão de conseguir recuperar o imóvel penhorado, tendo em vista que ela nunca participou como sócia da empresa e muito menos conhecia os sócios que lá constavam no quadro societário da empresa e, mais ainda, nunca foi chamada no processo.

Ana Carolina pergunta para Fagner Sandes: qual a medida judicial cabível para solucionar essa questão? Ele responde:

(A) Recurso Ordinário.
(B) Embargos de Terceiro.
(C) Reintegração de Posse.
(D) Exceção de Preexecutividade.

Folha de Respostas

#					#				
01	A	B	C	D	41	A	B	C	D
02	A	B	C	D	42	A	B	C	D
03	A	B	C	D	43	A	B	C	D
04	A	B	C	D	44	A	B	C	D
05	A	B	C	D	45	A	B	C	D
06	A	B	C	D	46	A	B	C	D
07	A	B	C	D	47	A	B	C	D
08	A	B	C	D	48	A	B	C	D
09	A	B	C	D	49	A	B	C	D
10	A	B	C	D	50	A	B	C	D
11	A	B	C	D	51	A	B	C	D
12	A	B	C	D	52	A	B	C	D
13	A	B	C	D	53	A	B	C	D
14	A	B	C	D	54	A	B	C	D
15	A	B	C	D	55	A	B	C	D
16	A	B	C	D	56	A	B	C	D
17	A	B	C	D	57	A	B	C	D
18	A	B	C	D	58	A	B	C	D
19	A	B	C	D	59	A	B	C	D
20	A	B	C	D	60	A	B	C	D
21	A	B	C	D	61	A	B	C	D
22	A	B	C	D	62	A	B	C	D
23	A	B	C	D	63	A	B	C	D
24	A	B	C	D	64	A	B	C	D
25	A	B	C	D	65	A	B	C	D
26	A	B	C	D	66	A	B	C	D
27	A	B	C	D	67	A	B	C	D
28	A	B	C	D	68	A	B	C	D
29	A	B	C	D	69	A	B	C	D
30	A	B	C	D	70	A	B	C	D
31	A	B	C	D	71	A	B	C	D
32	A	B	C	D	72	A	B	C	D
33	A	B	C	D	73	A	B	C	D
34	A	B	C	D	74	A	B	C	D
35	A	B	C	D	75	A	B	C	D
36	A	B	C	D	76	A	B	C	D
37	A	B	C	D	77	A	B	C	D
38	A	B	C	D	78	A	B	C	D
39	A	B	C	D	79	A	B	C	D
40	A	B	C	D	80	A	B	C	D

Comentários das questões

Ética [01-08]

Nº	Gabarito	Comentários
01	A	(A) Certa, o advogado que renunciar ao mandato continuará, durante os dez dias seguintes à notificação da renúncia, a representar o mandante, salvo se for substituído antes do término desse prazo (art. 5º, § 3º, EAOAB). (B) Errada, vide art. 28, V, EAOAB. (C) Errada, art. 5º, § 3º, EAOAB. (D) Errada, art. 28, V, EAOAB.
02	C	(A) Errada, vide art. 70, EAOAB. (B) Errada, vide art. 7º, IV, EAOAB. (C) Certa, é direito do advogado ter a presença de representante da OAB, quando preso em flagrante, por motivo ligado ao exercício da advocacia, para lavratura do auto respectivo, sob pena de nulidade e, nos demais casos, a comunicação expressa à seccional da OAB (art. 7º, IV, EAOAB). (D) Errada, vide art. 70, EAOAB.
03	B	(A) Errada, vide art. 9º, § 2º, EAOAB. (B) Certa, conforme estabelece o art. 9º, § 3º, do EAOAB, "o aluno de curso jurídico que exerça atividade incompatível com a advocacia pode frequentar o estágio ministrado pela respectiva instituição de ensino superior, para fins de aprendizagem, vedada a inscrição na OAB". (C) Errada, art. 9º, § 2º, EAOAB. (D) Errada, vide art. 9º, § 3º, EAOAB.
04	C	(A) Errada, vide art. 41, CED. (B) Errada, vide art. 45, CED. (C) Certa, "as colunas que o advogado mantiver nos meios de comunicação social ou os textos que por meio deles divulgar não deverão induzir o leitor a litigar nem promover, dessa forma, captação de clientela" (art. 41, CED). (D) Errada, vide arts. 41 e 45 do CED.
05	D	(A) Errada, vide art. 28, VIII, EAOAB. (B) Errada, vide art. 28, I, EAOAB. (C) Errada, vide art. 28, I, EAOAB. (D) Certa, conforme determina o Estatuto da OAB, são incompatíveis o chefe do Poder Executivo e membros da Mesa do Poder Legislativo e seus substitutos legais, bem como os ocupantes de funções de direção e gerência em instituições financeiras, inclusive privadas (art. 28, I e VIII, EAOAB).
06	D	(A) Errada, 11, CED. (B) Errada, vide art. 25, CED. (C) Errada, 11, CED. (D) Certa, conforme determina o código de ética, é proibido ao advogado funcionar no mesmo processo, simultaneamente, como patrono e preposto do empregador ou cliente (art. 25, CED).
07	A	De acordo com o art.70 do EAOAB. "O poder de punir disciplinarmente os inscritos na OAB compete exclusivamente ao Conselho Seccional em cuja base territorial tenha ocorrido a infração, salvo se a falta for cometida perante o Conselho Federal".
08	A	De acordo com o art. 63, § 2º, EAOAB, "O candidato deve comprovar situação regular perante a OAB, não ocupar cargo exonerável ad nutum, não ter sido condenado por infração disciplinar, salvo reabilitação, e exercer efetivamente a profissão há mais de 3 (três) anos, nas eleições para os cargos de Conselheiro Seccional e das Subseções, quando houver, e há mais de 5 (cinco) anos, nas eleições para os demais cargos".

Filosofia do Direito [09-10]

Nº	Gabarito	Comentários
09	B	Em Reale, a justiça é, sempre, um laço entre um homem e outros homens, como bem do indivíduo, enquanto membro da sociedade, e, concomitantemente, como bem do todo coletivo. Por conseguinte, o bem social situa-se em outro campo da ação humana, a que chamamos de direito.
10	A	A interpretação sociológica, por seu turno, assemelha-se à busca da vontade da lei. Focando o presente, tenta verificar o sentido das palavras imprecisas analisando-se os costumes e os valores atuais da sociedade.

Direito Constitucional [11-16]

Nº	Gabarito	Comentários
11	B	A Constituição Federal, em seu art. 5º, XII, assegura o sigilo das comunicações telefônicas, salvo, nas hipóteses legais, por ordem judicial. Trata-se, portanto, de um direito protegido por cláusula de reserva jurisdicional e não comporta qualquer exceção. A jurisprudência do STF é firme no sentido de que interceptações sem autorização judicial são ilegais, tornando as provas obtidas inadmissíveis.
12	D	A Constituição Federal de 1988, em seu art. 7º, XXI, assegura o direito ao aviso prévio proporcional ao tempo de serviço, sendo no mínimo de 30 dias, independentemente de ser um caso de demissão sem justa causa. Ana, portanto, tem direito a esse aviso prévio, além da indenização correspondente.

13	C	A Constituição Federal de 1988, em seu art. 41, § 1º, I e II, dispõe que o servidor público estável pode perder o cargo em razão de sentença judicial transitada em julgado ou mediante processo administrativo disciplinar, assegurada a ampla defesa, se for comprovada a prática de ato de improbidade administrativa.
14	B	A nomeação dos ministros do STF, conforme previsto na Constituição Federal, deve seguir um procedimento específico que inclui a indicação pelo Presidente da República e a aprovação do Senado Federal pelo voto da maioria absoluta dos seus membros. Além destes, outros requisitos devem ser observados como notório saber jurídico, reputação ilibada, idade mínima de 35 anos e máxima de 70 anos bem como a nacionalidade originária brasileira. O STF tem a prerrogativa de julgar a constitucionalidade de atos, inclusive a nomeação de ministros, caso verifique a ausência de requisitos constitucionais, como a nacionalidade originária (art. 12, § 3º, da CF).
15	A	A medida cautelar em ADI pode ser concedida pelo STF se presentes os requisitos de *fumus boni iuris* (plausibilidade do direito) e *periculum in mora* (risco de dano irreparável ou de difícil reparação) nos termos do art. 10 da Lei n. 9.868/99 que diz ser cabível medida cautelar na ADI para suspender o ato impugnado enquanto a ação não for julgada. A alternativa B está incorreta porque o princípio da segurança jurídica pode sim ser invocado em questões envolvendo extinção de benefícios fiscais. A alternativa C está parcialmente correta, mas a decisão do STF pode ter efeitos *ex tunc* ou *ex nunc*, conforme estabelecido na decisão (art. 27 da Lei n. 9.868/99). A alternativa D está incorreta, pois, em regra, a revogação da norma gerará a perda do objeto impedindo a ADI de ser julgada (ADI 1203).
16	C	A criação de impostos por decreto do Executivo é inconstitucional, pois viola o princípio da legalidade tributária, que exige que tributos sejam criados por lei conforme a previsão do art. 150, I, da CF, logo, a alternativa correta é a C. A alternativa A está incorreta, pois o princípio da legalidade tributária é estrito. A alternativa B está incorreta, pois confederações sindicais possuem legitimidade para propor ADI (art. 103, IX, da CF). A alternativa D está incorreta, pois o STF tem competência para julgar a constitucionalidade de normas tributárias.

Direitos Humanos [17-18]

Nº	Gabarito	Comentários
17	A	A alternativa "A" está correta. A grande dificuldade histórica dos direitos econômicos, sociais e culturais (conhecidos como DESCS ou DESCAS, com o acréscimo de ambientais) é transformá-los no sempre "direitos com implementação progressiva" em direitos de fato implementados. A Convenção Americana sobre Direitos Humanos mal aborda o tema, de passagem nos seus considerandos e no art. 26. Com a chegada do Protocolo Adicional quase 20 anos após, acaba, na prática, "dando um fôlego" ao tema, além de ampliar a proteção aos DESCS. A letra "B" errada, pois quem estabeleceu a Corte Interamericana de Direitos Humanos (Corte IDH) foi a Convenção Americana sobre Direitos Humanos e não seu Protocolo Adicional. A letra "C" errada, pois o Protocolo Adicional aborda os DESCS e não os direitos civis e políticos. A letra "D" também errada pela inexistência de tal fundo.
18	B	A letra "A" está errada, pela inexistência de tal requisito. A letra "B" está correta, na forma do art. 28 do Regulamento Interno da Comissão Interamericana de Direitos Humanos (CIDH), o qual afirma "As petições dirigidas à Comissão deverão conter a seguinte informação: as providências tomadas para esgotar os recursos da jurisdição interna ou a impossibilidade de fazê-lo de acordo com o artigo 31 deste Regulamento" e ao art. 31 mencionado "Com a finalidade de decidir quanto à admissibilidade do assunto, a Comissão verificará se foram interpostos e esgotados os recursos da jurisdição interna, de acordo com os princípios de direito internacional geralmente reconhecidos". A letra "C" está errada, pois pode ser apresentada por qualquer pessoa, por uma ONG legalizada no país ou por um Estado Parte, desde que este tenha feito o reconhecimento da competência da CIDH, na forma do art. 44 da Convenção Americana sobre Direitos Humanos (CADH): "Qualquer pessoa ou grupo de pessoas, ou entidade não governamental legalmente reconhecida em um ou mais Estados-Membros da Organização, pode apresentar à Comissão petições que contenham denúncias ou queixas de violação desta Convenção por um Estado-Parte". A letra "D" está errada pela inexistência de tal previsão normativa.

Direito Eleitoral [19-20]

Nº	Gabarito	Comentários
19	B	É competência do Tribunal Superior Eleitoral processar e julgar as ações por perda de mandato em razão da infidelidade partidária para o cargo de deputado federal; para os demais cargos (deputado estadual ou distrital; vereador), a competência é do Tribunal Regional Eleitoral (TSE-Res. 22.610/2007). Não há previsão legal do que dispõe a alternativa A, independentemente de o candidato ter ou não obtido votação nominal igual ou superior ao quociente eleitoral, ainda assim, ele deve fidelidade ao partido; as justas causas para desfiliação partidária não contemplam o que se afirmou na alternativa C (CF/1988, art. 17, §§ 5º e 6º; Lei n. 9.096/97, art. 22-A; TSE-Súm. 67).

| 20 | C | A alternativa "C" reproduz o entendimento consolidado do TSE em diversos julgados (Acórdão-TSE, de 16-10-2012, no AgR-REspe 23211; de 30-8-2012, no AgR-REspe 11197 e, de 28-9-2010, no REspe n. 442363). Ainda, em caso de condenação ao apagamento de multa, a adimplência das parcelas é suficiente para obtenção da quitação eleitoral. Por fim, vale ressaltar, que o maior problema para o candidato, que torna impeditivo para obtenção da quitação eleitoral, é a não apresentação das contas de campanha (Lei n. 9.504/97, art. 30, IV). |

Direito Internacional [21-22]

Nº	Gabarito	Comentários
21	A	A alternativa A é a resposta correta, uma vez que a Constituição Federal em seu art. 5º, LII, determina que: "não será concedida extradição de estrangeiro por crime político ou de opinião".
22	B	Embora a questão comece descrevendo o local da celebração do contrato de prestação de serviço, a pergunta se refere à capacidade de Luiz assumir as obrigações previstas no contrato. É uma questão que leva o candidato a erro. Assim, em se tratando de "capacidade", a lei aplicada será de domicílio, conforme art. 7º, *caput*, da LINDB.

Direito Financeiro [23-24]

Nº	Gabarito	Comentários
23	A	Conforme o art. 165, § 5º, da Constituição Federal, a Lei Orçamentária Anual (LOA) abrange três segmentos distintos: I) o orçamento fiscal, que contempla todos os Poderes da União, seus fundos, órgãos e entidades da administração direta e indireta, incluindo as fundações instituídas e mantidas pelo Poder Público; II) o orçamento de investimento das empresas em que a União (ou ente federativo correspondente, como o município no caso da questão) detenha a maioria do capital social com direito a voto; III) o orçamento da seguridade social, que abrange todas as entidades e órgãos vinculados a ela, sejam da administração direta ou indireta, bem como os fundos e fundações mantidos pelo Poder Público. Logo, João está correto em sua afirmação.
24	B	O art. 166 da Constituição Federal estabelece que os projetos de lei relativos ao plano plurianual, às diretrizes orçamentárias, ao orçamento anual e aos créditos adicionais serão apreciados pelas duas Casas do Congresso Nacional, ou seja, tanto pela Câmara dos Deputados quanto pelo Senado Federal. Portanto, a Dra. Juliana está correta ao questionar a declaração do Ministro Dr. Lucas, que errou ao afirmar que o projeto seria apreciado somente pela Câmara dos Deputados.

Direito Tributário [25-29]

Nº	Gabarito	Comentários
25	D	O ITCMD é o imposto de competência dos Estados e Distrito Federal que incide sobre as transmissões *causa mortis* e doação, ou seja, sobre as transmissões gratuitas de quaisquer bens. No caso em tela, por serem casados no regime de comunhão total de bens, o patrimônio adquirido da constância do casamento é do casal, de modo que não incide ITCMD sobre a meação, mas somente sobre os valores objeto de liberalidade (ato de disposição) na separação (art. 155, I, da CRFB).
26	B	O Imposto sobre serviços é devido no domicílio do contribuinte, ressalvadas as hipóteses previstas nos incisos I a XXII do art. 3º da Lei Complementar n. 116/2003. Portanto, o ISS é devido no local da prestação do serviço, no caso concreto (art. 3º da LC n. 116/2003).
27	A	A imunidade recíproca impede a incidência da espécie tributária imposto, abrangendo apenas impostos sobre patrimônio, renda e serviços entre os entes federados. No caso concreto, os juros seriam caracterizados como renda proveniente dos investimentos para os Estados e Municípios (art. 150, VI, *a*, da CRFB).
28	A	No caso de incorporação, todos os débitos e créditos da incorporada são transferidos para a incorporadora (art. 132 do CTN).
29	B	O ICMS é um imposto com função fiscal, podendo ser seletivo em função da essencialidade, incide sobre o valor agregado, em obediência ao princípio da não cumulatividade, mas não incide sobre o ouro, quando definido em lei como ativo financeiro (art. 155, II, c/c art. 155, § 2º, III, e art. 155, § 2º, I, da CRFB).

Direito Administrativo [30-34]		
Nº	Gabarito	Comentários
30	C	A questão narrou o conceito de *poder vinculado*. Por meio deste, a lei *não confere ao administrador qualquer margem de liberdade em sua atuação*, "pois a lei previamente determinou o único comportamento possível a ser obrigatoriamente adotado sempre que se configure a situação objetiva descrita na lei. Não cabe ao agente público apreciar oportunidade ou conveniência administrativas quanto à edição do ato; uma vez atendidas as condições legais, o ato tem que ser praticado, invariavelmente". PAULO, Vicente; ALEXANDRINO, Marcelo. *Direito administrativo descomplicado*. 25. ed. rev. e atual. Rio de Janeiro: Forense; São Paulo: Método, 2017, p. 513). O poder vinculado se contrapõe ao *poder discricionário*, que "é o conferido à administração para a prática de atos discricionários (e sua revogação), ou seja, é aquele em que o agente administrativo dispõe de uma razoável liberdade de atuação, podendo valorar a oportunidade e conveniência da prática do ato, quanto ao seu motivo, e, sendo o caso, escolher, dentro dos limites legais, o seu conteúdo (objeto)" (op. cit., p. 272). É, assim, o poder conferido pela lei à administração pública para, diante de um caso concreto, a administração, nos termos e limites legalmente fixados, decidir, segundo seus critérios de oportunidade e conveniência administrativas, a conduta dentre as previstas na lei, mais condizente com a satisfação do interesse público.,
31	D	Alternativa A: errada! De acordo com o art. 183 do CPC, as fundações públicas de direito pública gozam de prazo *em dobro* para todas as suas manifestações processuais. "Art. 183. A União, os Estados, o Distrito Federal, os Municípios e suas respectivas autarquias e *fundações de direito público* gozarão de *prazo em dobro* para todas as suas manifestações processuais, cuja contagem terá início a partir da intimação pessoal". Alternativa B: errada! Às fundações públicas de direito público aplica-se o mesmo regime jurídico das autarquias, sendo por isso denominadas por parcela da doutrina de *fundações autárquicas* ou *autarquias fundacionais*. Logo, estão sujeitas sim às disposições da lei geral de licitações e contratos administrativos. Alternativa C: errada! As fundações públicas de direito público, assim como as autarquias, adotam o *regime de pessoal estatuário*. Alternativa D: CERTA! Sim, os bens de uma fundação pública de direito público *são bens públicos* que têm como principais características a *impenhorabilidade, imprescritibilidade e não onerabilidade*. Afirmar que os bens públicos são *impenhoráveis* significa dizer que não se sujeitam ao regime de penhora, em decorrência de dívidas dos entes públicos. Da *imprescritibilidade* decorre que os bens públicos não podem ser adquiridos por usucapião, *inexistindo* previsão de prazos em dobro em relação à usucapião dos bens particulares ou requisitos legais condicionando a imprescritibilidade.
32	D	O enunciado reproduziu a literalidade do art. 4º da Lei n. 13.303/2016, que se refere às *sociedades de economia mista*. "Art. 4º *Sociedade de economia mista* é a entidade dotada de personalidade jurídica de direito privado, com criação autorizada por lei, sob a forma de sociedade anônima, cujas ações com direito a voto pertençam em sua maioria à União, aos Estados, ao Distrito Federal, aos Municípios ou a entidade da administração indireta. § 1º A pessoa jurídica que controla a sociedade de economia mista tem os deveres e as responsabilidades do acionista controlador, estabelecidos na Lei n. 6.404, de 15 de dezembro de 1976, e deverá exercer o poder de controle no interesse da companhia, respeitado o interesse público que justificou sua criação.
33	C	Incide no caso o modelo clássico de responsabilização do Estado, pautado na *teoria do risco administrativo* e na *responsabilidade objetiva do Estado*. Via de regra, portanto, a responsabilidade civil do Estado é objetiva, na forma do art. 37, § 6º, da Constituição Federal, aplicando-se a teoria do risco administrativo, através da qual se impõe a obrigação estatal de indenizar sempre que vier a causar prejuízo a terceiros, sendo imperiosa, para esse fim, a comprovação do dano e do nexo causal. No mais, já decidiu o STF que há responsabilidade civil objetiva das empresas que prestem serviços públicos, seja o prejudicado usuário ou não do serviço público. Assim dispõe a *tese de repercussão geral, tema 130*: "A responsabilidade civil das pessoas jurídicas de direito privado prestadoras de serviço público é objetiva relativamente a terceiros usuários e não usuários do serviço, segundo decorre do art. 37, § 6º, da Constituição Federal".
34	C	A reivindicação da associação de moradores do bairro Ômega deverá ser declarada *improcedente, pois, sendo de natureza discricionária o ato que define o local onde serão construídas as escolas, não compete ao Poder Judiciário examinar o mérito administrativo, limitando-se a um controle de legalidade do ato administrativo*. Em relação aos atos administrativos praticados por outros Poderes, o controle exercido pelo Poder Judiciário *limita-se a um exame de legalidade*, não podendo o magistrado exercer controle de mérito para revogar determinado ato por razões de oportunidade e conveniência. Isto é, ao Judiciário compete afastar (anular) os atos ilegais da Administração Pública, não podendo, porém, revogá-los por meras razões de conveniência e oportunidade. Assim, o ato administrativo discricionário de escolha do bairro onde serão construídas a escola até poderá ser objeto de ação judicial, cabendo ao Poder Judiciário apreciar os motivos da elaboração desse ato apenas sob o aspecto da legalidade, vedado o exame de mérito.

Direito Ambiental [35-36]

Nº	Gabarito	Comentários
35	A	De acordo com o art. 33, § 6º, da Lei n. 12.305/2010, "os fabricantes e os importadores darão destinação ambientalmente adequada aos produtos e às embalagens reunidos ou devolvidos, sendo o rejeito encaminhado para a disposição final ambientalmente adequada, na forma estabelecida pelo órgão competente do Sisnama e, se houver, pelo plano municipal de gestão integrada de resíduos sólidos". Dessa forma, o Advogado, de acordo com a Lei n. 12.305/2010, deverá informar que Baterias Ltda. dará destinação ambientalmente adequada às baterias reunidas ou devolvidas, sendo o rejeito encaminhado para a disposição final ambientalmente adequada.
36	C	De acordo com o art. 22, § 7º, da Lei n. 9.985/2000, "a desafetação ou redução dos limites de uma unidade de conservação só pode ser feita mediante lei específica". Desta forma, a Lei municipal XX/2021 cumpre com o previsto na Lei n. 9.985/2000, pois a redução dos limites do Parque Natural Municipal ABC, que é uma espécie de Unidade de Conservação, só pode ser feita mediante lei específica.

Direito Civil [37-42]

Nº	Gabarito	Comentários
37	A	*Vide* art. 7º, I, e parágrafo único do CC. "Art. 7º Pode ser declarada a morte presumida, sem decretação de ausência: I – se for extremamente provável a morte de quem estava em perigo de vida".
38	C	*Vide* art. 244 do CC. Nas coisas determinadas pelo gênero e pela quantidade, a escolha pertence ao devedor, se o contrário não resultar do título da obrigação; mas não poderá dar a coisa pior, nem será obrigado a prestar a melhor.
39	B	*Vide* art. 99, I, II e III, do CC. São bens públicos: I – os de uso comum do povo, tais como rios, mares, estradas, ruas e praças; II – os de uso especial, tais como edifícios ou terrenos destinados a serviço ou estabelecimento da administração federal, estadual, territorial ou municipal, inclusive os de suas autarquias; III – os dominicais, que constituem o patrimônio das pessoas jurídicas de direito público, como objeto de direito pessoal, ou real, de cada uma dessas entidades.
40	D	*Vide* arts. 932, III, e 933 do CC.
41	A	*Vide* art. 1843 do CC (Na falta de irmãos, herdarão os filhos destes e, não os havendo, os tios) e art. 1840 do CC (Na classe dos colaterais, os mais próximos excluem os mais remotos, salvo o direito de representação concedido aos filhos de irmãos).
42	A	*Vide* Súmula 358 do STJ. O cancelamento de pensão alimentícia de filho que atingiu a maioridade está sujeito à decisão judicial, mediante contraditório, ainda que nos próprios autos.

Estatuto da Criança e do Adolescente [43-44]

Nº	Gabarito	Comentários
43	C	De acordo com o inciso VII do art. 124 do ECA, correta a alternativa C. Incorreta a alternativa A, pois é permitido a realização de atividades externas, observado o § 1º do art. 121. Incorreta a alternativa B, pois a medida não comporta prazo determinado, conforme o § 2º do art. 121. E incorreta a alternativa D, pois a liberação compulsória será aos 21 anos (art. 121, § 5º).
44	A	De acordo com o art. 19-B do ECA, a criança e o adolescente em programa de acolhimento institucional ou familiar poderão participar de programa de apadrinhamento. Segundo o seu § 1º, o apadrinhamento consiste em estabelecer e proporcionar à criança e ao adolescente vínculos externos à instituição para fins de convivência familiar e comunitária e colaboração com o seu desenvolvimento nos aspectos social, moral, físico, cognitivo, educacional e financeiro.

Direito do Consumidor [45-46]

Nº	Gabarito	Comentários
45	A	A Lei n. 14.181/2021 incluiu o inciso XVII ao art. 51 do CDC que passa a vigorar com a seguinte redação: "são nulas de pleno direito, entre outras, as cláusulas contratuais relativas ao fornecimento de produtos e serviços que condicionem ou limitem de qualquer forma o acesso aos órgãos do Poder Judiciário".
46	A	Trata-se de defeito (ou fato) do produto regulado pelo art. 12 do Código de Defesa do Consumidor e o art. 13 do CDC dispõe que "o comerciante é igualmente responsável, nos termos do artigo anterior, quando o fabricante, o construtor, o produtor ou o importador não puderem ser identificados" (inciso I). Ademais, é importante destacar que Alessandro é fornecedor, nos termos do art. 3º do CDC, o qual disciplina que "fornecedor é toda pessoa física ou jurídica, pública ou privada, nacional ou estrangeira, bem como os entes despersonalizados, que desenvolvem atividade de produção, montagem, criação, construção, transformação, importação, exportação, distribuição ou comercialização de produtos ou prestação de serviços", atraindo a aplicação do CDC no caso proposto.

Direito Empresarial [47-50]		
Nº	Gabarito	Comentários
47	C	Art. 978 do CC: "O empresário casado pode, sem necessidade de outorga conjugal, qualquer que seja o regime de bens, alienar os imóveis que integrem o patrimônio da empresa ou gravá-los de ônus real".
48	B	(A) Errada, *vide* que são cinco dias, art. 11 da Lei n. 11.101/2005. (B) De acordo com o art. 13. (C) Errada, pois da decisão caberá agravo, art. 17. (D) Errada, pois cada impugnação será autuada em separado, com os documentos a ela relativos, mas terão uma só autuação as diversas impugnações versando sobre o mesmo crédito (art. 13, parágrafo único).
49	C	(A) Errada, *vide* Súmula 451 do STJ. (B) Errada, pois a lei permite que o consentimento também seja tácito a partir do prazo de 30 dias caso os credores não se manifestem (art. 1.145, CC). (C) De acordo com o art. 1.144 do CC. (D) Errada, a lei se refere a cinco anos caso não haja autorização expressa do adquirente (art. 1.147, CC).
50	D	A situação hipotética traz as características de um contrato de arrendamento mercantil ou *leasing*. Tem definição numa lei de caráter tributário, a Lei n. 6.099, de 1974.

Direito Processual Civil [51-56]		
Nº	Gabarito	Comentários
51	C	Conforme arts. 558 e 562 do CPC, ora reproduzidos: "Art. 558. Regem o procedimento de manutenção e de reintegração de posse as normas da Seção II deste Capítulo quando a ação for proposta dentro de ano e dia da turbação ou do esbulho afirmado na petição inicial. Parágrafo único. Passado o prazo referido no *caput*, será comum o procedimento, não perdendo, contudo, o caráter possessório". *Vide* ainda arts. 554 (A), 556 (B) e 555 (D).
52	C	Conforme arts. 303 e 304 do CPC: "Art. 303. Nos casos em que a urgência for contemporânea à propositura da ação, a petição inicial pode limitar-se ao requerimento da tutela antecipada e à indicação do pedido de tutela final, com a exposição da lide, do direito que se busca realizar e do perigo de dano ou do risco ao resultado útil do processo". Observação: TPU-AA é a única que pode estabilizar se o réu não agravar. (TPU-AA = tutela provisória de urgência antecipada antecedente). *Vide* ainda o art. 1.015 do CPC.
53	D	Conforme art. 356 do CPC, ora transcrito: "Art. 356. O juiz decidirá parcialmente o mérito quando um ou mais dos pedidos formulados ou parcela deles: I – mostrar-se incontroverso; II – estiver em condições de imediato julgamento, nos termos do art. 355". (Observação: fala-se em julgamento antecipado parcial do mérito, por meio de decisão interlocutória de mérito, também denominada de "sentença parcial" pela doutrina, mas impugnável por agravo de instrumento). *Vide* ainda os parágrafos do art. 356.
54	D	Consoante o CPC, art. 340. "Havendo alegação de incompetência relativa ou absoluta, a contestação poderá ser protocolada no foro de domicílio do réu, fato que será imediatamente comunicado ao juiz da causa, preferencialmente por meio eletrônico". Observação: a ação deveria ter sido proposta no foro de domicílio do réu. CPC, art. 46. "A ação fundada em direito pessoal ou em direito real sobre bens móveis será proposta, em regra, no foro de domicílio do réu". *Vide* ainda os arts. 65 e 337, II, do CPC.
55	C	Conforme art. 357, § 3º e § 5º, do CPC. O § 1º do referido artigo trata do saneamento individual (feito pelo juiz). O § 2º, saneamento consensual, e o § 3º, compartilhado.
56	B	"Art. 385 (..). § 2º É vedado a quem ainda não depôs assistir ao interrogatório da outra parte". CONTRADITAR é alegar que uma testemunha é impedida, suspeita ou incapaz (art. 457, § 1º). ACAREAÇÃO (art. 461). *Vide* ainda os arts. 447 e § 2º e 455 do CPC.

Direito Penal [57-62]		
Nº	Gabarito	Comentários
57	C	(A)(B) Erradas. O art. 25 do CP fala em *injusta agressão*, algo que deve partir, necessariamente, de outro ser humano. Portanto, não houve legítima defesa, causa de exclusão da ilicitude. (D) Errada. O fato de a conduta caracterizar o crime do art. 16, § 1º, IV, do Estatuto do Desarmamento, não faz com que seja afastada a exclusão da ilicitude. (C) Certa. Marcelo agiu em estado de necessidade, nos termos do art. 24 do CP: "Considera-se em estado de necessidade quem pratica o fato para salvar de perigo atual, que não provocou por sua vontade, nem podia de outro modo evitar, direito próprio ou alheio, cujo sacrifício, nas circunstâncias, não era razoável exigir-se".

58	B	(A)(C) Erradas. Por ter havido prévio acordo entre Henrique e os demais criminosos, todos devem responder pelo furto, em concurso de pessoas, e não pelo favorecimento real (CP, art. 349) ou receptação (CP, art. 180). (B) Certa. Henrique deve ser punido pelo furto qualificado pelo emprego de fraude e pelo concurso de pessoas (CP, art. 155, § 4º, II e IV). (D) Errada. Não ficou caracterizado o crime de estelionato por ter havido a subtração e não a obtenção do veículo.
59	D	(A) Errada. Tício não ofereceu ou prometeu vantagem indevida. Portanto, não houve a prática do crime de corrupção ativa, do art. 333 do CP. (B) Errada. A corrupção passiva foi o crime praticado pelos policiais (CP, art. 317). (C) Errada. A corrupção passiva é crime formal, que se consuma independentemente do efetivo recebimento da vantagem. Portanto, o crime se consumou. (D) Certa, conforme explicado anteriormente.
60	C	(A) Errada. Para a incidência da Lei n. 11.340/2006, deve ser observado apenas o gênero da vítima (tem de ser mulher). (B) Errada. Por se tratar de crime de ação penal pública incondicionada, não é possível que a vítima impeça o prosseguimento da persecução penal (Súmula 542 do STJ). (C) Certa. Trata-se de hipótese prevista no art. 12-C da Lei n. 11.340/2006: "Art. 12-C. Verificada a existência de risco atual ou iminente à vida ou à integridade física ou psicológica da mulher em situação de violência doméstica e familiar, ou de seus dependentes, o agressor será imediatamente afastado do lar, domicílio ou local de convivência com a ofendida: (...) II – pelo delegado de polícia, quando o Município não for sede de comarca". (D) Errada. Não é aplicável a Lei n. 9.099/95 a crimes em que incida a Lei n. 11.340 (art. 41).
61	A	(B) Errada. Com pena máxima de dois anos, seria considerado crime de menor potencial ofensivo (CP, art. 122, *caput*, e Lei n. 9.099/95, art. 61); (C) Errada. A pena seria duplicada (CP, art. 122, § 3º, I). (D) Errada. A pena seria aumentada até o dobro (CP, art. 122, § 4º). (A) Certa. A pena mínima é de um ano (CP, art. 122, § 1º), compatível, portanto, com a suspensão condicional do processo (Lei n. 9.099/95, art. 89).
62	A	(B) Errada. Veja o que diz a Súmula 718 do STF: "A opinião do julgador sobre a gravidade em abstrato do crime não constitui motivação idônea para a imposição de regime mais severo do que o permitido segundo a pena aplicada". (C) Errada. Por não se tratar de crime hediondo ou equiparado, não deve incidir o disposto no art. 5º, XLIII, da CF: "a lei considerará crimes inafiançáveis e insuscetíveis de graça ou anistia a prática da tortura, o tráfico ilícito de entorpecentes e drogas afins, o terrorismo e os definidos como crimes hediondos, por eles respondendo os mandantes, os executores e os que, podendo evitá-los, se omitirem". (D) Errada. Não existe vedação legal (LEP, art. 122). (A) Certa. De fato, não se trata de crime hediondo. Isso porque, no art. 1º, I-A, da Lei n. 8.072/90, considera-se hedionda a hipótese quando produzir lesão corporal de natureza gravíssima (CP, art. 129, § 2º).

Direito Processual Penal [63-68]		
Nº	Gabarito	Comentários
63	C	(A) Errada. O art. 46 do CPP estabelece que o prazo para oferecimento da denúncia é de 5 dias, se o réu estiver preso, e de 15 dias, se estiver solto, após o recebimento do inquérito. (B) Errada. Não há previsão legal no ordenamento jurídico brasileiro que permita ao querelante oferecer denúncia em caso de inércia do Ministério Público. (C) Certa, *vide* o art. 31 do CPP: "No caso de morte do ofendido ou quando declarado ausente por decisão judicial, o direito de oferecer queixa ou prosseguir na ação passará ao cônjuge, ascendente, descendente ou irmão". (D) Errada. O prazo para oferecimento de queixa-crime é de seis meses, mas é contado da data em que o ofendido tomou conhecimento da autoria do crime, conforme art. 38 do CPP: "Salvo disposição em contrário, o ofendido, ou seu representante legal, decairá no direito de queixa ou de representação, se não o exercer dentro do prazo de seis meses, contado do dia em que vier a saber quem é o autor do crime, ou, no caso do art. 29, do dia em que se esgotar o prazo para o oferecimento da denúncia". A alternativa D também está incorreta quanto à imprescritibilidade.
64	B	(A) Certa. O art. 159, §1º, do CPP diz que: "O exame de corpo de delito e outras perícias serão realizados por perito oficial, portador de diploma de curso superior". (B) Errada. De acordo com o art. 158 do CPP: "Quando a infração deixar vestígios, será indispensável o exame de corpo de delito, direto ou indireto, não podendo supri-lo a confissão do acusado". (C) Certa, *vide* o art. 158, parágrafo único, I, do CPP: "Parágrafo único. Dar-se-á prioridade à realização do exame de corpo de delito quando se tratar de crime que envolva: I – violência doméstica e familiar contra mulher; II – violência contra criança, adolescente, idoso ou pessoa com deficiência". (D) Certa. O art. 167 do CPP permite que a prova testemunhal supra a falta de exame de corpo de delito quando os vestígios desaparecem. Assim: "Art. 167. Não sendo possível o exame de corpo de delito, por haverem desaparecido os vestígios, a prova testemunhal poderá suprir-lhe a falta"

65	A	(A) Certa, trata-se do flagrante esperado, admitido pela doutrina e jurisprudência. Há flagrante esperado quando a polícia, tendo notícias de que uma infração penal será cometida, por meio de denúncia anônima, por exemplo, passa a monitorar a atividade do possível agente criminoso de forma a observar se o crime efetivamente ocorrerá e assim ocorrendo executar a prisão em flagrante. (B) Errada. A assertiva narrou o conceito de flagrante impróprio, isto é, quando o agente é preso logo após cometer a infração penal, depois de ser perseguido pela autoridade, pelo ofendido, ou por qualquer pessoa em situação que faça induzir ser autor daquela infração, nos termos do art. 302, III, do CPP: "Art. 302. Considera-se em flagrante delito quem: (...) III – é perseguido, logo após, pela autoridade, pelo ofendido ou por qualquer pessoa, em situação que faça presumir ser autor da infração". Previsto no art. 302, IV, do CPP, tem-se o flagrante presumido, assimilado ou ficto quando o agente é encontrado logo depois da prática delituosa com instrumentos, objetos, armas ou qualquer coisa que faça presumir ser ele o autor da infração, sendo desnecessária a existência de perseguição. Assim: "Art. 302. Considera-se em flagrante delito quem: (...) IV – é encontrado, logo depois, com instrumentos, armas, objetos ou papéis que façam presumir ser ele autor da infração". (C) Errada. A ação controlada não é prevista para qualquer infração penal, havendo previsão legal na Lei de Drogas (Lei n. 11.343/2006, art. 53) e na Lei de Organizações Criminosas (Lei n. 12.850/2013, art. 8º). (D) Errada. Trata-se de flagrante preparado (ou provocado) ou delito putativo por obra de agente provocador, que ocorre quando alguém, de forma insidiosa, provoca o agente à prática de um crime, ao mesmo tempo em que toma providências para que a infração não se consuma. Nesse caso, não há crime, e eventual prisão deverá ser relaxada, a teor do enunciado n. 145 do STF: "Não há crime, quando a preparação do flagrante pela polícia torna impossível a sua consumação".
66	D	(A) Errada. O art. 413 do CPP estabelece que o juiz pronunciará o acusado se convencido da materialidade do fato e da existência de indícios da sua autoria. A decisão de pronúncia, portanto, em que pese orientada pelo princípio do *in dubio pro societate*, exige juízo de certeza quanto a materialidade e de probabilidade quanto à autoria, o que não existe na situação narrada visto que o magistrado competente, Dr. Marcelo, tem dúvidas a respeito da existência da infração (materialidade). (B) Errada. A absolvição sumária ocorrerá apenas nos casos previstos no art. 415 do CPP, quando evidente a inexistência do fato, a exclusão da ilicitude, a ausência de culpabilidade ou extinção de punibilidade. Nesse sentido: "Art. 415. O juiz, fundamentadamente, absolverá desde logo o acusado, quando: I – provada a inexistência do fato; II – provado não ser ele autor ou partícipe do fato; III – o fato não constituir infração penal; IV – demonstrada causa de isenção de pena ou de exclusão do crime. Parágrafo único. Não se aplica o disposto no inciso IV do *caput* deste artigo ao caso de inimputabilidade prevista no *caput* do art. 26 do Decreto-Lei n. 2.848, de 7 de dezembro de 1940 – Código Penal, salvo quando esta for a única tese defensiva". (C) Errada. O juiz só poderá desclassificar o crime doloso contra a vida para outra modalidade penal se houver elementos concreto que indiquem que o fato não é doloso. A dúvida sobre a existência de dolo não justifica a desclassificação. (D) Certa. De acordo com o 414 do CPP: "Art. 414. Não se convencendo da materialidade do fato ou da existência de indícios suficientes de autoria ou de participação, o juiz, fundamentadamente, impronunciará o acusado. Parágrafo único. Enquanto não ocorrer a extinção da punibilidade, poderá ser formulada nova denúncia ou queixa se houver prova nova."
67	A	(A) Errada. A nulidade por incompetência relativa (territorial) deve ser arguida no momento oportuno, sob pena de preclusão. A nulidade por incompetência absoluta poderá ser arguida a qualquer tempo. (B) Certa. Sim, de acordo com o art. 563 do CPP: "Art. 565. Nenhuma das partes poderá arguir nulidade a que haja dado causa, ou para que tenha concorrido, ou referente a formalidade cuja observância só à parte contrária interesse". (C) Certa. Nos termos do art. 563 do CPP: "Art. 563. Nenhum ato será declarado nulo, se da nulidade não resultar prejuízo para a acusação ou para a defesa". (D) Certa, *vide* o art. 566 do CPP: "Art. 566. Não será declarada a nulidade de ato processual que não houver influído na apuração da verdade substancial ou na decisão da causa".
68	C	A) Errada. O delegado poderá sim prosseguir com outras diligências a fim de identificar o verdadeiro autor do crime, mas não tem atribuição legal para formalmente afastar o antigo suspeito do polo passivo, arquivando em favor dele o inquérito policial (art. 17 do CPP). (B) Errada, *vide* art. 17 do CPP: "A autoridade policial não poderá mandar arquivar autos de inquérito". (C) Certa. De fato, "a autoridade policial não poderá mandar arquivar autos de inquérito" (art. 17 do CPP), devendo elaborar "minucioso relatório do que tiver sido apurado e enviará autos ao juiz competente" (art. 10, § 1º, do CPP). (D) Errada, *vide* art. 17 do CPP: "A autoridade policial não poderá mandar arquivar autos de inquérito".

Direito Previdenciário [69-70]

Nº	Gabarito	Comentários
69	C	A perda da qualidade de segurado não será considerada para concessão do benefício de aposentadoria por idade (art. 3º, § 1º, da Lei n. 10.666/2003).

SIMULADO IV

70	A	Os mandatários são em regra segurados obrigatórios do regime geral de previdência social na modalidade segurado empregado (art. 11, L, j, da Lei n. 8.213/91), no entanto, se o caso versar sobre servidores públicos pertencentes a regime próprio de previdência e for eleito para exercer mandato eletivo, nesse caso, continuará vinculado ao regime próprio de previdência social ao qual pertence.

Direito do Trabalho [71-75]

Nº	Gabarito	Comentários
71	B	(A) Errada, vide art. 482, m, da CLT. (B) Certa, o empregado cometeu a falta grave prevista no art. 482, m, da CLT, uma vez que, por dolo, acabou perdendo sua habilitação para o trabalho, sendo que rescisão por justa causa a forma mais econômico de atuar em relação ao contrato de trabalho. (C) Errada, vide art. 482 da CLT. (D) Errada, vide art. 482, m, da CLT.
72	A	(A) Certa, nos termos da inteligência da Súmula 388 do TST, a empresa que tem a falência decretada está isenta do pagamento das multas dos arts. 467 e 477 da CLT. (B) Errada, vide Súmula 388 do TST. (C) Errada, vide Súmula 388 do TST. (D) Errada, vide Súmula 388 do TST.
73	B	(A) Errada, vide art. 193, § 2º, da CLT. (B) Certa, o art. 193, § 2º, da CLT não permite a cumulação dos adicionais, sendo que cabe ao empregado decidir qual adicional irá receber. (C) Errada, vide art. 193, § 2º, da CLT. (D) Errada, vide art. 193, § 2º, da CLT.
74	A	(A) Certa, o art. 1º da LC n. 103/2000, dispõe que os Estados somente poderão instituir o valor do piso salarial para os empregados que não tenham o piso definido em norma coletiva. (B) Errada, vide art. 1º da LC n. 103/2000. (C) Errada, vide art. 1º da LC n. 103/2000. (D) Errada, vide art. 1º da LC n. 103/2000.
75	D	(A) Errada, vide art. Súmula 316 do STF. (B) Errada, vide art. 6º, I, da Lei n. 7.783/89. (C) Errada, vide art. 6º, I, da Lei 7.783/89. (D) Certa, a simples adesão do empregado ao movimento grevista não constitui falta grave a ensejar a rescisão do contrato de trabalho por justa causa, conforme dispõe o art. 6º, I, da Lei n. 7.783/89.

Direito Processual do Trabalho [76-80]

Nº	Gabarito	Comentários
76	D	O procedimento comum sumaríssimo foi inserido na CLT pela Lei n. 9.957/2000, acrescendo do art. 852-A ao art. 852-I. (a) Está errada, haja vista que no procedimento sumaríssimo o número máximo de testemunhas para cada parte é de 2, conforme art. 852-H, § 2º, da CLT. (b) Está errada, vez que o caput do art. 852-H determina que todas as provas serão produzidas na audiência de instrução e julgamento, ainda que não requeridas previamente. (c) Errada em desacordo com a redação do § 4º do art. 852-H. (d) Nos termos do § 1º do art. 852-H da CLT.
77	A	Dispõe o art. 896 da CLT que cabe Recurso de Revista para Turma do Tribunal Superior do Trabalho das decisões proferidas em grau de recurso ordinário, em dissídio individual, pelos Tribunais Regionais do Trabalho, quando, dentre outras hipóteses, derem ao mesmo dispositivo de lei federal interpretação diversa da que lhe houver dado outro Tribunal Regional do Trabalho, no seu Pleno ou Turma, ou a Seção de Dissídios Individuais do Tribunal Superior do Trabalho, ou contrariarem súmula de jurisprudência uniforme dessa Corte ou súmula vinculante do Supremo Tribunal Federal.
78	C	De acordo com o art. 651 da CLT, a competência das Varas do Trabalho é determinada pela localidade onde o empregado, reclamante ou reclamado, prestar serviços ao empregador, ainda que tenha sido contratado noutro local ou no estrangeiro.
79	C	De acordo com a Súmula 293 do TST, a verificação mediante perícia de prestação de serviços em condições nocivas, considerado agente insalubre diverso do apontado na inicial, não prejudica o pedido de adicional de insalubridade. Logo, não há decisão extra ou ultra petita, já que o juiz não fica vinculado ao agente apontado, mas sim a condição prejudicial que fora ratificada pela prova pericial.
80	B	O art. 673 do CPC, aplicável subsidiariamente no processo do trabalho por fora dos arts. 769 da CLT e 15 do CPC, dispõe que quem, não sendo parte no processo, sofrer constrição ou ameaça de constrição sobre bens que possua ou sobre os quais tenha direito incompatível com o ato constritivo, poderá requerer seu desfazimento ou sua inibição por meio de embargos de terceiro.

Folha de Análise do Simulado

Disciplina	N. de Questões	N. de Acertos	N. de Erros
Direito Administrativo	05		
Direito Ambiental	02		
Direito Civil	06		
Direito Constitucional	06		
Direito Consumidor	02		
Estatuto da Criança e do Adolescente	02		
Direitos Humanos	02		
Direito Eleitoral	02		
Direito Empresarial	04		
Ética	08		
Filosofia do Direito	02		
Direito Financeiro	02		
Direito Internacional	02		
Direito Penal	06		
Direito Previdenciário	02		
Direito Processual Civil	06		
Direito Processual Penal	06		
Direito Processual do Trabalho	05		
Direito do Trabalho	05		
Direito Tributário	05		
TOTAL	80		

1. O advogado Luiz foi contratado pelo cliente Anselmo para lhe acompanhar na condução de inquérito policial. Ao se dirigir até a Delegacia de Polícia, recebeu a informação de que a investigação estaria sob segredo de justiça, sendo-lhe negado o acesso aos autos e impedida sua participação no momento da tomada de seu interrogatório. Nos termos do Estatuto da Advocacia, é correto afirmar que:

(A) O advogado Luiz pode ter acesso aos autos de qualquer inquérito, mesmo sem procuração.
(B) O advogado Luiz não poderá acompanhar o cliente Anselmo na tomada de seu interrogatório, como forma de não obstaculizar a investigação.
(C) O advogado Luiz somente poderá acompanhar o cliente Anselmo na tomada de seu interrogatório se o Delegado de Polícia expressamente autorizar.
(D) O advogado Luiz pode ter acesso aos autos do inquérito em questão, desde que apresentada a procuração.

2. Diogo é formado em Direito e ainda não prestou o Exame de Ordem para obter aprovação necessária para sua inscrição como advogado. Até que preste o exame de ordem, Diogo permanece como estagiário inscrito na OAB, exercendo a atividade de estagiário no escritório pertencente ao advogado Hugo. A cliente Marcela procurou o escritório e obteve consultoria jurídica prestada conjuntamente por Diogo e Hugo sobre determinada demanda judicial que pretendia ingressar. Ao saber que Diogo era apenas estagiário, se sentiu enganada e procurou o respectivo Conselho Seccional, objetivando realizar representação contra ambos os profissionais. Diante do caso concreto e segundo o Estatuto da Advocacia e da OAB:

(A) Diante da informação de que Diogo já se formou em Direito, será vedada sua permanência como estagiário do escritório do advogado Hugo.
(B) A consultoria jurídica prestada por Diogo será de sua inteira responsabilidade, isentando o advogado Hugo, face o estagiário já ser formado em Direito.
(C) Mesmo com a informação de que Diogo já se formou em Direito, é possível que permaneça no estágio pelo prazo legal, sendo responsabilidade do advogado Hugo a atividade de consultoria realizada.
(D) Mesmo com a informação de que Diogo já se formou em Direito, é possível que permaneça no estágio pelo prazo legal, sendo responsabilidade solidária entre o advogado e estagiário a atividade de consultoria realizada.

3. Sobre o prazo para ajuizamento de ação de cobrança de honorários e ação de prestação de contas, assinale a opção correta.

(A) Prescreve em quatro anos a ação de prestação de contas proposta pelo cliente em face do advogado. Já a ação de cobrança de honorários prescreverá no prazo de cinco anos, contados do trânsito em julgado da decisão que os fixar.
(B) Prescreve em cinco anos a ação de prestação de contas proposta pelo cliente em face do advogado. Já a ação de cobrança de honorários prescreverá no prazo de dois anos, contados da decisão que os fixar, independentemente do trânsito em julgado.
(C) Prescreve em cinco anos a ação de prestação de contas proposta pelo cliente em face do advogado. Já a ação de cobrança de honorários prescreverá no prazo de cinco anos, contados da decisão que os fixar, independentemente do trânsito em julgado.
(D) Prescreve em cinco anos a ação de prestação de contas, proposta pelo cliente em face do advogado. A ação de cobrança de honorários também prescreverá no prazo de cinco anos, contados do trânsito em julgado da decisão que os fixar.

4. Clotilde é advogada atuante na área de família há muitos anos, recebendo notoriedade em sua atividade profissional por conseguir vencer causas relacionadas com a prestação de verbas alimentares. Após aceitar patrocinar demanda em que uma das partes estaria envolvida com o cometimento de crimes, sua família orientou Clotilde a não atuar com a costumeira independência e ser mais temente aos anseios das partes e submissão das autoridades. Diante da situação descrita, assinale a opção incorreta:

(A) A recomendação dada pela família detém fundamento no temor às autoridades e submissão aos interesses das partes, devendo ser acatada pela advogada.
(B) A recomendação não merece prosperar, pois a advogada mantém sua independência em qualquer circunstância perante demais autoridades.
(C) A recomendação não merece prosperar, pois a advogada não deve se subordinar a intenções contrárias dos clientes, mas sim harmonizá-las.
(D) A recomendação dada pela família não detém fundamento em decorrência da autonomia e independência do exercício profissional.

5. O advogado Edinaldo realizou publicidade irregular, sujeita a sanção de censura em 27-10-2011, sendo o fato oficialmente constatado pelo respectivo Conselho Seccional da OAB apenas em 17-3-2021. No dia seguinte, 18-3-2021, foi instaurado processo administrativo disciplinar, sendo-lhe aplicada a sanção de censura definitivamente em 27-10-2021. Sobre o caso apresentado, conforme estabelece o Estatuto da Advocacia e OAB:

(A) a pretensão à punibilidade encontra-se prescrita, uma vez que aplicada apenas 10 anos após a realização da publicidade irregular.
(B) a pretensão à punibilidade não se encontra prescrita, uma vez que fora instaurado o processo disciplinar dentro dos cinco anos contados da constatação oficial. Também não houve prescrição intercorrente, pois não configurado três anos de paralisação do processo disciplinar.
(C) a pretensão à punibilidade não se encontra prescrita, uma vez que fora instaurado o processo disciplinar dentro dos 10 anos contados do cometimento do fato. Porém houve prescrição intercorrente, uma vez ultrapassados três meses sem o efetivo julgamento.
(D) a pretensão à punibilidade não se encontra prescrita, uma vez que fora instaurado o processo disciplinar dentro dos cinco anos contados da constatação oficial. Porém houve prescrição intercorrente, uma vez ultrapassados três meses sem o efetivo julgamento.

6. Rafael é advogado e responde a processo disciplinar diante da ausência de prestação de contas para seu cliente. Mesmo sustentando ter prestado contas por meio eletrônico, o Conselho Seccional do Estado de Mato Grosso do Sul, onde fora processado, lhe condenou a pena de suspensão. Não concordando com a decisão, tomada de forma não unânime, Rafael pretende recorrer ao Conselho Federal da OAB. Sobre a situação descrita e conforme determina o Estatuto da Advocacia e OAB, assinale a opção correta:

(A) não cabe recurso ao Conselho Federal e sim ao Tribunal de Ética do Conselho Seccional do Estado de Mato Grosso do Sul.
(B) não cabe recurso ao Conselho Federal, pois Rafael não demonstrou contrariedade com decisão de outro Conselho Seccional.
(C) cabe recurso ao Conselho Federal, uma vez que a decisão tomada no Conselho Seccional do Estado de Mato Grosso do Sul não foi unânime.
(D) não cabe recurso ao Conselho Federal, pois Rafael não demonstrou contrariedade com decisão anterior do próprio Conselho Federal.

7. Leonardo é Secretário Geral de certo Conselho Seccional da OAB. No curso do mandato, Leonardo pratica infração disciplinar, sendo condenado em definitivo a sanção de suspensão pelo prazo de apenas 30 dias. Segundo o Estatuto da OAB, Leonardo:

(A) terá seu cargo extinto, independentemente da natureza da sanção disciplinar aplicada.
(B) ficará afastado de suas atividades pelo prazo de 30 dias, retornando ao cargo no respectivo Conselho após o trigésimo primeiro dia.
(C) terá seu cargo extinto, apenas se a sanção por infração disciplinar aplicada for de exclusão.
(D) poderá exercer suas funções no respectivo Conselho, ficando apenas afastado do exercício da advocacia.

8. Marcelo é advogado e consultor, sendo contratado pela empresa Tretas S/A para realizar parecer quanto determinada matéria jurídica, atividade que realiza com maestria. Neste parecer, o advogado Marcelo conclui que os fatos narrados não garantem o direito requerido pela empresa. Ultrapassados dois meses, a empresa consulta outro advogado e este apresenta novo parecer no sentido contrário aquele apresentado por Marcelo. A empresa Tretas S/A, tendo em mãos o novo parecer, busca novamente o advogado Marcelo requerendo que este apresente ação judicial favorável a empresa, ameaçando-o lhe representar no respectivo Conselho Seccional em face do primeiro parecer deferido. Nesse sentido, conforme dispõe o Código de Ética e Disciplina da OAB, Marcelo:

(A) deve propor a ação judicial, sob pena de responder disciplinarmente.
(B) pode se recusar a propor a ação sem temer qualquer representação, diante do posicionamento anterior.
(C) pode se recusar a propor a ação sem temer qualquer representação, mas deve modificar seu parecer anterior.
(D) deve propor a ação judicial em conjunto com o novo advogado, sob pena de responder disciplinarmente.

9. A norma fundamental para Kelsen é pressuposta transcendentalmente pelo sistema jurídico enquanto válido. A categoria de norma fundamental influenciou, sequencialmente, a obra de:

(A) Platão.
(B) Aristóteles.
(C) Bobbio.
(D) Hegel.

10. No que concerne à relação entre Direito e Estado, tal como a tematiza Hans Kelsen na obra *O que é a justiça?*, é correto afirmar que o Estado:

(A) é o poder segundo a ideologia com maior representação cultural.
(B) é uma entidade metajurídica que precede a criação do Direito.
(C) considerado democrático, e somente este, é legítimo para produzir normas jurídicas, pois reflete a justiça.
(D) é um grupo de pessoas unidas para a consecução de interesses comuns, e o Direito é um corpo normativo que reflete a moral do povo.

11. Pedro foi acusado de fraude em um concurso público. No processo administrativo, ele não foi informado sobre a possibilidade de apresentar defesa prévia e teve seu direito ao contraditório cerceado. Considerando o art. 5º, inciso LV, da Constituição Federal e a jurisprudência do STF, é correto afirmar que:

(A) O direito ao contraditório e à ampla defesa não se aplica em processos administrativos.
(B) A ausência de oportunidade de defesa prévia e o cerceamento ao contraditório anulam o processo administrativo.
(C) O contraditório e a ampla defesa são princípios facultativos, que podem ser dispensados pelo administrador público.
(D) A defesa prévia pode ser dispensada, desde que o acusado tenha a oportunidade de se defender posteriormente.

12. João, empregado em uma pequena empresa, foi impedido pelo seu empregador de se filiar a um sindicato, sob a alegação de que sua função era de confiança e, portanto, não precisava de representação sindical. João busca orientação sobre seu direito à liberdade sindical. De acordo com a Constituição Federal de 1988, é correto afirmar que João:

(A) Não tem direito de se filiar a sindicato, pois exerce função de confiança e é parte integrante da direção da empresa.
(B) Pode se filiar a um sindicato de sua escolha, independentemente de sua função na empresa, pois a liberdade sindical é garantida pela Constituição.
(C) Só pode se filiar a um sindicato se o empregador autorizar, devido à natureza de sua função de confiança.
(D) Não pode se filiar a um sindicato, mas tem direito a uma representação interna na empresa.

13. Maria, aprovada em concurso público para o cargo de analista em uma autarquia federal, descobre que a nomeação de seu cargo depende de aprovação prévia em um estágio probatório de três anos. Durante esse período, seu desempenho será avaliado continuamente. Maria questiona sobre a natureza e as condições dessa avaliação. De acordo com a Constituição Federal de 1988, é correto afirmar que Maria:

(A) Só poderá adquirir estabilidade após o estágio probatório, mas sua avaliação de desempenho é facultativa.
(B) Será automaticamente estável após o término do estágio probatório, independentemente de avaliação de desempenho.
(C) Adquirirá estabilidade no serviço público após três anos de efetivo exercício e aprovação em avaliação de desempenho, assegurada a ampla defesa.
(D) Não poderá ser avaliada durante o estágio probatório, pois a estabilidade é concedida de forma automática após três anos de serviço.

14. A juíza Maria, que atua na Justiça Federal, foi acusada de envolvimento em atos ilícitos. O Conselho Nacional de Justiça (CNJ) instaurou processo administrativo disciplinar para apurar os fatos. Com base na Constituição Federal e na jurisprudência do STF, é correto afirmar que:

(A) A juíza Maria pode ser diretamente demitida pelo CNJ, caso seja comprovado seu envolvimento nos atos ilícitos.
(B) A punição máxima que o CNJ pode impor à juíza Maria é a aposentadoria compulsória, com vencimentos proporcionais ao tempo de serviço.
(C) O CNJ não tem competência para aplicar qualquer penalidade a magistrados, sendo essa função exclusiva do STF.
(D) A juíza Maria só poderá ser julgada criminalmente pelo STF, em razão de sua prerrogativa de foro.

15. Em 2023, o Presidente da República editou uma medida provisória que alterava substancialmente o regime jurídico de servidores públicos federais, reduzindo alguns de seus direitos adquiridos. A medida provisória foi questionada no Supremo Tribunal Federal por meio de uma Ação Direta de Inconstitucionalidade (ADI), proposta por um partido político com representação no Congresso Nacional. O partido argumentava que a medida provisória violava o princípio da irredutibilidade dos vencimentos e o princípio do concurso público. Considerando o caso e a doutrina sobre o controle de constitucionalidade, assinale a alternativa correta:

(A) A Medida Provisória pode ser impugnada por meio de ADI, desde que o partido político tenha representação no Congresso Nacional.
(B) O STF não pode analisar a constitucionalidade de medida provisória em sede de ADI, pois tal análise deve ser feita somente após a conversão da medida em lei.
(C) O princípio da irredutibilidade dos vencimentos é absoluto, e qualquer redução salarial, ainda que temporária, é inconstitucional.
(D) A decisão do STF em ADI sempre produzirá efeitos *ex tunc*, independentemente do conteúdo da norma questionada.

16. João foi preso em flagrante por suspeita de tráfico de drogas. Durante a prisão, ele foi mantido incomunicável por mais de 24 horas, sem acesso a advogado ou contato com sua família. João alega que seus direitos foram violados. Com base no art. 5º da Constituição Federal e na jurisprudência do STF, assinale a alternativa correta:

(A) A manutenção de João incomunicável é permitida, desde que seja por um período não superior a 48 horas.
(B) O direito de comunicação de João pode ser restringido em caso de crime hediondo.
(C) A incomunicabilidade de João é permitida, desde que seja determinada por autoridade policial competente.
(D) João tem o direito de ser informado sobre o motivo de sua prisão e de comunicar sua família e advogado imediatamente, sendo vedada sua incomunicabilidade.

17. A Convenção n. 169 da OIT sobre Povos Indígenas e Tribais de 1989 teve como base a Recomendação sobre populações indígenas e tribais de 1957, além da Declaração Universal dos Direitos Humanos, do Pacto Internacional dos Direitos Econômicos, Sociais e Culturais, do Pacto Internacional dos Direitos Civis e Políticos e dos numerosos instrumentos internacionais sobre a prevenção da discriminação em relação ao tema. Há aspirações desses povos a assumir o controle de suas próprias instituições e formas de vida e seu desenvolvimento econômico, e manter e fortalecer suas identidades, línguas e religiões, dentro do âmbito dos Estados onde moram. Tendo como base a Convenção mencionada, como devem ser tratadas as terras tradicionalmente ocupadas por povos indígenas?

(A) Devem ser nacionalizadas pelo governo.
(B) Podem ser vendidas a empresas privadas sem consulta.
(C) Devem ser reconhecidas e protegidas, garantindo o uso sustentável por parte dos povos indígenas.
(D) Devem ser utilizadas exclusivamente para a agricultura.

18. A Convenção n. 169 da OIT sobre Povos Indígenas e Tribais de 1989 teve como base a Recomendação sobre populações indígenas e tribais de 1957, além da Declaração Universal dos Direitos Humanos, do Pacto Internacional dos Direitos Econômicos, Sociais e Culturais, do Pacto Internacional dos Direitos Civis e Políticos e dos numerosos instrumentos internacionais sobre a prevenção da discriminação em relação ao tema. Há aspirações desses povos a assumir o controle de suas próprias instituições e formas de vida e seu desenvolvimento econômico, e manter e fortalecer suas identidades, línguas e religiões, dentro do âmbito dos Estados onde moram. Tendo como base a Convenção mencionada, sobre a saúde dos povos indígenas, aponte uma dessas medidas que o governo deve adotar:

(A) Criar hospitais separados para povos indígenas.
(B) Prestar serviços de saúde adequados, levando em consideração suas práticas e medicina tradicionais.
(C) Proibir o uso de práticas médicas tradicionais indígenas.
(D) Implementar apenas medicina ocidental nas comunidades indígenas.

19. A direção executiva do partido Gama debatia acerca das funções da Justiça Eleitoral quando surgiu uma dúvida quanto a natureza das multas em razão da prática de propaganda eleitoral irregular. Pedrinho, um dos dirigentes presentes, comentou que o juiz eleitoral, investido do poder de polícia, poderia inibir a prática de propaganda eleitoral irregular; Maria, por sua vez, afirmou que o juiz eleitoral é investido de poder para instaurar, de ofício, procedimento com a finalidade de impor multa pela veiculação de propaganda eleitoral irregular; João concordou com Maria e acrescentou que a instauração de procedimento para impor multa pela veiculação irregular de propaganda é procedimento administrativo.

Ante o que se expôs acima, assinale a alternativa correta.

(A) Todas as afirmações dos dirigentes do partido Gama estão corretas.
(B) Apenas a afirmação de Maria está correta.
(C) Apenas as afirmações de Maria e de João estão corretas.
(D) Apenas a afirmação de Pedrinho está correta.

20. O ex-deputado estadual Pedrinho foi condenado pelo Tribunal Superior Eleitoral em razão da prática de abuso de poder econômico, inscrito no art. 1º, inc. I, alínea *d*, da Lei Complementar 64/1990. O seu advogado, Dr. João, recorreu da decisão junto ao Supremo Tribunal Federal. Ao tomar conhecimento de que os três ministros do Tribunal Superior Eleitoral, oriundos do Supremo Tribunal Federal, iriam atuar no julgamento do seu recurso, o advogado arguiu incidente de impedimento desses ministros, com base no art. 144, inc. II, do Código de Processo Civil, uma vez que esses mesmos ministros haviam atuado no processo enquanto membros da Corte Eleitoral.

Com base no que se expôs acima, é correto afirmar

(A) A ação do advogado não deve prosperar, porque no julgamento de questão constitucional, vinculada a decisão do Tribunal Superior Eleitoral, não estão impedidos os Mi-

nistros do Supremo Tribunal Federal que ali tenham funcionado no mesmo processo, ou no processo originário.
(B) A ação do Dr. João deve prosperar, porque há impedimento dos ministros, sendo-lhes vedado exercer suas funções no processo de que conheceram em outro grau de jurisdição, ainda que não tenham proferido decisão.
(C) A ação do Dr. João deve prosperar somente contra os ministros que tenham proferido decisão quando atuaram na Corte Eleitoral.
(D) A ação não deve prosperar, no julgamento de questão constitucional, vinculada a decisão do Tribunal Superior Eleitoral, estão impedidos apenas os Ministros do Supremo Tribunal Federal que ali tenham funcionado no processo originário iniciado no Tribunal Regional Eleitoral.

21. Mike Ross, brasileiro naturalizado, mora na cidade de Florianópolis há 5 (cinco) anos. Em visita a parentes americanos, conhece Rachel, residente em Orlando, com quem passa a ter um relacionamento amoroso. Após 3 (três) anos de namoro a distância, ficam noivos e celebram matrimônio em território americano. De comum acordo, o casal estabelece seu primeiro domicílio no Rio de Janeiro. Assinale a alternativa correta:
(A) Aplicável a Lei americana, porque ninguém é haja é brasileiro nato.
(B) Aplicável a Lei americana, local onde o matrimônio foi celebrado.
(C) Aplicável a Lei brasileira, em razão do domicílio do cônjuge varão.
(D) Aplicável a Lei brasileira, porque aqui constituído o primeiro domicílio conjugal.

22. Harvey e Jessica se casaram no Brasil e se mudaram para Portugal, onde permaneceram por quase cinco anos. O casal de forma amigável decide se divorciar e Jessica voltar a morar no Brasil. Dessa união, não tiveram filho e não construíram patrimônio. Com relação à dissolução do casamento, assinale a afirmativa correta.
(A) O divórcio só poderá ser requerido no Brasil, eis que o casamento foi realizado no Brasil.
(B) O divórcio, se efetivado em Portugal, precisa ser reconhecido e homologado perante o STF para que tenha validade no Brasil.
(C) O divórcio consensual pode ser reconhecido no Brasil sem que seja necessário proceder à homologação.
(D) Para requerer o divórcio no Brasil, o casal deverá, primeiramente, voltar a residir no país.

23. A cidade de Sol Nascente recebeu uma vultosa doação em dinheiro de uma grande corporação privada, destinada exclusivamente para a construção de um hospital municipal. Durante uma reunião de planejamento, a contadora da Prefeitura, Sra. Márcia, classificou esse recurso como Receita Corrente. O controlador interno do município, Sr. Carlos, ao revisar os documentos, questionou a classificação feita por Márcia. Com base no art. 11, § 2º, da n. Lei 4.320/64, assinale a alternativa correta.
(A) Sra. Márcia está correta, pois toda doação em dinheiro de entidades privadas é classificada como Receita Corrente.
(B) Sr. Carlos tem razão em questionar, pois os recursos recebidos de pessoas de direito privado, destinados a atender despesas classificáveis em Despesas de Capital, como a construção de um hospital, são classificados como Receitas de Capital.
(C) Ambos estão equivocados, pois doações de empresas privadas não podem ser utilizadas para fins públicos e, portanto, não devem ser classificadas no orçamento.
(D) O dinheiro recebido deveria ser classificado como superávit do Orçamento Corrente, independentemente de sua destinação.

24. No início de seu mandato, a prefeita da cidade de Vila Verde propôs uma lei municipal concedendo benefícios fiscais para empresas do setor de tecnologia que decidissem se instalar na região. A intenção era fomentar o desenvolvimento tecnológico e gerar empregos. No entanto, o projeto de lei apresentado à Câmara Municipal apenas detalhava os benefícios fiscais, sem trazer qualquer estimativa de impacto orçamentário-financeiro. Com base no art. 14 da LRF, assinale a alternativa correta.
(A) A prefeita está correta em sua iniciativa, pois a concessão de benefícios fiscais é uma prerrogativa do gestor público, não necessitando de estimativas orçamentárias detalhadas.
(B) A proposta é válida desde que os benefícios fiscais não comprometam mais do que 10% da arrecadação municipal, independentemente da apresentação do impacto orçamentário-financeiro.
(C) A lei proposta pela prefeita está incompleta, pois a concessão ou ampliação de incentivo de natureza tributária que implique renúncia de receita deve estar acompanhada de estimativa do impacto orçamentário-financeiro no exercício de sua vigência e nos dois subsequentes.
(D) A prefeita somente poderá propor tais benefícios fiscais após o término de seu mandato, garantindo assim que futuras administrações estejam de acordo com os incentivos concedidos.

25. Gabriel, propõe ação anulatória de débito fiscal logo após efetuar o depósito da totalidade do crédito tributário que objetiva anular. Nesse sentido, é correto afirmar que:

(A) é requisito de admissibilidade da ação proposta a realização de depósito prévio correspondente a totalidade do crédito.
(B) o depósito efetivado poderá ser levantado de forma imediata na hipótese de procedência do pedido perante o juízo de primeiro grau.
(C) o depósito prévio do montante integral produz os efeitos de impedir a propositura da execução fiscal, bem como evita a fluência dos juros e a imposição de multa.
(D) vencido o contribuinte em sua pretensão anulatória, deverá a Fazenda promover execução fiscal para recebimento do crédito que lhe é devido.

26. Visando adotar a melhor estratégia econômica para fomentar o mercado interno brasileiro, o Chefe do Poder Executivo da União reduz a alíquota do Imposto sobre Produtos Industrializados (IPI) para determinados produtos. Nesse cenário, você é consultado para tecer considerações sobre os parâmetros constitucionais dirigidos àquele imposto. Assim, você afirmaria que, a respeito do IPI, o art. 153, § 3º, da CRFB/88, estabelece que:

(A) não se aplica a seletividade por essencialidade.
(B) é cumulativo.
(C) não incidirá sobre produtos industrializados destinados ao exterior.
(D) terá impacto mais gravoso quando incidente sobre a aquisição de bens de capital pelo contribuinte do imposto.

27. Sobre o Imposto Sobre Circulação de Mercadorias e Serviços (ICMS), é correto afirmar que:

(A) é não cumulativo e neste sentido, em toda hipótese, deverá ser garantido o crédito para compensação com o montante devido nas operações ou prestações seguintes.
(B) incide sobre prestação de serviços de transporte interestadual e intermunicipal e de comunicação, assim como sobre o valor total da operação, quando as mercadorias forem fornecidas com serviços não compreendidos na competência impositiva municipal.
(C) com competência tributária estadual, somente a legislação estadual poderá afastar o imposto, nas exportações para o exterior, serviços e produtos determinados.
(D) possui alíquotas estabelecidas pelo Senado Federal, aplicáveis às operações e prestações internas, interestaduais e de exportação.

28. O objeto da obrigação tributária principal é

(A) satisfação da obrigação de fazer consistente na escrituração de livros contábeis.
(B) satisfação da obrigação de pagar consistente no pagamento de tributo ou penalidade pecuniária.
(C) obrigação de fazer que consiste na prestação de informações tributárias perante a autoridade fiscal competente.
(D) obrigação de fazer que consiste na inscrição da pessoa jurídica junto ao Cadastro Nacional de Pessoa Jurídica (CNPJ).

29. Uma Lei Municipal, com publicação em 17-1-2021, realizou o aumento dos valores de multas e alíquotas relativo aos fatos jurídicos tributáveis e ilícitos relacionados ao ISS do Município. Nesse interim, determinado contribuinte foi autuado em 23-12-2020, em decorrência de não efetivação do pagamento do ISS dos meses de abril de 2020 a novembro de 2020. Assinale a alternativa correta a respeito de como se procederia a aplicação da legislação tributária para a situação em tela.

(A) Devem ser mantidas as alíquotas e multas nos valores previstos na data do fato gerador.
(B) Devem ser aplicadas as alíquotas previstas na lei nova e as multas seriam aplicadas nos valores previstos na data do fato gerador.
(C) Devem ser mantidas as alíquotas nos valores previstos na data do fato gerador e as multas seriam aplicadas nos valores previstos de acordo com a nova lei.
(D) Devem ser aplicadas as alíquotas e multas nos valores previstos de acordo com a nova lei.

30. Em processo administrativo em curso, Maria não recebeu a renovação de licença anteriormente concedida em seu favor e, além disso, a licença em vigor foi revogada. Diante desse cenário, Maria interpôs recurso administrativo com o intuito de contestar e reformar a decisão administrativa.

Considerando a situação narrada e as normas estabelecidas na Lei n. 9.784/99, correto afirmar que:

(A) O recurso administrativo interposto por Maria gozará de efeitos suspensivo automático.
(B) o recurso administrativo interposto por Maria deverá ser decidido no prazo máximo de trinta dias, a partir do recebimento dos autos pelo órgão competente.
(C) interposto o recurso, o órgão competente para dele conhecer deverá intimar os demais interessados para que, no prazo de dez dias úteis, apresentem alegações.
(D) O recurso administrativo tramitará no máximo por três instâncias administrativas, salvo disposição legal diversa, e deverá ser dirigido à autoridade que proferiu a decisão, a qual, se não a reconsiderar no prazo de dez dias, o encaminhará à autoridade superior.

31. Uma Secretaria Estadual vinculada ao Estado Delta firmou contrato com a sociedade empresária XYZ visando a construção de um edifício público. Ocorre que, durante o processo de realização da obra, notou-se pelos órgãos de supervisão que uma construtora foi subcontratada para cuidar de toda a infraestrutura elétrica do prédio.

Nesse cenário, correto afirmar que:

(A) é prerrogativa da sociedade empresária XYZ promover a subcontratação parcial da obra, independentemente de autorização prévia da Administração Pública.
(B) a subcontratação é nula, pois seja ela integral ou parcial é expressamente vedada pela Lei n. 14.133/2021.
(C) na execução do contrato e sem prejuízo das responsabilidades contratuais e legais, sociedade empresária XYZ poderá subcontratar partes da obra, do serviço ou do fornecimento até o limite autorizado, em cada caso, pela Administração.
(D) é prerrogativa da sociedade empresária XYZ promover a subcontratação parcial da obra, independentemente da comprovação da capacidade técnica do subcontratado.

32. O Estado Alfa aprovou processo licitatório no qual o foco da licitação é a operação continuada de sistemas estruturantes de tecnologia da informação. Sob as diretrizes da recente Lei de Licitações (Lei Federal n. 14.133/2021), o contrato poderá ter um período de validade máximo de:

(A) 15 anos.
(B) 10 anos.
(C) 25 anos:
(D) 30 anos.

33. A Lei Municipal n. 123 dispõe sobre o horário de funcionamento dos estabelecimentos comerciais locais. A fim de garantir maior especificidade e eficiência à lei, especificamente nas áreas caracterizadas pela presença de residências, o prefeito municipal editou o Decreto n. 456 com o objetivo de regulamentar a norma legal.

Na situação narrada, a conduta do prefeito está fundamentada no poder administrativo:

(A) hierárquico, pelo qual o Poder Executivo, em matérias administrativas, sobrepõe-se ao Poder Legislativo, podendo expedir decretos e regulamentos para sua fiel execução.
(B) discricionário, que confere ao Poder Executivo liberdade de atuação, viabilizando a edição de decretos e regulamentos para a fiel execução da lei regulamentada.
(C) normativo, cuja função é estabelecer atos administrativos gerais e abstratos para garantir a fiel execução da lei, detalhando seus termos de forma mais específica.
(D) de polícia, exercido pelo Poder Executivo com o propósito de limitar os direitos dos particulares em prol do interesse público.

34. A entidade privada Beta, sem fins lucrativos, qualificada como organização da sociedade civil, apresenta uma proposta de parceria com a Administração Pública. O objetivo principal é alcançar finalidades de interesse público e recíproco, com a transferência de recursos financeiros em seu favor.

Nesse contexto, a parceria entre a Beta e a Administração Pública deverá ser formalizada mediante:

(A) termo de fomento.
(B) acordo de cooperação.
(C) termo de parceria.
(D) termo de colaboração

35. XYZ Ltda. é um distribuidor de pneus. Nesse sentido, XYZ Ltda., consulta um Advogado a respeito de sua responsabilidade no sistema de logística reversa. De acordo com a Lei n. 12.305/2010, o Advogado deverá informar que:

(A) XYZ Ltda. dará destinação ambientalmente adequada aos pneus reunidos ou devolvidos pelos consumidores, sendo o rejeito encaminhado para a disposição final ambientalmente adequada.
(B) XYZ Ltda. deverá efetuar a devolução dos pneus reunidos ou devolvidos aos fabricantes ou aos importadores.
(C) XYZ Ltda. deverá comprar dos consumidores os pneus que não prestam mais para o uso.
(D) XYZ Ltda. não tem responsabilidade no sistema de logística reversa, pois os consumidores precisam efetuar a devolução dos pneus diretamente aos fabricantes ou importadores.

36. O Prefeito do Município ABC pretende criar, por Decreto municipal, o Parque Natural Municipal ABC. Com relação à situação proposta, assinale a opção que se harmoniza com a legislação ambiental.

(A) Na criação do Parque Natural Municipal ABC, não é obrigatória a realização de consulta pública.
(B) Na criação do Parque Natural Municipal ABC, não é obrigatória a realização de estudos técnicos.
(C) A criação do Parque Natural Municipal ABC deve ser precedida de estudos técnicos e de consulta pública que permitam identificar a localização, a dimensão e os limites mais adequados para a unidade, conforme se dispuser em regulamento.
(D) A criação do Parque Natural Municipal ABC deve ser precedida necessariamente de Estudo Prévio de Impacto Ambiental, não sendo obrigatória a realização de outros estudos técnicos.

37. Reginaldo, empresário, é casado com Janete. Dessa união, tiveram quatro filhas, sendo três destas filhas casadas, Anabele, Anelise e Arlinda, e uma filha solteira, Armelinda. No último ano, Reginaldo, entendendo que sua filha Armelinda estava passando por necessidades e ainda tendo que pagar aluguel, vendeu um dos seus apartamentos para ela, sem o consentimento ou anuência das outras filhas.

Anelise, sabendo do negócio realizado entre sua irmã e seu pai, decide procurar o seu advogado para questionar sobre validade do contrato.

Diante do caso narrado, assinale a alternativa correta

(A) Anabele, Anelise e Arlinda possuem três anos, a partir da averbação no cartório de registo de imóveis para requerer a anulação do negócio jurídico.
(B) O contrato realizado entre as partes é considerado nulo pelo ordenamento brasileiro, podendo ser requerido sua invalidade por até dez anos.
(C) O negócio jurídico é válido, não podendo ser questionado no Judiciário, uma vez que Reginaldo possui autonomia para distribuir os seus bens em vida.
(D) A venda realizada entre Reginaldo e Armelinda é anulável, no prazo de dois anos, salvo se as outras filhas e a esposa expressamente houvessem consentido.

38. Bernardo adquire o imóvel residencial de Gérson, o qual possui condição cultural muito baixa, por R$ 20.000,00, quando o valor de mercado era o de R$ 120.000,00. A venda se deu por premente necessidade financeira de Gérson. Incomodado, Gérson procura o seu advogado para verificar a legitimidade da transação. No caso, essa situação caracteriza:

(A) lesão, pela manifesta desproporção entre o valor do bem e o que foi pago por ele, em princípio anulando-se o negócio jurídico, salvo se for oferecido suplemento suficiente por Bernardo, ou se este concordar com a redução do proveito.
(B) estado de perigo, pela premente necessidade de Gérson, que o fez assumir prejuízo excessivamente oneroso, anulando-se o negócio jurídico, sem possibilidade de convalidação.
(C) dolo de oportunidade de Bernardo, anulando-se o negócio jurídico por ter sido a conduta dolosa a causa da celebração do negócio jurídico, podendo este ser convalidado somente se for pago o valor correto, de mercado, pelo imóvel.
(D) erro por parte de Gérson, em função de sua inexperiência e premente necessidade, anulando-se o negócio jurídico, sem convalidação por se tratar de erro substancial.

39. Bento Abelardo, desempregado e sem lugar para morar, percebendo um terreno em um território rural vazio de cinco hectares, constrói ali sua moradia e uma pequena horta para seu sustento, mesmo sabendo que o terreno é de propriedade de terceiros. Nesse local, ele exerce sua posse mansa e pacífica por seis anos. Nivaldo, proprietário de muitas fazendas, ainda não tomou conhecimento da presença de Bento em sua fazenda.

Acerca dos tipos de usucapião:

(A) Estão presentes os requisitos da usucapião extraordinária, portanto, poderá Bento propor uma ação de usucapião com base nesta classificação legal.
(B) Estão presentes os requisitos da usucapião rural especial, portanto, poderá Bento propor uma ação de usucapião com base nesta classificação legal.
(C) Estão presentes os requisitos da usucapião ordinária reduzida, portanto, poderá Bento propor uma ação de usucapião com base nesta classificação legal.
(D) Ainda não estão presentes os requisitos de nenhum tipo de usucapião, portanto, Bento deverá ficar mais quatro anos na terra para possuir os requisitos do usucapião rural especial.

40. Cristiano alugou um imóvel residencial para Igor. Em 25-8-2004, ao saber que Cristiano sofreu um acidente de carro que lhe levou ao coma, Igor parou de pagar o aluguel. Em 14-9-2013, Cristiano saiu do coma e se recuperou. Cristiano procurou seu advogado que, em 12-10-2013, propôs uma ação judicial visando obter a desocupação do imóvel e cobrança dos aluguéis relativos ao período de agosto de 2004 a setembro de 2013.

É correto afirmar que:

(A) não houve a prescrição de qualquer valor, tendo em vista que a prescrição não correu contra Cristiano, em razão do seu estado de saúde.
(B) todos os valores devidos por Igor não são mais devidos, em razão da prescrição.
(C) somente será possível a cobrança dos valores devidos a menos de cinco anos.
(D) somente será possível a cobrança dos valores relativos aos três últimos anos.

41. Pedroso, professor mundialmente reconhecido, por meio de testamento, dispõe do próprio corpo em rol da Universidade de São Paulo, para estudos em curso médico, para depois da morte. Exceptiona, porém, o cérebro, em relação ao qual pleiteia seja enterrado no túmulo de sua família. A respeito desse ato, é correto afirmar que tal ato:

(A) é válido, por ter objetivo científico, ser gratuito e por não ser defesa a disposição parcial do corpo após a morte.
(B) não é válido, porque a disposição do próprio corpo após a morte não se encontra na discricionariedade do indivíduo, tratando-se de direito indisponível.
(C) não é válido, porque a disposição gratuita do próprio corpo só pode ter objetivo altruístico e não científico.
(D) é válido, porque a disposição do próprio corpo após a morte é ato discricionário do indivíduo, para qualquer finalidade ou objetivo, gratuitamente ou não.

42. Adalberto foi condenado à pena de reclusão de 15 anos por homicídio, a ser cumprido em regime fechado. Ele é pai de Guilherme, de cinco anos. Segundo o que dispõe a legislação, assinale a afirmativa correta sobre a convivência do pai e o filho.

(A) Não será garantida a convivência com a criança, em virtude da condenação criminal, resultando em hipótese de perda do poder familiar.
(B) Será garantida a convivência da criança e do adolescente com a mãe ou o pai privado de liberdade, por meio de visitas periódicas promovidas pelo responsável ou, nas hipóteses de acolhimento institucional, pela entidade responsável, desde que haja autorização judicial.
(C) será garantida a convivência da criança e do adolescente com a mãe ou o pai privado de liberdade, por meio de visitas periódicas promovidas pelo responsável ou, nas hipóteses de acolhimento institucional, pela entidade responsável, independentemente de autorização judicial, não sendo causa de perda do poder familiar.
(D) Não será garantida a convivência com a criança, em virtude da condenação criminal, além da perda do poder familiar, como motivo suficiente para tanto.

43. Fernando, de nove anos, de volta às aulas presenciais na sua escola, apareceu mais calado do que antes e com machucados visíveis. A professora, desconfiada, buscou maiores informações a respeito e descobriu que ele estava sendo, constantemente, agredido pelo pai. Diante desta situação de maus-tratos e de tratamento degradante, e de acordo com o ECA, a quem ela deve recorrer?

(A) Ao Ministério Público.
(B) À autoridade policial.
(C) Ao Conselho Tutelar.
(D) Ao Juízo da Infância e da Juventude.

44. Renato e Luciana, ambos com 29 anos, companheiros há pelo menos sete anos, sem filhos, e com estabilidade familiar, pretendem adotar uma criança e conhecem num abrigo Marina, de dez anos de idade, cujos pais são desconhecidos. Como advogado ou advogada do casal, assinale a alternativa correta de acordo com o ECA.

(A) O casal não pode adotar a criança, pois não tem o tempo mínimo de relacionamento de 10 anos exigido pelo ECA.
(B) O casal pode adotar a criança sem o consentimento dos pais, visto que ele é dispensado em caso de pais desconhecidos.
(C) O casal pode adotar a criança, desde que Marina consinta com a adoção.
(D) O casal não poderá adotar a criança, pois é necessário que o adotante tenha, pelo menos, 20 anos mais velho que o adotando.

45. Por erro de lançamento do CPF, o banco Big Money S/A realizou a inscrição indevida do seu correntista Alessandro no cadastro de proteção ao crédito. Em consulta com a sua advogada Tatiana, Alessandro foi informado sobre possível direito a reparação por danos morais. Sabendo que o correntista possui outras inscrições anteriores e regulares em órgãos de proteção ao crédito, é correto afirmar que:

(A) Alessandro não tem direito à correção do registro irregular, mas tem direito à reparação por danos morais.
(B) Alessandro tem direito a indenização por danos morais e à retificação do registro irregular realizado pelo banco Big Money S/A.
(C) Alessandro tem direito a indenização por danos morais e à retificação de todos os registros anteriores.
(D) Alessandro não tem direito à indenização, mas tem direito à retificação do registro irregular realizado pelo Big Money S/A.

46. A fim de ampliar sua cartela de correntistas, o banco Big Money S/A, sem consulta prévia, enviou para o endereço comercial de Marcelo um cartão de crédito com limite de R$ 45.000,00 (quarenta e cinco mil reais). Sendo certo que Marcelo não solicitou por qualquer meio o produto enviado pelo banco, é correto considerar que a prática da instituição financeira é:

(A) Abusiva, pois o cartão deveria ter sido enviado para o endereço residencial de Marcelo.
(B) Abusiva, pois o envio de cartão de crédito sem prévia e expressa solicitação do consumidor configura-se ato ilícito indenizável e sujeito à aplicação de multa administrativa.
(C) Abusiva, pois, feita sem consulta prévia de rendimentos do consumidor, comporta somente a aplicação de multa administrativa.
(D) Abusiva, pois o envio de cartão de crédito sem prévia e expressa solicitação do consumidor configura-se ato ilícito indenizável, mas não sujeito à aplicação de multa.

47. Hebert tem uma sociedade limitada unipessoal, porém, ele vem a ser declarado judicialmente incapaz. Por conta disso, qual procedimento deveria ser adotado? Assinale a alternativa correta.

(A) Será extinta prontamente.
(B) Será mantida sob gestão do Ministério Público.
(C) Será encerrada dentro de seis meses após saldar todas as dívidas.
(D) Será mantida com Hebert sendo assistido por pessoa que possa exercer a atividade de empresário.

48. Cristiano, professor de Direito, deseja abrir um curso preparatório e, para tanto, deseja registrar uma marca para identificar o seu negócio. Em relação à propriedade industrial, protegida pela Lei n. 9.279, assinale a alternativa correta.

(A) São suscetíveis de registro como marca todos os sinais distintivos visualmente perceptíveis.
(B) Marca coletiva é aquela usada para atestar a conformidade de um produto ou serviço com determinadas normas ou especificações técnicas, notadamente quanto à

qualidade, natureza, material utilizado e metodologia empregada.

(C) Não são registráveis como marca pseudônimo ou apelido notoriamente conhecidos, nome artístico singular ou coletivo, salvo com consentimento do titular, herdeiros ou sucessores.

(D) Podem requerer registro de marca apenas pessoas jurídicas de direito público ou de direito privado.

49. Saulo firma um endosso translativo de uma duplicata não à ordem, sem aceite, vencida e não paga a Penélope, que a protesta. O sacado propõe ação declaratória de nulidade de duplicatas e de cancelamento de protestos, cumulada com pedido de indenização por danos morais. Especificamente no que se refere à indenização por danos morais, assinale a resposta correta.

(A) Penélope só será responsabilizada por danos decorrentes de protesto indevido se exceder os poderes do mandato que lhe foi outorgado.

(B) A responsabilidade por danos morais decorrentes de protesto indevido de título de crédito caberá apenas a Saulo.

(C) Nem Saulo nem Penélope serão responsabilizados pelos danos decorrentes de protesto do título de crédito.

(D) Penélope será responsabilizada pelos danos decorrentes de protesto indevido de título de crédito contendo vício formal intrínseco, cabendo direito de regresso contra Saulo.

50. Emerson, produtor rural, criador de vacas holandesas, a qual vende leite para cooperativas, está inscrito na Junta Comercial como empresário. Porém, as vacas tiveram uma doença séria e ele perdeu mais da metade do rebanho. Para requerer a recuperação judicial, ele deverá comprovar o exercício de sua atividade há mais de:

(A) dois anos, podendo incluir o período anterior à formalização do registro.
(B) três anos a partir do registro.
(C) um ano a partir do registro.
(D) dois anos a partir do registro.

51. Jussara promoveu uma ação indenizatória em face da Empresa Festas Loucas Ltda. Me, em virtude de contrato descumprido. A ação tramitou perante o Juizado Especial Cível de Campinas-SP, domicílio da consumidora e sede da empresa. Após o devido processo legal, a ré foi condenada, por meio de sentença transitada em julgado, iniciando-se a fase de cumprimento de sentença. Para surpresa de Jussara, nenhum bem foi encontrado em nome da executada, havendo indícios de confusão patrimonial. Considerando tal realidade, assinale a alternativa correta:

(A) Neste caso não cabe o incidente de desconsideração da personalidade jurídica, por se tratar de modalidade de intervenção de terceiros, não cabível no juizado especial estadual.

(B) O juiz poderá de ofício promover o incidente de desconsideração da personalidade jurídica.

(C) Jussara poderá requerer o incidente de desconsideração da personalidade jurídica, cujo julgamento se dará por meio de decisão interlocutória passível de agravo de instrumento.

(D) Jussara poderá se valer da modalidade de intervenção de terceiros denominada incidente de desconsideração da personalidade jurídica, com a consequente citação dos sócios para se manifestarem em 15 dias, e consequente suspensão do processo até julgamento do incidente.

52. Ludmilla ajuizou ação de cobrança em face de Edvaldo, apresentando farta e convincente prova documental acerca de seus direitos constitutivos, além de pedido de depoimento pessoal da parte contrária e rol de testemunhas. Após audiência de conciliação/mediação infrutífera, o réu apresentou fraca defesa, desacompanhada de prova documental e sem pedido de produção de outras provas, não havendo nenhuma dúvida razoável acerca da pretensão e alegações fáticas da requerente. Neste caso, você, na condição de advogado(a) de Ludmilla, promoveria:

(A) pedido de tutela provisória de evidência.
(B) pedido de tutela provisória de urgência antecipada incidental.
(C) pedido de tutela provisória de urgência cautelar incidental.
(D) pedido de julgamento antecipado parcial de mérito.

53. Cassiana promoveu demanda anulatória de negócio jurídico em face de uma pessoa jurídica de direito privado, alegando dolo da ré na venda de um produto para a autora. Durante a tramitação processual, a requerente pleiteou a inversão do ônus da prova, invocando a teoria da prova diabólica, tendo o juiz acolhido tal pleito, por meio de decisão fundamentada, antes do saneamento. Inconformada, a ré te procura para saber o caminho processual para reverter esta situação:

(A) Nada há a fazer porque a decisão é irrecorrível.
(B) O caso admite interposição de agravo de instrumento perante o juízo ad quem.
(C) A decisão não admite recorribilidade imediata, e poderá ser impugnada posteriormente em preliminar de apelação ou contrarrazões.
(D) O caminho processual indicado é a impetração de mandado de segurança contra ato judicial, uma vez que a decisão do juiz é teratológica e não encontra amparo na legislação processual vigente.

54. Laura vivia em união estável com Marcus, com quem adquiriu um imóvel que foi registrado apenas em nome de Marcus. O casal não possuía nenhuma documentação formal acerca da aludida união estável. Além disso, Marcus possui dois filhos maiores de idade de seu primeiro casamento. Ocorre que, após a morte de Marcus, seus filhos exigiram que Laura desocupasse o imóvel, uma vez que o imóvel passou a ser bem da herança, não havendo o reconhecimento judicial da união estável havida entre o falecido e Laura. Você, na condição de advogado(a) de Laura, na busca pela solução mais prática e adequada:

(A) Promoveria ação de interdito proibitório em face dos filhos de Marcus.
(B) Promoveria ação de manutenção de posse, invocando o direito real de habitação de Laura, e alegando incidentalmente a existência da união estável.
(C) Promoveria ação reivindicatória.
(D) Aconselharia a cliente a desocupar o imóvel e propor ação de reconhecimento de união estável *post mortem* em face dos filhos de Marcus.

55. Yara foi condenada ao pagamento de indenização a título de danos materiais, por sentença condenatória transitada em julgado promovida por seu ex-marido Júlio Cesar. O exequente já iniciou a fase de cumprimento de sentença. Mas, para surpresa de Yara, na presente data, o STF declarou inconstitucional a única norma utilizada pelo juiz de primeira instância para fundamentar sua condenação. Ressalte-se que a inconstitucionalidade foi declarada em controle difuso, sem modulação de efeitos. Ciente desta realidade, Yara informou seu advogado, que poderá:

(A) Ajuizar ação rescisória perante o tribunal competente.
(B) Alegar a inexequibilidade do título executivo judicial, em virtude da inconstitucionalidade superveniente.
(C) Interpor agravo de instrumento.
(D) Ajuizar ação rescisória perante o tribunal competente, caso não tenha transcorrido dois anos do trânsito em julgado da última decisão proferida em seu processo.

56. Edgar está inconformado com o acórdão proferido pela 1ª Turma Cível do TJDFT, que negou provimento a sua apelação. Por entender haver violação de norma constitucional, Edgar interpôs recurso extraordinário perante o presidente do tribunal recorrido. Tal recurso foi admitido no primeiro juízo de admissibilidade. Todavia, no STF o relator entendeu que a violação constitucional foi indireta, e que na verdade o recorrente deveria ter interposto recurso especial. A partir desta narrativa, marque a assertiva correta:

(A) Em virtude do equívoco do recorrente, seu recurso não deve ser conhecido.
(B) Caso houvesse negativa de seguimento do recurso extraordinário, independentemente do fundamento, pelo juízo *a quo*, seria cabível o agravo do art. 1.042 do CPC.
(C) Caso houvesse negativa de seguimento do recurso extraordinário pelo juízo a quo, seria cabível o agravo interno para o próprio tribunal recorrido.
(D) Neste caso é aplicável a fungibilidade ou convertibilidade recíproca entre o recurso extraordinário e especial.

57. Na sentença condenatória, o juiz, no momento da dosimetria da pena, majorou a pena-base em razão da existência de maus antecedentes do réu, informação extraída da folha de antecedentes juntada aos autos. A defesa recorreu, alegando que a comprovação de maus antecedentes deveria se dar com base em certidão cartorária, e não em folha de antecedentes.

Com base nos dados trazidos, assinale a alternativa correta.

(A) De acordo com a jurisprudência dos Tribunais Superiores, a defesa tem razão.
(B) Para o STJ, em entendimento sumulado, a folha de antecedentes criminais é documento suficiente a comprovar os maus antecedentes e a reincidência.
(C) Os maus antecedentes não podem ser considerados quando fixada a pena-base, mas na segunda fase da dosimetria da pena, quando apreciadas as circunstâncias agravantes.
(D) A certidão cartorária pode ser dispensada apenas nos crimes de menor potencial ofensivo.

58. Em uma rede social, Helena disse que Marcos, seu ex-namorado, é um *drogado*, e que, para sustentar seu vício, estaria subtraindo bens da empresa onde trabalha, informação que ela sabia ser falsa.

Com base nas informações trazidas, assinale a alternativa correta.

(A) Helena praticou os crimes de injúria e de difamação, compatíveis com exceção da verdade.
(B) Helena praticou os crimes de difamação e calúnia, ambos compatíveis com exceção da verdade.
(C) Helena praticou os crimes de injúria e de calúnia, ambos compatíveis com exceção da verdade.
(D) Helena praticou os crimes de injúria e de calúnia, e apenas um deles é compatível com a exceção da verdade.

59. Roberto obteve a informação de que um dos seus empregados, Marcos, estaria subtraindo bens a ele pertencentes. Para obter a confissão, Roberto empregou violência contra Marcos, causando-lhe sofrimento físico ou mental.

Com base no exemplo trazido, assinale a alternativa correta.

(A) Roberto não pode ser denunciado por tortura, pois se trata de crime próprio, que tem por sujeito ativo, necessariamente, funcionário público.
(B) Se Roberto fosse funcionário público, a condenação pela prática de tortura poderia causar, a depender do contexto fático, a perda automática do cargo, emprego público ou função pública.

(C) A tortura é crime imprescritível.
(D) A tortura é crime necessariamente comissivo.

60. Sebastião e Valter foram denunciados pela prática do crime de furto qualificado pelo concurso de pessoas. Ambos são primários e a coisa subtraída é de pequeno valor. Em memoriais, a defesa sustentou que ambos fazem jus ao denominado furto privilegiado, hipótese em que a pena do delito deve ser diminuída.

Com base no caso narrado, assinale a alternativa correta.

(A) Não é possível o reconhecimento do furto privilegiado na hipótese de furto qualificado.
(B) Por se tratar de *res furtiva* de pequeno valor, tem de ser reconhecida a insignificância da conduta.
(C) O concurso de pessoas é qualificadora de natureza objetiva, compatível, portanto, com o furto privilegiado.
(D) O concurso de pessoas é qualificadora de natureza subjetiva, incompatível com o furto privilegiado.

61. No dia 8 de novembro de 2021, Júlio subtraiu, mediante fraude, por meio de dispositivo informático, R$ 10 mil da conta corrente de Carolina. A conduta se deu sem violação de mecanismos de segurança. A quantia subtraída foi posteriormente recuperada pela vítima, por meio de decisão judicial.

Com base nos dados trazidos, assinale a alternativa correta.

(A) Por se tratar de estelionato, é imprescindível a representação da vítima, Carolina, para que seja dado início à persecução penal.
(B) Se Carolina fosse pessoa maior de 70 anos de idade, a ação penal seria pública incondicionada.
(C) Júlio praticou o crime de furto qualificado, incompatível com o acordo de não persecução penal.
(D) Júlio praticou o crime de furto qualificado, incompatível com a suspensão condicional do processo, mas admitido o acordo de não persecução penal.

62. Rui, João, Pedro e Joaquim assaltaram um banco. Durante a execução do delito, um policial que estava na agência bancária sacou sua arma de fogo e disparou contra os criminosos, que revidaram e o mataram. Quando estavam prestes a abandonar a agência, outros policiais chegaram ao local e os criminosos foram presos em flagrante.

Com base nas informações trazidas, assinale a alternativa correta.

(A) Os quatro criminosos devem ser responsabilizados pela formação de organização criminosa e pelo latrocínio tentado.
(B) Os quatro criminosos devem ser responsabilizados pela formação de organização criminosa e pelo latrocínio consumado.
(C) Os quatro criminosos devem ser responsabilizados pelo latrocínio tentado, em concurso de pessoas.
(D) Os quatro criminosos devem ser responsabilizados por latrocínio consumado, em concurso de pessoas.

63. Aponte a alternativa incorreta quanto ao inquérito policial:

(A) Os instrumentos do crime, bem como os objetos que interessarem à prova, acompanharão os autos do inquérito.
(B) Se verificar, após a produção dos elementos informativos de prova na fase de investigação policial, que não fora praticado nenhum crime, compete à autoridade policial determinar o arquivamento do inquérito, decisão essa recorrível ao Chefe de Polícia.
(C) Como regra geral do CPP, o inquérito policial deverá terminar no prazo de 10 dias, se o indiciado tiver sido preso, ou no prazo de 30 dias, quando estiver solto.
(D) Qualquer pessoa do povo que tiver conhecimento da existência de infração penal em que caiba ação pública poderá, verbalmente ou por escrito, comunicá-la à autoridade policial, e esta, verificada a procedência das informações, mandará instaurar inquérito.

64. Marque a alternativa correta que reproduz fielmente um dos postulados do princípio da ampla defesa:

(A) A autodefesa obriga o réu a comparecer perante os jurados para ser interrogado.
(B) O direito de audiência integra o princípio da ampla defesa.
(C) Não existe defesa na fase de investigação preliminar, pelo fato do procedimento de investigação ser inquisitivo.
(D) O acusado só pode utilizar o direito ao silêncio na fase judicial.

65. Admite-se, no ordenamento jurídico nacional, o interrogatório por videoconferência, exceto para:

(A) reduzir os gastos públicos com deslocamentos de presos e aparato de segurança pública.
(B) viabilizar a participação do réu no referido ato processual, quando haja relevante dificuldade para seu comparecimento em juízo, por enfermidade ou outra circunstância pessoal.
(C) responder à gravíssima questão de ordem pública.
(D) prevenir risco à segurança pública, quando exista fundada suspeita de que o preso integre organização criminosa ou de que, por outra razão, possa fugir durante o deslocamento.

66. João Carlos foi preso em flagrante presumido. Conduzido ao Distrito Policial, lavrou-se o auto de prisão em flagrante, assinado por duas testemunhas que não presenciaram os fatos, mas acompanharam a leitura do documento ao preso. Apenas 24 horas após a lavratura do auto de prisão em flagrante, o juiz recebeu o procedimento para realizar a audiência de custódia. Diante dos fatos acima assinalados, responda:

(A) a prisão em flagrante foi ilegal e deverá ser relaxada, já que o flagrante foi presumido, hipótese não admitida em lei.
(B) a prisão em flagrante foi ilegal e deverá ser relaxada, pois assinada por testemunhas que não presenciaram o fato criminoso.
(C) a prisão em flagrante foi ilegal e deverá ser relaxada pelo fato de o delegado demorar 24 horas para encaminhar o preso e o auto de prisão em flagrante para o juiz.
(D) não existe ilegalidade descrita no enunciado que possa acarretar no relaxamento da prisão em flagrante.

67. São hipóteses válidas de absolvição sumária no rito comum, exceto:

(A) a existência manifesta de causa excludente de tipicidade do agente.
(B) a existência manifesta de causa excludente da culpabilidade do agente.
(C) a absolvição pela dúvida – *in dubio pro reo*.
(D) existência manifesta de causa excludente da ilicitude do fato.

68. Carlos Magno, réu primário, foi definitivamente condenado pelo crime de tráfico de drogas a uma pena de 15 anos em regime inicial fechado. Após cumprir parte de sua pena, o traficante pede a progressão de regime, sendo esse pedido negado pelo juiz competente. Essa decisão:

(A) deve ser atacada pelo agravo em execução.
(B) é irrecorrível, pois se trata de tráfico de drogas.
(C) deve ser atacada por apelação, já a decisão foi de mérito.
(D) contra a decisão que denega pedido de progressão de regime cabe recurso em sentido estrito – RESE.

69. Murilo, estudante de engenharia, soube no final do curso que, como estudante, poderia ser segurado facultativo da previdência social. Sabendo disso, Murilo se inscreve como segurado facultativo e requer emissão de guia para pagamento retroativo de todo período em que estudou no curso de engenharia. Nesse caso:

(A) desde que não ultrapasse 5 anos, Murilo poderá pagar retroativamente e contabilizar esse período como tempo de contribuição.
(B) a inscrição como segurado facultativo somente gera efeitos a partir da inscrição e do primeiro recolhimento.
(C) Murilo pode pagar retroativamente somente os últimos 3 anos.
(D) o pagamento retroativo nesse caso somente contará para efeitos de tempo de contribuição, e não carência.

70. Rodrigo, devido à necessidade de complementar sua renda, resolveu exercer atividade econômica com finalidade lucrativa na sua própria residência. Para lhe ajudar, Rodrigo contratou Eduarda, que passou a fazer a limpeza na sua residência de maneira habitual e também remunerada. Eduarda, inclusive, acaba atendendo aos clientes de Rodrigo. Nesse caso:

(A) Rodrigo será considerado empregador doméstico de Eduarda.
(B) Eduarda será considerada segurada empregada.
(C) como o trabalho é desenvolvido em âmbito residencial, Eduarda será considerada empregada doméstica, desde que não atue fora da residência.
(D) Eduarda se enquadraria como contribuinte individual.

71. Juarez trabalha numa pizzaria, como entregador, e faz em média 10 entregas em seu turno de trabalho, e normalmente recebe R$ 1,00 (um real) de gorjeta de cada cliente, gerando uma média de R$ 260,00 (duzentos e sessenta reais) mensais. O referido valor não consta no contracheque ou CTPS do empregado. Diante da situação retratada, e com base na CLT, assinale a alternativa correta.

(A) A gorjeta integra a remuneração do empregado.
(B) A gorjeta integra a remuneração do empregado, mas não deve ser anotada na CTPS.
(C) A gorjeta não integra a remuneração do empregado.
(D) Somente a gorjeta que é paga pelo cliente diretamente ao empregador que integra a remuneração do empregado.

72. No mês de agosto de 2019, Marcio, entregador de água, durante uma entrega na casa de um cliente se deparou com um cão de guarda que estava solto e acabou sendo mordido e arranhado pelo animal, sendo lesionado gravemente. Em razão disso, ele precisou se afastar por 30 dias para recuperação, recebendo o benefício previdenciário pertinente do INSS. Ao retornar ao trabalho, após a cessação do auxílio previdenciário, Marcio teve seu contrato rompido de forma injusta. Diante dos fatos narrados, e com base na CLT e jurisprudência, assinale a alternativa correta.

(A) Agiu corretamente o empregador, uma vez que Marcio não tinha estabilidade acidentária.
(B) Agiu corretamente o empregador, já que Marcos ficou afastado por apenas 30 dias, o que não lhe garante a estabilidade acidentária.
(C) Agiu errado o empregador, uma vez que Marcio tinha estabilidade no emprego pelo prazo de 30 dias, contados do retorno ao trabalho.
(D) Agiu errado o empregador, uma vez que Marcio tinha estabilidade no emprego pelo prazo de 12 meses, contados do retorno ao trabalho.

73. João Pedro trabalha abastecendo veículos em um posto de gasolina. A norma coletiva de sua categoria, assim como o regulamento interno da empresa empregadora, preveem que o pagamento realizado por clientes por meio de cheques não é recomendável, mas, se isso for inevitável, o funcionário deverá anotar a placa do veículo, o número de telefone e a identidade do cliente. Ocorre que, em determinado dia, com o posto lotado, João Pedro não procedeu dessa forma e abasteceu dois veículos de uma mesma família. Entretanto, o cheque utilizado para pagamento não tinha suficiência de fundos, razão pela qual o empregador descontou os valores, de forma parcelada, do salário de João Pedro. Com base nos fatos narrados e na jurisprudência do TST, assinale a alternativa correta.

(A) Os descontos são válidos, uma vez que houve culpa do empregado ao não observar as regras da norma coletiva.
(B) Os descontos são ilícitos, uma vez que o empregador deve assumir o risco do negócio e arcar com os prejuízos financeiros.
(C) Os descontos são inválidos, uma vez que o empregado não foi notificado dos mesmos com antecedência de 30 dias.
(D) Os descontos são inválidos, pois que somente poderiam ocorrer na rescisão do contrato de trabalho.

74. Ana Paula é empregada da sociedade empresária Laticínios Leite Fresco Ltda., na qual exerce a função de auxiliar de estoque e recebe a importância correspondente a 1,5 salário-mínimo por mês. Desejando tornar-se microempreendedora individual para realizar venda de bolos e tortas por conta própria, Ana Paula pediu demissão e começou a fazer cursos de confeitaria. Ocorre que, 30 dias após, Ana Paula descobriu que estava grávida e, pelo laudo de ultrassonografia, verificou que já estava grávida antes mesmo de seu desligamento. Diante dos fatos relatados, com base na legislação trabalhista, assinale a alternativa correta.

(A) Ana Paula tem estabilidade gestante e deverá ser reintegrada ao emprego.
(B) Ana Paula tem direito a estabilidade gestante de até 12 meses após o parto.
(C) Ana Paula não tem direito a estabilidade gestante, uma vez que pediu demissão.
(D) Ana Paula tem direito a estabilidade gestante, uma vez que a gravidez ocorreu durante o contrato de trabalho.

75. Carlos Cunha trabalha como operador de telemarketing atendendo no número de telefone do Serviço de Atendimento ao Cliente (SAC) de seu empregador, tendo sido admitido em 22-3-2018. Uma vez que Carlos Cunha trabalha apenas com recepção de ligação telefônica, o empregador determinou, desde o início do contrato, que Carlos Cunha trabalhasse em seu próprio domicílio, local onde o empregador instalou uma pequena central para a recepção dos telefonemas, bem como um computador para que Carlos pudesse registrar, no sistema da empresa, as reclamações e sugestões dos clientes. A jornada de trabalho de Carlos era de nove horas por dia. Em janeiro de 2020, Reginaldo pediu demissão. Diante da narrativa e relacionado a jornada de trabalho, com base na CLT, marque a alternativa correta.

(A) Carlos Cunha faz jus ao recebimento de uma hora extra por dia.
(B) Por se tratar de teletrabalhador, Carlos Cunha está excluído do controle de jornada, e por via de consequência não faz jus às horas extras.
(C) Carlos Cunha terá direito às horas extras apenas se o labor em sobrejornada exceder a 40 horas mensais.
(D) Carlos Cunha terá direito às horas extras com adicional de 60%.

76. Na Reclamação Trabalhista ajuizada por Karolyn S., em face da empresa Resolva Seu Crédito S.A., todos os seus pedidos foram deferidos pelo magistrado sentenciante. Descontente, a empresa interpôs Recurso Ordinário em oito dias úteis. No entanto, teve denegado o seguimento de seu recurso pelo juiz, com a justificativa de intempestividade, vez que não fora interposto no prazo de oito dias corridos.

Diante do narrado e com o objetivo de ter o seu recurso analisado pelo TRT, a empresa poderá interpor:

(A) Embargos de Declaração.
(B) Recurso de Revista.
(C) Agravo de Instrumento.
(D) Agravo de Petição.

77. Em determinada ação trabalhista, a empresa Bolsas e Bijus Ltda. foi intimada da sentença. Contudo, a empresa observou algumas omissões na decisão e pretende se valer de Embargos de Declaração com efeito modificativo. A respeito dos embargos de declaração com efeito modificativo, aponte a afirmativa correta:

(A) O efeito modificativo poderá ocorrer, desde que a parte contrária concorde no prazo de 05 (cinco) dias.
(B) O efeito modificativo poderá ocorrer, desde que ouvida a parte contrária e no prazo de 8 (oito) dias.
(C) O efeito modificativo é admitido, desde que ouvida a parte contrária no prazo de 05 (cinco) dias.
(D) O efeito modificativo não é permitido em sede de embargos de declaração.

78. Em Sede de Reclamação trabalhista ajuizada por Roberto Carlos em face da Autarquia Municipal "Além do Horizonte", esta foi condenada em R$ 90.000,00 (noventa mil reais), e a sentença ainda condenou a autarquia ao pagamento das despesas judiciais que haviam sido realizadas pelo autor, parte vencedora na demanda.

Diante do exposto, e no que se referem as custas processuais e despesas judiciais, indique a alternativa correta.

(A) A autarquia deve sempre arcar com as custas processuais em sede recursal, por ser integrante da Administração Pública Indireta.
(B) A autarquia apenas não terá o dever de reembolsar as despesas judiciais realizadas pela parte vencedora, porém deverá arcar com as custas processuais.
(C) A autarquia é isenta das custas processuais, e também das despesas judiciais.
(D) A autarquia é isenta do pagamento das custas processuais em sede recursal, porém deverá arcar com o reembolso de eventuais despesas judiciais.

79. Vanderlei Garcia, após cinco anos de contrato de trabalho com a empresa Rocha Editora de Livros Jurídicos, resolveu ajuizar uma ação trabalhista para pedir horas extras não pagas durante o contrato, tendo atribuído a causa o valor de R$ 15.800,00. Após regular trâmite processual, foi proferida sentença de procedência total, da qual a empresa recorreu via recurso ordinário para o TRT. O acórdão manteve a sentença, pelos seus próprios fundamentos, e agora a empresa pretende interpor recurso de revista, o qual somente não será cabível na seguinte hipótese:

(A) Tiver como fundamento contrariedade à Súmula do TST.
(B) Tiver como fundamento contrariedade à orientação jurisprudencial do Tribunal Superior do Trabalho.
(C) Tiver com fundamento em violação direta a dispositivo da Constituição Federal.
(D) Tiver como fundamento contrariedade a Súmula do Supremo Tribunal Federal.

80. Rodrigo Mesquita, em sede de Ação Trabalhista, postula o pagamento de horas extras, sustentando que ultrapassava a jornada de trabalho. Em sua defesa, a ex-empregadora nega a jornada afirmada e apresenta controles de ponto, nos quais se verifica que a jornada foi anotada e assinada todos os dias das 08:00 às 17:00 horas, com intervalo de uma hora, sem variação.

Diante do caso narrado e conforme o entendimento consolidado pelo TST acerca da distribuição do ônus da prova, assinale a alternativa correta:

(A) A solução é a aplicação da pena de confissão em desfavor da reclamada, levando em consideração a jornada dita na inicial como verdadeira, sem necessidade de outras provas.
(B) Os controles de ponto apresentados não são válidos, logo, ocorrerá a inversão do ônus da prova para o empregador, que deverá provar que são verdadeiras as anotações, sob pena de ser aceita a jornada indicada na inicial.
(C) O magistrado deverá receber os horários anotados nos controles como verdadeiros, pois a presunção de veracidade neles é absoluta, não sendo necessário qualquer outra prova.
(D) Basta os controles de ponto estarem assinados, sendo suficiente para conferir-lhes credibilidade, de modo que o ônus de provar a jornada é da reclamante.

Folha de Respostas

#					#				
01	A	B	C	D	41	A	B	C	D
02	A	B	C	D	42	A	B	C	D
03	A	B	C	D	43	A	B	C	D
04	A	B	C	D	44	A	B	C	D
05	A	B	C	D	45	A	B	C	D
06	A	B	C	D	46	A	B	C	D
07	A	B	C	D	47	A	B	C	D
08	A	B	C	D	48	A	B	C	D
09	A	B	C	D	49	A	B	C	D
10	A	B	C	D	50	A	B	C	D
11	A	B	C	D	51	A	B	C	D
12	A	B	C	D	52	A	B	C	D
13	A	B	C	D	53	A	B	C	D
14	A	B	C	D	54	A	B	C	D
15	A	B	C	D	55	A	B	C	D
16	A	B	C	D	56	A	B	C	D
17	A	B	C	D	57	A	B	C	D
18	A	B	C	D	58	A	B	C	D
19	A	B	C	D	59	A	B	C	D
20	A	B	C	D	60	A	B	C	D
21	A	B	C	D	61	A	B	C	D
22	A	B	C	D	62	A	B	C	D
23	A	B	C	D	63	A	B	C	D
24	A	B	C	D	64	A	B	C	D
25	A	B	C	D	65	A	B	C	D
26	A	B	C	D	66	A	B	C	D
27	A	B	C	D	67	A	B	C	D
28	A	B	C	D	68	A	B	C	D
29	A	B	C	D	69	A	B	C	D
30	A	B	C	D	70	A	B	C	D
31	A	B	C	D	71	A	B	C	D
32	A	B	C	D	72	A	B	C	D
33	A	B	C	D	73	A	B	C	D
34	A	B	C	D	74	A	B	C	D
35	A	B	C	D	75	A	B	C	D
36	A	B	C	D	76	A	B	C	D
37	A	B	C	D	77	A	B	C	D
38	A	B	C	D	78	A	B	C	D
39	A	B	C	D	79	A	B	C	D
40	A	B	C	D	80	A	B	C	D

Comentários das questões

Ética [01-08]

Nº	Gabarito	Comentários
01	D	(A) Errada, art. 7º, § 10, EAOAB. (B) Errada, vide art. 7º, XXI, EAOAB. (C) Errada, vide art. 7º, XXI, EAOAB. (D) Certa, conforme determina o Estatuto da Advocacia, nos autos sujeitos a sigilo ou segredo de justiça, será necessário que o advogado apresente procuração para acesso aos elementos de investigação (art. 7º, § 10, EAOAB).
02	C	(A) Errada, vide art. 9º, § 4º, EAOAB. (B) Errada, vide art. 3º, § 2º, EAOAB. (C) Certa, é possível que o bacharel em Direito exerça a atividade de estágio, sendo a responsabilidade pelo exercício do advogado no qual se encontra vinculado (arts. 3º, § 2º e 9º, § 4º, ambos do EAOAB). (D) Errada, vide art. 3º, § 2º, EAOAB.
03	D	(A) Errada, art. 25-A, EAOAB. (B) Errada, vide art. 25, II, EAOAB. (C) Errada, vide art. 25, II, EAOAB. (D) Certa, conforme determina o Estatuto da Advocacia, ambos os prazos serão de cinco anos. Ressalte-se que, para a ação de cobrança de honorários por decisão judicial, será necessário seu trânsito em julgado (arts. 25 e 25-A, EAOAB).
04	A	O advogado deverá imprimir à causa orientação que lhe pareça mais adequada, sem se subordinar a intenções contrárias do cliente, mas, antes, procurando esclarecê-lo quanto à estratégia traçada. De igual modo, não se encontra submisso a qualquer autoridade (art. 6º, EAOAB, e art. 11, CED).
05	B	(A) Errada, vide art. 43, EAOAB. (B) Certa, o prazo prescricional para início do processo administrativo disciplinar será de cinco anos, contados da constatação oficial por parte da OAB, e não do cometimento do fato. Ademais, o processo não ficou paralisado por mais de três anos sem efetivo julgamento, inexistindo prescrição intercorrente (art. 43, § 1º, EAOAB). (C) Errada, vide art. 43, EAOAB. (D) Errada, vide art. 43, § 1º, EAOAB.
06	C	(A) Errada, vide art. 75, EAOAB. (B) Errada, vide art. 75, EAOAB. (C) Certa, é possível a apresentação de recurso ao Conselho Federal da OAB sem necessidade de demonstrar contrariedade com outros julgados, uma vez que a decisão recorrida foi dada de forma não unânime (art. 75, EAOAB). (D) Errada, vide art. 75, EAOAB.
07	A	Extingue-se o mandato automaticamente, antes do seu término, quando o titular sofrer condenação disciplinar (art. 66, II, EAOAB).
08	B	É legítima a recusa, pelo advogado, do patrocínio de causa e de manifestação, no âmbito consultivo, de pretensão concernente a direito que também lhe seja aplicável ou contrarie orientação que tenha manifestado anteriormente (art. 4º, parágrafo único, CED).

Filosofia do Direito [09-10]

Nº	Gabarito	Comentários
09	C	A Norma Fundamental é o termo unificador das normas que compõem um ordenamento jurídico. Esse postulado representa a base do ordenamento jurídico e, como tal, é pressuposta logicamente, sem que possa ser deduzida do próprio sistema, como esclarece a obra de Norberto Bobbio.
10	D	O Estado é a ordem de conduta humana cuja compreensão deve ser libertada de elementos místicos e isento de ideologias. As afirmações de Kelsen vão ao encontro do pensamento de que são os homens, através de processo regulado pela ordem jurídica, que criam o Estado para que este passe a produzir e/ou garantir o Direito.

Direito Constitucional [11-16]

Nº	Gabarito	Comentários
11	B	A Constituição Federal garante, em seu art. 5º, LV, o direito ao contraditório e à ampla defesa em processos administrativos e judiciais. A jurisprudência do STF reforça que a ausência de defesa ou de contraditório é causa de nulidade do processo, inclusive, na Súmula Vinculante 5, o Supremo entende que a ausência de defesa técnica, aquela realizada por advogado, não gera nulidade ao processo administrativo, desde que seja garantido o contraditório e a ampla defesa, mostrando que esses direitos fundamentais não são facultativos.
12	B	A Constituição Federal de 1988, em seu art 8º, assegura a liberdade sindical, garantindo a todos os trabalhadores, inclusive os que exercem funções de confiança, o direito de se filiar ao sindicato de sua escolha. A natureza do cargo de João não impede o exercício desse direito podendo exercer livremente o seu direito de associação sindical.

13	C	A Constituição Federal, em seu art. 41, *caput* e § 4º, estabelece que os servidores nomeados para cargos de provimento efetivo em virtude de concurso público adquirem estabilidade após três anos de efetivo exercício, desde que aprovados em avaliação especial de desempenho por comissão instituída para essa finalidade.
14	B	Conforme o art. 103-B, § 4º, da Constituição Federal, o CNJ pode, sim, aplicar penalidades administrativas aos magistrados, sendo a aposentadoria compulsória, com vencimentos proporcionais ao tempo de serviço, a punição máxima (MS 28 712). Contudo, o julgamento criminal é de competência do STF apenas para determinados cargos, conforme previsto na Constituição (art. 102 da CF). No caso da Juíza Federal, a competência em regra será do Tribunal Regional Federal a qual pertence (art. 108, I, da CF).
15	A	A Constituição permite que partidos políticos com representação no Congresso Nacional proponham ADI (art. 103 da CF) e as medidas provisórias podem ser objeto de ADI. A alternativa B está incorreta, pois o STF pode analisar a constitucionalidade de medidas provisórias mesmo antes de sua conversão em lei (ADI 5717). A alternativa C está incorreta porque o princípio da irredutibilidade dos vencimentos não é absoluto, podendo haver situações excepcionais em que a redução pode ser permitida como no caso de tributação ou mesmo quando os vencimentos ultrapassarem o teto constitucional. A alternativa D está incorreta, pois o STF pode modular os efeitos de sua decisão, estabelecendo que ela produza efeitos *ex tunc* ou *ex nunc*, conforme o caso (art. 27 da Lei n. 9.868/99).
16	D	A Constituição Federal, em seu art. 5º, LXIII, assegura ao preso o direito de ser informado sobre seus direitos, inclusive o de permanecer em silêncio, e o direito de comunicar-se com sua família e advogado. A jurisprudência do STF reforça que a incomunicabilidade é inconstitucional não havendo qualquer possibilidade que justifique tal medida.

Direitos Humanos [17-18]

Nº	Gabarito	Comentários
17	C	A letra "A" está errada, na contramão dos dizeres da Convenção. A letra "B" muito errada, contrária ao espírito da norma mencionada. A letra "C" está correta, nos termos dos arts. 2º ("proteger os direitos desses povos e a garantir o respeito pela sua integridade), 5º ("deverão ser reconhecidos e protegidos os valores e práticas sociais, culturais religiosos e espirituais próprios dos povos mencionados") e 7º ("Os governos deverão adotar medidas em cooperação com os povos interessados para proteger e preservar o meio ambiente dos territórios que eles habitam"). A letra "D" também errada, a norma não traz tal caráter de exclusividade.
18	B	A letra "A" está errada, segregadora, inexiste tal previsão na norma. A letra "B" correta, nos termos do art. 5º c/c 7º, n. 2, os quais afirmam que "deverão ser reconhecidos e protegidos os valores e práticas sociais, culturais religiosos e espirituais próprios dos povos mencionados e dever-se-á levar na devida consideração a natureza dos problemas que lhes sejam apresentados, tanto coletiva como individualmente; deverá ser respeitada a integridade dos valores, práticas e instituições desses povos;" e que "A melhoria das condições de vida e de trabalho e do nível de saúde e educação dos povos interessados, com a sua participação e cooperação, deverá ser prioritária nos planos de desenvolvimento econômico global das regiões onde eles moram". A letra "C" é a das "mais erradas", pois a norma caminha justamente na preservação dos valores indígenas. A letra "D" errada no mesmo sentido já descrito.

Direito Eleitoral [19-20]

Nº	Gabarito	Comentários
19	D	Os juízes eleitorais exercerão poder de polícia, o que lhes permite, no estrito limite desta competência, agir de ofício, como inibir a veiculação de propaganda irregular. Mas não poderão instaurar procedimento com a finalidade de impor multa em razão dessa prática; para esse fim será necessária representação pelos legitimados, os partidos ou o Ministério Público Eleitoral (Lei n. 9.504/97, art. 41, §§ 1º e 2º; TSE-Súm. 18).
20	A	A questão explora os impedimentos dos magistrados em razão da atuação no processo em outro grau de jurisdição. Conforme preceitua o art. 144, II, do Código de Processo Civil, o caso em tela seria de impedimento. Contudo, trata-se de exceção, por isso não se aplica o disposto citado do CPC; o entendimento do Supremo Tribunal Federal, contido na Súmula 72 e no art. 277, parágrafo único, do seu Regimento Interno, é de que os ministros do STF, que tenham atuado no mesmo processo quando atuaram como ministros do TSE, não estarão impedidos. Por esse motivo, a ação do advogado, Dr. João, não terá êxito.

SIMULADO V

Direito Internacional [21-22]

Nº	Gabarito	Comentários
21	D	De acordo com o art. 7º, § 3º, da LINDB. A questão aborda o tema elementos de conexão, que são mecanismos técnico-jurídicos que apontam qual deve ser a lei utilizada em situações envolvendo o elemento estrangeiro. Eles estão previstos na Lei de Introdução às Normas do Direito Brasileiro (Decreto-Lei n. 4.657/42). No caso agora analisado, será aplicado o art. 7º, já que o Brasil foi o primeiro domicílio do casal. "Art. 7º A lei do país em que domiciliada a pessoa determina as regras sobre o começo e o fim da personalidade, o nome, a capacidade e os direitos de família". Com o *caput* desse artigo, podemos perceber que o domicílio da pessoa é muito importante, pois está relacionado a diversos direitos relacionados à sua personalidade. Assim, o casamento celebrado no Brasil, de qualquer pessoa, nacional ou estrangeira, estará submetido às leis brasileiras quanto a impedimentos e formalidades de celebração. Assim, se diversos os domicílios, será considerado o primeiro domicílio conjugal para as questões que envolvem o casamento.
22	C	O Direito Internacional Privado, no que tange ao processo civil internacional, admite divórcio celebrado no Exterior. As sentenças estrangeiras deverão seguir o trâmite de homologação pelo STJ para serem executadas no Brasil, porém, quando for de divórcio consensual, a execução será automática. Assim, de conformidade com o art. 961, § 5º, do CPC: "A homologação de decisão estrangeira será requerida por ação de homologação de decisão estrangeira, salvo disposição especial em sentido contrário prevista em tratado. § 5º A sentença estrangeira de divórcio consensual produz efeitos no Brasil, independentemente de homologação pelo Superior Tribunal de Justiça".

Direito Financeiro [23-24]

Nº	Gabarito	Comentários
23	B	O art. 11, § 2º, da Lei n. 4.320/64 determina que são consideradas Receitas de Capital aquelas provenientes de recursos recebidos de outras pessoas de direito público ou privado, destinados a atender despesas classificáveis em Despesas de Capital. A construção de um hospital municipal é uma despesa de capital, assim, a doação em dinheiro recebida para essa finalidade deve ser classificada como Receita de Capital. Dessa forma, o Sr. Carlos está correto em seu questionamento e a Sra. Márcia equivocou-se em sua classificação.
24	C	O art. 14 da LRF estabelece que a concessão ou ampliação de qualquer incentivo ou benefício de natureza tributária, da qual resulte renúncia de receita, precisa estar acompanhada de estimativa do impacto orçamentário-financeiro no exercício em que iniciar sua vigência e nos dois subsequentes. Essa determinação busca garantir a responsabilidade na gestão fiscal, evitando que sejam concedidos benefícios sem uma análise criteriosa de suas consequências para as finanças públicas. Assim, a proposta da prefeita, ao não apresentar a estimativa de impacto orçamentário-financeiro, não está em conformidade com a LRF.

Direito Tributário [25-29]

Nº	Gabarito	Comentários
25	C	Art. 151, II, do CTN e Súmula 112 do STJ. O depósito do montante integral do crédito tributário é um direito do contribuinte, e não um dever. Tem a função de suspender a exigibilidade do crédito tributário, mas não pode ser requisito de admissibilidade de recurso administrativo (Súmula 373 do STJ e SV 21 do STF) ou mesmo de ação judicial (Súmula 247 do TFR e SV 28 do STF).
26	C	Determina a Constituição Federal que não incide IPI na exportação de produtos industrializados (art. 153, § 3º, da CRFB).
27	B	O ICMS incide sobre prestação de serviços de transporte interestadual e intermunicipal e de comunicação, assim como sobre o valor total da operação, quando as mercadorias forem fornecidas com serviços não compreendidos na competência impositiva municipal (art. 155, II e § 2º, IX, *b*, CRFB/88).
28	B	A obrigação tributária principal corresponde a uma obrigação de pagar e tem por objeto o pagamento do tributo ou da penalidade pecuniária (art. 113, § 1º, CTN).
29	A	O lançamento fiscal reporta-se à data da ocorrência do fato gerador da obrigação tributária e rege-se pela lei então vigente (art. 144, *caput*, CTN), enquanto à penalidade aplica-se lei mais benéfica, somente retroagindo se melhorar a situação do contribuinte, o que não é o caso (art. 106, II, c, CTN). Dessarte, são mantidas as alíquotas e as multas nos valores previstos na data do fato gerador (art. 106, II, c, CTN).

\multicolumn{3}{l}{**Direito Administrativo [30-34]**}
Nº	Gabarito	Comentários
30	B	Está de acordo com o art. 62 da Lei n. 9.784/99: "Art. 59 (...). § 1º Quando a lei não fixar prazo diferente, *o recurso administrativo deverá ser decidido no prazo máximo de trinta dias*, a partir do recebimento dos autos pelo órgão competente".
31	C	Correta a alternativa C, com fundamento no art. 122, *caput*, e § 1º, da Lei n. 14.133/2021: "Art. 122. Na execução do contrato e sem prejuízo das responsabilidades contratuais e legais, *o contratado poderá subcontratar partes da obra, do serviço ou do fornecimento até o limite autorizado, em cada caso, pela Administração*. § 1º O contratado apresentará à Administração *documentação que comprove a capacidade técnica do subcontratado*, que será avaliada e juntada aos autos do processo correspondente".
32	A	Contrato administrativo cujo objeto seja a operação continuada de sistemas estruturantes de tecnologia da informação *poderá ter vigência máxima de 15 anos, conforme o art. 114, **caput**, da Lei n. 14.133/2021*: "Art. 114. O contrato que prever a operação continuada de sistemas estruturantes de tecnologia da informação *poderá ter vigência máxima de 15 (quinze) anos*".
33	C	O caso em tela retratou manifestação do *poder normativo*, "prerrogativa reconhecida à Administração Pública para editar atos administrativos gerais para fiel execução das leis" (OLIVEIRA, Rafael Carvalho Rezende. *Curso de direito*. 6. ed. rev., atual. e ampl. Rio de Janeiro: Forense; São Paulo: Método, 2018). Hodiernamente, parte da doutrina vem tratando o *poder normativo* como o gênero do qual o *poder regulamentar* é espécie, visto que diz respeito à edição dos mais diversos atos (ex.: decretos, portarias, resoluções) para detalhamento da lei, ao passo que o poder regulamentar limitar-se-ia à edição de regulamento, cuja forma é o decreto, ato privativo do chefe do executivo. Seja como for, fato é que decorre do poder normativo a possibilidade de os chefes do Poder Executivo editarem decretos regulamentares destinados a explicar e detalhar as leis para a sua correta aplicação.
34	A	A questão versa sobre a Lei n. 13.019/2014, que estabelece o regime jurídico das parcerias entre a Administração Pública e as *Organizações da Sociedade Civil (OSC)*. Para corretamente responder à questão, duas informações são essenciais: a) foi a OSC que propôs a parceria com a Administração Pública; e b) a parceria envolve a transferência de recursos financeiros em favor da OSC. Destarte, a parceria entre a entidade privada e a Administração Pública foi formalizada por meio do *termo de fomento*, assim definido no art. 2º, VIII, da Lei n. 13.019/2014: "Art. 2º Para os fins desta Lei, considera-se: (...). VIII – termo de fomento: instrumento por meio do qual são formalizadas as parcerias estabelecidas pela administração pública com organizações da sociedade civil para a consecução de finalidades de interesse público e recíproco *propostas pelas organizações da sociedade civil, que envolvam a transferência de recursos financeiros*".

\multicolumn{3}{l}{**Direito Ambiental [35-36]**}
Nº	Gabarito	Comentários
35	B	De acordo com o art. 33, § 5º, da Lei n. 12.305/2010, "os comerciantes e distribuidores deverão efetuar a devolução aos fabricantes ou aos importadores dos produtos e embalagens reunidos ou devolvidos na forma dos §§ 3º e 4º". Dessa forma, o Advogado, de acordo com a Lei n. 12.305/2010, deverá informar que XYZ Ltda. deverá efetuar a devolução dos pneus reunidos ou devolvidos aos fabricantes ou aos importadores.
36	C	De acordo com o art. 22, § 2º, da Lei n. 9.985/2000, "a criação de uma unidade de conservação deve ser precedida de estudos técnicos e de consulta pública que permitam identificar a localização, a dimensão e os limites mais adequados para a unidade, conforme se dispuser em regulamento". Dessa forma, a criação do Parque Natural Municipal ABC deve ser precedida de estudos técnicos e de consulta pública que permitam identificar a localização, a dimensão e os limites mais adequados para a unidade, conforme se dispuser em regulamento.

\multicolumn{3}{l}{**Direito Civil [37-42]**}
Nº	Gabarito	Comentários
37	D	*Vide* art. 496 do CC ("É anulável a venda de ascendente a descendente, salvo se os outros descendentes e o cônjuge do alienante expressamente houverem consentido») e art. 179 do CC ("Quando a lei dispuser que determinado ato é anulável, sem estabelecer prazo para pleitear-se a anulação, será este de dois anos, a contar da data da conclusão do ato").
38	A	*Vide* art. 171, II ("Art. 171. Além dos casos expressamente declarados na lei, é anulável o negócio jurídico: II – por vício resultante de erro, dolo, coação, estado de perigo, lesão ou fraude contra credores"); e art. 157, *caput* e § 2º, do CC ("Art. 157. Ocorre a lesão quando uma pessoa, sob premente necessidade, ou por inexperiência, se obriga a prestação manifestamente desproporcional ao valor da prestação oposta. § 2º Não se decretará a anulação do negócio, se for oferecido suplemento suficiente, ou se a parte favorecida concordar com a redução do proveito").

Nº	Gabarito	Comentários
39	B	*Vide* art. 1.239 do CC ("Aquele que, não sendo proprietário de imóvel rural ou urbano, possua como sua, por cinco anos ininterruptos, sem oposição, área de terra em zona rural não superior a cinquenta hectares, tornando-a produtiva por seu trabalho ou de sua família, tendo nela sua moradia, adquirir-lhe-á a propriedade") e art. 183 da CF/88 ("Aquele que possuir como sua área urbana de até duzentos e cinquenta metros quadrados, por cinco anos, ininterruptamente e sem oposição, utilizando-a para sua moradia ou de sua família, adquirir-lhe-á o domínio, desde que não seja proprietário de outro imóvel urbano ou rural").
40	D	*Vide* art. 4º, III, do CC ("Art. 4º São incapazes, relativamente a certos atos ou à maneira de os exercer: III – aqueles que, por causa transitória ou permanente, não puderem exprimir sua vontade"); art. 198, I, do CC ("Art. 198. Também não corre a prescrição: I – contra os incapazes de que trata o art. 3º"); e art. 206, § 3º, I, do CC ("Art. 206. Prescreve: § 3º Em três anos: I – a pretensão relativa a aluguéis de prédios urbanos ou rústicos").
41	A	*Vide* art. 14 do CC. É válida, com objetivo científico, ou altruístico, a disposição gratuita do próprio corpo, no todo ou em parte, para depois da morte.
42	C	*Vide* § 4º do art. 19 do ECA ("É direito da criança e do adolescente ser criado e educado no seio de sua família e, excepcionalmente, em família substituta, assegurada a convivência familiar e comunitária, em ambiente que garanta seu desenvolvimento integral. § 4º Será garantida a convivência da criança e do adolescente com a mãe ou o pai privado de liberdade, por meio de visitas periódicas promovidas pelo responsável ou, nas hipóteses de acolhimento institucional, pela entidade responsável, independentemente de autorização judicial»); e art. 1.638 do CC ("Perderá por ato judicial o poder familiar o pai ou a mãe que: I – castigar imoderadamente o filho; II – deixar o filho em abandono; III – praticar atos contrários à moral e aos bons costumes; IV – incidir, reiteradamente, nas faltas previstas no artigo antecedente. V – entregar de forma irregular o filho a terceiros para fins de adoção").

Estatuto da Criança e do Adolescente [43-44]

Nº	Gabarito	Comentários
43	C	Diante da situação, em casos de suspeita ou confirmação de castigo físico, de tratamento cruel ou degradante e de maus-tratos contra criança ou adolescente serão obrigatoriamente comunicados ao Conselho Tutelar da respectiva localidade, sem prejuízo de outras providências legais, segundo o art. 13 do ECA.
44	B	A alternativa A está errada, pois não há esta regra no ECA. A regra está no § 2º do art. 42. A alternativa B está correta, de acordo com o § 1º do art. 45. A alternativa C está errada, pois o consentimento somente é exigido quando o adotando é maior de 12 anos (art. 45, § 2º). A alternativa D está errada, pois a diferença é de 16 anos, segundo o § 3º do art. 42 do ECA.

Direito do Consumidor [45-46]

Nº	Gabarito	Comentários
45	D	De acordo com a Súmula 385 do STJ, "da anotação irregular em cadastro de proteção ao crédito não cabe indenização por dano moral, quando preexistente legítima inscrição, ressalvado o direito ao cancelamento".
46	B	Segundo a Súmula 532 do STJ, "constitui prática comercial abusiva o envio de cartão de crédito sem prévia e expressa solicitação do consumidor, configurando-se ato ilícito indenizável e sujeito à aplicação de multa administrativa". Ainda sobre o tema, o art. 6º do CDC disciplina que "são direitos básicos do consumidor [entre outros] a proteção contra a publicidade enganosa e abusiva, métodos comerciais coercitivos ou desleais, bem como contra práticas e cláusulas abusivas ou impostas no fornecimento de produtos e serviços" (inciso IV).

Direito Empresarial [47-50]

Nº	Gabarito	Comentários
47	D	Diz o art. 974 do CC: "Poderá o incapaz, por meio de representante ou devidamente assistido, continuar a empresa antes exercida por ele enquanto capaz, por seus pais ou pelo autor de herança".
48	C	(A) Errada, pois há proibições legais a serem observadas, *vide* art. 122 da lei. (B) Errada, esta é a definição de marca de certificação, *vide* inciso II do art. 122. (C) De acordo com o art. 124, XVI. (D) Errada, pois pessoas físicas também podem requerer registro de marca, *vide* art. 128.
49	D	Diz a Súmula 475 do STJ: "Responde pelos danos decorrentes de protesto indevido o endossatário que recebe por endosso translativo título de crédito contendo vício formal extrínseco ou intrínseco, ficando ressalvado seu direito de regresso contra os endossantes e avalistas".

| 50 | A | É posição do STJ que o cômputo do período de dois anos de exercício da atividade econômica, para fins de recuperação judicial, nos termos do art. 48 da Lei n. 11.101/2005, aplicável ao produtor rural, inclui aquele anterior ao registro do empreendedor (4ª Turma, REsp 1800032-MT, Rel. Min. Marco Buzzi, Rel. Acd. Min. Raul Araújo, julgado em 5-11-2019 (Info 664)). |

Direito Processual Civil [51-56]

Nº	Gabarito	Comentários
51	D	Conforme CPC, arts. 133-137 e art. 1.062: "O incidente de desconsideração da personalidade jurídica aplica-se ao processo de competência dos juizados especiais". Este último dispositivo legal acabou por alterar o art. 10 da Lei n. 9.099/95. Não há previsão de agravo de instrumento na Lei n. 9.099/95. Atente-se ao art. 50 do Código Civil e seus parágrafos.
52	A	Conforme art. 311, IV, do CPC, ora reproduzido: "Art. 311. A tutela da evidência será concedida, independentemente da demonstração de perigo de dano ou de risco ao resultado útil do processo, quando: (..). V – a petição inicial for instruída com prova documental suficiente dos fatos constitutivos do direito do autor, a que o réu não oponha prova capaz de gerar dúvida razoável".
53	B	Conforme CPC, art. 1.015: "Cabe agravo de instrumento contra as decisões interlocutórias que versarem sobre: (...) XI – redistribuição do ônus da prova nos termos do art. 373, § 1º". Nesse sentido, a jurisprudência do STJ (REsp 1802025/RJ, Rel. Min. Nancy Andrighi, Terceira Turma, julgado em 17-9-2019, DJe 20-9-2019).
54	B	Conforme CPC, art. 560: "O possuidor tem direito a ser mantido na posse em caso de turbação e reintegrado em caso de esbulho". Laura já detinha a posse do bem, antes mesmo de seu companheiro falecer. Assim, é legitimada para a ação possessória. Vide orientação do STJ (REsp 1.203.144-RS, Rel. Min. Luis Felipe Salomão, julgado em 27-5-2014).
55	A	CPC, art. 525: "Transcorrido o prazo previsto no art. 523 sem o pagamento voluntário, inicia-se o prazo de 15 (quinze) dias para que o executado, independentemente de penhora ou nova intimação, apresente, nos próprios autos, sua impugnação. § 1º Na impugnação, o executado poderá alegar: (...) III – inexequibilidade do título ou inexigibilidade da obrigação; § 12. Para efeito do disposto no inciso III do § 1º deste artigo, considera-se também inexigível a obrigação reconhecida em título executivo judicial fundado em lei ou ato normativo considerado inconstitucional pelo Supremo Tribunal Federal, ou fundado em aplicação ou interpretação da lei ou do ato normativo tido pelo Supremo Tribunal Federal como incompatível com a Constituição Federal, em controle de constitucionalidade concentrado ou difuso. § 13. No caso do § 12, os efeitos da decisão do Supremo Tribunal Federal poderão ser modulados no tempo, em atenção à segurança jurídica. § 14. A decisão do Supremo Tribunal Federal referida no § 12 deve ser anterior ao trânsito em julgado da decisão exequenda. § 15. Se a decisão referida no § 12 for proferida após o trânsito em julgado da decisão exequenda, caberá ação rescisória, cujo prazo será contado do trânsito em julgado da decisão proferida pelo Supremo Tribunal Federal".
56	D	Com o advento do CPC/2015, passou-se a admitir a fungibilidade ou convertibilidade recíproca entre Recurso Extraordinário e Especial. Vide art. 1.033. Não se esqueça que o recurso extraordinário e especial são os únicos que passam por um duplo juízo de admissibilidade; um feito pelo juízo a quo (provisório) e o outro feito pelo juízo ad quem (definitivo). Caso o presidente ou vice-presidente do tribunal recorrido negue seguimento ao recurso extraordinário/especial, duas soluções se mostram possíveis: a) se a negativa se fundar em tese jurídica firmada em sede de repercussão geral ou recurso repetitivo, caberá agravo interno para o próprio tribunal recorrido; b) se a negativa se fundar em outro motivo, cabível o agravo do art. 1.042 do CPC, cuja admissibilidade e mérito são analisados pelos respectivos tribunais superiores.

Direito Penal [57-62]

Nº	Gabarito	Comentários
57	B	(A) Errada. Veja a redação da Súmula 636 do STJ: "A folha de antecedentes criminais é documento suficiente a comprovar os maus antecedentes e a reincidência"; (C) Errada. Não há agravante específica, na Parte Geral do CP, para os maus antecedentes. Quanto à reincidência, é possível seu reconhecimento no momento da pena-base ou como circunstância agravante (CP, art. 61, I); (D) Errada. Não existe previsão legal ou na jurisprudência nesse sentido; (B) Certa. O fundamento é a Súmula 636 do STJ.
58	D	Ao dizer que Marcos é um drogado, Helena praticou o crime de injúria (CP, art. 140). Quanto à falsa acusação de furto, o delito foi o de calúnia (CP, art. 138). No exemplo trazido, é possível exceção da verdade apenas na calúnia (CP, art. 138, § 3º).
59	B	(A) Errada. A conduta descrita é crime comum, que pode ser praticado por qualquer pessoa (Lei n. 9.455/97, art. 1º, I); (C) Errada. Não existe previsão nesse sentido; (D) Errada. O crime pode ser praticado por omissão (ex.: art. 1º, § 2º, da Lei n. 9.455/97); (B) Certa. A tortura praticada por funcionário público no exercício das funções tem por consequência a perda automática do cargo, emprego ou função. Veja a redação do art. 1º, § 5º, da Lei n. 9.455/97: "A condenação acarretará a perda do cargo, função ou emprego público e a interdição para seu exercício pelo dobro do prazo da pena aplicada".

SIMULADO V

60	C	(A) Errada. Em sentido oposto, a Súmula 511 do STJ: "É possível o reconhecimento do privilégio previsto no § 2º do art. 155 do CP nos casos de crime de furto qualificado, se estiverem presentes a primariedade do agente, o pequeno valor da coisa e a qualificadora for de ordem objetiva"; (B) Errada. Para o reconhecimento da insignificância, a coisa subtraída teria de ser de valor ínfimo; (D) Errada. O concurso de pessoas é qualificadora de natureza objetiva; (C) Certa, conforme explicado anteriormente (CP, art. 155, § 4º, IV).
61	C	(A) Errada. Por ter havido subtração, o crime foi o de furto, e não o de estelionato (CP, art. 171); (B) Errada. Faria sentido a resposta se o crime praticado fosse o de estelionato (CP, art. 171, § 5º, IV); (D) Errada. Em razão da pena mínima de quatro anos (CPP, art. 155, § 4º-A), o crime não é compatível com suspensão condicional do processo (Lei n. 9.099/95, art. 89) e com o acordo de não persecução penal (CPP, art. 28-A); (C) Certa, com base na resposta anterior.
62	D	(A)(B) Erradas. Não ficou caracterizada a associação criminosa (Lei n. 12.850/2013, art. 1º, § 1º, e art. 2º, *caput*), mas, apenas, concurso de pessoas; (C) Errada. O latrocínio se consumou, nos termos da Súmula 610 do STF: "Há crime de latrocínio, quando o homicídio se consuma, ainda que não realize o agente a subtração de bens da vítima"; (D) Certa, como já explicado anteriormente.

Direito Processual Penal [63-68]

Nº	Gabarito	Comentários
63	B	(A) Certa, *vide* art. 11 do CPP: "Art. 11. Os instrumentos do crime, bem como os objetos que interessarem à prova, acompanharão os autos do inquérito". (B) Errada, *vide* art. 17 do CPP: "Art. 17. A autoridade policial não poderá mandar arquivar autos de inquérito". C. Certa, *vide* art. 10, *caput*, do CPP: "Art. 10. O inquérito deverá terminar no prazo de 10 dias, se o indiciado tiver sido preso em flagrante, ou estiver preso preventivamente, contado o prazo, nesta hipótese, a partir do dia em que se executar a ordem de prisão, ou no prazo de 30 dias, quando estiver solto, mediante fiança ou sem ela". (D) Certa, *vide* art. 5º, § 3º, do CPP: "§ 3º Qualquer pessoa do povo que tiver conhecimento da existência de infração penal em que caiba ação pública poderá, verbalmente ou por escrito, comunicá-la à autoridade policial, e esta, verificada a procedência das informações, mandará instaurar inquérito".
64	B	(A) Errada, pois o réu nunca poderá ser obrigado a comparecer para ser interrogado, por força do desdobramento do direito constitucional ao silêncio previsto no art. 5º, LXIII, da CF/88: "o preso será informado de seus direitos, entre os quais o de permanecer calado, sendo-lhe assegurada a assistência da família e de advogado". (B) Certa, pois a autodefesa é composta do direito de audiência e do direito de presença. De fato, o direito de audiência é um componente essencial do princípio da ampla defesa, consagrado no ordenamento jurídico brasileiro. Esse direito assegura que todas as partes envolvidas em um processo judicial ou administrativo tenham a oportunidade de serem ouvidas, de apresentar suas razões, argumentos e provas, e de contestar as alegações da parte contrária. (C) Errada. Embora o inquérito policial seja um procedimento inquisitivo, que tradicionalmente não contempla o contraditório e a ampla defesa de maneira ampla como no processo judicial, existem direitos de defesa que são garantidos ao investigado durante essa fase, a exemplo do direito ao silêncio, direito à assistência de advogado e o direito de acesso aos autos do inquérito. (D) Errada. O direito ao silêncio existe em qualquer fase da persecução penal, pois é uma garantia constitucional expressamente prevista no art. 5º, LXIII.
65	A	(A) Certa, por ausência de previsão legal expressa. (B), (C) e (D) Erradas, pois previstas expressamente no § 2º do art. 185 do CPP, que trata do interrogatório por videoconferência: "§ 2º Excepcionalmente, o juiz, por decisão fundamentada, de ofício ou a requerimento das partes, poderá realizar o interrogatório do réu preso por sistema de videoconferência ou outro recurso tecnológico de transmissão de sons e imagens em tempo real, desde que a medida seja necessária para atender a uma das seguintes finalidades: I – prevenir risco à segurança pública, quando exista fundada suspeita de que o preso integre organização criminosa ou de que, por outra razão, possa fugir durante o deslocamento; II – viabilizar a participação do réu no referido ato processual, quando haja relevante dificuldade para seu comparecimento em juízo, por enfermidade ou outra circunstância pessoal; III – impedir a influência do réu no ânimo de testemunha ou da vítima, desde que não seja possível colher o depoimento destas por videoconferência, nos termos do art. 217 deste Código; IV – responder à gravíssima questão de ordem pública".

66	D	(A) Errada, o flagrante presumido é admitido pelo art. 302, IV, do Código de Processo Penal (CPP), que dispõe: "Art. 302. Considera-se em flagrante delito quem: (...) IV – é encontrado, logo depois, com instrumentos, armas, objetos ou papéis que façam presumir ser ele autor da infração". (B) Errada, de acordo com o art. 304, § 2º, do CPP: "Art. 304. (...). § 2º A falta de testemunhas da infração não impedirá o auto de prisão em flagrante; mas, nesse caso, com o condutor, deverão assiná-lo pelo menos duas pessoas que hajam testemunhado a apresentação do preso à autoridade", o que ocorreu no caso narrado. (C) Errada, o prazo de 24 horas é para a comunicação ao juiz, conforme art. 306, § 1º, do CPP: "Art. 306. (...). Em até 24 (vinte e quatro) horas após a realização da prisão, será encaminhado ao juiz competente o auto de prisão em flagrante e, caso o autuado não informe o nome de seu advogado, cópia integral para a Defensoria Pública". (D) Certa, não existe ilegalidade descrita no enunciado que possa acarretar no relaxamento da prisão em flagrante.
67	C	De acordo com o art. 397 do CPP: "Após o cumprimento do disposto no art. 396-A, e parágrafos, deste Código, o juiz deverá absolver sumariamente o acusado quando verificar: I – a existência manifesta de causa excludente da ilicitude do fato; II – a existência manifesta de causa excludente da culpabilidade do agente, salvo inimputabilidade; III – que o fato narrado evidentemente não constitui crime; ou IV – extinta a punibilidade do agente".
68	A	(A) Certa, conforme o art. 197 da Lei de Execuções Penais (Lei n. 7.210/1984): "Art. 197. Das decisões proferidas pelo juiz caberá recurso de agravo, sem efeito suspensivo". (B) Errada. Toda decisão judicial é passível de recurso, conforme o art. 5º, LV, da Constituição Federal: "Art. 5º (...) LV – aos litigantes, em processo judicial ou administrativo, e aos acusados em geral são assegurados o contraditório e ampla defesa, com os meios e recursos a ela inerentes;". Assim, não existem decisões denegatórias de benefícios irrecorríveis em sede de execução penal. (C) e (D) Erradas, pois o recurso cabível é o agravo em execução, conforme o art. 197 da LEP.

Direito Previdenciário [69-70]

Nº	Gabarito	Comentários
69	B	No caso do segurado facultativo, a filiação representa um ato volitivo, ou seja, ele gera efeito somente a partir da inscrição e do primeiro recolhimento, não podendo, nesse caso, retroagir e não permitindo o pagamento de contribuições relativas a competências anteriores à data de inscrição (art. 11, § 3º, do Decreto n. 3.048/99).
70	B	De acordo com o art. 1º da LC n. 150/2015, considera-se empregado doméstico aquele que presta serviços de forma contínua, subordinada, onerosa, pessoal e de finalidade não lucrativa à pessoa ou família, no âmbito residencial destas e por mais de dois dias por semana. A atividade sem fins lucrativos é um critério de caracterização da relação de emprego doméstico, caso o empregado passe a ser utilizado em atividade que gere lucro para o empregador, passa então esse empregado a não mais ser doméstico, mas sim segurado empregado.

Direito do Trabalho [71-75]

Nº	Gabarito	Comentários
71	A	(A) Certa, a gorjeta, além do salário, integra a remuneração do empregado com reflexo em todas as verbas trabalhistas, exceto aviso prévio, horas extras, descanso semanal remunerado e adicional noturno, conforme Súmula 354 do TST. (B) Errada, vide art. 457, § 6º, II, da CLT. (C) Errada, vide art. 457 da CLT. (D) Errada, vide art. 457 da CLT.
72	A	(A) Errada, vide art. 118 da Lei n. 8.213/91. (B) Errada, vide art. 118 da Lei n. 8.213/91. (C) Errada, vide Súmula 378, II, do TST. (D) Certa, o empregado que, ao sofrer o acidente de trabalho, permanecer afastado do trabalho por mais de 15 dias e receber auxílio previdenciário, adquiriu estabilidade acidentária no emprego por 12 meses, contados do retorno ao trabalho ou cessação do auxílio previdenciário, conforme art. 118 da Lei n. 8.2133/91.
73	A	(A) Certa, o frentista poderá sofrer descontos em seu salário caso não observe as regras para recebimento em cheque, contidas na norma coletiva, conforme inteligência da OJ 251 da SDI-1 do TST. (B) Errada, vide OJ 251 da SDI-1 do TST. (C) Errada, vide OJ 251 da SDI-1 do TST. (D) Errada, vide OJ 251 da SDI-1 do TST.
74	C	(A) Errada, vide art. 10, II, b, do ADCT. (B) Errada, vide art. 10, II, b, do ADCT. (C) Certa, o art. 10, II, **b**, do ADCT protege a empregada gestante da despedida arbitrária durante o período de estabilidade, o que não ocorre no caso na questão, uma vez que a empregada pediu demissão. (D) Errada, vide art. 10, II, b, do ADCT.
75	B	(A) Errada, vide art. 62, III, da CLT. (B) Certa, nos termos do art. 62, III, da CLT, o teletrabalhador está excluído do controle de jornada, de forma que as regras relacionadas ao tempo no contrato de trabalho, como, por exemplo, as horas extras, não se aplicam ao referido empregado. (C) Errada, vide art. 62, III, da CLT. (D) Errada, vide art. 62, III, da CLT.

SIMULADO V

Direito Processual do Trabalho [76-80]

Nº	Gabarito	Comentários
76	C	O prazo para interposição do recurso ordinário é de 8 (oito) dias úteis, conforme art. 895 c/c art. 775, ambos da CLT. No caso, como houve uma decisão que negou seguimento ao recurso ordinário, caberá o agravo de instrumento, que é o meio cabível para impugnar a decisão que tranca o recurso interposto, impedindo seu prosseguimento para a instância superior, nos termos do art. 897, *b*, da CLT.
77	C	De acordo com o art. 897-A da CLT, caberão embargos de declaração da sentença ou acórdão, no prazo de cinco dias, devendo seu julgamento ocorrer na primeira audiência ou sessão subsequente a sua apresentação, registrado na certidão, admitido efeito modificativo da decisão nos casos de omissão e contradição no julgado e manifesto equívoco no exame dos pressupostos extrínsecos do recurso. No entanto, na forma do § 2º do artigo em comento, eventual efeito modificativo dos embargos de declaração somente poderá ocorrer em virtude da correção de vício na decisão embargada e desde que ouvida a parte contrária, no prazo de 5 (cinco) dias.
78	D	Na forma do art. 790-A da CLT, são isentos do pagamento de custas, além dos beneficiários de justiça gratuita a União, os Estados, o Distrito Federal, os Municípios e respectivas autarquias e fundações públicas federais, estaduais ou municipais que não explorem atividade econômica, bem como o Ministério Público do Trabalho. No entanto, a isenção citada não alcança as entidades fiscalizadoras do exercício profissional e também não exime a União, os Estados, o Distrito Federal, os Municípios e respectivas autarquias e fundações públicas federais, estaduais ou municipais que não explorem atividade econômica, da obrigação de reembolsar as despesas judiciais realizadas pela parte vencedora.
79	B	Dispõe o § 9º do art. 896 da CLT que nas causas sujeitas ao procedimento sumaríssimo, que são aquelas cujo valor não exceda a 40 salários mínimos na data do ajuizamento da ação (art. 852-A, CLT), somente será admitido recurso de revista por contrariedade a súmula de jurisprudência uniforme do Tribunal Superior do Trabalho ou a súmula vinculante do STF e por violação direta da Constituição Federal. Não obstante, a Súmula 442 do TST, anterior à Lei n. 13.015 de 2014, averba que nas causas sujeitas ao procedimento sumaríssimo, a admissibilidade de recurso de revista está limitada à demonstração de violação direta a dispositivo da Constituição Federal ou contrariedade a Súmula do Tribunal Superior do Trabalho, não se admitindo o recurso por contrariedade a Orientação Jurisprudencial deste Tribunal (Livro II, Título II, Capítulo III, do RITST), ante a ausência de previsão no art. 896, § 6º (leia-se § 9º), da CLT.
80	B	Nos termos do item I da Súmula 338 do TST, é ônus do empregador que conta com mais de 10 (dez) empregados (atualmente mais de 20 empregados) o registro da jornada de trabalho na forma do art. 74, § 2º, da CLT. A não apresentação injustificada dos controles de frequência gera presunção relativa de veracidade da jornada de trabalho, a qual pode ser elidida por prova em contrário. Outrossim, o item III da mesma súmula prevê que os cartões de ponto que demonstram horários de entrada e saída uniformes são inválidos como meio de prova, invertendo-se o ônus da prova, relativo às horas extras, que passa a ser do empregador, prevalecendo a jornada da inicial se dele não se desincumbir.

Folha de Análise do Simulado

Disciplina	N. de Questões	N. de Acertos	N. de Erros
Direito Administrativo	05		
Direito Ambiental	02		
Direito Civil	06		
Direito Constitucional	06		
Direito do Consumidor	02		
Estatuto da Criança e do Adolescente	02		
Direitos Humanos	02		
Direito Eleitoral	02		
Direito Empresarial	04		
Ética	08		
Filosofia do Direito	02		
Direito Financeiro	02		
Direito Internacional	02		
Direito Penal	06		
Direito Previdenciário	02		
Direito Processual Civil	06		
Direito Processual Penal	06		
Direito Processual do Trabalho	05		
Direito do Trabalho	05		
Direito Tributário	05		
TOTAL	80		

EXAME DE ORDEM
SIMULADO VI

1. A advogada Júlia recebeu convite da família de Emília para realização de sua defesa em ação criminal. Encontrando-se a cliente detida na Delegacia de Polícia, a advogada se dirigiu ao estabelecimento e requereu ao Delegado de Polícia que lhe facultasse conversar com a constituinte para melhor compreender os acontecimentos. Como resposta, a autoridade policial alegou que ainda iria realizar a tomada do depoimento de Emília, proibindo a patrona participar de reunião prévia com a cliente ou mesmo participar da oitiva. Diante desse cenário, considerando a previsão elencada no Estatuto da Advocacia e OAB, assinale a alternativa correta.

(A) Não houve qualquer atividade ilícita ou abusiva por parte da autoridade policial, uma vez que é vedada à advogada conversar com sua cliente ou lhe acompanhar na tomada de depoimentos. Inexiste crime praticado pelo Delegado de Polícia.
(B) Não houve atividade ilícita por parte da autoridade policial, uma vez que é vedada à advogada conversar com sua cliente. Porém, o Delegado de Polícia responderá pelo crime de abuso de autoridade caso não permita a advogada acompanhar a tomada de depoimentos.
(C) Não houve atividade abusiva por parte da autoridade policial, uma vez que é vedada a advogada acompanhar a tomada de depoimentos. Porém, o Delegado de Polícia responderá pelo crime de abuso de autoridade caso não permita a advogada conversar com sua cliente.
(D) Houve atividade ilícita e abusiva por parte da autoridade policial, uma vez que é permitida a advogada conversar com sua cliente e lhe acompanhar na tomada de depoimentos. O Delegado de Polícia praticou crime de abuso de autoridade previsto no Estatuto.

2. Caio, advogado, após cinco anos de exercício da advocacia, passou a enfrentar problemas psicológicos oriundos de antiga dependência pelo uso de drogas na juventude. Realizada consulta médica, o profissional de saúde determinou a internação temporária de Caio para tratamento de doença mental considerada curável. Considerando o caso concreto, conforme o Estatuto da Advocacia e OAB:

(A) Caio deverá cancelar sua OAB até sanar sua doença.
(B) Caio ficará com sua inscrição suspensa, durante o período da internação.
(C) Caio deverá requerer a licença de sua inscrição durante o período necessário.
(D) Caio ficará com sua inscrição excluída, durante o período da internação.

3. Os advogados Otto Portela, Dhiego de Lavor e Astrogildo Nunes requereram o registro de sociedade simples de advocacia no Conselho Seccional de Pernambuco com a denominação Portela, Lavor e Nunes Advogados. Passados alguns anos e consolidando a sociedade como referência na defesa de estelionatários, Astrogildo Nunes foi acometido de doença grave e vem a falecer. No tocante à denominação da sociedade, conforme determina o Estatuto da Advocacia e OAB:

(A) É possível manter o nome do sócio falecido. Porém, será necessário que esta possibilidade esteja contida no ato constitutivo da sociedade.
(B) Não é possível manter o nome do sócio falecido. A sociedade somente poderá deter nome dos sócios vivos.
(C) É possível manter o nome do sócio falecido. Porém, será necessária autorização expressa dos herdeiros do advogado falecido.
(D) É possível manter o nome do sócio falecido. Porém, essa autorização somente poderá durar o prazo máximo de um ano.

4. O advogado Geison foi procurado pelo cliente Joe para patrocínio de demanda jurídica contra seu antigo empregador. No contrato celebrado, Geison estabeleceu que apenas atuaria na primeira e segunda instâncias, afastando a possibilidade de atuação junto ao Tribunal Superior do Trabalho (TST). Também restou estabelecido no contrato a possibilidade de pagamento de honorários em caso de conciliação prévia, antes do ingresso da ação. Diante dos elementos apresentados, conforme previsão do Código de Ética e Disciplina da OAB:

(A) O advogado não poderá estabelecer pagamento de honorários na hipótese de conciliação antes do ingresso da ação.
(B) O advogado não poderá estabelecer limitação de atuação jurisdicional, sendo obrigado atuar em todas as instâncias.
(C) O advogado poderá estabelecer a limitação de atuação até a segunda instância, bem como prever possibilidade de pagamento de honorários em caso de conciliação antes do ingresso da ação.
(D) O advogado não poderá estabelecer a limitação de atuação até a segunda instância. Porém, poderá prever possibilidade de pagamento de honorários em caso de conciliação antes do ingresso da ação.

5. O advogado Ed foi contratado para representar os irmãos Rafael, Guilherme e Gabriel em ações objetivando regularizações de bens e empresas pertencentes à família. Realizadas todas as regularizações e diante dos vultuosos valores em análise, os irmãos requereram ao patrono a prestação de contas. Ed, contudo, disse-lhes que não estaria obrigado a esta prestação, negando-se a realizá-las. Desse modo, Ed:

(A) não estaria obrigado a prestação das referidas contas, inexistindo infração disciplinar.
(B) estaria obrigado a prestação das referidas contas, sob pena de sanção de suspensão.
(C) não estaria obrigado a prestação das referidas contas, mas pode prestá-las por questões éticas.
(D) estaria obrigado a prestação das referidas contas, sob pena de sanção de exclusão.

6. O advogado Evandro praticou determinada infração disciplinar com repercussão prejudicial à dignidade da profissão, sofrendo suspensão preventiva pelo Conselho Seccional em que detém inscrição principal. Evandro apresenta recurso contra tal decisão. Conforme estabelece o Estatuto da Advocacia e OAB:

(A) o recurso em questão terá efeito suspensivo e o processo disciplinar deve ser concluído no prazo de 120 dias.
(B) o recurso em questão não terá efeito suspensivo e o processo disciplinar deve ser concluído no prazo de 90 dias.
(C) o recurso em questão terá efeito suspensivo e o processo disciplinar deve ser concluído no prazo de 90 dias.
(D) o recurso em questão não terá efeito suspensivo e o processo disciplinar deve ser concluído no prazo de 120 dias.

7. O Conselho Seccional da Paraíba criou subseções em Patos, Campina Grande, Sousa, Pombal, Catolé do Rocha e Cajazeiras, além da sua Caixa de Assistência dos Advogados. Diante da situação descrita e conforme o Estatuto da OAB, assinale a opção correta.

(A) O Conselho Seccional da Paraíba poderá optar em conceder personalidade jurídica própria para as subseções criadas.
(B) O Conselho Seccional da Paraíba não possui personalidade jurídica própria, sendo atribuição apenas do Conselho Federal.
(C) O Conselho Seccional da Paraíba possui personalidade jurídica própria, mas não a Caixa de Assistência dos Advogados.
(D) O Conselho Seccional da Paraíba possui personalidade jurídica própria, bem como a Caixa de Assistência dos Advogados.

8. Pedro Henrique é presidente do Conselho Seccional da OAB do Estado de São Paulo, conciliando as atribuições de seu mandato com as responsabilidades de seu escritório. Passados alguns meses, Pedro Henrique passa por severo quadro de estresse, resolvendo renunciar ao mandato, para se dedicar apenas ao escritório. Nesse sentido.

(A) Seu sucessor será eleito pelo Conselho Seccional da OAB do Estado de São Paulo, dentre seus membros, para exercício do período restante ao mandato.
(B) Seu sucessor será o vice-presidente eleito nas eleições diretas realizadas pelo Conselho Seccional da OAB do Estado de São Paulo, para exercício do período restante ao mandato.
(C) Seu sucessor será eleito pelo Conselho Federal da OAB, dentre seus membros, para exercício do período restante ao mandato.
(D) Seu sucessor será eleito em novas eleições diretas realizadas pelo Conselho Seccional da OAB do Estado de São Paulo, para exercício do período restante ao mandato.

9. Diz-se da regra de integração jurídica de norma que se apresenta continuadamente em prática em situação que se mostra obrigatória perante a sociedade:

(A) analogia.
(B) princípios gerais de direito.
(C) usos e costumes.
(D) jurisprudência consolidada.

10. O interesse particular do soberano, após o contrato social, é conceito que encontra guarida na obra de:

(A) Descartes.
(B) Reale.
(C) Rousseau.
(D) Hobbes.

11. Durante uma entrevista, um jornalista fez afirmações caluniosas sobre um político, que decidiu ajuizar uma ação por danos morais, alegando que sua honra foi violada. Com base no art. 5º, incisos IV e X, da Constituição Federal e na jurisprudência do STF, é correto afirmar que:

(A) A liberdade de expressão é absoluta e não pode ser restringida, mesmo em casos de calúnia.
(B) O STF considera a liberdade de expressão um direito superior ao direito à honra, não havendo espaço para indenização.
(C) A liberdade de expressão deve ser exercida com responsabilidade, e o direito à honra pode justificar a reparação por danos morais.

(D) A Constituição protege apenas a liberdade de imprensa, não abrangendo a liberdade de expressão de indivíduos.

12. Cláudio, brasileiro naturalizado, deseja candidatar-se ao cargo de Presidente da República. Ele naturalizou-se há 10 anos e nunca teve qualquer tipo de condenação penal. Ao procurar um advogado, Cláudio questiona se possui todos os requisitos para a candidatura. Com base na Constituição Federal de 1988, é correto afirmar que Cláudio:

(A) Pode candidatar-se ao cargo de Presidente da República, pois já se passaram mais de 5 anos desde sua naturalização.
(B) Não pode candidatar-se ao cargo de Presidente da República, pois o cargo é reservado exclusivamente para brasileiros natos.
(C) Pode candidatar-se, desde que obtenha uma autorização do Congresso Nacional.
(D) Pode candidatar-se ao cargo de Presidente da República, mas somente se for naturalizado há pelo menos 15 anos.

13. Luís, prefeito de um pequeno município, decidiu contratar servidores temporários para diversas funções públicas sem realizar concurso público, argumentando que a necessidade era urgente. Entretanto, a contratação durou mais de 10 anos ficando claro que as funções não eram de caráter temporário. Com base na Constituição Federal de 1988, é correto afirmar que as contratações feitas por Luís:

(A) São válidas, pois a Constituição permite a contratação de servidores sem concurso em situações de urgência e necessidade temporária.
(B) São válidas se o Legislativo Municipal aprovar lei específica para cada caso de contratação temporária.
(C) São válidas apenas se a contratação temporária for para um período máximo de dois anos, independentemente da natureza da função.
(D) São nulas, pois a Constituição exige concurso público para o ingresso em cargo ou emprego público, exceto nas hipóteses de cargos em comissão ou funções temporárias.

14. Carlos, magistrado de carreira, foi surpreendido com sua remoção para outra comarca, sem que tenha sido previamente comunicado ou manifestado sua concordância. Indignado, ele questiona a legalidade da remoção. Com base na Constituição Federal e na jurisprudência do STF, assinale a alternativa correta:

(A) A remoção de magistrados é ato discricionário do tribunal, independentemente de manifestação do interessado.
(B) A remoção compulsória de magistrado só pode ocorrer por motivo de interesse público, mediante decisão por maioria absoluta do tribunal ou do CNJ.
(C) A remoção de magistrado, mesmo que consensual, só pode ser realizada após aprovação pelo STF.
(D) A remoção de magistrados é vedada pela Constituição Federal, em qualquer circunstância.

15. Em 2023, um Estado da Federação promulgou uma lei que proíbe a instalação de estabelecimentos comerciais de grande porte em áreas residenciais. A lei foi questionada por meio de uma ação direta de inconstitucionalidade (ADI), sob o argumento de que a legislação estadual afronta a competência privativa da União para legislar sobre normas gerais de direito urbanístico. Com base no caso descrito, assinale a alternativa correta:

(A) A lei estadual pode ser declarada inconstitucional pelo STF se for constatado conflito com normas federais de caráter geral.
(B) A competência para legislar sobre direito urbanístico é privativa da União.
(C) Somente os Estados podem legislar sobre o uso do solo em áreas urbanas, sendo competência exclusiva.
(D) O STF não pode julgar a ADI, pois a competência para legislar sobre direito urbanístico é privativa dos Estados.

16. Maria foi processada por um crime que não cometeu. Durante o processo, ela não teve acesso à integralidade das provas produzidas pela acusação, o que prejudicou sua defesa. Ela alega que seus direitos foram violados. Com base no art. 5º da Constituição Federal e na jurisprudência do STF, assinale a alternativa correta:

(A) Maria tem o direito de ser ouvida no processo, mas o acesso às provas não é essencial para a garantia do contraditório.
(B) O acesso de Maria às provas produzidas pela acusação é fundamental para a ampla defesa, garantida constitucionalmente.
(C) A defesa de Maria só pode acessar as provas se o juiz autorizar, de acordo com seu critério de discricionariedade.
(D) A falta de acesso às provas pela defesa não configura violação de direitos, desde que o processo tenha seguido o rito previsto na lei.

17. A Convenção sobre os Direitos da Criança foi adotada pela Assembleia Geral das Nações Unidas em 20 de novembro de 1989, que estabelece uma ampla gama de direitos civis, políticos, econômicos, sociais e culturais para crianças. É o tratado de direitos humanos mais amplamente ratificado na história, com exceção dos Estados Unidos. O Estado brasileiro não ficou "de fora" e nosso Congresso Nacional aprovou-a, por meio do Decreto Legislativo n. 28, de 14 de setembro de 1990, a qual entrou em vigor internacional em 02 de setembro de 1990. Por meio do Decreto n. 99.710, de 21 de novembro de 1990 a promulgou. Abaixo, podemos apontar como um dos pilares fundamentais da Convenção:

(A) Supremacia dos direitos dos pais sobre os dos filhos.
(B) Interesse superior da criança.
(C) Prioridade aos direitos culturais sobre os individuais.
(D) Liberdade total para a autodeterminação da criança.

18. Segundo a Convenção sobre os Direitos da Criança de 1989 (norma adotada pelo Estado brasileiro em 1990 por meio do Decreto Legislativo n. 28/99 e do Decreto n. 99.710/99) como devem ser tratadas as crianças privadas de seu ambiente familiar?

(A) Devem ser enviadas para instituições de correção.
(B) Devem ser adotadas sem processo legal.
(C) Devem receber proteção e assistência especiais do Estado.
(D) Devem ser deixadas sob cuidado dos vizinhos.

19. Nas eleições municipais da Cidade Delta foi eleita prefeita a candidata Maria, ela obteve mais 50% dos votos válidos ainda no primeiro turno. O seu adversário, candidato derrotado Joãozinho, está inconformado com o fato de não haver o segundo turno, segundo os seus cálculos, Maria não atingiu mais de 50% dos votos, porque é preciso considerar, conforme sua análise, a totalidade dos votos, o que inclui os brancos e os nulos.

A fim de ajuizar ação de impugnação dos resultados, Joãozinho consultou um advogado a respeito do tema.

Após consultar a jurisprudência e a legislação eleitoral vigente, o advogado deverá concluir corretamente que

(A) Trata-se da aplicação do princípio do aproveitamento do voto, pelo qual todos os votos deverão ser computados, o que confere razão à causa do candidato Joãozinho.
(B) Em consonância ao princípio do aproveitamento do voto, leva-se em consideração tão somente o percentual de votos dados aos candidatos desse pleito, razão pela qual a causa do candidato Joãozinho não deverá prosperar.
(C) A causa de Joãozinho deverá prosperar, porque nas eleições majoritárias são contabilizados os votos em candidato e os votos brancos, excluindo tão somente os votos nulos, em expresso atendimento ao princípio do aproveitamento do voto.
(D) Trata-se do princípio da democracia, pelo qual deve-se respeitar a vontade da maioria, por esse motivo não se confere razão à causa de Joãozinho.

20. O diretório municipal do partido Beta está com dúvidas quanto a aplicação, em tese, de dispositivo normativo da Lei Eleitoral. O seu presidente tomou conhecimento da possibilidade de, em situações dessa natureza, realizar consulta à Justiça Eleitoral.

A fim de sanar a sua dúvida, o presidente do partido contratou você, na condição de advogado, para proceder a ação de consulta junto à Justiça Eleitoral.

Como se trata de diretório municipal de partido, a consulta deverá ser dirigida

(A) Para o Juiz Eleitoral.
(B) Para Junta Eleitoral.
(C) Para o Tribunal Regional Eleitoral.
(D) Para o Tribunal Superior Eleitoral.

21. Maria Tereza é demitida pela Embaixada de um país estrangeiro, em Brasília, sem receber seus valores de rescisão de contrato de trabalho. Ingressou com ação trabalhista no Brasil e teve ganho de causa, colocando este Estado estrangeiro no polo passivo da Ação. Ocorre que este Estado não cumpriu espontaneamente a sentença, e, portanto, foi requerida a penhora de bens da Embaixada. Nesse caso, a penhora de bens do Estado estrangeiro:

(A) somente irá prosperar se o Estado estrangeiro tiver bens que não estejam diretamente vinculados ao funcionamento da sua representação diplomática.
(B) o Estado estrangeiro tem imunidade de jurisdição e, portanto, não poderá ser autorizada a execução.
(C) dependerá de um pedido de auxílio direto via Autoridade Central.
(D) poderá ser deferida, porque, não existe imunidade.

22. Louis Litt, após divorciar-se no Brasil, transferiu seu domicílio para os Estados Unidos. Os dois filhos brasileiros de sua primeira união continuaram vivendo no Brasil. Louis Litt contraiu novo matrimônio nos Estados Unidos com uma cidadã norte americana e, alguns anos depois, vem a falecer nos Estados Unidos, deixando um imóvel e aplicações financeiras nesse país. A regra de conexão do direito brasileiro estabelece que a sucessão de Louis Litt será regida:

(A) pela lei brasileira, em razão da nacionalidade brasileira do *de cujus*.
(B) pela lei brasileira, porque o *de cujus* tem dois filhos brasileiros.
(C) pela lei norte-americana, em razão do último domicílio do *de cujus*.
(D) pela lei norte-americana, em razão do local da situação dos bens a serem partilhados.

23. Em 2023, o Município de Serra Bela passou por um processo de revisão das contas do Prefeito referentes ao ano anterior. Após análise, o Tribunal de Contas do Estado emitiu parecer pela rejeição das contas devido a diversas irregularidades. Entretanto, o Prefeito, alegando que se tratavam de meros equívocos contábeis, buscou convencer a Câmara Municipal a desconsiderar o parecer do Tribunal de Contas. A partir do exposto e com base no art. 31 da Constituição Federal, assinale a alternativa correta.

(A) A Câmara Municipal pode rejeitar o parecer do Tribunal de Contas do Estado com maioria simples dos seus membros.
(B) O parecer do Tribunal de Contas do Estado é vinculante, não cabendo à Câmara Municipal a possibilidade de desconsiderá-lo.
(C) Para que o parecer prévio do Tribunal de Contas sobre as contas do Prefeito deixe de prevalecer, é necessária a decisão de dois terços dos membros da Câmara Municipal.
(D) O Município de Serra Bela, diante das constantes irregularidades, pode criar um Conselho de Contas Municipal para melhor fiscalizar as contas públicas.

24. No ano de 2023, o Governo Federal implementou um novo programa social voltado para o auxílio à população em situação de vulnerabilidade. Para tal, destinou-se uma significativa parcela dos recursos oriundos do orçamento da União. Durante a execução do programa, a imprensa e órgãos de fiscalização levantaram suspeitas de irregularidades na gestão dos recursos. Diante da situação, o Poder Executivo, amparado pelo seu sistema de controle interno, iniciou um processo de investigação. Com base no art. 74 da Constituição Federal, assinale a alternativa correta acerca das competências do sistema de controle interno.

(A) O sistema de controle interno do Poder Executivo tem como única finalidade avaliar a execução dos programas de governo e dos orçamentos da União.

(B) O sistema de controle interno não possui competência para comprovar a legalidade e avaliar os resultados quanto à eficácia e eficiência da gestão dos recursos públicos por entidades de direito privado.

(C) A avaliação do cumprimento das metas previstas no plano plurianual é competência exclusiva do controle externo, não integrando as funções do sistema de controle interno.

(D) O sistema de controle interno dos Poderes Legislativo, Executivo e Judiciário deve avaliar o cumprimento das metas previstas no plano plurianual, comprovar a legalidade da gestão orçamentária, financeira e patrimonial e apoiar o controle externo em sua missão institucional.

25. O enunciado da Súmula Vinculante 28 ("É inconstitucional a exigência de depósito prévio como requisito de admissibilidade de ação judicial na qual se pretenda discutir a exigibilidade do crédito tributário") objetiva impedir a aplicação de qual princípio?

(A) ampla defesa.
(B) exceção de contrato não cumprido.
(C) *solve et repete*.
(D) contraditório.

26. Gustavo Lima é proprietário de um único imóvel localizado no município do Rio de Janeiro no qual reside juntamente a sua esposa. Em razão da falta de pagamento do Imposto Predial e Territorial Urbano, Gustavo Lima é réu em ação de execução fiscal promovida pela Fazenda Pública Municipal. Tendo em vista as disposições gerais contidas no Código Tributário Nacional acerca do crédito tributário, assinale a alternativa correta.

(A) O imóvel utilizado para residência do casal é impenhorável, não devendo responder por qualquer tipo de dívida.

(B) Os bens e rendas do sujeito passivo respondem pelo pagamento de todo crédito de natureza tributária, sem comportar exceções.

(C) Bens gravados por ônus real ou por cláusulas de inalienabilidade não podem ser alcançados para saldar dívidas tributárias.

(D) A impenhorabilidade do bem de família não é oponível em face da cobrança do Imposto Predial Territorial Urbano.

27. João Gomes, possuindo débitos tributários, obteve parcelamento e mantém o efetivo pagamento na forma que fora deferido. Apesar disso, foi alvo de execução fiscal para satisfação do crédito tributário alvo do parcelamento. Nos embargos de devedor, o contribuinte poderá alegar:

(A) Em Embargos à execução, como matéria preliminar, deverá alegar a carência da execução fiscal, pela perda da sua natureza tributária em razão do seu parcelamento.

(B) A improcedência da execução fiscal, por iliquidez do título exequendo, pelo fato de que parte da dívida já foi paga.

(C) A carência da execução fiscal em face da suspensão da exigibilidade do crédito tributário.

(D) O reconhecimento do direito parcial da execução fiscal, em face da existência de saldo devedor do parcelamento.

28. A competência tributária não pode ser confundida com a capacidade tributária ativa. A primeira é compreendida como a aptidão para instituição de tributos, ao passo que a última consiste no exercício da competência, ou seja, a aptidão para cobrar tributos. Nesse sentido, é correto afirmar que:

(A) compete à União, aos Estados, ao Distrito Federal e aos Municípios a instituição de impostos, taxas, contribuições de melhoria, assim como as contribuições para o custeio do serviço de iluminação pública.

(B) Ao Distrito Federal compete apenas realizar a instituição de espécies tributárias próprias dos Estados-membros da federação em razão do princípio federativo, que delimita entre os entes políticos o poder de tributar.

(C) por lei ordinária, a União poderá instituir, impostos além dos previstos na Constituição, mediante dois requisitos: que eles sejam não cumulativos e que não tenham fato gerador próprio dos impostos já previstos constitucionalmente.

(D) em Território Federal, os impostos estaduais são de competência da União. Caso o Território não seja dividido em Municípios, cumulativamente, os impostos municipais também são de competência da União.

29. A sociedade empresária GQ propõe medida judicial objetivando impugnar a incidência da contribuição social sobre o lucro. Em cognição sumária, o juízo deferiu uma medida liminar que possibilita a Delta não efetuar o recolhimento da contribuição. Durante a eficácia da liminar, a Receita Federal iniciou procedimento de fiscalização visando à cobrança da contribuição social sobre o lucro não recolhida naquele período.

Com base no relatado acima, assinale a alternativa correta.

(A) A Receita Federal não pode efetuar a lavratura do auto de infração, em virtude da liminar deferida.

(B) A Receita Federal pode lavrar auto de infração, mas somente com a exigibilidade suspensa para prevenir a decadência.

(C) A sociedade GQ, poderá requerer ao juízo nova medida liminar para o encerramento de tal procedimento.

(D) Dado o fato de não ser provisória, a Receita Federal pode lavrar auto de infração.

30. Os consórcios públicos são ajustes celebrados entre os entes federados para gestão associada de serviços públicos. Ciente disso, os Estados Beta, Delta e Alfa planejam a formação de um para melhor prestação de serviços de saúde.

A respeito dos consórcios públicos, é correto afirmar que:

(A) ensejarão a criação de uma nova pessoa jurídica de direito público, necessariamente.
(B) pressupõem a celebração de contrato de rateio para serem constituídos.
(C) ostentam obrigatoriamente personalidade jurídica de direito privado, constituídos sob a forma de empresa pública ou fundação, conforme tenham por objeto, respectivamente, exploração de atividade econômica ou execução de serviço público de interesse comum.
(D) a União somente participará de consórcios públicos em que também façam parte todos os Estados em cujos territórios estejam situados os Municípios consorciados.

31. Carlos, oficial da Polícia Militar do Estado Beta, junto com sua equipe, estava conduzindo uma operação policial em determinada comunidade com o objetivo de combater o tráfico de drogas e o crime organizados. Durante um confronto armado com criminosos, um disparo vindo da pistola utilizada pelo Policial Carlos atingiu o peito de Clara, uma criança de 8 anos que vivia na região. A análise balística conclusiva confirmou que o projétil responsável pelo ferimento da criança foi disparado a partir da arma de fogo utilizada pelo Policial Carlos.

Os pais da criança procuraram você, advogado(a), para ajuizar ação indenizatória, que deverá, com fundamento na jurisprudência do STF, ser postulada em face:

(A) de Carlos, dada a sua responsabilidade civil direta e de natureza objetiva, dispensada a comprovação de dolo ou culpa.
(B) de Carlos e do Estado Beta, em litisconsórcio passivo necessário.
(C) do Estado Beta, apenas, dada a sua responsabilidade civil de natureza objetiva, dispensada a comprovação de dolo ou culpa por parte do oficial da Polícia Militar Carlos.
(D) de Carlos e/ou do Estado Beta, pois facultado à vítima escolher o polo passivo da ação indenizatória, de modo a conferir maior celeridade à pretensão reparatória.

32. Logo após assumir o cargo de governador da cidade Beta, Lucindo recebeu informações de seus assessores sobre o aumento da supervisão por parte do Tribunal de Contas. Diante disso, foi sugerido que melhorias nas estruturas internas seriam necessárias. Diante dessa situação, Lucindo consultou sua equipe sobre a extensão da fiscalização do Tribunal de Contas, recebendo como resposta que:

(A) ao Tribunal de Contas compete apreciar, para fins de registro, a legalidade dos atos de admissão de pessoal, a qualquer título, na administração direta e indireta, incluídas as fundações instituídas e mantidas pelo Poder Público, excetuadas as nomeações para cargo de provimento em comissão.
(B) ao Tribunal de Contas compete julgar as contas dos administradores e demais responsáveis por dinheiro, bens e valores públicos da administração direta e indireta, excluídas as fundações instituídas e mantidas pelo Poder Público, que se submetem ao controle finalístico exercido pelo ente público da Administração Direta responsável por sua criação.
(C) ao Tribunal de contas compete apreciar as contas prestadas bimestralmente pelo Chefe do Poder Executivo, mediante parecer prévio que deverá ser elaborado em sessenta dias a contar de seu recebimento.
(D) ao Tribunal de Contas compete aplicar aos responsáveis, em caso de ilegalidade de despesa ou irregularidade de contas, as sanções previstas em lei, que estabelecerá, entre outras cominações, proibição de contratar com o Poder Público pelo prazo de oito anos.

33. Artur foi aprovado em concurso público para o cargo de agente da Polícia Civil do Estado Alfa. Passados alguns meses, em outubro de 2022, foi oficialmente nomeado e empossado no cargo, cumprindo com todas as suas funções, como cumprimento de mandados, efetuação de prisões, participação em operações especiais e todas as demais funções inerentes à polícia judiciária. Contudo, em abril de 2023, a nomeação de Artur foi anulada de acordo com uma decisão do Tribunal de Contas do Estado Alfa. Isso aconteceu porque a homologação do concurso, realizada pelo Secretário de Segurança Pública, não era apropriada, visto que a competência para tal ato deveria recair sobre o Governador do Estado. Diante dessa circunstância, os atos administrativos realizados por Artur são considerados:

(A) nulos de pleno direito, uma vez que estava exercendo o ofício com usurpação de função.
(B) válidos, dado que agia como agente de fato.
(C) nulos, uma vez que agia em flagrante abuso de poder.
(D) válidos, com fundamento na teoria da aparência, dado que a posse posterior no cargo deve retroagir, tornando a nomeação válida.

34. A concessionária de serviço público Luz & Ar não vem cumprindo com exatidão as regras do contrato de concessão, o que prejudicou a qualidade do serviço concedido, razão pela qual o Estado Alfa, enquanto Poder Concedente, emitiu decreto ordenando a intervenção na concessão.

Com base na situação hipotética, é correto afirmar que:

(A) a intervenção é irregular, pois deveria ter sido feita por meio de lei e não por decreto.

(B) declarada a intervenção, o Estado Alfa deverá, no prazo de trinta dias, instaurar procedimento administrativo para comprovar as causas determinantes da medida e apurar responsabilidades, assegurado o direito de ampla defesa.
(C) se ficar comprovado que a intervenção não observou os pressupostos legais e regulamentares, será declarada sua nulidade, devendo o serviço ser devolvido em até cento e oitenta dias à concessionária.
(D) o procedimento administrativo da intervenção deverá ser concluído no prazo de até trinta dias, sob pena de considerar-se inválida a intervenção.

35. A Sociedade Empresária Alfa, por meio de seu representante de projetos de sustentabilidade, consulta um Advogado especializado na área ambiental com o objetivo de obter informações a respeito da necessidade de apresentação e aprovação de Estudo Prévio de Impacto Ambiental (EIA) para a instalação de uma nova atividade.

Com relação ao Estudo Prévio de Impacto Ambiental (EIA), assinale a opção de resposta prestada pelo Advogado, que se harmoniza com a legislação ambiental:

(A) O Estudo Prévio de Impacto Ambiental será exigido, na forma da lei, para instalação de qualquer atividade potencialmente causadora degradação do meio ambiente.
(B) O Estudo Prévio de Impacto Ambiental não será exigido, na forma da lei, para instalação de atividade potencialmente causadora de significativa degradação do meio ambiente.
(C) O Estudo Prévio de Impacto Ambiental será exigido, na forma da lei, para instalação de atividade potencialmente causadora de significativa degradação do meio ambiente.
(D) O Estudo Prévio de Impacto Ambiental será exigido, na forma da lei, para instalação de atividade potencialmente causadora de significativa degradação do meio ambiente. No entanto, o poder público pode dispensá-lo, caso entenda que a atividade seja de interesse público para a nação.

36. Os Espaços Territoriais Especialmente Protegidos (ETEPs) possuem base constitucional. Sobre as Áreas de Preservação Permanente, espécies de ETEPs, e pautando-se na Lei n. 12.651/2012, assinale a afirmativa correta:

(A) Não é permitido o acesso de pessoas às Áreas de Preservação Permanente para obtenção de água.
(B) É permitido o acesso de pessoas às Áreas de Preservação Permanente apenas para obtenção de água.
(C) É permitido o acesso de pessoas às Áreas de Preservação Permanente para obtenção de água.
(D) É permitido o acesso de pessoas às Áreas de Preservação Permanente apenas para realização de atividades de baixo impacto ambiental.

37. Caio, piloto profissional, era casado com Fernanda. Após suas aparições nas redes sociais, foi contratado para levar uma noiva, Carla, até o altar, pilotando um de seus veículos. Entretanto, no dia do casamento, o piloto perdeu o controle do veículo e caiu, juntamente com a noiva, em um rio localizado na região. Os bombeiros durante dias realizam fortes buscas, mas não encontraram Caio e Carla.

Sobre o caso apresentado, assinale alternativa correta

(A) Apenas o Ministério Público poderá requerer a declaração de ausência das vítimas ao Poder Judiciário.
(B) O juiz convocará um curador oficial, credenciado pelo Tribunal de Justiça do Estado, para realizar a partilha dos bens.
(C) Diante dos fatos apresentados a declaração de morte presumida de Caio e Carla poderá ser decretada pelo juiz sem declaração de ausência.
(D) A data da morte será considerada a publicação da sentença que declarar a morte presumida das vítimas.

38. Caio Prado, ao passar por um condomínio de alto padrão no bairro de Moema/SP, foi atingido pelo suporte do ar-condicionado que fica instalado fora da unidade de um dos apartamentos. Por ter sofrido danos físicos, aciona o seu advogado para ingressar com uma ação indenizatória.

Assinale a alternativa correta:

(A) O condômino apenas responderá se comprovado sua culpa na falta de manutenção condominial.
(B) A ação indenizatória será julgada improcedente, uma vez que o fato é caracterizado como caso fortuito.
(C) A responsabilidade será exclusiva do condomínio, pois o morador da unidade imobiliária da qual caiu o suporte do ar-condicionado já faz o recolhimento da taxa de manutenção condominial.
(D) O morador que habitar no prédio, responde pelo dano proveniente das coisas que dele caírem em lugar indevido.

39. Isaque havia decidido por vender sua fazenda localizada no interior de Goiás a Fernando, tendo inclusive trocado ligações para conversar sobre os detalhes da venda e fixado os valores para a transação. Após alguns dias, Isaque acabou por desistir de realizar o negócio, comunicando posteriormente o futuro comprador sobre sua decisão.

De acordo com o Código Civil Brasileiro, é correto afirmar que

(A) O princípio da probidade e boa-fé apenas serão obrigatórios entre os contratantes na execução do contrato.
(B) A proposta de contrato obriga Isaque, se o contrário não resultar dos termos dela, da natureza do negócio ou das circunstâncias do caso.
(C) A proposta deixaria de ser obrigatória caso fosse feita sem prazo a Fernando.

(D) A proposta de contrato não obriga o Isaque, já que se trata de uma mera expectativa de direito.

40. Amarilda, milionária, apaixonou-se por seu motorista, Heraldo. Preocupada com sua herança, Amarilda propõe a realização de pacto antenupcial por escritura pública no qual estabelece o regime de separação total de bens, sendo prontamente aceito por Heraldo. Porém, após fortes discussões motivada pelas diferenças sociais, o casamento foi cancelado.

Após alguns meses, o casal se reencontra e decide dividir apartamento com pretensão de constituir família e ter uma convivência pública, continua e duradora. Passados quatro anos de união estável, Amarilda decide dissolver a relação familiar e adotar o regime de bem estabelecido no pacto antenupcial.

Assinale alternativa correta:

(A) O pacto antenupcial não poderá ser aplicado, por não ter sido averbado no cartório competente.
(B) O pacto antenupcial é válido, mas para condição de eficácia deverá ser ratificado por Heraldo.
(C) O pacto antenupcial não é válido, pois o regime de bens adotado não é permitido pela legislação brasileira.
(D) O pacto antenupcial é válido, mas ineficaz por não ter sido seguido do casamento.

41. Adalberto, 70 anos, viúvo, com os pais já falecidos, morreu sem ter filhos, deixando um imenso patrimônio de imóveis na cidade de Porto Alegre/RS. Antes do fato, registrou testamento particular deixando todos os seus bens para sua empregada doméstica, Nilce, com que não tinha nenhum grau de parentesco. Suas irmãs, sentindo-se injustiçadas, pleitearam ação judicial requerendo à anulação do testamento em sua integralidade, justificando que, devido ao grau de parentesco, não poderiam ser excluídas totalmente da herança do seu irmão.

Ao analisar os fatos, assinale a alternativa correta:

(A) O pedido deverá ser acolhido, já que as irmãs de Adalberto são legatárias da herança.
(B) O pedido não deverá ser acolhido, já que as irmãs de Adalberto não são herdeiras necessárias.
(C) O pedido deverá ser acolhido, já que as irmãs de Adalberto são herdeiras necessárias, devendo ser declarada a nulidade parcial da disposição testamentária.
(D) O pedido não deverá ser acolhido, já que, em que pese as irmãs sejam herdeiras necessárias, podem ser excluídas da sucessão testamentaria.

42. Ataíde, *motoboy* profissional da Pizzaria Pizza Fina Ltda., ao ir realizar uma entrega em um dos bares próximos ao emprego, por imprudência, atingiu Durval, que estava atravessando a rua na faixa de pedestre durante o sinal vermelho do semáforo.

A vítima foi atendida por uma viatura da polícia que passava pelo local. Foi necessário procedimentos hospitalares para realização do atendimento emergencial. Após ter ciência do valor do atendimento prestado pelo hospital, procurou sua advogada com o objetivo de ser ressarcida pelo montante pago.

Assinale a alternativa correta:

(A) A responsabilidade é solidária entre Ataíde e a Pizzaria Pizza Fina Ltda., independentemente de culpa.
(B) A responsabilidade é subsidiária entre Ataíde e a Pizzaria Pizza Fina Ltda., apenas respondendo o empregador diante na falta de recursos financeiros da empregada.
(C) A responsabilidade é exclusiva da Ataíde, já que agiu com imprudência no momento do acidente.
(D) A responsabilidade é solidária em relação ao dano material ocasionado, e subsidiária ao pedido de danos extrapatrimonial.

43. Alessandro, ao completar 16 anos de idade, escuta de seus pais que é filho adotivo. Depois de refletir por algum tempo quanto a esta informação, ele deseja saber mais sobre o processo de adoção. Seus pais indicam você como advogado(a) especializado(a) no tema para explicar melhor. De acordo com o Estatuto da Criança e do Adolescente, assinale a opção correta quanto aos direitos de Alessandro.

(A) A morte dos pais adotantes restabelece o poder familiar dos pais naturais.
(B) O acesso ao processo de adoção não poderá ser deferido ao adotado menor de 18 anos.
(C) Ele terá direito de conhecer sua origem biológica após completar 18 anos, porém, não poderá ter acesso irrestrito ao processo no qual a medida foi aplicada e seus eventuais incidentes.
(D) A adoção atribui a condição de filho ao adotado, com os mesmos direitos e deveres, inclusive sucessórios, desligando-o de qualquer vínculo com pais e parentes, salvo os impedimentos matrimoniais.

44. João Pedro, 20 anos, pretende se candidatar à vaga de conselheiro tutelar na cidade vizinha que mora, Passo Fundo. No entanto, não conhece todos os detalhes do cargo, nem as atribuições do Conselho Tutelar, competência, da escolha, nem se há algum tipo de impedimento. Assim, ele lhe procura para sanar estas dúvidas antes de se candidatar. Diante do Estatuto da Criança e do Adolescente, assinale a alternativa correta.

(A) O Conselho Tutelar é órgão permanente, autônomo e jurisdicional, encarregado pela sociedade de zelar pelo cumprimento dos direitos da criança e do adolescente.
(B) Para candidatura é necessário ter reconhecida idoneidade moral, idade superior a 21 anos e residir no município, portanto, João Pedro não pode participar.
(C) As decisões do Conselho Tutelar poderão ser revistas pela autoridade judiciária a pedido de qualquer pessoa.
(D) É atribuição do Conselho Tutelar aplicar perda da guarda e destituição da tutela.

45. Buscando ser promovido em seu trabalho, Gabriel prestou vestibular para o curso de bacharelado em Ciências Contábeis pela Faculdade ABC Ltda., que lhe prometeu a conclusão do curso em quatro anos. Após cumprir todas as disciplinas e aprovado no Trabalho de Conclusão de Curso, Gabriel tomou conhecimento de que a Faculdade ABC Ltda. não possuía reconhecimento de curso e que, por isso, não poderia colar grau. Nesse caso, sendo certo que a promoção almejada por Gabriel dependia do diploma devidamente registrado junto ao MEC, é correto afirmar que:

(A) Por se tratar de uma instituição de ensino superior regida pelas portarias do MEC, Gabriel terá que demonstrar a culpa da Faculdade ABC Ltda. para ter direito à indenização.
(B) Gabriel não tem direito a indenização, pois é obrigação do contratante tomar conhecimento da situação cadastral e regimental da instituição de ensino antes de ingressar em curso superior.
(C) Gabriel tem direito a indenização independentemente de se configurar a culpa da instituição de ensino superior.
(D) Considerando que o ato de reconhecimento da instituição de ensino superior é feito por portaria publicada em diário oficial, presume-se que Gabriel sabia da situação e que, por isso, não terá direito a indenização.

46. Por solicitação do Município Paraíso de Jó, a concessionária de transporte público retirou de circulação a única linha de ônibus que transportava os moradores do Bairro Sul ao Bairro Norte. Considerando que o único hospital público se encontra no Bairro Norte, é correto afirmar que:

(A) Os moradores do Bairro Sul têm direito ao restabelecimento do transporte público, e o Ministério Público tem legitimidade ativa para representá-los.
(B) Por não se tratar de direito difuso, apenas os moradores do Bairro Sul detêm legitimidade ativa para vindicar o restabelecimento do transporte público.
(C) O Município detém a prerrogativa de organizar o transporte público municipal e, por isso, não cabe aos moradores se oporem à decisão da gestão pública.
(D) Os moradores do Bairro Sul têm direito ao restabelecimento do transporte público e somente o Ministério Público tem legitimidade ativa para representá-los.

47. Leonardo, um empresário rico e famoso em Florianópolis, emprestou elevada quantia em dinheiro a uma sociedade limitada do ramo de alimentação, que mantém uma rede de restaurantes de frutos do mar, regularmente constituída e com capital integralizado. Caso não haja o pagamento da dívida, de acordo com o Código Civil:

(A) a integralização do capital impede que o patrimônio dos sócios responda pelas dívidas e obrigações contraídas pela sociedade, mesmo em casos de abuso da personalidade jurídica.
(B) o patrimônio que responderá pela dívida será o da sociedade; o patrimônio dos sócios responderia pela dívida na hipótese de desconsideração da personalidade jurídica.
(C) o patrimônio dos sócios e o patrimônio da pessoa jurídica, solidariamente, responderão pelas dívidas e obrigações nas sociedades limitadas com capital integralizado.
(D) o patrimônio dos sócios responderá pelas dívidas e obrigações da sociedade, apenas se houver confusão patrimonial com comprovada má-fé dos sócios.

48. A respeito do estabelecimento empresarial, tema previsto no Código Civil e com atualizações pela Lei n. 14.195/2021, assinale a alternativa correta.

(A) O estabelecimento não se confunde com o local onde se exerce a atividade empresarial, que poderá ser físico ou virtual.
(B) Quando o local onde se exerce a atividade empresarial for virtual, o endereço informado para fins de registro não poderá ser de um dos sócios da sociedade empresária.
(C) Mesmo que não haja autorização expressa, o alienante do estabelecimento pode fazer concorrência ao adquirente após a sua transferência.
(D) O adquirente do estabelecimento responde pelo pagamento dos débitos anteriores à transferência, desde que regularmente contabilizados, continuando o devedor primitivo solidariamente obrigado pelo prazo de cinco anos, a partir, quanto aos créditos vencidos, da publicação, e, quanto aos outros, da data do vencimento.

49. Marisa procura você, no seu escritório de advocacia, para esclarecer sobre o nome empresarial, pois pretende abrir uma sociedade empresária com outras amigas de infância. Sobre esse tema, assinale a alternativa correta.

(A) O empresário opera sob firma constituída por seu nome completo, porém, não abreviado, aditando-lhe, se quiser, designação mais precisa da sua pessoa ou do gênero de atividade.
(B) A sociedade em comandita por ações pode, em lugar de firma, adotar denominação, aditada da expressão "comandita por ações", facultada a designação do objeto social.
(C) A sociedade em conta de participação pode ter firma ou denominação.
(D) O nome empresarial pode ser objeto de alienação.

50. A Lei n. 11.101/2005 trata da recuperação judicial, extrajudicial e falência do empresário e da sociedade empresária. Em 2020, a Lei n. 14.112 foi publicada e fez importantes mudanças. Nesse contexto, assinale a alternativa correta.

(A) Antes da atualização legislativa, a lei não se aplicava as empresas públicas e sociedades de economia mista. A partir de então, também são objeto da Lei n. 11.101.
(B) As execuções de natureza fiscal não são suspensas pelo deferimento da recuperação judicial, ressalvada a concessão de parcelamento nos termos do Código Tributário Nacional e da legislação ordinária específica.

(C) É vedado ao devedor, até a aprovação do plano de recuperação judicial, distribuir lucros ou dividendos a sócios e acionistas.
(D) O processamento da recuperação judicial ou a decretação da falência autoriza o administrador judicial a recusar a eficácia da convenção de arbitragem, não impedindo ou suspendendo a instauração de procedimento arbitral.

51. Gertrudes perdeu seu irmão Jerônimo em um grave acidente de carro. O falecido deixou apenas a irmã Gertrudes e o irmão Marcelo, ambos unilaterais. Ressalte-se que entre eles não há qualquer litigiosidade. Todavia, antes de começarem a resolver a questão patrimonial *post mortem*, os irmãos descobriram que Jerônimo deixou um testamento, deixando a parte disponível de seu patrimônio para o namorado Naldo, não havendo qualquer objeção por parte dos irmãos do *de cujus*. A partir dessa narrativa e com base no ordenamento jurídico pátrio, assinale a opção correta:

(A) O inventário não poderá ser feito na via extrajudicial em virtude da existência de testamento.
(B) Mesmo diante da existência de testamento, é possível promover o inventário extrajudicial.
(C) O inventário deverá ser feito na via judicial, por meio do arrolamento sumário.
(D) O inventário deverá ser promovido judicialmente, no local do falecimento de Jerônimo.

52. Andrea, 18 anos, promove execução autônoma de alimentos em face de seu pai Bernardo, cujo objeto é um acordo de alimentos referendado pelos advogados de ambos. Devidamente citado, Bernardo não efetuou o pagamento das dez parcelas em atraso. A partir deste contexto, assinale a opção correta:

(A) O advogado de Bernardo poderá requerer o parcelamento, depositando 30% do débito, sem os honorários advocatícios.
(B) A advogada de Andrea só poderá pedir a penhora de salário de Bernardo se ele receber acima de 50 salários mínimos.
(C) No curso da execução, a advogada de Andrea poderá converter a execução para o rito da prisão, a fim de cobrar todas as parcelas em aberto.
(D) Para o pagamento das parcelas vencidas e vincendas poderá haver o comprometimento de até 50% dos rendimentos líquidos de Bernardo, mediante desconto direto em sua folha de pagamento.

53. Lurdes promoveu ação autônoma de impugnação em face de Antônio e Sara, a fim de desconstituir uma sentença de divórcio transitada em julgado, uma vez que as partes atuaram em conluio a fim de fraudar a lei. Considere que Lurdes requereu gratuidade de justiça e promoveu a referida demanda perante o tribunal competente, e que os réus estão patrocinados pelo advogado Vilênio. Com base nesses fatos, assinale a alternativa correta.

(A) Caso o julgamento seja não unânime, caberá a aplicação de ofício da técnica de ampliação do colegiado, pelo respectivo tribunal.
(B) Lurdes deve, necessariamente, promover o depósito prévio de 5% do valor da causa, sob pena de indeferimento da petição inicial.
(C) Os réus têm 15 dias para apresentar contestação, sob pena de revelia e confissão ficta.
(D) O advogado Vilênio pode requerer sustentação oral.

54. Lauro propôs uma ação judicial em face de um banco e, ainda na primeira instância, logo foi cientificado de que seu processo havia sido suspenso, assim como todos os processos que estavam em curso e envolviam a mesma questão de direito material, em virtude de um IRDR no tribunal local e pedido de suspensão nacional formulado perante o STJ. Ocorre que o advogado de Lauro percebe que o conteúdo do IRDR não tem correspondência com o objeto de sua demanda, razão pela qual a suspensão é indevida. Neste caso, o advogado de Lauro deve:

(A) interpor recurso especial perante o Superior Tribunal de Justiça.
(B) interpor agravo interno contra a decisão monocrática proferida no STJ.
(C) peticionar perante o juízo de primeira instância apresentando o *distinguishing*.
(D) interpor agravo de instrumento contra a decisão do juízo de primeira instância que acolheu a determinação de suspensão do processo.

55. Helenita promove uma demanda indenizatória, na qual almeja a obtenção de danos materiais, morais e estéticos, em virtude de atropelamento sofrido na faixa de pedestres. Após a distribuição da petição inicial, ela procura sua advogada Cleuza e diz que pretende alterar o valor dos danos materiais, em virtude de novos recibos que encontrou entre seus documentos, e que não foram considerados no ajuizamento inicial da causa. A partir dessas informações, assinale a opção correta:

(A) Depois de distribuída a petição inicial, não é possível alterar ou aditar o pedido ou causa de pedir.
(B) O caso contempla uma hipótese de cumulação de pedidos própria sucessiva.
(C) O valor da causa será o correspondente ao pedido de maior valor.
(D) Neste caso a alteração do pedido é permitida e independe do consentimento do réu.

56. Pablo, inconformado com uma decisão de improcedência liminar do pedido, que reconheceu a prescrição de sua pretensão, resolve interpor o recurso cabível, a fim de obter a reforma da decisão, bem como o imediato acolhimento de sua pretensão originária pelo próprio tribunal competente. Acerca da via processual utilizada, assinale a alternativa correta:

(A) O advogado de Pablo poderá interpor recurso de apelação perante o juízo a quo, e, após a admissibilidade, os autos serão encaminhados ao tribunal, caso não haja retratação do juiz.
(B) Caso não interposto o recurso cabível, haverá a formação de coisa julgada somente formal.
(C) O recurso cabível é o agravo de instrumento, por se tratar de decisão interlocutória de mérito.
(D) O recurso cabível é o de apelação, com a possibilidade de aplicação da teoria da causa madura.

57. Neuza voltou de viagem ao exterior e trouxe, ocultas em sua bagagem, em fundo falso, mercadorias cuja importação é proibida em nosso país. Os funcionários aduaneiros do aeroporto perceberam a conduta quando a mala foi submetida ao aparelho de raio-x.

Nesse caso, é correto dizer que:

(A) Neuza praticou o crime de descaminho, compatível com o princípio da insignificância.
(B) Neuza praticou o crime de descaminho, incompatível com o princípio da insignificância.
(C) Neuza praticou o crime de contrabando, incompatível com o princípio da insignificância.
(D) A conduta de Neuza é atípica, devendo ser punida, apenas, com multa.

58. Jorge, 25 anos, é casado com Mariana, 18 anos. O casal iniciou o relacionamento seis anos antes, com o consentimento dos pais da moça. A primeira relação sexual ocorreu no segundo mês de namoro. Certo dia, enquanto comemoravam a gravidez de Mariana, um oficial de justiça citou Jorge para oferecer defesa contra denúncia, oferecida em seu desfavor, pela prática do crime de estupro de vulnerável contra Mariana.

Com base nos dados narrados, assinale a alternativa correta.

(A) Jorge pode ser condenado por estupro de vulnerável.
(B) Jorge deve ser absolvido por existir causa de exclusão da ilicitude.
(C) O posterior casamento extingue a punibilidade da conduta praticada por Jorge.
(D) O consentimento de Mariana e dos seus pais tornam a conduta de Jorge atípica.

59. No interior da embaixada do Japão, localizada em Brasília, após breve desentendimento, Fred desferiu um soco em Paulo, causando-lhe lesões corporais de natureza leve. O agressor é natural da Suécia. Nesse caso, observado o que dispõe o Código Penal a respeito do tema, assinale a alternativa correta.

(A) Para a incidência da lei brasileira, devem ser observadas as regras referentes à extraterritorialidade.
(B) O terreno onde está a embaixada do Japão é considerado território brasileiro.
(C) O terreno onde está a embaixada do Japão é considerado território brasileiro por extensão.
(D) Embora o terreno da embaixada seja considerado território japonês, a lei brasileira seria aplicável se o agressor fosse brasileiro.

60. Em uma sexta-feira, Carlos abasteceu seu automóvel e pagou com cheque. Por precaução, antes de emiti-lo, conferiu o extrato da sua conta bancária e confirmou que havia dinheiro suficiente para honrar o valor do título. No entanto, Carlos esqueceu que, dois meses antes, havia emitido cheque pré-datado e, na segunda-feira, logo cedo, seu portador o sacou. À tarde, naquele mesmo dia, o empresário do posto de combustíveis tentou sacar o cheque emitido na sexta-feira anterior, sem êxito, pois não mais havia suficiente provisão de fundos.

Nesse caso, com base nas informações trazidas, assinale a alternativa correta.

(A) Carlos praticou o crime de fraude culposa no pagamento por meio de cheque.
(B) Carlos praticou o delito de fraude no pagamento por meio de cheque, com dolo eventual.
(C) Carlos praticou o crime de estelionato.
(D) A conduta de Carlos é atípica.

61. Nascimento, funcionário público, ao deixar seu local de trabalho, por descuido, não trancou a porta que dá acesso ao interior do imóvel. Em razão disso, valendo-se dessa facilidade proporcionada, indivíduos desconhecidos subtraíram um dos computadores pertencentes à administração pública.

Com base nas informações trazidas, assinale a alternativa correta.

(A) Se Nascimento reparar o dano até o recebimento da denúncia, estará extinta a punibilidade da conduta; se depois, a pena será reduzida de metade.
(B) Nascimento praticou o crime de peculato furto culposo.
(C) Nascimento praticou crime de menor potencial ofensivo.
(D) Nascimento deve ser responsabilizado pelo crime de prevaricação imprópria.

62. Após ingerir bebida alcoólica, Marcelo provocou um acidente de trânsito ao conduzir seu automóvel. Em razão da colisão, um transeunte sofreu lesão corporal.

Nesse caso, tendo por fundamento o Código de Trânsito Brasileiro e a jurisprudência dos Tribunais Superiores, assinale a alternativa correta.

(A) Por estar embriagado no momento da colisão, Marcelo deve ser punido por lesão corporal dolosa.
(B) Se condenado por lesão corporal culposa na direção de veículo automotor, deverá ser absorvido o delito de embriaguez ao volante.

(C) Marcelo poderá ser condenado por embriaguez ao volante em concurso com o crime de lesão corporal culposa na direção de veículo automotor.
(D) Se, em razão a conduta, a vítima sofrer lesão corporal de natureza gravíssima, deverá ser afastada a lesão corporal culposa na direção de veículo automotor e reconhecida a lesão corporal dolosa, nos termos do Código Penal.

63. Ao condenar o réu, o juiz elevou a pena-base do acusado por existir contra ele uma dezena de inquéritos policiais em andamento. Em relação a essa situação, responda:

(A) Errou o juiz, pois é vedada a utilização de inquéritos policiais e ações penais em curso para agravar a pena-base.
(B) Acertou o juiz, pois a mesma tese que admitiria a prisão preventiva para a garantia da ordem pública pode ser utilizada nesse caso.
(C) Errou o juiz, pois esse aumento deveria estar na segunda fase de dosimetria de pena.
(D) Acertou o juiz, por força da intranquilidade social causada por quem pratica, de forma reiterada, novos crimes.

64. Sobre a citação no processo penal, aponte a alternativa incorreta:

(A) Verificando que o réu se oculta para não ser citado, o oficial de justiça certificará a ocorrência e procederá à citação com hora certa.
(B) A citação inicial far-se-á por mandado, quando o réu estiver no território sujeito à jurisdição do juiz que a houver ordenado.
(C) Se o réu estiver preso em presídio de segurança máxima, será citado na pessoa de seu advogado ou defensor público.
(D) Quando o réu estiver fora do território da jurisdição do juiz processante, será citado mediante precatória.

65. O delegado de polícia do 78º DP representou pela prisão temporária do indiciado. Antes do juiz se manifestar, o advogado impetrou ordem de habeas corpus para impedir essa prisão. A respeito dessa situação, aponte a afirmação correta:

(A) Trata-se de *habeas corpus* preventivo que deverá ser impetrado para o juiz de 1ª instância.
(B) Trata-se de *habeas corpus* preventivo que deverá ser impetrado perante o Tribunal competente.
(C) Trata-se de *habeas corpus* repressivo que deverá ser impetrado perante o Tribunal competente.
(D) Trata-se de *habeas corpus* repressivo que deverá ser impetrado para o juiz de 1ª instância.

66. Será da competência do rito especial do tribunal no júri a seguinte infração penal:

(A) A tentativa de aborto não consumado.
(B) A morte de animal doméstico.
(C) Os atos preparatórios de um atentado terrorista.
(D) O roubo seguido de morte dolosa.

67. Em relação ao tema progressão de regime prisional, pode-se afirmar:

(A) O condenado pode pular do regime fechado diretamente para o aberto se já possui tempo de pena cumprida nesse sentido.
(B) Onde não existir colônia penal industrial ou agrícola, não existirá progressão para o regime semiaberto.
(C) É inadmissível a chamada progressão *per saltum* de regime prisional.
(D) Para os condenados por crimes hediondos, o regime de cumprimento de pena será o integral fechado.

68. Ao receber, por denúncia anônima, a informação da prática futura de infração penal, a polícia se desloca até o local e aguarda o início da execução para prender em flagrante, ao invés de tomar os cuidados para que nada seja feito. Diante dessa situação, responda:

(A) Trata-se de prisão em flagrante ilegal, pois o flagrante preparado não é admitido no direito brasileiro.
(B) Trata-se de prisão em flagrante legal, pois o flagrante esperado é admitido no direito brasileiro.
(C) Trata-se de prisão em flagrante ilegal, pois o flagrante forjado não é admitido no direito brasileiro.
(D) Trata-se de prisão em flagrante legal, pois o flagrante presumido é admitido no direito brasileiro.

69. Manoel trabalha em uma metalúrgica muito reconhecida no Estado de São Paulo, em determinado dia, sofreu um acidente no ambiente de trabalho e teve parte de seu braço comprometido, passando então a receber por conta da sequela consolidada auxílio-acidente. Hoje, atingindo os requisitos para se aposentar, Manoel o procura como advogado(a) previdenciarista para dar início ao seu processo de aposentadoria. Nesse caso:

(A) Manoel não poderá se aposentar enquanto estiver recebendo auxílio-acidente.
(B) o valor do auxílio-acidente que Manoel recebe não entrará para o cálculo de sua aposentadoria.
(C) Manoel não poderá cumular o auxílio-acidente com a aposentadoria.
(D) Manoel pode incluir apenas 25% do valor do auxílio-acidente em sua aposentadoria.

70. Pedro, trabalhador autônomo do ramo da construção civil e segurado da previdência social em um dia comum de trabalho acabou falecendo, deixando como dependentes sua companheira e seus pais, sabendo do direito a pensão por morte os dependentes lhe procuram, nesse caso:

(A) A pensão por morte será partilhada entre todos os dependentes de Pedro.

(B) Somente os pais de Pedro receberão a pensão por morte tendo em vista que Pedro não era casado.
(C) Os pais de Pedro receberão 70% e a companheira 30% do valor da pensão por morte.
(D) Somente a companheira irá receber a pensão por morte, tendo em vista que é dependente de primeira classe.

71. Luana trabalha como operadora de telemarketing em uma sociedade empresária, oferecendo vários produtos, por telefone (seguro de vida, seguro saúde e plano de capitalização, entre outros). A empregadora de Luana propôs que ela trabalhasse de sua residência, a partir de fevereiro de 2018, o que foi aceito. Então, a sociedade empresária montou a estrutura de um *home office* na casa de Luana, e o trabalho passou a ser feito do próprio domicílio da empregada. Passados sete meses, a sociedade empresária convocou Luana para voltar a trabalhar na sede, a partir do mês seguinte, concedendo prazo de 30 dias para as adaptações necessárias. A empregada não concordou, argumentando que já havia se acostumado ao conforto e à segurança de trabalhar em casa, além de, nessa situação, poder dar mais atenção aos dois filhos menores. Ela ponderou que, para que a situação voltasse a ser como antes, seria necessário haver consenso, mas que, no seu caso, não concordava com esse retrocesso. Diante dos fatos narrados, com base na CLT, assinale a alternativa correta.

(A) A empregada não tem razão, uma vez que não é necessário anuência do empregado para alteração do regime do contrato de trabalho de teletrabalho para presencial.
(B) A CLT é omissa quanto a tal situação, cabendo as partes decidirem através de acordo escrito.
(C) A empregada tem razão, uma vez que a alteração do regime do contrato de trabalho, sempre, carece da sua anuência.
(D) A empregada tem razão, uma vez que a alteração do regime do contrato, por lhe causar prejuízo, não poderá ocorrer sem sua anuência.

72. Davi, contratado em 13-10-2019 como cozinheiro no restaurante Bom de Garfo Ltda., trabalhava de segunda à sexta-feira, das 16h às 00h, sem intervalo. Em 4-12-2020, Davi foi dispensado sem justa causa e ajuizou reclamação trabalhista postulando o pagamento de uma hora diária com adicional de 50%, em razão do intervalo para refeição não concedido, além da integração dessa hora com adicional de 50% ao 13º salário, às férias, ao FGTS e ao repouso semanal remunerado.

(A) Em razão da supressão do intervalo intrajornada, Davi faz jus ao seu recebimento, conforme postulado na reclamação trabalhista.
(B) O intervalo intrajornada tem natureza indenizatória, de forma que não reflete nas demais verbas trabalhistas.
(C) Em razão da supressão do intervalo intrajornada, Davi faz jus ao seu recebimento, com reflexo, apenas no 13º salário.
(D) A supressão ou concessão parcial do intervalo intrajornada, garante ao empregado o direito ao tempo do intervalo acrescido de 60%.

73. Cleideni foi contratada, em 13-10-2020, pela sociedade empresária Viação Expresso Lua Ltda., a título de experiência, por 90 dias, recebendo o valor correspondente a 1,5 salário mínimo por mês. Passado o prazo de 45 dias e não tendo Cleideni mostrado um bom desempenho no serviço, a empregadora resolveu não dar prosseguimento ao contrato, que foi extinto antecipadamente. Diante dos fatos articulados, com base na CLT, marque a alternativa correta.

(A) O contrato por prazo determinado não pode ser rompido antecipadamente, de forma que a empregada tem direito a reintegração.
(B) O empregador poderá romper antecipadamente o contrato, sem pagar qualquer indenização adicional.
(C) O contrato poderá ser rompido antecipadamente, e o empregador ficará obrigado a pagar uma indenização de metade do valor que a empregada teria para receber até o final do contrato.
(D) O contrato por prazo determinado somente poderá ser rompido antecipadamente a pedido do empregado.

74. O supermercado Interlagos Ltda., contratou, por escrito, uma empresa de reformas e construções para ampliar o refeitório no qual os seus funcionários se alimentam, para, assim, dar-lhes maior conforto e segurança. A obra demorou dois meses. Tempos depois, em agosto de 2020, o supermercado recebeu a citação para uma demanda trabalhista, pois um dos pedreiros que trabalhou na obra em questão postulou o pagamento de horas extras da empresa de reformas, com responsabilidade subsidiária do supermercado. Diante dos fatos narrados, com base na jurisprudência do TST, assinale a alternativa correta.

(A) A responsabilidade do supermercado é solidária, uma vez que era o dono da obra.
(B) Por não ser empresa construtora ou incorporadora, na condição de mero dono da obra, o supermercado não tem responsabilidade.
(C) O dono da obra, se pessoa jurídica, sempre responderá subsidiariamente.
(D) O supermercado somente responderá subsidiariamente se a empresa de reformas decretar a falência.

75. Paulo Rabelo foi empregado da sociedade empresária Calçados Coturnos Ltda. por quatro anos, atuando internamente como empacotador e, depois, como auxiliar de máquinas. Trabalhava de segunda-feira a sábado, das 6h às 12h, com pausa de 15 minutos. Após ter sido dispensado por alegação de justa causa, Paulo Rabelo ajuizou reclamação trabalhista requerendo o pagamento de adicional de periculosidade, pois se deslocava para a empresa e dela retornava de motocicleta, conforme fotografias que juntou aos autos, tendo comprovado, documentalmente, ser proprietário de uma motocicleta e ter autorização escrita da empresa para estacioná-la no pátio da ré. Diante da situação retratada, com base na lei trabalhista, assinale a alternativa correta.

(A) O empregado faz jus ao recebimento do adicional de periculosidade.
(B) O adicional de periculosidade para o empregado que trabalha com motocicleta somente é devido se ocorrer acidente de trabalho.
(C) O empregado não faz jus ao adicional de periculosidade, uma vez que somente utilizava a motocicleta para se deslocar de casa para o trabalho, e não para o efetivo trabalho.
(D) O deslocamento de casa para o trabalho de motocicleta somente garante o adicional de periculosidade se o empregado gastar no percurso um tempo superior a 30 minutos.

76. Tatiane S., eleita membro da CIPA, foi demitida sem justa causa durante o curso de seu mandato. Convicta de que houve irregularidade na sua demissão por ainda estar em período de estabilidade, procurou um escritório de advocacia especializado na área trabalhista e com isso ajuizou reclamação trabalhista, na qual requereu em sede de tutela provisória sua reintegração no cargo. Tal pedido de tutela provisória de reintegração foi deferido pelo magistrado, antes da sentença.

Diante dessa situação, o meio adequado para a impugnação da tutela provisória é o(a):

(A) Recurso Ordinário.
(B) Mandado de Segurança.
(C) Ação Anulatória.
(D) Apelação.

77. Valmir P. foi demitido da empresa Sorvetes Gelados Ltda., tendo recebido as verbas rescisórias, mas não houve o pagamento das horas extras prestadas durante três anos em que prestou serviços. Procurou seu advogado, Christopher Pereira, e narrou todo o ocorrido. Christopher fez contato com o advogado da empresa, Roberto Santos, para tentar uma composição. Ao final de muito negociarem, chegaram a um acordo. Considerando as regras da Consolidação das Leis do Trabalho, é correto afirmar que:

(A) O processo de homologação de acordo extrajudicial terá início por petição conjunta, sendo facultada a representação das partes por advogado.
(B) As partes poderão ser representadas por advogado comum, sendo facultado ao trabalhador ser assistido pelo advogado do sindicato de sua categoria.
(C) No prazo de 15 dias a contar da distribuição da petição, o juiz analisará o acordo, designará audiência se entender necessário e proferirá sentença.
(D) A petição de homologação de acordo extrajudicial interrompe o prazo prescricional da ação quanto aos direitos nela especificados.

78. Rita Maria, testemunha da reclamante, compareceu a uma audiência trabalhista com o intuito de ser ouvida, porém foi contraditada pela reclamada, sendo alegado que Rita Maria tem ação em curso contra a empresa, o que foi confirmado em seguida por Rita Maria.

Acerca da jurisprudência uniforme do TST, é correto afirmar que:

(A) Rita Maria não é impedida e nem suspeita para depor como testemunha, pois o simples fato de estar litigando contra a empresa não a torna suspeita.
(B) Caso Rita Maria esteja requerendo em seu processo os mesmos pedidos que a reclamante, não poderá em hipótese alguma ser ouvida como testemunha, por vedação legal.
(C) Não há impedimento legal para Rita Maria ser ouvida como testemunha, mas ela é suspeita em razão de ter ação.
(D) Caso Rita Maria esteja sendo representada pelo mesmo advogado que representa a autora na ação em que irá depor, o magistrado deverá deferir a contradita.

79. A empresa "Games da Paz Ltda". está sendo executada a pagar quantia certa em uma reclamação trabalhista ajuizada por Arnaldo S. Com isso, a empresa pretende apresentar embargos à execução para desfazer certos atos da execução.

Diante dessa situação hipotética, aponte a opção correta, quanto a embargos à execução.

(A) A empresa terá o prazo de oito dias para apresentar embargos.
(B) Nos embargos não é possível alegar prescrição da dívida.
(C) Para apresentar embargos, será necessário antes a garantia da execução.
(D) No ato da apresentação dos embargos, o executado deverá pagar as custas que são devidas.

80. Douglas Caetano é vigilante contratado pela empresa "Action Armamentos e Segurança Patrimonial S.A".. Contudo, sempre prestou serviços, de forma terceirizada, em uma indústria farmacêutica. Após ser dispensado, Douglas Caetano ajuizou ação contra o seu antigo empregador e também contra a indústria farmacêutica, pleiteando diferenças salariais por acúmulo de funções, horas extras e outras verbas trabalhistas.

Diante do caso apresentado, indique a afirmativa correta.

(A) Por ter terceirizado a atividade fim, poderá a indústria farmacêutica ser condenada de forma solidária pelos créditos deferidos pelo juízo.
(B) A indústria farmacêutica será condenada de forma subsidiária por todos os créditos deferidos pelo juízo.
(C) Se Douglas Caetano tiver sucesso na demanda, a indústria farmacêutica não poderá ser condenada em hipótese alguma por não ser o empregador principal.
(D) A indústria farmacêutica poderá ser condenada de forma parcial, ou seja, pagaria todas as verbas devidas, exceto horas extras.

Folha de Respostas

SIMULADO VI

#					#				
01	A	B	C	D	41	A	B	C	D
02	A	B	C	D	42	A	B	C	D
03	A	B	C	D	43	A	B	C	D
04	A	B	C	D	44	A	B	C	D
05	A	B	C	D	45	A	B	C	D
06	A	B	C	D	46	A	B	C	D
07	A	B	C	D	47	A	B	C	D
08	A	B	C	D	48	A	B	C	D
09	A	B	C	D	49	A	B	C	D
10	A	B	C	D	50	A	B	C	D
11	A	B	C	D	51	A	B	C	D
12	A	B	C	D	52	A	B	C	D
13	A	B	C	D	53	A	B	C	D
14	A	B	C	D	54	A	B	C	D
15	A	B	C	D	55	A	B	C	D
16	A	B	C	D	56	A	B	C	D
17	A	B	C	D	57	A	B	C	D
18	A	B	C	D	58	A	B	C	D
19	A	B	C	D	59	A	B	C	D
20	A	B	C	D	60	A	B	C	D
21	A	B	C	D	61	A	B	C	D
22	A	B	C	D	62	A	B	C	D
23	A	B	C	D	63	A	B	C	D
24	A	B	C	D	64	A	B	C	D
25	A	B	C	D	65	A	B	C	D
26	A	B	C	D	66	A	B	C	D
27	A	B	C	D	67	A	B	C	D
28	A	B	C	D	68	A	B	C	D
29	A	B	C	D	69	A	B	C	D
30	A	B	C	D	70	A	B	C	D
31	A	B	C	D	71	A	B	C	D
32	A	B	C	D	72	A	B	C	D
33	A	B	C	D	73	A	B	C	D
34	A	B	C	D	74	A	B	C	D
35	A	B	C	D	75	A	B	C	D
36	A	B	C	D	76	A	B	C	D
37	A	B	C	D	77	A	B	C	D
38	A	B	C	D	78	A	B	C	D
39	A	B	C	D	79	A	B	C	D
40	A	B	C	D	80	A	B	C	D

Comentários das questões

Ética [01-08]

Nº	Gabarito	Comentários
01	D	(A) Errada, art. 7ºB, EAOAB. (B) Errada, vide art. 7º, III, EAOAB. (C) Errada, vide art. 7º, XXI, EAOAB. (D) Certa, conforme determina o Estatuto da Advocacia, constituem direitos dos advogados comunicar-se com seus clientes ainda que se achem detidos, bem como acompanhá-los em caso de depoimentos. O desrespeito pode ser configurado como abuso de autoridade (arts. 7º, III e XXI, e 7ºB, EAOAB).
02	C	(A) Errada, vide art. 12, III, EAOAB. (B) Errada, vide art. 37, EAOAB. (C) Certa, doença mental considerada curável é hipótese de licença profissional (art. 12, III, EAOAB). (D) Errada, vide art. 38, EAOAB.
03	A	A razão social deve ter, obrigatoriamente, o nome de, pelo menos, um advogado responsável pela sociedade, podendo permanecer o de sócio falecido, desde que prevista tal possibilidade no ato constitutivo (art. 16, § 1º, EAOAB).
04	C	(A) Errada, vide art. 48, § 1º, CED. (B) Errada, vide art. 48, § 1º, EAOAB. (C) Certa, o advogado poderá estabelecer a limitação de atuação até a segunda instância. Também será possível prever possibilidade de pagamento de honorários em caso de conciliação antes do ingresso da ação (art. 48, § 1º, EAOAB). (D) Errada, vide art. 48, § 1º, EAOAB.
05	B	(A) Errada, vide art. 34, XXI, EAOAB. (B) Certa, constitui infração disciplinar recusar-se, injustificadamente, a prestar contas ao cliente de quantias recebidas dele ou de terceiros por conta dele, sujeitando-se a sanção de suspensão (arts. 34, XXI, e art. 37, I, EAOAB). (C) Errada, vide art. 34, XXI, EAOAB. (D) Errada, vide art. 37, I, EAOAB.
06	B	(A) Errada, vide art. 70, § 3º, EAOAB. (B) Certa, tratando-se de suspensão preventiva, o recurso não terá efeito suspensivo e o processo disciplinar deve ser concluído no prazo de 90 dias (arts. 70, § 3º, e 77, EAOAB). (C) Errada, vide art. 77, EAOAB. (D) Errada, vide art. 70, § 3º, EAOAB.
07	D	(A) Errada, art. 45, § 3º, EAOAB. (B) Errada, vide art. 45, § 2º, EAOAB. (C) Errada, vide art. 45, § 4º, EAOAB. (D) Certa, conforme determina o Estatuto da Advocacia, os Conselhos Seccionais e a Caixa de Assistência dos Advogados possuem personalidades jurídicas próprias (arts. 45, §§ 2º, 3º e 4º, EAOAB).
08	A	Ocorrendo vaga de cargo de diretoria do Conselho Federal ou do Conselho Seccional, inclusive do Presidente, em virtude de perda do mandato, morte ou renúncia, o substituto é eleito pelo Conselho a que se vincule, dentre os seus membros (art. 50 do RG).

Filosofia do Direito [09-10]

Nº	Gabarito	Comentários
09	C	Os usos e costumes, oriundos que são de práticas sociais dotadas de continuidade, uniformidade, moralidade e conformidade com a lei, revelam importância e utilidade que não se limitam a um determinado ramo do direito, ou mesmo ao chamado direito privado, mas a todo o direito.
10	C	Segundo Rousseau, o contrato social é o meio pelo qual prevalece a soberania da sociedade, o que se entende por soberania política da vontade coletiva.

Direito Constitucional [11-16]

Nº	Gabarito	Comentários
11	C	A Constituição Federal protege tanto a liberdade de expressão (art. 5º, inciso IV) quanto o direito à honra (art. 5º, inciso X). A jurisprudência do STF reconhece que, embora a liberdade de expressão seja um direito fundamental, ela não é absoluta e deve ser equilibrada com o direito à honra, podendo haver reparação por danos morais em casos de abuso (STF, HC 82.424). O inciso V do art. 5º também protege o exercício desse direito garantido direito de resposta proporcional ao agravo além de indenização por danos causados.
12	B	A Constituição Federal de 1988, no art. 12, § 3º, prevê que o cargo de Presidente da República é privativo de brasileiro nato. Como Cláudio é naturalizado, ele não pode candidatar-se a esse cargo, podendo se candidatar para outros cargos que não exigem tal requisito.
13	D	A Constituição Federal, em seu art. 37, II, estabelece que a investidura em cargo ou emprego público depende de aprovação prévia em concurso público, exceto para cargos comissionados ou contratações temporárias em situações excepcionais de necessidade temporária e de interesse público (art. 37, IX), o que não se aplica ao caso de Luís. Segundo a Lei n. 8.745/93, o prazo máximo de contratação por prazo determinado pela Administração Pública será de 6 anos em hipóteses específicas determinadas na lei. Assim, as contratações feitas sem concurso são nulas.

14	B	A Constituição Federal, no art. 95, assegura a inamovibilidade dos magistrados, permitindo a remoção compulsória apenas por motivo de interesse público e mediante decisão por maioria absoluta do tribunal ou do CNJ (art. 93, VIII, da CF). Essa garantia é um dos pilares da independência do Judiciário.
15	A	A Constituição estabelece que a competência para legislar sobre direito urbanístico é concorrente, e a União pode editar normas gerais, cabendo aos Estados e suplementar essas normas (art. 24, I e §§ 1º e 2º, da CF). No caso de conflito, a norma federal prevalece, o que justifica a declaração de inconstitucionalidade pelo STF.
16	B	O art. 5º, LV, da Constituição Federal assegura o contraditório e a ampla defesa, com os meios e recursos a ela inerentes. O STF tem entendimento consolidado de que o acesso integral às provas é parte essencial da ampla defesa. Inclusive temos a Súmula Vinculante 14 do STF que prevê como direito do acusado ter acesso aos elementos de prova já documentos no inquérito como instrumento de proteção do contraditório e ampla defesa.

Direitos Humanos [17-18]

Nº	Gabarito	Comentários
17	B	A letra "A" está errada, pois a supremacia será sempre dos direitos das crianças, entretanto, vale ressaltar que o art. 3º, n. 2, afirma que "Os Estados-Partes se comprometem a assegurar à criança a proteção e o cuidado que sejam necessários para seu bem-estar, levando em consideração os direitos e deveres de seus pais, tutores ou outras pessoas responsáveis por ela perante a lei (...)". A letra "B" está correta nos termos do art. 3º, n. 1, da Convenção que afirma "Todas as ações relativas às crianças, levadas a efeito por instituições públicas ou privadas de bem estar social, tribunais, autoridades administrativas ou órgãos legislativos, devem considerar, primordialmente, o interesse maior da criança". A letra "C" está errada pois inexiste essa prevalência. A letra "D", também errada, pois, nos termos do art. 5º, "Os Estados-Partes respeitarão as responsabilidades, os direitos e os deveres dos pais ou, onde for o caso, dos membros da família ampliada ou da comunidade, conforme determinem os costumes locais, dos tutores ou de outras pessoas legalmente responsáveis, de proporcionar à criança instrução e orientação adequadas e acordes com a evolução de sua capacidade no exercício dos direitos reconhecidos na presente convenção".
18	C	A letra "A" está errada, não há correção a ser feita. A letra "B" também errada, nada pode ocorrer sem um devido processo legal, aliás, o art. 21 determina que "Os Estados-Partes que reconhecem ou permitem o sistema de adoção atentarão para o fato de que a consideração primordial seja o interesse maior da criança. Dessa forma, atentarão para que: a adoção da criança seja autorizada apenas pelas autoridades competentes, as quais determinarão, consoante as leis e os procedimentos cabíveis". A letra "C" está correta nos termos do art. 20 "As crianças privadas temporária ou permanentemente do seu meio familiar, ou cujo interesse maior exija que não permaneçam nesse meio, terão direito à proteção e assistência especiais do Estado". A letra "D" é a pior, igualmente errada.

Direito Eleitoral [19-20]

Nº	Gabarito	Comentários
19	B	A questão explora o princípio do aproveitamento do voto. Segundo o que dispõe a Constituição Federal, no seu art. 77, § 2º, nas eleições presidenciais não são computados os votos brancos e os votos nulos. O entendimento consolidado do Tribunal Superior Eleitoral, inscrito no Acórdão-TSE de 28-5-2013, no REspe 31696, é de que essa parte do dispositivo constitucional em comento se aplica também às eleições municipais, mesmo em municípios com menos de 200 mil eleitores. Portanto, a reclamação do candidato Joãozinho não tem fundamento legal.
20	C	A função consultiva exercida pela Justiça Eleitoral é competência somente dos Tribunais Regionais Eleitorais e do Tribunal Superior Eleitoral. Assim, em se tratando de autoridade nacional ou de diretório nacional do partido, as consultas deverão ser dirigidas ao TSE, para as demais autoridades e os diretórios estaduais e municipais, as consultas serão dirigidas ao TRE (Código Eleitoral, art. 23, XII, e art. 30, VIII).

Direito Internacional [21-22]

Nº	Gabarito	Comentários
21	A	A imunidade de execução de Estado estrangeiro no Brasil é absoluta. Em caso de execução de Estado estrangeiro, condenado no Brasil, há duas possibilidades: (i) cumprimento da sentença estrangeira de forma voluntária, ou (ii) a sentença brasileira do processo de conhecimento deverá ser remetida ao poder judiciário do Estado estrangeiro condenado, através de carta rogatória. Além disso, o Estado estrangeiro também poderá sofrer o processo de execução e ter algum bem da embaixada penhorado, se renunciar a sua imunidade ou, como é o caso da questão, não possuir nenhum bem ligado às funções diplomáticas ou consulares. O TST já entendeu que o bem poderá ser penhorado se estiver desafetado.

| 22 | C | A nacionalidade não importa para reger as regras sobre elementos de conexão, assim como o fato de possuir filhos brasileiros poderia ser levada em consideração se estivéssemos no caso de exceção da regra prevista no art. 10 da LINDB. Assim, "A sucessão por morte ou por ausência obedece à lei do país em que domiciliado o defunto ou o desaparecido, qualquer que seja a natureza e a situação dos bens". Portanto, o local da situação dos bens não é elemento de conexão capaz de reger a sucessão. |

Direito Financeiro [23-24]

Nº	Gabarito	Comentários
23	C	De acordo com o art. 31, § 2º, da Constituição Federal, o parecer prévio, emitido pelo órgão competente sobre as contas que o Prefeito deve anualmente prestar, só deixará de prevalecer por decisão de dois terços dos membros da Câmara Municipal. Ou seja, para que o parecer do Tribunal de Contas seja rejeitado, é necessária a decisão de uma ampla maioria da Câmara, garantindo assim que a fiscalização sobre a gestão fiscal do município seja rigorosa e transparente.
24	D	De acordo com o art. 74 da Constituição Federal, os Poderes Legislativo, Executivo e Judiciário possuem, entre outras, a função de avaliar o cumprimento das metas previstas no plano plurianual, comprovar a legalidade da gestão orçamentária, financeira e patrimonial e apoiar o controle externo em sua missão institucional. Essas funções são essenciais para garantir a boa aplicação dos recursos públicos e a eficácia e a eficiência na implementação de políticas públicas.

Direito Tributário [25-29]

Nº	Gabarito	Comentários
25	C	Art. 151, II, do CTN e Súmulas 112 do STJ e SV 28 do STF. O depósito do montante integral do crédito tributário é um direito do contribuinte, e não um dever. Tem a função de suspender a exigibilidade do crédito tributário, mas não pode ser requisito de admissibilidade de recurso administrativo (Súmula 373 do STJ e SV 21 do STF) ou mesmo de ação judicial (Súmula 247 do TFR e SV 28 do STF).
26	D	A impenhorabilidade do bem de família é relativa, não sendo oponível no caso de execução fiscal promovida para cobrança de impostos, predial ou territorial, taxas e contribuições devidas em função do imóvel familiar (art. 3º, IV, da Lei n. 8.009/90).
27	C	O parcelamento é causa de suspensão de exigibilidade do crédito tributário, não podendo o fisco cobrar em juízo a exação em razão da suspensão da exigibilidade do crédito tributário (art. 151, VI, do CTN).
28	D	Trata-se de hipótese de competência cumulativa prevista no art. 147 da CRFB, segundo a qual nos territórios federais a União acumula a competência dos Estados e, caso os territórios não sejam divididos em municípios, também a competência municipal (art. 147 da CRFB/88).
29	B	A concessão de medida liminar em ação judicial não impede que o fisco pratique o ato administrativo de lançamento fiscal para prevenir a decadência (REsp 575.991/SP; EREsp 575.991/SP). Em virtude da suspensão da exigibilidade do crédito tributário, o fisco poderá lançar, mas não poderá cobrar, tal crédito em juízo (art. 151, V, do CTN e art. 63 da Lei n. 9.430/96).

Direito Administrativo [30-34]

Nº	Gabarito	Comentários
30	D	Trata-se da literalidade do art. 1º, § 2º, da Lei n. 11.107/2005, *in verbis*: "§ 2º A União somente participará de consórcios públicos em que também façam parte todos os Estados em cujos territórios estejam situados os Municípios consorciados".
31	C	De acordo com o STF, a ação indenizatória deverá ser proposta *apenas contra o Estado*, que possui direito de regresso contra o agente causador do dano, conforme estabelece o art. 37, § 6º, da CF/88. O posicionamento está consolidado em tese com repercussão geral reconhecida: "A teor do disposto no art. 37, § 6º, da Constituição Federal, a ação por danos causados por agente público deve ser ajuizada contra o Estado ou a pessoa jurídica de direito privado prestadora de serviço público, sendo parte ilegítima para a ação o autor do ato, assegurado o direito de regresso contra o responsável nos casos de dolo ou culpa".
32	A	Está de acordo com o art. 71, III, da CF/88: "Art. 71. O controle externo, a cargo do Congresso Nacional, será exercido com o auxílio do Tribunal de Contas da União, ao qual compete: [...] III - apreciar, para fins de registro, a legalidade dos atos de admissão de pessoal, a qualquer título, na administração direta e indireta, incluídas as fundações instituídas e mantidas pelo Poder Público, excetuadas as nomeações para cargo de provimento em comissão, bem como a das concessões de aposentadorias, reformas e pensões, ressalvadas as melhorias posteriores que não alterem o fundamento legal do ato concessório".

SIMULADO VI

33	B	Os atos administrativos realizados por Artur *são considerados válidos, dado que agia como agente de fato*. Há agente putativo, agente de fato ou função de fato quando, muito embora a situação tenha aparência de legalidade, aquele que praticou o ato está *irregularmente* investido no cargo, emprego ou função. Alguns exemplos ocorrem quando um servidor público está suspenso do cargo ou continua em exercício após a idade limite para aposentadoria compulsória. O ato praticado por funcionário de fato, com base na *teoria da aparência*, é considerado *válido*, de modo a proteger o administrado de boa-fé, podendo o Estado responder civilmente perante particulares de boa-fé que tenham sofrido alguma espécie de dano.
34	B	Está de acordo com o art. 33, *caput*, da Lei n. 8.987/95: "Art. 33. Declarada a intervenção, o poder concedente deverá, no prazo de trinta dias, instaurar procedimento administrativo para comprovar as causas determinantes da medida e apurar responsabilidades, assegurado o direito de ampla defesa".

Direito Ambiental [35-36]

Nº	Gabarito	Comentários
35	C	Conforme o previsto no art. 225, § 1º, IV, da Constituição Federal de 1988, "para assegurar a efetividade desse direito, incumbe ao Poder Público: exigir, na forma da lei, para instalação de obra ou atividade potencialmente causadora de significativa degradação do meio ambiente, estudo prévio de impacto ambiental, a que se dará publicidade".
36	C	Conforme o previsto no art. 9º da Lei n. 12.651/2012, "é permitido o acesso de pessoas e animais às Áreas de Preservação Permanente para obtenção de água e para realização de atividades de baixo impacto ambiental".

Direito Civil [37-42]

Nº	Gabarito	Comentários
37	C	*Vide* art. 7, I, e parágrafo único do CC: "Pode ser declarada a morte presumida, sem decretação de ausência: I – se for extremamente provável a morte de quem estava em perigo de vida; Parágrafo único. A declaração da morte presumida, nesses casos, somente poderá ser requerida depois de esgotadas as buscas e averiguações, devendo a sentença fixar a data provável do falecimento"; D: ERRADA. *Vide* parágrafo único do art. 7º.
38	D	*Vide* art. 938 do CC. Aquele que habitar prédio, ou parte dele, responde pelo dano proveniente das coisas que dele caírem ou forem lançadas em lugar indevido.
39	B	*Vide* art. 427 do CC. A proposta de contrato obriga o proponente, se o contrário não resultar dos termos dela, da natureza do negócio, ou das circunstâncias do caso.
40	D	*Vide* art. 1653 do CC. É nulo o pacto antenupcial se não for feito por escritura pública, e ineficaz se não lhe seguir o casamento.
41	B	*Vide* arts. 1.845 do CC (São herdeiros necessários os descendentes, os ascendentes e o cônjuge); 1.850 do CC (Para excluir da sucessão os herdeiros colaterais, basta que o testador disponha de seu patrimônio sem os contemplar); e art. 1.857, § 1º, do CC (Art. 1.857. Toda pessoa capaz pode dispor, por testamento, da totalidade dos seus bens, ou de parte deles, para depois de sua morte. § 1º A legítima dos herdeiros necessários não poderá ser incluída no testamento).
42	A	*Vide* art. 932, III, do CC (São também responsáveis pela reparação civil: III – o empregador ou comitente, por seus empregados, serviçais e prepostos, no exercício do trabalho que lhes competir, ou em razão dele); e art. 942, parágrafo único, do CC (Os bens do responsável pela ofensa ou violação do direito de outrem ficam sujeitos à reparação do dano causado; e, se a ofensa tiver mais de um autor, todos responderão solidariamente pela reparação. Parágrafo único. São solidariamente responsáveis com os autores os coautores e as pessoas designadas no art. 932).

Estatuto da Criança e do Adolescente [43-44]

Nº	Gabarito	Comentários
43	D	A alternativa A está errada, visto que a morte dos adotantes não restabelece o poder familiar dos pais naturais, *vide* o art. 49 do ECA. A alternativa B está errada, pois é possível ter acesso desde que assegurada orientação e assistência jurídica e psicológica (art. 48, parágrafo único). A alternativa C está errada, pois ele também poderá ter acesso irrestrito, *vide* art. 48. Correta a alternativa D, de acordo com o art. 41.
44	B	A (A) está errada, pois não é órgão jurisdicional, *vide* art. 131 do ECA. A (B) está correta, conforme o art. 133. A (C) está errada, pois somente podem ser revistas as decisões do Conselho Tutelar quem tenha legítimo interesse, *vide* art. 137. A (D) está errada, pois não está na competência do Conselho Tutelar conforme o inciso II do art. 136.

Direito do Consumidor [45-46]

Nº	Gabarito	Comentários
45	C	O art. 6º do CDC dispõe que "são direitos básicos do consumidor [entre outros] a informação adequada e clara sobre os diferentes produtos e serviços, com especificação correta de quantidade, características, composição, qualidade, tributos incidentes e preço, bem como sobre os riscos que apresentem". Nesse mesmo tema, a Súmula 595 do STJ disciplina que "as instituições de ensino superior respondem objetivamente pelos danos suportados pelo aluno/consumidor pela realização de curso não reconhecido pelo Ministério da Educação, sobre o qual não lhe tenha sido dada prévia e adequada informação".
46	A	De acordo com o art. 22 do CDC, "os órgãos públicos, por si ou suas empresas, concessionárias, permissionárias ou sob qualquer outra forma de empreendimento, são obrigados a fornecer serviços adequados, eficientes, seguros e, quanto aos essenciais, contínuos". Trata-se também de um direito básico do consumidor previsto no inciso X do art. 6º. Nesse mesmo diapasão, a Súmula 601 do STJ preceitua que "o Ministério Público tem legitimidade ativa para atuar na defesa de direitos difusos, coletivos e individuais homogêneos dos consumidores, ainda que decorrentes da prestação de serviço público".

Direito Empresarial [47-50]

Nº	Gabarito	Comentários
47	B	Diz o art. 50 do CC: Em caso de abuso da personalidade jurídica, caracterizado pelo desvio de finalidade ou pela confusão patrimonial, pode o juiz, a requerimento da parte, ou do Ministério Público, quando lhe couber intervir no processo, desconsiderá-la para que os efeitos de certas e determinadas relações de obrigações sejam estendidos aos bens particulares de administradores ou de sócios da pessoa jurídica beneficiados direta ou indiretamente pelo abuso. *Vide* ainda o art. 1.052.
48	A	(A) De acordo com o novo § 1º do art. 1.142 do CC, incluído pela Lei n. 14.195/2021. (B) Errada, *vide* o § 2º do art. 1.142, incluído pela Lei n. 14.195/2021. (C) Errada, *vide* o art. 1.147, pois somente com autorização expressa ou após cinco anos do trespasse. (D) Errada, pois o prazo é de um ano, *vide* art. 1.146 do CC.
49	B	(A) Errada, pois cabe também o nome abreviado, *vide* art. 1.156, CC. (B) De acordo com a nova redação do art. 1.161, atualizada pela Lei n. 14.195/2021. (C) Errada, não pode, *vide* art. 1.162, CC. (D) Errada, não pode, *vide* art. 1.164, CC.
50	C	(A) Errada, continua não sendo, *vide* art. 2º, II. (B) Errada, regra revogada pela nova lei (art. 6º, §7º). (C) De acordo com o novo art. 6º-A. (D) Errada, pois não autoriza, *vide* o § 9º do art. 6º.

Direito Processual Civil [51-56]

Nº	Gabarito	Comentários
51	B	Em que pese a redação do art. 610, § 1º, do CPC, o STJ recentemente se manifestou da seguinte forma: É possível o inventário extrajudicial, ainda que exista testamento, se os interessados forem capazes e concordes e estiverem assistidos por advogado. REsp 1.808.767-RJ, Rel. Min. Luis Felipe Salomão, Quarta Turma, por unanimidade, julgado em 15-10-2019, *DJe* 3-12-2019 – Informativo 663 STJ. *Vide* ainda os arts. 659 (C) e 48 (D).
52	D	O caso contempla uma execução de alimentos pelo rito da penhora, baseada em título executivo extrajudicial (CPC, arts. 784, IV; 911-913). Além disso, *vide* art. 529 do CPC. Acerca do parcelamento – CPC, art. 916. Sobre a possibilidade de penhora de salário/remuneração, para o pagamento de obrigação alimentar, *vide* art. 833, § 2º, do CPC. Quanto ao item c, não é possível converter a execução pelo rito da penhora em prisão em virtude da quantidade de parcelas envolvidas: art. 528, § 7º, do CPC, e Súmula 309 do STJ.
53	D	Conforme CPC, art. 937. Item a: CPC, art. 942, § 3º, inciso I. Item b: art. 968. Item c: CPC – art. 970.
54	C	Conforme CPC, art. 1.037. §§ 8º e 9º.
55	D	O caso contempla uma cumulação de pedidos própria simples, sendo o valor da causa a soma de todos os valores pleiteados (CPC, art. 292, VI). A respeito da alteração ou aditamento do pedido, CPC, art. 329.
56	D	Conforme os artigos: art. 332; art. 1.009, art. 1.013, § 4º (teoria da causa madura). Lembre-se que o juízo de admissibilidade da apelação não é feito pelo juízo *a quo*, mas sim pelo juízo *ad quem*.

Direito Penal [57-62]

Nº	Gabarito	Comentários
57	C	(A), (B) e (D) Erradas. A conduta praticada por Neuza configura o crime de contrabando (CP, art. 334-A), e não o de descaminho. No entanto, cuidado: de fato, o descaminho é compatível com o princípio da insignificância (CP, art. 334); (C) Certa, conforme explicado anteriormente.

Nº	Gabarito	Comentários
58	A	(B), (C) e (D) Erradas. Todas as variáveis trazidas são irrelevantes para que fique caracterizado o crime de estupro de vulnerável (CP, art. 217-A). O consentimento dos pais, o casamento, a gestação, nada disso importa. Nesse sentido, vale menção ao art. 217-A, § 5º, do CP: "As penas previstas no *caput* e nos §§ 1º, 3º e 4º deste artigo aplicam-se independentemente do consentimento da vítima ou do fato de ela ter mantido relações sexuais anteriormente ao crime"; (A) Certa, conforme já explicado.
59	B	(A) e (D) Erradas. Embora instalada a embaixada do Japão no local, o terreno é território brasileiro. Portanto, não há o que se falar em extraterritorialidade (CP, art. 7º); (C) Errada. O território nacional por extensão está descrito no § 1º do art. 5º do CP: "Para os efeitos penais, consideram-se como extensão do território nacional as embarcações e aeronaves brasileiras, de natureza pública ou a serviço do governo brasileiro onde quer que se encontrem, bem como as aeronaves e as embarcações brasileiras, mercantes ou de propriedade privada, que se achem, respectivamente, no espaço aéreo correspondente ou em alto-mar"; (B) Certa, como já explicado anteriormente.
60	D	(A), (B) e (C) Erradas. A resposta pode ser extraída da Súmula 246 do STF: "Comprovado não ter havido fraude, não se configura o crime de emissão de cheque sem fundos"; (D) Certa, conforme explicação anterior.
61	C	(A) Errada. A resposta pode ser extraída do art. 312, § 3º, do CP: "No caso do parágrafo anterior, a reparação do dano, se precede à sentença irrecorrível, extingue a punibilidade; se lhe é posterior, reduz de metade a pena imposta"; (B) Errada. O denominado peculato furto está previsto no art. 312, § 1º, do CP, e tem a seguinte redação: "Aplica-se a mesma pena, se o funcionário público, embora não tendo a posse do dinheiro, valor ou bem, o subtrai, ou concorre para que seja subtraído, em proveito próprio ou alheio, valendo-se de facilidade que lhe proporciona a qualidade de funcionário"; (D) Errada. A intitulada prevaricação imprópria está prevista no art. 319-A do CP: "Deixar o Diretor de Penitenciária e/ou agente público, de cumprir seu dever de vedar ao preso o acesso a aparelho telefônico, de rádio ou similar, que permita a comunicação com outros presos ou com o ambiente externo"; (C) Certa. O peculato culposo é punido com pena máxima de um ano (CP, art. 312, § 2º).
62	C	(A) Errada. O fato de o indivíduo estar obrigado não faz com que se conclua, automaticamente, pelo dolo eventual. O mesmo raciocínio é válido em relação ao homicídio decorrente de acidente de trânsito; (B) Errada. Para o STJ, não é possível reconhecer a consunção do delito previsto no art. 306 do CTB (embriaguez ao volante), pelo crime do art. 303 (lesão corporal culposa na direção de veículo automotor). Isso porque um não é meio para a execução do outro, sendo infrações penais autônomas que tutelam bens jurídicos distintos (REsp 1.629.107/DF); (D) Errada. O fato de a lesão corporal ser gravíssima (CP, art. 129, § 2º) não afasta a lesão corporal culposa do art. 303 do CTB; (C) Certa, como foi explicado na alternativa "B".

Direito Processual Penal [63-68]		
Nº	Gabarito	Comentários
63	A	(A) Certa. Errou o juiz, pois é vedada a utilização de inquéritos policiais e ações penais em curso para agravar a pena-base, nos termos da Súmula 444 do STJ: "É vedada a utilização de inquéritos policiais e ações penais em curso para agravar a pena-base". (B) Errada. A prisão preventiva é uma medida cautelar que não se confunde com a dosimetria da pena. A Súmula 444 do STJ proíbe a utilização de inquéritos e ações penais em curso para agravar a pena-base. (C) Errada, o erro não está na fase da dosimetria, mas na própria utilização de inquéritos e ações penais em curso, conforme a Súmula 444 do STJ. (D) Errada, a utilização de inquéritos e ações penais em curso é vedada, conforme a Súmula 444 do STJ.
64	C	(A) Correta, conforme o art. 362 do CPP: "Art. 362. Verificando que o réu se oculta para não ser citado, o oficial de justiça certificará a ocorrência e procederá à citação com hora certa, na forma estabelecida nos arts. 227 a 229 da Lei n. 5.869, de 11 de janeiro de 1973 – Código de Processo Civil". (B) Correta, conforme o art. 351 do CPP: "Art. 351. A citação inicial far-se-á por mandado, quando o réu estiver no território sujeito à jurisdição do juiz que a houver ordenado." (C) Incorreta, a citação deve ser pessoal, conforme o art. 360 do CPP: "Art. 360. Se o réu estiver preso, será pessoalmente citado". (D) Correta, conforme o art. 353 do CPP: "Art. 353. Quando o réu estiver fora do território da jurisdição do juiz processante, será citado mediante precatória".
65	A	(A) Certa, pois a autoridade competente para conhecer e julgar o mérito desse HC é juiz de 1ª instância, especificamente o juiz das garantias, quando implementado, tendo em vista que a autoridade coatora é o delegado de polícia e inexistente oferecimento de denúncia. Conforme o art. 3º-B, XII, do CPP: "Art. 3º-B. O juiz das garantias é responsável pelo controle da legalidade da investigação criminal e pela salvaguarda dos direitos individuais cuja franquia tenha sido reservada à autorização prévia do Poder Judiciário, competindo-lhe especialmente: [...] XII – julgar o habeas corpus impetrado antes do oferecimento da denúncia". Como ainda não ocorreu prisão e não há mandado de prisão expedido, o HC será preventivo, funcionando como espécie de salvo-conduto. (B), (C) e (D) Erradas, pois contrariam a competência correta para conhecer e julgar essa ação de HC ou classificam o habeas como repressivo.

66	A	(A) Certa, pois ao Tribunal do Júri compete o julgamento dos crimes dolosos contra a vida, consumados ou tentados. Nesse sentido o art. 5º, XXXVIII, da CF/88: "XXXVIII - é reconhecida a instituição do júri, com a organização que lhe der a lei, assegurados: [...] d) a competência para o julgamento dos crimes dolosos contra a vida". Igualmente, o art. 74, § 1º, do CPP: "Art. 74. (...) § 1º Compete ao Tribunal do Júri o julgamento dos crimes previstos nos arts. 121, §§ 1º e 2º, 122, parágrafo único, 123, 124, 125, 126 e 127 do Código Penal, consumados ou tentados. (B), (C) e (D) Erradas, pois não são crimes dolosos contra a vida, consumados ou tentados. Apenas os crimes dos arts. 121 a 126 do Código Penal seguirão o rito especial do Júri. Acerca do crime de roubo seguido de morte, tipificado no art. 157, § 3º, II, do CP, corresponde a espécie de crime contra o patrimônio (roubo) qualificado pelo resultado morte, sendo pacífico na jurisprudência a competência do juiz singular para julgá-lo. Nesse sentido, a Súmula 603 do STF: "A competência para o processo e julgamento de latrocínio é do Juiz singular e não do Tribunal do Júri."
67	C	(A) Errada, a progressão *per saltum* (direto do fechado para o aberto) não é permitida, conforme a Súmula 491 do STJ: "É inadmissível a progressão *per saltum* de regime prisional". (B) Errada, a falta de estabelecimento adequado não impede a progressão de regime, conforme a súmula vinculante n. 56: "A falta de estabelecimento penal adequado não autoriza a manutenção do condenado em regime prisional mais gravoso, devendo-se observar, nessa hipótese, os parâmetros fixados no RE 641.320/RS". A saber, no RE 641.320/RS, com repercussão geral reconhecida, (tema 423) foi fixada a seguinte tese: "I - A falta de estabelecimento penal adequado não autoriza a manutenção do condenado em regime prisional mais gravoso; II - Os juízes da execução penal poderão avaliar os estabelecimentos destinados aos regimes semiaberto e aberto, para qualificação como adequados a tais regimes. São aceitáveis estabelecimentos que não se qualifiquem como 'colônia agrícola, industrial' (regime semiaberto) ou 'casa de albergado ou estabelecimento adequado' (regime aberto) (art. 33, § 1º, alíneas *b* e *c*); III - Havendo déficit de vagas, deverá determinar-se: (i) a saída antecipada de sentenciado no regime com falta de vagas; (ii) a liberdade eletronicamente monitorada ao sentenciado que sai antecipadamente ou é posto em prisão domiciliar por falta de vagas; (iii) o cumprimento de penas restritivas de direito e/ou estudo ao sentenciado que progride ao regime aberto. Até que sejam estruturadas as medidas alternativas propostas, poderá ser deferida a prisão domiciliar ao sentenciado". (C) Certa, *vide* a Súmula 491 do STJ: "É inadmissível a chamada progressão *per saltum* de regime prisional". (D) Errada, o regime integral ou inicialmente fechado para crimes hediondos, previsto na Lei n. 8.072/90, foi declarado inconstitucional pelo STF, que fixou a seguinte tese de repercussão geral (tema 971): "É inconstitucional a fixação ex lege, com base no art. 2º, § 1º, da Lei n. 8.072/1990, do regime inicial fechado, devendo o julgador, quando da condenação, ater-se aos parâmetros previstos no art. 33 do Código Penal".
68	B	(A) Errada, pois não se trata de flagrante preparado, em que a polícia induz o agente a praticar o delito para ser preso. No flagrante preparado (ou provocado) ou delito putativo por obra de agente provocador, os agentes policiais provocam o possível infrator à prática de um crime, ao mesmo tempo em que tomam providências para que a infração não se consuma. Nesse caso, não há crime, e eventual prisão deverá ser relaxada, a teor do enunciado n. 145 do STF: "Não há crime, quando a preparação do flagrante pela polícia torna impossível a sua consumação". (B) Certa, pois a doutrina e a jurisprudência admitem, de forma pacífica, a modalidade de prisão em flagrante esperado, em que os agentes de segurança, tendo notícias de que uma infração penal será cometida, por meio de denúncia anônima, por exemplo, passam a monitorar a atividade do possível agente criminoso de forma a observar se o crime efetivamente ocorrerá e assim ocorrendo executar a prisão em flagrante. (C) Errada, pois não se trata de flagrante forjado (maquinado, urdido, fabricado), em que uma farsa é criada para prender alguém (ex.: "plantar" drogas em um veículo). (D) Errada, o flagrante presumido é admitido, mas o enunciado descreve um flagrante esperado. Há flagrante presumido, assimilado ou ficto, previsto no art. 302, IV, do CPP, quando o agente é encontrado logo depois da prática delituosa com instrumentos, objetos, armas ou qualquer coisa que faça presumir ser ele o autor da infração, sendo desnecessária a existência de perseguição. Vejamos: "Art. 302. Considera-se em flagrante delito quem: (...) IV - é encontrado, logo depois, com instrumentos, armas, objetos ou papéis que façam presumir ser ele autor da infração".

Direito Previdenciário [69-70]		
Nº	Gabarito	Comentários
69	C	O auxílio-acidente é um benefício de cunho indenizatório devido em caso de sequelas consolidadas que diminuam a força de trabalho do segurado, concedido a partir do dia seguinte à cessação do auxílio por incapacidade temporária, vedada a sua cumulação com qualquer aposentadoria (art. 104, § 2º, do Decreto n. 3.048/99).
70	D	De acordo com o art. 16, I da Lei n. 8.213/91, a companheira é dependente de primeira classe, sendo os pais dependentes de segunda classe, art. 16, II da Lei n. 8.213/91, e, a existência de dependentes de qualquer das classes deste artigo exclui do direito as classes seguintes, art. 16, § 1º da Lei n. 8.213/91, logo, apenas a companheira terá direito a pensão por morte.

Direito do Trabalho [71-75]

Nº	Gabarito	Comentários
71	A	(A) Certa, uma vez que o art. 75-C, § 2º, da CLT, não exige a anuência do empregado para alteração do regime de teletrabalho para presencial, sendo requisitos para tal alteração, apenas a concessão do prazo mínimo de 15 dias para adaptação e aditivo contratual. (B) Errada, vide art. 75-C da CLT. (C) Errada, vide art. 75-C, § 2º, da CLT. (D) Errada, vide art. 75-C da CLT.
72	B	(A) Errada, vide art. 71, § 4º, da CLT. (B) Certa, o art. 71, § 4º, da CLT dispõe que a não concessão ou a concessão parcial do intervalo intrajornada gera o direito ao recebimento do tempo suprimido com adicional de 50%, de forma indenizatória, ou seja, sem reflexos nas demais verbas trabalhistas. (C) Errada, vide art. 71 da CLT. (D) Errada, vide art. 71, § 4º, da CLT.
73	C	(A) Errada, vide art. 479 da CLT. (B) Errada, vide art. 479 da CLT. (C) Certa, o art. 479 da CLT dispõe que os contratos por prazo determinado podem ser rompidos antecipadamente, sem justa causa, por iniciativa do empregador, que fica obrigado a pagar uma indenização no valor da metade da remuneração que o empregado teria direito até o término do contrato. (D) Errada, vide art. 479 da CLT.
74	B	(A) Errada, vide OJ 191 da SDI-1 do TST. (B) Certa, o dono da obra não terá responsabilidade, salvo se for empresa construtora ou incorporadora, nos termos do entendimento do TST, OJ 191. (C) Errada, vide OJ 191 da SDI-1 do TST. (D) Errada, vide OJ 191 da SDI-1 do TST.
75	C	(A) Errada, vide art. 193, § 4º, da CLT. (B) Errada, vide art. 193, § 4º, da CLT. (C) Certa, nos termos do art. 193, § 4º, da CLT, o adicional de periculosidade deve ser pago apenas ao empregado que utiliza a motocicleta para o exercício da atividade laboral. (D) Errada, vide art. 193, § 4º, da CLT.

Direito Processual do Trabalho [76-80]

Nº	Gabarito	Comentários
76	B	Dispõe a Súmula 414 do TST, a tutela provisória concedida na sentença não comporta impugnação pela via do mandado de segurança, por ser impugnável mediante recurso ordinário. É admissível a obtenção de efeito suspensivo ao recurso ordinário mediante requerimento dirigido ao tribunal, ao relator ou ao presidente ou ao vice-presidente do tribunal recorrido, por aplicação subsidiária ao processo do trabalho do art. 1.029, § 5º, do CPC de 2015. No caso de a tutela provisória haver sido concedida ou indeferida antes da sentença, cabe mandado de segurança, em face da inexistência de recurso próprio. Ademais, a superveniência da sentença, nos autos originários, faz perder o objeto do mandado de segurança que impugnava a concessão ou o indeferimento da tutela provisória.
77	C	De acordo com o art. 855-A ao art. 855-E, o processo de homologação de acordo extrajudicial terá início por petição conjunta, sendo obrigatória a representação das partes por advogado, sendo certo que as partes não poderão ser representadas por advogado comum, podendo o trabalhador ser assistido pelo advogado do sindicato de sua categoria. Outrossim, o procedimento citado não prejudica o prazo estabelecido no § 6º do art. 477 desta Consolidação e não afasta a aplicação da multa prevista no § 8º do art. 477 desta Consolidação. Ademais, no prazo de 15 dias a contar da distribuição da petição, o juiz analisará o acordo, designará audiência se entender necessário e proferirá sentença. Por fim, a petição de homologação de acordo extrajudicial suspende o prazo prescricional da ação quanto aos direitos nela especificados, de modo que o prazo prescricional voltará a fluir no dia útil seguinte ao do trânsito em julgado da decisão que negar a homologação do acordo.
78	A	A Súmula 357 do TST afirma que não torna suspeita a testemunha o simples fato de estar litigando ou de ter litigado contra o mesmo empregador.
79	C	No processo do trabalho, a oferta dos embargos à execução fica condicionada a garantia do juízo, pois o art. 884 da CLT prevê que garantida a execução ou penhorados os bens, terá o executado 5 (cinco) dias para apresentar embargos, cabendo igual prazo ao exequente para impugnação. Ademais, a matéria de defesa será restrita às alegações de cumprimento da decisão ou do acordo, quitação ou prescrição da dívida.
80	B	Na forma da Súmula 331, IV, o inadimplemento das obrigações trabalhistas, por parte do empregador, implica a responsabilidade subsidiária do tomador dos serviços quanto àquelas obrigações, desde que haja participado da relação processual e conste também do título executivo judicial. Vale dizer que os entes integrantes da Administração Pública direta e indireta respondem subsidiariamente, nas mesmas condições do item IV, caso evidenciada a sua conduta culposa no cumprimento das obrigações da Lei n. 8.666, de 21-6-1993, especialmente na fiscalização do cumprimento das obrigações contratuais e legais da prestadora de serviço como empregadora. A aludida responsabilidade não decorre de mero inadimplemento das obrigações trabalhistas assumidas pela empresa regularmente contratada. Outrossim, a responsabilidade subsidiária do tomador de serviços abrange todas as verbas decorrentes da condenação referentes ao período da prestação laboral.

Folha de Análise do Simulado

Disciplina	N. de Questões	N. de Acertos	N. de Erros
Direito Administrativo	05		
Direito Ambiental	02		
Direito Civil	06		
Direito Constitucional	06		
Direito Consumidor	02		
Estatuto da Criança e do Adolescente	02		
Direitos Humanos	02		
Direito Eleitoral	02		
Direito Empresarial	04		
Ética	08		
Filosofia do Direito	02		
Direito Financeiro	02		
Direito Internacional	02		
Direito Penal	06		
Direito Previdenciário	02		
Direito Processual Civil	06		
Direito Processual Penal	06		
Direito Processual do Trabalho	05		
Direito do Trabalho	05		
Direito Tributário	05		
TOTAL	80		

EXAME DE ORDEM
SIMULADO VII

1. O advogado Bruno foi presidente de certo Conselho Seccional da OAB durante os anos de 2019 e 2021, recebendo grande destaque em face dos bons serviços prestados. Sua mãe, a advogada Ingrid, também foi presidente, na década de 1980, do Conselho Federal da OAB. Sobre a participação de ambos nas deliberações dos conselhos que fizeram parte, assinale a opção correta:

(A) ambos não mais integram as atuais composições dos seus conselhos, uma vez que o mandato tem duração de apenas três anos.
(B) apenas Bruno integra a atual composição do Conselho Seccional da OAB, como membro honorário vitalício, sendo-lhe garantido direito de voz e voto.
(C) ambos integram as atuais composições dos seus conselhos, na qualidade de membros honorários vitalícios, sendo garantido apenas para Ingrid o direito de voto.
(D) ambos integram as atuais composições dos seus conselhos, na qualidade de membros honorários vitalícios, sendo garantido aos dois o direito de voz e voto.

2. Lauro é advogado atuante na área tributária, sendo contratado pela empresa Devedora S/A para sua defesa em autos de infrações fiscais. Passados alguns meses, um dos sócios da empresa procurou Lauro e lhe informou sobre a criação de departamento jurídico na empresa. Diante da situação descrita e conforme determina o Estatuto da Advocacia e OAB, assinale a resposta correta:

(A) Lauro será obrigado a substabelecer seus poderes para os advogados do departamento jurídico.
(B) Lauro não poderá aceitar eventual convite para ser Diretor do respectivo departamento jurídico, pois não se trata de cargo privativo de advogado.
(C) Lauro poderá aceitar eventual convite para ser Diretor do respectivo departamento jurídico, pois se trata de cargo privativo de advogado.
(D) Lauro será obrigado a renunciar seus poderes em favor dos advogados do departamento jurídico.

3. A advogada Paloma foi contratada para defesa judicial de Michele em determinada demanda. Sendo necessária a apresentação de novos documentos, a advogada procurou a cliente e realizou o requerimento expresso deles. Passados muitos dias e após reiterados pedidos, a cliente não apresenta os documentos requeridos. Segundo o Código de Ética e Disciplina da OAB, diante da inércia da cliente:

(A) a advogada deve renunciar ao mandato, sem menção do motivo que a determinou.
(B) a advogada deve se manter no mandato, ainda que traga prejuízos para a cliente.
(C) a advogada deve renunciar ao mandato, justificando ao juízo o motivo que a determinou.
(D) a advogada deve se manter no mandato, ainda que traga prejuízos para si.

4. Aroldo praticou infração disciplinar e foi condenado a sanção de suspensão pelo prazo de 30 dias, não resultante da prática de crime. Edinaldo também foi condenado por infração disciplinar pela prática de publicidade indevida, não resultante de crime, sendo-lhe imposta censura. Ralf praticou infração disciplinar resultante do crime de estelionato, sendo-lhe aplicada suspensão pelo prazo de 12 meses. Roberto não praticou crime, mas foi excluído dos quadros da ordem por três reiteradas suspensões. Ultrapassado um ano após a aplicação das infrações, os advogados pretendem realizar reabilitação, mediante prova de bom comportamento. Segundo o Estatuto da Advocacia e OAB, assinale a resposta correta:

(A) Apenas será possível a reabilitação de Ralf, diante do crime praticado.
(B) Apenas serão possíveis as reabilitações de Aroldo, Edinaldo e Roberto. A reabilitação de Ralf dependerá de reabilitação criminal.
(C) Será possível a reabilitação de todos logo após um ano do cumprimento da sanção.

(D) Apenas serão possíveis as reabilitações de Aroldo e Edinaldo. A reabilitação de Ralf e Roberto dependem de reabilitação criminal.

5. Rafael Novais, advogado, sempre exerceu a atividade sozinho. Tomando conhecimento quanto à possibilidade de criar sociedade individual para o exercício da profissão, pretende criá-la. Sobre o tema, conforme estabelece o Estatuto da Advocacia e OAB:

(A) poderá criar a pessoa jurídica pretendida, mediante registro dos seus atos constitutivos no Cartório de Registro de Pessoas Jurídicas em cuja base territorial for instalada. A denominação poderá ser composta pelo nome completo ou parcial, seguido da expressão "Sociedade Unipessoal de Advocacia".
(B) poderá criar a pessoa jurídica pretendida, mediante registro dos seus atos constitutivos na Junta Comercial em cuja base territorial for instalada. A denominação poderá ser composta pelo nome completo ou parcial, seguido da expressão "Sociedade Individual de Advocacia".
(C) não poderá criar a pessoa jurídica pretendida, pois o Estatuto não autoriza criação de sociedade de advogados apenas com um advogado.
(D) poderá criar a pessoa jurídica pretendida, mediante registro dos seus atos constitutivos no Conselho Seccional da OAB em cuja base territorial for instalada. A denominação poderá ser composta pelo nome completo ou parcial, seguido da expressão "Sociedade Individual de Advocacia".

6. Marina Novais é advogada empregada da empresa Cilada S/A, contratada para atuar em processos em que a pessoa jurídica é interessada. Meses após a contratação, a direção da empresa realiza dois pedidos para a patrona. O primeiro se refere à mudança de entendimento preconizado anteriormente, em face do grau de dependência da profissional aos empregadores. O segundo se relaciona à necessidade de defesa de um dos diretores em ação criminal de âmbito particular, não relacionado com a atividade da empresa. Sobre o caso proposto, assinale a opção incorreta:

(A) A advogada pode recusar ambos os pedidos. Mesmo como empregada, a advogada mantém sua independência profissional e não se encontra obrigada à prestação de serviços profissionais de interesse pessoal dos empregadores, fora da relação de emprego.
(B) A advogada pode recusar ambos os pedidos. Porém, não existe impedimento ao exercício dessas atividades.
(C) A advogada pode recusar ambos os pedidos. Porém, caso aceite a causa criminal do diretor, terá direito aos honorários, independentemente do seu salário.
(D) A advogada não pode recusar ambos os pedidos. Por ser empregada, a advogada deve se sujeitar a imposições e atuar em favor de causas particulares dos empregadores.

7. A advogada Luciana foi contratada por Paulo para atuação em demanda judicial que pretendia indenização por danos materiais e morais. A patrona celebrou contrato com o cliente em 17-3-2018 e recebeu procuração já no dia 20-3-2018. Distribuída a ação em 25-3-2018, a demanda foi julgada procedente em 15-4-2020, sendo fixados honorários sucumbenciais em favor de Luciana. Apresentado recurso de apelação, o julgamento definitivo foi realizado em 9-7-2021, tendo sido certificado o trânsito em julgado em 30-7-2021. Diante do exposto, assinale a alternativa correta:

(A) A procuração assinada pelo cliente tem prazo de validade de dez anos, contados a partir do dia 20-3-2018.
(B) O prazo prescricional para cobrança dos honorários sucumbenciais será de cinco anos, contados a partir do dia 30-7-2021.
(C) O prazo prescricional para que o cliente proponha ação de prestação de contas será de dez anos, contados a partir do dia 17-3-2018.
(D) O prazo prescricional para cobrança dos honorários sucumbenciais será de cinco anos, contados a partir do dia 9-7-2021.

8. Lúcio é advogado e foi contratado por Alberto para apresentar duas demandas judiciais, uma na justiça do trabalho contra antigo empregador e outra de natureza cível relacionada com o direito de vizinhança. Após distribuição dos feitos, o advogado percebe que a Juíza do Trabalho é sua filha e que o Juiz da ação de vizinhança é o proprietário do imóvel que Lúcio aluga e utiliza como escritório. Diante desses cenários, conforme o Código de Ética e Disciplina da OAB, assinale a afirmativa correta.

(A) Lúcio não poderá atuar em qualquer um dos feitos, pois existem relações de parentesco negocial com os Magistrados.
(B) Lúcio não poderá atuar no feito trabalhista, pois existe relação de parentesco. Porém, não existe limitação negocial para a ação de vizinhança.
(C) Lúcio não poderá atuar na ação de vizinhança, pois existe relação negocial. Porém, não existe limitação para atuação no feito trabalhista.
(D) Lúcio poderá atuar em qualquer um dos feitos, pois inexistem limitações pelo código de ética.

9. A forma de solução para os *hard cases* em que o autor parte da discussão da lei de colisão e prossegue: "As condições sob as quais um princípio prevalece sobre outro formam o pressuposto fático de uma regra que determina as consequências jurídicas do princípio prevalente" determina a filosofia de:

(A) Robert Alexy.
(B) Ronald Dworkin.
(C) Recassén Siches.
(D) Cesare Ferrara.

10. Segundo Norberto Bobbio, a norma jurídica do dispositivo normativo que afirma "Ninguém pode ser privado, por motivos políticos, da capacidade jurídica, da cidadania, do nome" pode ser classificada como norma que:

(A) permite comandar.
(B) comanda comandar.
(C) proíbe comandar.
(D) proíbe proibir.

11. Em uma discussão jurídica sobre a aplicação imediata de determinadas normas constitucionais, foi debatido se todas as normas previstas na Constituição têm eficácia plena desde sua promulgação. Assinale a alternativa que corretamente classifica a eficácia das normas constitucionais:

(A) As normas de eficácia contida dependem de regulamentação infraconstitucional para produzirem todos os seus efeitos.
(B) As normas de eficácia limitada têm aplicação imediata e independem de qualquer regulamentação para produzirem efeitos plenos.
(C) As normas programáticas são aquelas que estabelecem objetivos a serem alcançados, não produzindo efeitos jurídicos imediatos.
(D) As normas de eficácia plena produzem todos os seus efeitos desde a promulgação da Constituição e não admitem regulamentação infraconstitucional que limite sua aplicabilidade.

12. João, brasileiro nato, casou-se com uma cidadã italiana e decidiu residir na Itália. Após alguns anos, adquiriu a nacionalidade italiana sem que houvesse imposição de perda da nacionalidade brasileira por parte das autoridades italianas. Anos depois, desejando ingressar no serviço público italiano, João foi informado de que deveria renunciar à sua nacionalidade brasileira para atender às exigências do cargo pretendido. Ele procura um advogado para orientação jurídica sobre as implicações dessa renúncia.

Com base na Constituição Federal, doutrina e jurisprudência, é correto afirmar que, ao renunciar à nacionalidade brasileira, João:

(A) Perderá automaticamente a nacionalidade brasileira, não havendo possibilidade de readquiri-la em nenhuma hipótese.
(B) Só perderá a nacionalidade brasileira se a renúncia for feita de forma expressa e perante autoridade brasileira competente.
(C) Perderá a nacionalidade brasileira apenas se a renúncia for acompanhada de declaração de perda por parte do Ministério da Justiça.
(D) Poderá readquirir a nacionalidade brasileira originária, desde que retorne ao Brasil e tenha sua residência restabelecida, independentemente de qualquer processo legal.

13. O Município de Porto Alegre, visando melhorar a segurança pública, aprovou uma lei municipal que estabelece novas obrigações em matéria de segurança de estabelecimentos financeiros. A Associação Brasileira de Empresas de Vigilância questionou a competência do município para legislar sobre o tema. Com base na organização político-administrativa do Estado, o Município pode legislar sobre este tema?

(A) Sim, pois a competência é comum entre União, Estados, Distrito Federal e Municípios.
(B) Sim, pois a segurança de estabelecimentos financeiros é de competência legislativa de interesse local, sendo portanto, competência municipal.
(C) Sim, desde que as normas municipais não contrariem as leis estaduais e federais.
(D) Não, pois a competência é exclusiva dos Estados e da União, cabendo aos Municípios apenas a execução das políticas de segurança.

14. O presidente da República promulgou um decreto que foi questionado no Supremo Tribunal Federal sob a alegação de usurpação de competência do Congresso Nacional. Quanto às atribuições e responsabilidades do presidente da República, assinale a alternativa correta:

(A) O presidente da República pode expedir decretos autônomos sobre qualquer matéria, independentemente de delegação do Congresso Nacional.
(B) O presidente da República possui a prerrogativa exclusiva de iniciar o processo legislativo sobre qualquer matéria, sem a necessidade de aprovação pelo Congresso Nacional.
(C) O presidente da República pode, mediante decreto, extinguir cargos públicos, desde que estejam vagos, sem a necessidade de lei específica.
(D) O presidente da República possui competência para legislar sobre matéria tributária por meio de decreto, desde que ouvidos previamente os órgãos técnicos da administração pública.

15. Joana, após sofrer um acidente de trabalho, teve sua capacidade laborativa reduzida. Ela procurou saber sobre os direitos e benefícios previstos na Constituição Federal em relação à seguridade social. Diante desse cenário, qual das seguintes alternativas melhor reflete o princípio da seguridade social estabelecido pela Constituição Federal?

(A) A seguridade social visa apenas a proteção do trabalhador empregado, deixando de fora autônomos e empresários.
(B) A seguridade social é financiada exclusivamente pelos empregados, com base em suas contribuições previdenciárias.

(C) A seguridade social compreende um conjunto de ações de iniciativa dos Poderes Públicos e da sociedade, destinadas a assegurar os direitos relativos à saúde, à previdência e à assistência social.
(D) A previdência social garante que todo cidadão brasileiro, independentemente de contribuição, tenha direito a uma aposentadoria integral ao completar 60 anos de idade.

16. O Governador de um estado brasileiro, insatisfeito com uma lei estadual que restringe o poder do Executivo em relação ao orçamento, decide questionar a norma diretamente no Supremo Tribunal Federal (STF). O Governador alega que a lei viola o princípio da separação dos poderes e a harmonia entre eles. Com base na Constituição Federal e na jurisprudência do STF, assinale a alternativa correta:

(A) O Governador poderá ajuizar uma Ação Direta de Inconstitucionalidade (ADI) no STF, pois tem legitimidade ativa para questionar a lei estadual.
(B) O Governador deve, primeiro, tentar revogar a lei por meio de ato administrativo antes de recorrer ao STF.
(C) O Governador não possui legitimidade ativa para ajuizar ADI, devendo a ação ser proposta por partido político com representação no Congresso Nacional.
(D) O Governador pode questionar a lei, mas somente por meio de Ação de Descumprimento de Preceito Fundamental (ADPF), e não por ADI.

17. Qual é a definição de "criança" segundo a Convenção sobre os Direitos da Criança de 1989 (norma adotada pelo Estado brasileiro em 1990 por meio do Decreto Legislativo n. 28/99 e do Decreto n. 99.710/99)?

(A) Todo ser humano com menos de 12 anos.
(B) Todo ser humano com menos de 16 anos.
(C) Todo ser humano com menos de 18 anos.
(D) Todo ser humano com menos de 21 anos.

18. Qual é a posição da Convenção sobre os Direitos da Criança (1989) em relação ao trabalho infantil?

(A) Permite trabalho infantil a partir dos 12 anos.
(B) Exige proteção contra a exploração econômica e trabalho perigoso.
(C) Permite trabalho infantil em atividades agrícolas.
(D) Não aborda o trabalho infantil.

19. Mévio foi condenado, em sentença transitada em julgado, a quatro anos de reclusão pela prática de crime ambiental inscrito no art. 54 da Lei 9.605/98.
Tendo como referência a Lei Complementar 64/1990 (Lei das inelegibilidades), Mévio ficará inelegível pelo prazo de

(A) Doze anos.
(B) Quatro anos.
(C) Oito anos.
(D) Crime ambiental não tem efeito sobre a elegibilidade.

20. Tício e Caio debatiam acerca da composição da Justiça Eleitoral. Tício fez as seguintes afirmações:
(I) Os Tribunais Regionais Eleitorais são compostos por sete membros; (II) dois desses membros são advogados nomeados pelo Presidente da República dentre seis nomes indicados pela OAB. Caio, por sua vez, afirmou que: (III) nos estados onde há sede do Tribunal Regional Federal, este tribunal indicará um dos seus membros para compor o Tribunal Regional Eleitoral; (IV) nos demais estados, uma das vagas será ocupada pelo Ministério Público Estadual.

Com base no que dispõe a Constituição Federal e o Código Eleitoral, está correto o que se afirmou em

(A) I e II
(B) II e III
(C) I e III
(D) III e IV

21. Aline, brasileira nata, obteve a nacionalidade alemã, de forma livre e espontânea, o que implicou a perda da nacionalidade brasileira. Posteriormente, Aline fora acusada, na Alemanha, da prática de homicídio contra nacional daquele país, fugindo para o Brasil. Tendo ela sido indiciada em conformidade com a legislação alemã, o governo da Alemanha requereu às autoridades brasileiras sua prisão para fins de extradição. Neste caso, à luz da Constituição Federal e da jurisprudência do Supremo Tribunal Federal, Aline:

(A) poderá ser extraditada para a Alemanha, pois perdeu a nacionalidade derivada brasileira que possuía.
(B) poderá ser extraditada para a Alemanha, desde que exista tratado bilateral de extradição com este país.
(C) poderá ser extraditada para a Alemanha, uma vez que não goza mais de nacionalidade originária brasileira.
(D) não poderá ser extraditada, pois, ao retornar ao território brasileiro, não poderá ser entregue a governo estrangeiro.

22. Persson, advogado, morava em Los Angeles, Estados Unidos da América, há 12 anos. Em atividades profissionais realizadas no Brasil, se afeiçoou de tal modo, que decidiu adquirir duas casas e uma ilha em Ilhabela, litoral de São Paulo. Voltando para sua residência faleceu e deixou 3 (três) filhos, que moravam na Suíça. A respeito dos limites da jurisdição nacional e da cooperação internacional, com base nas normas constantes do Código de Processo Civil, assinale a afirmativa correta.

(A) Em matéria de sucessão hereditária, compete exclusivamente à autoridade judiciária americana, país de nacionalidade do autor da herança, proceder à partilha dos dois bens imóveis situados no Brasil.
(B) Em matéria de sucessão hereditária, compete concorrentemente à autoridade judiciária americana, local de

óbito do autor da herança, proceder à partilha dos dois bens imóveis situados no Brasil.

(C) Em matéria de sucessão hereditária, compete exclusivamente ao Estado brasileiro, local de situação dos imóveis, proceder ao inventário e à partilha dos dois bens imóveis.

(D) Em matéria de sucessão hereditária, compete concorrentemente à autoridade judiciária dos Estados Unidos da América, país de residência do autor da herança, proceder à partilha dos dois bens imóveis situados no Brasil.

23. Após fortes chuvas que assolaram o Estado de Esperança, diversas infraestruturas foram seriamente comprometidas, demandando reparos urgentes. O Governador, ao analisar a Lei de Orçamento em vigor, percebeu que não existia previsão orçamentária suficiente para tais despesas emergenciais decorrentes do desastre natural. Diante desse cenário, ele se viu na necessidade de solicitar uma autorização legislativa para obtenção de recursos adicionais. Dada a situação, qual tipo de crédito adicional o Governador do Estado de Esperança deverá requerer, conforme a Lei n. 4.320/64?

A) Crédito suplementar, uma vez que se destina ao reforço de dotação orçamentária existente.
B) Crédito especial, tendo em vista ser destinado a despesas para as quais não há dotação orçamentária específica.
C) Crédito extraordinário, por se destinar a despesas urgentes e imprevistas em razão de calamidade pública.
D) Nenhum crédito adicional, pois a situação não se enquadra nas hipóteses previstas na Lei n. 4.320/64.

24. Em um debate entre candidatos à prefeitura da cidade de São Luminar, o candidato Pedro propôs, como uma das suas principais medidas de transparência na gestão, a criação de um Tribunal de Contas Municipal, visando ampliar a fiscalização e o controle dos gastos públicos locais. Após o debate, um grupo de juristas analisou a proposta à luz da Constituição Federal. Diante dessa situação, é correto afirmar que a proposta do candidato Pedro:

(A) é válida, pois visa ampliar a transparência e o controle dos gastos públicos no município.
(B) é válida, desde que haja aprovação da maioria absoluta dos membros da Câmara Municipal.
(C) é inválida, pois a Constituição Federal veda expressamente a criação de Tribunais, Conselhos ou órgãos de Contas Municipais.
(D) é inválida, somente se o município pertencer a um estado que já possui um Tribunal de Contas Estadual.

25. Promulgada na data de 20 de outubro de 2021, a Lei X efetuou a majoração do ISS. A Lei Y, promulgada na data de 16 de novembro de 2021, por sua vez, reduziu o ICMS de serviços de telecomunicação. Por fim, o Decreto Z, de 8 de dezembro de 2021, majorou o IOF para compras no exterior. Diante dessas hipóteses, é correto afirmar que:

(A) O IOF possui caráter extrafiscal em relação ao princípio da anterioridade e está sujeito apenas à anterioridade nonagesimal, o que significa que bastam 90 dias da publicação do decreto que alterou sua alíquota para que possa ser cobrado.
(B) Todos os impostos mencionados no enunciado, por força do princípio da anterioridade, somente poderão ser cobrados no exercício financeiro seguinte à publicação do diploma legal que os alterou.
(C) Diante do cenário apresentado, tanto o ISS como o ICMS estão sujeitos ao princípio da anterioridade nonagesimal, e sua inobservância atrai o vício da inconstitucionalidade.
(D) O ISS poderá ser cobrado somente quando decorridos 90 dias da publicação da Lei X, ao passo que os novos valores do ICMS e do IOF poderão ser cobrados a partir da publicação dos diplomas legais que os implementaram.

26. O decurso do prazo legal para lançamento de um tributo é hipótese de:

(A) remissão.
(B) prescrição.
(C) decadência.
(D) transação.

27. Embora seja empresário, como pessoa física, Pedro adquire de Alvares um estabelecimento comercial e dá prosseguimento na exploração de suas atividades, enquanto, com a alienação, Alvares cessou a atividade empresarial por completo. Com relação aos tributos devidos pelo estabelecimento comercial alienado por Alvares até a data da aquisição do referido negócio jurídico, Pedro responde:

(A) pela metade dos tributos.
(B) subsidiariamente pela integralidade dos tributos.
(C) integralmente por todos os tributos.
(D) solidariamente, com o antigo proprietário, por todos os tributos.

28. Jorge e Alexandre Ltda., a fim de se adequar à legislação tributária e compreender os institutos e métodos de interpretação da legislação a respeito dos casos de suspensão, exclusão e extinção do crédito tributário, realiza consulta a um advogado. Segundo o Código Tributário Nacional, assinale a alternativa que trata de tema sobre o qual é imperiosa a interpretação literal de norma tributária.

(A) Anistia.
(B) Remissão.
(C) Prescrição.
(D) Compensação.

29. Axe Capital instituiu programa de incentivo à aposentadoria voluntária para seus funcionários que possuíssem idade avançada. Os funcionários que cumprem os requisitos e decidem aderir ao programa recebem uma indenização. Bob decidiu aderir ao programa objetivando o recebimento do benefício.

A respeito do caso proposto, assinale a afirmativa correta.

(A) É devido o pagamento do Imposto de Renda por Bob, já que o valor recebido tem natureza salarial.
(B) Bob não pagará imposto de renda, já que se trata de verba especial.
(C) Bob não pagará imposto de renda, já que o valor recebido tem caráter indenizatório.
(D) Em função do princípio da isonomia, Bob pagará imposto de renda, independente da natureza das verbas recebidas.

30. Com o objetivo de fomentar o turismo de uma área que possui deslumbrantes quedas d'água, o Governo do Estado Beta planeja pavimentar uma estrada de pequeno porte que conecta a cidade mais próxima a essa atração turística. Com o intuito de aprimorar os serviços públicos e diante da falta de recursos disponíveis para cobrir os custos, o Estado opta por lançar um edital para conceder a administração da estrada, de acordo com as disposições da Lei n. 8.987/95. Essa concessão será responsabilidade do futuro beneficiário, incluindo a responsabilidade pela realização das melhorias necessárias na estrada.

Considerando a situação hipotética e com fundamento na Lei n. 8.987/95, correto afirmar que:

(A) a concessão deverá ser precedida de licitação na modalidade concorrência, leilão ou diálogo competitivo.
(B) será declarado vencedor o proponente, pessoa física ou jurídica, que demonstrar capacidade para a prestação do serviço, por sua conta e risco.
(C) a concessionária poderá contratar com terceiros o desenvolvimento de atividades inerentes, acessórias ou complementares ao serviço concedido, bem como a implementação de projetos associados.
(D) é admitida a subconcessão, desde que precedida de licitação na modalidade concorrência ou diálogo competitivo.

31. O edifício que abriga a sede do Tribunal de Justiça do Estado Beta, de acordo com os princípios do Direito Administrativo que regem a categorização de bens públicos, conforme sua finalidade, é considerado um bem:

(A) dominical.
(B) de uso especial.
(C) de uso comum do povo.
(D) de uso público.

32. Devido a chuvas torrenciais, várias habitações do Município Delta foram submersas, forçando os moradores a evacuarem suas casas. Nesse cenário, Jonas, o prefeito da cidade, considerou a possibilidade de proporcionar abrigo aos afetados no ginásio de uma escola privada da cidade.

Nessa situação hipotética, Jonas fez uso da:

(A) limitação administrativa, garantido ao proprietário da escola justa e imediata indenização.
(B) servidão temporária administrativa, garantido ao proprietário da escola direito à indenização em caso de danos.
(C) requisição administrativa, assegurada ao proprietário da escola indenização ulterior, se houver dano.
(D) desapropriação temporária, asseguradas ao proprietário da escola indenização justa e imediata indenização.

33. Carlos, servidor público ocupante de cargo efetivo na Administração Pública Direta do Estado Ômega, em março de 2022 e no exercício de suas funções, contribuiu de forma culposa para que uma entidade privada utilizasse propriedades pertencentes ao Estado Ômega, ignorando as regras legais.

Diante dessa situação, com base nas regulamentações da Lei n. 8.429/92, é possível afirmar que Carlos:

(A) será responsabilizado por ato de improbidade administrativa que atenta contra os princípios da Administração Pública.
(B) será responsabilizado por ato de improbidade administrativa que importa em enriquecimento ilícito.
(C) será responsabilizado por ato de improbidade administrativa que causa prejuízo ao erário.
(D) não será responsabilizado por ato de improbidade administrativa.

34. João, Prefeito do Município Alfa, pretende lançar edital de licitação para contratação de serviços comuns. Para tanto, sabe que o edital deverá conter o objeto da licitação e as regras relativas à convocação, ao julgamento, à habilitação, aos recursos e às penalidades da licitação, à fiscalização e à gestão do contrato, à entrega do objeto e às condições de pagamento. Ocorre que uma das suas promessas de campanha era a de promover políticas públicas de inclusão, dentre as quais, ações afirmativas que promovam maior cidadania às mulheres, razão pela qual exigiu no edital de licitação que a empresa contratada deverá atender determinado percentual mínimo de mão de obra de mulheres vítimas de violência doméstica. Considerando a Lei n. 14.133/2021, a previsão editalícia:

(A) é válida, desde que igualmente exija que a empresa contratada seja brasileira.
(B) não é válida, por flagrante violação ao princípio constitucional da isonomia, segundo o qual homens e mulheres são iguais em direitos e obrigações.

(C) é válida, pois expressamente admitida a possibilidade na Lei n. 14.133/2021, podendo, inclusive, prever percentual mínimo da mão de obra em favor de egressos do sistema prisional.
(D) é válida, desde que o Município de Alfa subsidie parte do contrato celebrado.

35. A Constituição Federal de 1988 estabelece o procedimento para a inovação do ordenamento jurídico sobre controle da poluição. Dessa forma, levando em conta a sistemática constitucional, assinale a afirmativa correta.

(A) A competência da União para legislar sobre normas gerais referente ao controle da poluição exclui a competência suplementar dos Estados.
(B) Inexistindo lei federal sobre normas gerais referentes ao controle da poluição, os Estados não poderão exercer a competência legislativa plena, para atender a suas peculiaridades.
(C) É de competência da União, dos Estados e do Distrito Federal legislar concorrentemente sobre controle da poluição.
(D) É de competência privativa da União legislar sobre controle da poluição.

36. Isabella adquiriu em janeiro de 2021 um sítio localizado na área rural do Município Beta, do Estado Alfa. Em fevereiro de 2022, nos termos da Lei n. 7.347/85, ela ficou sabendo da propositura de uma ação civil pública pelo Estado alfa, que a responsabiliza civilmente por ter cometido corte raso, em 2020, de Área de Preservação Permanente (APP) do imóvel. Sobre a hipótese, e levando em conta a jurisprudência do STJ, assinale a afirmativa correta.

(A) Quanto ao dano ambiental, é admitida a condenação do réu à obrigação de fazer ou à de não fazer não cumulada com a de indenizar.
(B) Quanto ao dano ambiental, é admitida a condenação do réu à obrigação de fazer ou à de não fazer cumulada com a de indenizar.
(C) Quanto ao dano ambiental, não é admitida a condenação do réu à obrigação de fazer ou à de não fazer permitida apenas a condenação em dinheiro.
(D) Quanto ao dano ambiental, é admitida apenas a condenação do réu à obrigação de fazer.

37. Ana, advogada, após receber honorários advocatícios de grande valor, foi até concessionária de sua preferência e adquiriu o veículo dos sonhos. Ao sair da loja conduzindo o automóvel, foi obrigada a desviar de uma perua escolar desgovernada que andava na contramão.
Ao fazer o desvio, Ana colidiu diretamente com o veículo de Luciano que estava na mão correta, em velocidade permitida pelas leis de trânsito. Diante desse caso é correto firmar que:

(A) Ana não possui responsabilidade civil, já que agiu em estado de necessidade.
(B) Ana possui responsabilidade civil subsidiaria, apenas devendo ressarcir se o dono ou condutor da perua escolar não indenizar Luciano.
(C) Ana não possui responsabilidade civil, já que agiu sob caso de força maior.
(D) Ana possui responsabilidade civil sobre os danos causados ao veículo de Luciano, podendo solicitar regressivamente o valor da indenização ao proprietário da perua escolar.

38. Beatriz e Eduardo contraíram matrimônio após dois anos de namoro. Entretanto, passados dois meses do casamento, Beatriz foi comunicada por uma de suas madrinhas de casamento que Eduardo era um estuprador, tendo sido o autor de pelo menos sete abusos sexuais cometidos entre os municípios vizinhos de Palmas/TO, local onde instituíram residência.
Neste caso, é correto afirmar que, se Beatriz não quiser mais ter relação conjugal com seu marido, pode:

(A) apenas solicitar o divórcio direito.
(B) pleitear, apenas, separação de fato, por tornar insuportável a vida em comum.
(C) pleitear a anulação do casamento por erro essencial de pessoa.
(D) apenas solicitar separação judicial.

39. Petrônio, dirigindo seu veículo, colidiu com um cavalo na pista de rolamento municipal da cidade de Mirassol/SP, tendo o condutor se ferido gravemente, recebendo atendimento no hospital da municipalidade, onde veio a óbito. Diante disso, assinale a alternativa correta.

(A) A responsabilidade pela morte do condutor é do hospital, a quem caberá reparar o dano, pois o hospital é público e a responsabilidade por conduta médica é de natureza objetiva.
(B) A responsabilidade pela morte do condutor é da municipalidade, que deverá reparar o dano, eis que, sendo municipal a via em que houve o acidente, considera-se que há responsabilidade objetiva, ainda que se saiba quem era o dono no animal.
(C) Considera-se existente a responsabilidade solidária entre o hospital, o dono do cavalo e o Município pela morte do motorista, de forma que todos devem reparar o dano.
(D) O dono do animal responde civilmente pela morte, devendo reparar o dano, caso não provada a culpa da vítima ou força maior.

40. Trajano Silva, advogado recém-formado, residente em Belo Horizonte/MG, estuda há algum tempo para o concurso de escrivão da Polícia Civil. A caminho do local onde seria realizada a prova, o carro de Trajano parou de funcionar. Desesperado com a possiblidade de perder a prova, Trajano pede ao taxista Pedro Paulo que estava passando para levá-lo ao local do exame. O taxista, sabendo da prova, aceita a corrida e decide cobrar R$ 500,00 de Trajano para percorrer os cinco quilômetros até o local onde seria realizado o exame. Trajano, sem vislumbrar outra alternativa, aceita o valor da corrida. Diante do caso hipotético apresentado, assinale a alternativa que corresponde ao defeito do negócio jurídico narrado.

(A) Dolo.
(B) Lesão.
(C) Coação.
(D) Estado de perigo.

41. Aparecida e Ricardo foram recrutados pela empresa Atencioso Ltda. para exercerem o cargo de recepcionista e auxiliar de limpeza, respectivamente. Após alguns meses de convívio diário no trabalho, acabaram se apaixonando, decidindo que morariam juntos e constituiriam uma família duradoura. Entretanto, nada formalizaram sobre tal união. Passados sete anos de união estável, ambos sem nenhum patrimônio próprio, tiveram sua filha Patrícia e adquiriam um imóvel como patrimônio comum do casal.

Após sofrer um acidente doméstico, Aparecida não resistiu aos ferimentos, vindo a óbito, deixando sua filha e seu esposo.

Em decorrência do falecimento de Aparecida, a Ricardo caberá:

(A) um quarto do imóvel adquirido pelo casal, apenas.
(B) metade dos bens do casal e um quarto do quinhão de Patrícia, sua filha.
(C) metade do imóvel adquirido.
(D) metade dos bens do casal e metade do quinhão de Patrícia, sua filha.

42. Marilda, 15 anos de idade, atriz mirim de grande sucesso, com evidente independência financeira, decide ir passear ao *shopping* com seu cachorro. Após alguns fãs a reconhecerem durante seu passeio e decidiram ir em direção a ela. O cachorro, assustado com o grande movimento, consegue se soltar da coleira e acaba por morder duas garotas, causando graves lesões físicas e estéticas.

Considerando que os responsáveis legais de Marilda são pessoas humildes e não possuem meios suficientes para arcar com as indenizações, é correto afirmar que a *digital influencer*:

(A) em que pese seja menor absolutamente incapaz, responderá civilmente pelos danos causados, devendo o juiz arbitrar valor equitativo de indenização.
(B) por ter responsáveis impossibilitados de arcar com dados causados e ser menor absolutamente incapaz, não terá responsabilidade civil neste caso.
(C) apenas poderá ser responsabilizada por ser emancipada em virtude de possuir economia própria em decorrência da sua atividade profissional.
(D) deverá arcar com metade das despesas para reparação dos danos causados e seus pais deverem arcar com a outra metade do valor.

43. Tatiana estuda numa escola de ensino fundamental e um dia chegou em sala de aula com vários roxos pelos braços e pernas. O professor perguntou o que tinha acontecido, e ela disse que tinha caído da bicicleta. Porém, o comportamento dela estava muito estranho. Era uma criança muito alegre e naquele dia ela estava muito quieta. Indagada mais uma vez, reservadamente, ela contou ao professor que tinha apanhado do pai bêbado. O professor, sabendo que o pai dela era muito violento e tinha a fama de estar envolvido com bandidos, prefere se calar. Diante dessa situação, assinale a alternativa correta.

(A) O professor não responde por qualquer crime ou infração administrativa, em razão do contexto de possível revide violento.
(B) O professor pode responder por eventual coautoria ao crime de agressão do pai da Tatiana pela omissão.
(C) O professor pode responder por crime previsto no ECA, de ação pública condicionada.
(D) O professor pode responder apenas por infração administrativa, cuja pena é multa de três a vinte salários de referência.

44. Rodrigo, com 16 anos, foi apreendido em flagrante por um ato infracional, crime análogo ao crime de roubo. O processo correu conforme os trâmites da lei e Rodrigo foi sentenciado e condenado à internação em estabelecimento educacional da sua cidade. Sobre a medida socioeducativa aplicada a ele e os direitos que tem, assinale a afirmativa correta.

(A) Rodrigo, mesmo que peça, não poderá ter acesso aos meios de comunicação social.
(B) Excepcionalmente, ele poderá ficar incomunicável em razão do seu comportamento no estabelecimento educacional.
(C) Rodrigo poderá se corresponder com seus familiares e amigos.
(D) Rodrigo poderá ficar internado junto com outros adolescentes que praticaram infrações mais graves que a sua.

45. Uma determinada sociedade cooperativa desenvolveu empreendimento habitacional a fim de tornar mais fácil a aquisição da casa própria por famílias de baixa renda. A família "Jotaemi" foi um dos grupos beneficiados pela iniciativa, mas foi surpreendida com inúmeros vícios na construção do imóvel, tais como rachaduras na estrutura e goteiras no telhado. Considerando que a aquisição do imóvel se deu por instrumento público e de forma onerosa, é correto afirmar que:

(A) A família prejudicada deve propor ação redibitória regida pelo Código Civil, tendo em vista a não incidência do Código de Defesa do Consumidor nos contratos em questão.
(B) A cooperativa habitacional não responde pelos danos sofridos pelos adquirentes do imóvel.
(C) Por se tratar de sociedade não empresária, a atividade desenvolvida pela cooperativa não está sujeita à aplicação do Código de Defesa do Consumidor.
(D) O Código de Defesa do Consumidor é aplicável aos empreendimentos habitacionais promovidos pelas sociedades cooperativas.

46. João, deficiente visual, adquiriu um cortador de grama na loja de jardinagem Grama & Cia. e na terceira vez que usou o produto se feriu com uma lâmina que se soltou do eixo de rotação. No manual de instruções havia uma advertência de que a presilha que prende as lâminas deveria ser apertada antes de cada uso. Contudo, o manual não tem sua versão em braile (linguagem de escrita para cegos). Sobre a informação adequada e clara sobre riscos que o produto apresente, é correto afirmar que:

(A) A informação adequada sobre riscos que o produto apresenta deve ser acessível à pessoa com deficiência.
(B) O fornecedor pode tornar a informação adequada sobre riscos que o produto apresenta às pessoas com deficiência física.
(C) O fornecedor tem a obrigação de promover acessibilidade no espaço físico do estabelecimento, mas não quanto às informações do produto.
(D) A informação adequada sobre riscos que o produto apresenta deve ser acessível à pessoa com deficiência, cabendo somente ao fabricante tal obrigação.

47. Ana Carolina e mais uma amiga pretendem abrir uma sociedade empresária para vender "quentinhas" por aplicativos de entrega de comida. Para tanto, procuram você em seu escritório de advocacia para consultar as regras que dizem respeito a esse tema. De acordo com o Código Civil, assinale a alternativa correta:

(A) A lei assegurará tratamento favorecido, diferenciado e simplificado ao empresário rural e ao pequeno empresário, quanto à inscrição e aos efeitos daí decorrentes.
(B) O empresário que instituir sucursal, filial ou agência, em lugar sujeito à jurisdição de outro Registro Público de Empresas Mercantis, não precisará inscrevê-la, pois já tem inscrição originária na sede.
(C) Não é obrigatória antes do início de sua atividade a inscrição do empresário no Registro Público de Empresas Mercantis da respectiva sede.
(D) Na ocasião da inscrição não é necessário conter o regime de bens caso elas sejam casadas, pois não interfere na atividade em si.

48. Miriam pretende fazer um contrato cujo objeto é o usufruto do seu estabelecimento empresarial. Porém, de acordo com o Código Civil, só produzirá efeitos quanto a terceiros depois de averbado à margem da inscrição da sociedade empresária, no Registro Público de Empresas Mercantis, após o seguinte ato:

(A) Homologação pelo Juiz.
(B) Publicação na imprensa oficial.
(C) Numeração na Junta Comercial.
(D) Atestação pelo Tabelião do Ofício de Notas respectivo.

49. Em relação aos títulos de crédito, de acordo com o Código Civil, é vedado:

(A) o título de crédito que não contenha indicação de vencimento.
(B) o título de crédito que não indique o domicílio do emitente.
(C) o aval posterior ao vencimento.
(D) o aval parcial.

50. Vandré é advogado e organiza, com sua equipe, a criação de uma sociedade anônima de cursos preparatórios. Uma de suas preocupações consiste sobre o capital social e as ações. Nos termos da Lei n. 6.404/76, é correto afirmar que:

(A) O estatuto da companhia fixará o valor do capital social, expresso em moeda nacional ou estrangeira com a cotação do dia da assinatura do contrato.
(B) O valor nominal das ações de companhia aberta poderá ou não ser inferior ao mínimo fixado pela Comissão de Valores Mobiliários.
(C) As ações, conforme a natureza dos direitos ou vantagens que confiram a seus titulares, são ordinárias, preferenciais, ou de balcão.
(D) O estatuto fixará o número das ações em que se divide o capital social e estabelecerá se as ações terão, ou não, valor nominal.

51. Isabella, 18 anos, firmou com seu pai Jonas um acordo de alimentos, assinado por eles e seus respectivos advogados. Neste acordo o pai pagaria um salário mínimo para a filha, a fim de ajudar nos custos da faculdade dela. No segundo ano, o pai parou de pagar o valor ajustado, e Isabella quer exigir o pagamento judicialmente, havendo cinco parcelas em aberto. O advogado de Isabella promoveu a execução autônoma do título, pelo rito da constrição patrimonial, indicando à penhora o único imóvel de Jonas, onde ele mora com sua nova companheira. Jonas, após ser citado, procurou um Núcleo de Prática Jurídica de uma faculdade de Direito, a fim de conseguir um advogado para lhe patrocinar. A partir desse contexto, assinale a alternativa correta:

(A) Jonas terá três dias para quitar seu débito, a contar da citação, sob pena de multa de 10%.
(B) Jonas poderá requerer o parcelamento da dívida, adiantando 30% do débito atualizado, mais os honorários advocatícios e custas adiantadas pela exequente.
(C) Jonas poderá opor embargos à execução, no prazo de 15 dias a contar da juntada do mandado de citação cumprido.
(D) Jonas poderá alegar a impenhorabilidade do bem de família legal.

52. Juliana ajuizou uma ação indenizatória em face de sua vizinha Sheila, em virtude de problemas de infiltração no apartamento da ré, que provocaram mofo e destruição de toda pintura do teto de um cômodo da autora. A ação foi proposta em uma vara cível, e ambas as partes requereram a prova pericial, mesmo tratando-se de um caso de simples solução, com farta prova documental. A partir dessa realidade, assinale a opção correta:

(A) Os honorários periciais deverão ser adiantados pela autora.
(B) A prova pericial pode ser substituída por uma prova técnica simplificada.
(C) Uma vez realizada a perícia, seu resultado vincula a decisão judicial.
(D) Caso autorizada a perícia, não se admite a escolha consensual do perito não cadastrado perante o tribunal.

53. Rafaela foi demandada em ação indenizatória proposta por uma concessionária, em virtude de alguns carros danificados por sua filha Maria, de cinco anos, que os riscou enquanto a mãe escolhia um carro novo para financiar. Todavia, Rafaela entende que o pai também deve ser responsabilizado, até porque a criança só foi levada à concessionária porque o pai Renato não buscou a menor para seu dia de visitas. Nesse contexto, assinale a assertiva correta, contendo a conduta que deve ser tomada pelo advogado da ré:

(A) Promover o chamamento ao processo do pai.
(B) No prazo da contestação, promover a denunciação da lide para inserir o pai no processo.
(C) Alegar, na preliminar da contestação, ilegitimidade passiva de Rafaela, uma vez que o Código Civil reconhece a responsabilidade civil do incapaz.
(D) Requerer, no prazo da contestação, que o pai seja inserido no processo, na condição de assistente litisconsorcial.

54. Alice foi condenada em ação de cobrança movida por sua antiga sócia Patrícia. Mesmo após a interposição dos recursos cabíveis, a ré não conseguiu afastar a condenação, tendo Patrícia iniciado a fase de cumprimento de sentença, logo após o trânsito em julgado. Todavia, Alice descobriu que o juiz que conduziu a fase cognitiva é sobrinho de Patrícia. Considerando tal realidade, assinale a opção correta:

(A) O(a) advogado(a) de Alice deve alegar a suspeição na impugnação.
(B) O(a) advogado(a) de Alice deve promover ação rescisória sob o fundamento de impedimento do juiz que conduziu a fase cognitiva.
(C) O(a) advogado(a) de Alice deve alegar a suspeição em ação rescisória.
(D) O(a) advogado(a) de Alice deve alegar o impedimento na impugnação.

55. Lurdes ajuizou ação monitória em face de Cleber, a fim de cobrar um crédito de dez mil reais, constante de uma nota promissória rasurada, acompanhada de e-mails e mensagens de celular, nos quais Cleber reconhece a dívida. Acerca desse procedimento especial de jurisdição contenciosa, assinale a alternativa correta, na condição de advogado(a) do réu:

(A) Recomendaria o pagamento da dívida, no prazo de 15 dias, uma vez que, neste caso, a verba honorária seria reduzida pela metade.
(B) Alegaria inadequação da via eleita, uma vez que deveria ser promovida uma execução autônoma.
(C) Apresentaria embargos à monitória, distribuídos por dependência e com garantia do juízo.
(D) Sugeriria a oposição de embargos à monitória, independentemente de garantia do juízo e com possibilidade de reconvenção.

56. Bernadete promoveu ação indenizatória contra o Município de Joviânia – GO, em virtude de erro médico sofrido em um hospital público. A ação foi ajuizada em Brasília-DF, domicílio da autora, na Vara de Fazenda Pública. Após a distribuição, Bernadete consultou sua advogada Carol sobre a possibilidade de acrescentar indenização por danos estéticos. Dentro desse contexto, assinale a opção correta:

(A) Neste caso não haverá a designação de audiência de conciliação e mediação, por ser ré pessoa jurídica de direito público interno, não se admitindo autocomposição neste caso.
(B) Em caso de condenação do município, independentemente do valor, haverá remessa necessária.
(C) O aditamento pode ser feito, independentemente do consentimento do réu.
(D) Neste caso o procurador do Município terá direito a prazo em dobro para todas as suas manifestações, não se admitindo convênios com as procuradorias de outras localidades.

57. Agindo com vontade de matar, José disparou dois tiros contra Renata, causando-lhe lesões graves. Imediatamente socorrida, a ambulância que a conduzia até o hospital colidiu com um automóvel que trafegava na contramão. Todos os ocupantes da ambulância sobreviveram, exceto Renata, que estava com a saúde debilitada em razão do ataque de José.

Com base no exemplo trazido, assinale a alternativa correta.

(A) José deve responder por tentativa de homicídio.
(B) José deve responder por lesão corporal grave.
(C) José deve responder por homicídio consumado.
(D) José deve responder por lesão corporal seguida de morte.

58. A legítima defesa, o princípio da insignificância e a coação moral irresistível são, respectivamente:

(A) Causa de exclusão da ilicitude; causa de exclusão da culpabilidade; causa de atipicidade.
(B) Causa de atipicidade; causa de exclusão da ilicitude; causa de exclusão da culpabilidade.
(C) Causa de exclusão da ilicitude; causa de atipicidade; causa de exclusão da culpabilidade.
(D) Causa de exclusão da culpabilidade; causa de exclusão da ilicitude; causa de atipicidade.

59. A respeito da suspensão condicional da pena, assinale a alternativa correta:

(A) É admitida nos crimes punidos com pena mínima de até um ano.
(B) É admitida quando não seja indicada ou cabível a substituição da pena privativa de liberdade por restritivas de direitos.
(C) É admitida apenas nos crimes de menor potencial ofensivo.
(D) É admitida apenas nos crimes de médio potencial ofensivo.

60. Mediante grave ameaça, Renato constrangeu Rafael a efetuar saque em sua conta bancária em um caixa eletrônico. Embora Rafael tenha inserido a senha correta, a transação não foi autorizada porque o sistema do banco estava do ar. Impaciente, Renato abandonou o local sem conseguir obter qualquer vantagem.

(A) Renato deve ser responsabilizado por tentativa de extorsão.
(B) Renato deve ser responsabilizado por constrangimento ilegal.
(C) Renato deve ser responsabilizado por tentativa de roubo.
(D) Renato deve ser responsabilizado por extorsão consumada.

61. São elementos que compõem o fato típico:

(A) Conduta, imputabilidade, tipicidade conglobante.
(B) Resultado, nexo causal e antijuridicidade.
(C) Conduta, resultado, nexo causal e tipicidade.
(D) Culpabilidade, ilicitude, conduta e resultado.

62. Danilo, funcionário público, em concurso com Antônio, que sabia que seu comparsa detém cargo público, fora do horário de expediente, subtraiu um bebedouro pertencente à administração pública, instalado no setor onde trabalha, valendo-se de facilidade que lhe proporciona a qualidade de funcionário.

Nesse caso, com base nos dados disponíveis, assinale a alternativa correta.

(A) Danilo e Antônio devem ser responsabilizados por *peculato-furto*.
(B) Danilo deve ser responsabilizado por *peculato-furto* e Antônio por furto qualificado.
(C) Danilo e Antônio devem ser responsabilizados por furto qualificado.
(D) O crime praticado por Danilo é inafiançável.

63. Após ser instaurado inquérito policial para apurar a prática de um crime de lesão corporal culposa praticada na direção de veículo automotor (art. 303 da Lei n. 9.503/97 - pena: detenção de seis meses a dois anos), foi identificado que o autor dos fatos seria Josué, em cuja Folha de Antecedentes Criminais nada constava, apenas UM inquérito policial em andamento sobre lavagem de capitais e evasão de divisas, na Polícia Federal do Estado do Mato Grosso.

Encaminhados os autos ao Ministério Público, foi oferecida denúncia em face de Josué pelo crime previsto no art. 303 da Lei n. 9.503/97. Com fundamento no inquérito em andamento sobre evasão de divisas e lavagem de capitais ainda não concluído, foi requerida a sua prisão preventiva. Recebidos os autos, o juiz competente decretou a prisão preventiva, reiterando os possíveis crimes do inquérito em andamento e destacando que essa circunstância faria com que todos os requisitos legais estivessem preenchidos.

Ao ser intimado da decisão, o(a) advogado(a) de Josué deverá requerer:

(A) o relaxamento da prisão dele, pois ela é ilegal.
(B) o relaxamento da prisão dele, tendo em vista que a prisão, em que pese ser legal, é desnecessária.
(C) a revogação da prisão dele, tendo em vista que, em que pese ser legal, é desnecessária.
(D) a liberdade provisória dele, ainda que com aplicação das medidas cautelares alternativas.

64. Sobre a extinção da punibilidade, assinale a afirmação verdadeira:

(A) A extinção da punibilidade só pode ser arguida durante a primeira fase do júri.

(B) Em qualquer fase do processo, o juiz, se reconhecer extinta a punibilidade, deverá declará-lo de ofício.
(C) O juiz só poderá reconhecer a extinção da punibilidade se o réu não possuir antecedentes criminais.
(D) *Abolitio criminis* é a descriminalização de certa conduta até então considerada criminosa, extinguindo todos seus efeitos, somente após condenação, de forma retroativa.

65. Aprígio foi Senador da República e, após o fim de seu mandato, ele comete o crime de perigo de contágio venéreo, previsto no art. 130 do CP (expor alguém, por meio de relações sexuais ou qualquer ato libidinoso, a contágio de moléstia venérea, de que sabe ou deve saber que está contaminado) contra sua ex-namorada. O crime foi motivado por vingança. A competência para julgar esse delito será:

(A) da Justiça Federal.
(B) da Justiça Estadual.
(C) do Supremo Tribunal Federal.
(D) do Tribunal Superior Eleitoral (TSE).

66. Assinale a opção incorreta no que se refere a procedimentos e nulidades.

(A) A nulidade relativa deve ser arguida na primeira oportunidade, sob pena de convalidação.
(B) A apresentação de todas as teses de defesa na resposta à acusação é mera faculdade processual do advogado, porém a falta de concessão de prazo para a sua apresentação gera nulidade.
(C) Decisão proferida por juiz impedido gera nulidade absoluta.
(D) O interrogatório do réu é ato privativo do juiz, sendo dispensável a presença de defensor.

67. Um Delegado de Polícia, ao tomar conhecimento de um suposto crime de ação penal pública condicionada, determina, de ofício, a instauração de inquérito policial. Após adotar diligência, verifica que, na realidade, a conduta investigada era atípica. Considerando as informações narradas, o advogado deverá esclarecer que a autoridade policial:

(A) deverá arquivar imediatamente o inquérito, fazendo a decisão de arquivamento por atipicidade coisa julgada material.
(B) não poderá arquivar imediatamente o inquérito, mas deverá encaminhar relatório final ao Poder Judiciário para arquivamento direto e imediato por parte do magistrado.
(C) deverá elaborar relatório final de inquérito e, após o arquivamento, poderá proceder a novos atos de investigação, independentemente da existência de provas novas.
(D) não deveria ter instaurado inquérito policial sem a condição objetiva de procedibilidade, que é a representação do ofendido.

68. Cremilda, após responder ao processo cautelarmente presa, foi condenada à pena de quatro anos e oito meses de prisão em regime inicialmente fechado. Seu advogado requereu comutação de sua pena com base em decreto presidencial. Tal requerimento foi deferido pelo magistrado competente. O membro do Ministério Público, inconformado com tal decisão, interpôs recurso.

Sobre o caso apresentado, assinale a afirmativa que menciona o recurso e o respectivo prazo a ser interposto:

(A) agravo em execução, no prazo de 10 (dez dias).
(B) recurso em sentido estrito, no prazo de 5 (cinco dias).
(C) agravo em execução, no prazo de 5 (cinco dias).
(D) resposta à acusação, no prazo de 10 (dez dias).

69. Jaciele, trabalhadora do ramo têxtil, estava recebendo seguro desemprego quando seu marido, que era segurado da previdência social, veio a falecer. Após o óbito do marido, Jaciele lhe procura com várias dúvidas sobre o benefício de pensão por morte. Você, na qualidade de advogado(a) de Jaciele, responde que:

(A) Jaciele só poderá pleitear o benefício de pensão por morte quando cessar o seguro desemprego.
(B) Jaciele poderá receber a pensão por morte em conjunto com o seguro desemprego por se tratar de uma exceção à regra da proibição de cumulatividade.
(C) Jaciele está incluída nas vedações legais de cumulatividade, devendo optar pelo benefício mais vantajoso.
(D) Jaciele poderá cumular os dois benefícios desde que opte por receber apenas 50% do valor da pensão por morte.

70. Marinalva é empregada em uma loja de roupas no centro de São Paulo. Planejando engravidar, ela foi até seu escritório para tirar dúvidas sobre o benefício de salário maternidade. Você, como advogado(a) previdenciarista, explicou que:

(A) para Marinalva ter direito ao benefício de salário maternidade, ela terá que contar com 12 contribuições mensais a título de carência.
(B) para Marinalva ter direito ao benefício de salário maternidade, ela terá que contar com 6 contribuições mensais, a título de carência.
(C) para Marinalva ter direito ao benefício de salário maternidade, ela terá que contar com 10 contribuições mensais a título de carência.
(D) para Marinalva ter direito ao benefício de salário de maternidade, basta que ela comprove o vínculo de emprego, haja vista que, como segurada empregada, o benefício de salário maternidade independe de carência.

71. Uma empresa possui 80 empregados, e, considerando que na data-base da categoria não houve acordo sobre o índice de reajuste que seria concedido, 20 desses trabalhadores iniciaram uma greve, permanecendo em frente à sede da empresa de braços cruzados, permitindo a entrada dos fornecedores, a saída dos caminhões e o ingresso daqueles que resolveram não participar do movimento paredista. Como a paralisação já durava 15 dias e continuava em curso, gerando considerável prejuízo financeiro, a empresa resolveu dispensar os grevistas por justa causa, além de não pagar a eles o adiantamento salarial de 40% que normalmente concedia aos empregados no dia 10 de cada mês. Diante dos fatos narrados, com base na legislação de regência e jurisprudência do TST, assinale a alternativa correta.

(A) A rescisão por justa causa foi correta, uma vez que a greve causou prejuízo financeiro a empresa, configurando falta grave do empregado.
(B) A rescisão por justa causa foi correta, uma vez que a greve perdurou por mais de 10 dias úteis.
(C) A rescisão por justa causa foi incorreta, uma vez que a mera participação em greve não configura falta grave.
(D) A rescisão por justa causa foi correta, uma vez que nas empresas com mais de 60 empregados, a greve pode durar por apenas 10 dias úteis.

72. Renato Augusto foi contratado como caseiro para cuidar do sítio de lazer da empresária Heloisa. Ele deveria, para tomar conta do local, limpar a piscina, fazer pequenos reparos no muro divisório e cuidar dos jardins, de segunda a quinta-feira, das 08hh0min às 17h00min, tudo mediante ordens de Heloisa, que, no comando de suas empresas, vivia sob forte estresse, sempre que precisava descansar, ia para seu sítio. Renato Augusto era remunerado mensalmente no valor de R$ 1.100,00. Diante da situação retratada, com base na lei de regência, assinale a alternativa correta.

(A) Renato Augusto é empregado doméstico.
(B) Renato Augusto é trabalhador eventual.
(C) Renato Augusto é diarista.
(D) Renato Augusto é trabalhador voluntário.

73. Fagner trabalhou durante todo o ano de 2017 e até o mês de abril de 2018 na empresa ALPHA.COM Ltda., a qual tinha acordo coletivo prevendo o pagamento de participação nos lucros ao final de cada ano, no mês de dezembro, em valor fixo, desde que o empregado trabalhasse ao longo de todo o ano. Fagner, que não recebeu nenhuma participação nos lucros durante todo o contrato de trabalho, foi dispensado imotivadamente. Diante dos fatos retratados, assinale a alternativa correta.

(A) Fagner não tem direito a participação nos lucros do ano de 2018.
(B) Fagner faz jus a participação nos lucros de 2018, no valor integral.
(C) Fagner faz jus apenas a participação nos lucros do ano de 2017.
(D) Fagner faz jus a participação nos lucros de 2017, de forma integral, e de 2018, de forma proporcional ao tempo de trabalho.

74. Dani é empregada em um salão de cabeleireiro e cumpre jornada de 2ª feira a sábado, das 8h00min às 19h00min, com pausa alimentar de uma hora. Não existe previsão em Lei, acordo coletivo ou convenção coletiva de jornada diferenciada para a sua categoria. Dani procura você na condição de advogado(a) questionando sobre o direito a supressão do intervalo interjornada. Marque a alternativa correta.

(A) Por se tratar de uma categoria diferenciada, o intervalo interjornada deve ser 16 horas, e Dani faz jus as horas extras pela supressão de parte do referido intervalo.
(B) Por se tratar de uma categoria diferenciada, o intervalo interjornada deve ser 18 horas, e Dani faz jus as horas extras pela supressão.
(C) A CLT é omissa quanto ao intervalo interjornada.
(D) Dani não faz jus as horas extras pela supressão do intervalo interjornada.

75. Lucas trabalha há cinco anos na empresa Come e Dorme S/A no Município de Petrópolis/RJ, como auxiliar administrativo. Entretanto, sem qualquer razão aparente, seu empregador decidiu transferi-lo para Votuporanga/SP, onde se localiza uma das filiais da empresa. Apesar das ponderações de Lucas ao empregador, esse se manteve irredutível. Diante dos fatos narrados, com base na CLT, assinale a alternativa correta.

(A) A transferência é inválida, pois que não contou com a anuência do empregado.
(B) A transferência é inválida, pois o empregador deveria ter notificado o empregado com antecedência mínima de 10 dias.
(C) A transferência é inválida, pois o empregador deveria ter notificado o empregado com antecedência mínima de 15 dias.
(D) A transferência é válida.

76. Tatiane, que era empregada da empresa "V Turismo e Exportação LTDA"., indignada porque, mesmo sendo demitida, a empresa não pagou suas horas extras, ajuizou sua ação trabalhista pedindo horas extras com o acréscimo de 50% e reflexos. Na época da demissão, o salário de Tatiane era de R$ 2.000,00, tendo afirmado na petição inicial que está em condição de miserabilidade jurídica, inclusive juntando declaração de hipossuficiência. Neste caso, ao magistrado, de acordo com a CLT:

(A) é facultado conceder, a requerimento ou de ofício, o benefício da justiça gratuita, pois Tatiane percebe salário igual ou inferior a 40% (quarenta por cento) do limite máximo dos benefícios do Regime Geral de Previdência Social.
(B) é obrigatório conceder, a requerimento ou de ofício, o benefício da justiça gratuita, pois Tatiane percebe salário igual ou inferior a 40% (quarenta por cento) do limite máximo dos benefícios do Regime Geral de Previdência Social.
(C) é facultado conceder, apenas mediante requerimento da parte, o benefício da justiça gratuita, pois Tatiane percebe salário igual ou inferior a 40% (quarenta por cento) do limite máximo dos benefícios do Regime Geral de Previdência Social.
(D) é facultado conceder, a requerimento ou de ofício, o benefício da justiça gratuita, pois Tatiane percebe salário igual ou superior a 40% (quarenta por cento) do limite máximo dos benefícios do Regime Geral de Previdência Social.

77. Jonas propôs reclamação trabalhista, pleiteando o pagamento de indenização por dano moral e horas extras, em face da empresa Sorriso Sincero Ltda., da qual foi empregado. Na sentença, o magistrado deferiu o pagamento de indenização por dano moral, mas indeferiu as horas extras. A empresa apresentou recurso ordinário dentro do prazo previsto em lei, observando todas as exigências legais. Intimado para manifestação sobre o recurso, Jonas:

(A) poderá recorrer de forma adesiva, no prazo das contrarrazões.
(B) somente poderá apresentar contrarrazões, pois perdeu o prazo recursal.
(C) somente poderá apresentar recurso adesivo se a reclamada desistir do recurso principal.
(D) não poderá interpor recurso adesivo, pois não houve sucumbência de sua parte.

78. Nabuco pretende ajuizar uma reclamatória trabalhista em face da sua empregadora Babilônia S/A, postulando o pagamento de horas extraordinárias, totalizando o valor equivalente a 10 (dez) salários mínimos à época do ajuizamento da ação, com a inclusão no polo passivo do Município de Maceió. Nesse caso, o procedimento processual que deve tramitar a reclamatória trabalhista e a quantidade máxima de testemunhas que cada parte pode indicar, respectivamente, são:

(A) sumário e três testemunhas.
(B) ordinário e três testemunhas.
(C) sumaríssimo e três testemunhas.
(D) sumaríssimo e duas testemunhas.

79. Miguel Gomes ajuizou uma ação e compareceu na audiência inicial, onde não houve acordo, tendo o juiz concedido prazo para o autor falar sobre a defesa e documentos, que foram recebidos no ato. No entanto, na audiência de prosseguimento (instrução), embora intimado para depoimento, houve a ausência do reclamante. Nesse caso:

(A) a ausência do reclamante importará o arquivamento da reclamação.
(B) aplica-se a confissão à parte que não comparece à audiência em prosseguimento, na qual deveria depor.
(C) será aplicada a revelia à reclamada, já que a ausência do autor não altera os fatos narrados.
(D) a ausência do reclamante, quando adiada a instrução após contestada a ação, não importa arquivamento do processo.

80. Em sede de reclamação trabalhista ajuizada por Rafael Novaes, contra seu ex-empregador, Ilha Sucos e Lanches Ltda., foi designada audiência inaugural para 28-10-2024, mas Rafael não compareceu na audiência. Preocupado com as consequências de sua ausência na audiência inaugural, Rafael procura seu escritório, a fim de receber orientações processuais acerca das consequências legais pela ausência em audiência.

(A) Rafael poderá ingressar a qualquer tempo com nova ação, independentemente de qualquer outra condição.
(B) Rafael deverá aguardar o prazo de seis meses para a propositura de uma nova demanda.
(C) O reclamante será declarado revel e confesso de todos os fatos alegados na inicial, caso não justifique legalmente sua ausência.
(D) Ocorrerá o arquivamento da reclamação trabalhista, sendo necessário o pagamento das custas processuais, ainda que beneficiário da justiça gratuita, salvo se comprovar, no prazo de 15 dias, que a ausência ocorreu por motivo legalmente justificável.

Folha de Respostas

#					#				
01	A	B	C	D	41	A	B	C	D
02	A	B	C	D	42	A	B	C	D
03	A	B	C	D	43	A	B	C	D
04	A	B	C	D	44	A	B	C	D
05	A	B	C	D	45	A	B	C	D
06	A	B	C	D	46	A	B	C	D
07	A	B	C	D	47	A	B	C	D
08	A	B	C	D	48	A	B	C	D
09	A	B	C	D	49	A	B	C	D
10	A	B	C	D	50	A	B	C	D
11	A	B	C	D	51	A	B	C	D
12	A	B	C	D	52	A	B	C	D
13	A	B	C	D	53	A	B	C	D
14	A	B	C	D	54	A	B	C	D
15	A	B	C	D	55	A	B	C	D
16	A	B	C	D	56	A	B	C	D
17	A	B	C	D	57	A	B	C	D
18	A	B	C	D	58	A	B	C	D
19	A	B	C	D	59	A	B	C	D
20	A	B	C	D	60	A	B	C	D
21	A	B	C	D	61	A	B	C	D
22	A	B	C	D	62	A	B	C	D
23	A	B	C	D	63	A	B	C	D
24	A	B	C	D	64	A	B	C	D
25	A	B	C	D	65	A	B	C	D
26	A	B	C	D	66	A	B	C	D
27	A	B	C	D	67	A	B	C	D
28	A	B	C	D	68	A	B	C	D
29	A	B	C	D	69	A	B	C	D
30	A	B	C	D	70	A	B	C	D
31	A	B	C	D	71	A	B	C	D
32	A	B	C	D	72	A	B	C	D
33	A	B	C	D	73	A	B	C	D
34	A	B	C	D	74	A	B	C	D
35	A	B	C	D	75	A	B	C	D
36	A	B	C	D	76	A	B	C	D
37	A	B	C	D	77	A	B	C	D
38	A	B	C	D	78	A	B	C	D
39	A	B	C	D	79	A	B	C	D
40	A	B	C	D	80	A	B	C	D

Comentários das questões

Ética [01-08]

Nº	Gabarito	Comentários
01	C	(A) Errada, *vide* art. 51, II, EAOAB. (B) Errada, *vide* art. 56, § 1º, EAOAB. (C) Certa, ambos integram as atuais composições dos seus conselhos, na qualidade de membros honorários vitalícios. Porém, por ter exercido a presidência na década de 80, apenas Ingrid terá direito ao voto (art. 81, EAOAB). (D) Errada, *vide* art. 81, EAOAB.
02	C	(A) Errada, *vide* art. 24, CED. (B) Errada, *vide* art. 1º, II, EAOAB. (C) Certa, cargos de Diretor ou Gerente de departamento ou gerencia jurídica são privativos de advogados (art. 1º, II, EAOAB, e art. 7º, RG). (D) Errada, art. 24, CED.
03	A	O advogado não deve deixar ao abandono ou ao desamparo as causas sob seu patrocínio, sendo recomendável que, em face de dificuldades insuperáveis ou inércia do cliente quanto a providências que lhe tenham sido solicitadas, renuncie ao mandato. Essa renúncia deve ser feita sem menção do motivo que a determinou (arts. 15 e 16, CED).
04	B	(A) Errada, *vide* art. 41, EAOAB. (B) Certa, é permitido ao que tenha sofrido qualquer sanção disciplinar requerer, um ano após seu cumprimento, a reabilitação, em face de provas efetivas de bom comportamento. Quando a sanção disciplinar resultar da prática de crime, o pedido de reabilitação depende também da correspondente reabilitação criminal (art. 41, EAOAB). (C) Errada. (D) Errada.
05	D	(A) Errada, art. 16, § 4º, EAOAB. (B) Errada, *vide* art. 15, § 1º, EAOAB. (C) Errada, *vide* art. 15, EAOAB. (D) Certa, conforme determina o Estatuto da Advocacia, é possível a criação da Sociedade Unipessoal de Advocacia, mediante registro dos seus atos constitutivos no respectivo Conselho Seccional da OAB (art. 15, EAOAB). A denominação deve ser formada pelo nome completo ou parcial do titular, seguido da expressão "Sociedade Individual de Advocacia" (art. 16, § 4º, EAOAB).
06	D	(A) Errada, art. 18, parágrafo único, EAOAB. (B) Errada, *vide* art. 18, EAOAB. (C) Errada, *vide* art. 22, EAOAB. (D) Certa, a única alternativa incorreta. Mesmo empregada, a advogada não perde sua independência e não estaria obrigada em atuar nas causas particulares de seus empregadores (art. 18, EAOAB).
07	B	(A) Errada, *vide* art. 18, CED. (B) Certa, o prazo prescricional para cobrança dos honorários sucumbenciais será de cinco anos, contados do trânsito em julgado da decisão que os fixar (art. 25, II, EAOAB). (C) Errada, *vide* art. 25-A, EAOAB. (D) Errada, *vide* art. 25, II, EAOAB.
08	A	É dever do advogado abster-se de ingressar ou atuar em pleitos administrativos ou judiciais perante autoridades com as quais tenha vínculos negociais ou familiares (art. 2º, parágrafo único, VIII, e, CED).

Filosofia do Direito [09-10]

Nº	Gabarito	Comentários
09	A	Alexy sustenta a tese de que princípios e regras são normas com base no argumento de que ambos expressam um dever ser. Esta é a chamada "lei de colisão", que representa um dos principais fundamentos da teoria dos princípios.
10	B	A teoria da norma jurídica se centralizou na consideração das normas como imperativos (comando de fazer ou de não fazer). A consideração do ordenamento no seu todo permite classificar aqueles imperativos como de primeira instância (regulam as condutas) e os imperativos de segunda instância (regulam a normas de conduta). Segundo Bobbio, essas normas de segunda instância podem ser classificadas diversas espécies. Em um dos casos temos as normas que comandam comandar (ex.: a Constituição delimita o poder legiferante do legislador ordinário).

Direito Constitucional [11-16]

Nº	Gabarito	Comentários
11	D	As normas de eficácia plena produzem todos os seus efeitos desde a promulgação da Constituição e não admitem regulamentação infraconstitucional que limite sua aplicabilidade. As normas de eficácia contida têm aplicação imediata não dependendo de regulamentação para produzirem seus efeitos, mas sua eficácia pode ser restringida por legislação infraconstitucional. Já as normas de eficácia limitada dependem de regulamentação infraconstitucional para produzirem todos os seus efeitos não possuindo, portanto, aplicação imediata. E as normas programáticas estabelecem objetivos a serem alcançados pelo Estado e produzem efeitos jurídicos imediatos pois todas as normas constitucionais possuem eficácia jurídica.

12	B	De acordo com o art. 12, § 4º, da Constituição Federal de 1988, alterada pela Emenda Constitucional n. 131/2023, a perda da nacionalidade brasileira pode ocorrer nas seguintes hipóteses: a) tiver cancelada sua naturalização, por sentença judicial, em virtude de fraude relacionada ao processo de naturalização ou de atentado contra a ordem constitucional e o Estado Democrático e b) por renúncia expressa à nacionalidade brasileira perante autoridade brasileira competente. A emenda inseriu o § 5º permitindo a reaquisição da nacionalidade originária mediante um procedimento administrativo específico, desde que cumpridos os requisitos legais, incluindo o restabelecimento de residência no Brasil. Portanto, João só perderá a nacionalidade brasileira se fizer a renúncia de forma expressa perante autoridade competente, e poderá readquiri-la mediante o processo legal adequado.
13	B	De acordo com a Constituição Federal, a competência para legislar sobre assuntos de interesse local é dos Municípios (art. 30, I e II). Segundo o Supremo Tribunal Federal, os municípios editar normas suplementares acerca da segurança de estabelecimentos bancários por se tratar de assunto de interesse local (ARE 784.981).
14	C	O presidente da República pode, mediante decreto, extinguir cargos públicos que estejam vagos, sem a necessidade de lei específica, conforme o art. 84, inciso VI, da Constituição Federal de 1988. Os decretos autônomos são limitados a certas hipóteses previstas na Constituição. A iniciativa do processo legislativo pode ser exclusiva do presidente em determinadas matérias, mas a aprovação final depende do Congresso Nacional (art. 61, § 1º, da CF). A legislação sobre matéria tributária é de competência exclusiva do Congresso Nacional (art. 48, I da CF).
15	C	A seguridade social, conforme o art. 194 da Constituição Federal, compreende um conjunto integrado de ações que visam assegurar os direitos relativos à saúde, à previdência e à assistência social, envolvendo tanto o Estado quanto a sociedade em geral. O financiamento da Seguridade Social, segundo o art. 195 será feito por toda a sociedade, pelos entes federativos, pelos trabalhadores, empregadores, concursos de prognósticos, ou seja, não será feita apenas pelos empregados. Em relação a aposentadoria, o art. 201 condiciona a proteção da previdência ao caráter contributivo e a filiação obrigatória não havendo nenhuma regra que prevê o direito a aposentadoria integral a todo cidadão ao completar 60 anos.
16	A	O Governador de estado é um dos legitimados para propor ADI, conforme o art. 103, V, da Constituição Federal. Não há necessidade de tentativa de revogação da lei por ato administrativo, o que torna a alternativa B incorreta. A alternativa C está incorreta porque o Governador tem legitimidade ativa. A alternativa D é incorreta, pois a ADI é o meio adequado para questionar a constitucionalidade de leis (art. 102, I, *a*, da CF).

Direitos Humanos [17-18]		
Nº	Gabarito	Comentários
17	C	A letra "A" está errada, a questão parece "boba", mas partindo da premissa que ninguém estuda essa Convenção e sim, apenas o Estatuto da Criança e do Adolescente (Lei n. 8.069/90), a qual aponta a idade da criança como aquela com 12 anos incompletos. A letra "B" está errada, pois a Convenção aponta ser menor de 18 anos (art. 1º). A letra "C" está certa, na forma do art. 1º da Convenção que diz "Para efeitos da presente Convenção considera-se como criança todo ser humano com menos de dezoito anos de idade, a não ser que, em conformidade com a lei aplicável à criança, a maioridade seja alcançada antes". A letra "D" igualmente errada nos termos já descritos acima.
18	B	A letra "A" está errada, não há definição etária para o tema, apenas o disciplinado no art. 32. A letra "B" está correta na forma do art. 32, o qual não disciplina idade, entretanto, deixa claro que "Os Estados-Partes reconhecem o direito da criança de estar protegida contra a exploração econômica e contra o desempenho de qualquer trabalho que possa ser perigoso ou interferir em sua educação, ou que seja nocivo para sua saúde ou para seu desenvolvimento físico, mental, espiritual, moral ou social". A letra "C" está errada, pois não há tal permissão. A letra "D" igualmente errada, nos termos do art. 32.

Direito Eleitoral [19-20]		
Nº	Gabarito	Comentários
19	A	No caso em tela, aplica-se o que dispõe a alínea "e" do art. 1º, inc. I, da Lei Complementar n. 64/90. Para os crimes ali elencados, o que inclui crime ambiental, a inelegibilidade será pelo tempo condenação e mais oito anos. Uma vez que Mévio foi condenado a quatro anos, logo ficará inelegível pelo tempo do cumprimento da pena e mais oito anos a contar a partir da cessação da pena, o que totaliza o tempo de doze anos.
20	C	Conforme dispõe o art. 120 da Constituição Federal, haverá um Tribunal Regional Eleitoral (TRE) em cada estado. Cada TRE será composto por sete membros, sendo dois desembargadores do TJ; dois juízes de Direito; dois advogados nomeados pelo Presidente da República dentre seis indicados pelo TJ; um juiz (desembargador) do TRF onde há sede deste tribunal e nos demais a vaga será ocupada por um juiz federal. O Ministério Público não participa da composição da Justiça Eleitoral.

Direito Internacional [21-22]

Nº	Gabarito	Comentários
21	C	O tema nacionalidade tem bastante incidência nas provas do Exame de Ordem, não somente na matéria de Direito Internacional, como também na matéria de Direito Constitucional. Portanto, recomenda-se a leitura do art. 12, da Constituição Federal. Importante, anotar que o candidato deve ler o inciso I, alíneas *a*, *b* e *c*. Quanto à perda da nacionalidade (art. 12, § 4º, I e II, CF), o constituinte apresentou que o brasileiro poderá perder a nacionalidade sob duas formas: (i) tiver cancelada sua naturalização, por sentença judicial, em virtude de atividade nociva ao interesse nacional; e (ii) adquirir outra nacionalidade (dupla nacionalidade). Lembre-se de que a dupla nacionalidade não é permitida, salvo: (i) quando a nacionalidade que deseja adquirir for originária (decorrente do *ius soli* ou *ius sanguinis*); ou (ii) quando a nacionalidade que se deseja adquirir seja requisito de permanência ou exercício de direito civil no estrangeiro. Portanto, Aline obteve a nacionalidade de forma livre e espontânea.
22	C	Em se tratando de fixação de competência da Justiça brasileira perante o DIPR, temos que a competência pode ser concorrente/relativa, ou seja, a parte escolhe onde vai propor a ação (se no Brasil ou Exterior); ou a competência poderá ser exclusiva/absoluta, ou seja, a ação deve ser proposta no Brasil. Sendo assim, quando existir bens no Brasil, a ação deverá ser no Brasil, conforme previsto no art. 23, do CPC: "Compete à autoridade judiciária brasileira, com exclusão de qualquer outra: I – conhecer de ações relativas a imóveis situados no Brasil; II – em matéria de sucessão hereditária, proceder à confirmação de testamento particular e ao inventário e à partilha de bens situados no Brasil, ainda que o autor da herança seja de nacionalidade estrangeira ou tenha domicílio fora do território nacional; III – em divórcio, separação judicial ou dissolução de união estável, proceder à partilha de bens situados no Brasil, ainda que o titular seja de nacionalidade estrangeira ou tenha domicílio fora do território nacional".

Direito Financeiro [23-24]

Nº	Gabarito	Comentários
23	C	O art. 41 da Lei n. 4.320/64 classifica os créditos adicionais em diferentes categorias. No caso apresentado, temos uma situação de despesas emergenciais decorrentes de uma calamidade pública (fortes chuvas que causaram destruições). Assim, conforme o inciso III do referido artigo, o Governador deverá solicitar um crédito extraordinário, pois este é específico para despesas urgentes e imprevistas em casos como calamidade pública. Logo, a alternativa C é a correta.
24	C	O art. 31, § 4º, da Constituição Federal é claro ao estabelecer que é vedada a criação de Tribunais, Conselhos ou órgãos de Contas Municipais. Portanto, independentemente da intenção da proposta ou da aprovação local, a proposta do candidato Pedro é inválida por ser inconstitucional. Assim, a alternativa C é a correta.

Direito Tributário [25-29]

Nº	Gabarito	Comentários
25	D	Art. 150, III, *b* e *c*, da CRFB e art. 150, § 1º, da CRFB. O IOF não está sujeito à anterioridade de exercício nem a nonagesimal (art. 150, § 1º, CRFB/88); quanto ao ICMS, a observância da anterioridade apenas é necessária no tocante à instituição ou majoração do tributo, e não a sua redução (art. 150, III, *b* e *c*, CRFB/88); o ISS deve observar tanto a anterioridade de exercício quanto a anterioridade nonagesimal (art. 150, III, *b* e *c*, CRFB/88). Como a majoração do ISS ocorreu no final de outubro de 2016, somente poderá ser cobrado no exercício financeiro seguinte, desde que decorrido 90 (noventa) dias da publicação da Lei X.
26	C	A decadência é a perda do direito do fisco de proceder ao lançamento fiscal e constituir o crédito tributário (art. 173 do CTN).
27	C	Frise-se que na forma da Súmula 554 do STJ até mesmo as multas são transmitidas ao adquirente (art. 132 do CTN).
28	A	Na forma do art. 111 do CTN, interpretam-se literalmente as causas de suspensão e exclusão do crédito tributário. As opções B, C e D trazem causas de extinção do crédito (art. 111 do CTN).
29	C	As verbas de caráter indenizatório são consideradas recomposições patrimoniais, e não nova disponibilidade econômica, resultando, portanto, na inocorrência do fato gerador do IR (art. 153, III, da CRFB, art. 43 do CTN e Súmula 215 do STJ)..

Direito Administrativo [30-34]

Nº	Gabarito	Comentários
30	C	Está de acordo com o art. 25, § 1º, da Lei n. 8.987/95: "§ 1º Sem prejuízo da responsabilidade a que se refere este artigo, a concessionária poderá contratar com terceiros o desenvolvimento de atividades inerentes, acessórias ou complementares ao serviço concedido, bem como a implementação de projetos associados".
31	B	*Bens de uso especial:* são aqueles afetados a uma finalidade pública específica, ou seja, já estão sendo utilizados para atender a um fim público determinado. De acordo com o art. 99, II, do CC: "Art. 99. São bens públicos: II – os de uso especial, tais como edifícios ou terrenos destinados a serviço ou estabelecimento da administração federal, estadual, territorial ou municipal, inclusive os de suas autarquias".

Nº	Gabarito	Comentários
32	C	Na hipótese narrada, o prefeito se valeu de *requisição administrativa, assegurada ao proprietário da escola indenização ulterior, se houver dano*. A requisição administrativa tem previsão expressa no art. 5º, inciso XXV, da Constituição Federal, de modo que, "no caso de iminente perigo público, a autoridade competente poderá usar de propriedade particular, assegurada ao proprietário indenização ulterior, se houver dano". Define-se, portanto, como a modalidade de intervenção estatal na propriedade mediante a qual o Poder Público, por *ato unilateral e autoexecutório*, utiliza *bens móveis, imóveis e serviços de particulares* para enfrentar *situações transitórias de perigo público imediato ou iminente*, sendo assegurada ao proprietário, se houver dano, *indenização posterior*.
33	D	Carlos não será responsabilizado por ato de improbidade administrativa, pois desde a edição da Lei n. 14.230/2021, que promoveu modificações profundas na Lei n. 8.429/92, somente condutas *dolosas* poderão enquadrar-se como ato de improbidade administrativa. Nesse sentido, o art. 1º, § 1º, da Lei n. 8.429/92: "§ 1º Consideram-se atos de improbidade administrativa as condutas dolosas tipificadas nos arts. 9º, 10 e 11 desta Lei, ressalvados tipos previstos em leis especiais" (Incluído pela Lei n. 14.230, de 2021).
34	C	Considerando a Lei n. 14.133/2021, a previsão editalícia é válida, pois expressamente admitida a possibilidade no art. 25, § 9º, da Lei n. 14.133/2021, que assim preceitua: "Art. 25. O edital deverá conter o objeto da licitação e as regras relativas à convocação, ao julgamento, à habilitação, aos recursos e às penalidades da licitação, à fiscalização e à gestão do contrato, à entrega do objeto e às condições de pagamento. [...] § 9º O edital poderá, na forma disposta em regulamento, exigir que percentual mínimo da mão de obra responsável pela execução do objeto da contratação seja constituído por: I – mulheres vítimas de violência doméstica; II – oriundos ou egressos do sistema prisional".

Direito Ambiental [35-36]

Nº	Gabarito	Comentários
35	C	Conforme o previsto no art. 24, VI, da Constituição Federal de 1988, "compete à União, aos Estados e ao Distrito Federal legislar concorrentemente sobre florestas, caça, pesca, fauna, conservação da natureza, defesa do solo e dos recursos naturais, proteção do meio ambiente e controle da poluição". E, ainda, de acordo com os §§ 2º e 3º do art. 24 da Constituição Federal de 1988, "a competência da União para legislar sobre normas gerais não exclui a competência suplementar dos Estados" e "inexistindo lei federal sobre normas gerais, os Estados exercerão a competência legislativa plena, para atender a suas peculiaridades".
36	B	Conforme o previsto na Súmula 629 do STJ, «quanto ao dano ambiental, é admitida a condenação do réu à obrigação de fazer ou à de não fazer cumulada com a de indenizar".

Direito Civil [37-42]

Nº	Gabarito	Comentários
37	D	*Vide* art. 930 do CC. No caso do inciso II do art. 188, se o perigo ocorrer por culpa de terceiro, contra este terá o autor do dano ação regressiva para haver a importância que tiver ressarcido ao lesado. Parágrafo único. A mesma ação competirá contra aquele em defesa de quem se causou o dano (art. 188, I).
38	C	*Vide* art. 1.556 do CC (O casamento pode ser anulado por vício da vontade, se houve por parte de um dos nubentes, ao consentir, erro essencial quanto à pessoa do outro).
39	D	*Vide* art. 936 do CC. O dono, ou detentor, do animal ressarcirá o dano por este causado, se não provar culpa da vítima ou força maior.
40	B	*Vide* art. 157 do CC. Ocorre a lesão quando uma pessoa, sob premente necessidade, ou por inexperiência, se obriga a prestação manifestamente desproporcional ao valor da prestação oposta.
41	C	*Vide* art. 1829, I, do CC (Art. 1.829. A sucessão legítima defere-se na ordem seguinte: I – aos descendentes, em concorrência com o cônjuge sobrevivente, salvo se casado este com o falecido no regime da comunhão universal, ou no da separação obrigatória de bens (art. 1.640, parágrafo único); ou se, no regime da comunhão parcial, o autor da herança não houver deixado bens particulares); e art. 1725 do CC (Na união estável, salvo contrato escrito entre os companheiros, aplica-se às relações patrimoniais, no que couber, o regime da comunhão parcial de bens).
42	A	*Vide* art. 928, parágrafo único, do CC. O incapaz responde pelos prejuízos que causar, se as pessoas por ele responsáveis não tiverem obrigação de fazê-lo ou não dispuserem de meios suficientes. Parágrafo único. A indenização prevista neste artigo, que deverá ser equitativa, não terá lugar se privar do necessário o incapaz ou as pessoas que dele dependem.

Estatuto da Criança e do Adolescente [43-44]		
Nº	Gabarito	Comentários
43	D	Diante da situação, a única correta é a alternativa D, de acordo com o art. 245 do ECA. Atente-se que as ações dos crimes previstos no ECA são públicas incondicionadas.
44	C	Correta a alternativa C, de acordo com o inciso VIII do art. 124 do ECA. As demais estão erradas, respectivamente, em razão por que Rodrigo poderá ter acesso aos meios de comunicação social (art. 124, XIII); jamais poderá ficar incomunicável (art. 124, § 1º); a internação deverá obedecer rigorosa separação por critérios de idade, compleição física e gravidade da infração (art. 123).

Direito do Consumidor [45-46]		
Nº	Gabarito	Comentários
45	D	De acordo com o art. 3º do CDC, "fornecedor é toda pessoa física ou jurídica, pública ou privada, nacional ou estrangeira, bem como os entes despersonalizados, que desenvolvem atividade de produção, montagem, criação, construção, transformação, importação, exportação, distribuição ou comercialização de produtos ou prestação de serviços", sem excepcionar as cooperativas. Para não restar dúvida quanto à aplicação do CDC no caso em análise, a Súmula 602 do STJ preceitua que "o Código de Defesa do Consumidor é aplicável aos empreendimentos habitacionais promovidos pelas sociedades cooperativas".
46	A	Segundo o art. 6º, III, do CDC, "a informação adequada e clara sobre os diferentes produtos e serviços, com especificação correta de quantidade, características, composição, qualidade, tributos incidentes e preço, bem como sobre os riscos que apresentem" constitui direito básico do consumidor. Além disso, o Estatuto da Pessoa com Deficiência (Lei n. 13.146/2015) incluiu o parágrafo único ao art. 6º, disciplinando que "a informação de que trata o inciso III do *caput* deste artigo deve ser acessível à pessoa com deficiência, observado o disposto em regulamento".

Direito Empresarial [47-50]		
Nº	Gabarito	Comentários
47	A	(A) Correta, de acordo com o art. 970, CC. (B) Errada, é necessário também inscrevê-la; *vide* art. 969 do CC. (C) Errada, é obrigatória; *vide* art. 967 do CC. (D) Errada, é necessário; *vide* art. 968, I, do CC.
48	B	De acordo com art. 1.144 do CC: O contrato que tenha por objeto a alienação, o usufruto ou arrendamento do estabelecimento só produzirá efeitos quanto a terceiros depois de averbado à margem da inscrição do empresário, ou da sociedade empresária, no Registro Público de Empresas Mercantis, e de publicado na imprensa oficial.
49	D	(A) Errada, *vide* art. 889, § 1º, CC. (B) Errada, *vide* art. 889, § 2º, CC. (C) Errada, *vide* art. 900, CC. (D) De acordo com o art. 897, parágrafo único, CC.
50	D	(A) Errada, somente moeda nacional, *vide* art. 5º da lei referida. (B) Errada, não pode ser inferior, *vide* art. 11, § 3º. (C) Errada, pois, além das ordinárias e preferenciais há as de fruição, *vide* art. 15. (D) Certa, de acordo com o art. 11.

Direito Processual Civil [51-56]		
Nº	Gabarito	Comentários
51	B	No prazo para embargos, reconhecendo o crédito do exequente e comprovando o depósito de 30% do valor em execução, acrescido de custas e de honorários de advogado, o executado poderá requerer que lhe seja permitido pagar o restante em até 6 (seis) parcelas mensais, acrescidas de correção monetária e de juros de um por cento ao mês. (A) não há a referida multa, que será aplicada no cumprimento de sentença, mas não na execução autônoma. (C) neste caso o prazo para embargos é de 30 dias, porque o executado está patrocinado pela Defensoria Pública (CPC – art. 186, § 3º). (D) Lei n. 8.009/90, art. 3º, inciso III.
52	B	CPC, art. 464 (...). § 2º De ofício ou a requerimento das partes, o juiz poderá, em substituição à perícia, determinar a produção de prova técnica simplificada, quando o ponto controvertido for de menor complexidade. *Vide* ainda os arts. 95, 471 e 479.
53	A	A responsabilidade dos pais é solidária (CC, art. 932, I), decorrente do poder familiar, o que permite o chamamento ao processo. Nesse sentido, preceitua o CPC: art. 130. Observação: A assistência é uma modalidade de intervenção de terceiros voluntária ou espontânea; já a denunciação da lide é uma modalidade de intervenção de terceiros cabível em casos de evicção, ou para resguardar o direito de regresso previsto em lei ou no contrato. *Vide* ainda os arts. 131 e 132.
54	B	CPC, art. 144. Há impedimento do juiz, sendo-lhe vedado exercer suas funções no processo: IV – quando for parte no processo ele próprio, seu cônjuge ou companheiro, ou parente, consanguíneo ou afim, em linha reta, até o terceiro grau, inclusive. Observação: Se o impedimento/suspeição fosse do juiz que conduz o cumprimento de sentença, no prazo para impugnação, o executado poderia invocar tal incidente, por meio de petição própria (CPC, art. 525, § 2º). *Vide* o art. 966, CPC.

Nº	Gabarito	Comentários
55	D	CPC, art. 700. A ação monitória pode ser proposta por aquele que afirmar, com base em prova escrita sem eficácia de título executivo, ter direito de exigir do devedor capaz: I – o pagamento de quantia em dinheiro. *Vide* ainda os arts. 701 e 702 do CPC.
56	C	(C) CPC, art. 329. O autor poderá: I – até a citação, aditar ou alterar o pedido ou a causa de pedir, independentemente de consentimento do réu; II – até o saneamento do processo, aditar ou alterar o pedido e a causa de pedir, com consentimento do réu, assegurado o contraditório mediante a possibilidade de manifestação deste no prazo mínimo de 15 (quinze) dias, facultado o requerimento de prova suplementar. Parágrafo único. Aplica-se o disposto neste artigo à reconvenção e à respectiva causa de pedir. (B) *vide* art. 496 (...). § 3º. (A) Enunciado 673 FPPC – A presença do ente público em juízo não impede, por si, a designação da audiência do art. 334. (D) art. 183.

Direito Penal [57-62]

Nº	Gabarito	Comentários
57	C	(A), (B) e (D) Erradas. (C) Certa. De acordo com o art. 13, § 1º, do CP, "a superveniência de causa relativamente independente exclui a imputação quando, por si só, produziu o resultado; os fatos anteriores, entretanto, imputam-se a quem os praticou". O enunciado esclarece que todos sobreviveram, exceto Renata, que estava lesionada. Ou seja, o acidente não foi suficiente para, por si só, provocar a morte, devendo José ser punido pelo resultado.
58	C	(A), (B) e (D) Erradas. (C) Certa. A legítima defesa é causa de exclusão da ilicitude (CP, art. 35); o princípio da insignificância é causa de atipicidade material; A coação moral irresistível exclui a culpabilidade em razão da inexigibilidade de conduta diversa (CP, art. 22).
59	B	(A) Errada. A pena mínima de até um ano é condição para a suspensão condicional do processo (Lei n. 9.099/95, art. 89); (C) e (D) Erradas. Os crimes de menor potencial ofensivo são aqueles punidos com pena máxima de até dois anos (Lei n. 9.099/95, art. 89). Os de médio potencial são aqueles com pena mínima de até um ano, mas com pena máxima superior a dois anos, compatíveis com a suspensão condicional do processo; (B) Certa. É um dos requisitos do art. 77 do CP, em seu inciso III.
60	D	(A) Errada. A extorsão se consumou. Veja a redação da Súmula 96 do STJ: "O crime de extorsão consuma-se independentemente da obtenção da vantagem indevida"; (B) Errada. O constrangimento ilegal foi meio de execução para a prática da extorsão, devendo ser por esta absorvido; (C) Errada. Não houve subtração ou tentativa de subtração (CP, art. 157); (D) Certa, conforme a Súmula 96 do STJ.
61	C	(A), (B) e (D) Erradas. (C) Certa. O fato típico é composto por conduta, resultado, nexo causal e tipicidade. Para entender melhor o assunto, pesquise por "conceito analítico de crime", tema muito cobrado em concursos e no Exame de Ordem.
62	A	(B) e (C) Errada. Ambos devem ser responsabilizados por *peculato-furto* (CP, art. 312, § 1º), com fundamento no art. 30, *in fine*, do CP; (D) Errada. O peculato não é crime inafiançável; (A) Certa, com fundamento na explicação trazida nas alternativas anteriores.

Direito Processual Penal [63-68]

Nº	Gabarito	Comentários
63	A	(A) Certa, a prisão preventiva decretada com base em inquérito policial em andamento, sem fundamentos concretos, é ilegal, conforme os arts. 312 e 313 do CPP. Nos termos da jurisprudência pacífica do STJ: "3. A privação antecipada da liberdade do cidadão acusado de crime reveste-se de caráter excepcional em nosso ordenamento jurídico (art. 5º, LXI, LXV e LXVI, da CF). Assim, a medida, embora possível, deve estar embasada em decisão judicial fundamentada (art. 93, IX, da CF), que demonstre a existência da prova da materialidade do crime e a presença de indícios suficientes da autoria, bem como a ocorrência de um ou mais pressupostos do artigo 312 do Código de Processo Penal. Exige-se, ainda, na linha perfilhada pela jurisprudência dominante deste Superior Tribunal de Justiça e do Supremo Tribunal Federal, que a decisão esteja pautada em motivação concreta, sendo vedadas considerações abstratas sobre a gravidade do crime" (AgRg no HC 507.725/TO, j. 4-6-2019). (B) e (C) Erradas. A prisão preventiva é considerada ilegal, e não apenas desnecessária, nas circunstâncias descritas. (D) Errada, pois só se concede liberdade provisória se o flagrante estiver em ordem e ausentes os requisitos da prisão preventiva. Destarte, sendo ilegal a medida privativa de liberdade decretada, o adequado seria requerer o relaxamento imediato da prisão.
64	B	(A) Errada. Tratando-se de matéria de ordem pública, a extinção da punibilidade deve ser declarada de ofício pelo juiz em qualquer fase do processo. (B) Certa, a extinção da punibilidade deve ser declarada de ofício pelo juiz em qualquer fase do processo, na forma do art. 61 do CPP: "Art. 61. Em qualquer fase do processo, o juiz, se reconhecer extinta a punibilidade, deverá declará-lo de ofício". (C) Errada. A extinção da punibilidade não depende dos antecedentes criminais do réu. (D) Errada, a *abolitio criminis* extingue todos os efeitos penais da conduta, de forma retroativa, independentemente de condenação.

Nº	Gabarito	Comentários
65	B	(B) Certa, de acordo com o novo entendimento do STF a respeito da competência por prerrogativa de foro de parlamentares, o crime precisa ser cometido durante o mandato e em razão dele. No caso, o agente já não era mais detentor do mandato eletivo e não há hipótese de competência da a Justiça Federal, que estão previstas no art. 109 da CRFB/88. Logo, o crime é de competência da Justiça Estadual, conforme o art. 109 da CF. (A), (C) e (D) Erradas, pois apresentam juízos incompetentes para o caso concreto.
66	D	(A) Correta. Sim, as nulidades relativas devem ser arguidas na primeira oportunidade que a parte tiver, conforme o art. 571 do CPP, não podendo ser declaradas de ofício pelo juiz, sujeitando-se à preclusão. (B) Correta. A falta de concessão de prazo para a apresentação da resposta à acusação gera nulidade, violando o postulado constitucional do contraditório e da ampla defesa (art. 5º, LV, da CF/88). (C) Correta. De fato, os atos decisórios proferidos por juiz impedido estão eivados de nulidade absoluta, na forma do art. 567 do CPP: "Art. 567. A incompetência do juízo anula somente os atos decisórios, devendo o processo, quando for declarada a nulidade, ser remetido ao juiz competente". (D) Incorreta, a presença de defensor é obrigatória no interrogatório do réu, conforme o art. 185, § 1º, do CPP: "Art. 185. O acusado que comparecer perante a autoridade judiciária, no curso do processo penal, será qualificado e interrogado na presença de seu defensor, constituído ou nomeado. § 1º O interrogatório do réu preso será realizado, em sala própria, no estabelecimento em que estiver recolhido, desde que estejam garantidas a segurança do juiz, do membro do Ministério Público e dos auxiliares bem como a presença do defensor e a publicidade do ato".
67	D	(A) Errada, pois delegado não tem atribuição para ordenar o arquivamento do inquérito policial, *vide* art. 17 do CPP: "Art. 17. A autoridade policial não poderá mandar arquivar autos de inquérito". (B) Errada, a autoridade policial deverá, conforme a literalidade do CPP, art. 10, § 1º e art. 23, encaminhar os autos ao juiz competente, que o encaminhará ao Ministério Público, sendo deste a competência para determinar o arquivamento do inquérito. De acordo com o art. 28 do CPP: "Art. 28. Ordenado o arquivamento do inquérito policial ou de quaisquer elementos informativos da mesma natureza, o órgão do Ministério Público comunicará à vítima, ao investigado e à autoridade policial e encaminhará os autos para a instância de revisão ministerial para fins de homologação, na forma da lei". Porém, decisão STF, ao julgar as ADIs 6.298, 6.299, 6.300 e 6.305-DF, atribuiu, por maioria, "interpretação conforme" ao referido *caput* do art. 28 do CPP, para assentar que: "ao se manifestar pelo arquivamento do inquérito policial ou de quaisquer elementos informativos da mesma natureza, o órgão do Ministério Público submeterá sua manifestação ao juiz competente e comunicará à vítima, ao investigado e à autoridade policial, podendo encaminhar os autos para o Procurador-Geral ou para a instância de revisão ministerial, quando houver, para fins de homologação, na forma da lei". (C) Errada, o entendimento doutrinário e jurisprudencial é no sentido de que o arquivamento do inquérito policial fundamentado na atipicidade da conduta enseja coisa julgada material, impedindo o desarquivamento dos autos. (D) Certa. Realmente, diante de crime processado mediante ação penal pública condicionada, não poderia a autoridade policial ter instaurado o inquérito policial de ofício, sem a representação do ofendido. De acordo com o art. 5º, §4º, do CPP: "§ 4º O inquérito, nos crimes em que a ação pública depender de representação, não poderá sem ela ser iniciado."
68	C	(C) Certa, o recurso cabível é agravo em execução, com prazo de 5 dias, conforme o art. 197 da LEP. *Vide* o art. 197 da LEP: "Art. 197. Das decisões proferidas pelo Juiz caberá recurso de agravo, sem efeito suspensivo.". A súmula 700 do STF, por seu turno, indica que: "É de cinco dias o prazo para interposição de agravo contra decisão do juiz da execução penal". (A), (B) e (D) Erradas, pois contrariam a lei e a súmula correspondente.

Direito Previdenciário [69-70]

Nº	Gabarito	Comentários
69	B	É vedado o recebimento conjunto de seguro desemprego com qualquer benefício de prestação continuada de previdência social, exceto pensão por morte, auxílio-reclusão, auxílio-acidente, auxílio suplementar ou abono de permanência em serviço (art. 167, § 2º, do Decreto n. 3.048/99).
70	D	Para as seguradas empregadas, empregada doméstica e trabalhadora avulsa, a concessão do salário maternidade independe de carência, art. 26, VI da Lei n. 8.213/91, já para a segurada contribuinte individual, especial e facultativa, o salário maternidade depende do período de carência de 10 contribuições mensais a título de carência, art. 25, III da Lei n. 8.213/91.

Direito do Trabalho [71-75]

Nº	Gabarito	Comentários
71	C	(A) Errada, *vide* Súmula 316 do STF. (B) Errada, *vide* art. 6º, I, da Lei n. 7.783/89. (C) Certa, pois a simples adesão pacífica a greve não configura falta grave, conforme Súmula 316 do STF. (D) Errada, *vide* Súmula 316 do STF.

Nº	Gabarito	Comentários
72	A	(A) Certa, conforme dispõe o art. 1º da LC n. 150/2015, Renato Augusto é empregado doméstico, pois que presta serviço de forma pessoal, contínua, subordinada, onerosa, a pessoa ou família, no âmbito residencial desta, sem finalidade lucrativa, por mais de duas vezes na semana. (B) Errada, vide art. 1º da LC n. 150/2015. (C) Errada, vide art. 1º da LC n. 150/2015. (D) Errada, vide art. 1º da LC n. 150/2015.
73	D	(A) Errada, vide Súmula 451 do TST. (B) Errada, vide Súmula 451 do TST. (C) Errada, vide Súmula 451 do TST. (D) Certa, o contrato de trabalho não precisa estar em vigor na data da participação dos lucros para que o empregado faça jus a tal parcela, bastando para tanto que o empregado tenha trabalhado no período estipulado em norma coletiva para que tenha direito a parcela, conforme Súmula 451 do TST.
74	D	(A) Errada, vide art. 66 da CLT. (B) Errada, vide art. 66 da CLT. (C) Errada, vide art. 66 da CLT. (D) Certa, uma vez que a categoria de Dani não é diferenciada, de forma que se aplica a regra geral prevista no art. 66 da CLT.
75	A	(A) A transferência para ter validade depende da anuência do empregado, conforme art. 469 da CLT. (B) Errada, vide art. 469 da CLT. (C) Errada, vide art. 469 da CLT. (D) Errada, vide art. 467 da CLT.

Direito Processual do Trabalho [76-80]

Nº	Gabarito	Comentários
76	A	O art. 790 da CLT, em seu caput, prevê que é facultado aos juízes, órgãos julgadores e presidentes dos tribunais do trabalho de qualquer instância conceder, a requerimento ou de ofício, o benefício da justiça gratuita, inclusive quanto a traslados e instrumentos, àqueles que perceberem salário igual ou inferior a 40% (quarenta por cento) do limite máximo dos benefícios do Regime Geral de Previdência Social.
77	A	O art. 997 do CPC prevê que cada parte interporá o recurso independentemente, no prazo e com observância das exigências legais, mas, sendo vencidos autor e réu, ao recurso interposto por qualquer deles poderá aderir o outro. O recurso adesivo fica subordinado ao recurso independente, sendo-lhe aplicáveis as mesmas regras deste quanto aos requisitos de admissibilidade e julgamento no tribunal, salvo disposição legal diversa e será dirigido ao órgão perante o qual o recurso independente fora interposto, no prazo de que a parte dispõe para responder, bem como não será conhecido, se houver desistência do recurso principal ou se for ele considerado inadmissível. Outrossim, no processo do trabalho, a Súmula 283 do TST aduz que o recurso adesivo é compatível com o processo do trabalho e cabe, no prazo de 8 (oito) dias, nas hipóteses de interposição de recurso ordinário, de agravo de petição, de revista e de embargos, sendo desnecessário que a matéria nele veiculada esteja relacionada com a do recurso interposto pela parte contrária.
78	B	Embora o valor da causa seja inferior a 40 (quarenta) salários mínimos, como tem ente público no polo passivo, a demanda não poderá tramitar pelo procedimento sumaríssimo, mas deve fluir pelo procedimento ordinário, caso em que cada uma das partes pode indicar até 3 (três) testemunhas, conforme art. 821 c/c art. 852-A e 852-H, § 2º, ambos da CLT.
79	D	As letras A e D são respondidas com a Súmula 9 do TST, qual prevê: "A ausência do reclamante, quando adiada a instrução após contestada a ação em audiência, não importa arquivamento do processo". A letra B está incompleta e, assim, errada, já que a Súmula 74, item I, prevê que "Aplica-se a confissão à parte que, expressamente intimada com aquela cominação, não comparecer à audiência em prosseguimento, na qual deveria depor". A letra C também está errada, pois a revelia, na forma do art. 844 da CLT, só é aplicada para a reclamada que não comparece na audiência inicial ou uma.
80	D	Dispõem o art. 844 e §§ 2º e 3º da CLT: o não comparecimento do reclamante à audiência importa o arquivamento da reclamação, e o não comparecimento do reclamado importa revelia, além de confissão quanto à matéria de fato. Na hipótese de ausência do reclamante, este será condenado ao pagamento das custas calculadas na forma do art. 789 da CLT, ainda que beneficiário da justiça gratuita, salvo se comprovar, no prazo de 15 dias, que a ausência ocorreu por motivo legalmente justificável. Outrossim, não é caso de incidência da perempção trabalhista, pois não ocorreram as hipóteses dos arts. 731 e 732 da CLT. Por fim, o pagamento das custas, nos termos da lei, é condição para o ajuizamento de nova ação.

Folha de Análise do Simulado

Disciplina	Nº de Questões	Nº de Acertos	Nº de Erros
Direito Administrativo	05		
Direito Ambiental	02		
Direito Civil	06		
Direito Constitucional	06		
Direito do Consumidor	02		
Estatuto da Criança e do Adolescente	02		
Direitos Humanos	02		
Direito Eleitoral	02		
Direito Empresarial	04		
Ética	08		
Filosofia do Direito	02		
Direito Financeiro	02		
Direito Internacional	02		
Direito Penal	06		
Direito Previdenciário	02		
Direito Processual Civil	06		
Direito Processual Penal	06		
Direito Processual do Trabalho	05		
Direito do Trabalho	05		
Direito Tributário	05		
TOTAL	80		

EXAME DE ORDEM
SIMULADO VIII

1. A advogada Maria Eduarda encontra-se passando por dificuldades em seu casamento. Objetivando não prejudicar seus clientes, decidiu substabelecer os mandatos recebidos sem reserva de poderes, não pretendendo manter compromissos profissionais até solucionar seus problemas pessoais. Conforme o Código de Ética, esses atos:

(A) não necessitam do conhecimento dos clientes, por ser ato privativo.
(B) necessitam do conhecimento prévio e inequívoco dos clientes.
(C) serão temporários, devendo a advogada apenas informar nos autos dos processos.
(D) impõem a devolução de todos os valores recebidos a título de honorários.

2. A advogada Adelza Novais, em razão de sua especialidade na área de família, atuando em defesa de pessoas necessitadas, foi procurada pela ONG Famílias Carentes. A instituição social sem fins lucrativos perguntou se a advogada poderia atuar *pro bono* no processo de Cleide, pessoa carente e vítima de violência doméstica. Segundo determina o Código de Ética e Disciplina da OAB, Adelza:

(A) poderá atuar *pro bono* em favor da pessoa jurídica elencada, diante da natureza de instituição sem fins lucrativos. Porém, não poderá atuar em favor de pessoas físicas, mesmo que carentes e assistidas pela instituição.
(B) poderá atuar em favor de pessoas físicas, quando carentes e assistidas pela instituição. A advogada terá direito aos honorários advocatícios contratuais da cliente e sucumbenciais.
(C) poderá atuar *pro bono* em favor da pessoa jurídica elencada, diante da natureza de instituição sem fins lucrativos, bem como de pessoas físicas carentes. A advocacia *pro bono* se caracteriza como prestação gratuita, eventual e voluntária.
(D) poderá atuar *pro bono* em favor da pessoa jurídica elencada, diante da natureza de instituição sem fins lucrativos, bem como de pessoas físicas carentes. A advocacia *pro bono* se caracteriza como prestação eventual e voluntária, podendo a advogada utilizá-la para publicidade profissional.

3. Enquanto se deslocavam até a saída do tribunal, onde acabaram de despachar processos, os advogados Marcelo e Túlio foram surpreendidos no corredor do fórum pelo Magistrado de determinada vara, indagando-os se seriam advogados para que fossem nomeados em determinada demanda. Sobre a hipótese descrita, assinale a alternativa correta:

(A) Os advogados podem recusar a nomeação, mesmo inexistindo Defensor Público disponível e ainda que não tenham motivo justificado.
(B) Caso contrariem posicionamentos adotados anteriormente, os advogados podem recursar a nomeação, tratando-se de motivo justificado.
(C) Caso sejam nomeados como defensores dativos, terão direito aos honorários relacionados com a atividade desenvolvida, pagos pela parte beneficiada.
(D) Sendo nomeados, os advogados podem representar em juízo clientes com interesses opostos, mesmo que sócios de uma mesma sociedade de advogados.

4. A empresa Tecnologia S/A atua na área de importação e comercialização de equipamentos eletrônicos no território nacional. Devido a sua grande expansão, passou a contar com novos setores, como publicidade, recursos humanos e gerência jurídica. Para a estruturação desse departamento jurídico, o Diretor da empresa recebeu indicação de quatro candidatos ao cargo de Gerência Jurídica. O primeiro, Caio, assessor jurídico concursado do Tribunal de Justiça do seu Estado. A segunda, Mariana, empresária atuante na atividade de prestação de serviços. O Terceiro, Rafael, aprovado no exame de ordem e autor de livros. A última, Marina, advogada, especialista no ramo do Direito da Moda há exatos dois anos. Diante desse cenário, o Diretor da empresa poderá contratar:

(A) apenas Marina.
(B) Caio e Marina.
(C) Rafael e Marina.
(D) Mariana e Caio.

5. As amigas e advogadas Micheline e Tacy, mesmo sem constituírem sociedade de advocacia, sempre compartilham suas atuações profissionais mediante o substabelecimento recíproco de seus mandatos. Em determinada ação, julgada favorável ao cliente que patrocinavam, entraram em conflito acerca dos valores pretendidos a título de honorários sucumbenciais. Sobre o tema, assinale a alternativa correta:

(A) Será atribuição do Tribunal de Ética e Disciplina atuar como mediador no momento da divisão desses honorários, utilizando a participação de cada advogada no feito para definição proporcional dos honorários.
(B) Independentemente da participação de cada advogada, ambas terão direito aos honorários na proporção de metade para cada.
(C) Os honorários serão devidos para a advogada que primeiro requerer, pois estavam obrigadas a constituírem sociedade de advocacia para atuação conjunta.
(D) O Tribunal de Ética e Disciplina não poderá atuar como mediador no momento da divisão desses honorários, cabendo apenas ao Magistrado fixar este percentual.

6. Ocorrendo divergência interpretativa quanto as atribuições das subseções de Aparecida e Ribeirão Preto, ambas criadas pelo Conselho Seccional de São Paulo, é instaurado conflito de competência. Em outro caso, também houve conflito de competência entre o próprio Conselho Seccional de São Paulo e a Subseção de Hortolândia. Sobre o caso descrito, conforme determina o Regulamento Geral da OAB:

(A) A competência para julgamento do incidente entre as subseções será do Conselho Seccional. Já a competência para julgamento do incidente entre a subseção de Hortolândia e o Conselho Seccional de São Paulo será do Conselho Federal da OAB.
(B) A competência para julgamento do incidente entre as subseções será do Conselho Federal da OAB. A competência para julgamento do incidente entre a subseção de Hortolândia e o Conselho Seccional de São Paulo também será do Conselho Federal da OAB.
(C) A competência para julgamento do incidente entre a subseção de Hortolândia e o Conselho Seccional de São Paulo será do próprio Conselho Seccional. Já a competência para julgamento do incidente entre as subseções de Aparecida e Ribeirão Preto pertencerá ao Conselho Federal da OAB.
(D) A competência para julgamento do incidente entre as subseções será do Conselho Seccional. A competência para julgamento do incidente entre a subseção de Hortolândia e o Conselho Seccional de São Paulo também será do próprio Conselho Seccional.

7. Jean, advogado trabalhista, responde a processo disciplinar para apuração de infração que, se julgada procedente, poderá acarretar sanção de exclusão dos quadros da Ordem. Sobre o tema, assinale a alternativa incorreta:

(A) O processo disciplinar instaurado deve tramitar em sigilo até o final, só tendo acesso às suas informações as partes, seus defensores e a autoridade competente.
(B) O quórum para exclusão dos quadros da Ordem será de dois terços dos membros do Conselho Seccional competente.
(C) O processo disciplinar instaurado será, em regra, público.
(D) Será assegurado ao advogado que tenha sofrido qualquer sanção disciplinar requerer, um ano após seu cumprimento, a reabilitação, em face de provas efetivas de bom comportamento.

8. Após longos anos atuando na advocacia popular, o advogado Luciano foi ofendido no exercício da profissão. Diante desse cenário:

(A) não cabe desgravo público do ofendido, mas responsabilidade criminal do infrator.
(B) não cabe desgravo público do ofendido, nem responsabilidade criminal.
(C) cabe desgravo público do ofendido, mas não cabe responsabilidade criminal do infrator.
(D) cabe desgravo público do ofendido, sem prejuízo da responsabilidade criminal do infrator.

9. A sua teoria do direito como integridade apresentada em seu livro intitulado Império da Lei, na qual os juízes interpretam a lei em termos de princípios morais consistentes, está entre as teorias contemporâneas mais influentes sobre a natureza do direito.

(A) Ronald Dworkin.
(B) Miguel Reale.
(C) Robert Alexy.
(D) Tancredo Neves.

10. Acerca do conceito de Justiça, o pensador Aristóteles compreendia a condenação dos extremos como ideal de vida em sociedade, para que todos buscassem viver em equilíbrio. Tal concepção expressa o que a doutrina do:

(A) meio-termo.
(B) ente metajurídico.
(C) interesse comum de justiça.
(D) aritmético centrado.

11. Um candidato a cargo público foi excluído de um concurso em razão de estar respondendo a um processo criminal, embora ainda não tenha havido sentença condenatória transitada em julgado. Considerando o art. 5º, inciso LVII, da Constituição Federal e a jurisprudência do STF, é correto afirmar que:

(A) A exclusão do candidato foi correta, pois a simples existência de um processo criminal já justifica a sua eliminação.
(B) O candidato só poderia ser excluído após a condenação criminal transitada em julgado, em respeito ao princípio da presunção de inocência.
(C) A eliminação do candidato é válida, desde que o processo criminal envolva crime de grave repercussão social.
(D) O STF entende que a exclusão de candidatos em concursos públicos pode ocorrer mesmo sem condenação transitada em julgado, em nome da moralidade administrativa.

12. Marisa, vereadora eleita, decidiu mudar de partido político durante o exercício de seu mandato. No entanto, a nova legislação estabeleceu regras rigorosas sobre a fidelidade partidária. Ela busca orientação sobre as possíveis consequências dessa mudança. De acordo com a Constituição Federal de 1988 e as regras sobre fidelidade partidária, é correto afirmar que Marisa:

(A) Perderá automaticamente o mandato ao mudar de partido, independentemente do motivo.
(B) Só poderá mudar de partido sem perder o mandato se houver justificativa prevista na lei, como mudança substancial ou desvio do programa partidário.
(C) Poderá mudar de partido sem perder o mandato, desde que o novo partido faça parte da coligação pela qual foi eleita.
(D) Pode mudar de partido livremente, sem qualquer consequência, durante o período de janela partidária.

13. Durante uma manifestação pacífica em uma grande cidade, a Polícia Militar utilizou força excessiva para dispersar os manifestantes, resultando em ferimentos em várias pessoas. Um dos manifestantes, gravemente ferido, ajuizou ação contra o Estado, alegando que a atuação policial foi desproporcional e violou seu direito à integridade física. Considerando a Constituição Federal de 1988 e a jurisprudência do Supremo Tribunal Federal (STF) sobre a atuação das forças de segurança pública, é correto afirmar que:

(A) O uso da força pelas forças de segurança pública é plenamente discricionário, e não cabe questionamento judicial quanto à sua proporcionalidade.
(B) A Constituição Federal garante às forças de segurança pública autonomia para agir conforme sua conveniência, sem necessidade de observância de princípios como o da proporcionalidade.
(C) A atuação das forças de segurança pública deve observar o princípio da proporcionalidade, e o Estado pode ser responsabilizado por abusos cometidos por seus agentes.
(D) O STF entende que a responsabilidade do Estado por ações das forças de segurança só se configura em casos de morte, não abrangendo lesões corporais.

14. Ana, servidora pública federal, ajuizou uma ação contra a União, pleiteando a revisão de seus vencimentos. A ação foi distribuída para a 1ª Vara Federal da Seção Judiciária de São Paulo, onde foi proferida sentença favorável à União. Ana, inconformada, pretende recorrer. Com base na Constituição Federal e na jurisprudência do STF, indique o tribunal competente para julgar o recurso.

(A) Supremo Tribunal Federal, por ser o órgão máximo do Poder Judiciário.
(B) Tribunal de Justiça do Estado de São Paulo, por se tratar de uma questão federal.
(C) Superior Tribunal de Justiça, por ser o tribunal responsável pela uniformização da interpretação da legislação federal.
(D) Tribunal Regional Federal da 3ª Região, por ser o órgão competente para julgar recursos contra decisões da Justiça Federal em primeira instância.

15. Uma medida provisória foi editada pelo Presidente da República em 2024, instituindo uma nova contribuição social incidente sobre a folha de pagamentos. Um partido político, com representação no Congresso Nacional, ingressou com uma ação direta de inconstitucionalidade (ADI) questionando a constitucionalidade da medida provisória, argumentando que não estavam presentes os requisitos de relevância e urgência.

Sobre o controle de constitucionalidade das medidas provisórias, assinale a alternativa correta:

(A) O STF pode declarar a inconstitucionalidade da medida provisória se entender que não estão presentes os requisitos de relevância e urgência.
(B) A análise da relevância e urgência de uma medida provisória é competência exclusiva do Congresso Nacional, sendo insuscetível de controle judicial.
(C) As medidas provisórias não podem ser objeto de controle de constitucionalidade pelo STF.
(D) A medida provisória só pode ser impugnada após sua conversão em lei.

16. Lucas foi processado por injúria e, ao final do processo, foi condenado à pena de detenção. No entanto, ele não teve acesso a um defensor público ou advogado durante a tramitação processual, sendo julgado sem defesa técnica. Com base no art. 5º da Constituição Federal e na jurisprudência do STF, assinale a alternativa correta:

(A) A condenação de Lucas é nula, pois ele não teve acesso ao direito constitucional à assistência de advogado.

(B) A ausência de defesa técnica é irrelevante se Lucas teve a oportunidade de se defender pessoalmente.
(C) A defesa técnica pode ser dispensada em crimes de menor potencial ofensivo, como é o caso da injúria.
(D) A condenação é válida, pois Lucas poderia ter contratado um advogado particular, mas não o fez.

17. A Convenção sobre a Eliminação de Todas as Formas de Discriminação contra a Mulher, de 18 de dezembro de 1979, foi assinada pela República Federativa do Brasil, em Nova York, no dia 31 de março de 1981, com algumas reservas que foram retiradas em 20 de dezembro de 1994, tendo sido aprovada pelo Congresso Nacional por meio do Decreto Legislativo n. 93, de 14 de novembro de 1983, entrou em vigor, para o Brasil, em 2 de março de 1984 e promulgada por meio do Decreto n. 4.377, de 13 de setembro de 2002. Qual dos seguintes direitos é especificamente abordado pela Convenção em relação às mulheres rurais (a Convenção é conhecida também pela sigla do inglês CEDAW – *Convention on the Elimination of All Forms of Discrimination against Women*)?

(A) Direito à migração.
(B) Direito ao voto.
(C) Direito ao acesso a serviços de saúde adequados e educação.
(D) Direito à liderança em empresas privadas.

18. A Convenção Interamericana para Prevenir, Punir e Erradicar a Violência contra a Mulher (Convenção Belém do Pará), de 9 de junho de 1994, entrou em vigor internacional em 3 de março de 1995, foi aprovada pelo Congresso Nacional por do Decreto Legislativo n. 107, de 31 de agosto de 1995, o Governo brasileiro depositou a Carta de Ratificação do instrumento multilateral em epígrafe em 27 de novembro de 1995, passando o mesmo a vigorar, para o Brasil, em 27 de dezembro de 1995, tendo sido promulgada pelo Decreto n. 1.973, de 1º de agosto de 1996. Diante do exposto, qual órgão monitora a implementação da Convenção de Belém do Pará pelos Estados Partes?

(A) Comitê para a Eliminação da Discriminação contra a Mulher.
(B) Conselho de Direitos Humanos da ONU.
(C) Comissão Interamericana de Direitos Humanos (CIDH).
(D) Assembleia Geral da OEA.

19. Rogerinho foi escolhido, em convenção partidária, para ser candidato a prefeito. Acontece que ao realizar o pedido de registro de candidatura, o juiz eleitoral indeferiu o pedido por ter conhecido de causa de inelegibilidade que pesava sobre Rogerinho. Insatisfeito com o indeferimento, ele recorreu no prazo legal.

Naquela mesma eleição, Rogerinho tomou ciência de que pesava sobre sua principal adversária, a candidata Joana, causa de inelegibilidade, mas esta causa não foi conhecida pelo juiz, que acabou deferindo o registro de candidatura de Joana.

Diante da situação, Rogerinho consultou o seu advogado para saber quais procedimentos poderiam ser tomados. O advogado consultado respondeu corretamente que

(A) Em razão do indeferimento do registro de sua candidatura, Rogerinho não dispõe de legitimidade ativa para propor ação de impugnação de registro de candidatura.
(B) Somente o partido político ou o Ministério Público Eleitoral dispõem de legitimidade ativa para impugnar o registro de candidatura de Joana.
(C) Ainda que esteja com sua candidatura *sub judice*, Rogerinho é legitimado ativo para impugnar a candidatura de Joana.
(D) As ações de impugnação de candidatura devem ser ajuizadas em até cinco dias após a realização da convenção partidária.

20. Marquinhos foi condenado pelo Tribunal Regional Eleitoral do estado Delta pela prática de abuso de poder político, inscrito na alínea *d*, do art. 1º, inc. I, da LC 64/1990. Sua defesa recorreu da decisão.

Diante do fato, é correto afirmar que Marquinhos

(A) está inelegível pelo prazo de oito anos a contar da eleição em que se verificou a prática delituosa.
(B) estará inelegível a partir da data do trânsito em julgado.
(C) está com os seus direitos políticos suspensos pelo prazo de oito anos.
(D) está inelegível a partir da data da eleição em que praticou a conduta delituosa, tendo como termo a data da eleição do oitavo da sua condenação.

21. José Alfredo, brasileiro naturalizado, tendo renunciado à sua anterior nacionalidade, casou-se com Maria Marta, de nacionalidade francesa. José Alfredo foi transferido para trabalhar no Chile numa empresa privada de sua mulher, vindo estabelecer residência com ela naquele País. Dessa união, nasceu Maria Clara que foi registrada na Repartição Consular do Brasil. A teor das regras contidas na Constituição Brasileira de 1988, assinale qual a situação de Maria Clara quanto à sua nacionalidade.

(A) Maria Clara não pode ser considerada brasileira nata, em virtude de seu pai ser brasileiro naturalizado.
(B) Maria Clara é brasileira nata, pelo simples fato de o seu pai, brasileiro, ter se mudado por motivo de trabalho.
(C) Maria Clara somente será brasileira nata se vier a residir no Brasil e fizer a opção pela nacionalidade brasileira após atingir a maioridade.
(D) Maria Clara é brasileira nata, não constituindo óbice o fato de o seu pai ser brasileiro naturalizado e sua mãe, estrangeira.

SIMULADO VIII

22. O Brasil faz parte do sistema interamericano de direitos humanos e está submisso a comissão e a Corte Interamericana. Esta última julgou o Brasil condenando o país em certa quantia em dinheiro. Assim, o Brasil pretende insurgir-se contra a sentença. A partir da hipótese sugerida, assinale a afirmativa correta.

(A) A sentença da Corte pode ser modificada mediante recurso de apelação.
(B) A sentença da Corte somente pode ser modificada por intermédio de uma ação rescisória.
(C) A sentença da Corte é definitiva e inapelável.
(D) A sentença da Corte pode ser modificada através da propositura de embargos infringentes e de nulidade.

23. Marcela, 65 anos, ajuizou ação contra o Estado buscando o pagamento de diferenças remuneratórias de seu tempo de serviço como servidora pública. Após o trânsito em julgado, o valor devido pelo Estado foi transformado em precatório. Marcela, ao tomar ciência do procedimento de pagamento de precatórios, buscou entender sua posição na ordem cronológica de pagamento, considerando sua idade.

Com base no disposto na Constituição Federal, assinale a alternativa correta.

(A) Marcela terá direito ao pagamento do precatório de forma imediata, independentemente da ordem cronológica, devido à sua idade.
(B) Marcela terá preferência no pagamento do precatório até o valor equivalente ao triplo fixado em lei para os fins do disposto no art. 100, § 3º, da CF, devido à sua idade.
(C) Marcela receberá o pagamento conforme a ordem cronológica de apresentação do precatório, sem qualquer preferência relacionada à sua idade.
(D) Marcela terá preferência no pagamento apenas se comprovar também ser portadora de doença grave ou deficiência, não bastando a idade avançada.

24. O Município de Araucária, visando incentivar a prática de esportes na cidade, por meio de uma medida provisória, concedeu uma subvenção a uma associação desportiva local. A medida estipulou que o auxílio financeiro seria concedido anualmente por três anos consecutivos. Diante dessa situação, o Tribunal de Contas do Estado decidiu analisar a concessão de tal subvenção à luz da Lei de Responsabilidade Fiscal.

Com base no disposto na Lei de Responsabilidade Fiscal, assinale a alternativa correta.

(A) A despesa originada pela medida provisória não se caracteriza como obrigatória de caráter continuado, pois foi realizada por meio de um instrumento temporário.
(B) A despesa é de caráter continuado, mas não está sujeita à análise da Lei de Responsabilidade Fiscal, pois deriva de uma medida provisória.
(C) A despesa originada pela medida provisória não se caracteriza como obrigatória de caráter continuado, pois se refere a uma subvenção e não a uma obrigação legal de execução.
(D) A despesa é de caráter continuado, pois deriva de uma medida provisória que fixa para o ente a obrigação legal de sua execução por um período superior a dois exercícios.

25. Jorge, administrador e responsável pelas contas da empresa Mateus Materiais Ltda., cuja atividade empresarial pertence ao mesmo ramo industrial, nota ter realizado o recolhimento do IPI em valor superior ao devido. Diante do cenário apresentado, para fins de aconselhar o administrador acerca da possibilidade de obter a restituição do montante recolhido a maior, assinale a afirmativa correta.

(A) Não é possível a restituição, visto que não houve cobrança de tributo maior que o devido, mas tão somente o pagamento espontâneo, realizado pelo contribuinte.
(B) Tratando-se de tributo indireto, não é possível a restituição.
(C) Caberá apenas pedido administrativo de restituição, em razão do pagamento indevido.
(D) Caberá pedido judicial de repetição de indébito, desde que a empresa comprove ter assumido o referido encargo, sem tê-lo transferido a terceiro.

26. Um imposto que possui uma alíquota fixa, invariável e que possui aplicabilidade sobre base de cálculo variável, é classificado como:

(A) progressivo.
(B) proporcional.
(C) indireto.
(D) pessoal.

27. Sobre o Imposto sobre Produtos Industrializados, assinale a afirmativa que indica duas de suas características.

(A) É ordinário e seletivo.
(B) É real e direto.
(C) É monofásico e indireto
(D) É interno e lançado por declaração.

28. O Município de Miami do Sul, através de sua procuradoria, objetiva ingressar com ação judicial para questionar a cobrança do ICMS constante da fatura da conta de luz do imóvel onde é localizada a Prefeitura. O fundamento alegado é a condição de ente político para livrar-se da exação. A ação da municipalidade deverá ser:

(A) procedente, em função da imunidade recíproca.
(B) improcedente, tendo em vista que o município está condição de contribuinte de direito do ICMS.

(C) procedente, visto que concessionária de energia elétrica não tem competência para cobrar ICMS.
(D) improcedente, pois o município não goza de imunidade com relação a imposto que incide apenas indiretamente sobre seus bens e serviços.

29. João, Paulo e Daniel são proprietários de um único imóvel, dividido de forma proporcional entre eles. Com relação ao IPTU, cada irmão:

(A) será responsável apenas pelo valor proporcional ao percentual que possui sobre o bem imóvel.
(B) será devedor solidário em relação ao todo do imposto.
(C) será devedor direto do valor proporcional ao percentual que possui sobre o bem imóvel e responsável subsidiário pelo restante.
(D) não pode ser cobrado judicialmente pela parte de outro irmão que tenha recursos para pagá-la.

30. Luciano, gestor de determinado órgão público vinculado ao Município Delta, constatou situação de emergência em sua unidade de gerenciamento, mais especificamente falha no fornecimento de pães e outros gêneros perecíveis essenciais para o fornecimento da merenda escolar, podendo resultar na interrupção do serviço.

Extinto o contrato com a empresa até então responsável pelo fornecimento dos alimentos, e levando em conta as disposições da Lei n. 14.133/2021, é correto afirmar ser hipótese de:

(A) licitação dispensável, de modo que a contratação será realizada diretamente com base no preço do dia.
(B) licitação inexigível, de modo que a contratação será realizada diretamente com base no preço do dia.
(C) licitação fracassada, de modo que a contratação será realizada diretamente com base no preço do dia.
(D) licitação deserta, de modo que a contratação será realizada diretamente com base no preço do dia.

31. A empreiteira YY foi selecionada através de um processo de licitação para conduzir a reforma do prédio principal da autarquia Alfa. No entanto, depois de iniciada as obras, surgiu circunstância superveniente apta a justificar ajustes no projeto, necessários para garantir melhor adequação técnica aos objetivos da reforma.

Conforme estabelecido na Nova Lei de Licitações (Lei Federal n. 14.133/2021), a autarquia Alfa poderá realizar alterações unilaterais no contrato e a empreiteira YY está obrigada a aceitar, nas mesmas condições contratuais, acréscimos de até:

(A) 50% (cinquenta por cento).
(B) 45% (quarenta e cinco por cento).
(C) 25% (vinte e cinco por cento).
(D) 30% (trinta por cento).

32. Paulo Soares é o chefe de determinado órgão na Administração Pública do Município Alfa, sendo, constantemente, o responsável pela decisão de recursos administrativos no âmbito de processos administrativos disciplinares. Em razão do intenso volume de recursos e visando conferir maior agilidade ao processo decisório, Paulo Soares passou a delegar a atribuição para seus subordinados, o que vem se mostrando bastante útil no desenvolvimento dos trabalhos no órgão que chefia.

Considerando o teor da Lei n. 9.784/99, é correto afirmar que a delegação efetuada por Paulo Soares é:

(A) válida, encontrando respaldo expresso na legislação pertinente.
(B) válida, pois a delegação de competências é possível quando for conveniente, em razão de circunstâncias de índole técnica, social, econômica, jurídica ou territorial.
(C) inválida, pois a decisão de recursos administrativos não pode ser objeto de delegação.
(D) inválida, pois as competências administrativas são irrenunciáveis e se exercem, pelos órgãos administrativos a que foi atribuída como própria, sem exceção.

33. O Tribunal de Justiça do Estado Alfa firmou contrato administrativo com a Empresa *Informática e Acessórios* com o objetivo de adquirir impressoras e computadores para seus servidores. Acontece que a empresa contratada não atendeu ao que foi estabelecido no edital de licitação e no contrato assinado, pois entregou computadores e impressoras com especificações inferiores às acordadas. Em resposta ao ato ilícito cometido, o Tribunal de Justiça do Estado Alfa adotou várias medidas, incluindo a aplicação de uma sanção administrativa prevista em lei, após conduzir um processo administrativo regular.

No caso em tela, a aplicação da sanção encontra fundamento direto no poder administrativo:

(A) disciplinar, embasado na supremacia especial do Estado.
(B) de polícia, embasado na supremacia especial do Estado.
(C) disciplinar, embasado na supremacia geral do Estado.
(D) de polícia, embasado na supremacia geral do Estado.

34. O agente de polícia civil Jonas expôs informações confidenciais acerca de uma operação policial destinada a capturar organização criminosa responsável por fraudes pela internet.

Após o fracasso da operação, a liderança da Polícia Civil recebeu denúncia a respeito do incidente e tomou as medidas cabíveis, dentre elas iniciar processo administrativo disciplinar – PAD, em face de Jonas.

Dadas essas circunstâncias, correto afirmar que o PAD instaurado contra o agente de polícia é considerado expressão do:

(A) controle popular sobre os atos administrativos.

(B) controle externo e posterior da Administração Pública.
(C) controle interno e posterior da Administração Pública.
(D) controle jurisdicional sobre os atos administrativos.

35. RM adquiriu em dezembro de 2021 um sítio localizado na área rural do Município Beta, do Estado Alfa. Em março de 2022, nos termos da Lei n. 7.347/85, ele ficou sabendo da propositura de uma ação civil pública pelo Estado Alfa, que o responsabiliza civilmente por ter cometido corte raso, em 2020, de Área de Preservação Permanente (APP) do imóvel. Sobre a hipótese, e levando em conta a jurisprudência do STJ, assinale a afirmativa correta.

(A) As obrigações ambientais possuem natureza *propter rem*, sendo admissível cobrá-las apenas do proprietário ou possuidor atual.
(B) As obrigações ambientais não possuem natureza *propter rem*, sendo admissível cobrá-las do proprietário ou possuidor atual e/ou dos anteriores, à escolha do credor.
(C) As obrigações ambientais possuem natureza *propter rem*, sendo admissível cobrá-las do proprietário ou possuidor atual e/ou dos anteriores, à escolha do credor.
(D) As obrigações ambientais possuem natureza *propter rem*, sendo admissível cobrá-las do proprietário ou possuidor anteriores, à escolha do credor.

36. A Constituição Federal de 1988 estabelece o procedimento para a inovação do ordenamento jurídico sobre conservação da natureza. Dessa forma, levando em conta a sistemática constitucional, assinale a afirmativa correta.

(A) A competência da União para legislar sobre normas gerais referentes à conservação da natureza exclui a competência suplementar dos Estados.
(B) Inexistindo lei federal sobre normas gerais referente à conservação da natureza, os Estados não poderão exercer a competência legislativa plena, para atender a suas peculiaridades.
(C) É de competência da União, dos Estados e do Distrito Federal legislar concorrentemente sobre conservação da natureza.
(D) É de competência privativa da União legislar sobre conservação da natureza.

37. Tatiana adquire com Josiane uma panela elétrica para fazer arroz. Para efetivar o negócio, a compradora realizou a transferência do valor direito para conta da vendedora, constatando o débito automaticamente em sua agência bancária. Na tratativa entre as partes ficou acordado que o objeto seria entregue na casa de Tatiana em cinco dias, sendo de total responsabilidade de Josiane tal entrega. Depois de terminado o prazo de entrega, Josiane informa que a panela elétrica havia sido roubada durante o percurso para entrega, e que, por isso, em detrimento da força maior, não haveria possibilidade de devolução do valor pago. Indignada, Tatiana procura seu advogado, que a orienta que:

(A) Tatiana apenas terá direito de pleitear perdas e danos em juízo.
(B) Pôr a panela elétrica ter sido roubada, sem culpa de Josiane e antes mesmo da tradição, fica resolvida a obrigação, não sendo a vendedora obrigada a restituir o valor pago.
(C) Josiane deverá entregar para Tatiana uma panela elétrica de qualidade e marca semelhante a aquela roubada, a ser escolhida pela compradora, por ser um bem fungível.
(D) Josiane deverá devolver o valor da panela elétrica para Tatiana, ainda que tenha ocorrido um evento de força maior, pois a obrigação da vendedora de dar coisa certa não se efetivou.

38. Frederico, famoso professor e cientista da Universidade Federal de Minas Gerais, sentindo-se estar perto de falecer após receber diagnóstico de câncer incurável, dispõe gratuitamente do próprio corpo, para depois da morte, para faculdade onde trabalhava com o intuito de poder servir de estudo para a cura da doença. Excepcionou apenas os rins, desejando que fossem enterrados no túmulo da sua família. Assinale a alternativa correta de acordo com o Código Civil Brasileiro.

(A) Frederico não poderia dispor do seu próprio corpo, ainda que para fins científicos.
(B) É válida a disposição gratuita do próprio corpo, com o objetivo científico ou altruístico, para depois da morte.
(C) A disposição do próprio corpo é considerada direito indisponível para fins altruístico, somente podendo ser cedido para fins científicos.
(D) O ato realizado por Frederico é válido, por ter objetivo científico e ser de forma gratuita, todavia, a disposição do corpo não poderá ocorrer de forma parcial.

39. Adriano, um agricultor que vivia em extrema pobreza, sem instrução, pretende vender a sua propriedade agrícola com o objetivo de voltar para sua terra natal. Katarina, uma famosa fazendeira da região, conhecendo a necessidade financeira de Adriano e vendo oportunidade de lucrar excessivamente com a compra, ofereceu R$ 80.000,00 pela aquisição da propriedade. O agricultor, desconhecendo o valor real do imóvel avaliado em R$ 800.000,00, aceita a oferta inicial da fazendeira e realiza o contrato de compra e venda do imóvel. Diante do caso apresentado, assinale a alternativa correta.

(A) O contrato de compra e venda caracteriza erro de acordo com o Código Civil, já que emanou erro substancial que poderia ser percebido por pessoa de diligência normal.
(B) O contrato de compra e venda é válido, uma vez que basta o consentimento de ambas as partes para concretizar definitivamente a transferência da propriedade agrícola.

(C) O contrato de compra e venda caracteriza dolo de aproveitamento de acordo com o Código Civil, apenas obrigando à satisfação das perdas e danos.
(D) O contrato de compra e venda caracteriza lesão de acordo com o Código Civil, diante da manifesta desproporção ao valor da prestação oposta.

40. Carla adquiriu uma passagem de ônibus para visitar seus parentes em outra localidade. Durante a viagem, já quase chagando no seu destino, o ônibus realizou uma manobra arriscada e em seguida colidiu com um carro que estava parado no acostamento. Em virtude da batida ocasionada na viagem, a bagagem de Carla foi destruída, ocasionando relevante dano material, já que levava alguns aparelhos celulares para presentear seus familiares. Diante do caso narrado, assinale alternativa correta.

(A) Caso o contrato de transporte de Carla seja cumulativo, todos os transportadores serão obrigados a cumprir o contrato solidariamente pelo percurso integral.
(B) Haverá responsabilidade civil da transportadora, ainda que não haja culpa, exceto se comprovado que o acidente foi ocasionado por motivo de força maior.
(C) A responsabilidade da empresa de transporte por acidente com passageiro será elidida por culpa de terceiro, contra o qual tem ação regressiva.
(D) O contrato de Carla será considerado gratuito para o Direito Civil, caso ocorra sem remuneração, tendo o transportador aferido apenas vantagem indireta.

41. Manoel e Camila são casados sob o regime de separação total de bens. Camila, médica, é mãe da Julia, e Manuel, arquiteto, é pai de Paulo, ambos os filhos concebidos com outros genitores. Após certo tempo de união, nasce Cristiane, filha em comum do casal. Em razão da personalidade forte de Camila, os cônjuges se separam de fato, e após quatro meses, por uma fatalidade, Manoel falece em um acidente de carro, sem antes o casal regularizar a dissolução conjugal. Sobre o patrimônio de Manoel, assinale a alternativa correta.

(A) Camila, Paulo e Cristiane receberão os bens igualmente.
(B) Apenas Paulo e Cristiane terão direito a sucessão, devendo cada qual herdar metade do total dos bens.
(C) Camila receberá metade dos bens, já os filhos, Julia, Paulo e Cristiane, o restante da partilha.
(D) Cristiane herdará três quartos dos bens, e Paulo, um quarto.

42. No dia 1º-4-2018, Antônio, tutelado de Marília, então com 15 anos, colidiu com o veículo de sua tutora em um cruzamento. Ela dispendeu, conforme orçamento da oficina, R$ 11.500,00 para os reparos no veículo. Em 1º-4-2020, o juiz revogou a tutela concedida para Marília, fundamentando ter analisado os autos e não mais haver necessidade da tutela para Antônio, emancipando-o. Sarah, então, demonstra interesse em ajuizar ação para ser ressarcida sobre os danos materiais do conserto da sua moto. Diante dos fatos, assinale alternativa correta.

(A) Não será possível, pois o prazo prescricional para reparação de acidente de trânsito prescreve em três anos.
(B) Por ser líquida e certa o valor da dívida, poderia ter ajuizado a demanda até 1º-4-2021.
(C) O prazo prescricional não correrá durante a tutela, podendo ser cobrado até 1º-4-2023.
(D) Poderá ajuizar a ação até 1º-4-2030, de acordo com as regras do Código Civil Brasileiro.

43. Frederico tem 13 anos e gostaria de ajudar os pais que têm grandes dificuldades de manter as contas em dia numa família com mais sete irmãos. Diante do Estatuto da Criança e do Adolescente quanto ao Direito à Profissionalização e à Proteção no Trabalho, assinale a alternativa correta.

(A) Ao adolescente aprendiz, maior de 14 anos, são assegurados os direitos trabalhistas e previdenciários.
(B) É proibido qualquer trabalho a menores de 14 anos de idade, portanto, Frederico precisará esperar chegar na idade exigida pelo ECA.
(C) Ao adolescente empregado ou aprendiz é possível trabalhar à noite, a partir das 22 horas, desde que autorizado.
(D) Ao adolescente portador de deficiência não é permitido o trabalho.

44. De acordo com o Estatuto da Criança e do Adolescente, Lei n. 8.069/90, a colocação em família substituta far-se-á mediante guarda, tutela ou adoção, independentemente da situação jurídica da criança ou adolescente. A respeito da família substituta, assinale a alternativa correta.

(A) A colocação em família substituta estrangeira constitui medida excepcional, admissível nas modalidades guarda, tutela ou adoção.
(B) Tratando-se de maior de 16 anos de idade, será necessário seu consentimento, colhido em audiência.
(C) A guarda obriga a prestação de assistência material, moral e educacional à criança ou adolescente, conferindo a seu detentor o direito de opor-se a terceiros, inclusive aos pais.
(D) A tutela será deferida, nos termos da lei civil, a pessoa de até 18 anos completos.

45. Com compromisso de chegar a Roma para participar de um congresso internacional e proferir a palestra de abertura, o professor Marcelo teve seu voo atrasado, tendo que ficar por seis horas em um aeroporto do Brasil sem qualquer assistência. Marcelo não conseguiu chegar a tempo para proferir a sua palestra, não fazendo jus à respectiva remuneração pelo trabalho intelectual. Além disso, ao chegar à capital italiana, foi informado que a sua bagagem foi extraviada e perdida. O professor Marcelo consultou você a respeito dos seus direitos, sendo correto informar que:

(A) A companhia aérea deverá responder por danos morais a serem fixados pelo magistrado e danos morais quantificados sem limite de valor.
(B) A companhia aérea responderá apenas por danos morais, não sendo cabível a reparação por danos materiais conforme expressa disposição da Convenção de Montreal.
(C) A companhia aérea responderá apenas por danos materiais, não sendo cabível a reparação por danos morais conforme expressa disposição da Convenção de Montreal.
(D) A companhia aérea deverá responder por danos morais a serem fixados pelo magistrado e danos materiais conforme limitação estabelecida na Convenção de Montreal.

46. Renato adquiriu do importador Alessandro um *notebook* de última geração para otimizar as tarefas repetitivas do seu trabalho. O produto, que é fabricado nos Estados Unidos e enviado ao Brasil através do México, chegou ao país dentro do prazo prometido pelo importador. Porém, a tela do eletrônico apresentava uma linha branca na posição horizontal que impossibilitava o uso regular do produto. Considerando que a contratação com Alessandro ocorreu por telefone, é correto afirmar que:

(A) Renato tem direito de reclamar por vício do produto, mas não pode exercer o direito de arrependimento, tendo em vista que o bem é importado.
(B) Renato pode reclamar por vício do produto, no prazo de 90 dias, a contar da data da compra, bem como invocar pelo direito de arrependimento no prazo de sete dias a contar do momento em que o produto ingressou no país.
(C) Renato pode reclamar por vício do produto, no prazo de 90 dias, e pode exercer o direito de arrependimento no prazo de sete dias a contar do momento em que recebeu o produto.
(D) Renato tem direito de reclamar por vício do produto e de exercer o direito de arrependimento no prazo de 90 dias para ambas as hipóteses.

47. Vanderlei e Leonardo reúnem mais três colegas de faculdade para abrir uma sociedade empresária de responsabilidade limitada para vender suplementos vitamínicos. Para tanto, como desconhecem as regras das sociedades limitadas, procuram você para auxiliá-los sobre o assunto. Assinale a alternativa correta.

(A) Na sociedade limitada, a responsabilidade de cada sócio é restrita ao valor de suas quotas, não respondendo solidariamente pela integralização do capital social.
(B) O capital social divide-se em quotas somente iguais, cabendo uma ou diversas a cada sócio.
(C) É vedada aos sócios, contribuição que consista em prestação de serviços.
(D) A quota é indivisível em relação à sociedade, mesmo para efeito de transferência.

48. Sobre a responsabilidade dos sócios nas mais diversas formas societárias, assinale a alternativa correta.

(A) Na sociedade cooperativa, a responsabilidade dos sócios pode ser limitada ou ilimitada.
(B) Na sociedade em comandita por ações, somente o acionista tem qualidade para administrar a sociedade e, como diretor, responde subsidiária e limitadamente pelas obrigações da sociedade.
(C) Na sociedade em comandita simples tomam parte sócios de duas categorias: os comanditados, obrigados somente pelo valor de sua quota; e os comanditários, pessoas físicas, responsáveis solidária e ilimitadamente pelas obrigações sociais.
(D) Pessoas físicas e jurídicas podem tomar parte na sociedade em nome coletivo, respondendo todos os sócios, solidária e ilimitadamente, pelas obrigações sociais.

49. Keicia procura seu escritório de advocacia, pois pretende protestar um título e deseja maiores informações a respeito. Segundo a Lei n. 9.492/97, o protesto é o ato formal e solene pelo qual se prova a inadimplência e o descumprimento de obrigação originada em títulos e outros documentos de dívida (art. 1º). Sobre o tema, assinale a alternativa correta.

(A) O protesto será registrado dentro de cinco dias úteis contados da protocolização do título ou documento de dívida.
(B) O protesto será tirado sempre após o vencimento, seja por falta de pagamento, de aceite ou de devolução, defesa a recusa da lavratura ou registro do protesto por motivo não previsto na lei cambial.
(C) Após a lavratura do protesto, poderá o apresentante retirar o título ou documento de dívida, pagos os emolumentos e demais despesas.
(D) O protesto será tirado por falta de pagamento, de aceite ou de devolução.

50. A sociedade empresária Castro e Castro Ltda. requereu recuperação judicial em razão das dificuldades do negócio durante a pandemia e, antes do processamento do pedido, pleiteou a liquidação de seus débitos com a Fazenda Nacional. Acertou o parcelamento da dívida em 100 prestações mensais e sucessivas. A partir da metade, ou seja, na 50ª prestação, a sociedade devedora passou a descumprir o acertado. Em razão disso, assinale a alternativa correta.

(A) O Ministério Público será intimado para se pronunciar a respeito.

(B) Será convocada a assembleia de credores para deliberar sobre a falta de pagamento.
(C) O juiz irá decretar a falência da Castro e Castro Ltda.
(D) O processo será suspenso até a manifestação da Fazenda Nacional.

51. Odete foi demandada por Sherazade. Na referida ação, houve pedido de tutela provisória de urgência antecipada antecedente, que foi concedida liminarmente pelo juiz. Sherazade foi citada/intimada em 31-5-2021 (segunda-feira), com a juntada do mandado de citação cumprido em 1º-6-2021 (terça-feira). Nesse contexto, você foi contratado(a) como seu/sua advogado(a) particular. Aponte a alternativa correta, considerando que o mês de junho tem 30 dias e que dia 3-6-2021 foi feriado:

(A) Interpor agravo de instrumento até a data fatal de 22-6-2021.
(B) Interpor agravo de instrumento até a data fatal de 23-6-2021.
(C) Escoado o prazo do recurso cabível, ajuizar ação rescisória no prazo de dois anos, a fim de afastar a estabilização.
(D) Apresentar contestação no prazo de cinco dias.

52. Anitta foi a uma festa particular na casa do amigo Saulo. Após algumas rodadas de *drinks*, Anitta acabou sendo atingida no rosto por um copo de vidro que foi arremessado em sua direção. Muito tonta, ela só conseguiu enxergar um rosto a sua frente, o de Ludmila, que gargalhava com outras convidadas. Em seguida, Anitta desmaiou e foi levada para o hospital mais próximo. Posteriormente, Anitta promoveu ação indenizatória em face de Ludmila, mas esta deseja se defender, uma vez que o copo fora arremessado por Claudinho, ex-namorado de Anitta, havendo testemunhas nesse sentido, bem como o circuito de câmeras da casa. A partir desses fatos, assinale a opção correta.

(A) O advogado de Ludmila deve alegar a ilegitimidade passiva na preliminar da contestação, não havendo necessidade de indicar Claudinho.
(B) O advogado de Ludmila deve alegar a ilegitimidade passiva na preliminar da contestação, havendo necessidade de indicar Claudinho, sob pena de responsabilidade civil subjetiva.
(C) Uma vez acolhida a preliminar de ilegitimidade passiva, o juiz promoverá a imediata extinção do processo, sem resolução de mérito.
(D) Acolhida a preliminar de ilegitimidade passiva, com a consequente substituição de réus por parte do autor, este reembolsará as despesas e pagará os honorários ao procurador do réu excluído, que serão fixados entre dez a vinte por cento do valor da causa.

53. Josué promoveu uma demanda em face do Município do Rio de Janeiro, demanda esta que foi distribuída para a Vara de Fazenda Pública. Após o transcurso das fases processuais, foi proferida sentença condenatória contra o Município, no valor de 200 salários mínimos. A partir desses fatos, assinale a alternativa correta:

(A) Neste caso será dispensada a remessa necessária.
(B) Neste caso há a necessidade de remessa necessária.
(C) No julgamento da remessa necessária, a situação da fazenda pública pode ser agravada.
(D) Neste caso Josué pode receber metade do seu crédito em precatório e metade em RPV.

54. Stéfanny promoveu demanda cível em face de uma construtora, com cumulação de pedidos. Após a apresentação de contestação, um dos pedidos tornou-se incontroverso, tendo o juiz proferido decisão definitiva a respeito do mesmo. A partir dessa situação, assinale a opção correta:

(A) Tal decisão poderá ser objeto de apelação.
(B) Caso não haja recurso, a referida decisão fará coisa julgada apenas formal.
(C) Caso não recorrida, a decisão poderá ser objeto de execução provisória.
(D) Tal decisão é impugnável por agravo de instrumento, despido de efeito suspensivo *ope legis*, o que admite execução provisória da decisão, sem necessidade de caução.

55. Raniele foi condenada a pagar 20 mil reais para Odara, por meio de sentença arbitral certa, líquida e exigível. Ocorre que, mesmo transcorrido o prazo para recurso, Raniele não efetuou o pagamento de sua dívida. Considerando tais informações, assinale a alternativa correta:

(A) Odara pode promover uma execução autônoma de título executivo extrajudicial.
(B) Odara pode iniciar o cumprimento de sentença no juízo cível competente, com a consequente citação da executada para pagar em 15 dias.
(C) Odara pode iniciar o cumprimento de sentença no juízo cível competente, com a consequente intimação da executada para pagar em 15 dias.
(D) Odara precisa homologar judicialmente a sentença arbitral, a fim de obter um título executivo judicial.

56. Iracema promoveu ação de obrigação de fazer perante a Vara do Juizado Especial da Fazenda Pública do Distrito Federal. Ressalte-se que houve pedido de tutela provisória de urgência antecipada formulado pela autora, mas indeferido pelo juiz. Nessa situação, aponte a solução processual cabível:

(A) Diante do não cabimento de agravo de instrumento nos juizados especiais, deverá ser impetrado mandado de segurança.

(B) O caso desafia o recurso de agravo de instrumento.
(C) A decisão é irrecorrível, uma vez que nos juizados especiais não é cabível o pedido de tutela antecipada.
(D) Iracema deverá aguardar a sentença e impugnar essa decisão interlocutória na preliminar do recurso inominado.

57. Durante o período de cinco anos, Mévio praticou o crime de estupro de vulnerável contra sua enteada. Em juízo, ele confessou a prática do delito, mas não soube dizer quantos estupros foram praticados ao longo do quinquênio.

Com base nos dados informados, assinale a alternativa correta.

(A) Por existir imprecisão acerca do número exato de estupros praticados ao longo do período de tempo, é adequado o aumento de pena pela continuidade delitiva em patamar superior ao mínimo legal.
(B) Diante da dúvida do número de estupros praticados, deve prevalecer o princípio do *in dubio pro reo*, com o aumento de pena mínimo pela continuidade delitiva.
(C) Por se tratar de uma única vítima, deve ser reconhecido o concurso formal impróprio, pois houve dolo em todas as condutas.
(D) No exemplo trazido, em razão da incerteza, deve ser reconhecido crime único.

58. Assinale a alternativa que traz crime em que a tentativa é admitida:

(A) Omissão de socorro (CP, art. 135).
(B) Afastamento de licitante (CP, art. 337-K).
(C) Condescendência criminosa (CP, art. 320).
(D) Latrocínio (CP, art. 157, § 3º, II).

59. Amanda, 20 anos, tem recebido diversas mensagens de um colega de trabalho, Alberto, 19 anos. Ambos exercem a mesma função pública, sem que exista hierarquia entre um e outro. Ele insiste para que Amanda aceite um encontro amoroso, mas ela recusa, afirmando não ter interesse. Certo dia, mesmo após tantas recusas, ele pediu a ela para que enviasse um *nude*, fotografia em que estivesse nua.

Com base nos fatos narrados, assinale a alternativa correta.

(A) Alberto praticou o crime de assédio sexual.
(B) Alberto praticou o crime de importunação sexual.
(C) Alberto praticou o crime de registro não autorizado da intimidade sexual, na forma tentada.
(D) Alberto não praticou crime contra a dignidade sexual.

60. Aquele que falsifica cartão de crédito ou de débito pratica o crime de:

(A) Falsidade ideológica.
(B) Moeda falsa.
(C) Falsificação de documento particular.
(D) Falsificação de documento público.

61. Certo dia, enquanto caminhava pela rua, Márcio encontrou um relógio de grande valor, aparentemente, perdido. Mesmo ciente de que não poderia se apropriar do bem, sob pena de incorrer no crime de *apropriação de coisa achada* (CP, art. 169, parágrafo único, II), ele decide vender o relógio, pois precisa do dinheiro para pagar algumas contas. Entretanto, cinco dias após tê-lo encontrado, arrependido, entregou-o à autoridade competente, para que adote as providências legais cabíveis para a devolução ao respectivo dono.

Com base nos dados trazidos, assinale a alternativa correta.

(A) Márcio faz jus ao reconhecimento do arrependimento posterior.
(B) Márcio faz jus ao reconhecimento do arrependimento eficaz.
(C) Márcio faz jus ao reconhecimento da desistência voluntária.
(D) A conduta de Márcio é atípica.

62. Sobre o crime de descumprimento de medidas protetivas de urgência, previsto no art. 24-A da Lei n. 11.340/2006 (Maria da Penha), assinale a alternativa correta:

(A) Se a medida protetiva de urgência não houver sido deferida por juiz criminal, o crime será o de desobediência, e não o de descumprimento de medidas protetivas de urgência.
(B) A configuração do crime de descumprimento de medidas protetivas de urgência independe da competência civil ou criminal do juiz que deferiu as medidas.
(C) O crime de descumprimento de medidas protetivas de urgência é de menor potencial ofensivo, devendo ser aplicado o rito sumaríssimo, da Lei n. 9.099/95, mas não é compatível com transação penal.
(D) O crime de descumprimento de medidas protetivas de urgência é habitual e, portanto, não admite tentativa.

63. Aponte a alternativa correta a respeito da lavratura do auto de prisão em flagrante:

(A) O preso que não tiver advogado constituído será interrogado desacompanhado de seu defensor pela autoridade policial.
(B) A confissão do preso impedirá a liberdade provisória na audiência de custódia.
(C) A confissão do preso impedirá o arbitramento da fiança pela autoridade policial.
(D) O preso que se recusar a assinar a nota de culpa perderá o direito de ser levado para a realização da audiência de custódia.

64. Durante audiência de instrução e julgamento, Paulo e Pedro, ambos testemunhas arroladas pela acusação, divergem categoricamente em suas declarações. Paulo afirma que viu o réu desferindo golpes de faca na vítima; já Pedro tem certeza absoluta de que o réu estava dormindo no momento das facadas. Diante dessa situação, o advogado do réu terá como melhor opção de atuação requerer a:

(A) contradita das testemunhas.
(B) acareação das testemunhas.
(C) instauração de incidente de falsidade em face da testemunha que apresentou a pior versão dos fatos contra o seu cliente.
(D) pedir ao Ministério Público que ofereça denúncia por calúnia contra Paulo.

65. Pereira, agente da Polícia Civil do Estado do Ceará, recebeu denúncia anônima de que uma organização criminosa estava atuando em sua circunscrição. Após ser cientificada dos fatos, a delegada de polícia comunicou o juiz que optaria por retardar as prisões em flagrante para melhor investigar a ampliar os resultados de sua investigação. Diante desse fato, aponte a alternativa que não contém a modalidade correta de prisão em flagrante:

(A) postergado.
(B) retardado.
(C) esperado.
(D) ação controlada.

66. Incomodado com o namorado de sua filha, o vizinho da casa ao lado, Roberto, pai da moça, tem a ideia de jogar sua bicicleta, de madrugada, no quintal do vizinho namorador e chamar a polícia noticiando o furto. A polícia vai até o local e, em diligência preliminar, encontra a bicicleta no quintal do vizinho, que é preso em flagrante. Diante dessa armação feita, responda, dentre outras, qual deverá ser a primeira alegação do advogado do preso:

(A) relaxamento da prisão por força do flagrante preparado.
(B) relaxamento da prisão por força do flagrante forjado.
(C) relaxamento da prisão por força do flagrante esperado.
(D) relaxamento da prisão por força do flagrante ficto ou presumido.

67. Frederico Marques, após cumprir 30 anos de prisão em regime fechado, é flagrado pela Polícia Militar fumando maconha em plena luz do dia, na Avenida Paulista. Considerando que o art. 28 da Lei de Drogas (porte de droga para consumo próprio) não possui, sequer, pena privativa de liberdade prevista em lei, responda:

(A) a lavratura do auto de prisão em flagrante será obrigatória.
(B) a lavratura do auto de prisão em flagrante será obrigatória por força dos maus antecedentes do preso.
(C) não se poderá lavrar auto de prisão em flagrante pois o porte de droga para consumo pessoal não é crime.
(D) não se poderá lavrar auto de prisão em flagrante pois o porte de droga para consumo pessoal é crime de menor potencial ofensivo.

68. A respeito da prisão preventiva com as novas regras do pacote anticrime, aponte a alternativa incorreta:

(A) Também será admitida a prisão preventiva quando houver dúvida sobre a identidade civil da pessoa ou quando esta não fornecer elementos suficientes para esclarecê-la.
(B) A prisão preventiva também poderá ser decretada em caso de descumprimento de qualquer das obrigações impostas por força de outras medidas cautelares.
(C) Não será admitida a decretação da prisão preventiva com a finalidade de antecipação de cumprimento de pena, salvo em execução provisória de pena.
(D) A decisão que decretar a prisão preventiva deve ser motivada e fundamentada em receio de perigo e existência concreta de fatos novos ou contemporâneos que justifiquem a aplicação da medida adotada.

69. Jorge é segurado da previdência social em dois vínculos, exercendo ambos os vínculos em concomitância, um como segurado empregado e outro como segurado contribuinte individual, ocorre que, Jorge, por problemas de saúde, ficou incapaz de forma definitiva para a atividade em que é segurado empregado, em virtude disso lhe procurou para obter informações. Nesse caso, como advogado(a) previdenciarista, irá informar Jorge que:

(A) poderá se aposentar por incapacidade permanente, visto que há comprovação médica nesse sentido.
(B) por exercer duas atividades, poderá receber auxílio por incapacidade temporária por até 12 meses para a qual está incapaz.
(C) nesse caso, o auxílio por incapacidade temporária para a atividade em que há incapacidade definitiva poderá ser mantido indefinidamente.
(D) para haver a concessão de aposentadoria por incapacidade permanente, deverá ficar comprovada que a incapacidade é de longo prazo, pelo menos 2 anos.

70. Afonso trabalha como representante comercial de várias empresas, viajando muito e tendo há anos uma rotina muito acelerada. Por conta disso, muitas vezes adoeceu e, como segurado da previdência social, recebeu várias vezes o benefício de auxílio por incapacidade temporária, sendo que o último benefício durou 3 anos. Cansado da rotina, resolveu parar de trabalhar após a cessação do benefício e não voltou mais a ser representante comercial e nem a exercer outras atividades. Tendo feito 65 anos de idade e com 12 anos de contribuição para previdência social, Afonso lhe procura para que você, como advogado(a) previdenciarista, lhe auxilie no processo de aposentadoria. Nesse caso:

(A) Afonso poderá usar todos os períodos em que recebeu os benefícios de auxílio por incapacidade temporária para contagem para sua aposentadoria desde que sejam períodos intercalados com períodos de contribuições.

(B) Afonso poderá se aposentar, visto que, somados os 12 anos de contribuição com os últimos 3 anos de recebimento de auxílio por incapacidade temporária, soma 15 anos de carência.
(C) Afonso somente irá se aposentar após completar 25 anos de contribuição, tendo em vista as novas regras impostas pela reforma da previdência, EC 103/2019.
(D) Afonso terá direito à contagem de tempo como especial nos períodos em que recebeu auxílio por incapacidade temporária.

71. Marcelo é gerente geral de uma agência bancária e Tânia é chefe de tesouraria na mesma agência. Marcelo chefia todos os gerentes da agência e Tânia comanda uma equipe de oito pessoas que lhe dá apoio nas atividades diárias. Ambos recebem gratificação de função correspondente a 100% do salário auferido, cumprem jornada de 2ª a 6ª feira das 9h00min às 20h00min e, genuinamente, exercem funções de relevância na agência bancária. Ao serem dispensados, ambos lhe procuram como advogado(a) para orientação em relação ao pagamento de horas extras. Como advogado(a), com base no entendimento do TST, marque a alternativa correta.

(A) Ambos terão direito às horas extras, uma vez que cumpriam jornada maior do que oito horas diárias.
(B) Apenas Tânia terá direito às horas extras, já que Marcelo exerce cargo de gerente geral, e está excluído do controle de jornada.
(C) Ambos não terão direito às horas extras.
(D) Apenas Marcelo, por ser gerente geral da agência bancária, tem direito às horas extras.

72. Douglas Junior é casado com Gabriela, e ambos são empregados da empresa Pequenas Reformas Ltda., como engenheiros – os únicos que a empresa possui para gerenciar as 12 obras de reforma em andamento, sendo que o cronograma de metade delas está em atraso. O casal possui um filho, Marcus Paulo, estudante, de 16 anos. Douglas e Gabriela foram admitidos na mesma data (10-1-2017), e comunicados por escrito, em 1º-3-2018, que terão as férias do período 2017/2018 concedidas nos meses de maio (para Douglas) e junho (para Gabriela). Cientificados, ambos procuram, no mesmo dia, o setor de Recursos Humanos da empresa alegando que, pela Lei, têm direito ao aproveitamento das férias em conjunto e que desejam transformar 1/3 das férias em dinheiro. O gerente do setor diz que, se saírem juntos, as obras ficarão prejudicadas. Diante dos fatos narrados, marque a alternativa correta.

(A) Os empregados, por serem da mesma família, possuem o direito potestativo de gozarem de férias ao mesmo tempo.
(B) Os empregados, mesmo sendo de uma mesma família, jamais poderão gozar de férias ao mesmo tempo.
(C) Os empregados não poderão gozar de férias em conjunto, uma vez que a ausência de ambos causará prejuízo a empresa.
(D) Os empregados, para gozarem de férias ao mesmo tempo, devem requerer a saída em conjunto com 30 dias de antecedência para o início das férias.

73. Marjore trabalha em uma empresa cumprindo a seguinte jornada de trabalho: nos 10 primeiros dias do mês, de segunda-feira a sábado, de 08:00 às 16:00h; nos 10 dias seguintes, de segunda-feira a sábado, de 16:00 às 24:00h; nos últimos 10 dias do mês, de segunda-feira a sábado, de 24:00 às 8:00h – e assim sucessivamente em cada mês –, sempre com intervalo de uma hora para refeição. Não existe acordo coletivo nem convenção coletiva regrando a matéria para sua categoria profissional. Diante dos fatos relatados, com base na legislação, assinale a alternativa correta.

(A) Marjore faz jus às horas extras, já que trabalhava em turno ininterrupto de revezamento, no qual o limite da jornada de trabalho é seis horas diárias, salvo norma coletiva majorando a jornada.
(B) Marjore não faz jus às horas extras, uma vez que por trabalhar em turno ininterrupto de revezamento estava excluída do controle de jornada.
(C) Marjore não faz jus às horas extras, já que não extrapolava o limite diário de oito horas de trabalho.
(D) Marjore somente faz jus às horas extras referente ao tempo que ultrapasse as oito horas diárias.

74. Luis Carlos ajuizou reclamação trabalhista contra sua ex-empregadora, uma empresa de terceirização, e contra o ente público tomador dos serviços. No rol de pedidos, o autor deseja o pagamento de verbas da extinção contratual e indenização por dano moral, pois era humilhado pelo seu supervisor, além da condenação subsidiária do ente público por culpa *in vigilando* (Súmula 331, V, do TST). Sobre o caso narrado e pedidos de Luis Carlos na reclamação trabalhista, com base no entendimento do TST, assinale a alternativa correta.

(A) A responsabilidade subsidiária na terceirização junto a administração pública se restringe às verbas de natureza salarial.
(B) A administração pública nunca será responsabilizada na terceirização.
(C) A administração pública somente será responsabilizada na terceirização, se ficar comprovado que a terceirização foi ilícita.
(D) A responsabilidade subsidiária na terceirização junto a administração pública alcança as verbas de natureza salarial e indenizatórias.

75. Allan Cristian é gerente em um supermercado e recebe salário de R$ 5.000,00 mensais, mas precisou se afastar do emprego por 90 dias em razão de doença. Nesse período de afastamento, o subgerente Ronald, que ganha R$ 4.000,00 por mês, assumiu a função interinamente.

(A) Ronald não tem direito de receber o mesmo salário de Allan durante o período de afastamento em razão de que Allan exerce o cargo de gerente.
(B) Ronald faz jus ao recebimento do mesmo salário de Allan durante o afastamento.
(C) Ronald faz ao mesmo salário de Allan mesmo após seu retorno a função antiga, haja vista o princípio da condição mais benéfica.
(D) Ronald não faz jus ao mesmo salário de Allan durante o afastamento, haja vista que o ocupante de cargo vago não tem direito ao salário no mesmo valor do ocupante anterior.

76. Luana ajuizou reclamação trabalhista em face de seu ex-empregador, Bar e Pizzaria Obba Ltda. Todavia, a empregada não compareceu, na audiência inaugural, nem tampouco o seu advogado e não foi apresentada qualquer justificativa. Diante do exposto, considerando o que consta na CLT, o magistrado arquivou o processo e condenou a reclamante em custas processuais no importe de:

(A) 2% sobre o valor da causa.
(B) 1% sobre o valor da causa.
(C) 2% sobre o valor arbitrado pelo magistrado.
(D) 1% sobre o valor atualizado da causa.

77. Em um determinado processo de execução, Ricardo, que tem domicílio em Curitiba, teve o seu automóvel penhorado, em sede de processo que não era parte e menos ainda houve IDPJ, devido a expedição de uma carta precatória executória pelo MM. juízo deprecante de Vitória. Perplexo com a situação, procura você, como advogado, para que indique a alternativa que apresenta a melhor medida judicial a ser tomada por Ricardo.

(A) Ricardo deve opor, no juízo deprecado, Embargos de Declaração.
(B) Ricardo deve propor, no juízo deprecado, Embargos à Execução.
(C) Ricardo deve ajuizar, no juízo deprecado, Embargos de Terceiro.
(D) Ricardo deve propor, no juízo deprecante, Embargos de Terceiro.

78. Considerando a jurisprudência uniforme do Tribunal Superior do Trabalho, das assertivas abaixo, assinale a correta:

(A) O ônus de comprovar que o empregado não faz jus aos requisitos necessários para o direito ao vale-transporte ou não pretenda fazer uso do benefício, é do próprio empregado.
(B) O ônus da prova em relação à regularidade dos depósitos do FGTS, é do empregador, pois o pagamento é fato extintivo do direito do autor.
(C) Não dispensa a realização da prova técnica exigida pelo art. 195 da CLT o simples fato da empresa efetuar o pagamento de adicional de periculosidade, de forma espontânea, mesmo que seja proporcional ao tempo de exposição ao risco ou em percentual inferior ao máximo legalmente previsto.
(D) O *jus postulandi* das partes, estabelecido no art. 791 da CLT, alcança o mandado de segurança impetrado em Vara do Trabalho e o recurso ordinário de competência do Tribunal Superior do Trabalho.

79. Após o trânsito em julgado de uma sentença que condenou o réu ao pagamento de horas extras e reflexos, já na fase de execução, as partes, Luciano (executado) e Flávio (exequente), apresentaram em juízo um acordo a ser homologado, porém com valor abaixo do apurado em sede de liquidação. Diante do fato exposto, é correto afirmar que:

(A) O acordo poderá ser homologado pelo magistrado e a contribuição previdenciária incidirá sobre o valor do acordo, observadas a proporcionalidade das verbas deferidas em sentença.
(B) Não é permitida a homologação de acordo depois do trânsito em julgado da sentença.
(C) É permitida a homologação de acordo pelo magistrado em sede de execução, ficando a contribuição previdenciária direcionada sobre o valor do acordo celebrado, independentemente da proporção das verbas.
(D) Não é permitido a homologação pelo magistrado de acordo inferior ao apurado em liquidação.

80. Ezequiel contratou Renata, a melhor advogada da cidade, para ajuizar uma determinada reclamação trabalhista. Pelo fato do escritório de Renata ser de grande porte e atender diversas demandas, desde o início do processo, solicitou que as intimações fossem realizadas em nome do Dr. Daniel. A sentença foi publicada, porém o Dr. Daniel não foi intimado, o que tão somente ocorreu em nome da Dra. Renata, implicando na perda do prazo do recurso. Diante do ocorrido, indique a alternativa correta:

(A) Por ter sido consumado o ato processual da intimação, ela foi válida.
(B) Independente de ter ocorrido prejuízo, a intimação será nula.
(C) Por ser de responsabilidade de todos os advogados da procuração o controle do prazo, a intimação é totalmente válida.
(D) Por ter constatado um claro prejuízo à parte, a intimação é nula.

Folha de Respostas

#					#				
01	A	B	C	D	41	A	B	C	D
02	A	B	C	D	42	A	B	C	D
03	A	B	C	D	43	A	B	C	D
04	A	B	C	D	44	A	B	C	D
05	A	B	C	D	45	A	B	C	D
06	A	B	C	D	46	A	B	C	D
07	A	B	C	D	47	A	B	C	D
08	A	B	C	D	48	A	B	C	D
09	A	B	C	D	49	A	B	C	D
10	A	B	C	D	50	A	B	C	D
11	A	B	C	D	51	A	B	C	D
12	A	B	C	D	52	A	B	C	D
13	A	B	C	D	53	A	B	C	D
14	A	B	C	D	54	A	B	C	D
15	A	B	C	D	55	A	B	C	D
16	A	B	C	D	56	A	B	C	D
17	A	B	C	D	57	A	B	C	D
18	A	B	C	D	58	A	B	C	D
19	A	B	C	D	59	A	B	C	D
20	A	B	C	D	60	A	B	C	D
21	A	B	C	D	61	A	B	C	D
22	A	B	C	D	62	A	B	C	D
23	A	B	C	D	63	A	B	C	D
24	A	B	C	D	64	A	B	C	D
25	A	B	C	D	65	A	B	C	D
26	A	B	C	D	66	A	B	C	D
27	A	B	C	D	67	A	B	C	D
28	A	B	C	D	68	A	B	C	D
29	A	B	C	D	69	A	B	C	D
30	A	B	C	D	70	A	B	C	D
31	A	B	C	D	71	A	B	C	D
32	A	B	C	D	72	A	B	C	D
33	A	B	C	D	73	A	B	C	D
34	A	B	C	D	74	A	B	C	D
35	A	B	C	D	75	A	B	C	D
36	A	B	C	D	76	A	B	C	D
37	A	B	C	D	77	A	B	C	D
38	A	B	C	D	78	A	B	C	D
39	A	B	C	D	79	A	B	C	D
40	A	B	C	D	80	A	B	C	D

Comentários das questões

Ética [01-08]

Nº	Gabarito	Comentários
01	B	(A) Errada, vide art. 26, § 1º, CED. (B) Certa, o substabelecimento sem reserva de poderes exige o prévio e inequívoco conhecimento do cliente (art. 26, § 1º, CED). (C) Errada, vide art. 26, CED. (D) Errada, vide art. 12, parágrafo único, CED.
02	C	(A) Errada, vide art. 30, § 2º, CED. (B) Errada, vide art. 30, § 1º, CED. (C) Certa, a advocacia *pro bono* se caracteriza pela prestação gratuita, eventual e voluntária em favor de instituições sociais sem fins econômicos e aos seus assistidos (art. 30, § 1º, CED). (D) Errada, art. 30, § 3º, CED.
03	B	(A) Errada, vide art. 34, XII, EAOAB. (B) Certa, é legítima a recusa, pelo advogado, do patrocínio de causa e de manifestação, no âmbito consultivo, de pretensão concernente a direito que também lhe seja aplicável ou contrarie orientação que tenha manifestado anteriormente (art. 4º, parágrafo único, CED). (C) Errada, vide art. 22, § 1º, EAOAB. (D) Errada, vide art. 15, § 6º, EAOAB.
04	A	(A) Certa, conforme estabelece o Estatuto da OAB e o Regulamento Geral, os cargos de Diretor ou Gerente de departamentos jurídicos são cargos privativos de advogados (art. 1º, II, EAOAB, e art. 7º, RG). (B) Errada, vide art. 28, IV, EAOAB. (C) Errada, Rafael apenas foi aprovado e não advogado (art. 8, EAOAB). (D) Errada, art. 1º, II, EAOAB, e art. 7º, RG.
05	A	Segundo o Código de Ética, a Ordem dos Advogados do Brasil ou os seus Tribunais de Ética e Disciplina poderão ser solicitados a indicar mediador para realizar a divisão dos honorários da sucumbência de forma proporcional (arts. 51, § 2º, e 71, VI, *b*, CED).
06	D	Segundo o Regulamento Geral da OAB, os conflitos de competência entre subseções e entre estas e o Conselho Seccional são por este decididos, com recurso voluntário ao Conselho Federal (art. 119, RG).
07	C	(A) Errada, vide art. 72, § 2º, EAOAB. (B) Errada, vide art. 38, parágrafo único, EAOAB. (C) Certa, a única alternativa incorreta é aquela que aponta o processo disciplinar como público, quando, em verdade será sigiloso (art. 72, § 2º, EAOAB). (D) Errada, vide art. 41, EAOAB.
08	D	Segundo determina o Estatuto da Advocacia e OAB, no caso de ofensa a inscrito na OAB, no exercício da profissão ou de cargo ou função de órgão da OAB, o conselho competente deve promover o desagravo público do ofendido, sem prejuízo da responsabilidade criminal em que incorrer o infrator (art, 7º, § 5º, EAOAB).

Filosofia do Direito [09-10]

Nº	Gabarito	Comentários
09	A	Em seu livro intitulado *Império da Lei*, na qual os juízes interpretam a lei em termos de princípios morais consistentes, está entre as teorias contemporâneas mais influentes sobre a natureza do direito. Dworkin defendeu uma "leitura moral" da Constituição dos Estados Unidos e uma abordagem interpretativista do direito e da moralidade.
10	A	O meio-termo de Aristóteles é uma doutrina criada pelo filósofo grego. O meio-termo para o pensador seria o estado ideal de vida em sociedade, onde os extremos são condenáveis (são vícios), e deve-se viver para buscar o equilíbrio.

Direito Constitucional [11-16]

Nº	Gabarito	Comentários
11	B	O princípio da presunção de inocência, consagrado no art. 5º, inciso LVII, da Constituição, assegura que ninguém será considerado culpado até o trânsito em julgado de sentença penal condenatória. A jurisprudência do STF confirma que a eliminação de candidatos em concursos públicos com base apenas na existência de processo criminal ou mesmo inquérito policial viola esse princípio (STF AI 829.186 Agr.)
12	B	A Constituição Federal e a jurisprudência do Tribunal Superior Eleitoral (TSE) estabelecem que, para manter o mandato ao mudar de partido, o parlamentar precisa justificar a mudança, como no caso de desvio do programa partidário, ou em situações de fusão ou incorporação de partidos. O art. 17 da CF também prevê a mudança de partido nos casos de não cumprimento da cláusula de barreira (art. 17, § 5º) bem como no caso de anuência do partido (art. 17, § 6º).

13	C	A Constituição Federal e a jurisprudência do STF exigem que a atuação das forças de segurança pública observe o princípio da proporcionalidade, que implica utilizar a força estritamente necessária para conter a situação. Quando ocorre abuso de força, o Estado pode ser responsabilizado objetivamente, independentemente de dolo ou culpa, conforme o art. 37, § 6º, da Constituição Federal. Essa responsabilidade se estende a quaisquer danos causados, inclusive lesões corporais, e não apenas em casos de morte (RE 1209429).
14	D	Conforme a Constituição Federal, os Tribunais Regionais Federais têm competência para julgar, em segunda instância, as causas decididas pelos juízes federais. No caso, como a ação foi proposta na Justiça Federal, o recurso cabível será julgado pelo Tribunal Regional Federal da respectiva região (art. 108, II, da CF).
15	A	Não há dúvidas sobre a possibilidade do STF realizar controle de constitucionalidade sobre as medidas provisórias, podendo exercer o controle judicial sobre a presença dos requisitos de relevância e urgência (ADI 7232) ao considerar isso um desvio de finalidade ou abuso de competência do Presidente da República. Da mesma forma, poderá declarar a inconstitucionalidade ainda que antes de sua conversão em lei (ADI 5717).
16	A	O art. 5º, LV, da Constituição Federal garante a todos os litigantes, em processo judicial ou administrativo, a ampla defesa, com os meios e recursos a ela inerentes, incluindo o direito à assistência por advogado. A ausência de defesa técnica no processo penal constitui nulidade absoluta, conforme entendimento do STF (Súmula 523).

Direitos Humanos [17-18]

Nº	Gabarito	Comentários
17	C	A letra "A" está errada pois não é direito mencionado à questão da mulher rural. A letra "B" está errada nos mesmos termos (ausência de previsão normativa). A letra "C" está correta nos termos do art. 14, n. 2, alínea b, da Convenção: "Os Estados-Partes adotarão todas as medidas apropriadas para eliminar a discriminação contra a mulher nas zonas rurais a fim de assegurar, em condições de igualdade entre homens e mulheres, que elas participem no desenvolvimento rural e dele se beneficiem, e em particular as segurar-lhes-ão o direito a: ter acesso a serviços médicos adequados, inclusive informação, aconselhamento e serviços em matéria de planejamento familiar; obter todos os tipos de educação e de formação, acadêmica e não acadêmica, inclusive os relacionados à alfabetização funcional, bem como, entre outros, os benefícios de todos os serviços comunitário e de extensão a fim de aumentar sua capacidade técnica". A letra "D" está errada nos mesmos termos (ausência de previsão normativa).
18	C	A letra "A" está errada pois o Comitê mencionado é do Sistema Universal (ou global ou onusiano - ONU) e não do Sistema Interamericano de Direitos Humanos (SIDH - OEA). A letra "B" também errada, por tratar-se, novamente, de órgão da ONU, não da OEA. A letra "C" está correta dentre as funções da Comissão Interamericana de Direitos Humanos (CIDH), órgão do Sistema Interamericano de Direitos Humanos (SIDH) com tal função. O art. 12 da Convenção Belém do Pará afirma que "Qualquer pessoa ou grupo de pessoas, ou qualquer entidade não governamental juridicamente reconhecida em um ou mais Estados-Membros da Organização, poderá apresentar à Comissão Interamericana de Direitos Humanos petições referentes a denúncias ou queixas (...)". Lembrando que uma das funções da CIDH prevista no art. 41 da Convenção Americana sobre Direitos Humanos é "solicitar aos governos dos Estados-Membros que lhe proporcionem informações sobre as medidas que adotarem em matéria de direitos humanos". A letra "D" errada, em que pese ser um órgão da OEA, não compete à Assembleia Geral (AG) tal função.

Direito Eleitoral [19-20]

Nº	Gabarito	Comentários
19	C	Conforme dispõe o art. 3º da LC n. 64/90, "Caberá a qualquer candidato, a partido político, coligação ou ao Ministério Público, no prazo de 5 (cinco) dias, contados da publicação do pedido de registro de candidato, impugná-lo em petição fundamentada". Candidato escolhido em convenção, ainda que sua candidatura esteja sub judice, é legitimado para impugnar o registro de candidatura de outros candidatos.
20	A	Conforme o dispositivo em comento no enunciado da questão, a prática de abuso de poder político gera inelegibilidade de oito a contar da eleição em que se praticou o delito e se encerra na mesma data no oitavo seguinte. Além disso, para se declarar a inelegibilidade basta que a condenação se dê por decisão colegiada (LC n. 64/90, art. 1º, I, d, c/c art. 22, XXIV, da mesma Lei; Súmula 19 do TSE).

Direito Internacional [21-22]

Nº	Gabarito	Comentários
21	D	O motivo da transferência de trabalho foi em razão de atividade particular, e não a serviço do governo brasileiro. Assim, aplica-se a regra do art. 12, I, b, da CF. Importante anotar que não deixa de ser brasileiro nato o nascido no estrangeiro, filho de pai ou mãe que sejam brasileiros naturalizados, estando qualquer deles a serviço do Brasil no Exterior. (A CF, ao falar em pai brasileiro ou mãe brasileira, não distingue entre natos e naturalizados). Não é requisito para estar a serviço do Brasil a qualidade de nato.
22	C	De acordo com o art. 67 da Convenção Americana de Direitos Humanos, "A sentença da Corte será definitiva e inapelável. Em caso de divergência sobre o sentido ou alcance da sentença, a Corte interpretá-la-á, a pedido de qualquer das partes, desde que o pedido seja apresentado dentro de noventa dias a partir da data da notificação da sentença".

Direito Financeiro [23-24]

Nº	Gabarito	Comentários
23	B	De acordo com o art. 100, § 2º, da Constituição Federal, os débitos de natureza alimentícia cujos titulares tenham 60 anos ou mais serão pagos com preferência sobre todos os demais débitos, até o valor equivalente ao triplo fixado em lei para os fins do disposto no § 3º do mesmo artigo. Portanto, Marcela terá direito a essa preferência devido à sua idade, conforme a alternativa B.
24	D	Conforme o art. 17 da Lei de Responsabilidade Fiscal (LRF), considera-se obrigatória de caráter continuado a despesa corrente derivada de lei, medida provisória ou ato administrativo normativo que fixem para o ente a obrigação legal de sua execução por um período superior a dois exercícios. Portanto, no caso apresentado, a despesa originada pela medida provisória é de caráter continuado, uma vez que estabelece a obrigação de sua execução por três anos consecutivos, conforme estabelecido na alternativa D.

Direito Tributário [25-29]

Nº	Gabarito	Comentários
25	D	É direito fundamental do contribuinte a apreciação pelo Poder Judiciário de ameaça ou lesão a direito (art. 5º, XXXV, CRFB/88). Trata-se, portanto, do princípio da inafastabilidade da prestação jurisdicional. Nesse sentido, a repetição de indébito tributário pode ser realizada tanto pela via administrativa quanto pela via judicial. Assim, é possível a repetição de tributo indireto, desde que o contribuinte comprove ter assumido o encargo financeiro do tributo, não o repassando a terceiros, ou, se repassado, que tenha autorização expressa do contribuinte de fato para requerer a restituição (art. 166 do CTN c/c Súmula 546, STF).
26	B	Imposto proporcional é aquele que a alíquota é fixa (invariável), com variação apenas da base de cálculo, enquanto imposto progressivo é aquele que a alíquota varia conforme a variação da base de cálculo.
27	A	O IPI é um imposto de competência privativa e ordinária da União (art. 153, IV, CRFB/88 c/c art. 46, CTN), caracterizado pela sua seletividade obrigatória em função da essencialidade do produto (art. 153, § 3º, I, CRFB/88 c/c art. 48, CTN). Frise-se que tal princípio é de aplicação facultativa ao ICMS, na forma do art. 155, § 2º, III da CRFB.
28	D	A hipótese se amolda perfeitamente ao previsto no art. 150, VI, a, CRFB/88, de modo que a imunidade se aplica a impostos sobre patrimônio, renda e serviços referentes ao ente federado e não com relação a terceiros.
29	B	As pessoas que tenham interesse comum na situação que constitua o fato gerador da obrigação principal são solidariamente responsáveis (art. 124, I, CTN). A solidariedade impõe que cada devedor seja obrigado ao pagamento da dívida toda (art. 264, CC/02), não comportando benefício de ordem (art. 124, parágrafo único, CTN).

Direito Administrativo [30-34]

Nº	Gabarito	Comentários
30	A	De acordo com o art. 75, IV, e, da Lei n. 14.133/2021: "Art. 75. É dispensável a licitação: [...] IV – para contratação que tenha por objeto: [...] e) hortifrutigranjeiros, pães e outros gêneros perecíveis, no período necessário para a realização dos processos licitatórios correspondentes, hipótese em que a contratação será realizada diretamente com base no preço do dia".
31	A	Conforme a Lei n. 14.133/2021, art. 125, a autarquia Alfa poderá realizar alterações unilaterais no contrato e a empreiteira YY está obrigada a aceitar, nas mesmas condições contratuais, acréscimos de até 50% (cinquenta por cento).

32	C	A delegação de competências efetuada por Paulo Soares é inválida, pois a decisão de recursos administrativos não pode ser objeto de delegação, nos termos do art. 13, II, da Lei n. 9.784/99; *in verbis*: "Art. 13. Não podem ser objeto de delegação: I – a edição de atos de caráter normativo; II – a decisão de recursos administrativos; III – as matérias de competência exclusiva do órgão ou autoridade".
33	A	No caso em tela, a aplicação da sanção encontra fundamento direto no poder administrativo DISCIPLINAR, embasado na supremacia ESPECIAL do Estado. A presença de vínculo contratual entre a sociedade empresária *Informática e acessórios* e o Tribunal de Justiça do Estado Alfa submete a empresa à denominada "supremacia especial" do Estado, justificando a aplicação de sanção administrativa pautada no exercício do poder disciplinar.
34	C	A abertura do processo administrativo disciplinar contra o agente de polícia Jonas é considerada expressão de controle interno e posterior. Considerando o momento em que o controle sobre a ação administrativa é exercido, ele poderá ser classificado em prévio, concomitante ou posterior. Será prévio quando exercido antes da publicação do ato administrativo, concomitante quando "acompanha a atuação administrativa no momento mesmo em que ela se verifica (DI PIETRO, Maria Sylvia Zanella. *Direito administrativo*. 32. ed. Rio de Janeiro: Forense, 2019) e posterior quando tem por objetivo rever os atos já praticados, para corrigi-los, desfazê-los ou apenas confirmá-los; abrange atos como os de aprovação, homologação, anulação, revogação, convalidação. Por seu turno, o controle ainda pode ser interno ou externo, consoante decorra de órgão integrante ou não da própria estrutura em que se insere o órgão controlado. É interno o controle que cada um dos Poderes exerce sobre seus próprios atos e agentes. É externo o controle exercido por um dos Poderes sobre o outro; como também o controle da Administração Direta sobre a Indireta. Uma vez que o processo administrativo disciplinar em exame é promovido pela própria Polícia Civil e incide sobre ato já praticado pelo agente de polícia, corresponde à modalidade de controle interno e posterior.

Direito Ambiental [35-36]		
Nº	Gabarito	Comentários
35	C	Conforme o previsto na Súmula 623 do STJ, "as obrigações ambientais possuem natureza *propter rem*, sendo admissível cobrá-las do proprietário ou possuidor atual e/ou dos anteriores, à escolha do credor".
36	C	Conforme o previsto no art. 24, VI, da Constituição Federal de 1988, "compete à União, aos Estados e ao Distrito Federal legislar concorrentemente sobre florestas, caça, pesca, fauna, conservação da natureza, defesa do solo e dos recursos naturais, proteção do meio ambiente e controle da poluição". E, ainda, de acordo com os §§ 2º e 3º do art. 24 da Constituição Federal de 1988, "a competência da União para legislar sobre normas gerais não exclui a competência suplementar dos Estados" e "inexistindo lei federal sobre normas gerais, os Estados exercerão a competência legislativa plena, para atender a suas peculiaridades".

Direito Civil [37-42]		
Nº	Gabarito	Comentários
37	D	*Vide* art. 234 do CC. Se, no caso do artigo antecedente, a coisa se perder, sem culpa do devedor, antes da tradição, ou pendente a condição suspensiva, fica resolvida a obrigação para ambas as partes; se a perda resultar de culpa do devedor, responderá este pelo equivalente e mais perdas e danos.
38	B	*Vide* art. 14 do CC. É válida, com objetivo científico, ou altruístico, a disposição gratuita do próprio corpo, no todo ou em parte, para depois da morte.
39	D	*Vide* art. 157 do CC. Ocorre a lesão quando uma pessoa, sob premente necessidade, ou por inexperiência, se obriga a prestação manifestamente desproporcional ao valor da prestação oposta.
41	B	*Vide* art. 734 do CC. O transportador responde pelos danos causados às pessoas transportadas e suas bagagens, salvo motivo de força maior, sendo nula qualquer cláusula excludente da responsabilidade.
41	A	*Vide* arts. 1830 (Somente é reconhecido direito sucessório ao cônjuge sobrevivente se, ao tempo da morte do outro, não estavam separados judicialmente, nem separados de fato há mais de dois anos, salvo prova, neste caso, de que essa convivência se tornara impossível sem culpa do sobrevivente); e 1832 do CC (Em concorrência com os descendentes (art. 1.829, inciso I) caberá ao cônjuge quinhão igual ao dos que sucederem por cabeça, não podendo a sua quota ser inferior à quarta parte da herança, se for ascendente dos herdeiros com que concorrer).
42	C	*Vide* arts. 197, III, do CC (Art. 197. Não corre a prescrição: III – entre tutelados ou curatelados e seus tutores ou curadores, durante a tutela ou curatela); e 206, § 3º, V, do CC (Art. 206. Prescreve: § 3º Em três anos: V – a pretensão de reparação civil).

Estatuto da Criança e do Adolescente [43-44]		
Nº	Gabarito	Comentários
43	A	É proibido qualquer trabalho a menores de 14 anos de idade, salvo na condição de aprendiz, *vide* art. 60. Ao adolescente até quatorze anos de idade é assegurada bolsa de aprendizagem; maior desta idade, são assegurados os direitos trabalhistas e previdenciários (arts. 64 e 65). É vedado o trabalho noturno entre as 22 horas de um dia e as cinco horas do dia seguinte (art. 67, I). Ao adolescente portador de deficiência é assegurado trabalho protegido (art. 66).
44	C	(A) está errada, visto que somente pode ser via adoção (art. 31). (B) está errada, pois a partir dos 12 anos já será necessário o consentimento (art. 28, § 2º). (C) está correta, de acordo com o art. 33 do ECA. (D) está errada, pois é até 18 anos incompletos (art. 36).

Direito do Consumidor [45-46]		
Nº	Gabarito	Comentários
45	D	Inicialmente, é importante sublinhar que existem duas normas aplicáveis ao caso: o CDC e a Convenção de Montreal (Decreto n. 5.910, de 27 de setembro de 2006), a qual ingressou no ordenamento jurídico pátrio com *status* de norma supralegal, hierarquicamente superior ao CDC. Em seu art. 22, a norma internacional limita o valor da indenização em caso de atraso de voos e perda da bagagem. Entretanto, o Supremo Tribunal Federal decidiu (RE n. 636.3310) que os Tratados Internacionais limitadores da responsabilidade das transportadoras aéreas de passageiros prevalecem sobre o Código de Defesa do Consumidor somente no que tange à fixação do valor da condenação por danos materiais referentes aos casos de morte e lesão de passageiro, dano à bagagem e atraso de voos. Além disso, vale mencionar que o art. 7º do CDC disciplina que "os direitos previstos neste código não excluem outros decorrentes de tratados ou convenções internacionais de que o Brasil seja signatário, da legislação interna ordinária, de regulamentos expedidos pelas autoridades administrativas competentes, bem como dos que derivem dos princípios gerais do direito, analogia, costumes e equidade".
46	C	Trata-se de vício do produto regulado pelo art. 18, *caput* e § 1º do CDC. Além disso, por se tratar de compra realizada fora do estabelecimento, Renato também tem direito ao arrependimento (desistir do contrato). Quanto aos prazos, o art. 26 do CDC dispõe que "o direito de reclamar pelos vícios aparentes ou de fácil constatação caduca em noventa dias, tratando-se de fornecimento de serviço e de produtos duráveis" (inciso II), e o art. 49, por sua vez, que "o consumidor pode desistir do contrato, no prazo de 7 dias a contar de sua assinatura ou do ato de recebimento do produto ou serviço, sempre que a contratação de fornecimento de produtos e serviços ocorrer fora do estabelecimento comercial, especialmente por telefone ou a domicílio".

Direito Empresarial [47-50]		
Nº	Gabarito	Comentários
47	C	(A) Errada, pois respondem, *vide* art. 1.052, CC. (B) Errada, também podem ser desiguais, *vide* art. 1.055, CC. (C) De acordo com o § 2º do art. 1.055, CC. (D) Errada, para efeito de transferência pode ser divisível, *vide* art. 1.056, CC.
48	A	(A) Correta, *vide* art. 1095, CC. (B) Errada, *vide* art. 1.091, responde de forma ilimitada. (C) Errado, está invertida a responsabilidade, *vide* art. 1.045, CC. (D) Errada, pessoas jurídicas não podem tomar parte neste tipo de sociedade, *vide* art. 1.039, CC.
49	D	(A) Errada, são três dias, *vide* art. 12 da referida lei da questão. (B) Errada, *vide* § 1º do art. 21 da lei, pois deve ser antes do vencimento. (C) Errada, antes, refere-se a lei (art. 16). (D) Correta, *vide* art. 21 da lei.
50	C	De acordo com o art. 73 da Lei n. 11.101/2005, o juiz irá decretar a falência por descumprimento dos parcelamentos referidos no art. 68 desta Lei, qual seja, pela Fazenda Pública.

Direito Processual Civil [51-56]		
Nº	Gabarito	Comentários
51	B	CPC, art. 304: A tutela antecipada, concedida nos termos do art. 303, torna-se estável se da decisão que a conceder não for interposto o respectivo recurso. *Vide* ainda os arts. 1.015, I, 1.003, § 5º, 231, I, 224 e 219 e parágrafo único, todos do CPC.
52	B	CPC, art. 337: Incumbe ao réu, antes de discutir o mérito, alegar: XI – ausência de legitimidade ou de interesse processual. *Vide* ainda os arts. 338 e parágrafo único, 339 e §§ 1º e 2º. Enunciado 44 FPPC – A responsabilidade a que se refere o art. 339 é subjetiva.

53	A	CPC, art. 496: Está sujeita ao duplo grau de jurisdição, não produzindo efeito senão depois de confirmada pelo tribunal, a sentença: I – proferida contra a União, os Estados, o Distrito Federal, os Municípios e suas respectivas autarquias e fundações de direito público; (...). § 3º Não se aplica o disposto neste artigo quando a condenação ou o proveito econômico obtido na causa for de valor certo e líquido inferior a: I – 500 (quinhentos) salários-mínimos para os Estados, o Distrito Federal, as respectivas autarquias e fundações de direito público e os Municípios que constituam capitais dos Estados. Súmula 45 do STJ – No reexame necessário é defeso, ao Tribunal, agravar a condenação imposta à Fazenda Pública. *Vide* art. 100, § 8º, CF/88. Observação: O recebimento de crédito em face da Fazenda Pública ocorre por meio de precatório ou requisição de pequeno valor (RPV). Quando o valor ultrapassa o limite para recebimento por meio de RPV, não é possível o fracionamento para receber em parte por precatório e em parte por RPV. O que se admite é a renúncia proporcional do crédito, a fim de que o recebimento seja mais célere, e obtido por meio de RPV.
54	D	CPC, art. 356: O juiz decidirá parcialmente o mérito quando um ou mais dos pedidos formulados ou parcela deles: (decisão interlocutória de mérito). I – mostrar-se incontroverso; II – estiver em condições de imediato julgamento, nos termos do art. 355. *Vide* os demais parágrafos do art. 356.
55	B	CPC, art. 515: São títulos executivos judiciais, cujo cumprimento dar-se-á de acordo com os artigos previstos neste Título: VII – a sentença arbitral; § 1º Nos casos dos incisos VI a IX, o devedor será citado no juízo cível para o cumprimento da sentença ou para a liquidação no prazo de 15 (quinze) dias.
56	B	Lei n. 12.153/2009 – art. 3º: O juiz poderá, de ofício ou a requerimento das partes, deferir quaisquer providências cautelares e antecipatórias no curso do processo, para evitar dano de difícil ou de incerta reparação. art. 4º Exceto nos casos do art. 3º, somente será admitido recurso contra a sentença. *Vide* ainda os Enunciados 418 FPPC e 26 e 163 do FONAJE.

Direito Penal [57-62]		
Nº	Gabarito	Comentários
57	A	(B), (C) e (D) Erradas. (A) Certa. Na 156ª edição da publicação "Jurisprudência em Teses", o STJ trouxe o seguinte posicionamento, repetido em diversos julgados da Corte: "Nas hipóteses em que há imprecisão acerca do número exato de eventos abusivos à dignidade sexual da vítima, praticados em um longo período de tempo, é adequado o aumento de pena pela continuidade delitiva (art. 71 do CP) em patamar superior ao mínimo legal".
58	D	(A) e (C) Erradas. Na omissão de socorro e na condescendência criminosa, temos crimes omissivos próprios, em que a conduta consiste em deixar de fazer algo. Por não ser possível tentar deixar de fazer, são delitos incompatíveis com a tentativa (crimes unissubsistentes); (B) Errada. O crime de afastamento de licitante é classificado como de atentado ou de empreendimento. Ou seja, a tentativa, por si só, consuma o crime; (D) Certa. Caso a vítima sobreviva, o latrocínio é punido como tentado. Nesse sentido, Súmula 610 do STF: "Há crime de latrocínio, quando o homicídio se consuma, ainda que não se realize o agente a subtração de bens da vítima".
59	D	(A) Errada. "Art. 216-A. Constranger alguém com o intuito de obter vantagem ou favorecimento sexual, prevalecendo-se o agente da sua condição de superior hierárquico ou ascendência inerentes ao exercício de emprego, cargo ou função"; (B) Errada. "Art. 215-A. Praticar contra alguém e sem a sua anuência ato libidinoso com o objetivo de satisfazer a própria lascívia ou a de terceiro"; (C) Errada. "Art. 216-B. Produzir, fotografar, filmar ou registrar, por qualquer meio, conteúdo com cena de nudez ou ato sexual ou libidinoso de caráter íntimo e privado sem autorização dos participantes"; (D) Certa. A conduta por ele praticada não se subsome aos crimes contra a dignidade sexual.
60	C	(A) Errada. "Art. 299. Omitir, em documento público ou particular, declaração que dele devia constar, ou nele inserir ou fazer inserir declaração falsa ou diversa da que devia ser escrita, com o fim de prejudicar direito, criar obrigação ou alterar a verdade sobre fato juridicamente relevante"; (B) Errada. "Art. 289. Falsificar, fabricando-a ou alterando-a, moeda metálica ou papel-moeda de curso legal no país ou no estrangeiro"; (D) Errada. "Art. 297. Falsificar, no todo ou em parte, documento público, ou alterar documento público verdadeiro"; (C) Certa. "Art. 298. Falsificar, no todo ou em parte, documento particular ou alterar documento particular verdadeiro; Parágrafo único. Para fins do disposto no *caput*, equipara-se a documento particular o cartão de crédito ou débito".
61	D	(A), (B) e (C) Erradas. (D) Certa. Para que fique configurado o crime de apropriação de coisa achada (CP, art. 169, parágrafo único, II), a inércia de quem encontrou a coisa perdida deve ser superior a 15 dias (crime a prazo).
62	B	(A) Errada. Veja a redação do art. 24-A, § 1º, da Lei n. 11.340/2006: "A configuração do crime independe da competência civil ou criminal do juiz que deferiu as medidas"; (C) Errada. Por expressa previsão do art. 41 da Lei n. 11.340/2006, não é possível a incidência da Lei n. 9.099/95; (D) Errada. É crime instantâneo; (B) Certa, nos termos do art. 24-A, § 1º, da Lei n. 11.340/2006.

Direito Processual Penal [63-68]		
Nº	Gabarito	Comentários
63	A	(A) Certa, no interrogatório policial é facultativa a assistência por advogado ou defensor público. Conforme o art. 7º, XXI, do Estatuto da OAB (Lei n. 8.906/94): "Art. 7º São direitos do advogado: (...) XXI – assistir a seus clientes investigados durante a apuração de infrações, sob pena de nulidade absoluta do respectivo interrogatório ou depoimento e, subsequentemente, de todos os elementos investigatórios e probatórios dele decorrentes ou derivados, direta ou indiretamente, podendo, inclusive, no curso da respectiva apuração". É dizer, se presente, a autoridade policial não poderá impedir que a advogado acompanhe o interrogatório, mas a sua ausência não ensejará a nulidade do ato. Isso porque o inquérito policial é procedimento informativo, de natureza inquisitorial, do qual não resultará sentença judicial imediata. (B) e (C). Erradas. A confissão do preso não impedirá a concessão de liberdade provisória, tampouco o arbitramento de fiança pela autoridade policial, inexistindo qualquer óbice legal ou constitucional nesse sentido. (D) Errada. Todo preso terá direito à audiência de custódia, independentemente da recusa em assinar a nota de culpa.
64	B	(B) Certa, *a melhor opção de atuação disponível ao advogado será requerer a* acareação das testemunhas, meio adequado para esclarecer contradições entre depoimentos, conforme o art. 229 do CPP. (A) Errada. A contradita é a impugnação da testemunha por impedimento ou suspeição, conforme o art. 214 do CPP. (C) Errada, a instauração de incidente de falsidade se aplica a documentos, conforme o art. 145 do CPP. (D) Errada. A denúncia por calúnia não é a medida processual adequada neste caso, até porque não há no enunciado da questão qualquer elemento que indique que as testemunhas atuaram com o dolo específico de caluniar.
65	B	A questão trouxe a hipótese de flagrante prorrogado, ação controlada, interdição policial, flagrante retardado, diferido, postergado, que ocorre quando as autoridades não efetuam a prisão em flagrante no exato momento em que tomam contato com o delito, adiando, prorrogando, intencionalmente, o momento da prisão, objetivando prender o maior número possível de agentes. O flagrante prorrogado atualmente está previsto no art. 8º da Lei n. 12.850/2013. O gabarito, assim, é a alternativa B. O flagrante postergado não se confunde com o flagrante esperado, quando a polícia, tendo notícias de que uma infração penal será cometida, por meio de denúncia anônima, por exemplo, passa a monitorar a atividade do possível agente criminoso de forma a observar se o crime efetivamente ocorrerá e assim ocorrendo executar a prisão em flagrante.
66	B	(B) Certa. A primeira alegação do advogado do preso deverá ser o relaxamento da prisão por força do flagrante forjado. No flagrante forjado (maquinado, urdido, fabricado) uma farsa é criada a fim de prender alguém. Isto é, há criação de provas com o objetivo de forjar a prática de um crime inexistente. (A), (C) e (D) Erradas, pois não representam a farsa do flagrante forjado.
67	C	(C) Certa. Conforme recente decisão do STF no RE 635659, cristalizada em tese de repercussão geral (Tema 506), não comete infração penal quem adquirir, guardar, tiver em depósito, transportar ou trouxer consigo, para consumo pessoal, a substância *cannabis sativa*. Obs.: Até julho de 2024 poderíamos afirmar que a alternativa (D) estava correta, pois até então o porte de droga para consumo pessoal era considerado crime de menor potencial ofensivo, razão pela qual deveria ser lavrará termo circunstanciado e não auto de prisão em flagrante, *vide* o art. 69 da Lei n. 9.099/95. (A) e (B) Erradas, pois não há obrigatoriedade na lavratura do auto de prisão em flagrante para esse delito;
68	C	(A) Certa, *vide* art. 313, § 1º, do CPP. (B) Certa, *vide* art. 312, § 1º, do CPP. (C) Errada, a prisão preventiva não pode ser decretada para antecipação de cumprimento de pena, e não há exceção para execução provisória, *vide* art. 313, § 2º, do CPP: "§ 2º Não será admitida a decretação da prisão preventiva com a finalidade de antecipação de cumprimento de pena ou como decorrência imediata de investigação criminal ou da apresentação ou recebimento de denúncia". (D) Certa, *vide* art. 315, § 1º, do CPP.

Direito Previdenciário [69-70]		
Nº	Gabarito	Comentários
69	C	Para o segurado da previdência social que exercer mais de uma atividade e for considerado incapaz definitivamente para uma delas, o auxílio por incapacidade temporária deverá ser mantido indefinidamente, não cabendo a concessão de aposentadoria por incapacidade permanente enquanto a incapacidade não se estender às demais atividades (art. 74 do Decreto n. 3.048/99).
70	A	Poderá ser computado nos termos do art. 55, II, da Lei n. 8.213/91 o período em auxílio por incapacidade temporária e a aposentadoria por incapacidade permanente ao tempo do segurado para aposentadoria desde que sejam períodos intercalados com tempo de contribuição, no mesmo sentido é a redação do art. 60, III e IX, do Decreto n. 3.048/99.

SIMULADO VIII

Direito do Trabalho [71-75]

Nº	Gabarito	Comentários
71	B	(A) Errada, vide Súmula 287 do TST. (B) Certa, com relação aos bancos, apenas o gerente geral está excluído do controle de jornada, logo não tem direito às horas extras, conforme entendimento do TST na Súmula 287. (C) Errada, vide Súmula 287 do TST. (D) Errada, vide Súmula 287 do TST.
72	C	(A) Errada, vide art. 136 da CLT. (B) Errada, vide art. 136, § 1º da CLT. (C) Certa, haja vista que somente é possível o gozo de férias em conjunto, mesmo se tratando de empregados de uma mesma família, no caso da ausência de ambos não causar prejuízos ao empregador, conforme inteligência do art. 136, § 1º, da CLT. (D) Errada, vide art. 136 da CLT.
73	A	(A) Certa, a empregada trabalhava em turno ininterrupto de revezamento, de forma que sua jornada de trabalho é limitada em seis horas diárias, conforme art. 7º, XIV, da CRFB/88. (B) Errada, vide art. 7º, XIV, da CRFB/88. (C) Errada, vide art. 7º, XIV, da CRFB/88. (D) Errada, vide art. 7º, XIV, da CRFB/88.
74	D	(A) Errada, vide Súmula 331 do TST. (B) Errada, vide Súmula 331, II, do TST. (C) Errada, vide Súmula 331 do TST. (D) Certa, a responsabilidade da administração pública na terceirização alcança as verbas de natureza indenizatória, como, por exemplo, indenização por danos morais, conforme Súmula 331, VI, do TST.
75	B	(A) Errada, vide Súmula 159, I, do TST. (B) Certa, durante substituição não eventual, o empregado substituto faz jus ao mesmo salário do empregado substituído, conforme item I da Súmula 159 do TST. (C) Errada, vide Súmula 159, II, do TST. (D) Errada, vide Súmula 159 do TST.

Direito Processual do Trabalho [76-80]

Nº	Gabarito	Comentários
76	A	O art. 789 da CLT prevê que nos dissídios individuais e nos dissídios coletivos do trabalho, nas ações e procedimentos de competência da Justiça do Trabalho, bem como nas demandas propostas perante a Justiça Estadual, no exercício da jurisdição trabalhista, as custas relativas ao processo de conhecimento incidirão à base de 2% (dois por cento), observado o mínimo de R$ 10,64 (dez reais e sessenta e quatro centavos) e o máximo de quatro vezes o limite máximo dos benefícios do Regime Geral de Previdência Social, e serão calculadas: quando houver acordo ou condenação, sobre o respectivo valor; quando houver extinção do processo, sem julgamento do mérito, ou julgado totalmente improcedente o pedido, sobre o valor da causa; no caso de procedência do pedido formulado em ação declaratória e em ação constitutiva, sobre o valor da causa ou, quando o valor for indeterminado, sobre o que o juiz fixar.
77	C	Como Ricardo não é parte no processo e a ordem foi expedida pelo juízo deprecante, aplica-se a Súmula 419 do TST, que assim prevê: "Na execução por carta precatória, os embargos de terceiro serão oferecidos no juízo deprecado, salvo se indicado pelo juízo deprecante o bem constrito ou se já devolvida a carta" (art. 676, parágrafo único, do CPC de 2015).
78	B	(A) está errada, vez que a Súmula 460 dispõe que é do empregador o ônus de comprovar que o empregado não satisfaz os requisitos indispensáveis para a concessão do vale-transporte ou não pretenda fazer uso do benefício. (B) está correta, já que a Súmula 461 prevê que é do empregador o ônus da prova em relação à regularidade dos depósitos do FGTS, pois o pagamento é fato extintivo do direito do autor (art. 373, II, do CPC de 2015). (C) está errada, uma vez que a Súmula 453 do TST estabelece que o pagamento de adicional de periculosidade efetuado por mera liberalidade da empresa, ainda que de forma proporcional ao tempo de exposição ao risco ou em percentual inferior ao máximo legalmente previsto, dispensa a realização da prova técnica exigida pelo art. 195 da CLT, pois torna incontroversa a existência do trabalho em condições perigosas. (D) errada, vide a Súmula 425 do TST.
79	A	Considerando a Súmula 418 e a OJ 376 da SDI-1, ambas do TST, a homologação de acordo constitui faculdade do juiz, inexistindo direito líquido e certo tutelável pela via do mandado de segurança, sendo certo que é devida a contribuição previdenciária sobre o valor do acordo celebrado e homologado após o trânsito em julgado de decisão judicial, respeitada a proporcionalidade de valores entre as parcelas de natureza salarial e indenizatória deferidas na decisão condenatória e as parcelas objeto do acordo.
80	D	De acordo com a Súmula 427 do TST, havendo pedido expresso de que as intimações e publicações sejam realizadas exclusivamente em nome de determinado advogado, a comunicação em nome de outro profissional constituído nos autos é nula, salvo se constatada a inexistência de prejuízo.

Folha de Análise do Simulado

Disciplina	Nº de Questões	Nº de Acertos	Nº de Erros
Direito Administrativo	05		
Direito Ambiental	02		
Direito Civil	06		
Direito Constitucional	06		
Direito do Consumidor	02		
Estatuto da Criança e do Adolescente	02		
Direitos Humanos	02		
Direito Eleitoral	02		
Direito Empresarial	04		
Ética	08		
Filosofia do Direito	02		
Direito Financeiro	02		
Direito Internacional	02		
Direito Penal	06		
Direito Previdenciário	02		
Direito Processual Civil	06		
Direito Processual Penal	06		
Direito Processual do Trabalho	05		
Direito do Trabalho	05		
Direito Tributário	05		
TOTAL	80		

EXAME DE ORDEM
SIMULADO IX

1. Raquel é advogada de Eduardo em ação de partilha de bens que litiga contra sua ex-cônjuge Bruna, representada pelo patrono Igor. Após longos meses sem solução quanto a divisão dos bens, Raquel procura diretamente Bruna e realiza acordo extrajudicial sem autorização de Eduardo e sem conhecimento de Igor. Considerando a situação descrita, assinale a alternativa correta.

(A) Diante da demora na solução do feito, o Código de Ética autoriza Raquel procurar solução extrajudicial para o caso, mesmo sem autorização do cliente.
(B) O acordo extrajudicial apenas teria validade se autorizado pelo cliente, ainda que sem conhecimento do outro advogado.
(C) O acordo extrajudicial apenas teria validade se autorizado pelo cliente e desde que exista assentimento do outro advogado.
(D) Diante da demora na solução do feito, o Código de Ética autoriza Raquel procurar solução extrajudicial para o caso, mesmo sem assentimento do outro advogado.

2. Rafael Novais, advogado e professor de Ética com mais de dez anos de experiência em Exame de Ordem, tornou-se profundo conhecedor das normas relacionadas com processos disciplinares perante o Conselho Seccional de Pernambuco. Exatamente por isso, sempre é chamado por amigos advogados para sua atuação em defesa deles nos processos disciplinares que respondam. Em contrapartida, diante do grande prestígio alcançado, foi eleito como Conselheiro do Conselho Seccional de Pernambuco. Sobre o caso concreto, responda a alternativa correta.

(A) Diante da eleição de Rafael, somente poderá atuar em processos disciplinares que tramitem perante o Conselho Seccional da OAB de Pernambuco.
(B) Diante da eleição de Rafael, somente poderá atuar em processos disciplinares que tramitem perante o Conselho Federal da OAB ou Conselhos Seccionais diferentes de Pernambuco.
(C) Diante da eleição de Rafael, somente poderá atuar em processos disciplinares que tramitem perante Subseções.
(D) Diante da eleição de Rafael, não poderá atuar em processos disciplinares que tramitem perante qualquer órgão da entidade, salvo em causa própria.

3. Camilo é advogado de Jorge em ação proposta em face do condomínio em que reside, objetivando a condenação em indenizações por danos materiais e morais oriundos de acidentes decorrentes de obras realizadas. Ao tomar conhecimento de que a lide proposta poderia ser enquadrada como temerária, fruto de possível conluio entre o autor e seu patrono, o advogado do condomínio requereu que ambos apresentassem seus aparelhos telefônicos para realização de perícia capaz de identificar o conteúdo de mensagens trocadas em aplicativos de conversas instantâneas. Sobre o caso narrado, assinale a opção incorreta.

(A) Camilo e Jorge devem apresentar os aparelhos telefônicos para perícia, pois essas mensagens trocadas entre eles constituem documentos públicos e servem como prova em juízo.
(B) Camilo não deve desaconselhar lide temerária, a partir de um juízo preliminar de viabilidade jurídica.
(C) Camilo e Jorge não estão obrigados na apresentação dos aparelhos telefônicos para perícia, bem como essas mensagens estão protegidas pelo sigilo profissional.
(D) Sendo confirmada a lide temerária e o conluio por outros meios, Camilo e Jorge serão responsáveis solidariamente pelos danos ocasionados a parte contrária.

4. Encerrada audiência de instrução e julgamento em feito de natureza cível, o Magistrado solicitou que o advogado Samuel permanecesse na unidade para participação da audiência seguinte, na qual seria nomeado defensor dativo do réu. O Magistrado afirmou se tratar de ação da mesma matéria e que, mesmo existindo Defensor Público disponível, a audiência não poderia atrasar em face de compromissos pessoais. Sobre o caso narrado, assinale a alternativa correta.

(A) O advogado poderá recusar-se em participar na referida audiência sem que isso configure infração disciplinar, em razão da existência de Defensor Público disponível.
(B) O advogado praticou infração ética em decorrência da recusa por se tratar do mesmo tema que envolveu a audiência anterior, independentemente da existência de Defensor Público disponível.
(C) O advogado poderá recusar-se em participar da referida audiência sem que isso configure infração disciplinar, ainda que não existisse Defensor Público disponível.
(D) O advogado praticou infração ética em decorrência da recusa, diante da necessidade de não ocorrer atrasos que possam influir no compromisso pessoal do Magistrado.

5. Passando por severos problemas pessoais, o advogado Júlio realizou requerimento para determinada assistência junto à Caixa de Assistência dos Advogados criadas pelo Conselho Seccional XYZ. Dias depois, em visita a Subseção Alpha, também integrante do Conselho Seccional XYZ, tomou conhecimento quanto a decisão de indeferimento do pedido de assistência proferido pela Caixa de Assistência dos Advogados. Nesses termos, conforme estabelece o Estatuto da Advocacia, cabe recurso a:

(A) Subseção Alpha.
(B) Conselho Federal da OAB.
(C) Conselho Seccional XYZ.
(D) Conselho Seccional Alpha.

6. O advogado Rafael foi até determinada delegacia de polícia objetivando ter acesso a inquérito policial no qual seu cliente estava sendo investigado. Ao se dirigir até o Delegado de Polícia, recebeu a informação de que essas investigações não ficariam disponíveis para acesso por parte de advogados, mesmo que já finalizadas e sem risco de comprometimento das diligências. Não concordando com a situação relatada, Rafael questiona o Delegado de Polícia e lhe informa que o Estatuto da Advocacia consagra seu direito de acesso a essas investigações. Em resposta, a autoridade policial lhe desferiu palavras de baixo calão, humilhando e ameaçando publicamente o advogado. Sobre o caso narrado, assinale a alternativa correta:

(A) O Delegado agiu corretamente, pois em nenhuma hipótese inquéritos policiais serão apresentados para advogados.
(B) O Delegado não agiu corretamente apenas em relação aos insultos e ameaças, sendo correta a limitação aos inquéritos policiais.
(C) O Delegado não agiu corretamente apenas em relação a limitação aos inquéritos policiais, não sendo hipótese de desagravo insultos, ameaças ou humilhações.
(D) O Delegado não agiu corretamente na limitação do acesso ao inquérito policial, bem como constitui hipótese de desagravo insultos, ameaças ou humilhações.

7. Objetivando alavancar sua carreira profissional, a advogada Adelza pretende atuar *pro bono* em favor de certos clientes que, mesmo possuindo condições financeiras, poderiam ajudar na divulgação de seus serviços, mediante a captação de clientela. Sobre o caso proposto, segundo o Código de Ética,

(A) a advogada Adelza poderá atuar *pro bono* para qualquer cliente, pessoa física ou jurídica, tendo ou não condições financeiras de contratar advogados.
(B) a advogada Adelza não poderá atuar *pro bono* quando o cliente possui condições financeiras para contratar advogados, bem como utilizar dessa atividade para captação de clientes.
(C) a advogada Adelza poderá atuar *pro bono* para qualquer cliente, pessoa física ou jurídica, tendo ou não condições financeiras de contratar advogados. Porém, não poderá utilizar essa atividade para captação de clientes.
(D) a advogada Adelza não poderá atuar *pro bono* quando o cliente possui condições financeiras para contratar advogados. Porém, poderá utilizar dessa atividade para captação de clientes.

8. Em cartões de visita, o advogado:

(A) não poderá informar o endereço de seu escritório, mas poderá colocar sua fotografia pessoal.
(B) não poderá colocar sua fotografia pessoal, mas poderá colocar fotografia do escritório.
(C) não poderá colocar sua fotografia pessoal, mas poderá colocar qualquer cargo público já ocupado.
(D) não poderá colocar qualquer cargo público já ocupado, mas poderá colocar sua fotografia pessoal.

9. No tocante às lacunas, espécie de omissão involuntária, detectada no texto de uma lei, da regulamentação de determinada espécie de caso, pergunta-se: Tal omissão é resolvida mediante técnicas que estão no gênero:

(A) da principiologia jurídica.
(B) da concentração constitucional.
(C) da integração Jurídica.
(D) do pragmatismo jurídico.

10. O filósofo do direito Hans Kelsen buscou eliminar do Direito toda influência psicológica, sociológica e religiosa. Isso se traduz na obra:

(A) Teoria do Ordenamento Jurídico.
(B) Teoria Pura do Direito.
(C) Teoria Tridimensional do Direito.
(D) Teoria do Direito Positivo.

11. Um proprietário rural teve parte de suas terras desapropriadas para fins de reforma agrária, com base na alegação de que a propriedade não estava cumprindo sua função social. O proprietário ajuizou ação contestando a desapropriação. Com base no art. 5º, incisos XXII e XXIII, da Constituição Federal e na jurisprudência do STF, é correto afirmar que:

(A) O direito de propriedade é absoluto e não pode ser limitado pela função social.
(B) O direito de propriedade deve atender à função social, e o não cumprimento desse requisito pode justificar a desapropriação.
(C) A desapropriação para fins de reforma agrária é inconstitucional, pois viola o direito de propriedade.
(D) A função social da propriedade é um princípio programático e não pode fundamentar desapropriações.

12. João, servidor público efetivo, deseja se candidatar ao cargo de deputado estadual nas próximas eleições. Ele está preocupado com as consequências sobre seu cargo público caso seja eleito. Considerando a Constituição Federal de 1988, qual seria a situação de João caso seja eleito deputado estadual?

(A) João será obrigado a se exonerar do cargo público efetivo antes de assumir o mandato de deputado estadual.
(B) João deverá afastar-se do cargo público efetivo enquanto durar o mandato de deputado estadual.
(C) João poderá acumular o cargo público efetivo com o mandato de deputado estadual, desde que haja compatibilidade de horários.
(D) João perderá automaticamente o cargo público efetivo ao registrar sua candidatura a deputado estadual.

13. Durante seu mandato, o Presidente da República, ao enfrentar uma grave crise econômica, decide emitir medida provisória que vise a detenção de ativos financeiros. Essa medida inclui o sequestro de bens e de poupança popular. Um grupo de contribuintes questiona a constitucionalidade dessa medida, argumentando que o Presidente extrapolou suas competências. Considerando a Constituição Federal de 1988, é correto afirmar que:

(A) O Presidente da República pode sequestrar ativos financeiros por meio de medidas provisórias, desde que sejam confirmadas pelo Congresso Nacional.
(B) O Presidente da República pode deter ativos financeiros desde que não sequestre o dinheiro da poupança popular.
(C) O sequestro de bens por medidas provisórias é constitucional, desde que respeite o princípio da proporcionalidade.
(D) A edição de medida provisória que vise a detenção ou seqüestro de bens, de poupança popular ou qualquer outro ativo financeiro é inconstitucional.

14. Durante uma investigação conduzida pelo Ministério Público Estadual, um promotor de justiça determinou a quebra do sigilo bancário de um suspeito sem a autorização prévia do Poder Judiciário, alegando urgência na obtenção das informações para prevenir a continuidade de um crime. Posteriormente, o advogado do suspeito questionou a legalidade da medida, argumentando que a quebra do sigilo bancário sem autorização judicial seria inconstitucional.

Com base na situação apresentada, assinale a alternativa correta sobre as funções essenciais à justiça:

(A) O Ministério Público tem poderes investigatórios próprios, mas a quebra de sigilo bancário depende de prévia autorização judicial, sob pena de nulidade da prova obtida.
(B) A Constituição Federal permite ao Ministério Público a quebra de sigilo bancário de forma autônoma em casos de urgência, dispensando a autorização judicial.
(C) O promotor de justiça agiu dentro dos limites constitucionais, pois a urgência do caso justifica a quebra de sigilo bancário sem autorização judicial.
(D) A quebra de sigilo bancário pelo Ministério Público é constitucional desde que esteja fundamentada em investigação criminal, não necessitando de autorização judicial.

15. Em 2022, foi publicada uma lei federal que estabelecia novos critérios para a aposentadoria dos servidores públicos federais. A lei foi contestada por meio de uma Ação Declaratória de Constitucionalidade (ADC) ajuizada pelo Presidente da República, com o objetivo de assegurar a validade da norma diante das inúmeras ações judiciais que questionavam sua constitucionalidade. Com base no exposto, assinale a alternativa correta:

(A) A ADC pode ser proposta pelo Presidente da República, não sendo necessário que demonstre a pertinência temática para entrar com a ação.
(B) A ADC não pode ser proposta pelo Presidente da República, pois se trata de uma ação destinada exclusivamente ao Congresso Nacional.
(C) A ADC tem por objetivo declarar a constitucionalidade de lei ou ato normativo federal, estadual ou municipal.
(D) Em sede de ADC, o STF não pode conceder medida cautelar para suspender os efeitos de decisões judiciais contrárias à norma impugnada.

16. Paula teve sua casa invadida pela polícia sem mandado judicial. Os policiais alegam que havia suspeita de um crime em andamento e, por isso, não precisaram de autorização judicial para a entrada. Com base no art. 5º da Constituição Federal e na jurisprudência do STF, assinale a alternativa correta:

(A) A polícia pode entrar na casa de Paula sem mandado a qualquer momento, se houver suspeita de crime.
(B) A entrada na casa de Paula sem mandado é permitida apenas durante o dia.

(C) A inviolabilidade do domicílio é garantida, exceto em casos de flagrante delito, desastre ou para prestar socorro.
(D) A polícia agiu corretamente, pois a suspeita de crime em andamento dispensa o mandado judicial em qualquer circunstância.

17. A Convenção de Belém do Pará (1994) reconhece a violência contra a mulher como:

(A) Uma questão cultural que não deve ser interferida.
(B) Um problema exclusivo das nações em desenvolvimento.
(C) Uma violação dos direitos humanos.
(D) Uma questão de segurança nacional.

18. O Estatuto da Pessoa Idosa (Lei n. 10.741/03, alterada pela Lei n. 14.423/22) descreve direitos fundamentais garantidos às pessoas idosas. Aponte abaixo um deles:

(A) Direito ao voto facultativo.
(B) Direito à saúde, alimentação, educação, cultura, esporte, lazer, trabalho, cidadania, liberdade, dignidade, respeito e convivência familiar e comunitária.
(C) Direito à isenção de todos os impostos.
(D) Direito ao transporte público gratuito apenas em dias úteis.

19. Joãozinho é feirante na Cidade Delta, por ter atuação efetiva na associação dos feirantes, sempre na defesa dos interesses da sua classe, acabou se tornando muito popular e o seu nome começou a aparecer nas intenções de votos de votos para sucessão do Executivo local. Empolgado com a possibilidade de ser o novo prefeito da cidade, Joãozinho está preocupado quanto ao fato de não ter documento que comprove a sua escolarização, documento este que, segundo seus adversários, é imprescindível para comprovação da alfabetização de todos os candidatos.

Diante de tal situação, Joãozinho consultou um advogado que lhe respondeu corretamente

(A) Analfabetos não podem exercer direitos políticos.
(B) A Carteira Nacional de Habilitação é elemento que comprova a alfabetização.
(C) O juiz eleitoral poderá convocar prova pública para que os candidatos sem documentação de escolarização comprovem a sua alfabetização.
(D) Somente certificados ou diplomas emitidos por instituições de ensino, regularmente cadastradas no Ministério da Educação, nas secretarias estaduais ou municipais de educação, dispõem de validade perante a Justiça Eleitoral para fins de comprovação da escolarização do candidato.

20. Caio foi eleito deputado estadual pelo partido Alfa. Poucos meses depois da eleição, o seu partido foi incorporado pelo partido Delta. Insatisfeito com a incorporação, Caio ingressou em nova agremiação partidária, razão pela qual o partido Delta ingressou na Justiça Eleitoral com ação de perda de mandato eletivo alegando infidelidade partidária.

Diante da situação, Caio contratou você, como advogado, para atuar no processo. Assim, com base na jurisprudência do Tribunal Superior Eleitoral e na legislação em vigor, você deverá alegar que

(A) incompetência da Justiça Eleitoral, uma vez que fidelidade partidária é matéria *interna corporis* do partido, motivo pelo qual o foro competente é a Justiça comum.
(B) Caio deve fidelidade ao partido Delta.
(C) Caio dispõe de justa causa para mudar de partido, porque a incorporação ao partido Delta fulminou o programa do partido pelo qual ele foi eleito.
(D) A incorporação de partido é justa causa para mudança de partido, conforme disposto expressamente na Constituição Federal.

21. Petroneo, estrangeiro, casou-se com Livia, por quem se apaixonou quando passou as férias em Trancoso. O casal tem um filho, Davi, de dois anos. Residente no Brasil há mais de cinco anos, Petroneo é acusado de ter cometido um crime em outro país. Como o Brasil possui promessa de reciprocidade com o referido país, este encaminha ao governo brasileiro o pedido de extradição de Petroneo. Nesse caso, o governo brasileiro:

(A) não pode conceder a extradição, porque Petroneo tem um filho brasileiro.
(B) pode conceder a extradição, por meio de ordem expedida por um juiz federal.
(C) pode conceder a extradição, desde que cumpridos os requisitos legais da Lei de Migração.
(D) não pode conceder a extradição, pois somente seria possível se houvesse tratado de extradição com o país de origem de Petroneo.

22. Com relação a Convenção de Viena sobre Direitos dos Tratados, assinale a opção correta:

(A) Para os fins da Convenção, "tratado" significa qualquer acordo internacional concluído por escrito entre Estados.
(B) Os Estados não podem formular reservas em nenhum tratado internacional.
(C) Um Estado não poderá invocar o seu direito interno para justificar o descumprimento de obrigações assumidas em um tratado internacional devidamente internalizado.
(D) Os tratados internacionais não precisam respeitar as normas de *jus cogens*.

23. No Município de Palmeiras, a administração tem adotado uma prática de somente realizar verificações posteriores às execuções orçamentárias para avaliar sua legalidade. Marina, uma estudiosa do direito financeiro, argumentou que essa prática contraria a Lei n. 4.320/64.

De acordo com a Lei n. 4.320/64, a verificação da legalidade dos atos de execução orçamentária:

(A) deve ser somente prévia, para assegurar que a execução esteja de acordo com o planejamento.
(B) pode ser apenas concomitante, acompanhando o passo a passo da execução orçamentária.
(C) deve ser realizada somente de forma subsequente, após a execução, para conferir sua conformidade legal.
(D) será prévia, concomitante e subsequente, garantindo o acompanhamento em todas as fases da execução orçamentária.

24. Joana, servidora pública aposentada, obteve uma decisão judicial definitiva em seu favor que reconheceu o direito a uma indenização do Estado de Montanha Alta. Em razão disso, o valor a ser pago foi inscrito em precatório. Diante de uma necessidade financeira imediata, Joana decidiu ceder parte de seu crédito a uma empresa especializada em compra de precatórios. A respeito dessa cessão e com base na Constituição Federal, é correto afirmar que:

(A) Joana não pode ceder seu crédito sem a concordância expressa do Estado de Montanha Alta.
(B) a empresa que comprou o precatório de Joana terá os mesmos direitos que ela, incluindo a preferência para pagamento em razão de sua idade.
(C) a cessão do crédito em precatório é proibida pela Constituição, sendo nulos quaisquer contratos que tenham tal objeto.
(D) Joana pode ceder total ou parcialmente seu crédito em precatório a terceiros, sem necessidade de concordância do devedor, mas o cessionário não terá os direitos de preferência previstos nos §§ 2º e 3º, como pagamento prioritário para titulares com 60 anos ou mais, portadores de doença grave ou pessoas com deficiência.

25. Determinada autarquia federal é proprietária de diversos veículos automotores recentemente adquiridos. Mesmo diante da vinculação da utilização desses veículos às suas finalidades essenciais, a autarquia foi surpreendida com a cobrança de IPVA pelo Estado responsável pelos respectivos licenciamentos.

Com base na hipótese sugerida, assinale a afirmativa correta.

(A) A cobrança é constitucional, sendo a hipótese fato gerador do IPVA.
(B) A cobrança é constitucional, tendo em vista o princípio da capacidade contributiva.
(C) A cobrança é inconstitucional, por se tratar de isenção fiscal.
(D) A cobrança é inconstitucional, por tratar de hipótese de imunidade tributária.

26. Medida Provisória editada pelo chefe do poder executivo da União, em 29-9-2021, estabeleceu, entre outras providências, a majoração para as diversas faixas de alíquotas previstas na para o imposto de renda das pessoas físicas.

Nesse caso, com base no sistema tributário nacional, tal Medida Provisória:

(A) não viola o princípio da legalidade e produz efeitos desde a data de sua publicação.
(B) violaria o princípio da legalidade, por incompatibilidade com o processo legislativo constitucional.
(C) não viola o princípio da legalidade e produz efeitos a partir de 90 (noventa) dias contados a partir da data de sua publicação.
(D) não violaria o princípio da legalidade e só produzirá efeitos a partir do primeiro dia do exercício financeiro subsequente à data de sua conversão em lei.

27. A União instituiu imposto novo e não previsto na CRFB mediante lei complementar, cujo fato gerador é a propriedade de veículos de duas rodas não motorizados, sendo certo que o referido imposto adota fato gerador e base de cálculo diferente dos demais impostos discriminados na Constituição.

Nessa situação, a União terá feito uso de competência:

(A) comum.
(B) residual.
(C) cumulativa.
(D) extraordinária.

28. Determinados impostos podem ter suas alíquotas ajustadas por ato do Poder Executivo, desde que atendido os requisitos. Com essa premissa, assinale a opção que indica um imposto passível dessa alteração por ato do Poder Executivo:

(A) Imposto sobre Operações Financeiras (IOF); Imposto sobre a Propriedade Territorial Rural (ITR); Imposto de Renda (IR).
(B) Imposto sobre a Exportação (IE); Imposto sobre Grandes Fortunas (IGF); e Imposto sobre a Importação (II).
(C) Imposto sobre a Propriedade Territorial Rural (ITR); Imposto de Renda (IR); e Imposto sobre Grandes Fortunas (IGF).
(D) Imposto sobre Produtos Industrializados (IPI); Imposto sobre Operações Financeiras (IOF); e Imposto sobre a Importação (II).

29. J. K. Coelho Ltda., editora de livros e revistas, bem como outros artigos e publicações, recebeu auto de infração do Estado onde mantém a sua sede, pelo não recolhimento de ICMS incidente sobre álbum de figurinhas.

Segundo o entendimento jurisprudencial dos Tribunais Superiores, tal cobrança é:

(A) inconstitucional, sendo hipótese de aplicação de isenção tributária.
(B) inconstitucional, sendo hipótese de aplicação de imunidade tributária.
(C) constitucional, não sendo hipótese de aplicação da imunidade tributária.
(D) inconstitucional, por estar o referido tributo adstrito à competência tributária da União Federal.

30. A sociedade empresária ABC, através de seus representantes, concedeu de maneira direta benefícios impróprios a um funcionário público da Secretaria Estadual de Saúde com a intenção de manipular a imparcialidade do processo licitatório público.

Tomando por base o ato praticado e o que dispõe a Lei n. 12.846/2013, assinale a alternativa correta.

(A) A responsabilidade da sociedade empresária ABC exclui a responsabilidade individual de seus dirigentes ou administradores.
(B) A conduta caracteriza ato contra a administração pública, podendo a sociedade empresária ABC ser responsabilizada objetivamente, na esfera administrativa e civil.
(C) Ocorrendo alteração contratual, transformação, incorporação, fusão ou cisão societária, a responsabilidade da sociedade empresária ABC deixará de existir, sendo transferida para a sociedade sucessora.
(D) A responsabilidade da sociedade empresária ABC depende da responsabilização de seus dirigentes ou administradores ou de qualquer pessoa natural, autora, coautora ou partícipe do ato ilícito.

31. A Secretaria de Saúde do Estado Alfa firmou contrato administrativo com uma empresa que oferece serviços contínuos de limpeza. Marcos, que é um funcionário da empresa contratada, afirmou que alguns encargos trabalhistas não foram devidamente pagos. Em resposta a isso, ele apresentou uma solicitação à Secretaria de Saúde do Estado Alfa para que esses valores sejam satisfeitos.

Considerando a situação hipotética e a jurisprudência do STF, é correto afirmar que:

(A) o inadimplemento dos encargos trabalhistas dos empregados da empresa contratada não transfere automaticamente para a Secretaria de Saúde do Estado Alfa a responsabilidade pelo seu pagamento, seja em caráter solidário ou subsidiário.
(B) a Secretaria de Saúde do Estado Alfa deverá satisfazer em caráter solidário e subsidiário todas as indenizações trabalhistas não satisfeitas pela empresa contratada, inclusive reparação a título de danos morais em favor de Marcos.
(C) a Secretaria de Saúde do Estado Alfa tem automática responsabilidade pelos encargos trabalhistas não satisfeitos pela empresa contratada, mas apenas em caráter subsidiário.
(D) a Secretaria de Saúde do Estado Alfa tem automática responsabilidade pelos encargos trabalhistas não satisfeitos pela empresa contratada, mas apenas em caráter solidário.

32. *Soluções Eficazes*, empresa concessionária do serviço público de coleta, transporte, tratamento e disposição final de esgoto sanitário, não está cumprindo suas responsabilidades de maneira satisfatória. Isso resultou em várias queixas registradas junto à administração do Município Alfa, que identificou evidências de que o serviço está sendo prestado de modo inadequado e deficiente, em desacordo com as diretrizes estabelecidas para garantir a qualidade do serviço. Além disso, está ocorrendo o descumprimento de cláusulas contratuais e obrigações legais.

Considerando a Lei n. 8.987/95, poderá o Município Alfa extinguir a concessão por:

(A) anulação.
(B) caducidade.
(C) rescisão.
(D) encampação

33. Um edifício de propriedade do Município Beta abriga as atividades esportivas oferecidas para crianças e adolescentes pela municipalidade. De acordo com os princípios do Direito Administrativo que regulam a classificação de bens públicos, estes possuem certas características especiais resultantes do regime jurídico de direito público. Isso inclui, por exemplo:

(A) prescritibilidade e impenhorabilidade.
(B) penhorabilidade e imprescritibilidade.
(C) não onerabilidade e imprescritibilidade.
(D) não onerabilidade e penhorabilidade.

34. Após sair vitoriosa em um procedimento licitatório, Teresa estabeleceu um contrato administrativo com a administração municipal de Beta para fazer uso de um espaço público específico, no caso, um box localizado na feira municipal. Esse contrato tem um prazo definido.

Dessa forma, à Teresa foi conferido pelas autoridades públicas o uso especial de um bem público por meio de:

(A) autorização de uso, de modo que a extinção antes do prazo fixado assegura a Teresa, em tese, direito à indenização.
(B) permissão de uso, de modo que a extinção antes do prazo fixado não assegura a Teresa direito à indenização.
(C) concessão de uso, de modo que a extinção antes do prazo fixado garante a Teresa, em tese, direito à indenização.
(D) concessão de direito real de uso, de modo que a extinção antes do prazo fixado não assegura a Teresa direito à indenização.

35. Calçados Ltda., sociedade empresária que atua na fabricação de calçados e componentes para calçados, pretende instalar, no Município Gama, do Estado Alfa, uma nova unidade produtiva que pode causar impacto ambiental de âmbito local. Dessa forma, o ente competente para realização da ação administrativa de licenciamento ambiental da nova unidade produtiva será:

(A) a União, conforme tipologia definida pelo Conselho Estadual de Meio Ambiente do Estado Alfa, considerados os critérios de porte, potencial poluidor e natureza da atividade.
(B) a União e o Município Gama, conforme tipologia definida pelo Conselho Estadual de Meio Ambiente do Estado Alfa, considerados os critérios de porte, potencial poluidor e natureza da atividade.
(C) o Município Gama, conforme tipologia definida pelo Conselho Estadual de Meio Ambiente do Estado Alfa, considerados os critérios de porte, potencial poluidor e natureza da atividade.
(D) o Estado em que se localiza o Município Gama, conforme tipologia definida pelo Conselho Estadual de Meio Ambiente do Estado Alfa, considerados os critérios de porte, potencial poluidor e natureza da atividade.

36. O Presidente da República pretende criar, por Decreto, no Estado Alfa, a Estação Ecológica Beta. Com relação à situação proposta, assinale a opção que se harmoniza com a legislação ambiental.

(A) Na criação da Estação Ecológica Beta não é obrigatória a realização de estudos técnicos.
(B) Na criação da Estação Ecológica Beta é obrigatória a realização de consulta pública.
(C) A criação da Estação Ecológica Beta deve ser precedida de estudos técnicos e de consulta pública que permitam identificar a localização, a dimensão e os limites mais adequados para a unidade, conforme se dispuser em regulamento.
(D) Na criação da Estação Ecológica Beta não é obrigatória a realização de consulta pública.

37. Antônia deve para Fernanda aproximadamente R$ 50.000,00, em decorrência de um empréstimo recebido para custear a compra de uma franquia. Por não ter conseguido juntar esse valor, a devedora ofereceu como forma de pagamento da dívida o seu carro que possuía valor correspondente ao saldo devedor. Entendendo ser uma boa proposta, a credora aceitou o acordo. Ao dirigir o carro e ser parada em uma *blitz* pela polícia, descobriu que o veículo era produto de roubo anterior.

Assinale a alternativa correta:

(A) Se Fernanda for evicta da coisa recebida em pagamento, restabelecerá a obrigação primitiva, ficando sem efeito a quitação dada, ressalvados os direitos de terceiro.
(B) Fernanda não poderia ter consentido em receber prestação diversa da que lhe é devida, apenas podendo receber como pagamento coisas fungíveis.
(C) Determinando o preço da coisa que será dada em pagamento, a relação entre Fernanda e Antônia regular-se-ão pelas normas da novação.
(D) Fernanda será obrigada a receber prestação diversa da que lhe é devida, se mais valiosa.

38. Ronaldo, proprietário de um terreno localizado na zona rural da cidade de Cajuru/SP, recebeu na porta de sua casa uma carta em tom de ameaça na qual dizia que deveria realizar um acordo de transação com um dos representantes de um Movimento Popular. Nessa transação, seria transferida parte da sua propriedade, de forma gratuita, para algumas famílias sem moradia fixa, caso contrário, colocariam fogo em toda residência. Desesperado com o fato, Ronaldo acabou por assinar o documento cedendo parte da sua propriedade.

Sobre o caso apresentado, assinale alternativa correta:

(A) O acordo de transação é anulável, por ter sido realizado com ausência de vontade do proprietário do terreno.
(B) O acordo de transação é nulo, por ter sido realizado com dolo iminente.
(C) O acordo de transação é anulável, por conter vício resultante de coação.
(D) O acordo de transação é nulo, por ter sido realizado em estado de perigo.

39. Cátia, recém-aprovada no exame da Ordem dos Advogados, residente na cidade de Porto Alegre/RS, decide abrir o seu primeiro escritório na cidade Caxias do Sul/RS, onde exerce a advocacia de segunda a sexta-feira, no horário comercial. Questionada por um dos seus clientes sobre qual seria o seu domicílio profissional, a advogada informou que, de acordo com o Código Civil, apenas poderia ser considerado como seu domicílio o município de Natal, local este onde residia com sua família.

Assinale a alternativa correta.

(A) Não poderá ser considerado domicílio da advogada, quanto às relações concernentes à profissão, o lugar onde está é exercida.
(B) Caso Cátia expanda filiais do seu escritório para lugares diversos, cada um deles constituirá domicílio para as relações que lhe corresponderem.
(C) O domicílio da advogada é o lugar onde ela estabeleça a sua residência, neste caso, Porto Alegre/RS, ainda que sem ânimo definitivo.
(D) Na hipótese de Cátia deixar de ter residência habitual, será considerado seu domicílio o último lugar em que morou.

40. Judite, admiradora e criadora de cavalos, adquiriu de Evilázio e de sua sócia no negócio, Cássia, um cavalo para praticar o seu esporte. Por conveniência das partes, o preço foi pago antecipadamente, fixaram a data para a entrega do animal e, na hipótese de perecimento do cavalo, uma multa de 50% sobre o valor adiantado. No dia da entrega do animal, Evilázio, ao conduzir o veículo de transporte, empreende manobra arriscada onde não era possível ultrapassar e, ao sair da pista, tomba com o veículo, vindo o cavalo a óbito. Evilázio sobrevive. Diante desta situação, Judite faz jus:

(A) à cláusula penal convencionada, apenas, que deverá ser paga por Evilázio e sua sócia.
(B) ao valor antecipado e à multa, que serão rateados pelos vendedores, cabendo a Cássia o regresso dos valores.
(C) ao valor antecipado, devido por qualquer dos sócios e à multa, devida apenas por Evilázio.
(D) ao preço, rateado pelos vendedores e à multa, devida em sua integralidade por Evilázio e na metade, por sua sócia.

41. Reginaldo é sócio, juntamente com seu irmão Marcelo, da pessoa jurídica Dois Irmãos Ltda. Marcelo, sem o conhecimento de Reginaldo, começa a desviar valores das contas da empresa, emitindo notas fiscais frias, para Everton, amigo de Marcelo. Por conta dos desvios realizados por Marcelo, a empresa para de pagar seus fornecedores, que demandaram judicialmente visando receber os valores devidos. Reginaldo descobriu que seu irmão lhe havia traído e entrou em profunda depressão. Os fornecedores requereram a desconsideração da personalidade jurídica, para que pudessem satisfazer seus créditos com o patrimônio pessoal de Reginaldo e Marcelo.

Com base nessa situação hipotética, assinale a alternativa correta.

(A) Pode haver a desconsideração da personalidade jurídica e os bens de Reginaldo e Marcelo irão responder pelas dívidas da empresa, em razão do desvio de finalidade.
(B) Os bens pessoais de Reginaldo não podem responder pelas dívidas da empresa, tendo em vista que não houve ato doloso de sua parte, bem como ele não se beneficiou direta ou indiretamente dos desvios.
(C) Apenas os bens de Everton podem ser alcançados pela desconsideração da personalidade jurídica, pois, apesar de não ser sócio, praticou atos dolosos de confusão patrimonial.
(D) Apenas se for comprovada a culpa grave de Marcelo na administração da pessoa jurídica é que poderá ser realizada a desconsideração da personalidade jurídica e seus bens pessoais responderem pelas dívidas da Dois Irmãos Ltda.

42. Com efeito, nasce para o titular a pretensão, assim que violado o direito, a qual se extingue, pela prescrição, ao contrário do que ocorre com a decadência, que atinge o direito potestativo. Analisando os prazos prescricionais no Código Civil, assinale a alternativa correta:

(A) Prescreve em dois anos a pretensão para haver prestações alimentares, a partir da data em que se vencerem.
(B) Prescreve em um ano a pretensão para haver pagamento de título de crédito, a contar do vencimento, ressalvadas as disposições de lei especial.
(C) Prescreve em cinco anos a pretensão dos hospedeiros ou fornecedores de víveres destinados a consumo no próprio estabelecimento, para o pagamento da hospedagem ou dos alimentos.
(D) Prescreve em três anos a pretensão de cobrança de dívidas líquidas constantes de instrumento público ou particular.

43. Felipe e Juliana têm cinco filhos e ela está grávida novamente. Eles são pais trabalhadores e dedicados com seus filhos. Porém, estão com medo de perdê-los para adoção, pois ouviram onde moram que outras crianças foram adotadas contra a vontade dos pais, por diversos motivos que vão desde a falta de condições financeiras até a prisão de um dos genitores. Eles precisam, semanalmente, da ajuda de outros para dar comida aos filhos e para cuidá-los para que possam trabalhar. Para piorar, Felipe já foi detido uma vez. Uma ONG visita-os e eles aproveitam para perguntar aos advogados que acompanham a ação assistencial sobre a perda da guarda. Assinale a alternativa correta a respeito.

(A) A falta ou a carência de recursos materiais não constitui motivo suficiente para a perda ou a suspensão do poder familiar.
(B) A condenação criminal do pai ou da mãe, em geral, implicará a destituição do poder familiar.
(C) A perda ou suspensão do poder familiar poderá ser decretada pelo Conselho Tutelar depois do procedimento contraditório com os pais biológicos.
(D) A adoção independe do consentimento dos pais ou do representante legal do adotando.

44. O Estatuto da Criança e do Adolescente traz diversos direitos e obrigações em seu texto de lei. Nele, há a proteção integral à criança e ao adolescente, como princípio basilar. Segundo o seu art. 4º, "é dever da família, da comunidade, da sociedade em geral e do poder público assegurar, com absoluta prioridade, a efetivação dos direitos referentes à vida, à saúde, à alimentação, à educação, ao esporte, ao lazer, à profissionalização, à cultura, à dignidade, ao respeito, à liberdade e à convivência familiar e comunitária". Quanto ao Direito à Educação, à Cultura, ao Esporte e ao Lazer, assinale a alternativa correta.

(A) Os pais ou responsável têm a opção de matricular seus filhos ou pupilos na rede regular de ensino, pois podem adotar o *homeschooling*, já previsto na Constituição Federal.
(B) Não é dever do Estado assegurar à criança e ao adolescente oferta de ensino noturno regular.
(C) É direito dos pais ou responsáveis ter ciência do processo pedagógico, bem como participar da definição das propostas educacionais.
(D) É dever do Estado assegurar ensino superior gratuito.

45. Alessandro consultou um especialista em recuperação capilar que lhe recomendou o uso do fármaco "Capi10" por 30 dias, prometendo-lhe rápido retardamento da calvície. Ocorre que, após 12 dias de uso, todos os cabelos restantes de Alessandro caíram. Ao reportar o ocorrido ao seu médico, que é um profissional liberal, Alessandro foi informado que a dosagem deveria seguir as recomendações do fabricante. Na bula do produto, por sua vez, o fabricante informa que a dosagem deveria seguir as instruções do médico. Considerando as normas protetivas à saúde do consumidor e a responsabilidade dos fornecedores de produtos e serviços, é correto afirmar que:

(A) O fabricante deve responder objetivamente pelo fato do produto tendo em vista a ausência de informação clara e adequada sobre os riscos que envolvem o produto e a eventual responsabilidade do médico deverá ser apurada mediante a verificação de culpa.
(B) É do médico a responsabilidade civil objetiva pela falta de informação adequada quanto ao uso do produto e subjetiva a do fabricante quanto aos danos suportados pelo consumidor.
(C) O fabricante deve responder objetivamente pelo vício do produto tendo em vista a ausência de informação clara e adequada sobre os riscos que envolvem o produto e a eventual responsabilidade do médico deverá ser apurada mediante a verificação de culpa.
(D) O médico responde pelo vício do serviço e o fabricante pelo vício do produto, sendo de ambos a responsabilidade objetiva e solidária pelos danos causados ao consumidor.

46. Desejando ampliar suas aulas *on line*, o professor Gabriel solicitou o serviço de internet de alto desempenho da empresa Megabyte. Após a solicitação do serviço, a empresa informou ao consumidor que a instalação da internet deveria ser acompanhada de uma linha telefônica e de um plano de antivírus, sem os quais seria impossível fornecer o serviço. Considerando o caso proposto e as normas que tutelam os contratos consumeristas assinale a alternativa correta:

(A) O fornecedor de internet responde por vício do serviço, cabendo indenização por danos morais.
(B) Trata-se de prática abusiva, reprimida pelo Código de Defesa do Consumidor.
(C) Trata-se de publicidade enganosa, reprimida pelo Código de Defesa do Consumidor.
(D) Trata-se de cobrança indevida, reprimida pelo Código de Defesa do Consumidor.

47. Leonardo e Hebert são amigos e sócios da Preço Bom para Chuchu Ltda., porém, ultimamente, andam se estranhando em razão dos negócios. Decidem procurar você no seu escritório de advocacia para resolver suas dúvidas na sociedade e quanto aos direitos e deveres dos sócios. Todas as orientações a seguir estão corretas, exceto por uma, assinale.

(A) A cessão total ou parcial de quota, sem a correspondente modificação do contrato social com o consentimento dos demais sócios, não terá eficácia quanto a estes e à sociedade.
(B) O sócio não pode ser substituído no exercício das suas funções, sem o consentimento dos demais sócios, expresso em modificação do contrato social.
(C) É cabível a estipulação contratual que exclua qualquer sócio de participar dos lucros e das perdas.
(D) O sócio que, a título de quota social, transmitir domínio, posse ou uso, responde pela evicção; e pela solvência do devedor, aquele que transferir crédito.

48. Renato, um dos sócios da sociedade Cada Um no Seu Quadrado Ltda., procura você no seu escritório para saber quais são as hipóteses legais previstas no Código Civil sobre a dissolução societária. Assinale a única afirmativa que não condiz com os preceitos legais quanto à dissolução.

(A) Dissolve-se quando ocorrer o vencimento do prazo de duração, salvo se, vencido este e sem oposição de sócio, não entrar a sociedade em liquidação, caso em que se prorrogará por tempo indeterminado.
(B) Dissolve-se quando ocorrer o consenso unânime dos sócios.
(C) Dissolve-se quando ocorrer a deliberação dos sócios, por maioria simples, na sociedade de prazo indeterminado.
(D) Dissolve-se quando ocorrer a extinção, na forma da lei, de autorização para funcionar.

49. Ana Carolina foi numa loja de materiais elétricos para comprar toda a iluminação para sua casa nova. No entanto, ao passar no caixa, percebeu que tinha esquecido seus cartões no escritório, mas tinha ainda um talão de cheques em sua bolsa. O gerente autorizou o pagamento por cheque. Como ela queria pagar a prazo, pré-datou o mesmo para 30 dias. A respeito desta situação, assinale a alternativa correta.

(A) A loja pode sacar o valor antes dos 30 dias, porém, correndo o risco de responder por danos morais.
(B) A loja pode sacar o valor antes dos 30 dias, sem correr o risco de responder por danos morais, pois os cheques são pagamento à vista.
(C) A loja não pode sacar o valor antes dos 30 dias, pois o banco não aceitaria pagá-lo.
(D) A loja não pode sacar o valor antes dos 30 dias, pois o que vale é o que está registrado nele como data de pagamento.

50. Acerca do processo falimentar, assinale a alternativa correta.

(A) É cabível agravo contra decisão que decrete a falência, bem como contra sentença que julgue a improcedência do pedido de falência.
(B) A decisão que decreta a falência tem natureza constitutiva.
(C) O juízo indivisível da falência é aquele competente para conhecer todas as ações sobre bens, interesses e negócios do falido, inclusive causas trabalhistas e fiscais.
(D) As instituições financeiras se sujeitam às disposições da Lei de Recuperações e Falências.

51. Marília quer promover uma demanda em face de Cristiano, a fim de obter a revisão de um contrato e subsidiariamente, sua anulação por lesão, uma vez que, por inexperiência, assumiu obrigação desproporcional, qual seja, um imóvel cujo valor de mercado era 300 mil reais, tendo Marília efetuado o pagamento de 900 mil reais. Assim, ela deseja continuar com a casa, mas desde que Cristiano lhe devolva o valor excedente de 600 mil, ainda que de forma parcelada. Caso contrário, ela deseja a anulação do contrato e retorno ao *status quo* ante. Seu advogado Rui propôs a respectiva ação, mas esqueceu de pedir que a parte vencida pagasse os honorários advocatícios de sucumbência. Nesse contexto, assinale a alternativa correta:

(A) O caso contempla uma hipótese de cumulação de pedidos imprópria eventual.
(B) Nesta situação o valor da causa corresponde à soma dos pedidos.
(C) Tal cumulação não é admitida porque os pedidos são incompatíveis entre si.
(D) Como o pedido de condenação aos ônus de sucumbência não foi formulado, a parte vencida não pode ser condenada, sob pena de julgamento *extra petita*.

52. Helena conviveu com Manoel durante 12 anos, como se marido e mulher fossem, com o objetivo de constituírem uma família. Entretanto, após alguns desentendimentos, Helena foi tomar um café com a amiga Laura para espairecer, mas quando voltou as fechaduras tinham sido trocadas. A empregada doméstica apenas lhe informou pelo interfone que estava cumprindo ordens do patrão e que não podia deixar Helena entrar. Disse também que o patrão tinha proibido a entrada de Helena no haras do casal, tendo afirmado que passaria todos os bens para o nome de terceiros. Helena gravou a conversa e foi para um apartamento desocupado do casal passar a noite e refletir. No dia seguinte procurou um advogado para tomar uma medida judicial emergencial, a fim de obter o arrolamento e bloqueio de venda das reses e cavalos do haras do casal, e dos cachorros do canil, além de uma medida para pegar suas roupas e objetos de uso pessoal que ficaram na casa. Posteriormente, Helena apresentaria pedido principal de reconhecimento da união estável com partilha de bens. Neste cenário, assinale a alternativa correta:

(A) Neste caso é cabível uma tutela provisória de urgência antecipada antecedente.
(B) O/A advogado(a) poderá requerer uma tutela provisória de urgência cautelar antecedente.
(C) Nesta hipótese a medida judicial correta é a ação reivindicatória.
(D) O/A advogado(a) poderá requerer uma tutela provisória de urgência cautelar incidental.

53. Júlia, advogada em causa própria, está inconformada com uma sentença que lhe foi desfavorável. Então resolve apelar. Ao elaborar seu recurso, na busca de julgados do tribunal local para fundamentar sua causa de pedir recursal e obter a sonhada reforma, percebe que seu tema de direito material é relevante e com grande repercussão social, havendo alguns poucos processos no referido tribunal sobre a mesma temática, mas com resultados divergentes, razão pela qual Júlia deseja obter uma uniformização de entendimento local. A partir desses fatos, assinale a opção correta:

(A) Júlia pode suscitar um conflito de competência.
(B) Júlia pode suscitar um incidente de resolução de demandas repetitivas.
(C) Júlia pode suscitar um incidente de assunção de competência.
(D) Júlia pode interpor o recurso de embargos de divergência.

54. Osvaldo promoveu uma ação em face de Osana, que tramitou pelo procedimento comum. Ao final da fase decisória, o juiz proferiu uma sentença de improcedência de todos os pedidos de Osvaldo, utilizando como fundamentação um enunciado de Súmula desacompanhado de qualquer correlação entre o caso paradigma e o caso julgado. Nesse caso, você, na condição de advogado(a) de Osvaldo:

(A) Deve, necessariamente opor embargos de declaração diante da omissão do julgador no dever de fundamentação de suas decisões.

(B) Poderá apelar da sentença e neste recurso questionar a omissão da fundamentação.
(C) Poderá apresentar pedido de reconsideração, que interromperá o prazo para a interposição dos recursos.
(D) A decisão é irrecorrível porque o juiz não está obrigado a demonstrar que o caso sob julgamento se ajusta àqueles fundamentos determinantes para a formação da Súmula aplicada.

55. Marinalva promoveu uma execução contra Lucrécia, a fim de obter o pagamento de 100 mil reais, constante de um instrumento particular assinado pelo devedor e duas testemunhas. A executada foi citada, mas não efetuou o pagamento da dívida, muito menos ofereceu resistência. Assim, foi promovida a execução forçada e penhorado um dos imóveis de Lucrécia, avaliado em 500 mil reais. Não houve questionamento acerca da avaliação e o juiz não fixou preço mínimo. Posteriormente, o bem foi levado à hasta pública e arrematado pelo advogado de Lucrécia, pelo valor de 250 mil reais, não havendo ainda a assinatura da respectiva carta. Todavia, Lucrécia é casada no regime da comunhão parcial de bens, tendo o imóvel em questão sido adquirido durante a vigência da sociedade conjugal, e como estava separada de fato, somente na presente data seu marido Péricles descobriu o ocorrido, sendo a dívida executada exclusiva de Lucrécia. A partir desse contexto turbulento, assinale a opção correta:

(A) Péricles deve opor embargos à execução.
(B) Péricles deve opor embargos à arrematação.
(C) Péricles pode opor embargos de terceiro no prazo de cinco dias da ciência da constrição indevida na sua parte do bem indivisível.
(D) A arrematação foi devidamente aperfeiçoada, não havendo nenhuma objeção quanto ao arrematante.

56. Penélope promoveu demanda cível em face de Gláucia, tendo esta apresentado pedido reconvencional. Ao final, houve sucumbência recíproca. No último dia do prazo recursal, às 23hs, a ré apresentou apelação. Penélope, desesperada, apresentou apelação por meio eletrônico meia noite e cinco. Nesse contexto, assinale a alternativa correta:

(A) O advogado de Penélope pode interpor apelação adesiva no prazo de contrarrazões da apelação apresentada por Gláucia.
(B) O recurso de Penélope é intempestivo, podendo o juízo a quo negar seu seguimento.
(C) Nesse caso não é admissível a apelação na modalidade adesiva.
(D) A apelação adesiva apresentada por Penélope, por se tratar de um recurso acessório, dispensa o recolhimento do preparo, só exigido na apelação principal.

57. O funcionário público que pratica, deixa de praticar ou retarda ato de ofício, com infração de dever funcional, cedendo a pedido ou influência de outrem, deve ser responsabilizado pelo crime de:

(A) prevaricação.
(B) condescendência criminosa.
(C) corrupção passiva privilegiada.
(D) corrupção ativa privilegiada.

58. Sobre o crime de perseguição (CP, art. 147-A), assinale a alternativa correta:

(A) Quando praticado contra adolescente, não admite transação penal.
(B) Em regra, é crime de médio potencial ofensivo.
(C) Tem por vítima, somente, mulher.
(D) Em regra, é crime de ação penal privada.

59. Assinale a alternativa em que todos os delitos são hediondos:

(A) Sequestro e cárcere privado, feminicídio e latrocínio.
(B) Roubo circunstanciado pelo emprego de arma de fogo, epidemia e lesão corporal grave contra policial no exercício das funções.
(C) Latrocínio, feminicídio e epidemia com resultado morte.
(D) Lesão corporal grave contra policial no exercício das funções, extorsão qualificada pelo resultado morte e latrocínio.

60. Raul foi condenado à pena de multa e não adimpliu o débito no prazo legal. Nesse caso, de acordo com o Código Penal, deve ser adotada a seguinte providência:

(A) A pena de multa deve ser convertida em pena privativa de liberdade.
(B) A pena de multa deve ser convertida em pena restritiva de direito.
(C) A pena de multa deve ser executada perante o juiz da execução penal, devendo ser aplicadas as normas relativas à dívida ativa da Fazenda Pública.
(D) A pena de multa deve ser executada perante o juiz da execução fiscal, devendo ser aplicadas as normas relativas à dívida ativa da Fazenda Pública.

61. João subtraiu dinheiro da carteira de sua tia, Isabela, que o visitava semanalmente, embora residisse em cidade vizinha.

Com base nas informações narradas, assinale a alternativa correta.

(A) João é isento de pena.
(B) João deve responder pelo furto, mas a ação penal é pública condicionada à representação.
(C) A hipótese descrita configura excludente da culpabilidade.
(D) A hipótese descrita configura excludente da ilicitude.

62. Assinale a alternativa que descreve causa impeditiva da prescrição:

(A) O recebimento da denúncia.
(B) A pendência de embargos de declaração ou de recursos aos Tribunais Superiores, quando inadmissíveis.
(C) A publicação da sentença ou acórdão condenatórios recorríveis.
(D) A reincidência.

63. Manolo, após receber a intimação de medida protetiva decorrentes de pedido de Fátima, sua ex-mulher, decide tomar satisfação e vai de encontro a ela. Ao ver Manolo no portão de sua residência e ciente da medida protetiva de proibição de ir até aquele endereço, a mulher aciona a Polícia Militar, que prende Manolo em flagrante pelo crime de descumprimento de medida protetiva de urgência (art. 24-A da Lei n. 11.340/2006, com pena de detenção, de 3 (três) meses a 2 (dois) anos). A respeito desse delito, aponte a alternativa incorreta:

(A) Trata-se de crime afiançável.
(B) Está previsto em legislação penal especial.
(C) Aplica-se para mulheres.
(D) Admite interceptação telefônica.

64. A Lei de Drogas – Lei n. 11.343/2006 – nos apresenta uma relação de causas de aumento de pena em seu art. 40. Tendo em vista apenas a literalidade desse dispositivo, apresente a alternativa abaixo que não configura uma majorante expressa no art. 40 dessa lei:

(A) a transnacionalidade do delito de tráfico de drogas.
(B) sua prática visar atingir adolescente.
(C) tráfico interestadual de drogas.
(D) o traficante ser financiado na prática de suas condutas.

65. Faz parte dos requisitos especiais para a progressão de regime de mulher gestante ou que for mãe ou responsável por crianças ou pessoas com deficiência, exceto:

(A) ter cumprido ao menos 16% da pena no regime anterior.
(B) não ter cometido crime com violência ou grave ameaça a pessoa.
(C) não ter cometido o crime contra seu filho ou dependente.
(D) ser primária e ter bom comportamento carcerário, comprovado pelo diretor do estabelecimento.

66. Qual dos institutos abaixo é admitido para o condenado por crime hediondo ou equiparado, durante a execução de sua pena:

(A) monitoração eletrônica.
(B) indulto.
(C) fiança.
(D) graça.

67. Indique qual das alternativas abaixo encontra-se compatível com as disposições legais referentes ao tratamento do perfil genético do criminoso:

(A) O condenado por crime hediondo somente será submetido à identificação do perfil genético se resultar morte da vítima.
(B) Deve ser viabilizado ao titular de dados genéticos o acesso aos seus dados constantes nos bancos de perfis genéticos, bem como a todos os documentos da cadeia de custódia que gerou esse dado, de maneira que possa ser contraditado pela defesa.
(C) A autoridade policial poderá requerer, no caso de inquérito instaurado, o acesso ao banco de dados de identificação de perfil genético, independentemente de autorização judicial.
(D) A recusa em submeter-se ao procedimento de identificação do perfil genético caracteriza falta grave, por interpretação jurisprudencial.

68. Assinale a opção correta nos termos da Lei n. 9.296/96:

(A) A referida medida poderá ser determinada no curso da investigação criminal ou da instrução processual destinada à apuração de infração penal punida, ao menos, com pena de detenção.
(B) A existência de outros meios para obtenção da prova não impedirá o deferimento da referida medida.
(C) O deferimento da referida medida exige a clara descrição do objeto da investigação, com indicação e qualificação dos investigados, salvo impossibilidade manifesta justificada.
(D) A utilização de prova obtida a partir da referida medida para fins de investigação de fato delituoso diverso imputado a terceiro não é admitida.

69. Gabriella completou 16 anos. Ansiosa por ter sua liberdade financeira, começou a trabalhar como caixa com carteira de trabalho assinada na farmácia do seu tio. Nessa situação:

(A) Gabriella poderá se filiar à previdência social, já que conta com 16 anos.
(B) Gabriella poderia ter se filiado à previdência social desde os seus 14 anos, podendo inclusive requerer o pagamento retroativo desses dois anos.
(C) Gabriella poderá se filiar à previdência social somente quando completar 18 anos.
(D) Gabriella poderá se filiar à previdência social somente quando completar 21 anos, quando atingir a maioridade previdenciária.

70. Osni, eletricista, trabalha por conta própria e sem relação de emprego com empresas ou equiparadas. Planejando sua vida previdenciária para uma futura aposentadoria, optou por sempre contribuir com a alíquota reduzida. Nesse caso:

(A) Osni poderá se aposentar apenas por tempo de contribuição.
(B) Osni terá de se cadastrar no CadÚnico para ter direito a contribuir na modalidade alíquota reduzida.
(C) Osni só poderá ter direito à alíquota reduzida se for MEI (microempreendedor individual).
(D) Osni, contribuindo na modalidade alíquota reduzida, terá direito apenas à aposentadoria por idade.

71. Camila é servidora pública municipal do Município de Votuporanga/SP, o qual não possui regime jurídico próprio. Foi contratada na condição de celetista, tendo prestado concurso público em 2015. Em 2020, imotivadamente foi dispensada. Diante da situação retratada, com base na lei e no entendimento do TST, assinale a alternativa correta.

(A) Camila é detentora de estabilidade no emprego.
(B) Camila não é detentora de estabilidade no emprego, uma vez que seu contrato é regido pela CLT.
(C) Camila não tem estabilidade no emprego, entretanto, para rescisão do seu contrato, a empregadora deverá indicar um motivo justo.
(D) Camila não é detentora de estabilidade no emprego, uma vez que seu contrato é nulo pela ausência de um estatuto.

72. Paulo Rabelo é empregado da empresa Vinhos da Terra Ltda., exercendo a função de degustador. Para tanto, deve provar pequena quantidade de vinho de cada lote, o que gera, ao final de cada semana, a ingestão de seis litros de vinho. Em razão disso, tornou-se dependente de álcool e passou a beber mesmo fora do serviço, o que levou ao seu afastamento do emprego e seu encaminhamento ao INSS. Foi constatada pela perícia doença ocupacional, e o benefício correspondente foi deferido pelo INSS.

(A) Paulo terá direito ao recolhimento do FGTS durante o afastamento.
(B) Paulo terá direito a estabilidade no emprego, de cinco meses, contados do retorno ao trabalho.
(C) Paulo não terá direito ao recolhimento do FGTS durante o afastamento.
(D) Paulo terá direito a estabilidade no emprego pelo período de 12 meses, contados da data do início do afastamento.

73. Aproveitando a oportunidade conferida por seu empregador, Diego aderiu ao Programa de Demissão Voluntária ofertado pela empresa e recebeu 10 salários adicionais de indenização (um salário por cada ano trabalhado), além das verbas típicas da dispensa sem justa causa. No mesmo período, Diego dispensou sua empregada doméstica, que ajuizou reclamação trabalhista e sagrou-se vitoriosa. A empregada passou a cobrar Diego na fase de execução da reclamação trabalhista. Diante dos fatos narrados:

(A) O FGTS pode ser penhora até o limite de R$ 1.000,00.
(B) O FGTS é impenhorável.
(C) Por se tratar de uma reclamação trabalhista movida por empregado doméstico, o FGST de Diego pode ser penhorado.
(D) O FGTS de Diego pode ser penhorado até o limite de 50%.

74. Renato Penquis, soldador, trabalha na empresa Fracinne Ltda. Em abril de 2019, o sindicato representativo da categoria de Renato firmou acordo coletivo com a empresa Tubo Forte Ltda., no qual estabelecia a concessão de vale-refeição. Tal acordo teve validade de um ano e, até hoje (2021), não houve outra norma coletiva negociada. Em razão disso, 30 dias após o decurso do prazo de vigência do acordo, a empresa cessou o pagamento do benefício.

(A) Agiu de forma errada o empregador, em razão do princípio da ultratividade da norma coletiva.
(B) Agiu de forma acertada, pois que a norma coletiva garante seus efeitos somente até 20 dias do seu termo.
(C) Agiu de forma correta o empregador, uma vez que não se aplica mais a regra da ultratividade da norma coletiva.
(D) Agiu de forma errada o empregador, pois que deveria permanecer pagando a cesta básica pelo prazo de mais 30 dias após o término da vigência da norma coletiva.

75. Konrad é auxiliar de laboratório, ganha R$ 2.300,00 mensais e ajuizou reclamação trabalhista contra a empresa Recuperação Fármacos Ltda., sua empregadora, requerendo o pagamento dos adicionais de insalubridade e periculosidade. Designada perícia pelo juiz, foi constatado pelo *expert* que no local de trabalho o frio era excessivo, sem a entrega de equipamento de proteção individual adequado, além de perigoso, pois Konrad trabalhava ao lado de um tanque da empresa onde havia grande quantidade de combustível armazenado. Diante dos fatos narrados, com base na CLT, assinale a alternativa correta.

(A) Konrad terá direito a cumulação dos adicionais.
(B) Konrad terá que optar pelo adicional que lhe for mais benéfico.
(C) Konrad terá direito apenas ao adicional de periculosidade, sem opção de escolha.
(D) Konrad terá direito ao adicional de insalubridade, apenas no grau máximo.

76. Larissa, em um determinado leilão judicial, arrematou um carro no valor de R$ 100.000,00. Porém, ao passar de dois dias, ela não pagou o valor integral do veículo, depositando apenas um sinal no dia da arrematação. Diante do caso narrado e de acordo com a CLT, Larissa:

(A) não perderá o valor do sinal porque está dentro do prazo, que é de oito dias, para depositar o preço da arrematação.
(B) Larissa perderá o sinal depositado, em benefício da execução.
(C) terá direito a devolução integral do sinal, não sofrendo qualquer penalidade.
(D) terá direito a devolução do sinal, porém pagará uma multa administrativa no valor de um terço do valor dado a título de sinal.

77. Numa determinada reclamação trabalhista proposta por Leonardo Castro, o magistrado publicou sentença ilíquida, onde deferiu os pleitos do reclamante. Após o trânsito em julgado, determinou que o setor de contadoria elaborasse as contas de liquidação e, sem seguida, homologou os cálculos, determinando a citação da empresa para pagamento ou garantia da execução no prazo de 48 horas. Levando em conta o que preceitua a CLT, o magistrado:

(A) não agiu corretamente porque deveria dar vista dos cálculos para o reclamante, no prazo de cinco dias.
(B) agiu corretamente, pois o magistrado tem autonomia para conduzir o processo da forma que bem entender.
(C) agiu corretamente, por terem sido as contas feitas por um auxiliar do juízo, o magistrado não está obrigado abrir vista para as partes.
(D) não agiu corretamente porque deveria, obrigatoriamente, dar vista dos cálculos às partes para manifestações no prazo comum de oito dias.

78. Em sede de reclamação trabalhista movida por um ex-empregado, a empresa "Borges S.A", em audiência una, requereu a produção de prova testemunhal, o que fora indeferido pelo magistrado, sob o argumento de que não seria o meio de prova adequado para comprovar o alegado em defesa. O advogado da reclamada argumentou com o juiz, mas o magistrado condutor manteve o indeferimento. Diante do contexto narrado, caberia ao advogado da empresa:

(A) interpor, imediatamente, agravo retido, apresentando suas razões.
(B) interpor, no prazo de oito dias, o agravo de instrumento, apresentando suas razões.
(C) requerer o registro, em ata de audiência, incontinentemente, do seu protesto pelo indeferimento da prova requerida.
(D) requerer o registro, em ata de audiência, no prazo de 48 horas, do seu protesto pelo indeferimento da prova requerida.

79. Pedro Victor, nascido em São Paulo, prestou serviços no Rio de Janeiro para empresa Limpa Tudo Ltda. Tendo sido dispensado sem justa causa, retornou para sua cidade natal e lá ingressou com ação trabalhista em face da ex-empregadora, pleiteando horas extras. Antes da realização da audiência una designada, a reclamada apresentou exceção de incompetência territorial, dentro do prazo legal. Neste caso, assinale a alternativa correta:

(A) A exceção de incompetência territorial só pode ser apresentada na audiência una, juntamente com a contestação, razão pela qual não será apreciada de imediato.
(B) O processo será suspenso e, após cumpridas as formalidades previstas em lei, será decidida a exceção de incompetência territorial. Em seguida, depois da decisão, o processo retomará seu curso com a marcação da audiência, a apresentação de defesa e a instrução processual perante o juízo competente.
(C) O juiz não receberá a exceção de incompetência territorial, uma vez que ela deve ser apresentada em até oito dias antes da data da realização da audiência designada ou em preliminar de contestação.
(D) Somente poderá ser pleiteada antes da data da audiência a exceção de suspeição, podendo acarretar a suspensão do processo.

80. Em uma ação que tramita pelo procedimento sumaríssimo, foi designada audiência una. No dia da audiência, compareceram as partes acompanhadas de seus respectivos advogados. Em seguida, foi pedido pelo reclamante a oitiva de três testemunhas que estavam aguardando do lado de fora da audiência. A reclamada, por sua vez, indagou que uma das duas testemunhas havia faltado. Diante do caso narrado e de acordo com a legislação vigente, marque a alternativa correta.

(A) Todas as testemunhas do reclamante poderão ser ouvidas, pois, no procedimento sumaríssimo, o limite é de três testemunhas para cada parte. Contudo, para a intimação da testemunha da reclamada, deverá ter prova do convite.
(B) Nem todas as testemunhas do reclamante poderão ser ouvidas, pois o limite no procedimento sumaríssimo é de duas testemunhas para cada parte. Contudo, para a intimação da testemunha da reclamada, deverá ter prova do convite.
(C) Todas as testemunhas do reclamante poderão ser ouvidas, pois o limite é de três testemunhas para cada parte no procedimento sumaríssimo. Contudo, para a intimação da testemunha da reclamada, independe de ter prova do convite.
(D) Nem todas as testemunhas do reclamante poderão ser ouvidas, pois o limite no procedimento sumaríssimo é de duas testemunhas para cada parte. Contudo, poderá ser intimada a testemunha da reclamada, independentemente de ter prova do convite.

Folha de Respostas

SIMULADO IX

#					#				
01	A	B	C	D	41	A	B	C	D
02	A	B	C	D	42	A	B	C	D
03	A	B	C	D	43	A	B	C	D
04	A	B	C	D	44	A	B	C	D
05	A	B	C	D	45	A	B	C	D
06	A	B	C	D	46	A	B	C	D
07	A	B	C	D	47	A	B	C	D
08	A	B	C	D	48	A	B	C	D
09	A	B	C	D	49	A	B	C	D
10	A	B	C	D	50	A	B	C	D
11	A	B	C	D	51	A	B	C	D
12	A	B	C	D	52	A	B	C	D
13	A	B	C	D	53	A	B	C	D
14	A	B	C	D	54	A	B	C	D
15	A	B	C	D	55	A	B	C	D
16	A	B	C	D	56	A	B	C	D
17	A	B	C	D	57	A	B	C	D
18	A	B	C	D	58	A	B	C	D
19	A	B	C	D	59	A	B	C	D
20	A	B	C	D	60	A	B	C	D
21	A	B	C	D	61	A	B	C	D
22	A	B	C	D	62	A	B	C	D
23	A	B	C	D	63	A	B	C	D
24	A	B	C	D	64	A	B	C	D
25	A	B	C	D	65	A	B	C	D
26	A	B	C	D	66	A	B	C	D
27	A	B	C	D	67	A	B	C	D
28	A	B	C	D	68	A	B	C	D
29	A	B	C	D	69	A	B	C	D
30	A	B	C	D	70	A	B	C	D
31	A	B	C	D	71	A	B	C	D
32	A	B	C	D	72	A	B	C	D
33	A	B	C	D	73	A	B	C	D
34	A	B	C	D	74	A	B	C	D
35	A	B	C	D	75	A	B	C	D
36	A	B	C	D	76	A	B	C	D
37	A	B	C	D	77	A	B	C	D
38	A	B	C	D	78	A	B	C	D
39	A	B	C	D	79	A	B	C	D
40	A	B	C	D	80	A	B	C	D

Comentários das questões

Ética [01-08]

Nº	Gabarito	Comentários
01	C	(A) Errada, vide art. 34, VIII, EAOAB. (B) Errada, vide art. 2º, parágrafo único, VIII, d, CED. (C) Certa, o acordo somente terá validade se autorizado pelo cliente e com o assentimento do outro advogado (art. 34, VIII, EAOAB e art. 2º, parágrafo único, VIII, d, CED). (D) Errada, vide art. 2º, parágrafo único, VIII, d, CED.
02	D	Segundo determina o Código de Ética e Disciplina da OAB, salvo em causa própria, não poderá o advogado, enquanto exercer cargos ou funções em órgãos da OAB ou tiver assento, em qualquer condição, nos seus Conselhos, atuar em processos que tramitem perante a entidade nem oferecer pareceres destinados a instruí-los (art. 33, CED).
03	A	(A) Certa, a única alternativa incorreta é aquela que obrigaria o advogado e seu cliente na apresentação dos aparelhos telefônicos para perícia, pois trata-se de violação ao sigilo profissional (art. 35, CED). (B) Errada, vide art. 2º, parágrafo único, VII, CED. (C) Errada, vide 35, CED. (D) Errada, vide art. 32, parágrafo único, EAOAB.
04	A	Considera-se infração disciplinar o advogado que SE recusar a prestar, sem justo motivo, assistência jurídica, quando nomeado em virtude de impossibilidade da Defensoria Pública (art. 34, XII, EAOAB).
05	C	(A) Errada, vide art. 76, EAOAB. (B) Errada, vide art. 75, EAOAB. (C) Certa, a competência para apreciação do recurso será do Conselho Seccional XYZ (art. 76, EAOAB). (D) Errada, na questão Alpha não é Conselho Seccional, e sim Subseção.
06	D	(A) Errada, vide art. 7º, XIV, EAOAB. (B) Errada, vide art. 7º, §§ 11 e 12, EAOAB. (C) Errada, vide art. 7º, § 5º, EAOAB. (D) Certa, o Delegado não poderia delimitar o acesso ao inquérito policial em face da ausência de qualquer risco de comprometimento das diligências. A atitude da autoridade também poderá configurar caso de desagravo público do advogado ofendido (art. 7º, XIV, EAOAB + arts. 18 e 19, RG).
07	B	(A) Errada, vide art. 30, § 1º, CED. (B) Certa, a advocacia *pro bono* somente deve ser prestada para aqueles que não possuam condições de contratar advogado, bem como é proibida sua utilização como forma de captar clientes (art. 30, CED). (C) Errada, art. 30, § 1º, CED. (D) Errada, vide art. 30, § 3º, CED.
08	B	(A) Errada, vide art. 44, § 2º, CED. (B) Certa, não poderá colocar sua fotografia pessoal, mas poderá colocar fotografia do escritório (art. 44, §§ 1º e 2º, CED). (C) Errada, art. 44, § 2º, CED. (D) Errada, vide art. 44, § 2º, CED.

Filosofia do Direito [09-10]

Nº	Gabarito	Comentários
09	C	Uma lacuna da lei é um vazio ou uma incompletude do ordenamento legislativo por inexistência de uma norma jurídica aplicada *in concreto*, ou seja, inexistência de dispositivo aplicável ao caso concreto ou de um critério para que se saiba qual norma aplicar. Portanto a lacuna se caracteriza quando a lei é omissa ou falha em relação a determinado caso. A lacuna da lei é uma omissão involuntária, detectada no texto de uma lei, da regulamentação de determinada espécie de caso. Tal omissão é resolvida mediante técnicas de integração.
10	B	A teoria pura do direito visa norma impõe a conduta que um indivíduo deve assumir em determinadas situações, ou seja, expressa o dever ser, fazendo com que o indivíduo aja em razão da imputação por ela imposta, e nada além. Nesse caso, não há que se considerar a influência psicológica, sociológica ou religiosa na aplicação da norma.

Direito Constitucional [11-16]

Nº	Gabarito	Comentários
11	B	A Constituição Federal garante o direito de propriedade (art. 5º, inciso XXII), mas também exige que a propriedade atenda à sua função social (art. 5º, inciso XXIII). Logo o direito à propriedade não pode ser considerado absoluto encontrando vários limitadores na Constituição, a exemplo da necessidade de cumprimento da sua função social. A jurisprudência do STF estabelece que o descumprimento da função social pode justificar a desapropriação, especialmente em casos de reforma agrária, desde que respeitados os requisitos legais (MS 22.164).

12	B	A Constituição Federal de 1988, em seu art. 38, I, estabelece que o servidor público efetivo que for eleito para cargo eletivo federal, estadual ou distrital deve afastar-se do cargo, emprego ou função, enquanto durar o mandato de deputado estadual. A licença para o exercício de mandato eletivo prevista em lei protege o cargo do titular não sendo necessário nem exonerar antes de assumir o mandato de deputado, sem perderá automaticamente após assumir o mandato.
13	D	Conforme o art. 62, § 1º, II, da Constituição Federal, é vedada a edição de medidas provisórias que vise a detenção ou sequestro de bens, de poupança popular ou qualquer outro ativo financeiro. Trata-se de um limite material estabelecido pela Constituição Federal que não comporta exceções.
14	A	A Constituição Federal assegura a inviolabilidade do sigilo bancário, salvo por determinação judicial (art. 5º, XII, da CF). O Supremo Tribunal Federal entende que, apesar de o Ministério Público possuir poderes investigatórios próprios, a quebra de sigilo bancário sem autorização judicial é inconstitucional e resulta na nulidade das provas obtidas dessa forma. A urgência alegada não justifica a quebra de sigilo sem o devido processo legal, que exige a intervenção do Judiciário (RE 215.301).
15	A	A Constituição permite que o Presidente da República proponha Ação Declaratório de Constitucionalidade não sendo necessária a comprovação da pertinência temática pois se trata de um legitimado universal (art. 103 da CF). A Constituição Federal prevê que a ADC só poderá ser proposta para questionar de lei ou ato normativo federal, não sendo possível sua proposição para declarar a constitucionalidade de lei ou ato normativo estadual ou municipal. (art. 102, I, *a*, da CF). Por fim, cabe ressaltar que o STF poderá conceder medida cautelar em ADC nos termos do art. 21 da Lei n. 9.868/99 cujos efeitos consistirão na determinação de que os juízes e os Tribunais suspendam o julgamento dos processos que envolvam a aplicação da lei ou do ato normativo objeto da ação até seu julgamento definitivo.
16	C	O art. 5º, inciso XI, da Constituição Federal garante a inviolabilidade do domicílio, salvo em casos de flagrante delito, desastre ou para prestar socorro, ou, durante o dia, por determinação judicial. O STF reitera que, fora dessas exceções, a entrada sem mandado judicial é inconstitucional. Vale destacar que a entrada na casa sem mandado judicial só estará legitimada constitucionalmente quando amparada em fundadas razões, devidamente justificadas *a posteriori*, que indiquem que dentro da casa ocorre situação de flagrante delito, sob pena de responsabilidade disciplinar, civil e penal do agente ou da autoridade e de nulidade dos atos praticados (RE 603.616).

Direitos Humanos [17-18]

Nº	Gabarito	Comentários
17	C	A letra "A" está errada, a pior de todas, nunca foi uma "questão cultural", sempre foi uma questão de humilhação e rebaixamento da mulher. A letra "B" está errada, poderíamos até pensar que há um "cunho de verdade", mas é um problema global, a diferença que é no "ambiente financeiro abastado" muitas vezes não tomamos conhecimento. A letra "C" está correta nos termos preambulares da própria norma: "Afirmando que a violência contra a mulher constitui violação dos direitos humanos e liberdades fundamentais e limita todas ou parcialmente a observância, gozo e exercício de tais direitos e liberdades". A letra "D" está errada, em que pese a violência contra a mulher ser algo gravíssimo, não é reconhecida como uma "questão de segurança nacional".
18	B	A letra "A" está errada, questão perigosa pois a Constituição Federal afirma no art. 14, II, *b*, que "O alistamento eleitoral e o voto são facultativos para os maiores de setenta anos", lembrando que a pessoa idosa é aquela, na forma do art. 1º da Lei, "pessoas com idade igual ou superior a 60 (sessenta) anos". A letra "B" está certa na forma do art. 3º da própria Lei que afirma "É obrigação da família, da comunidade, da sociedade e do poder público assegurar à pessoa idosa, com absoluta prioridade, a efetivação do direito à vida, à saúde, à alimentação, à educação, à cultura, ao esporte, ao lazer, ao trabalho, à cidadania, à liberdade, à dignidade, ao respeito e à convivência familiar e comunitária". A letra "C" seria "um sonho", mas está errada, sobre impostos, a lei apenas afirma que a pessoa idosa terá "prioridade no recebimento da restituição do Imposto de Renda". A letra "D" está errada, questão também "perigosa" pois a lei falha ao fazer uma distinção entre os próprios idosos, pois apenas "Aos maiores de 65 anos fica assegurada a gratuidade dos transportes coletivos públicos urbanos e semiurbanos". Não há menção sobre determinado dia (se útil ou não).

Direito Eleitoral [19-20]

Nº	Gabarito	Comentários
19	B	De acordo com a Súmula 55 do TSE, "A Carteira Nacional de Habilitação gera a presunção da escolaridade necessária ao deferimento do registro de candidatura". Ademais, a jurisprudência da Corte Eleitoral é uníssona no sentido que a aferição da escolaridade do candidato é de legalidade estrita, devendo se comprovar tão somente a capacidade de leitura e escrita (Acórdão-TSE, de 18-9-2018, no RO 060247518). Não se admite prova pública para esse fim, caso seja necessário a realização da prova, essa deverá ser individualizada.

20	C	Conforme disposto no art. 22-A, parágrafo único, I, da Lei n. 9.096/95, a mudança substancial ou desvio reiterado do programa do partido são justas causas para mudança de partido. Ainda, o entendimento do Tribunal Superior Eleitoral é que nos casos de fusão ou incorporação, o programa do partido é fulminado, incidido a aplicação do dispositivo acima (Acórdão-TSE, de 25-11-2021, no AgR-PetCiv 060002790). Logo, Caio poderá mudar sim de partido sem que caracterize infidelidade partidária.

Direito Internacional [21-22]

Nº	Gabarito	Comentários
21	C	A alternativa C é a resposta correta, mesmo tendo filho brasileiro é possível a extradição, pois este argumento não impede a extradição. Poderá obstar outra modalidade de retirada compulsória, qual seja, a expulsão. A extradição poderá ocorrer, porém a competência é do STF para conceder a medida, conforme art. 102, I, g, da CF. Além disso, a extradição deve seguir o art. 5º, LI e LII, da Constituição Federal, bem como a Lei de Migração, Lei n. 13.443/2017 (lei que revogou o Estatuto do Estrangeiro, Lei n. 6.815/80). Por fim, o Tratado de Extradição entre os países é dispensável, ou seja, não é necessário. A extradição é operada com base no Princípio da Reciprocidade.
22	C	De acordo com o art. 27 da Convenção de Viena sobre Direito dos Tratados "Uma parte não pode invocar as disposições de seu direito interno para justificar o inadimplemento de um tratado".

Direito Financeiro [23-24]

Nº	Gabarito	Comentários
23	D	O art. 77 da Lei n. 4.320/64 estabelece que a verificação da legalidade dos atos de execução orçamentária será prévia, concomitante e subsequente. Isso significa que a legalidade dos atos de execução orçamentária deve ser verificada antes, durante e depois da execução, garantindo, assim, a devida conformidade em todas as etapas. A alternativa D captura corretamente esse entendimento.
24	D	Conforme o art. 100, § 13, da CF, o credor pode ceder, total ou parcialmente, seus créditos em precatórios a terceiros sem a necessidade da concordância do devedor. Contudo, o cessionário não se beneficia dos direitos estabelecidos nos §§ 2º e 3º, que preveem a preferência de pagamento para titulares de 60 anos ou mais, portadores de doença grave ou pessoas com deficiência. Logo, a alternativa D é a mais adequada.

Direito Tributário [25-29]

Nº	Gabarito	Comentários
25	D	Art. 150, VI, a, e § 2º, CRFB/88. As autarquias e as fundações criadas e mantidas pelo poder público gozam da imunidade recíproca de impostos sobre patrimônio, renda e serviços (art. 150, VI, a, e § 2º, CRFB/88).
26	D	Arts. 150, I, e 62, § 2º, da CRFB/88. O STF já pacificou entendimento no sentido de que a Medida Provisória pode instituir ou majorar tributos, desde que não invada matéria reservada à lei complementar (AI 236.976 AgR/MG; RE 286.292 AgR/PR). Ademais, excetuando alguns impostos, a medida provisória apenas produzirá efeitos no exercício financeiro seguinte se houver sido convertida em lei até o último dia daquele em que foi editada (art. 62, § 2º, CRFB/88).
27	B	Art. 154, I, CRFB/88. A competência residual está prevista no art. 154, I, CRFB/88 e não deve ser confundida com a competência residual do direito administrativo. No direito Tributário a competência residual é da União, enquanto no Direito Administrativo é dos Estados e, em matéria tributária, somente pode ser exercida mediante Lei Complementar.
28	D	Art. 153, § 1º, CFRB/88. Os impostos extrafiscais da União podem ter suas alíquotas alteradas por ato do Poder Executivo (art. 153, § 1º, CFRB/88). Percebe-se uma maior flexibilidade sobretudo porque o objetivo de tais impostos é interferir no domínio econômico.
29	B	Art. 150, VI, d, CFRB/88. A liberdade de expressão intelectual, artística, científica e de comunicação, bem como o acesso da população à cultura, à informação e à educação, é objeto de tutela da imunidade objetiva, prevista no art. 150, VI, d, CRFB/88. Nesse sentido, o STF já pacificou entendimento de que o álbum de figurinhas tem valor pedagógico, destinado ao público infanto-juvenil, de modo que a ele deve ser estendida tal imunidade (RE 221.239/SP, em 25-5-2004, e RE 179893/SP, em 15-4-2008).

SIMULADO IX

Direito Administrativo [30-34]		
Nº	Gabarito	Comentários
30	B	Está de acordo com o art. 5º, IV, a, da Lei n. 12.846/2013: "Art. 2º As pessoas jurídicas serão responsabilizadas objetivamente, nos âmbitos administrativo e civil, pelos atos lesivos previstos nesta Lei praticados em seu interesse ou benefício, exclusivo ou não. [...] art. 5º Constituem atos lesivos à administração pública, nacional ou estrangeira, para os fins desta Lei, todos aqueles praticados pelas pessoas jurídicas mencionadas no parágrafo único do art. 1º, que atentem contra o patrimônio público nacional ou estrangeiro, contra princípios da administração pública ou contra os compromissos internacionais assumidos pelo Brasil, assim definidos: IV - no tocante a licitações e contratos: a) frustrar ou fraudar, mediante ajuste, combinação ou qualquer outro expediente, o caráter competitivo de procedimento licitatório público".
31	A	É do contratado a responsabilidade pelo pagamento dos encargos trabalhistas, fiscais e comerciais, de modo que sendo inadimplente com essas obrigações, a responsabilidade *não* será automaticamente transferida à administração pública. Além de ser esta a previsão constante no art. 71, § 1º, da Lei n. 8.666/93, o STF, no julgamento do RE 760.931/DF, firmou a seguinte tese de repercussão geral: Tese: "O inadimplemento dos encargos trabalhistas dos empregados do contratado não transfere automaticamente ao Poder Público contratante a responsabilidade pelo seu pagamento, seja em caráter solidário ou subsidiário, nos termos do art. 71, § 1º, da Lei n. 8.666/93". "Art. 71. O contratado é responsável pelos encargos trabalhistas, previdenciários, fiscais e comerciais resultantes da execução do contrato. § 1º A inadimplência do contratado, com referência aos encargos trabalhistas, fiscais e comerciais não transfere à Administração Pública a responsabilidade por seu pagamento, nem poderá onerar o objeto do contrato ou restringir a regularização e o uso das obras e edificações, inclusive perante o Registro de Imóveis".
32	B	De acordo com as informações fornecidas na questão, a empresa *Soluções Eficazes* estava desempenhando o serviço público delegado de modo inadequado e deficiente, além de estar *descumprindo cláusulas contratuais e obrigações legais*. Diante dessa situação, é importante notar que a inexecução total ou parcial do contrato resultará na extinção da concessão de forma prematura, mediante *caducidade*, conforme estabelecido no art. 38 da Lei n. 8.987/95. "Art. 38. A inexecução total ou parcial do contrato acarretará, a critério do poder concedente, a declaração de caducidade da concessão ou a aplicação das sanções contratuais, respeitadas as disposições deste artigo, do art. 27, e as normas convencionadas entre as partes".
33	C	Os bens públicos têm como principais características a *impenhorabilidade, imprescritibilidade* e *não onerabilidade*. Correta, portanto, a alternativa C. Afirmar que os bens públicos são *impenhoráveis* significa dizer que não se sujeitam ao regime de penhora, em decorrência de dívidas dos entes públicos. Da *imprescritibilidade* decorre que os bens públicos não podem ser adquiridos por usucapião, *inexistindo* previsão de prazos em dobro em relação à usucapião dos bens particulares ou requisitos legais condicionando a imprescritibilidade. Já a *não onerabilidade* significa que "não podem ser onerados com garantia real, tendo em vista a própria característica da inalienabilidade ou alienação condicionada e a regra constitucional do precatório" (OLIVEIRA, Rafael Carvalho Rezende. *Curso de direito*. 6. ed. rev., atual. e ampl. Rio de Janeiro: Forense; São Paulo: Método, 2018).
34	C	À Teresa foi conferido pelas autoridades públicas o uso especial de um bem público por meio de *concessão de uso*, de modo que a extinção antes do prazo fixado garante a Tereza, em tese, direito à indenização. *Concessão de uso de bem público* é o contrato administrativo pelo qual "o Poder Público outorga ao particular, mediante *prévia licitação*, a *utilização privativa* de um bem público, por *prazo determinado*, de forma *remunerada ou não*, no interesse predominantemente público" (MAZZA, Alexandre. *Manual de direito administrativo*. 11. ed. São Paulo: Saraiva Educação, 2021, p. 919).

Direito Ambiental [35-36]		
Nº	Gabarito	Comentários
35	C	Conforme o previsto no art. 9º, XIV, alínea a, da Lei Complementar n. 140/2011, é ação administrativa dos Municípios, observadas as atribuições dos demais entes federativos previstas nesta Lei Complementar, promover o licenciamento ambiental das atividades ou empreendimentos que causem ou possam causar impacto ambiental de âmbito local, conforme tipologia definida pelos respectivos Conselhos Estaduais de Meio Ambiente, considerados os critérios de porte, potencial poluidor e natureza da atividade.
36	D	De acordo com o art. 22, § 2º, da Lei n. 9.985/2000, "a criação de uma unidade de conservação deve ser precedida de estudos técnicos e de consulta pública que permitam identificar a localização, a dimensão e os limites mais adequados para a unidade, conforme se dispuser em regulamento". O § 4º do art. 22, também, da Lei n. 9.985/2000, estabelece que "na criação de Estação Ecológica ou Reserva Biológica não é obrigatória a consulta de que trata o § 2º deste artigo». Dessa forma, na criação da *Estação Ecológica* não é obrigatória a consulta pública.

Direito Civil [37-42]

Nº	Gabarito	Comentários
37	A	*Vide* art. 359 do CC. Se o credor for evicto da coisa recebida em pagamento, restabelecer-se-á a obrigação primitiva, ficando sem efeito a quitação dada, ressalvados os direitos de terceiros.
38	C	*Vide* art. 151 do CC. A coação, para viciar a declaração da vontade, há de ser tal que incuta ao paciente fundado temor de dano iminente e considerável à sua pessoa, à sua família, ou aos seus bens.
39	B	*Vide* art. 72, parágrafo único, do CC. É também domicílio da pessoa natural, quanto às relações concernentes à profissão, o lugar onde esta é exercida. Parágrafo único. Se a pessoa exercitar profissão em lugares diversos, cada um deles constituirá domicílio para as relações que lhe corresponderem.
40	D	*Vide* art. 414 do CC. Sendo indivisível a obrigação, todos os devedores, caindo em falta um deles, incorrerão na pena; mas esta só se poderá demandar integralmente do culpado, respondendo cada um dos outros somente pela sua quota.
41	B	*Vide* art. 50 do CC. Em caso de abuso da personalidade jurídica, caracterizado pelo desvio de finalidade ou pela confusão patrimonial, pode o juiz, a requerimento da parte, ou do Ministério Público quando lhe couber intervir no processo, desconsiderá-la para que os efeitos de certas e determinadas relações de obrigações sejam estendidos aos bens particulares de administradores ou de sócios da pessoa jurídica beneficiados direta ou indiretamente pelo abuso.
42	A	A: CERTA. *Vide* art. 206, § 2º, do CC. Prescreve em dois anos a pretensão para haver prestações alimentares, a partir da data em que se vencerem. B: ERRADA. *Vide* art. 206, § 3º, VIII, do CC. C: ERRADA. *Vide* art. 206, § 1º, I, do CC. D: ERRADA. *Vide* art. 206, § 5º, I, do CC.

Estatuto da Criança e do Adolescente [43-44]

Nº	Gabarito	Comentários
43	A	A alternativa A está correta e de acordo com o art. 23 do ECA. A alternativa B está errada, pois é exceção e ocorre somente na hipótese de condenação por crime doloso sujeito à pena de reclusão contra outrem igualmente titular do mesmo poder familiar ou contra filho, filha ou outro descendente, *vide* o § 2º do art. 23. A alternativa C está errada, pois somente ocorre judicialmente, art. 24. E a alternativa D está errada, pois, ao contrário, depende do consentimento, art. 45 do ECA.
44	C	A (A) está errada, pois eles têm obrigação e o *homeschooling* não está previsto na CF, *vide* art. 55 do ECA. A (B) está errada, pois é dever em razão às condições do adolescente trabalhador, art. 54, VI. A (C) está correta e de acordo com o parágrafo único do art. 53. E a (D) está errada, visto que não é dever do Estado assegurar ensino superior gratuito.

Direito do Consumidor [45-46]

Nº	Gabarito	Comentários
45	A	Trata-se de fato do produto regulado pelo art. 12 do CDC e disciplinado pelo § 1º, o qual dispõe que "o produto é defeituoso quando não oferece a segurança que dele legitimamente se espera, levando-se em consideração as circunstâncias relevantes, entre as quais o uso e os riscos que razoavelmente dele se esperam" (inciso II). O dever de informar sobre os riscos decorrentes do produto também deriva dos direitos básicos do consumidor previstos no art. 6º.
46	B	Trata-se de prática abusiva, tendo em vista que o art. 39 do CDC disciplina que "é vedado ao fornecedor de produtos ou serviços, dentre outras práticas abusivas, condicionar o fornecimento de produto ou de serviço ao fornecimento de outro produto ou serviço, bem como, sem justa causa, a limites quantitativos" (inciso I). Observe-se que esse dispositivo se encontra na Seção IV que tratada "Das Práticas Abusivas".

Direito Empresarial [47-50]

Nº	Gabarito	Comentários
47	C	(A) art. 1.003, CC. (B) art. 1002, CC. (C) Errada, pois é nula, *vide* art. 1.008, CC. (D) art. 1.005, CC.
48	C	As formas de dissolução societária estão no art. 1.033 do CC. A única equivocada, diz respeito à maioria absoluta, e não simples. Atente-se que o inciso IV e o parágrafo único foram revogados pela Lei n. 14.195/2021.
49	A	Diz o art. 32 da Lei n. 7.357/85, que o cheque é pagável à vista. Considera-se não estrita qualquer menção em contrário. Portanto, o banco aceita o cheque pré-datado. Porém, a Súmula do STJ 370 diz o seguinte texto: "Caracteriza dano moral a apresentação antecipada do cheque pré-datado".

| 50 | B | (A) Errada, vide art. 100 da Lei n. 11.101/2005. (B) Correta, vide jurisprudência do STJ (REsp 1780442/MG, julgado em 3-12-2019). (C) Errada, vide art. 76 da lei. (D) Errada, vide art. 2º, II, da lei referida. |

Direito Processual Civil [51-56]

Nº	Gabarito	Comentários
51	A	Vide art. 326 do CPC. É lícito formular mais de um pedido em ordem subsidiária, a fim de que o juiz conheça do posterior, quando não acolher o anterior (= cumulação de pedidos imprópria subsidiária ou eventual). Observe ainda os arts. 327, 292, VIII, e 322, § 1º, do CPC.
52	B	A medida necessária é de natureza cautelar, acessória e assecuratória, sendo cabível a tutela provisória de urgência cautelar antecedente, diante da probabilidade do direito invocado, do perigo de dano e do risco ao resultado útil do processo. Helena precisa de uma medida não satisfativa, que assegure a futura partilha patrimonial do casal. Vide ainda os arts. 305, 306, 307 e 308, todos do CPC.
53	C	Trata-se de típica hipótese de cabimento do IAC – Incidente de Assunção de Competência. Vide art. 947 do CPC.
54	B	Caso a parte não queira se valer do recurso de embargos de declaração, a fim de afastar a omissão apontada, pode discutir essa questão diretamente no recurso de apelação e levar a matéria para análise de um órgão hierarquicamente superior. Além disso, pedido de reconsideração não é recurso, mas sucedâneo recursal, e não interrompe o prazo para a interposição dos recursos. Vide os arts. 489, § 1º, 1.009, 1.022, II, e parágrafo único, II, todos do CPC.
55	C	O marido da executada poderá fazer uso dos embargos de terceiro (procedimento especial de jurisdição contenciosa), a fim de resguardar sua meação. Vide os arts. 674, 675, 890, VI, 903, 842 e 843, todos do CPC.
56	C	Penélope não pode se valer da apelação adesiva por já ter se utilizado do recurso principal, que todavia é intempestivo. Além disso, lembre-se de que o juízo de admissibilidade e de mérito da apelação são feitos pelo juízo ad quem, e não pelo juízo a quo. Vide art. 997 do CPC.

Direito Penal [57-62]

Nº	Gabarito	Comentários
57	D	A conduta está descrita no art. 317, § 2º, do CP: "Se o funcionário pratica, deixa de praticar ou retarda ato de ofício, com infração de dever funcional, cedendo a pedido ou influência de outrem". Cuidado: a corrupção passiva privilegiada é muito parecida com o crime de prevaricação. Veja: "Art. 319. Retardar ou deixar de praticar, indevidamente, ato de ofício, ou praticá-lo contra disposição expressa de lei, para satisfazer interesse ou sentimento pessoal".
58	A	(B) Errada. Com pena máxima de dois anos, é crime de menor potencial ofensivo (Lei n. 9.099/95, art. 61); (C) Errada. O sujeito passivo pode ser homem; (D) Errada. É crime de ação penal pública condicionada à representação (CP, art. 147-A, § 3º); (A) Certa. Quando praticado o crime contra adolescente, a pena deve ser aumentada de metade (CP, art. 147-A, § 1º, I), afastando, portanto, o rito sumaríssimo (Lei n. 9.099/95, art. 61).
59	C	O rol está no art. 1º da Lei n. 8.072/90.
60	C	Nos termos do art. 51 do CP, "Transitada em julgado a sentença condenatória, a multa será executada perante o juiz da execução penal e será considerada dívida de valor, aplicáveis as normas relativas à dívida ativa da Fazenda Pública, inclusive no que concerne às causas interruptivas e suspensivas da prescrição".
61	B	Com fundamento no art. 182, III, do CP, "Art. 182. Somente se procede mediante representação, se o crime previsto neste título é cometido em prejuízo: (...). III – de tio ou sobrinho, com quem o agente coabita".
62	B	(A), (C) e (D) Erradas. São causas interruptivas da prescrição (CP, art. 117, I, VI e IV, respectivamente); (B) Certa, com fundamento no art. 116, III, do CP.

Direito Processual Penal [63-68]		
Nº	Gabarito	Comentários
63	D	(A) Correta, o crime de descumprimento de medidas protetivas de urgência previsto no art. 24-A da Lei n. 11.340/2006 é afiançável, de modo que apenas o juiz poderá arbitrar fiança, nos termos do § 2º do citado dispositivo legal: "Art. 24-A. Descumprir decisão judicial que defere medidas protetivas de urgência previstas nesta Lei: Pena – detenção, de 3 (três) meses a 2 (dois) anos. (...) § 2º Na hipótese de prisão em flagrante, apenas a autoridade judicial poderá conceder fiança". (B) Correta. Sim, estamos diante de um ilícito previsto em legislação penal especial, especificamente na Lei Maria da Penha (Lei n. 11.340/2006). (C) Correta, pois o sujeito passivo da violência doméstica objeto da Lei n. 11.340/2006 é a mulher, inclusive as mulheres transsexuais, conforme a jurisprudência do STJ: "A Lei n. 11.340/2006 (Maria da Penha) é aplicável às mulheres trans em situação de violência doméstica. (STJ. 6ª Turma. REsp 1977124/SP, Rel. Min. Rogerio Schietti Cruz, julgado em 5-4-2022 – Info 732)". (D) Incorreta, a interceptação telefônica não é admitida para crimes punidos com pena de detenção, como é o caso do ilícito aqui analisado, cuja sanção é de detenção, de 3 (três) meses a 2 (dois) anos. Com efeito, segundo o art. 2º, III, da Lei n. 9.296/96: "Art. 2° Não será admitida a interceptação de comunicações telefônicas quando ocorrer qualquer das seguintes hipóteses: I – não houver indícios razoáveis da autoria ou participação em infração penal; II – a prova puder ser feita por outros meios disponíveis; III – o fato investigado constituir infração penal punida, no máximo, com pena de detenção", ou seja, apenas os delitos punidos com pena reclusão podem ser objeto de interceptação telefônica.
64	D	Apenas a alternativa D elencou situação que não configura majorante expressa no art. 40 da Lei n. 11.343/2006. Conforme o art. 40, VII, da Lei n. 11.343/2006 quem sofrerá o aumento será o financiador, e não o financiado.
65	A	A alternativa A é o gabarito, pois a ré ter cumprido ao menos 16% da pena no regime anterior não é requisito especial para a progressão de regime de mulher gestante ou responsável por crianças ou pessoas com deficiência. Conforme o art. 112, §§ 3º e 4º, da LEP.
66	A	(A) Certa. A monitoração eletrônica é admitida para condenados por crimes hediondos, inexistindo vedação legal nesse sentido. (B), (C) e (D) Erradas, pois vedados expressamente no art. 2º da Lei n. 8.072/90: "Art. 2º Os crimes hediondos, a prática da tortura, o tráfico ilícito de entorpecentes e drogas afins e o terrorismo são insuscetíveis de: I – anistia, graça e indulto; II – fiança". Por seu turno, o art. 5º, inciso XLIII, da Constituição Federal, destaca que "a lei considerará crimes inafiançáveis e insuscetíveis de graça ou anistia a prática da tortura, o tráfico ilícito de entorpecentes e drogas afins, o terrorismo e os definidos como crimes hediondos, por eles respondendo os mandantes, os executores e os que, podendo evitá-los, se omitirem".
67	B	(A) Errada, de acordo com o art. 9º-A da LEP. (B) Certa, conforme o art. 9º-A, § 3º, da LEP. (C) Errada, o acesso, pela autoridade policial, ao banco de dados de identificação de perfil genético, depende de autorização judicial, nos termos do art. 9º-A, § 2º, da LEP. (D) Errada, a recusa em submeter-se ao procedimento de identificação do perfil genético caracteriza falta grave, por expressa previsão legal constante no art. 9º-A, § 8º, da LEP, incluído pela Lei n. 13.964/2019 (Pacote Anticrime).
68	C	(A) Errada, a interceptação telefônica somente poderá ser admitida em investigações cujo objeto seja crime punido com pena de reclusão, vide art. 2º, III, da Lei n. 9.296/96. (B) Errada, pois o art. 2º, II, da Lei n. 9.296/96 prevê que a existência de outros meios para obtenção da prova impedirá o deferimento da medida de interceptação telefônica. (C) Certa. De fato, o deferimento da interceptação telefônica exige a clara descrição do objeto da investigação, com indicação e qualificação dos investigados, salvo impossibilidade manifesta justificada. Nesse sentido o art. 2º, parágrafo único, da Lei n. 9.296/96. (D) Errada, a utilização de prova obtida a partir de interceptação telefônica para fins de investigação de fato delituoso diverso imputado a terceiro é admitida. Trata-se do instituto da serendipidade ou descoberta fortuita de provas, amplamente admitida pela jurisprudência, desde que o encontro da evidência sobre fato ilícito diverso ocorra antes do encontro da prova relacionada ao crime originalmente investigado. A saber, podemos definir como serendipidade o a obtenção fortuita de elemento probatório de um crime durante o curso de investigação sobre outra infração penal.

Direito Previdenciário [69-70]		
Nº	Gabarito	Comentários
69	A	A CF/88 proíbe o trabalho noturno, perigoso ou insalubre a menores de 18 anos e de qualquer trabalho a menores de 16 anos, salvo na condição de aprendiz a partir dos 14 anos (art. 7º, XXXIII). Nesse mesmo sentido, temos outra determinação constitucional, que é a idade mínima para se filiar ao regime geral de previdência social, que é de 16 anos. Mas atenção à exceção, pois, se o menor de 16 anos for enquadrado nos moldes do contrato de menor aprendiz, ele poderá se filiar junto ao regime geral de previdência social desde os 14 anos (art. 428 da CLT).

Nº	Gabarito	Comentários
70	D	Via de regra, a alíquota de contribuição do segurado contribuinte individual e facultativo é de 20% sobre o respectivo salário de contribuição (art. 21, *caput*, da Lei n. 8.213/91), porém, o § 2º do mesmo art. 21 permite que excluindo o direito ao benefício de aposentadoria por tempo de contribuição, a alíquota reduzida será de 11%.

Direito do Trabalho [71-75]

Nº	Gabarito	Comentários
71	A	(A) Certa, nos termos do entendimento consolidado do TST, na Súmula 390, item I, Camila tem estabilidade no emprego, pois é servidora pública municipal da administração pública direta. (B) Errada, *vide* Súmula 390 do TST. (C) Errada, *vide* Súmula 390 do TST. (D) Errada, *vide* Súmula 390 do TST.
72	A	(A) Certa, pois o evento equipara-se a acidente do trabalho, sendo então obrigatório o recolhimento do FGTS, na forma do art. 15, § 5º, da Lei n. 8.036/90. (B) Errada, *vide* art. 118 da Lei n. 8.213/91. (C) Errada, *vide* art. 15, § 5º, da Lei n. 8.036/90. (D) Errada, *vide* Súmula 378 do TST.
73	B	(A) Errada, *vide* art. 2º, § 2º, da Lei n. 8.036/90. (B) Certa, não será possível, pois as contas do FGTS são absolutamente impenhoráveis, na forma do art. 2º, § 2º, da Lei n. 8.036/90. (C) Errada, *vide* art. 2º da Lei n. 8.036/90. (D) Errada, *vide* art. 2º, § 2º, da Lei n. 8.036/90.
74	C	(A) Errada, *vide* art. 614, § 3º, da CLT. (B) Errada, *vide* art. 614, § 3º, da CLT. (C) Certa, atualmente não se aplica mais o efeito da ultratividade da norma coletiva, na forma do art. 614, § 3º, da CLT. (D) Errada, *vide* art. 614, § 3º, da CLT.
75	B	(A) Errada, *vide* art. 193, § 2º, da CLT. (B) Certa, o art. 193, § 2º, da CLT, não permite que o empregado cumule os adicionais, sendo que deverá optar por aquele que lhe for mais benéfico. (C) Errada, *vide* art. 193, § 2º, da CLT. (D) Errada, *vide* art. 193, § 2º, da CLT.

Direito Processual do Trabalho [76-80]

Nº	Gabarito	Comentários
76	B	O art. 888 e parágrafos da CLT estabelecem que, concluída a avaliação, dentro de dez dias, contados da data da nomeação do avaliador, seguir-se-á a arrematação, que será anunciada por edital afixado na sede do juízo ou tribunal e publicado no jornal local, se houver, com a antecedência de vinte (20) dias. A arrematação far-se-á em dia, hora e lugar anunciados, e os bens serão vendidos pelo maior lance, tendo o exequente preferência para a adjudicação. O arrematante deverá garantir o lance com o sinal correspondente a 20% (vinte por cento) do seu valor. Caso não haja licitante e não requerendo o exequente a adjudicação dos bens penhorados, poderão os mesmos ser vendidos por leiloeiro nomeado pelo Juiz ou Presidente. Se o arrematante, ou seu fiador, não pagar dentro de 24 (vinte e quatro) horas, o preço da arrematação, perderá, em benefício da execução, o sinal acima citado, voltando à praça os bens executados.
77	D	O art. 879 da CLT prevê que quando a sentença for ilíquida (não constar o *quantum debeatur*), será necessário proceder com sua liquidação, que poderá ser por cálculos, por artigos ou por arbitramento. O § 2º do artigo citado enuncia que, elaborada a conta e tornada líquida, o juízo deverá abrir às partes prazo comum de oito dias para impugnação fundamentada com a indicação dos itens e valores objeto da discordância, sob pena de preclusão.
78	C	Em regra, diante dos arts. 799, § 2º, 893,§ 1º, e, por fim, 855-A, § 1º, todos da CLT, não cabe recurso imediato contra as decisões interlocutórias, exceto nas hipóteses citadas nos incisos II e III do § 1º, art. 855-A, da CLT e naquelas elencadas na Súmula 214 do TST, *in verbis*: "Na Justiça do Trabalho, nos termos do art. 893, § 1º, da CLT, as decisões interlocutórias não ensejam recurso imediato, salvo nas hipóteses de decisão: a) de Tribunal Regional do Trabalho contrária à Súmula ou Orientação Jurisprudencial do Tribunal Superior do Trabalho; b) suscetível de impugnação mediante recurso para o mesmo Tribunal; c) que acolhe exceção de incompetência territorial, com a remessa dos autos para Tribunal Regional distinto daquele a que se vincula o juízo excepcionado, consoante o disposto no art. 799, § 2º, da CLT". No entanto, para evitar a preclusão (convalidação), quando as decisões interlocutórias são proferidas em audiência de instrução, a parte que teve um requerimento indeferido, como é o caso da questão, deve via de regra requerer seja registrado em ata de audiência o protesto, com fundamento no art. 795 da CLT: "As nulidades não serão declaradas senão mediante provocação das partes, as quais deverão argui-las à primeira vez em que tiverem de falar em audiência ou nos autos".
79	B	A letra A está errada, uma vez que a CLT tem regra própria sobre a arguição de incompetência territorial, que está no art. 800 da CLT, de modo que deve ser apresentada em petição específica e no prazo de cinco dias a contar do recebimento da notificação, ou seja, não cabe sua arguição em preliminar de contestação, como prevê o CPC no art. 337. A letra B está correta, já que é a redação dos §§ 1º e 4º do art. 800 da CLT. A alternativa C está incorreta, vez que o prazo, conforme *caput* do art. 800, é de cinco dias a contar do recebimento da notificação. Por fim, a alternativa D está errada, pois a lei permite a arguição de incompetência territorial, observando-se o procedimento do art. 800 da CLT.

| 80 | B | Dispõe, os §§ 2º e 3º do art. 852-H da CLT que as testemunhas, até o máximo de duas para cada parte, comparecerão à audiência de instrução e julgamento independentemente de intimação, bem como que só será deferida intimação de testemunha que, comprovadamente convidada, deixar de comparecer. Não comparecendo a testemunha intimada, o juiz poderá determinar sua imediata condução coercitiva. |

Folha de Análise do Simulado

Disciplina	Nº de Questões	Nº de Acertos	Nº de Erros
Direito Administrativo	05		
Direito Ambiental	02		
Direito Civil	06		
Direito Constitucional	06		
Direito do Consumidor	02		
Estatuto da Criança e do Adolescente	02		
Direitos Humanos	02		
Direito Eleitoral	02		
Direito Empresarial	04		
Ética	08		
Filosofia do Direito	02		
Direito Financeiro	02		
Direito Internacional	02		
Direito Penal	06		
Direito Previdenciário	02		
Direito Processual Civil	06		
Direito Processual Penal	06		
Direito Processual do Trabalho	05		
Direito do Trabalho	05		
Direito Tributário	05		
TOTAL	80		

EXAME DE ORDEM
SIMULADO X

1. Marcelo atuou como advogado de Cristiano em ação proposta em face de Gabriel. Concluída a ação, Cristiano acusou Marcelo de locupletamento de valores recebidos em seu favor. Fagner, também advogado, foi contratado por Douglas para atuar em ação trabalhista contra antigo empregador. Julgada improcedente a ação, Douglas passou a ameaçar a vida de Fagner. Diante desse cenário, conforme determina o Código de Ética e Disciplina da OAB:

(A) ambos os advogados devem manter o sigilo profissional, mesmo diante da ameaça ao direito à vida e à honra.
(B) ambos os advogados podem revelar os fatos apresentados, diante da ameaça ao direito à vida e à honra.
(C) apenas Marcelo poderá revelar os fatos, diante da ameaça de sua honra.
(D) apenas Fagner poderá revelar os fatos, diante da ameaça de sua vida.

2. Maria Alice, advogada recém-inscrita, pretende realizar publicidade de suas atividades profissionais. Para tanto, contrata empresa de marketing profissional que lhe apresenta as seguintes opções: propaganda na televisão aberta em horário nobre, entrevistas semanais na rádio local, anúncio em jornal impresso, panfletagem na porta do principal fórum da cidade e envio de boletins jurídicos. Acerca dessas medidas, conforme o Código de Ética e Disciplina da OAB, a advogada não poderá:

(A) realizar a propaganda na televisão, participar de entrevistas semanais na rádio local e panfletar na porta do fórum.
(B) realizar anúncio em jornal impresso, mesmo com discrição e sobriedade, e emitir boletins jurídicos, ainda que sobre matéria cultural de interesse dos advogados.
(C) realizar qualquer uma das medidas apresentadas, pois é vedado aos advogados qualquer forma de publicidade.
(D) realizar a propaganda na televisão, mas inexiste vedação na participação em entrevistas semanais na rádio local.

3. Os amigos Lucas Martins e Matheus Gonzaga, advogados, resolvem constituir pessoa jurídica para atuação na atividade de advocacia. Conforme estabelece o Estatuto da Advocacia e OAB:

(A) podem criar uma sociedade simples para o exercício da profissão. Ocorrendo óbito de um deles, poderá ser mantido na sociedade o nome do falecido se previsto no ato constitutivo.
(B) não podem criar sociedade simples para o exercício da profissão, diante da proibição quanto a criação de pessoas jurídicas pelo EAOAB.
(C) podem criar uma sociedade simples para o exercício da profissão. Ocorrendo óbito de um deles, poderá ser mantido na sociedade o nome do falecido se autorizado pelos herdeiros.
(D) podem criar uma sociedade simples para o exercício da profissão. Ocorrendo óbito de um deles, não poderá ser mantido na sociedade o nome do falecido.

4. Joaquim pretende realizar sua inscrição como advogado, para tanto, se dirigiu ao respectivo Conselho Seccional, onde pretende atuar profissionalmente, apresentando todos os documentos necessários. Contudo, devido a problemas com violência doméstica, Joaquim foi acusado de não ter idoneidade moral. Sobre o tema, assinale a resposta correta:

(A) qualquer pessoa pode suscitar a inidoneidade de Joaquim junto ao respectivo Conselho Seccional, sendo desnecessária sua identificação. A decisão deve ser declarada por, no mínimo, dois terços dos membros do conselho competente, em procedimento que observe os termos do processo disciplinar.
(B) apenas advogados podem suscitar a inidoneidade de Joaquim junto ao respectivo Conselho Seccional, identificando-se. A decisão deve ser declarada por, no mínimo, dois terços dos membros do conselho competente, em procedimento que observe os termos do processo disciplinar.

(C) qualquer pessoa pode suscitar a inidoneidade de Joaquim junto ao respectivo Conselho Seccional, identificando-se. A decisão deve ser declarada por, no mínimo, dois terços dos membros do conselho competente, em procedimento que observe os termos do processo disciplinar.

(D) qualquer pessoa pode suscitar a inidoneidade de Joaquim junto ao respectivo Conselho Seccional, identificando-se. A decisão deve ser declarada por, no mínimo, três quintos dos membros do conselho competente, em procedimento que observe os termos do processo disciplinar.

5. Conforme o Estatuto da Advocacia e OAB, salvo estipulação em contrário:

(A) os honorários pactuados com o cliente somente serão recebidos ao final da demanda.
(B) os honorários pactuados com o cliente somente serão recebidos no começo da demanda.
(C) os honorários pactuados com o cliente serão recebidos metade no começo e a outra metade ao final da demanda.
(D) os honorários pactuados com o cliente serão recebidos um terço no início do serviço, outro terço até a decisão de primeira instância e o restante no final.

6. O advogado João recebeu procuração do casal Lucas e Michele para atuação profissional em ação contra a construtora Atraso Ltda., devido demora na entrega de imóvel adquirido na planta. Julgada procedente a ação, já em fase de cumprimento de sentença, o casal se divorcia e passam a divergir quanto ao recebimento de valores nos autos da mencionada ação. Diante desse cenário, o Código de Ética e Disciplina da OAB estabelece:

(A) que o advogado deve permanecer atuando em favor de ambos, mesmo que não consiga harmonizar os interesses do casal.
(B) que o advogado é obrigado a renunciar ambas às procurações, sob pena de indevido favorecimento para uma das partes.
(C) que o advogado informe ao juízo para que seja nomeado Defensor Público para atuação como intermediador das partes.
(D) que o advogado deve optar, com prudência e discrição, por um dos mandatos, renunciando ao outro.

7. Os advogados Rafael e Marina constituem sociedade de advogados para exercício conjunto da profissão no ramo da advocacia tributária no Estado de Pernambuco. Tempos depois, Rafael recebeu o convite de Gabriel para constituir sociedade no Estado do Rio de Janeiro também atuante na esfera tributária. Marina, por sua vez, pensa em constituir uma sociedade unipessoal de advocacia para atuação na área criminal no Estado de Pernambuco. Diante dessas informações, conforme o Estatuto da Advocacia e OAB:

(A) Rafael não poderá integrar a sociedade no Rio de Janeiro, pois também atua na matéria tributária.
(B) Marina poderá constituir a sociedade unipessoal de advocacia, pois atua em área diversa daquela que integra com Rafael.
(C) Rafael poderá integrar a sociedade no Rio de Janeiro, pois trata-se de Conselho Seccional diverso daquele em que mantém sociedade com Marina.
(D) ambos os advogados não podem criar outra pessoa jurídica, independentemente do local ou área de atuação.

8. O jovem advogado Pedro, obteve diversos êxitos em ações indenizatórias propostas contra empresas de medicamentos sem eficácia comprovada. Diante desse cenário, o dono de uma dessas empresas resolve contratar Pedro para atuar no seu departamento jurídico. Já empregado, Pedro foi concitado a atuar em ação judicial também sobre a ineficácia de determinado medicamento, mas dessa vez devendo sustentar tese favorável ao empregador. Considerando o caso narrado, assinale a afirmativa correta.

(A) Pedro deverá seguir orientação do empregador, diante da ausência de independência da relação empregatícia.
(B) Pedro poderá recusar a atuação, uma vez que não pode ser obrigado a mudar orientação que tenha manifestado anteriormente.
(C) Pedro deverá seguir orientação do empregador, diante do pedido expresso e de procuração concedida.
(D) Pedro poderá recusar a atuação, apenas se tiver autorização do respectivo Conselho Seccional da OAB.

9. Miguel Reale, em sua teoria tridimensional do direito, define como elemento primordial para a análise científica do fenômeno jurídico o enlace entre:

(A) os fatos sociais, valores e normas.
(B) as normas, axiomas e costumes.
(C) apenas os valores.
(D) os princípios e as regras.

10. De acordo com as análises de John Rawls acerca de justiça, em sua obra *Uma teoria da justiça*, a Justiça haveria de seguir o princípio:

(A) da proporcionalidade.
(B) aritmética igualitária.
(C) da igualdade.
(D) da equidade centralizada.

11. João, um cidadão brasileiro, foi abordado por policiais em uma blitz de trânsito. Durante a abordagem, João foi obrigado a abrir o porta-malas de seu carro sem a apresentação de qualquer mandado judicial. Os policiais alegaram que a busca era necessária para garantir a segurança pública. Sentindo-se lesado, João procurou assistência jurídica para questionar a legalidade da busca.

Com base no art. 5º da Constituição Federal e na jurisprudência do Supremo Tribunal Federal (STF), a busca realizada no carro de João foi:

(A) Constitucional, pois as autoridades podem realizar buscas em veículos sem mandado, desde que exista suspeita justificada.
(B) Inconstitucional, pois a Constituição exige que toda busca seja precedida de mandado judicial, salvo em casos de flagrante delito.
(C) Constitucional, pois o veículo não é considerado extensão do domicílio para fins de proteção contra buscas e não depende de fundada suspeita para sua realização.
(D) Inconstitucional, pois as autoridades não apresentaram mandado judicial, violando o direito à inviolabilidade do domicílio.

12. Pedro, brasileiro nato, foi condenado criminalmente em decisão transitada em julgado, e deseja saber se ainda poderá exercer seus direitos políticos, especialmente o de votar e ser votado. Com base na Constituição Federal de 1988, é correto afirmar que Pedro:

(A) Perderá definitivamente seus direitos políticos em razão da condenação criminal.
(B) Terá seus direitos políticos suspensos enquanto durarem os efeitos da condenação criminal.
(C) Não sofrerá qualquer consequência sobre seus direitos políticos, pois a perda ou suspensão de tais direitos não se aplica a brasileiros natos.
(D) Poderá exercer seus direitos políticos normalmente, desde que pague a pena de multa imposta na condenação.

13. Durante a tramitação de um projeto de lei no Congresso Nacional, o Presidente da República manifesta sua intenção de vetar parcialmente o projeto, discordando de alguns artigos que, segundo ele, ferem princípios constitucionais. Após a aprovação do projeto pelo Congresso, o Presidente exerce o veto parcial, e o Congresso é notificado. Considerando a Constituição Federal de 1988, é correto afirmar que:

(A) O veto parcial do Presidente da República é inconstitucional, pois ele só pode vetar o projeto de lei em sua totalidade.
(B) O Presidente pode vetar parcialmente o projeto de lei, mas o Congresso Nacional pode derrubar o veto por maioria simples.
(C) O Presidente da República pode vetar parcialmente o projeto de lei, mas o veto pode ser rejeitado pelo Congresso Nacional por maioria absoluta.
(D) O veto parcial do Presidente deve ser submetido ao Supremo Tribunal Federal para análise de constitucionalidade.

14. Durante um período de grave instabilidade política e social, um Governador de Estado decreta estado de defesa em algumas cidades para controlar a situação. A medida é questionada judicialmente, alegando-se que o Governador não teria competência para tomar tal decisão. Com base na Constituição Federal de 1988, é correto afirmar que:

(A) O Governador de Estado pode decretar estado de defesa, desde que seja em território estadual e com aprovação da Assembleia Legislativa.
(B) O estado de defesa pode ser decretado exclusivamente pelo Presidente da República, após consulta ao Conselho da República e ao Conselho de Defesa Nacional.
(C) O Governador pode decretar estado de defesa, mas apenas em casos de calamidade pública.
(D) Tanto o Presidente quanto os Governadores podem decretar estado de defesa em seus respectivos territórios.

15. Em 2023, um governador de Estado editou uma lei estadual que estabelecia a obrigatoriedade da vacinação contra determinada doença em todo o território estadual. Diversos cidadãos, alegando a violação de sua liberdade individual, ingressaram com ações questionando a constitucionalidade da lei. O Supremo Tribunal Federal (STF) foi chamado a se pronunciar sobre o tema. Sobre a atuação do STF no controle de constitucionalidade, assinale a alternativa correta:

(A) O STF pode realizar o controle de constitucionalidade de lei estadual por meio de ação direta de inconstitucionalidade, caso a lei viole direitos e garantias fundamentais.
(B) O STF não tem competência para julgar a constitucionalidade de leis estaduais, sendo matéria exclusiva dos Tribunais de Justiça estaduais.
(C) O controle de constitucionalidade de leis estaduais é feito exclusivamente por meio de ação civil pública.
(D) A matéria relacionada à vacinação obrigatória é de competência exclusiva da União, não cabendo aos Estados legislar sobre o tema.

16. Durante um protesto, Pedro foi detido por portar cartazes e gritar palavras de ordem contra o governo. Ele foi acusado de perturbação da ordem pública, mas argumentou que estava exercendo seu direito de liberdade de expressão. Com base no art. 5º da Constituição Federal e na jurisprudência do STF, assinale a alternativa correta:

(A) A liberdade de expressão de Pedro pode ser limitada pelo governo para evitar críticas à administração pública.
(B) Pedro poderia ser responsabilizado criminalmente por expressar opiniões contrárias ao governo, pois isso configura abuso de direito.
(C) A liberdade de expressão não inclui o direito de criticar o governo, especialmente em locais públicos.
(D) Pedro tem o direito de expressar suas opiniões, inclusive em manifestações, sendo vedada a censura prévia.

17. A Convenção Internacional sobre os Direitos das Pessoas com Deficiência e seu Protocolo Facultativo, foram assinados em Nova York, em 30 de março de 2007. Nosso Congresso Nacional aprovou, por meio do Decreto Legislativo n. 186, de 9 de julho de 2008, conforme o procedimento do § 3º do art. 5º da Constituição (ou seja, com equivalência às emendas constitucionais, primeiro tratado internacional a ser aprovado com tal rito). O Governo brasileiro depositou o instrumento de ratificação dos referidos atos junto ao Secretário-Geral das Nações Unidas em 1º de agosto de 2008, enquanto o Decreto n. 6.949, de 25 de agosto de 2009 a promulgou. Segundo a Convenção, como é definida a deficiência?

(A) Apenas limitações físicas visíveis.
(B) Uma limitação de longo prazo de natureza física, mental, intelectual ou sensorial que, em interação com diversas barreiras, pode obstruir a participação plena e efetiva na sociedade em igualdade de condições com as demais pessoas.
(C) Qualquer condição de saúde diagnosticada antes dos 18 anos.
(D) Exclusivamente deficiências causadas por acidentes.

18. A Lei Brasileira de Inclusão da Pessoa com Deficiência (Estatuto da Pessoa com Deficiência) – Lei n. 13.146, de 6 de julho de 2015 estabelece que as empresas devem adotar quais medidas em relação ao emprego de pessoas com deficiência?

(A) Reservar 5% de todas as vagas de emprego para pessoas com deficiência.
(B) Assegurar a acessibilidade nos locais de trabalho e realizar adaptações razoáveis.
(C) Oferecer apenas vagas em setores administrativos.
(D) Priorizar contratações temporárias para pessoas com deficiência.

19. Tício está no seu segundo mandato consecutivo de prefeito do município Alfa, como tem ótima avaliação do eleitorado local, os eleitores do município vizinho, a Cidade Beta, manifestaram publicamente o interesse de tê-lo também como prefeito daquela cidade. Assim, faltando pouco mais de seis meses das próximas eleições municipais, Tício renunciou ao seu mandato de prefeito e transferiu o seu domicílio eleitoral para a Cidade Beta a fim de concorrer à eleição para o Executivo local.

Com base na Jurisprudência e na legislação eleitoral em vigor, é correto afirmar que

(A) Tício não poderá concorrer à eleição do município Beta porque não realizou a transferência do domicílio eleitoral no prazo mínimo legal de um ano da data da eleição.
(B) Conforme disposição expressa na Constituição Federal, não se admite o "prefeito itinerante", razão pela qual Tício está impedido de concorrer à prefeitura do município Beta.
(C) Não há óbice à candidatura de Tício para prefeito do município Beta.
(D) A candidatura de Tício é inviável, conforme Jurisprudência do Tribunal Superior Eleitoral.

20. O partido Delta não utilizou a totalidade dos recursos oriundos do Fundo Especial de Financiamento de Campanha Eleitoral (FEFC) e agora a direção executiva do partido está com dúvidas quanto a destinação das sobras.

Assim, a direção do partido Delta consulta um advogado a fim de saber qual destino deverá ter o montante não utilizado do FEFC.

O advogado consultado respondeu corretamente que

(A) Os valores não utilizados poderão ser incorporados pelo partido, desde que feita a prestação de contas quanto à sua destinação.
(B) Os valores não utilizados deverão ser devolvidos integralmente ao Tesouro Nacional no momento da prestação de contas.
(C) Os valores não utilizados poderão ficar retidos pelo partido para posterior utilização nas próximas eleições.
(D) Os valores não utilizados deverão ser incorporados pelo partido como adiantamento do Fundo Partidário.

21. Empresa A, de consultoria brasileira, assina, na cidade de Buenos Aires, Argentina, contrato de prestação de serviços com uma empresa local. As contratantes elegem o foro da comarca do Rio de Janeiro para dirimir eventuais dúvidas, com a exclusão de qualquer outro. Posteriormente a isso, as partes se desentendem e não conseguem chegar a uma solução amigável. A empresa de consultoria brasileira decide, então, ajuizar uma ação na Justiça do Rio de Janeiro para rescindir o contrato. Assinale a afirmativa correta.

(A) O juiz brasileiro não pode ser obrigado a aplicar leis estrangeiras.
(B) A Justiça brasileira não é competente para conhecer e julgar a lide, pois o foro para dirimir controvérsias é do local em que o contrato foi assinado.
(C) O juiz brasileiro poderá conhecer e julgar a lide, mas deverá basear sua decisão na legislação argentina, pois os contratos se regem pela lei do local de sua assinatura.
(D) O juiz brasileiro poderá conhecer e julgar a lide, mas deverá se basear na legislação brasileira.

22. Uma empresa chinesa com filial no Brasil ingressou com ação perante a autoridade judiciária da China para cobrar uma dívida vencida referente a um contrato de compra e venda de insumos agrícolas celebrado com uma empresa brasileira que explora o cultivo de tomates, na região Sul do Brasil. A empresa chinesa recentemente obteve sentença a seu favor, que transitou em julgado. Sobre a hipótese, assinale a afirmativa correta.

(A) A sentença da autoridade judiciária chinesa poderá ser executada no Brasil, depois de homologada pelo Superior Tribunal de Justiça.
(B) A decisão da autoridade judiciária chinesa poderá ser executada no Brasil por meio de carta rogatória.
(C) A decisão proferida pela autoridade judiciária chinesa não poderá produzir efeitos no Brasil, visto que apenas a autoridade brasileira poderá conhecer de ações relativas a bens situados no Brasil.
(D) A empresa chinesa deverá submeter o litígio a uma arbitragem para que, caso confirmado o teor da sentença obtida, possa executá-la perante o juiz federal competente.

23. No Estado de Serra Verde, após um período de expansão do quadro de servidores, uma análise foi realizada pelo Tribunal de Contas do Estado para verificar a conformidade dos gastos com pessoal, em relação à sua receita corrente líquida. O resultado mostrou que o Estado estava gastando 62% de sua receita corrente líquida com a folha de pagamento de seus servidores.

Com base na Lei de Responsabilidade Fiscal (LRF), o gasto do Estado de Serra Verde com pessoal:

(A) está dentro do limite legal, pois não ultrapassou os 70% da receita corrente líquida.
(B) está acima do limite legal, pois ultrapassou os 60% da receita corrente líquida.
(C) está dentro do limite legal, pois não ultrapassou os 65% da receita corrente líquida.
(D) está acima do limite legal, mas não é uma violação, pois os Estados têm uma margem de tolerância de até 65%.

24. O Tribunal Regional Federal da 5ª Região, presidido pelo Desembargador Alberto, após a inscrição de determinado precatório, não tomou as devidas providências para a sua liquidação regular, mesmo estando o precatório dentro do prazo e ordem estabelecidos para pagamento. Maria, titular desse crédito, inconformada com a demora, pretende tomar medidas cabíveis contra o Desembargador Alberto.

Com base no art. 100, § 7º, da Constituição Federal, é correto afirmar que:

(A) o Desembargador Alberto não poderá ser responsabilizado, uma vez que a demora na liquidação de precatórios é um problema comum e estrutural.
(B) o Desembargador Alberto poderá ser responsabilizado apenas perante o Conselho Nacional de Justiça, pois se trata de matéria de natureza administrativa.
(C) o Desembargador Alberto, por ato omissivo, pode incorrer em crime de responsabilidade e responder também perante o Conselho Nacional de Justiça.
(D) a Constituição Federal não prevê responsabilização para os Presidentes dos Tribunais que retardem a liquidação regular de precatórios.

25. As remunerações dos servidores dos Municípios recebem a retenção do Imposto de Renda direto na fonte, realizada pelo ente que efetua seu pagamento, embora tal imposto seja de competência da União.

Considerando a competência tributária e a capacidade tributária, a quem cabe o produto da arrecadação do IR-Fonte nesse caso específico?

(A) Ao Município.
(B) À União.
(C) Ao Estado em que está situado o Município que efetua o pagamento da remuneração.
(D) Metade à União e metade ao Município que efetua o pagamento da remuneração.

26. Sobre o IPVA, assinale a alternativa correta.

(A) É imposto criado pela União, com repartição da arrecadação com o Estado em que tenha sido licenciado o veículo.
(B) É instituído pelo Estado e repartido com o Município em que tenha sido licenciado o veículo.
(C) É instituição é realizada pelo Estado em que o veículo foi licenciado, que ficará com a integralidade do produto da arrecadação.
(D) É instituído pelo Município em que tenha sido licenciado o veículo, que ficará com a integralidade do produto da arrecadação.

27. Gabriel celebrou compra e venda com Michel para adquirir a propriedade de bem imóvel. Tal imóvel anteriormente era alugado por Michel a uma sociedade empresária. Sobre o imóvel adquirido, há pendências tributárias relacionadas ao não pagamento dos seguintes tributos: IPTU, Contribuição de Melhoria, Taxa de Coleta Domiciliar de Lixo e a Taxa de Inspeção Sanitária devida pelo exercício do poder de polícia, em função da atividade ali desenvolvida.

Com relação à responsabilidade tributária, assinale a afirmativa correta.

(A) Gabriel é responsável tributário pela dívida de IPTU, da Taxa de Coleta Domiciliar de Lixo e da Contribuição de Melhoria, permanecendo Michel na condição de responsável pela Taxa de Inspeção Sanitária.
(B) Gabriel é responsável tributário do IPTU e da Taxa de Coleta Domiciliar de Lixo, ao passo que Michel permanecerá como sujeito passivo da Taxa de Inspeção Sanitária e da Contribuição de Melhoria.
(C) Gabriel é o responsável tributário de todos os tributos, devido à sucessão imobiliária.
(D) Michel continuará sendo o sujeito passivo de todos os tributos, muito embora o imóvel tenha sido adquirido por Gabriel.

28. A Receita Federal do Brasil, no cumprimento de suas atividades de fiscalização, identificou que a Sociedade Perfume de Mulher Ltda. vem obtendo renda. Em investigação mais aprofundada junto as autoridades competentes, foi descoberto que tal renda é oriunda do tráfico de entorpecentes.

Sobre a hipótese sugerida, assinale a afirmativa correta.

(A) É devido o imposto de renda em razão do princípio do *pecunia non olet*.
(B) Tendo em vista a origem ilícita, inexiste tributação, ocorrendo apenas o confisco dos valores.
(C) Não há incidência de qualquer tributo, uma vez que a tributação não é destinada a sancionar alguém que comete ato ilícito.
(D) Caberá aplicação de multa fiscal pela não declaração de lucro, ficando afastada a incidência do tributo, sem prejuízo da punição na esfera penal.

29. Considerando o IPVA, imposto sobre a propriedade de veículos automotores, indique a alternativa incompatível com a Constituição Federal.

(A) O IPVA é imposto cuja competência é dos Estados e do Distrito Federal.
(B) É cabível o estabelecimento de alíquotas diferenciadas do IPVA em razão da origem nacional ou estrangeira do veículo.
(C) É cabível estabelecer alíquotas diferenciadas para o IPVA em razão do tipo e da utilização do veículo.
(D) Pertence aos municípios parte do produto da arrecadação do IPVA relativamente aos veículos automotores licenciados em seus territórios.

30. A fim de estabelecer um poste que possibilitasse a prestação do serviço de iluminação pública, a Administração do Município Ômega, respaldada pelo seu poder de polícia, utilizou uma porção do terreno pertencente a Calos, que é propriedade privada.

Nessa situação, a autoridade municipal empregou a intervenção do Estado na propriedade privada conhecida como:

(A) requisição administrativa.
(B) servidão administrativa.
(C) limitação administrativa.
(D) tombamento.

31. O Estado Delta, com o intuito de implementar medidas governamentais de saúde pública, realizou a desapropriação do terreno pertencente a Pablo. A finalidade declarada no ato expropriatória era a de estabelecer no local um hospital público. Ocorre que, após a desapropriação e por motivos de interesse coletivo amplamente justificados, o Estado Delta decidiu construir no local uma escola pública para atender a comunidade carente das redondezas e diminuir a crescente taxa de evasão escolar. No contexto em questão, ocorreu a denominada:

(A) retrocessão administrativa.
(B) tredestinação ilícita.
(C) tredestinação lícita.
(D) desapropriação indireta.

32. Artur é membro do Tribunal de Contas do Estado Alfa, Pedro é prefeito do Município Beta, e Carlos é diretor da sociedade empresária XYZ. Juntos praticaram dolosamente ato de improbidade administrativa que causou prejuízo ao erário previsto na Lei n. 8.429/92.

Considerando a situação narrada e as alterações trazidas pela Lei n. 14.230/2021 na Lei de Improbidade Administrativa, é correto afirmar que:

(A) Carlos, particular que concorreu dolosamente para a prática do ato de improbidade administrativa, poderá, sozinho, figurar no polo passivo de eventual ação por improbidade administrativa.
(B) os sócios e os cotistas da sociedade empresária XYZ responderão solidariamente pelo ato de improbidade administrativa que venha a ser imputado à pessoa jurídica.
(C) em caso de óbito de Pedro, seus herdeiros estarão sujeitos à reparação integral do prejuízo causado aos cofres públicos, independentemente do valor da herança recebido.
(D) à sociedade empresária XYZ não se aplicará nenhuma das sanções previstas na Lei n. 8.429/92, caso o ato de improbidade administrativa seja também sancionado como ato lesivo à administração pública de que trata a Lei n. 12.846/2013.

33. O Estado Delta pretende adquirir bens e serviços comuns. Considerando que a Nova Lei de Licitações (Lei n. 14.133/2021) está em vigor, é correto afirmar que a modalidade licitatória obrigatória e adequada ao caso e que adota como critério de julgamento o menor preço ou o maior desconto, é a(o):

(A) concorrência.
(B) leilão.
(C) diálogo competitivo.
(D) pregão.

34. Seguindo as disposições da Lei n. 9.784/99, conhecida como a Lei de Processo Administrativo, o período no qual é possível anular atos administrativos que tenham gerado benefícios para os destinatários decai em:

(A) doze anos, contados da data em que foram praticados, independentemente de má-fé.
(B) oito anos, contados da data em que foram praticados, salvo comprovada má-fé.
(C) dez anos, contados da data em que foram praticados, em todos os casos.
(D) cinco anos, contados da data em que foram praticados, salvo comprovada má-fé.

35. João Roberto adquiriu um imóvel rural em área alçada ao *status* de patrimônio nacional pelo Poder Constituinte Originário (PCO). Dessa forma, levando em conta a sistemática constitucional, assinale a afirmativa correta.

(A) O imóvel adquirido por João Roberto pode ter sua localização na área de abrangência da Mata Atlântica ou da Zona Costeira, e sua utilização far-se-á, na forma de decreto federal, dentro de condições que assegurem a preservação do meio ambiente, inclusive quanto ao uso dos recursos naturais

(B) O imóvel adquirido por João Roberto pode ter sua localização na área de abrangência da Floresta Amazônica brasileira ou Mata Atlântica, e sua utilização far-se-á, na forma da lei, dentro de condições que assegurem a preservação do meio ambiente, inclusive quanto ao uso dos recursos naturais.

(C) O imóvel adquirido por João Roberto pode ter sua localização na área de abrangência da Floresta Amazônica brasileira ou da Serra do Mar, e sua utilização far-se-á, na forma de decreto federal, dentro de condições que assegurem a preservação do meio ambiente, inclusive quanto ao uso dos recursos naturais.

(D) O imóvel adquirido por João Roberto pode ter sua localização na área de abrangência da Zona Costeira ou dos Pampas, e sua utilização far-se-á, na forma da lei, dentro de condições que assegurem a preservação do meio ambiente, inclusive quanto ao uso dos recursos naturais.

36. Os Espaços Territoriais Especialmente Protegidos (ETEPs) possuem base constitucional. Sobre a Área de Reserva Legal, espécie de ETEPs, e pautando-se na Lei n. 12.651/2012, assinale a afirmativa correta:

(A) Todo imóvel rural deve manter área com cobertura de vegetação nativa, a título de Reserva Legal, sem prejuízo da aplicação das normas sobre as Áreas de Preservação Permanente.

(B) Todo imóvel rural deve manter área com cobertura de vegetação nativa, a título de área de Preservação Permanente, sem prejuízo da aplicação das normas sobre a Área de Reserva Legal.

(C) Todo imóvel urbano deve manter área com cobertura de vegetação nativa, a título de Reserva Legal, sem prejuízo da aplicação das normas sobre as Áreas de Preservação Permanente.

(D) Todo imóvel rural e urbano deve manter área com cobertura de vegetação nativa, a título de Reserva Legal, sem prejuízo da aplicação das normas sobre as Áreas de Preservação Permanente.

37. Rodrigo e Andrea foram casados por dez anos e, durante o matrimônio, tiveram sua filha Lilian; entretanto, após constantes desavenças, optaram pelo divórcio. Andrea, mãe de Lilian, que hoje está com sete anos, está desempregada. Sua filha mora com Rodrigo, pai da menina e ex-marido de Andrea. Embora Rodrigo possua emprego, não tem condições de arcar com todo sustento de Lilian. Andrea reside com sua mãe, avó de Lilian, que é médica e atua nos hospitais públicos da cidade onde residem.

Neste caso:

(A) Rodrigo nada poderá fazer a não ser arcar com todos os custos de sustento de sua filha, pois restringe-se exclusivamente aos pais a obrigação de alimentos.

(B) O dever de alimentos é para necessidade do alimentando e, portanto, mesmo sem dinheiro para seu próprio sustento, Andrea é obrigada a provê-los a Lilian.

(C) A vó de Lilian deverá ser demanda para realizar o pagamento dos alimentos, pois o dever dos pais é extensível aos demais ascendentes.

(D) O dever de alimentos decorre do exercício do poder de família, e como a guarda está com o pai, Rodrigo, incube apenas a ele tal obrigação.

38. Lúcia, decide mudar do Rio de Janeiro para residir com seu novo namorado que conheceu por um aplicativo da internet. No Rio de Janeiro, Lúcia possui imóveis cuja renda auxilia no seu sustento. Assim, diante da mudança, atribui para Renata, sua melhor amiga, o poder de administração de seus imóveis no Rio de Janeiro, o que realiza por meio de instrumento particular.

O contrato celebrado é:

(A) corretagem.
(B) procuração.
(C) agência.
(D) mandato.

39. José Alberto e Karina tiveram um desentendimento e procuraram o Poder Judiciário para solucioná-lo. Dessa demanda, José Alberto saiu vitorioso, tendo assim a restituição do valor que era de direito. Alguns anos depois, quando já não mais era pertinente qualquer recurso, foi editada uma lei cuja aplicação mudaria o cenário discutido anteriormente, e o valor seria então devido para Karina e não mais para José Alberto.

Distante desses fatos, o referido bem deve:

(A) permanecer com José Alberto, por força da coisa julgada.
(B) ser transferido para Karina, respeitando o princípio da eficácia imediata da lei.
(C) permanecer com José Alberto, por força do ato jurídico perfeito.
(D) permanecer com José Alberto, por força do direito adquirido.

40. A loja Brinquedos S/A contratou um seguro de responsabilidade civil com Só Seguros Ltda., para assegurar contra eventual incêndio caso ocorresse dentro da sua loja. No contrato, dentre as cláusulas contratuais, por consenso entre as partes, ficou firmado o compromisso de comunicar a seguradora em até sete dias caso houvesse algum incêndio. E também ajustaram que os prazos prescricionais seriam reduzidos em um terço para melhor se adequar com o valor do prêmio. Com relação as cláusulas estabelecidas entre as partes, responda:

(A) As partes possuem livre arbítrio para alterar os prazos prescricionais e decadências do contrato, desde que, não seja oneroso para nenhuma das partes.
(B) É válida a alteração do prazo prescricional, mas nula a alteração do prazo decadencial.
(C) As alterações são nulas, pois não se faculta às partes alterar os prazos prescricionais e decadenciais.
(D) É válida a alteração do prazo decadencial, apenas.

41. Catarina residia em Atibaia/SP, e estava retornando do trabalho quando se deparou com uma imensa fila de carros parados aguardando liberação do trânsito pelas autoridades policiais. Nesse momento, ocorreu um forte deslizamento de terra, que atingiu seu veículo e mais três carros que estavam em sua frente. O ocorrido resultou na morte dos motoristas de dois carros. Já o corpo de Catarina não foi encontrado até o encerramento das buscas.

Nesse cenário, assinale a afirmativa correta.

(A) Diante do grande deslizamento, seria possível declarar a morte presumida de Catarina antes mesmo do término das buscas.
(B) É possível declarar a morte presumida de Catarina, ainda que sem declaração de ausência, diante da extrema probabilidade da morte.
(C) É possível declarar a morte presumida de Catarina, apenas após decretação de ausência.
(D) Sem localização do corpo de Catarina, é possível verificar a morte natural da motorista.

42. Maria e Carlos foram casados no regime de comunhão parcial de bens e durante o matrimônio tiveram três filhos, Tiago, Simão e Mateus. Após alguns anos, conquistaram o grande sonho da casa própria, imóvel este que servia como o único bem de moradia da família. Carlos faleceu após contrair um forte vírus que avassalou todo o mundo, sem deixar outros bens ou disposição testamentária, e além dos três filhos, deixou seu pai, aposentado, vivo.

É correto afirmar:

(A) Maria é proprietária de metade do imóvel, e possui o direito real de habitação, ao passo que a outra metade deve ser dividido entre os três filhos e o ascendente de Carlos.
(B) O imóvel deve ser repartido pelo número de herdeiros, de forma igualitária, entre Maria, os três filhos e o pai de Carlos.
(C) Maria é proprietária de metade do imóvel, e possui o direito real de habitação do imóvel, ao passo que a outra metade deve ser dividido entre os três filhos.
(D) Tiago, Simão e Mateus são os únicos herdeiros do imóvel, pois são filhos comuns do casal, cabendo apenas a Maria o direito real de habitação.

43. Carlinhos, 15 anos, tem muito desejo de praticar tiro. Seu colega de aula, Matheus, diz a ele que seu pai trabalha numa loja de colecionadores de armas e que nos finais de semana leva algumas para casa a fim de testá-las. Assim, os dois se reúnem com o pai de Matheus e pedem uma emprestada para praticar tiro no terreno baldio ao lado da casa deles, o que consente. Diante desse fato, o que o Estatuto da Criança e do Adolescente regulamenta a respeito. Assinale a alternativa correta.

(A) Não se vislumbra crime na atitude do pai de Matheus.
(B) Não é crime fornecer gratuitamente ou entregar de qualquer forma arma, munição ou explosivo para criança ou adolescente, exceto, se for venda.
(C) É crime tipificado no ECA, cuja pena é de detenção.
(D) É crime não só vender, mas como fornecer gratuitamente e entregar arma, munição ou explosivo no caso em tela, cuja pena é de reclusão.

44. Segundo o Estatuto da Criança e do Adolescente (ECA), a perda e a suspensão do poder familiar serão decretadas judicialmente, em procedimento contraditório. Para tanto, o procedimento está previsto no ECA e deve ser seguido conforme as regras lá dispostas. Assinale a alternativa correta sobre a perda e suspensão do poder familiar.

(A) O procedimento para a perda ou a suspensão do poder familiar terá início por provocação do Ministério Público, que tem exclusividade de sua abertura.
(B) O prazo máximo para conclusão do procedimento será de 120 dias.
(C) Não será possível decretar a suspensão do poder familiar de modo liminar ou incidentalmente.
(D) Não é obrigatória a oitiva dos pais se eles estiverem privados de liberdade.

45. Após assinar o contrato de fornecimento de serviço de internet, Leonardo percebeu que a fornecedora do serviço lhe entregou o contrato redigido e com apenas alguns campos em branco para preenchimento pelo consumidor. Ao tentar negociar a cláusula que trata da multa moratória, Leonardo foi informado que não caberia qualquer mudança textual na minuta. De acordo com a proteção contratual do consumidor, é correto afirmar que:

(A) Trata-se de contrato nulo, com efeitos *ex tunc*.
(B) Trata-se de cláusula nula, com efeitos *ex nunc*.
(C) Trata-se de prática abusiva, passiva de anulabilidade.
(D) Trata-se de contrato de adesão, com validade jurídica.

46. Entusiasmada com a ampla cobertura do plano de saúde "Vida Longa", Lorena contratou o referido seguro e incluiu seu filho Benjamin como beneficiário. Superado o período de carência, Lorena se dirigiu com seu filho até uma clínica pediátrica prevista no catálogo da rede e foi surpreendida com a informação de que aquele estabelecimento estava descredenciado. Sabendo que a consumidora não foi informada a respeito da alteração da rede credenciada de atendimento, é correto afirmar que:

(A) A operadora do plano de saúde tem o dever de informar antes da contratação, mas não no curso do contrato.
(B) Compete à segurada se informar sobre a rede credenciada antes de buscar o atendimento médico.
(C) Operadora de plano de saúde está obrigada a informar individualmente cada associado acerca de alterações efetuadas na rede credenciada de atendimento.
(D) Operadora de plano de saúde está obrigada a informar individualmente cada associado acerca de alterações efetuadas na rede credenciada de atendimento, desde que solicitado.

47. A Lei n. 6.404/76 trata das sociedades por ações. Assinale a alternativa correta sobre este tipo societário.

(A) A incorporação de imóveis para formação do capital social não exige escritura pública.
(B) A companhia poderá funcionar mesmo que não sejam arquivados e publicados seus atos constitutivos.
(C) A exibição por inteiro dos livros da companhia pode ser ordenada judicialmente sempre que a requerimento de acionistas, desde que sejam apontados atos violadores da lei ou do estatuto, ou haja fundada suspeita de graves irregularidades praticadas por qualquer dos órgãos da companhia.
(D) O estatuto social e a assembleia-geral poderão privar o acionista dos direitos de participar dos lucros sociais caso haja suspeita de fraude por sua conta.

48. Rodrigo pagou uma dívida com Rafael através de cheque, com a cláusula "sem despesas". Rafael, por sua vez, endossou o cheque a Ricardo, em pagamento de outra dívida. Ricardo, no entanto, deixou de apresentar o cheque ao banco sacado dentro do prazo legal de apresentação. Porém, Rodrigo, por sua livre e espontânea vontade, sacou todo o dinheiro junto ao banco, encerrando a sua conta corrente. Para obter a satisfação do valor mencionado no cheque, Ricardo:

(A) poderá promover ação de execução em face de Rafael, mesmo sem realizar o protesto do título, uma vez que o cheque foi emitido com a cláusula sem despesas.
(B) não poderá promover ação de execução em face de Rafael, mas poderá demandar o emitente Rodrigo, caso não tenha se esgotado o prazo prescricional respectivo.
(C) poderá promover ação de execução tanto em face de Rafael, como de Rodrigo, desde que efetue o protesto do título no cartório competente, arcando com as despesas respectivas.
(D) não terá qualquer ação contra Rodrigo, devendo promover ação de indenização em face exclusivamente de Rafael.

49. Conforme a Lei das Sociedades por Ações, assinale a alternativa em que a situação de uma companhia se extingue pela transferência do seu patrimônio a uma sociedade já existente.

(A) Cisão.
(B) Incorporação.
(C) Transformação.
(D) Fusão.

50. A respeito do nome empresarial, assinale a alternativa correta.

(A) A sociedade limitada deve adotar denominação, integradas pela palavra final "limitada" ou a sua abreviatura.
(B) A sociedade em conta de participação não pode ter firma ou denominação.
(C) O nome de sócio que vier a falecer, for excluído ou se retirar, pode ainda ser conservado na firma social.
(D) A sociedade cooperativa funciona sob firma integrada pelo vocábulo "cooperativa".

51. Manoela promoveu ação de petição de herança em face dos seus irmãos Marcos e Marcelo, que receberam toda herança de Manoel, pai dos herdeiros, tendo Manoela sido preterida, por ser fruto de uma aventura amorosa de Manoel com Letícia, na época, diarista na casa de Carla, até então esposa do falecido e mãe de Marcos e Marcelo. Ocorre que Manoela deseja uma medida judicial para evitar a venda dos dois imóveis inventariados, atualmente no nome dos irmãos, a fim de assegurar o resultado útil do processo, impedindo sua alienação para terceiros de boa-fé. Neste contexto, aponte o caminho processual a ser seguido:

(A) Pedido de tutela provisória de urgência antecipada antecedente.
(B) Pedido de tutela provisória de urgência antecipada incidental.
(C) Pedido de tutela provisória de urgência cautelar incidental.
(D) Pedido de tutela provisória de urgência cautelar antecedente.

52. Jurema promoveu uma ação indenizatória em face de Pedro. Após o devido processo legal foi proferida sentença condenatória contra o réu, condenando-o ao pagamento de indenização, acrescida de juros e multa. Ressalte-se que da decisão não houve recurso, operando-

-se o trânsito em julgado. A partir desta narrativa fática, assinale a opção correta:

(A) Jurema terá que promover primeiramente a fase de liquidação de sentença.
(B) Como o caso envolve apenas cálculos aritméticos, Jurema já pode promover o cumprimento de sentença, mediante requerimento simples, nos mesmos autos, acompanhado de demonstrativo discriminado e atualizado do crédito.
(C) O cumprimento definitivo de sentença poderá ser promovido no atual domicílio do executado, desde que ainda não iniciado nos mesmos autos onde se formou o título executivo judicial.
(D) Jurema deve ajuizar ação rescisória, diante do vício da decisão ilíquida.

53. Salete recebeu uma citação pelo correio e tomou ciência de que havia uma execução de cheque em curso contra sua pessoa, promovida por Antônio, para quem Salete emitiu o cheque, após contratar a prestação de serviços de pintura que não foram realizados integralmente por Antônio, motivo pelo qual a contratante "sustou o cheque". O mandado de citação foi cumprido dia 20-9-2021 (segunda-feira), e juntado ao processo em 24-9-2021 (sexta-feira). Salete deseja alegar excesso de execução, bem como formular uma pretensão indenizatória de danos morais contra Antônio. Neste cenário, marque a opção correta:

(Considere que o mês de setembro é de 30 dias e o mês de outubro é de 31 dias, bem como a inexistência de feriados neste intervalo).

(A) Salete deve fazer uso dos embargos à execução, a fim de alegar excesso de execução e formular também seu pedido reconvencional em face de Antônio.
(B) Cabível no caso os embargos à execução, apenas para questionar o excesso de execução, de maneira genérica, uma vez que não se admite reconvenção em sede de embargos à execução.
(C) Cabível no caso os embargos à execução, até 11-10-2021, apenas para questionar o excesso de execução, uma vez que não se admite reconvenção em sede de embargos à execução.
(D) Cabível no caso os embargos à execução, até 15-10-2021, apenas para questionar o excesso de execução, uma vez que não se admite reconvenção em sede de embargos à execução.

54. Débora teve seu carro atingido na parte traseira, em uma colisão supostamente provocada por Adonias, que pilotava sua moto acima da velocidade da via. Nesse contexto, Débora promoveu uma ação indenizatória em face de Adonias, pelo procedimento comum. Todavia, o titular da moto e responsável pelo acidente é Alex, que adquiriu a moto de Adonias e não fez a transferência junto ao órgão competente. Além disso, Alex possui contrato de seguro facultativo da moto, com cobertura de prejuízos para terceiros. A partir destes fatos, assinale a opção correta:

(A) Adonias deve promover a nomeação à autoria para a troca de réus.
(B) Adonias deve alegar a ilegitimidade passiva na preliminar da contestação e obrigatoriamente apontar o réu correto, uma vez que o conhece, sob pena de responsabilidade objetiva.
(C) Adonias deve alegar a ilegitimidade passiva na preliminar da contestação e facultativamente apontar o réu correto, uma vez que tal responsabilidade de indicar o réu correto não é sua, mas do autor da demanda.
(D) Adonias deve alegar a ilegitimidade passiva na preliminar da contestação e apontar o réu correto, uma vez que o conhece, sob pena de responsabilidade subjetiva.

55. Ainda em relação aos fatos da questão anterior, imagine que Adonias tenha alegado, em preliminar da contestação, a ilegitimidade passiva, indicando o real causador do dano, qual seja, Alex. Intimada para manifestação, Débora requer a troca do réu Adonias por Alex, além de incluir no polo passivo a Seguradora Comigo Ninguém Pode, contratada por Alex. A partir dessas novas informações apresentadas, marque a assertiva certa:

(A) Neste caso não se admite a inclusão da seguradora no polo passivo da demanda, por ausência de relação jurídica entre ela e a vítima do sinistro.
(B) Caso ocorra a troca do réu Adonias por Alex, Débora deverá arcar com o reembolso das despesas e honorários advocatícios ao advogado do réu excluído, fixados estes últimos entre 10 e 20% do valor da causa.
(C) Caso ocorra a troca do réu Adonias por Alex, Débora deverá arcar com o reembolso das despesas e honorários advocatícios ao advogado do réu excluído, fixados estes últimos entre 3 e 5% do valor da causa.
(D) Caso Débora não promovesse a inclusão da seguradora no polo passivo, Alex poderia incluí-la, por meio do chamamento ao processo.

56. Elizângela promoveu ação de cobrança em face de Lilian e Sara, por meio de processo físico. Após o transcurso do procedimento comum, a sentença condenou as rés ao pagamento de R$ 30.000,00 (trinta mil reais), operando-se o trânsito em julgado. Nesse contexto, ansiosa por receber seu crédito, a exequente requereu o cumprimento de sentença em face das duas executadas, que estão patrocinadas por advogados diferentes, de escritórios de advocacia distintos. Ressalte-se que o prazo para pagamento voluntário acabou de transcorrer. Lilian deseja oferecer resistência e alegar a prescrição da pretensão cognitiva. Com base nesses fatos, aponte a assertiva correta:

(A) Qualquer das duas executadas pode requerer o parcelamento.

(B) Nesse caso, o prazo para impugnação não será computado em dobro, uma vez que a dobra do prazo só ocorre durante a fase de conhecimento.
(C) A tese de defesa invocada pela executada Lilian é cabível na impugnação ao cumprimento de sentença.
(D) Considerando a ausência do pagamento voluntário no prazo legal, terá início a execução forçada, com a incidência de multa de 10%, honorários advocatícios de 10% e possibilidade de protesto do título, além da negativação do nome das executadas nos órgãos de proteção ao crédito.

57. Agindo com vontade de matar, Rafael efetuou vários disparos, com arma de fogo de uso restrito, contra Carlos. Nesse caso:

(A) Poderá ser reconhecido o homicídio privilegiado, hipótese em que o delito não será considerado hediondo.
(B) Não poderá ser reconhecido o homicídio privilegiado, pois se trata de crime hediondo.
(C) Se reconhecido o homicídio privilegiado, o crime permanecerá inafiançável.
(D) O crime não é qualificado.

58. Ao assaltar uma residência, para que fosse possível realizar a subtração dos bens localizados no interior do imóvel, Tício amarrou e prendeu os moradores em um banheiro. Nesse caso, Tício praticou o crime de:

(A) extorsão mediante sequestro.
(B) sequestro e cárcere privado.
(C) sequestro-relâmpago.
(D) roubo circunstanciado pela restrição da liberdade da vítima.

59. Aquele que abandona pessoa que está sob seu cuidado, guarda, vigilância ou autoridade, e, por qualquer motivo, incapaz de defender-se dos riscos resultantes do abandono, pratica o crime de:

(A) abandono material.
(B) abandono de incapaz.
(C) omissão de socorro.
(D) omissivo impróprio.

60. Sobre o crime de invasão de dispositivo informático (CP, art. 154-A), assinale a alternativa correta:

(A) Para que fique caracterizado o delito, tem de haver a violação de mecanismo de segurança. Caso contrário, a conduta será atípica.
(B) Na forma simples, é crime de menor potencial ofensivo.
(C) A pena deve ser aumentada, de 1/3 a 2/3 (dois terços), se da invasão resulta prejuízo econômico.
(D) Na modalidade qualificada, o crime é compatível com a suspensão condicional do processo.

61. Assinale a alternativa em que o crime é de ação penal pública condicionada à representação:

(A) O crime de furto, desde que praticado entre ascendentes.
(B) O crime de estelionato, ainda que a vítima tenha 65 anos de idade.
(C) Estupro.
(D) Violação sexual mediante fraude.

62. A conduta de solicitar, exigir, cobrar ou obter, para si ou para outrem, vantagem ou promessa de vantagem, a pretexto de influir em ato praticado por funcionário público no exercício da função, caracteriza o crime de:

(A) exploração de prestígio.
(B) corrupção passiva.
(C) tráfico de influência.
(D) corrupção ativa.

63. A respeito das regras que regem o procedimento comum sumaríssimo (Lei n. 9.099/95), assinale a alternativa incorreta.

(A) A competência do juizado será determinada pelo local da prática da conduta descrita no tipo penal.
(B) A citação será pessoal e se fará no próprio juizado.
(C) O instituto da transação penal pode ser concedido pelo juiz sem a anuência do Ministério Público.
(D) Tratando-se de crime de ação penal pública incondicionada, não sendo caso de arquivamento, o Ministério Público poderá propor a aplicação imediata de pena restritiva de direitos ou multas, a ser especificada na proposta.

64. Pablo, agente da polícia federal, praticou um crime no interior de uma autarquia federal. Você como advogado toma ciência que o processo crime está em trâmite perante a 1ª Vara Criminal da Justiça Estadual. As decisões proferidas por este juiz estadual serão:

(A) Inexistentes.
(B) absolutamente nulas.
(C) relativamente nulas, pois a parte não alegou vício na primeira oportunidade.
(D) Mera irregularidade diante do monopólio estatal de resolução conflitos.

65. Acerca do conceito das organizações criminosas expressas na lei (Lei n. 12.850/2013), assinale a alternativa correta:

(A) Associação de três ou mais pessoas.
(B) É dispensável a estabilidade e a permanência.
(C) O agente infiltrado não pode ser levado em conta como membro do grupo para se obter o número legal de quatro integrantes.

(D) Finalidade de obtenção de vantagem de qualquer natureza mediante a prática de infrações penais (crimes e contravenções penais) cujas penas máximas sejam superiores a dois anos, ou de caráter transnacional.

66. Presidente da República através de suas redes sociais toma ciência de que foi agredido por escrito por um dissidente político, com os seguintes dizeres: "Você é um idiota". Consternado, o Presidente da Nação deverá buscar auxílio para responsabilizar criminalmente o seu agressor moral, para:

(A) Presidente do STF.
(B) Ministro da Justiça.
(C) Gabinete da Presidência da República.
(D) Advogado de sua confiança para ajuizamento de queixa-crime.

67. A Lei Maria da Penha (Lei n. 11.343/2006) completou 13 anos. Acerca da matéria, assinale a alternativa correta:

(A) É inaplicável o princípio da insignificância nos crimes ou contravenções penais praticados contra a mulher no âmbito das relações domésticas.
(B) Será aplicável o princípio da insignificância nos crimes contra a mulher em que a lesão for de natureza levíssima.
(C) A lei somente criminaliza a violência física, violência emocional e violência psicológica.
(D) Para configuração da violência doméstica e familiar prevista no art. 5º da Lei n. 11.340/2006, lei Maria da Penha, exige-se a coabitação entre autor e vítima.

68. Trata-se de modalidade ilícita de prisão em flagrante:

(A) flagrante diferido.
(B) flagrante ficto.
(C) flagrante esperado.
(D) flagrante preparado.

69. Lucas é brasileiro e se inscreveu para seleção e contratação para trabalhar na Organização das Nações Unidas da qual o Brasil faz parte como membro efetivo. Aprovado na seleção, começa a trabalhar em alguns dias. Nesse caso, a respeito de sua vinculação com o regime geral de previdência social:

(A) Lucas será considerado segurado na modalidade contribuinte individual, salvo se estiver coberto por regime próprio de previdência.
(B) Lucas será considerado segurado na modalidade segurado empregado.
(C) Lucas será considerado segurado na modalidade segurado especial.
(D) Lucas será considerado segurado na modalidade segurado facultativo.

70. Alcione sempre trabalhou como pintor, porém, nunca foi muito previdente e acabou por procurar pela previdência social somente após adoecer com problemas respiratórios. Nesse caso:

(A) se não tiver havido posterior progressão ou agravamento da doença, não há que se falar em direito a obtenção de auxílio por incapacidade temporária ou aposentadoria por incapacidade permanente.
(B) pelo fato de já estar adoecido, não terá direito a nenhum benefício por incapacidade da previdência social.
(C) só terá direito aos benefícios por incapacidade se tivesse vertido ao menos 4 contribuições antes de adoecer.
(D) só terá direito à aposentadoria programada por idade.

71. Em determinada empresa que explora atividade não essencial para a sociedade, houve deflagração de greve, porque os trabalhadores reivindicavam melhores condições de trabalho, além de reajuste salarial. Diante da situação em comento, e com base na legislação de regência, assinale a alternativa correta.

(A) A greve é abusiva, pois não ocorreu a notificação do empregador com 72 horas de antecedência.
(B) A greve atende os critérios legais, pois que por se tratar de atividade não essencial não há necessidade de aviso prévio para deflagração.
(C) A greve é abusiva, pois não ocorreu a notificação do empregador com 48 horas de antecedência.
(D) A greve é abusiva, pois não ocorreu a notificação do empregador e da coletividade com 72 horas de antecedência.

72. Cleide e José foram contratados como aprendizes de marceneiro na empresa Oracle S.A., pelo período de dois anos, sendo cumpridas todas as formalidades legais. Ambos revelaram bom desempenho nas tarefas e aprenderam a técnica necessária para serem futuros marceneiros. Porém, por diversas vezes e de forma injustificada, José não compareceu à escola e, em função disso, acabou reprovado. Diante da situação envolvendo os aprendizes, com base na CLT, marque a alternativa correta.

(A) José poderá ter o contrato rescindido antecipadamente.
(B) Não se aplica a rescisão antecipada nos contratos de trabalho do empregado aprendiz.
(C) Na rescisão antecipada, o empregador é obrigado a pagar uma indenização adicional ao empregado aprendiz.
(D) Para não ter o contrato rescindido de forma antecipada, José terá que justificar as faltas escolares no prazo de 15 dias da ciência da reprovação.

73. Cleuza, empregada do banco Seu Dinheiro Investimento S/A, iniciou a carreira como contínua. Em razão da brilhante carreira que realizou, foi, recentemente, eleita diretora-presidente da instituição. Com relação ao caso em comento, com base no entendimento jurisprudência, assinale a alternativa correta.

(A) O contrato de trabalho será interrompido durante o mandato de diretora-presidente.
(B) O contrato de trabalho continuará vigente, conservando todos os seus efeitos.
(C) O contrato de trabalho será rescindido sem justa causa.
(D) O contrato de trabalho será suspenso.

74. Eduardo é empregado no Restaurante Galeto D'Ouro Ltda., exercendo a função de garçom, com salário mensal de R$ 1.500,00, que é equivalente ao piso salarial da categoria profissional previsto em convenção coletiva de trabalho. Apesar de o restaurante não incluir as gorjetas nas notas de serviço, estas são oferecidas espontaneamente pelos clientes. Diante da situação narrada, com base na CLT, assinale a alternativa correta.

(A) A gorjeta não integra a remuneração do empregado.
(B) A gorjeta integra a remuneração, porém não serve como base de cálculo do FGTS.
(C) A gorjeta tem natureza remuneratória.
(D) A gorjeta tem natureza indenizatória, uma vez que paga por terceiros.

75. Numa determinada escola a professora Lazara irá casar-se no dia 10, e uma auxiliar de Secretaria, no dia 15 do mesmo mês. A direção comunicou que concederá nove dias de licença para Lazara e três dias de licença para a auxiliar de Secretaria. Ciente disso, a auxiliar lhe procurou, na condição de advogado(a), para esclarecer o assunto. Com base na CLT assinale a alternativa correta.

(A) Não há previsão legal sobre o tema, de forma que a quantidade dos dias de folga será organizada de comum acordo entre empregado e empregador.
(B) Os professores têm licença para casamento de nove dias.
(C) Não há diferença na quantidade de dias de folga para casamente entre os professores e os demais empregados da escola.
(D) Nos termos da CLT, a auxiliar de secretaria também teria direito a nove dias de folga.

76. Lucas, viajante comercial, foi contratado pela empresa "Comércio Internacional S/A", localizada em Gramado/RS. Porém, depois de seis anos de prestação de serviço, Lucas pediu demissão e em seguida ingressou com reclamação trabalhista, distribuída para a 2ª Vara do Trabalho de Gramado/RS, embora resida atualmente no Rio de Janeiro/RJ. A empresa apresentou exceção de incompetência territorial, alegando que a ação deveria ter sido ajuizada em Palmas/TO, local da filial da empresa à qual o reclamante estava subordinado, o que foi indeferido pelo magistrado.

Com base nas regras de competência territorial, marque a alternativa correta.

(A) Lucas acertou, pois somente poderia ajuizar a ação no local em que ocorreu a celebração de seu contrato de trabalho.
(B) Lucas se equivocou, pois deveria ajuizar a ação perante o juízo de Palmas/TO, tendo em vista ser o local em que estaria subordinado e por se tratar da filial da empresa.
(C) Lucas se equivocou, pois deveria obrigatoriamente ajuizar a ação no local de seu atual domicílio.
(D) Lucas acertou, pois poderia ajuizar a ação em qualquer local em que tenha prestado serviços como viajante comercial ou no local em que foi contratado.

77. Em sede de reclamação trabalhista ajuizada em face da empresa "Informática pro Bono LTDA". por Letícia, o Dr. Fernando, advogado da reclamante, atrasou-se para a audiência. Tendo ciência de que a audiência foi realizada sem que o magistrado concedesse qualquer tempo extra para o comparecimento do advogado, houve então a manifestação nos autos, por parte do advogado, quanto ao ocorrido, sob alegação de ilegalidade. Considerando o relatado, indique a alternativa correta.

(A) O magistrado se equivocou, já que a parte estava sem advogado e deveria encerrar a audiência determinando a constituição de novo advogado.
(B) O magistrado se equivocou, já que deveria aguardar até 10 (dez) minutos após a hora marcada, quando então poderia iniciar a audiência.
(C) O magistrado agiu corretamente, pois não existe previsão legal tolerando atraso no horário de comparecimento da parte ou advogado na audiência.
(D) O magistrado se equivocou, já que deveria aguardar até 15 (quinze) minutos após a hora marcada, quando então poderia iniciar oficialmente a audiência.

78. Em sede de reclamação trabalhista, a empresa Calçados Ltda. está sendo executada por Valenttina, ex-empregada. Nessa situação, a empresa pretende propor embargos à execução para fins de desconsiderar alguns atos, que entende ser ilegais. Diante do exposto, indique a alternativa correta.

(A) Em sede de execução, não há necessidade de recolhimento de custas processuais, porém somente que se garanta o juízo.
(B) Somente ao final as custas processuais deverão ser recolhidas pelo executado.
(C) Deverão ser recolhidas as custas processuais pelo executado no prazo de cinco dias após a apresentação dos embargos à execução.

(D) Deverão ser recolhidas as custas processuais pelo executado no ato da apresentação dos embargos à execução.

79. Janete foi empregadora doméstica de Rafael Novaes e, durante a vigência de seu contrato de trabalho, concedeu um empréstimo no valor de R$ 10.000,00 para que a empregada pudesse pagar a viagem dos sonhos de sua filha. Porém, quatro meses depois de conceder o empréstimo, Janete foi dispensada sem justa causa e ajuizou uma reclamação trabalhista em face de Rafael. O juiz deferiu todos os pedidos de Janete, e agora já na fase recursal, Rafael pretende alegar a compensação de valores dos débitos trabalhistas com o empréstimo realizado à empregada. Diante do exposto, marque a alternativa correta.

(A) A fase processual em que foi alegada a compensação foi adequada, pois a referida matéria poderá ser arguida a qualquer momento pela ré.
(B) Não é adequada a fase processual em que foi alegada a compensação, pois, quando não é alegada na defesa, somente poderá ser feita na execução.
(C) Por se tratar de matéria de ordem pública, a tese recursal deverá ser acolhida a qualquer momento e instância.
(D) Não é adequada a fase processual em que foi alegada a compensação, já que o momento oportuno para arguição da compensação limita-se à defesa.

80. Ana Carolina, em sede de reclamação trabalhista ajuizada em face de sua ex-empregadora, a empresa "X Tudo Lanches da Hora LTDA"., pleiteia o pagamento de adicional de insalubridade. Em razão disso, foi designada perícia, tendo as partes indicado assistentes técnicos. Com isso, a perícia concluiu a presença de agentes insalubres e a sentença julgou procedente o pedido da reclamante. Diante do caso apresentado, assinale a alternativa correta de acordo com a CLT.

(A) Os honorários dos assistentes técnicos serão de responsabilidade do Estado, conforme legislação vigente.
(B) Ficarão a cargo da parte que indicou os honorários dos assistentes técnicos, salvo se for beneficiária da justiça gratuita.
(C) São de responsabilidade da reclamada os honorários do perito, por ser a sucumbente na pretensão objeto da perícia.
(D) São de responsabilidade do reclamante os honorários do perito, por ter sido beneficiado pela perícia.

Folha de Respostas

01	A	B	C	D	41	A	B	C	D
02	A	B	C	D	42	A	B	C	D
03	A	B	C	D	43	A	B	C	D
04	A	B	C	D	44	A	B	C	D
05	A	B	C	D	45	A	B	C	D
06	A	B	C	D	46	A	B	C	D
07	A	B	C	D	47	A	B	C	D
08	A	B	C	D	48	A	B	C	D
09	A	B	C	D	49	A	B	C	D
10	A	B	C	D	50	A	B	C	D
11	A	B	C	D	51	A	B	C	D
12	A	B	C	D	52	A	B	C	D
13	A	B	C	D	53	A	B	C	D
14	A	B	C	D	54	A	B	C	D
15	A	B	C	D	55	A	B	C	D
16	A	B	C	D	56	A	B	C	D
17	A	B	C	D	57	A	B	C	D
18	A	B	C	D	58	A	B	C	D
19	A	B	C	D	59	A	B	C	D
20	A	B	C	D	60	A	B	C	D
21	A	B	C	D	61	A	B	C	D
22	A	B	C	D	62	A	B	C	D
23	A	B	C	D	63	A	B	C	D
24	A	B	C	D	64	A	B	C	D
25	A	B	C	D	65	A	B	C	D
26	A	B	C	D	66	A	B	C	D
27	A	B	C	D	67	A	B	C	D
28	A	B	C	D	68	A	B	C	D
29	A	B	C	D	69	A	B	C	D
30	A	B	C	D	70	A	B	C	D
31	A	B	C	D	71	A	B	C	D
32	A	B	C	D	72	A	B	C	D
33	A	B	C	D	73	A	B	C	D
34	A	B	C	D	74	A	B	C	D
35	A	B	C	D	75	A	B	C	D
36	A	B	C	D	76	A	B	C	D
37	A	B	C	D	77	A	B	C	D
38	A	B	C	D	78	A	B	C	D
39	A	B	C	D	79	A	B	C	D
40	A	B	C	D	80	A	B	C	D

Comentários das questões

Ética [01-08]

Nº	Gabarito	Comentários
01	B	(A) Errada, *vide* art. 37, CED. (B) Certa, o sigilo profissional cederá em face de circunstâncias excepcionais que configurem justa causa, como nos casos de grave ameaça ao direito à vida e à honra ou que envolvam defesa própria (art. 37, CED). (C) Errada. (D) Errada.
02	A	(A) Certa, conforme o Código de Ética, a advogada não poderá realizar a propaganda na televisão, participar de entrevistas semanais na rádio local e panfletar na porta do fórum (art. 40, I e VI, CED). (B) Errada, *vide* arts. 44 e 45, CED. (C) Errada, *vide* 39, CED. (D) Errada, *vide* arts. 40, I, e 43, CED.
03	A	(A) Certa, o Estatuto da OAB autoriza a criação de pessoas jurídicas para o exercício da profissão, podendo permanecer o nome de sócio falecido se previsto em ato constitutivo (art. 16, § 1º, EAOAB). (B) Errada, *vide* art. 15, EAOAB. (C) Errada, *vide* art. 16, § 1º, EAOAB. (D) Errada, *vide* art. 16, § 1º, EAOAB.
04	C	(A) Errada, *vide* art. 55, § 2º, CED. (B) Errada, *vide* art. 8º, § 3º, EAOAB. (C) Certa, a inidoneidade moral, suscitada por qualquer pessoa, deve ser declarada mediante decisão que obtenha no mínimo dois terços dos votos de todos os membros do conselho competente, em procedimento que observe os termos do processo disciplinar (art. 8, § 3º, EAOAB). (D) Errada, art. 8º, § 3º, EAOAB.
05	D	Conforme determina o Estatuto, salvo estipulação em contrário, um terço dos honorários é devido no início do serviço, outro terço até a decisão de primeira instância e o restante no final (art. 22, § 3º, EAOAB).
06	D	Sobrevindo conflito de interesses entre seus constituintes e não conseguindo o advogado harmonizá-los, caber-lhe-á optar, com prudência e discrição, por um dos mandatos, renunciando aos demais, resguardado sempre o sigilo profissional (art. 20, CED).
07	C	(A) Errada, *vide* art. 15, EAOAB. (B) Errada, *vide* art. 15, § 4º, EAOAB. (C) Certa, a proibição seria apenas para criação no mesmo Conselho Seccional em que detém outra pessoa jurídica (art. 15, § 4º, EAOAB). (D) Errada, *vide* art. 15, EAOAB.
08	B	(A) Errada, *vide* art. 18, EAOAB. (B) Certa, é legítima a recusa, pelo advogado, do patrocínio de causa e de manifestação, no âmbito consultivo, de pretensão concernente a direito que também lhe seja aplicável ou contrarie orientação que tenha manifestado anteriormente (art. 4º, parágrafo único, CED). (C) Errada, *vide* art. 11, CED. (D) Errada, *vide* art. 11, CED.

Filosofia do Direito [09-10]

Nº	Gabarito	Comentários
09	A	Segundo Miguel Reale, a Teoria Tridimensional do Direito só se aperfeiçoa quando, de maneira precisa, entende-se a interdependência e correlação necessária de fato, valor e norma que compõem o fenômeno do Direito como uma estrutura social necessariamente axiológico-normativa.
10	C	Na visão de Rawls, para que haja justiça, ela precisa ser considerada justa de acordo com alguns princípios de igualdade. Tal princípio exerce o papel de critérios de julgamento sobre a justiça das instituições básicas da sociedade, que regulam a distribuição de direitos, deveres e demais bens sociais.

Direito Constitucional [11-16]

Nº	Gabarito	Comentários
11	A	De acordo com a jurisprudência do STF, os veículos automotores não são considerados uma extensão do domicílio para fins de proteção constitucional contra buscas e apreensões equiparando-se a busca pessoal que poderá ser realizada independentemente do mandado judicial desde que haja fundada suspeita de que nele estão sendo ocultados elementos de prova (RHC 117.767). Portanto, em casos de fundadas suspeitas, as autoridades podem realizar buscas sem a necessidade de um mandado judicial, conforme previsto no art. 5º, XI, da Constituição Federal.
12	B	Conforme o art. 15, III, da Constituição Federal, a condenação criminal transitada em julgado resulta na suspensão dos direitos políticos enquanto durarem os efeitos da condenação. Após o cumprimento da pena, os direitos políticos de Pedro serão restabelecidos. Os efeitos da condenação criminal nos direitos políticos independem do tipo de pena aplicada e estará vinculada apenas a condenação criminal transitada em julgado.

13	C	De acordo com o art. 66, §§ 1º e 4º, da Constituição Federal, o Presidente da República pode exercer o veto total ou parcial de projetos de lei aprovados pelo Congresso Nacional, e o veto pode ser rejeitado pelo Congresso por maioria absoluta dos votos, em sessão conjunta. Por se tratar de uma prerrogativa do Presidente, o veto não pode ser revisto pelo Supremo Tribunal Federal.
14	B	Conforme o art. 136 da Constituição Federal, o estado de defesa é uma medida que pode ser decretada exclusivamente pelo Presidente da República, após consulta aos Conselhos da República e de Defesa Nacional, para preservar ou restabelecer a ordem pública ou a paz social. Desta forma, a decretação do estado de defesa pelo governador do estalado é inconstitucional pois ele não tem competência para tomar tal decisão.
15	A	O STF pode realizar o controle de constitucionalidade de normas estaduais quando violarem direitos e garantias fundamentais previstos na Constituição Federal (art. 103 da CF). Os Tribunais de Justiça Estaduais podem realizar o controle de constitucionalidade abstrato de normas estaduais, mas não com exclusividade como apresentou a assertiva (B) Da mesma forma, o controle de constitucionalidade estadual não é feito exclusivamente por ação civil pública. Em relação a competência para tratar da matéria relacionada à vacinação, o Supremo Tribunal Federal entendeu que se trata de uma competência comum de todos os entes federativos cuidar da saúde (art. 23, II, da CF) não havendo inconstitucionalidade na lei estadual que trate sobre o tema (ADPF 756).
16	D	A liberdade de expressão é um direito fundamental garantido pelo art. 5º, IV, da Constituição Federal, que veda qualquer forma de censura prévia (art. 5º, IX, da CF). O STF tem reiteradamente defendido esse direito como essencial à democracia, inclusive em manifestações públicas (ADI 5970).

Direitos Humanos [17-18]

Nº	Gabarito	Comentários
17	B	A letra "A" está errada, nos termos do art. 1º da própria norma. Há uma série de deficiências não visíveis. A letra "B" está correta. Questão importante no tocante à nomenclatura, pois sua "irmã regional" (Convenção Interamericana para a Eliminação de Todas as Formas de Discriminação contra as Pessoas Portadoras de Deficiência, 1999), bem como, a Constituição Federal, utilizam a já defasada expressão "pessoa portadora de deficiência), e mais importante ainda para demonstrar que pessoa com deficiência vai muito além da sua "figura universal do cadeirante". Alternativa nos dizeres literais do art. 1º da norma. A letra "C" está errada, não existe na norma a questão etária e por óbvio que não é "qualquer condição de saúde" que será classificada como deficiência. A letra "D" está errada por limitar as deficiências a determinada causa, algo que não existe na lei.
18	B	A letra "A" está errada, pois não existe tal previsão para os empregos, deve-se tomar cuidado aqui para não confundir com os editais de concursos públicos e a reserva de vagas com tal especificidade. A letra "B" está correta na combinação do § 3º do art. 34 com o art. 35, ambos da próprio lei, que afirmam "É vedada restrição ao trabalho da pessoa com deficiência e qualquer discriminação em razão de sua condição, inclusive nas etapas de recrutamento, seleção, contratação, admissão, exames admissional e periódico, permanência no emprego, ascensão profissional e reabilitação profissional, bem como exigência de aptidão plena" e ainda "É finalidade primordial das políticas públicas de trabalho e emprego promover e garantir condições de acesso e de permanência da pessoa com deficiência no campo de trabalho". A letra "C" está errada pela seletividade (setor administrativo) não elencada pela lei. A letra "D" está errada pela inexistência de tal prioridade na lei.

Direito Eleitoral [19-20]

Nº	Gabarito	Comentários
19	D	Conforme a jurisprudência do TSE, inscrito no Acórdão-TSE, de 7-10-2010, no REspe 62796: "(...) o exercício do cargo de forma interina e, sucessivamente, em razão de mandato tampão não constitui dois mandatos sucessivos, mas sim frações de um mesmo período de mandato". Portanto, a candidatura de Tício é inviável.
20	B	Conforme dispõe o art. 16-C, § 11, da Lei n. 9.504/97, os recursos do Fundo Especial de Financiamento de Campanha (FEFC) não utilizados deverão ser devolvidos para o Tesouro Nacional no momento da prestação de contas.

Direito Internacional [21-22]

Nº	Gabarito	Comentários
21	C	O próprio conceito de Direito Internacional Privado (DIPr) é a possibilidade de o juiz brasileiro aplicar internamente o direito estrangeiro (lei estrangeira); além disso, neste caso, a ação seria proposta no Brasil com a aplicação da lei argentina, local onde o contrato foi celebrado. O local do contrato assinado, art. 9º, *caput*, da LINDB, rege o direito material aplicável. No mais, a ação deveria ser proposta no Brasil, pois se trata do foro em que as partes escolheram para dirimir controvérsias. Em se tratando de negócio jurídico contratos, a lei que deverá regê-los é a lei do seu local de assinatura. Por fim, a Justiça brasileira é competente para conhecer da ação, em razão do foro de eleição.

| 22 | A | Assim, toda sentença/decisão estrangeira deve ser homologada pelo STJ, salvo se a sentença se tratar de divórcio consensual. Outro ponto importante é que sentença estrangeira é diferente de sentença internacional. Esta é proferida em Tribunal Internacional, aquela proferida por juiz de Estado soberano/país. O Direito Internacional Privado é caracterizado pela somatória de três fatores: 1º particulares (a questão envolve particulares, ou seja, irá abordar interesses jurídicos de pessoas naturais e pessoas jurídicas de direito privado – empresas); 2º Direito Privado (a questão deve tratar de temas relacionados ao Direito Privado, isto é, ao Direito Civil – contrato, testamento, direito de família etc.). e, por fim, 3º fato multiconectado (trata-se da possibilidade de aplicar a lei brasileira ou a lei estrangeira no caso concreto). A doutrina também denomina o fato multiconectado de elemento de conexão – matéria que conecta o caso ao direito brasileiro ou ao direito estrangeiro ou conflito de leis no espaço (incide sobre o caso concreto tanto a lei brasileira quanto a lei estrangeira). O direito internacional privado se resume em dois raciocínios jurídicos: a) possibilidade de o juiz brasileiro aplicar a lei brasileira ou a lei estrangeira; b) homologação de sentença estrangeira pelo STJ. Nessa segunda hipótese, as partes ajuizaram a ação no exterior, haja vista que a sentença estrangeira indica que a causa foi julgada no estrangeiro. A homologação realizada pelo STJ tem por objetivo verificar os requisitos formais a fim de permitir que sentença proferida por autoridade competente de outro país possa ser executada no Brasil. A homologação alcança a sentença estrangeira, ou seja, a decisão final transitada em julgada em julgado proveniente de autoridade de outro país (exemplo: juiz, rei, rabino, prefeito). Cabe às partes do caso concreto ajuizar o pedido de homologação de sentença estrangeira do STJ. |

Direito Financeiro [23-24]

Nº	Gabarito	Comentários
23	B	O art. 19 da LRF estabelece os percentuais máximos da receita corrente líquida que os entes federativos podem gastar com pessoal. No caso dos Estados, esse percentual é de 60%. Dessa forma, se o Estado de Serra Verde está gastando 62% de sua receita corrente líquida com pessoal, está acima do limite legal estabelecido pela LRF. Portanto, a alternativa B está correta.
24	C	Conforme o art. 100, § 7º, da Constituição Federal, o Presidente do Tribunal que, por ato comissivo ou omissivo, retardar ou tentar frustrar a liquidação regular de precatórios, pode ser responsabilizado por crime de responsabilidade. Adicionalmente, ele responderá perante o Conselho Nacional de Justiça. Portanto, a alternativa C corretamente apresenta as consequências previstas na Constituição para a situação descrita no caso concreto.

Direito Tributário [25-29]

Nº	Gabarito	Comentários
25	A	A competência para instituição do IR é da União (art. 153, III, CRFB/88). Todavia, o produto de arrecadação pertence integralmente aos municípios (art. 158, I, CRFB/88). Trata-se uma hipótese clara de titularidade da receita em que o ente federado não detém a competência tributária, mas é o titular do fruto da arrecadação.
26	B	A competência para instituição do IPVA é dos Estados e do DF (art. 155, III, CRFB/88), bem como pertencem aos municípios 50% do produto da arrecadação dos veículos licenciados em seus territórios (art. 158, III, CRFB/88). Trata-se uma hipótese clara de titularidade da receita em que o ente federado não detém a competência tributária, mas é o titular do fruto da arrecadação.
27	A	A taxa de inspeção sanitária não é uma obrigação *propter rem*, pois guarda relação com a atividade exercida no imóvel, e não com o imóvel em si, não se aplicando o art. 130 do CTN. A contribuição de melhoria é um tributo *propter rem* e na forma do art. 130 do CTN o adquirente responde pelos tributos incidentes sobre os bens imóveis adquiridos, em razão da responsabilidade por transferência.
28	A	O ato ilícito não pode estar previsto em lei como fato gerador de tributo em qualquer hipótese. No entanto, caso o ilícito se enquadre como fato gerador do tributo, é devida sua incidência. Como se não bastasse, o imposto de renda se submete ao princípio da universalidade, segundo o qual todas as rendas obtidas pelo contribuinte são consideradas fatos geradores do referido imposto, não importando sua licitude. Ademais, a obrigação tributária pode ser classificada de duas formas: obrigação principal e obrigação tributária acessória. A obrigação tributária principal consiste na obrigação de dar coisa ao fisco, e a obrigação acessória consiste na obrigação de fazer ou não fazer. Ou seja, o sujeito passivo tem o dever de pagar (obrigação principal), fazer, não fazer ou tolerar (obrigação acessória), o que estabelece a legislação tributária (art. 113, §§ 1º e 2º, do CTN). Em outras palavras, o adimplemento da obrigação acessória não afasta a principal.
29	B	Na forma do art. 152 da CRFB, é vedado o tratamento diferenciado com base na origem ou destino dos bens ou produtos.

Direito Administrativo [30-34]

Nº	Gabarito	Comentários
30	B	Na hipótese descrita, a modalidade de intervenção do Estado na propriedade privada é a servidão administrativa. A servidão administrativa define-se como o direito real público que autoriza o Estado ou seus delegatários a utilizar propriedade alheia para a satisfação de interesse público. São exemplos de servidão administrativa a colocação em prédios privados de placas e avisos para a população, como nome de ruas; a colocação de ganchos em prédios públicos para sustentar a rede elétrica; e a servidão de passagem instituída sobre imóvel particular para permitir a passagem de ambulâncias de determinado hospital público. Se caracteriza pela submissão de um prédio alheio (coisa serviente ou *res serviens*) a outro prédio, considerado dominante (*res dominans*), de modo que na servidão administrativa é também admissível que a submissão seja a um serviço público dominante, o que permite apontar que a servidão administrativa não depende necessariamente da existência de prédio dominante (ex.: instalação na propriedade privada de equipamentos que viabilizam a passagem de fios condutores de energia elétrica).
31	C	No caso em tela, ocorreu a chamada tredestinação lícita. Há tredestinação quando a administração confere destinação diferente daquela para a qual o imóvel foi desapropriado. A tredestinação poderá ser lícita ou ilícita. Será lícita quando o bem ao bem desapropriado for dado fim diverso do indicado no decreto expropriatório, mas ainda de interesse público (ex.: em vez de construir hospital, conforme previsão constante do decreto expropriatório, o Poder Público constrói uma escola). Já a tredestinação ilícita ocorrerá quando ao bem desapropriado é conferido destino desprovido de interesse público, ou seja, ao invés de satisfazer ao interesse público, o Poder Público usa o bem desapropriado para satisfazer interesses privados. Portanto, correto afirmar que no caso narrado ocorreu a denominada tredestinação lícita.
32	D	Está de acordo com o art. 3º, § 2º, da Lei n. 8.429/92: "§ 2º As sanções desta Lei não se aplicarão à pessoa jurídica, caso o ato de improbidade administrativa seja também sancionado como ato lesivo à administração pública de que trata a Lei n. 12.846, de 1º de agosto de 2013 (Incluído pela Lei n. 14.230, de 2021)".
33	D	De acordo com a Nova Lei de Licitações (Lei n. 14.133/2021), o pregão é a modalidade licitatória obrigatória e adequada ao caso e que adota como critério de julgamento o menor preço ou o maior desconto. Nesse sentido, o art. 6º, XLI, da Lei n. 14.133/2021: "Art. 6º Para os fins desta Lei, consideram-se: [...] XLI – pregão: modalidade de licitação obrigatória para aquisição de bens e serviços comuns, cujo critério de julgamento poderá ser o de menor preço ou o de maior desconto".
34	D	A questão é bastante simples e encontra fundamento no art. 54, *caput*, da Lei n. 9.784/99, que assim disciplina: "Art. 54. O direito da Administração de anular os atos administrativos de que decorram efeitos favoráveis para os destinatários decai em cinco anos, contados da data em que foram praticados, salvo comprovada má-fé. § 1º No caso de efeitos patrimoniais contínuos, o prazo de decadência contar-se-á da percepção do primeiro pagamento. § 2º Considera-se exercício do direito de anular qualquer medida de autoridade administrativa que importe impugnação à validade do ato".

Direito Ambiental [35-36]

Nº	Gabarito	Comentários
35	B	De acordo com o previsto no *caput* do art. 225, § 4º, da Constituição Federal de 1988, "a Floresta Amazônica brasileira, a Mata Atlântica, a Serra do Mar, o Pantanal Mato-Grossense e a Zona Costeira são patrimônio nacional, e sua utilização far-se-á, na forma da lei, dentro de condições que assegurem a preservação do meio ambiente, inclusive quanto ao uso dos recursos naturais".
36	A	Conforme o previsto no art. 12 da Lei n. 12.651/2012, "todo imóvel rural deve manter área com cobertura de vegetação nativa, a título de Reserva Legal, sem prejuízo da aplicação das normas sobre as Áreas de Preservação Permanente, observados os seguintes percentuais mínimos em relação à área do imóvel, excetuados os casos previstos no art. 68 desta Lei".

Direito Civil [37-42]

Nº	Gabarito	Comentários
37	C	*Vide* Súmula 596 do STJ ("A obrigação alimentar dos avós tem natureza complementar e subsidiária, somente se configurando no caso de impossibilidade total ou parcial de seu cumprimento pelos pais"); e art. 1.696 do CC ("O direito à prestação de alimentos é recíproco entre pais e filhos, e extensivo a todos os ascendentes, recaindo a obrigação nos mais próximos em grau, uns em falta de outros").

38	D	*Vide* art. 653 do CC. "Opera-se o mandato quando alguém recebe de outrem poderes para, em seu nome, praticar atos ou administrar interesses. A procuração é o instrumento do mandato".
39	A	*Vide* art. 6, § 3º, da LINDB. "Art. 6º A Lei em vigor terá efeito imediato e geral, respeitados o ato jurídico perfeito, o direito adquirido e a coisa julgada. § 3º Chama-se coisa julgada ou caso julgado a decisão judicial de que já não caiba recurso".
40	D	*Vide* arts. 192 do CC ("Os prazos de prescrição não podem ser alterados por acordo das partes") e 209 do CC ("É nula a renúncia à decadência fixada em lei»).
41	B	*Vide* art. 7, I, e parágrafo único, do CC. "Art. 7º Pode ser declarada a morte presumida, sem decretação de ausência: I – se for extremamente provável a morte de quem estava em perigo de vida. Parágrafo único. A declaração da morte presumida, nesses casos, somente poderá ser requerida depois de esgotadas as buscas e averiguações, devendo a sentença fixar a data provável do falecimento".
42	C	*Vide* arts. 1.831 do CC ("Ao cônjuge sobrevivente, qualquer que seja o regime de bens, será assegurado, sem prejuízo da participação que lhe caiba na herança, o direito real de habitação relativamente ao imóvel destinado à residência da família, desde que seja o único daquela natureza a inventariar"); e 1.829, I, do CC (Art. 1.829. A sucessão legítima defere-se na ordem seguinte: I – aos descendentes, em concorrência com o cônjuge sobrevivente, salvo se casado este com o falecido no regime da comunhão universal, ou no da separação obrigatória de bens (art. 1.640, parágrafo único); ou se, no regime da comunhão parcial, o autor da herança não houver deixado bens particulares).

Estatuto da Criança e do Adolescente [43-44]

Nº	Gabarito	Comentários
43	D	Diante da situação hipotética, correta a alternativa D, pois de acordo com o art. 242 do ECA.
44	B	A (A) está errada, pois quem tenha legítimo interesse também poderá ter início, *vide* art. 155 do ECA. A (B) está correta, de acordo com o art. 163. A (C) está errada, pois é possível decretar de forma liminar ou incidentalmente, *vide* art. 157. E a (D) está errada, sim, é obrigatória a oitiva, *vide* os §§ 4º e 5º do art. 161 do ECA.

Direito do Consumidor [45-46]

Nº	Gabarito	Comentários
45	D	Trata-se de contrato de adesão, permitido e regulado pelo CDC. Em seu art. 54, o Código Protetivo disciplina que "contrato de adesão é aquele cujas cláusulas tenham sido aprovadas pela autoridade competente ou estabelecidas unilateralmente pelo fornecedor de produtos ou serviços, sem que o consumidor possa discutir ou modificar substancialmente seu conteúdo", e o seu § 1º dispõe que "a inserção de cláusula no formulário não desfigura a natureza de adesão do contrato".
46	C	Nos termos do art. 6º, III, do CDC, constitui direito básico do consumidor "a informação adequada e clara sobre os diferentes produtos e serviços, com especificação correta de quantidade, características, composição, qualidade e preço, bem como sobre os riscos que apresentem". Em complemento, o art. 46 do CDC estabelece que "os contratos que regulam relações de consumo não obrigarão os consumidores, se não lhes fora dada a oportunidade de tomar conhecimento prévio do seu conteúdo". No que tange especificamente às operadoras de plano de saúde, o STJ já decidiu estar ela "obrigada ao cumprimento de uma boa-fé qualificada, ou seja, uma boa-fé que pressupõe os deveres de informação, cooperação e cuidado com o consumidor/segurado" (REsp 418.572/SP).

Direito Empresarial [47-50]

Nº	Gabarito	Comentários
47	A	(A) Correta, *vide* art. 89 da LSA. (B) Errado, *vide* art. 94 da LSA. (C) Errado, pois a LSA exige ao mínimo 5% do capital social dos acionistas para ingressarem em juízo, *vide* art. 105. (D) Errado, *vide* art. 109, I, da LSA.
48	B	A cláusula sem despesas dispensa o protesto para que o portador promova a execução do título. Mas não dispensa o portador da apresentação do cheque no prazo legal (art. 50 e § 1º, da Lei n. 7.357/85). *Vide* ainda o art. 47 e atente-se à Súmula 600 do STF.
49	A	Segundo o art. 229 da LSA, a cisão é a operação pela qual a companhia transfere parcelas do seu patrimônio para uma ou mais sociedades, constituídas para esse fim ou já existentes, extinguindo-se a companhia cindida, se houver versão de todo o seu patrimônio ou dividindo-se o seu capital, se parcial a versão.
50	B	(A) Errada, pode adotar também firma, *vide* art. 1.158. (B) Correta, *vide* art. 1.162, CC. (C) Errada, não pode, *vide* art. 1.165. (D) Errada, sob denominação, *vide* art. 1.159, CC.

Direito Processual Civil [51-56]		
Nº	Gabarito	Comentários
51	C	A medida requerida tem natureza cautelar por ser acautelatória (assecuratória), visando assegurar o resultado útil do processo (pedido principal referente à petição de herança), não sendo satisfativa, ou seja, não sendo um fim em si mesma. *Vide* os arts. 294 e parágrafo único, 300 e 301, todos do CPC.
52	B	(A) CPC, art. 509, § 2º. (B) CPC, arts. 523 e 524. (C) CPC, art. 516, II e parágrafo único. *Vide* ainda STJ (CC 159.326/RS, Rel. Ministra Assusete Magalhães, Primeira Seção, julgado em 13-5-2020, *DJe* 21-5-2020). (D) CPC, art. 491.
53	D	Os embargos à execução representam uma defesa típica do executado na execução autônoma de título executivo extrajudicial. Seu prazo é de 15 dias a contar da juntada do mandado de citação cumprido, excluindo-se o dia do início, e computando o dia final, contando-se tal prazo em dias úteis. Entre as matérias possíveis de serem alegadas está o excesso de execução, cuja alegação não pode ser genérica. Ademais, com base no julgado acima, não se admite reconvenção em sede de embargos à execução. Considere ainda jurisprudência do STJ (REsp 1528049/RS, Rel. Ministro Mauro Campbell Marques, Segunda Turma, julgado em 18-8-2015, *DJe* 28-8-2015). *Vide* arts. 915, 219, 224, 231 e I, 917 e III e parágrafos.
54	D	O caso contempla a hipótese do incidente de retificação do polo passivo, que não pode ser confundida com a nomeação à autoria (que era uma modalidade de intervenção de terceiros, não mais contemplada no CPC/2015). *Vide* ainda arts. 338, 339 e Enunciado 44 FPPC (art. 339). A responsabilidade a que se refere o art. 339 é subjetiva.
55	C	Súmula 529, STJ – No seguro de responsabilidade civil facultativo, não cabe o ajuizamento de ação pelo terceiro prejudicado direta e exclusivamente em face da seguradora do apontado causador do dano (logo, é possível o ajuizamento conjunto do ofensor e da sua seguradora). *Vide* ainda os arts. 338, 339 e 125. Observe que, caso Débora não promovesse a inclusão da seguradora no polo passivo, Alex poderia incluí-la, por meio da denunciação da lide, modalidade de intervenção de terceiros cabível em casos de evicção e direito de regresso assegurado por lei ou pelo contrato.
56	D	(A) CPC, art. 916, § 7º. (B) e (C) CPC, art. 525, §§ 1º e 3º. (D) CPC, art. 523, § 1º, arts. 517 e 782 e parágrafos.

Direito Penal [57-62]		
Nº	Gabarito	Comentários
57	A	(B), (C) e (D) Erradas. Embora se trate de homicídio qualificado (CP, art. 121, § 2º, VIII), é possível a incidência da causa de diminuição do art. 121, § 1º, do CP (homicídio privilegiado), hipótese em que a hediondez será afastada; (A) Certa, visto que se trata de qualificadora de natureza objetiva.
58	D	(A), (B) e (C) Erradas. A conduta não corresponde aos crimes dos arts. 148, 158, § 3º, e 159 do CP; (D) Certa. A restrição da liberdade se deu no contexto do roubo, devendo incidir a majorante do art. 157, § 2º, V, do CP ("se o agente mantém a vítima em seu poder, restringindo sua liberdade").
59	B	(A) Errada (CP, art. 244); (C) Errada (CP, art. 135); (D) Errada. Não se trata de omissão imprópria, hipótese prevista no art. 13, § 2º, do CP; (B) Certa. O enunciado traz a literalidade do art. 133 do CP.
60	C	(A) Errada (CP, art. 154-A, *caput*); (B) Errada. É crime de médio potencial ofensivo, compatível com a suspensão condicional do processo (Lei n. 9.099/95, art. 89); (D) Errada (CP, art. 154-A, § 3º); (C) Certa, de acordo com o art. 154-A, § 2º, do CP.
61	B	(A) Errada (CP, art. 181, II); (C) e (D) Erradas (CP, art. 225); (B) Certa, nos termos do art. 171, § 5º, do CP.
62	C	(A) Errada (CP, art. 357); (B) Errada (CP, art. 317); (D) Errada (CP, art. 333); (C) Certa (CP, art. 332).

Direito Processual Penal [63-68]		
Nº	Gabarito	Comentários
63	C	(A) Certa, a competência do juizado será determinada pelo local pelo lugar em que foi praticada a infração penal, *vide* art. 63 da Lei n. 9.099, de 1995: "Art. 63. A competência do Juizado será determinada pelo lugar em que foi praticada a infração penal". (B) Certa, *vide* art. 66 da Lei n. 9.099, de 1995: "Art. 66. A citação será pessoal e far-se-á no próprio Juizado, sempre que possível, ou por mandado. Parágrafo único. Não encontrado o acusado para ser citado, o Juiz encaminhará as peças existentes ao Juízo comum para adoção do procedimento previsto em lei". (C) Incorreta, pois o instituto da transação penal não pode ser concedido pelo juiz sem a anuência do Ministério Público. De acordo com o art. 76 da Lei n. 9.009/95: "Art. 76. Havendo representação ou tratando-se de crime de ação penal pública incondicionada, não sendo caso de arquivamento, o Ministério Público poderá propor a aplicação imediata de pena restritiva de direitos ou multas, a ser especificada na proposta". (D) Certa, art. 76 da Lei n. 9.099, de 1995.

64	B	(B) Certa, a competência para julgar crimes praticados por agentes federais no exercício de suas funções é da Justiça Federal, na forma do art. 109, IV, da CF/88: "Art. 109. Aos juízes federais compete processar e julgar: (...) IV – os crimes políticos e as infrações penais praticadas em detrimento de bens, serviços ou interesse da União ou de suas entidades autárquicas ou empresas públicas, excluídas as contravenções e ressalvada a competência da Justiça Militar e da Justiça Eleitoral". Assim, as decisões proferidas por juiz estadual em tal caso serão absolutamente nulas, na forma do art. 567 do CPP: "Art. 567. A incompetência do juízo anula somente os atos decisórios, devendo o processo, quando for declarada a nulidade, ser remetido ao juiz competente". (A) Errada, as decisões não são inexistentes, mas poderiam ser consideradas nulas devido à incompetência do juízo. Com efeito, somente seria possível falar na inexistência se a decisão tivesse sido proferida por quem não é juiz. (C) Errada. a nulidade absoluta independe de alegação pela parte e não se convalida pelo decurso do tempo. (D) Errada, a incompetência absoluta gera nulidade e não mera irregularidade.
65	C	(A) Errada, a organização criminosa é definida pela associação de quatro ou mais pessoas, conforme o art. 1º, § 1º, da Lei n. 12.850/2013: "Art. 1º. (...) § 1º Considera-se organização criminosa a associação de 4 (quatro) ou mais pessoas estruturalmente ordenada e caracterizada pela divisão de tarefas, ainda que informalmente, com objetivo de obter, direta ou indiretamente, vantagem de qualquer natureza, mediante a prática de infrações penais cujas penas máximas sejam superiores a 4 (quatro) anos, ou que sejam de caráter transnacional". (B) Errada, a estabilidade e a permanência são características indispensáveis da organização criminosa. Os requisitos para a constituição de uma organização criminosa são: organização de quatro ou mais pessoas; caráter de permanência ou estabilidade; estruturação e divisão de tarefas; ter como fim obter alguma vantagem de qualquer natureza, mediante a prática de infrações penais cujas penas máximas sejam superiores a 4 (quatro) anos, ou que sejam de caráter transnacional. (C) Certa. Não obstante a existência de doutrina em sentido contrário, temos que pela ausência do indispensável *animus associativo*, o policial infiltrado não pode ser computado para caracterizar o número de quatro integrantes necessários para a configuração legal da organização criminosa prevista na Lei n. 12.850/2013, art. 1º, § 1º. Em verdade, o objetivo do agente de segurança pública é justamente o contrário, isto é, atua com o objetivo de encerrar a união criminosa. (D) Errada, de acordo com o art. 1º, § 1º, da Lei n. 12.850/2013, a definição legal de organização criminosa inclui a prática de crimes cujas penas máximas sejam superiores a quatro anos ou de caráter transnacional.
66	B	(B) Certa, de acordo com o art. 141, I, c/c o art. 145, parágrafo único, do CP, procede-se mediante REQUISIÇÃO do Ministro da Justiça os crimes contra a honra do Presidente da República, ou contra chefe de governo estrangeiro. Vejamos: "Art. 141 – As penas cominadas neste Capítulo aumentam-se de um terço, se qualquer dos crimes é cometido: I – contra o Presidente da República, ou contra chefe de governo estrangeiro". "Art. 145. (...). Parágrafo único. Procede-se mediante requisição do Ministro da Justiça, no caso do inciso I do *caput* do art. 141 deste Código, e mediante representação do ofendido, no caso do inciso II do mesmo artigo, bem como no caso do § 3º do art. 140 deste Código".
67	A	(A) Certa, a jurisprudência do STJ firmou o entendimento de que o princípio da insignificância não se aplica aos crimes ou contravenções penais praticados no âmbito doméstico contra a mulher. Nesse sentido, a Súmula 589 do STJ: "É inaplicável o princípio da insignificância nos crimes ou contravenções penais praticados contra a mulher no âmbito das relações domésticas". (B) Errada, *vide* Súmula 589 do STJ. (C) Errada, a Lei Maria da Penha além da violência física, da violência emocional e da violência psicológica também abrange violência patrimonial e a violência moral, nos termos do art. 7º da Lei n. 11.340/2006. (D) Errada, não é necessária a coabitação para configuração da violência doméstica e familiar, conforme o art. 5º, III, da Lei 11.340/2006.
68	D	(A) Errada. O flagrante diferido (ou retardado) é lícito e ocorre quando as autoridades não efetuam a prisão em flagrante no exato momento em que tomam contato com o delito, adiando, prorrogando, intencionalmente, o momento da prisão, objetivando prender o maior número possível de agentes. Atualmente, está previsto no art. 8º da Lei n. 12.850/2013. (B) Errada. O flagrante ficto (ou presumido) é lícito, estando previsto no art. 302, IV, do CPP, tem-se o flagrante presumido, assimilado ou ficto quando o agente é encontrado logo depois da prática delituosa com instrumentos, objetos, armas ou qualquer coisa que faça presumir ser ele o autor da infração, sendo desnecessária a existência de perseguição. (C) Errada. O flagrante esperado é lícito, sendo admitido pela doutrina e jurisprudência. Há flagrante esperado quando a polícia, tendo notícias de que uma infração penal será cometida, por meio de denúncia anônima, por exemplo, passa a monitorar a atividade do possível agente criminoso de forma a observar se o crime efetivamente ocorrerá e assim ocorrendo executar a prisão em flagrante. (D) Certa, de acordo com a doutrina, apenas os flagrantes forjados (ou preparados) caracterizam espécies ilícitas de flagrante. O flagrante preparado (ou provocado) ou delito putativo por obra de agente provocador ocorre quando alguém, de forma insidiosa, provoca o agente à prática de um crime, ao mesmo tempo em que toma providências para que a infração não se consuma. Nesse caso, não há crime, e eventual prisão deverá ser relaxada, a teor do enunciado n. 145 do STF: "Não há crime, quando a preparação do flagrante pela polícia torna impossível a sua consumação."

Direito Previdenciário [69-70]

Nº	Gabarito	Comentários
69	A	É segurado obrigatório do regime geral de previdência social na modalidade de contribuinte individual o brasileiro civil que trabalha no exterior para organismo oficial internacional do qual o Brasil é membro efetivo, ainda que lá domiciliado e contratado, salvo quando coberto por regime próprio de previdência.
70	A	A doença ou lesão de que o segurado já era portador ao filiar-se ao regime geral de previdência social não lhe conferirá direito a concessão de auxílio por incapacidade temporária ou aposentadoria por incapacidade permanente, exceto quando a incapacidade sobrevier por motivo de progressão ou agravamento dessa doença ou lesão, vide art. 43, § 2º, do Decreto n. 3.048/99.

Direito do Trabalho [71-75]

Nº	Gabarito	Comentários
71	C	(A) Errada, vide art. 13 da Lei n. 7.783/89. (B) Errada, vide art. 3º, parágrafo único, da Lei n. 7.783/89. (C) Certa, a greve nas atividades não essenciais, para atender os preceitos legais deve ser notificada, com antecedência de 48 horas, a entidade patronal ou empregadores. (D) Errada, vide art. 13 da Lei n. 7.783/89.
72	A	(A) Certa, o empregado aprendiz que for reprovado na escola em razão de faltas injustificadas poderá ter o contrato rompido antecipadamente, conforme art. 433, III, da CLT. (B) Errada, vide art. 433 da CLT. (C) Errada, vide art. 433, III, da CLT. (D) Errada, vide art. 433 da CLT.
73	D	(A) Errada, vide Súmula 259 do TST. (B) Errada, vide Súmula 259 do TST. (C) Errada, vide Súmula 259 do TST. (D) Certa, uma vez que o efeito jurídico, em relação ao contrato de trabalho, quando da eleição a diretor-presidente é a suspensão, conforme ensina a Sumula 259 do TST.
74	C	(A) Errada, vide art. 457 da CLT. (B) Errada, vide Súmula 354 do TST. (C) Certa, uma vez que a gorjeta, muito embora paga por terceiros, integra a remuneração do empregado, refletindo nas demais verbas trabalhistas, conforme art. 457 da CLT. (D) Errada, vide Súmula 354 do TST.
75	B	(A) Errada, vide art. 320 da CLT. (B) Certa, os professores, nos termos do art. 320, § 3º, da CLT, possuem prazo para licença para casamento diferenciada dos demais empregados, no caso nove dias. (C) Errada, vide art. 320, § 3º, da CLT. (D) Errada, vide art. 320 da CLT.

Direito Processual do Trabalho [76-80]

Nº	Gabarito	Comentários
76	B	O art. 651, § 1º, da CLT dispõe que quando for parte de dissídio agente ou viajante comercial, a competência será da Junta da localidade em que a empresa tenha agência ou filial e a está o empregado esteja subordinado e, na falta, será competente a Junta da localização em que o empregado tenha domicílio ou a localidade mais próxima.
77	C	A CLT, no art. 815, prevê a possibilidade de que o atraso do Juiz, por mais de 15 minutos, permita às partes que se retirem e consignem o fato, ou seja, há uma tolerância de 15 minutos para o juiz. Por sua vez, a OJ 245 da SDI-1 do TST averba que inexiste previsão legal tolerando atraso no horário de comparecimento da parte na audiência.
78	B	De acordo com o art. 789-A, no processo de execução são devidas custas, sempre de responsabilidade do executado e pagas ao final, de conformidade a tabela prevista no artigo. Assim, não há que se falar em pagamento de custas adiantadas para oposição de embargos à execução, cuja condição é somente aquela prevista no art. 884 da CLT, ou seja, garantia do juízo.
79	D	O art. 767 da CLT estabelece que a compensação, ou retenção, só poderá ser arguida como matéria de defesa. Outrossim, a Súmula 18 prevê que a compensação, na Justiça do Trabalho, está restrita a dívidas de natureza trabalhista. E, ademais, a súmula 48 preconiza que a compensação só poderá ser arguida com a contestação.
80	C	Dispõe o art. 790-B que a responsabilidade pelo pagamento dos honorários periciais é da parte sucumbente na pretensão objeto da perícia, ainda que beneficiária da justiça gratuita. A Súmula 341, por sua vez, comina que a indicação do perito assistente é faculdade da parte, a qual deve responder pelos respectivos honorários, ainda que vencedora no objeto da perícia.

Folha de Análise do Simulado

Disciplina	Nº de Questões	Nº de Acertos	Nº de Erros
Direito Administrativo	05		
Direito Ambiental	02		
Direito Civil	06		
Direito Constitucional	06		
Direito do Consumidor	02		
Estatuto da Criança e do Adolescente	02		
Direitos Humanos	02		
Direito Eleitoral	02		
Direito Empresarial	04		
Ética	08		
Filosofia do Direito	02		
Direito Financeiro	02		
Direito Internacional	02		
Direito Penal	06		
Direito Previdenciário	02		
Direito Processual Civil	06		
Direito Processual Penal	06		
Direito Processual do Trabalho	05		
Direito do Trabalho	05		
Direito Tributário	05		
TOTAL	80		